教育部人文社会科学重点研究基地南开大学世界近现代史研究中心
重大项目"近代以来中俄文化交流史研究"（07JJD770105）成果
2015年度国家出版基金项目

国家出版基金项目
NATIONAL PUBLICATION FOUNDATION

中俄文化交流史
中华人民共和国卷

A HISTORY OF THE CULTURAL EXCHANGES
BETWEEN CHINA AND RUSSIA

肖玉秋　主编

岳　巍　著

天津出版传媒集团

天津人民出版社

图书在版编目(CIP)数据

中俄文化交流史. 中华人民共和国卷 / 肖玉秋主编；
岳巍著. -- 天津：天津人民出版社, 2016.12(2018.5 重印)
ISBN 978-7-201-11213-8

Ⅰ.①中… Ⅱ.①肖… ②岳… Ⅲ.①中俄关系–文
化交流–文化史–现代 Ⅳ.①K203②K512.03

中国版本图书馆 CIP 数据核字(2016)第 299507 号

中俄文化交流史 中华人民共和国卷
ZHONG-E WENHUA JIAOLIU SHI ZHONGHUARENMINGONGHEGUO JUAN

肖玉秋 主编 岳巍 著

出 版	天津人民出版社
出 版 人	黄 沛
地 址	天津市和平区西康路 35 号康岳大厦
邮政编码	300051
邮购电话	(022)23332469
网 址	http://www.tjrmcbs.com
电子信箱	tjrmcbs@126.com

项目策划　沈会祥
责任编辑　陈 烨　刘子伯　赵 艺
装帧设计　明轩文化　王烨

印 刷	河北鹏润印刷有限公司
经 销	新华书店
开 本	787 毫米×1092 毫米　1/16
印 张	28.5
插 页	6
字 数	485 千字
版次印次	2016 年 12 月第 1 版　2018 年 5 月第 3 次印刷
定 价	138.00 元

目 录

第一章 中苏(俄)文化交流的动因

中华人民共和国与苏维埃社会主义共和国联盟(俄罗斯联邦)①两国之间的文化交流迄今为止已经走过了六十多年的历程,经历了若干个不同的历史阶段。两国之间的文化交流始终与双边关系的发展以及国际局势的演变密切相关。在不同的历史阶段,两国领导人的相关思想和言论对中苏(俄)的文化交流均发挥过一定的影响。此外,在两国文化交流的过程中,美国始终是一个重要的因素。中苏结盟与美国的对华政策直接相关,中俄关系的快速提升和友好发展也与美国有关。在中苏(俄)两国的文化交流过程中,始终有相关的机构负责具体实施。这些机构在不同时期也出现了很大变化,特别是当代俄罗斯时期。随着两国文化交流机制化的形成,参与双边文化交流的机构越来越多,但面向对方国家的友好协会一直都是两国文化交流的重要机构。

第一节 两国关系发展的需要

中苏文化交流在 1949 年之后的近十年内曾十分密切,尤其是《中苏友好同盟互助条约》签订之后,两国甚至在文化上也结成了同盟。之所以出现这种情况,主要与中国向苏联“一边倒”的外交方针和全面学习苏联的政策有关,是出于联合以苏联为首的社会主义阵营反对以美国为首的帝国主义阵营的需要。这固然是一种策略,但由于中国全面学习苏联,在一定程度上丧失了文化独立性,对传统文化和自身文化的价值缺乏正确的认识,加之两国文化交流深受政治关系影响,中国在文化上照抄照搬

---

① 下文并称时,简称中苏(俄)或中国与苏(俄)。

苏联的发展模式很快出现问题，中国文化的发展也因此付出了沉重代价。到俄罗斯联邦时期，同样是受到美国因素的影响和美国文化的威胁，但中俄两国都汲取了历史教训，不以意识形态画线，独立平等地展开文化交流，注意吸收对方国家的优秀文化成果，致力于国家振兴和文化繁荣，在世界文化交流史上树立了大国间文化交流的典范。

一、苏联时期

中国共产党自成立伊始就一直得到苏联的指导和帮助，虽然有些指导不符合中国国情，给中国革命造成了一定损失。1949年3月，毛泽东在中共七届二中全会的总结报告中说："我们不能设想，没有苏联，没有欧洲的及美国的工人运动吸引美帝国主义的力量在西方，我们中国革命也能胜利……中苏关系是密切的兄弟关系，我们和苏联应该站在一条战线上，是盟友，只要一有机会就要公开发表文告说明这一点。"[①]6月，毛泽东发表讲话明确指出，"我们在国际上是属于以苏联为首的反帝国主义战线一方面的，真正的友谊的援助只能向这一方面去找，而不能向帝国主义战线一方面去找"[②]，正式表明要坚决执行"一边倒"方针，反对走"中间路线"的立场。新中国成立后，由于明确表示向苏联方面"一边倒"，苏联对新中国实行了友好与支持的政策。中华人民共和国成立第二天苏联即予以承认，第三天两国建立了大使级外交关系，此后各人民民主国家相继与新中国建交。在经济上，新中国从苏联获得了3亿美元贷款，这是当时中国在国际上能得到的唯一经济援助，对新中国经济的恢复和发展发挥了巨大作用。1950年2月14日，《中苏友好同盟互助条约》签订，中苏两国同盟关系最终以法律条文的形式确定下来，中国"一边倒"的外交方针最终落实。应该说，新中国实行"一边倒"的外交战略是根据当时的国内外形势所做出的合乎逻辑的明智选择。早在新中国成立之前的1949年6月30日，毛泽东就在《论人民民主专政》一文中指出："一边倒，是孙中山的四十年经验和共产党的二十八年经验教给我们的，深知欲达到胜利和巩固胜利，必须一边倒。积四十年和二十八年的经验，中国人不是倒向帝国主义一边，就是倒向社会主义一边，绝无例外。骑墙是不行的，第三条道路是没有的。我们反对倒向帝国主义一边的蒋介石反动派，我们

---

① 《毛泽东文集》(第五卷)，人民出版社，1996年，第262页。
② 《毛泽东选集》(第四卷)，人民出版社，1991年，第1475页。

也反对第三条道路的幻想。"①

　　毛泽东在谈到《中苏友好同盟互助条约》签订的意义时指出:"我们曾经指出,实行人民民主专政和团结国际友人是巩固革命胜利的两个基本条件。这次缔结的中苏条约和协定,使中苏两大国家的友谊用法律形式固定下来,使得我们有了一个可靠的同盟国,这样就便利我们放手进行国内的建设工作和共同对付可能的帝国主义侵略,争取世界的和平。"②因此,《中苏友好同盟互助条约》的签订在当时具有极其重大的意义。该条约不仅为中苏文化交流的顺利开展创造了有利条件,而且直接规定了中苏之间进行经济和文化合作的指导原则:"缔约国双方保证以友好合作的精神,并遵照平等、互利、互相尊重国家主权与领土完整及不干涉对方内政的原则,发展和巩固中苏两国之间的经济与文化关系,彼此给予一切可能的经济援助,并进行必要的经济合作。"《中苏友好同盟互助条约》是新中国同外国签订的第一个友好条约,是新中国在同外国政府签订的条约中第一次明确提出发展双边文化关系。参与《中苏友好同盟互助条约》文本翻译的主要人员有伍修权、师哲、戈宝权、徐介藩等。条约签字时周恩来用的是中国的毛笔,通过这个细节我们可以发现,中国传统文化的独特魅力在中苏文化交流发展过程中得到了体现。周恩来认为,《中苏友好同盟互助条约》签订之后,两国在文化关系上也结成了同盟。他指出:"在毛主席访问苏联期间,中苏两国缔结了具有重大的世界历史意义的中苏友好同盟互助条约。由于这个条约,欧亚大陆上的近七万万伟大的人民已经结成了军事上、经济上、文化上的亲密同盟,使两国防御由东方来的侵略的力量大为加强。"③

　　《中苏友好同盟互助条约》签订后的十几年中,每逢签约纪念日,中苏两国领导人都互致贺电。中国掀起了向苏联学习的高潮,中苏文化交流如火如荼开展起来。1956年7月5日,中国和苏联在莫斯科签署了科学、技术、教育、文学、艺术、卫生、印刷、出版、广播、电视、电影、体育等方面的文化合作协定。该协定总结了中苏两国在文化领域内已经取得的卓有成效的合作经验,并对两国以后的文化交流进行了规划,使中苏两国之间的文化交流走向了常规化。《中苏友好同盟互助条约》中关于中苏两国文

---

① 《毛泽东选集》(第四卷),人民出版社,1991年,第1472—1473页。

② 中华人民共和国外交部等编:《毛泽东外交文选》,中央文献出版社,1994年,第131页。

③ 《周恩来选集》(下卷),人民出版社,1984年,第35页。

化交流的条款和一系列中苏文化合作协定的签订推动了中苏两国之间文化交流的大规模展开。中苏两国每年都有文艺团体进行互访和演出，1949 年至 1966 年是两国文艺工作者互访的黄金时期，两国文艺界知名人士几乎都到对方国家进行过访问交流。尤其是在中苏友好时期，即1949 年至 1958 年间，有 134 个中国艺术团体访问了苏联，中国将近 20亿人次观看了 747 部苏联电影，苏联方面则有 112 个艺术团体访问过中国，苏联国内上映了 102 部中国影片。

《中苏友好同盟互助条约》在两国关系恶化时虽仍有法律效力，但双方都不再实施具体计划，形同虚设。1964 年 10 月，勃列日涅夫(Л. И. Брежнев, 1906—1982)接替赫鲁晓夫(Н. С. Хрущёв, 1894—1971)出任苏共中央总书记，11 月，周恩来率中国党政代表团到莫斯科参加"十月革命"47 周年纪念活动，其间与苏共领导人就改善中苏关系进行了接触，但未取得任何进展。1966 年 3 月，中苏两党的关系中断，但双方签订了当年的中苏文化合作计划。这是中苏文化交流史上规模最小的计划，但因中国发生"文化大革命"(以下简称"文革")而未能实施。从 1967 年到1985年，中苏两国没有再签订文化交流方面的协议和协定。1979 年 4 月 3 日，中华人民共和国第五届全国人民代表大会第七次会议决定，鉴于国际形势已发生重大变化，《中苏友好同盟互助条约》期满后不再延长。中苏文化交流失去了法律基础，进入了一个新的调整和发展时期。直到两国签订《1986—1987 年中苏文化合作计划》之后，中苏文化交流活动才得以重新在较大范围内开展起来。

1989 年 5 月 15 日，应中华人民共和国主席杨尚昆的邀请，苏联最高苏维埃主席团主席、苏共中央委员会总书记戈尔巴乔夫 (М. С. Горбачёв, 1931—　　)对中国进行正式访问，这次访问是 1959 年以后苏联最高领导人对中国的第一次访问。邓小平和戈尔巴乔夫于 5 月 16 日举行会晤，宣布中苏两国关系实现正常化，两国文化交流也进入了正常化的轨道。

二、俄罗斯联邦时期

苏联解体、俄罗斯联邦建立之后，俄罗斯的文化外交政策曾一度偏离民族文化发展方向，然而，其倒向西方希望获得援助的政策未能如愿。面对西方文化的入侵和威胁，俄罗斯人意识到，俄罗斯仍然是一个拥有灿烂文化的大国，在反对西化民主派的民族主义力量和左派势力的努力下,俄罗斯政府调整了自己的文化战略。1997 年,叶利钦(Б. Н. Ельцин, 1931—2007)强调,文化是把俄罗斯人民团结起来的为数不多的几种手段之一。为此,俄罗斯开设了一个由国家资助的新的电视频道——文化频道,旨在在全球范围内弘扬俄罗斯的优秀传统文化。1999 年,俄罗斯建立了隶属于外交部的俄罗斯科学、教育和文化活动家委员会,而且制定了《外交部关于发展俄罗斯与外国文化联系的基本方针》,这是俄罗斯外交史上第一部全面阐述知识文化因素对于提升俄罗斯国际威望和改善俄罗斯国际形象发挥着重要作用的文件。普京(В. В. Путин,1952—　)执政以后,俄罗斯更加重视文化外交的作用,时任俄罗斯外交部部长的伊·伊万诺夫(И. С. Иванов,1945—　)曾指出:"在当今世界上,一个国家的国际威望和所处地位如何,在由传统的经济和军事实力因素决定的同时,该国的知识潜力以及科学、教育和文化发展模式的吸引力也发挥着越来越大的作用。"[1]1999 年,在俄罗斯外交部及驻外使领馆的直接参与下,俄罗斯和许多国家隆重举行了纪念普希金 (А. С. Пушкин,1799—1837)200 周年诞辰系列活动,组织了很多研讨会、展览和国际比赛。世界上不少城市竖立了普希金纪念碑,联合国教科文组织执委会的五十多个国家代表一致通过了专门纪念这一纪念日的决议。通过这场活动,普希金的作品不仅在国外展现了俄罗斯文化享有的崇高国际威望,而且为在国际上树立俄罗斯的良好形象做出了重要贡献。[2]中国也举行了纪念普希金 200 周年诞辰的活动,因为普希金在中国有着巨大的影响,其隆重程度在世界范围内仅次于俄罗斯本土。2001 年,为振兴俄罗斯文化,重振大国雄风,普京批准实施俄罗斯的"文化扩张"战略,确立了积极的对外文化政策,为此,俄罗斯政府积极倡导"爱国主义""强国意识""国家作用"和"社会团结",保持、巩固和发展与各国的传统文化联系,致力于提升俄罗斯的文化影响力。

俄罗斯联邦成立之后,中国党和政府以高度的政治智慧来处理中国与俄罗斯及苏联其他加盟共和国之间的关系,不以意识形态画线,因此,中俄两国关系不断迈上新的台阶。2001 年 7 月,中俄两国签署了《中俄睦邻友好合作条约》,这是中俄关系发展史上的一个重要里程碑,条约将两

---

① 　[俄]伊·伊万诺夫:《俄罗斯新外交——对外政策十年》,陈凤翔、于洪君、田永祥、钱乃成译,当代世界出版社,2002 年,第 139 页。

② 　同上,第 141—142 页。

国"世代友好、永不为敌"的和平思想用法律的形式确定下来,成为指导中俄关系发展的纲领性文件,也是深入开展中俄文化交流的可靠保障。两国还妥善处理了历史遗留的棘手的边界问题,2008年10月,中俄两国在黑瞎子岛举行了中俄界碑揭牌仪式,中俄边界全线划定,中俄两国之间4300多千米的边界真正成了两国人民和平、友好、合作、发展的纽带,为两国关系的稳定发展和文化交流长期、健康进行提供了良好的外部环境。两国毗邻地区的文化交流活动因此更为活跃,比如,黑龙江、新疆、内蒙古等省、自治区由于毗邻俄罗斯,具有地缘优势,是中俄文化交流活跃的地区,它们在中俄文化交流方面走在前列。

基于中苏文化交流的经验和教训,中俄两国的文化交流一开始就具有明确的方向和目标,注意制定可行性计划并努力践行。1992年,中俄两国签订了《关于中华人民共和国和俄罗斯联邦相互关系基础的联合声明》,《声明》中第十九条对两国文化交流做出了规定。1992年12月,中俄签署了《中华人民共和国政府和俄罗斯联邦政府文化合作协定》,并于1993年实施。1992年,中俄两国文化交流达到了一定规模,双方人员往来达六十多次。1993年,两国在文化、艺术、新闻出版、影视、体育等领域团组互访共115次,1735人次,几乎是1992年的两倍。此后,中俄两国文化合作议定书的签署常态化,中俄在文化合作协定框架内陆续签订了7个文化合作议定书,中俄文化交流得以在更高的层面以更快的速度向前发展,并在1997年达到一个小高峰。1997年7月,两国文化部签署了《中华人民共和国文化部同俄罗斯联邦文化部关于1997—1998年文化合作议定书》。当年10月16日至27日,中国文化节在俄罗斯莫斯科等9个城市举行,中方派出了电影、作家、美术家、京剧、民乐、歌舞、国画、摄影等13个团组参加,是中国截至当年在国外举办的最大规模的综合性文化交流活动。中俄两国总理定期会晤机制和两国文化部长定期互访为两国的文化交流发挥了积极的指导作用。2001年9月签署的《中俄总理第六次定期会晤联合公报》指出,双方同意在对等的原则基础上定期举办文化节,制定并实施包括电视、电影和戏剧等领域的文化合作项目,开展文艺人才培训方面的合作,制定并协商相互设立文化中心,等等。2001年,两国知名文化团组进行了互访,中国歌舞团、新疆歌舞团、中国作家代表团、北京梅兰芳京剧团、少林功夫表演团访俄,俄罗斯"小白桦"舞蹈团、克里姆林宫芭蕾舞团、新西伯利亚歌剧芭蕾舞剧院、莫斯科古典芭蕾舞团、圣彼得堡管弦乐团等访华演出。2004年是中俄两国建交55周年,在胡锦涛和普京的倡议下,2004 年被定为"中俄青年友谊年",这一年两国青年代表团进行了互访,组团参加了旅游论坛、科技论坛等活动,增进了中俄两国青年之间的了解和友谊。2005 年是世界反法西斯战争胜利 60 周年,中俄两国都举行了隆重的庆祝活动,胡锦涛参加了俄罗斯举办的纪念卫国战争胜利 60 周年庆典, 中国驻俄罗斯大使馆和俄罗斯国家图书馆共同举办了中国人民抗日战争暨世界反法西斯战争胜利 60 周年图片展览,俄罗斯五十多名老战士赴中国参加了中国人民抗日战争胜利 60 周年的庆祝活动。

中俄两国政府的推动使中俄文化交流在广度和深度方面都达到了相当的程度,尤其是两国互办"国家年"和"语言年"的活动。2006 年是中国的"俄罗斯年",中俄双方组织了二百五十多场内容丰富的活动,俄罗斯 7 个联邦区领导、65 个州长来华访问,数万俄罗斯人来华参加活动,中方直接参加"俄罗斯年"活动的人数约五十万人,通过媒体了解关注"俄罗斯年"活动的人数达几亿人次,创下了中俄文化交流的新纪录。2007 年,从 3 月胡锦涛在俄罗斯参加"中国年"开幕式算起,中俄两国共同举办了两百多场活动,有效地促进了中俄两国民间团体、地方和企业的交往,大大增进了中俄两国人民在社会层面和文化层面的彼此了解。2008 年,中俄举办了"妇女文化周"、大学校长论坛、青年联谊会、大学生艺术联欢节、中小学生互访交流、青少年运动会、电影展览和互办"文化季"等各类活动。2009 年是中俄两国建交 60 周年,普京在参加中俄建交 60 周年庆祝大会暨中国"俄语年"闭幕式时发言指出,俄中两国人民彼此怀有良好的感情,俄中文化各具特色,两国相互深深吸引。在庆祝俄中建交 60 周年之际,双方在中国举办"俄语年"活动,为两国关系的发展增添了新亮点,必将载入俄中关系发展的史册。中俄双方在中国"俄语年"过程中举办了二百六十多场活动,包括语言大赛、征文比赛、歌曲大赛、校长论坛、学生联欢、互相通信、开播俄语频道及文艺晚会和演出等各类活动,范围涉及中国的 14 个省、4 个自治区、4 个直辖市和 26 个城市。2010 年是俄罗斯的"汉语年",俄罗斯举办了汉语教学研讨会、评选孔子学院优秀教师和优秀教材、全俄大中学生汉语比赛、全俄中小学生作文大赛、武术和太极拳比赛、俄汉语教师教学技能比赛、组建俄罗斯汉语教师学会、成立俄罗斯汉语教师之家、组织 200 名俄罗斯中小学校长访华、开通网络孔子学院、举办中俄大学生联欢节、合办"中国电影周"和"中国文化周"及"中国音乐周"等丰富多彩的活动。两国互办"语言年"期间,双方共同举办了丰富多彩的活动,涉及领域广泛,参与人员众多,促进了汉语和俄语在对方国家的推广,深化了中俄传统友谊,产生了积极而广泛的社会影响。2010年11月24日,刘延东出席了在莫斯科克里姆林宫大剧院举行的俄罗斯"汉语年"闭幕式并发表讲话。刘延东说,当前中俄战略协作伙伴关系健康稳定快速发展,达到历史最高水平。两国人文交流与合作空前活跃,成果丰硕,成为中俄关系蓬勃发展的新亮点。中俄互办"语言年"活动,进一步开创了两国人文交流与合作的新局面。中俄人文领域交流与合作为推动中俄战略协作伙伴关系发展发挥了独特而重要的作用。①

2011年,中俄两国文化交流多围绕旅游文化和青年友好交流展开,为2012年和2013年互办"旅游年",2014年和2015年互办"青年友好交流年"进行了准备。为了深化中俄文化交流合作,从2011年起,中俄两国文化部分别在"中俄文化节"的框架内连续举办"中俄舞台艺术对话"活动,这已经成为中俄两国文化艺术界直接对话的平台。通过面对面的对话交流与艺术作品推介,增进了中俄各领域艺术家和艺术机构代表间的相互了解,并建立了直接合作的渠道,为深化相互交流、推动社会参与奠定了必要的基础。2011年6月16日,中俄联合举办庆祝音乐会,胡锦涛在音乐会上发表了题为"开创中俄战略协作伙伴关系发展新局面"的致辞。

中俄同为人口大国和旅游资源大国,两国人民扩大交流、增进友谊的愿望日益强烈,双方旅游合作具有广阔的前景。为了促进中俄世代友好、推动两国关系长远发展,中俄两国在2012年和2013年互办了"旅游年"。2012年是中国"俄罗斯旅游年",中俄双方共同策划并积极参与了两百多项活动。从北京—莫斯科汽车赛到"千名中国游客游览俄罗斯",从"你好,俄罗斯"旅游专题片大型联合采访到"50个俄罗斯家庭访京民宿"等大型交流活动,无不体现出两国在旅游领域交流的深入。2013年是俄罗斯"中国旅游年",双方开展了百峰骆驼驮负中国茶叶重走中俄"茶叶古道"、中俄文化旅游论坛、联手打造"红色旅游"等四百多项丰富多彩的活动。通过互办"旅游年",中俄两国互访的普通游客数量已经有了大幅提升,中国成为俄罗斯的第二大旅游客源国,而俄罗斯也成为中国第三大旅游客源国。2013年,中国成为俄罗斯首都莫斯科最大的旅游客源国,在莫斯科,每15名外国游客中就有1名中国游客。李克强在向"中国旅游年"闭幕式发去

---

① "刘延东出席俄罗斯'汉语年'闭幕式并发表讲话",新华网,2010年11月25日,http://news.xinhuanet.com/world/2010-11/25/c_12813254.htm。

的贺词中指出,中俄"旅游年"的成功举办,进一步增进了两国民众之间的相互了解和传统友谊,进一步拉动了两国旅游产业的发展。旅游合作已成为中俄务实合作的一个新亮点,为促进两国各自发展发挥了积极作用。梅德韦杰夫(Д. А. Медведев,1965—　)在贺词中表示,互办"旅游年"促进了两国人民的直接交往。他指出,俄中关系正经历着最灿烂的发展时期,是加深两国全面战略协作伙伴关系和发展人文合作的黄金时代。①2014年,中俄蒙三国在满洲里市举办了跨境旅游合作发展对话会议。2014年,中国赴俄旅游人数逾110万人次,中国超过德国成为俄罗斯入境游的最大客源国。中俄两国希望尽快实现两国互访规模超过500万人次。2015年,四川省人民政府主办了中俄长江和伏尔加河"两河流域"经贸旅游推介会,湖南省旅游部门则举办了以"从毛泽东故乡到列宁故乡"为主题的中俄红色旅游合作交流系列活动。

　　2013年,中俄两国元首共同宣布将于2014年和2015年举办中俄"青年友好交流年",这是两国第一次举办跨年度的主题年活动。中俄"青年友好交流年"包含一百多项具体活动,涉及艺术、科学、教育、青年交流等领域。俄罗斯政府副总理戈罗杰茨(О. Ю. Городец,1962—　)2014年2月在接受新华社记者书面专访时曾说:"举办'青年交流年'活动将进一步加深俄中两国在人文领域的合作传统。我们会组织包括音乐会、学术研讨会在内的各种形式的活动,吸引两国青年参与。我相信这些活动会为两国年轻人的交流提供广阔平台,也会给他们留下深刻印象。"3月28日,刘延东和戈罗杰茨以及中俄两国社会各界、青年代表近两千人出席了开幕式,并共同主持"青年友好交流年"双方组委会联席会议,签署了共同实施纪要,还共同会见了记者。习近平和普京专门致信祝贺。习近平在贺信中指出,举办这项活动是两国领导人着眼中俄关系长远发展采取的重大举措。青年是国家的未来,是中俄关系和中俄两国人民友谊的未来。希望两国青年与时代同步,顺应中俄全面战略协作伙伴关系发展大势,把自己的梦想融入推动中俄两国共同发展、共同繁荣的事业中来,为中俄两国和两国人民的友好事业和美好未来做出积极贡献。②普京在贺信中表示,俄中"国家年"等系

---

①　"李克强向在俄罗斯举行的中国旅游年闭幕式致贺词",新华网,2013年11月22日,http://news.xinhuanet.com/world/2013-11/22/c_118260556.htm。

②　"习近平给中俄青年友好交流年开幕式的贺词",中国新闻网,2014年3月29日,http://www.chinanews.com/gn/2014/03-29/6007899.shtml。

列大型人文活动大大拓展了两国在教育、科学、文化、旅游、体育等各领域合作,举办"青年友好交流年"将使两国青年和学生的联系更加积极和丰富,更好地传承俄中传统友谊,推动俄中全面战略协作伙伴关系进一步深入发展。①

　　2015 年是世界反法西斯战争胜利 70 周年,2015 年 5 月 7 日至 12 日,习近平应邀出席了俄罗斯纪念卫国战争胜利 70 周年庆典并对俄罗斯等国进行了国事访问。俄罗斯方面给予习近平高规格礼遇,普京邀请习近平夫妇共同观看了规模盛大的红场阅兵式,一起向无名烈士墓献花,并观看了俄罗斯传统的焰火表演。中国还首次应邀派出由 112 人组成的中国人民解放军方队参加了红场阅兵。这种礼遇不仅是出于俄方对两国全面战略协作伙伴关系的重视,更是对中国人民在艰苦卓绝的抗日战争中所付出巨大民族牺牲的尊重,对中国在世界反法西斯战争亚洲主战场所做出的历史贡献的肯定。普京明确表示,中国是亚洲抗击日本军国主义的主战场,同苏联一样,为第二次世界大战的胜利发挥了重要作用。②5 月 8 日,习近平在莫斯科会见了曾在中国东北抗日战场和卫国战争中浴血奋战的阿巴索夫(Евгений Аббосов)、加列耶夫(М. А. Гареев)、舒德洛(Тарас Шудро)等 18 名俄罗斯老战士代表,并为他们颁发奖章。习近平指出:"中俄两国举办纪念中国人民抗日战争和世界反法西斯战争胜利的活动,是为了铭记历史、缅怀先烈、珍爱和平、开创未来。中俄两国人民用鲜血和生命凝结成了深厚友谊,奠定了中俄关系和两国人民世代友好的坚实基础。中俄两国要不断巩固传统友谊,继续携手走向复兴。"③习近平与普京还共同宣布,中俄两国将于 2016 年和 2017 年互办"媒体交流年"。中俄两国"媒体交流年"是中俄互办各类主题年之后又一重大主题年活动,是两国在媒体领域的全面交流与合作,其规模和影响将会大大超过 2006 年中国"俄罗斯年"框架内的"中俄友谊之旅"活动。中国国际广播电台台长王庚年与俄罗斯报社社长涅戈伊察(П. А. Негоица,1952—　　)在克里姆林宫签署了合作协议。中俄互办"媒体交流年"对增进两国人民的相知互

---

① "中俄青年友好交流年开幕式在俄罗斯圣彼得堡举行",新华网,2014 年 3 月 29 日,http://news.xinhuanet.com/world/2014-03/29/c_126330401.htm。

② "王毅谈习近平出席俄罗斯纪念卫国战争胜利 70 周年庆典并访问俄、哈、白",新华网,2015 年 5 月 13 日,http://news.xinhuanet.com/world/2015-05/13/c_1115263156.htm。

③ "习近平会见俄罗斯二战老兵为在华参加抗战老兵颁发奖章",国际在线,2015 年 5 月 9 日,http://gb.cri.cn/42071/2015/05/09/7211s4956643.htm。

信,巩固中俄关系的社会基础,促进两国民间外交的发展,以及双方媒体在全球范围开展新闻报道合作都具有非常积极的意义。

三、美国因素

谈及中苏(俄)关系发展的背景,美国因素是必须考虑的重要方面,两国的文化交流也与美国因素密切相关。在冷战期间,美国始终对中国和苏联两国具有非常重要的外部影响。概括来说,新中国成立前后,美国因素是促使中苏两国结盟和友好的"黏合剂";20世纪50年代末至60年代末,美国因素逐渐转变为中苏关系恶化的"催化剂";20世纪七八十年代,美国因素是中苏关系由对抗走向正常化的"助力剂";进入21世纪,美国因素是中俄两国走向全面战略协作伙伴关系的"强化剂"。因此,李凤林在题为"中苏关系的历史与中俄关系的未来"的序言中指出:"由于特别的地缘政治原因,中美俄之间一直存在一种特殊的相互关联性,此不仅表现在双边关系的发展常常以第三国为考虑出发点或归宿⋯⋯而且表现在双边关系的变化自然而然会对第三国产生影响,也就是说,即使三国之间的双边关系并不以第三国为目标或对象,这种关系也会对第三国和它们的相互关系发生作用。"[1]

新中国成立后一段时间内实行的是向苏联"一边倒"的外交政策,这一政策的实施有着深刻的历史和现实原因。任何一个国家的外交政策都是由其国内政治、经济情况及国际政治格局所决定的,特别是对于中国这样一个经济、文化相对落后的发展中国家更是如此。毛泽东表示:"任何外国政府,只要它愿意断绝对于中国反动派的关系,不再勾结或援助中国反动派,并向人民的中国采取真正的而不是虚伪的友好态度,我们就愿意同它在平等、互利和互相尊重领土主权的原则的基础上,谈判建立外交关系的问题。中国人民愿意同世界各国人民实行友好合作,恢复和发展国际间的通商事业,以利发展生产和繁荣经济。"[2]但以美国为首的西方阵营从"遏制共产主义"的总战略出发,采取全面敌视中国的政策,经济上全面封锁,军事上不断包围和威胁,政治上拒绝承认新中国,并阻挠中国恢复在联合国的合法席位,妄图把新中国扼杀在摇篮之中。出于国家安全和经济发展战略的综合考虑,新中国不得不全力与苏联建立

---

① 转引自沈志华主编:《中苏关系史纲》,新华出版社,2007年,序言,第6页。
② 《毛泽东选集》(第四卷),人民出版社,1991年,第1466页。

同盟以寻求社会主义阵营的大力支持，所以只能实施向苏联"一边倒"的外交政策。因此，美国因素是促使中苏结盟与友好的重要外因。

面对中苏友好的局面，美国政府开始采取措施来破坏中苏关系。1949 年 10 月初，美国国务院召集乔治·凯南（George Frost Kennan，1904—2005）和费正清（John King Faribank，1907—1991）等人讨论对华政策，与会者一致认为："中苏由于共同的利益会暂时站在一起，但它们内部的分歧会阻止它们成为永久的盟友，美国应该采取更为现实的政策，设法在中苏间打入楔子来破坏中苏关系。"①这种所谓的"楔子战略"根据国际局势和中苏关系的变化几经调整。起初是促使中国向苏联闹独立，使毛泽东成为"铁托"，赫鲁晓夫上台后，美国转而试图把"赫鲁晓夫而不是毛泽东培养成为新的铁托"。②1956 年 2 月，苏共二十大召开，赫鲁晓夫在公开报告中提出了所谓的"三和路线"，即"和平共处""和平竞赛"与"和平过渡"，在秘密报告中全面批判了斯大林（И. В. Сталин，1879—1953），指出了斯大林在执政期间所犯的一系列严重错误。中国方面对苏共二十大的动向表态审慎，既有所赞成，也有所保留，对斯大林的评价也不同于赫鲁晓夫的全面否定，而是认为功大于过，功过七三开。但对美国政府来说，公开报告和秘密报告都成为可以利用的手段和工具。对于苏联的"三和路线"，美国政府认识到，苏联已经改变了其政策与策略，其中大有可乘之机。对于赫鲁晓夫的秘密报告，美国政府喜不自禁，美国政界人士和新闻媒体多次谈话、撰文赞扬赫鲁晓夫的言行。美国国际宣传署第一任署长西奥多·斯特赖伯特（Theodore Streibert）在 1956 年 6 月 11 日的广播讲话中称赫鲁晓夫大反斯大林是"空前未有的合乎我们目的"的举动。6 月 23 日的《纽约时报》则鼓吹要利用"秘密报告作为武器来摧毁共产主义运动的威望和影响"。美国国务卿约翰·杜勒斯（John Foster Dulles，1888—1959）更是踌躇满志，扬言要利用有利时机来促进苏联内部的"和平演变"。③

苏共二十大是中苏关系史上的重大事件，中苏关系从此开始出现分

---

①　转引自胡晓丽：《中苏关系中的美国因素（1949—1989）》，山东师范大学博士学位论文，2008 年，第 36 页。

②　同上，第 71 页。

③　方连庆、刘金质、王炳元主编：《战后国际关系史（1945—1995）》（上），北京大学出版社，1999 年，第 265—266 页。

歧。1957年11月,毛泽东访苏时的言论表明了他对苏联与美国缓和政策的不满,他说:"目前国际形势的特点是东风压倒西风,也就是说,社会主义的力量对于帝国主义的力量占了压倒的优势。"赫鲁晓夫错误地把"东风压倒西风"理解为"中国压倒苏联"。1958年,中苏间因为"长波电台事件"和"联合舰队事件"发生争吵,毛泽东大发雷霆,认为事关中国主权问题,对此他严厉指出:"要讲政治条件,连半个指头都不行。"[1]史学界认为这场冲突是中苏关系走向破裂的导火索,其原因在于苏联的做法损害了中国的主权,赫鲁晓夫企图控制中国。应该说有这一方面的因素,但毛泽东更愤怒的是苏联对美政策的缓和,他曾说过,和平过渡问题是"中苏两党的重要分歧之一"[2]。沈志华教授根据捷克档案指出,毛泽东此时很可能已经对苏联的外交政策,尤其是苏联对美缓和政策不满,第二次台海危机期间中国的做法即表明了这一点。苏联的"三和路线"和一系列不顾中国感受的做法严重影响了中国的内外政策,毛泽东借此提出了"赶英超美"的口号,片面大办农业、大办工业、大炼钢铁,大力倡导"三个法宝"——1960年5月改称为"三面红旗",即"总路线""大跃进"和"人民公社",错误地批判了彭德怀、黄克诚、张闻天等人。毛泽东甚至在批示中用了"赫鲁晓夫们"这样的词语,表明他把中苏关系的分歧和中国内政混掺在了一起。1959年9月,中印边界发生了印度军队挑起的冲突,苏联不分青红皂白地发表声明,谴责中国,偏袒印度,中苏分歧公开化。1959年9月,赫鲁晓夫访美,中苏间的分歧进一步扩大。1960年7月,苏联单方面撤走专家,撕毁合同,中苏关系跌入低谷。

虽然中苏关系恶化的主要原因在于中苏之间国家利益和意识形态冲突的加剧,但对美战略和政策的分歧也是一个重要因素。从1961年起,美国肯尼迪(John Fitzgerald Kennedy,1917—1963)政府和约翰逊(Lyndon Baines Johnson,1908—1973)政府都执行对苏缓和政策而敌视中国,中国的外交战略也从向苏联等社会主义阵营"一边倒"转向反对帝国主义和修正主义的"两条线"战略,中国面临的国际环境日益险恶。与此同时,苏联则趁机不断扩充实力,与美国的差距大大缩小。1968年,尼克松(Richard Milhous Nixon,1913—1994)上台之后,美国调整了外交政策,以"尼克松主义"的出台和实施为标志,美国的外交政策进入了一个同时与

[1] 中华人民共和国外交部等编:《毛泽东外交文选》,中央文献出版社,1994年,第330页。

[2] 吴冷西:《忆毛主席——我亲身经历的若干重大历史事件片段》,新华出版社,1995年,第30页。

苏、中两国缓和关系并收缩美国海外力量的时期。1969年3月,中苏两国军队在珍宝岛发生武装冲突,两国关系一落千丈,尼克松政府开始调整美国对华战略。据亨利·基辛格(Henry Alfred Kissinger,1923——)的回忆录记载:当中苏边界发生冲突后,尼克松政府"走向中国的意念"就成了"战略"和"政策",并决定"毫不犹豫地走向世界外交的重大变化"。①1972年,尼克松访华,毛泽东、周恩来会见了尼克松,中美双方发表了《中美联合公报》,中美关系破冰。1978年12月,中美两国政府发表了《中华人民共和国和美利坚合众国关于建立外交关系的联合公报》,1979年1月1日,中美两国正式建立大使级外交关系,两国关系结束了长达30年之久的敌对状态。1979年到1989年,中美两国之间存在共同对抗苏联的战略基础,因此中美关系发展很快,邓小平访美则把两国关系提升到了一定高度。

苏联解体后,中美关系进入了动荡期,俄美关系也复杂多变,在很长一段时间里,美国为了保持世界上唯一超级大国的地位,特别重视采取以下措施:"第一,加强盟国之间的团结,即以美日欧三边为核心和支柱;第二,扩大民主,联合价值观相同的国家;第三,警惕和对付那些可能对世界秩序形成威胁和挑战的国家,如俄罗斯、中国以及印度等。"②美国的全球战略大大削弱了中俄两国的国际地位和国际作用,损害了两国的国家利益,因而遭到了两国的共同抵制和反对,也促使两国在一系列重大国际问题上不断加强协调与合作。面对美国建立单极世界的企图,中俄两国都主张建立多极世界,主张在多极世界中作为重要一极发挥作用,反对霸权主义和强权政治,主张建立公正合理的国际政治经济新秩序。中俄两国多次发表联合声明,就世界多极化、世界文明多元性、世界经济全球化、联合国以及冷战后的大国关系等论题阐述过相同或相似的观点。2000年7月,俄罗斯公布的对外政策新构想强调指出:俄罗斯和中国在世界政治许多重大问题上原则立场的一致是地区和全球稳定的支柱之一。普京曾直接指出:俄中战略协作伙伴关系,完全是建立在两国国家安全的根本利益之上的。中俄关系的快速发展,有着重要的外部战略考

————————

①　[美]亨利·基辛格:《白宫岁月——基辛格回忆录》(第一册),陈瑶华等译,世界知识出版社,1980年,第225—226页。

②　张蕴岭主编:《伙伴还是对手——调整中的中美日俄关系》,社会科学文献出版社,2001年,第26页。

虑,其中,联合起来抗衡美国,反对美国的霸权主义和建立单极世界的企图是双方的主要考虑之一,中俄关系在经贸关系发展并不十分理想的情况下政治和军事关系突飞猛进很能说明问题。从国际局势和大国关系的角度来看,美国的政策对中俄构成了重大威胁,在很大程度上把中俄两国逼进了相同的战略死角。在这种形势下,为了维护自身利益,中俄两国只能在国际上相互借重、相互配合,加强战略协作,以增强抗衡美国的力量。这是中俄战略协作伙伴关系思想产生的客观背景。[①]因此,可以说,是美国的对俄、对华政策直接推动了中俄全面战略协作伙伴关系的形成和发展,中俄关系的稳步快速发展是美国强势挤压下中俄两国共同的战略需求。

在国际关系发展过程中,文化关系往往是政治关系的晴雨表。在面临美国战略挤压的同时,中俄两国的民族文化也面临美国文化的挑战。凭借着强大的经济和科技实力,通过广播电视、互联网等各类媒体和各种电子文化产品的强势宣传,美国文化对包括中国和俄罗斯在内的世界上很多国家产生了深刻影响。在文化及价值观方面,美国的电视节目、电影、音乐等充斥全球,牛仔裤、肯德基、麦当劳、好莱坞电影、苹果手机和苹果平板电脑都成为人们日常生活的组成部分。兹比格纽·布热津斯基(Zbigniew Kazimierz Brzezinski,1928—2017)在概括美国的实力及其在国际上的地位时曾说:"美国在全球力量四个具有决定性作用的方面居于首屈一指的地位。在军事方面,它有无可匹敌的在全球发挥作用的能力;在经济方面,它仍然是全球经济增长的主要火车头……在技术方面,美国在开创性的尖端领域保持着全面领先地位;在文化方面,美国文化虽然有些粗俗,却有无比的吸引力,特别是在世界的青年中。所有这些使美国具有一种任何其他国家都望尘莫及的政治影响。这四个方面加在一起,使美国成为一个唯一的全面的全球性超级大国。"[②]美国凭借其超强能力意欲称霸全球,巩固由它领导的单极秩序,"保卫和拯救世界",把中俄作为潜在竞争对手和长期遏制防范的对象,防止在欧亚大陆出现任何挑战美国的国家或国家联盟。为防止出现一个最终可能向美国的首要地位提

———————————

① Мясников В. С. Мы и Китай: Перспективы стратегического партнерства//Свободная мысль-XXI, 2001, №1.

② [美]兹比格纽·布热津斯基:《大棋局——美国的首要地位及其地缘战略》,中国国际问题研究所译,上海人民出版社,1998年,第32、33页。

出挑战的敌对联盟,"当务之急是确保没有任何国家或国家的联合具有把美国赶出欧亚大陆,或大大地削弱美国关键性仲裁作用的能力"①。在文化理论方面,美国哈佛大学教授塞缪尔·亨廷顿(Samuel Huntington,1927—2008)在1993年夏季号《外交》(Foreign Affairs)季刊发表《文明的冲突》一文,提出了"文明冲突论",认为"文化和文化认同(它在最广泛的层面上是文明认同)形成了冷战后世界上的结合、分裂和冲突模式"。"在后冷战的世界中,人民之间最重要的区别不是意识形态的、政治的或经济的,而是文化的区别。"②"文明冲突论"的提出引起了激烈争鸣,使人们开始重新审视和关注文化的作用。这一理论是对基督教文明在世界文化多元时代的忧思,虽然在表面上承认文化的多样性,但实质上则隐含着文化霸权理论,强调文化决定论,其根本目的是为了维护以美国为首的西方发达国家的文化利益。因为这一理论担心美国等西方发达国家的利益受损害,因而回避讨论文化发展和交流所依赖的政治与经济根源,不愿触动和改变制约文化发展不平等的国际政治和经济秩序。

　　在美国文化的侵蚀下,许多国家的文化发展都面临严峻挑战。俄罗斯国际问题专家卢金(А. В. Лукин,1961—　　)在谈到上海合作组织成员国的文化发展问题时指出:"中亚各国、中国和俄罗斯都具有古老独特的文明。在更加开放的同时,在把世界文化的优秀成果转化为本民族文化不可分割之部分的过程中,面对从外面潮水般涌来的低级通俗文化,这些国家都面临着保持本民族文化传统的问题。"③面对美国的文化霸权,中俄两国主张世界文化和文明的多样性,而且多样性的文化可以相互补充,取长补短,而不是相互冲突,因此世界文明和文化的多样性应该得到尊重和维护,各国应在相互尊重和包容中开展文明对话与经验交流,在平等和互利的基础上展开文化交流,吸收人类文明的一切优秀成果来发展本民族文化,通过文化交流来夯实国家间友好信任关系的基础。在实践方面,中俄两国立足各自的特色文化,重视两国间的文化交流,通过广泛深刻、和平友好的文化交流实践确立了一种互相尊重、平等互利、和平友好的文化交流模式,这本身就是对"文明冲突论"的有力反击,为各国

---

　　①　[美]兹比格纽·布热津斯基:《大棋局——美国的首要地位及其地缘战略》,中国国际问题研究所译,上海人民出版社,1998年,第260页。

　　②　[美]塞缪尔·亨廷顿:《文明的冲突与世界秩序的重建》,周琪等译,新华出版社,2002年,第4、6页。

　　③　Лукин А. В. Россия и ШОС//Аналитические записки, выпуск 6(26), 2007.

开展文化交流树立了榜样,表明具有不同文化背景的国家可以展开文明对话,能够做到文化共荣,而不是必然会产生文化冲突。

第二节　两国高层领导人的作用

中苏(俄)两国在文化交流过程中所奉行的政策和原则,主要体现在两国签署的条约协定和领导人的言论之中。两国签订的《中苏友好同盟互助条约》和《中俄睦邻友好合作条约》,以及在不同阶段签订的文化交流协定和协议对文化交流做出了详细具体的规定,而两国领导人关于文化交流的言论则直接影响到当时甚至以后的文化交流。新中国和苏联在经历了文化交流的"蜜月期"之后,苏联表现出了大国沙文主义和霸权主义的倾向,中苏关系恶化,对两国间的文化交流产生了消极影响。这种状况直到 20 世纪 80 年代中苏关系走向正常化时才有所改观。到俄罗斯联邦时期,随着中俄关系不断迈上新的台阶,两国的文化交流也出现前所未有的盛况,两国成为和谐友好的人文合作伙伴。

一、中方领导人

在世界文化交流史上,中国与苏联、俄罗斯的文化交流书写了浓墨重彩的辉煌篇章。中苏(俄)两国领导人都非常重视两国之间的文化交流,发表了许多论述,对两国文化交流发挥了指导作用。

毛泽东和周恩来等新中国领导人十分重视文化建设,曾多次就对外文化交流进行过阐述。毛泽东在接见首次出访匈牙利的青年文工团全体成员时对他们提出了"宣传""友谊""学习"三大任务,后来周恩来又提出了"寻求友谊、寻求和平、寻求知识"的出访方针。"一宣传、三寻求"后来成为中国文化艺术团体出访国外的指导思想和方针。据不完全统计,新中国成立后毛泽东共接见来访的文化外宾和观看外国艺术团体演出 90 次,其中社会主义国家 35 次。[①]而在社会主义国家之中,又以接待苏联的最多。例如,1954 年 9 月,苏联莫伊塞耶夫舞蹈团来华访演,周恩来在中南海宴请全团成员,刘少奇、朱德、陆定一出席。后来,毛泽东突然赶到并和大家一一握手。听说毛泽东没有看过演出,而莫伊塞耶夫舞蹈团第二天又要赶去上海,舞蹈团的姑娘们立即拉开饭桌,脱掉高跟鞋,跳起了《少

---

① 吴涤:《毛泽东和新中国对外文化交流》,《中外文化交流》,1993 年第 6 期。

女环舞》。大家认真地跳着,很多人的丝袜都磨破了。1984年,外交官梁沈修在中国驻苏联大使馆工作的时候,亲眼看到团长莫伊塞耶夫在回忆这段往事时流下了激动的泪水。莫伊塞耶夫说,那是他一生中受到过的最高礼遇,永生难忘。①1956年4月,在中共中央政治局扩大会议上,毛泽东作了《论十大关系》的报告,在报告中他就中国和外国的关系问题指出:"我们的方针是,一切民族、一切国家的长处都要学,政治、经济、科学、技术、文学、艺术的一切真正好的东西都要学。但是,必须有分析有批判地学,不能盲目地学,不能一切照抄,机械搬运。他们的短处、缺点,当然不要学。对于苏联和其他社会主义国家的经验,也应当采取这样的态度。过去我们一些人不清楚,人家的短处也去学。当着学到以为了不起的时候,人家那里已经不要了,结果栽了个斤斗,像孙悟空一样,翻过来了。比如,过去有人因为苏联是设电影部、文化局,我们是设文化部、电影局,就说我们犯了原则错误。他们没有料到,苏联不久也改设文化部,和我们一样。"②1956年6月,周恩来在第一届全国人民代表大会第三次会议上,对中外文化交流的方针和政策进行过系统而明确地阐述,他说:"各国人民在文化上的交流,正如在经济上的合作一样,也是促使各国之间的和平、友谊和合作得到巩固的一个重要的条件。在历史上,各国人民从来就是通过互相学习和互相吸取优点来丰富和发扬自己的文化的。""我们不仅要向苏联和人民民主国家学习他们的长处,而且还要吸取所有其他国家的长处。这只能加速我国社会主义建设的发展,而不会为我们带来任何坏处。因此,我们毫不惧怕,相反地,我们热烈地欢迎同一切国家广泛地进行文化交流。事实上,进行文化交流是各国人民的共同愿望。我只需要提到我国的艺术团体和其他国家的艺术团体在进行相互访问时所受到的盛大欢迎,就足以证明这一点。作为增加各国人民之间的相互了解和促进国际合作的一个方法,文化交流已经取得了初步的成就,但是还有更多的工作需要做。就中国来说,我们不会在这方面吝惜我们的力量。"③中国在经过几年全面学习苏联的狂热之后,中苏文化交流在取得重大成绩的同时,也出现了照抄照搬和脱离实际的问题,苏联文化中的一

①　陈璐:《无怨无悔四十年——一位老文化外交官对新中国早期文化交流工作的记忆》,《中国文化报》,2011年3月1日。
②　《论十大关系》,人民出版社,1976年,第24—25页。
③　《周恩来总理兼外交部长关于目前国际形势、我国外交政策和解放台湾问题的发言》,《人民日报》,1956年6月29日。

些负面影响也凸显出来。中共中央对中苏文化交流的政策进行了调整,提出要吸收所有其他国家的长处。这本是正确的做法,但随着中苏关系的恶化和中国政治运动的频繁开展,中苏文化交流偏离了正确的轨道,出现了大起大落和极不正常的状况。

邓小平是中苏关系演变的直接见证者。从 20 世纪 50 年代初到 60 年代初,他曾 7 次受命处理中苏关系,亲身经历了中苏关系从同盟到对抗,再到正常化的过程。邓小平担任中共中央总书记期间,主管意识形态工作,亲自领导了"九评"的起草工作,直接参加和指导了中苏之间的论战;20 世纪 80 年代后又是中苏关系正常化的直接推动者,因此,邓小平对中苏关系和两国文化交流有着深刻的认识。邓小平特别强调中外文化交流要以和平共处五项原则为基础,他说:中国对外政策的原则是"我们谁也不怕,但谁也不得罪,按和平共处五项原则办事,在原则立场上把握住"①。"谁也不怕"就是说:"不容许任何国家损害我国的尊严和主权,指望中国会吞下损害自己的苦果","反对霸权主义,争取世界和平"。"谁也不得罪"就是说:"中国对外政策独立自主,是真正的不结盟","在和平共处五项原则基础上同世界一切国家建立和发展外交关系和经济文化联系"。中共十一届三中全会之后,邓小平在处理国家关系和党际关系方面提出了一系列思想。例如,奉行独立自主的和平外交政策,不与任何国家结盟;处理国家之间的关系应该从国家自身的战略利益出发,不去计较社会制度和意识形态的差别;在党际关系方面坚持独立自主、完全平等、互相尊重、互不干涉内部事务的原则;尊重对方的选择和经验,对别的党、别国的事情不随便指手画脚;中国决不当头,等等。这些思想的提出和实施,与邓小平总结中苏关系曲折发展的历史经验教训有着密切的联系。邓小平认为,中共与苏共进行公开论战,其实质是中共从根本上摆脱苏共控制,预先防止苏联对华进行武装干涉,以维护国家主权和领土完整,维护民族尊严。在处理党际关系方面,邓小平总结了中苏两党关系处理的经验教训后指出:一个党评论外国兄弟党的是非,往往根据的是已有的公式或者某种定型的方案,事实证明这是行不通的。各国党的国内方针、路线是对还是错,应该由本国党和人民去判断。各国的事情,一定要尊重各国的党、各国的人民,由他们自己去寻找道路、去探索、去解决问题,不能由别的党充当"老子党",去发号施令。我们反对人家对我们发

---

① 《邓小平文选》(第三卷),人民出版社,1993 年,第 363 页。

号施令,我们也决不能对人家发号施令。一个党和由它领导的国家的对外政策,如果是干涉别国内政,侵略、颠覆别的国家,那么,任何党都可以发表意见,进行指责。我们一直反对苏共搞"老子党"和大国沙文主义那一套。①邓小平制定的处理党际关系的原则是:中国共产党坚持在马克思主义的基础上,按照独立自主、完全平等、相互尊重和不干涉内部事务的原则,发展同各国共产党和其他工人阶级政党的关系。关于中苏之间历史上存在的问题,1989年邓小平会见戈尔巴乔夫的时候谈道:"沙俄通过不平等条约侵占的中国土地,超过一百五十万平方公里。十月革命后也还有侵害中国的事情,例如黑瞎子岛就是一九二九年苏联从中国占去的。主要的是第二次世界大战接近胜利时,美、英、苏三国在雅尔塔签订秘密协定,划分势力范围,极大地损害了中国的利益。那是斯大林时期。当时中国的国民党政府同苏联签订条约,承认了雅尔塔的安排。"②中苏关系从20世纪60年代开始恶化,邓小平认为"这不是指意识形态争论的那些问题","真正的实质问题是不平等,中国人感到受屈辱"。③邓小平的这些论述同时也总结了中苏两国文化交流从高潮跌入低谷的深层次原因。

　　在俄罗斯联邦成立之后,在中俄两国领导人的重视下,中俄关系发展迅速。1992年,两国提出"相互视为友好国家";1994年,两国建立了面向21世纪的建设性伙伴关系;1996年,两国关系由建设性伙伴关系提升为战略协作伙伴关系,这一关系的含义不仅包括"新型国家关系机制""最高级领导人对话机制""睦邻相处的安全机制",也包括"经济科技合作机制""国际问题磋商机制""民间友好交流机制"。④中俄关系四年间连续上了三个大台阶。江泽民曾高度概括中俄关系的基础:第一,中俄毗邻而居,互为最大的邻国,增进信任、保持关系稳定发展,符合双方的根本利益;第二,中俄都有巨大的国内市场,而且两国目前都在不断深化经济改革,这为两国合作提供了新的机遇;第三,中俄都是世界大国,又都是联合国安理会常任理事国,两国共同致力于世界和平与发展,有助于世界更加繁荣和稳定;第四,中俄两国人民有着传统的友谊,彼此都希望成为好朋友、好邻居、好伙

①　陈继安:《敢说不的世纪伟人——邓小平胆略漫述》,广西人民出版社,1998年,第308页。

②　《邓小平文选》(第三卷),人民出版社,1993年,第293页。

③　同上,第294—295页。

④　杨闯、高飞、冯玉军:《百年中俄关系》,世界知识出版社,2006年,第340—341页。

伴。①江泽民指出："'亲仁善邻,国之宝也。'中俄世代的睦邻友好不仅仅是两国政治家的抉择,也是两国人民的共同心愿。"②2001 年 7 月,江泽民访俄期间与普京签署了为期 20 年的《中俄睦邻友好合作条约》。《条约》确定了不结盟、不对抗、不针对第三国的新型国家关系模式,为各国发展国家关系树立了一个新的典范。《条约》规定了两国此后在政治、经济、科技、文化和国际事务中合作的原则和方向,标志着两国关系迈上了一个新台阶,中俄文化交流的领域也因此得以大大拓展。《条约》第十六条规定:"缔约双方将大力促进发展文化、教育、卫生、信息、旅游、体育和法制领域的交流与合作。"《中俄睦邻友好合作条约》将两国人民"世代友好,永不为敌",永远做"好邻居、好伙伴、好朋友"的平等理念以法律形式固定下来,为两国发展长期睦邻友好、互利合作关系奠定了坚实的法律基础,它蕴含了后冷战时代处理国家关系的新理念,摒弃了冷战时代非对抗即结盟的思维模式,是中俄关系史上划时代的文献,为中俄文化交流的深入开展创造了十分有利的条件。

2005 年 7 月 1 日,胡锦涛访俄时与普京签署了《关于 21 世纪国际秩序的联合声明》,声明指出:"世界文化和文明的多样性应成为相互充实而不是相互冲突的基础。当今世界的主流要求不是搞'文明冲突',而是必须开展全球合作。应尊重和维护世界文明的多样性和发展模式的多样化。各国历史背景、文化传统、社会政治制度、价值观念和发展道路的差异不应成为干涉别国内政的借口。应在相互尊重和包容中开展文明对话与经验交流,相互借鉴,取长补短,以求共同进步。应加强人文交流以建立国家间友好信任的关系。"中俄两国关系发展所确立的和平友好、重视人文交流的模式,夯实了两国关系发展的社会基础,是大国关系的典范,睦邻友好的楷模,对推动国际关系民主化,对建立公正合理的国际新秩序做出了重要贡献,为大国间文化交流的开展提供了范式。2011 年 6 月,胡锦涛在莫斯科出席《中俄睦邻友好合作条约》签署 10 周年庆祝音乐会致辞时表示,中俄要发展"平等信任、相互支持、共同繁荣、世代友好的全面战略协作伙伴关系"。关于两国的文化交流,胡锦涛指出:"我们要进一

---

① 《江泽民阐述中俄友好关系四点基础 相信中俄关系发展前景十分广阔》,《人民日报》,1996 年 4 月 26 日。

② 《江泽民叶利钦会见中外记者 表示相信中俄关系将会继续全面向前推进》,《人民日报》,1997 年 11 月 11 日。

步弘扬中俄世代友好的和平理念,加强人文领域交流合作,增进两国人民心灵沟通,使中俄两国人民友谊根深叶茂、万古长青。"①

2013年3月,习近平访问俄罗斯期间,在莫斯科国际关系学院发表了题为"顺应时代前进潮流促进世界和平发展"的演讲。习近平在演讲中指出:中俄两国都具有悠久的历史、灿烂的文化,人文交流对增进两国人民友谊具有不可替代的作用。中俄两国文化交流有着深厚基础。习近平说:"文化就像一个绵延不断的河流,源头来自远古,又由许多支流、干流汇合而成。文化交流是民心工程、未来工程,潜移默化、润物无声。"②习近平因此特别强调要坚定不移地发展两国人民之间的友好关系,同时讲述了两国人民相互支持和帮助的几个事例。抗日战争时期,苏联飞行大队长库里申科(Г. А. Кулишенко,1903—1939)来华同中国人民并肩作战,他曾动情地说:"我像体验我的祖国的灾难一样,体验着中国劳动人民正在遭受的灾难。"他英勇牺牲在中国大地上。中国人民没有忘记这位英雄,一对普通的中国母子已为他守陵半个多世纪。2004年俄罗斯发生"别斯兰人质事件"后,中国邀请部分受伤儿童赴华接受康复治疗,这些孩子在中国受到精心照料,俄方带队医生阿兰表示:"你们的医生给孩子们这么大的帮助,我们的孩子会永远记住你们的。"2008年中国汶川特大地震发生后,俄罗斯在第一时间向中国伸出援手,并邀请灾区孩子到俄罗斯远东等地疗养。习近平说,他于2010年3月在符拉迪沃斯托克"海洋"全俄儿童中心目睹了俄罗斯老师给予中国儿童的悉心照料和温馨关怀。中国孩子亲身体会到了俄罗斯人民的友爱和善良,这应验了大爱无疆这句中国人常说的话。这样的感人事迹还有很多,滋润着两国人民友谊之树枝繁叶茂。③2014年2月7日,习近平应普京之邀出席第22届冬奥会开幕式,在索契他接受了俄罗斯电视台专访,就索契冬奥会、中俄关系、中国全面深化改革和发展前景等问题回答了主持人布里廖夫(С. Б. Брилёв,1972—　)的提问。据新华网的报道,布里廖夫在谈及对习近平的印象时说,习近平是富有魅力、非常坦诚的领导人。习近平在接受专访时

① "胡锦涛在《中俄睦邻友好合作条约》签署10周年庆祝音乐会上的致辞",新华网,2011年6月16日,http://news.xinhuanet.com/world/2011-06/16/c_121546210_3.htm。

② "记习近平主席会见俄汉学家、学习汉语的学生和媒体代表",新华网,2013年3月25日,http://news.xinhuanet.com/world/2013-03/25/c_124496989.htm。

③ "习近平在莫斯科国际关系学院的演讲",新华网,2013年3月24日,http://news.xinhuanet.com/world/2013-03/24/c_124495576_6.htm。

认真、详尽地回答了所有问题,他思维缜密、果敢,面带笑容,让人感到很亲近。在谈及中俄关系时,习近平说:"去年3月,我在当选中国国家主席几天后,就应普京总统邀请来到贵国进行国事访问,贵国是我当选中国国家主席后第一个访问的国家。那次,我同普京总统进行了长时间的议题广泛、坦诚深入的交流,就加强中俄全方位战略协作达成重要共识,做出全面规划。此后我们又4次会晤和见面。昨天,我同普京总统会晤时共同作了回顾。我们共同推动两国在涉及彼此核心利益的重大问题上相互坚定支持,把两国关系的政治优势转化为合作优势,双方经贸、能源、高技术、地方、人文、国际事务等各领域合作取得丰硕成果,促进了两国共同发展繁荣,维护了国际公平正义和世界和平稳定。我对中俄关系发展取得的成果十分满意。当前中俄关系发展是基础最牢、互信最高、地区和国际影响最大的一个时期。"①

中国领导人重视对苏联、俄罗斯的文化交流工作,一方面是出于政治上的需要,同时也与他们对俄罗斯文化的深入了解和喜爱有一定关系。毛泽东平生两次出国都是出访苏联,他曾被安排在苏联国家大剧院沙俄时期沙皇专用的包厢观看演出,也经常观看苏联歌舞剧团的访华演出。其他老一辈党和国家领导人,如刘少奇、周恩来、朱德等也深受苏联文化影响,十分重视对苏文化交流并身体力行。邓小平、江泽民都曾在苏联学习和工作过,会俄语,对苏联和俄罗斯文化十分了解,在推动中苏文化交流和中俄文化交流方面功不可没。2001年江泽民在莫斯科大学用俄语演讲,此外,他曾在不同场合用俄语演唱《莫斯科郊外的晚上》《海港之夜》等苏联歌曲,2002年在参观皇村中学时他在普希金雕像前用俄语吟诵了《致凯恩》中的诗句。2004年10月,胡锦涛在接见俄罗斯百名青年访华团时说:"我清楚地记得,在青少年时代,我们曾满怀激情地阅读过贵国的小说《钢铁是怎样炼成的》《卓娅和舒拉的故事》,演唱过贵国的歌曲《红莓花儿开》《莫斯科郊外的晚上》,后来我们熟知了普希金、托尔斯泰、高尔基。"2013年,习近平在莫斯科国际关系学院发表演讲时说:"孔子、老子等中国古代思想家为俄罗斯人民所熟悉。中国老一辈革命家深受俄罗斯文化影响,我们这一代人也读了很多俄罗斯文学的经典作品。我年轻时就读过普希金、莱蒙托夫、屠格涅夫、陀思妥耶夫斯基、托尔斯泰、

---

① "习近平接受俄罗斯电视台专访",新华网,2014年2月9日,http://news.xinhuanet.com/photo/2014-02/09/c_119248745.htm。

契诃夫等文学巨匠的作品,让我感受到俄罗斯文学的魅力。"①习近平还引用了俄罗斯谚语"大船必能远航"和李白的诗句"长风破浪会有时,直挂云帆济沧海",祝愿中俄关系能够继续乘风破浪、扬帆远航。习近平访问俄罗斯的最后一场活动是会见俄罗斯的汉学家、学习汉语的学生和媒体代表,在会见过程中,习近平说:"同我一样,千千万万中国人对俄罗斯文化都很喜爱,对俄罗斯和俄罗斯人民都很有感情。"俄通社-塔斯社总编辑阿布哈京(М. С. Абулхатин)赞叹习近平深谙俄罗斯文化。习近平说:"在中国,我们这个年纪的人,对俄罗斯文化都有所了解。"②他提到了普希金的诗歌、莱蒙托夫(М. Ю. Лермонтов,1814—1841)的《当代英雄》、列·尼·托尔斯泰(Л. Н. Толстой,1828—1901)的《战争与和平》《安娜·卡列尼娜》和《复活》、屠格涅夫(И. С. Тургенев,1818—1883)和契诃夫(А. П. Чехов,1860—1904)的短篇小说,陀思妥耶夫斯基(Ф. М. Достоевский,1821—1881)的《罪与罚》和《白痴》、果戈理(Н. В. Гоголь,1809—1852)的《死魂灵》、高尔基(Горький,原名 Алексей Максимович Пешков,1868—1936)的三部曲、法捷耶夫(А. А. Фадеев,1901—1956)的《毁灭》、肖洛霍夫(М. А. Шолохов,1905—1984)的《静静的顿河》等名家名作,他还说自己年轻时读了车尔尼雪夫斯基(Н. Г. Чернышевский,1828—1889)的《怎么办?》,受到了很大影响。对于普京举行欢迎宴会时乐队演奏的《喀秋莎》《红莓花儿开》等苏联歌曲,习近平对普京说,中国人差不多都会唱这些歌,也算是中国民歌了。2013 年 3 月至 2015 年 7 月,习近平担任国家主席两年多时间内 5 次访问俄罗斯,在不同场合与普京会面达 12 次之多。习近平在俄罗斯产生了很大的影响,曾被评选为"2014 年度人物",获俄罗斯"年度人物奖",这是俄罗斯首次将该奖授予非独联体国家的领导人。2015 年,俄罗斯出版了首部关于习近平的专著——《习近平:正圆中国梦》,进一步扩大了习近平在俄罗斯的影响。习近平对俄罗斯文化与文学的熟悉和热爱是促进中俄文化交流深入开展和俄罗斯民众很快了解并熟悉他的一个重要因素。中国外交学院国际关系研究所杨闯教授在评价时认为,习近平作为20 世纪 50 年代出生的领导人,在接受教育的过程

---

① "习近平在莫斯科国际关系学院的演讲",新华网,2013 年 3 月 24 日,http://news.xinhuanet. com/world/2013–03/24/c_124495576_7.htm。

② "记习近平主席会见俄汉学家、学习汉语的学生和媒体代表",新华网,2013 年 3 月 25 日, http://news.xinhuanet.com/world/2013–03/25/c_124496989.htm。

中吸收了不少俄罗斯文学的营养。习近平列举了俄罗斯和苏联时期文学家对他们一代人的影响,将两国人民的感情基础拉近了。两国人民在价值观取向上有很多共同的基础,对扩大两国人文交流、加深两国关系的基础都有重大意义。①

二、苏(俄)方领导人

苏联领导人如斯大林、赫鲁晓夫等虽然重视苏中之间的文化交流,但在某些时候把文化交流当作影响甚至控制中国的一种手段。冷战时期,为了和美国在各个领域展开竞争,除了运用政治、经济、军事手段之外,苏联也十分重视文化外交手段。1955年,苏联最高苏维埃主席团通过决议,决定与不同社会制度和政治制度的国家建立广泛的文化联系,不仅对社会主义国家展开文化输出和援助,而且"在政府领导、监督或授意下"②对西方世界发起文化攻势。"据1985年10月7日《美国新闻和世界报道》讲,在整个冷战期间,苏联平均每年耗资30亿—40亿美元用于对外宣传,曾用81种语言向国外广播,影响波及全世界大部分国家和地区。戈尔巴乔夫上台后曾提出,要借鉴大西洋文明,回到欧洲文明大厦。为此,他采取了一系列恢复与西方进行文化交流活动的举措。1985年,苏联同美国在日内瓦签署了新的文化交流协定,自此,双方的文化交流日趋频繁。"③苏联文化外交的一大特点是以文化援助为主要表现方式。在冷战阶段,为了同美国争夺势力范围,苏联加强了对所有社会主义国家和广大民族独立国家的文化意识形态的灌输和渗透,尤其针对亚非拉等发展中国家。苏联为发展中国家提供了大量的"无私援助",培养了大量干部,培训了众多的专业技术人才。他们在当地修建学校并配备教学设备和资料,选派教员赴这些国家推销苏联教学方法和教学内容,或者提供奖学金鼓励这些国家派人到苏联学习。据当时的苏联报刊称,发展中国家留学生"在苏联学习过程中形成了进步的观点和信念",成为"具有国际主义和爱国主义精神的专家"。苏联报刊还不止一次地宣扬,留苏学生感到与苏联人民一道生活是"巨大的幸福",苏联人是他们的"榜样",

---

① "习近平俄大学发表演讲:鞋合不合脚穿着才知道",中国青年网,2013年3月24日,http://news.youth.cn/gn/201303/t20130324_3015125_3.htm。

② [法]路易·多洛:《国际文化关系》,孙恒译,上海人民出版社,1987年,第89页。

③ 李智:《文化外交:一种传播学的解读》,北京大学出版社,2005年,第134页。

苏联是他们的"第二故乡"。①总之,苏联的目的是使这些国家在亲苏精英的领导下接受苏联模式,全盘苏化,成为苏联"天然的盟友"。苏联将自己与发展中国家的这种"亲缘"文化联系作为其思想和政治影响的主渠道,作为其阵营对抗的战略工具。苏联对中国的文化援助自然也是在这种政策主导下进行的,其实际效果在中国表现也是十分明显的,中国国内产生的浓厚的"苏联情结"就是一个很好的证明。

对斯大林的个人崇拜问题给中苏关系带来了严重的负面效应。苏联和中国在斯大林问题上一直争论不休,时至今日,两国学术界在这一问题的看法上还存在很大分歧。在军事等方面,斯大林的贡献毋庸置疑,但在文化发展和文化交流方面,斯大林体制给苏联和受苏联深刻影响的中国都带来了灾难性的后果。赫鲁晓夫执政时期,中苏之间的文化交流因政治关系的影响陷入困境,在社会主义国家之间的文化交流史上留下了败笔。对于赫鲁晓夫性格中存在的内在矛盾与冲突,雅科夫列夫(А. Н. Яковлев,1923—2005)在《一杯苦酒——俄罗斯的布尔什维主义和改革运动》一书中有细致地描述,概括颇为精当。②从苏联国内对赫鲁晓夫死后的评价来看也是如此,其黑白各半的墓碑也是一个证明。毛泽东对赫鲁晓夫的评价是:赫鲁晓夫有胆量。不过这个人也能捅娄子,可能日子不大好过,是多灾多难的。③至于赫鲁晓夫对中苏关系造成的消极影响,有学者基于事例分析指出:首先,在公开场合有失检点、信口开河,充分暴露了他缺乏修养、脾气暴躁的一面。而且,作为一国领袖,在严肃的外交场合只是一味逗口舌之利,甚至为求一时痛快而动辄恶语相向,极易产生灾难性的后果。其次,赫鲁晓夫爱出风头,喜欢动辄跳到前台,赤膊上阵,从而使事情失去转圜的余地。④邓小平曾一针见血地指出:赫鲁晓夫这个人到处带头讲话,都是他站在论战第一线,而且说话又那么粗野。⑤再次,赫鲁晓夫为了爬上权力的巅峰而趋炎附势、攀高附贵,向人展示的是一副谦卑猥琐的丑态,而一

① 常庆:《苏联推行霸权主义的手段之一——为发展中国家"培训"人员》,《苏联东欧问题》,1982年第5期。

② [俄]亚·尼·雅科夫列夫:《一杯苦酒——俄罗斯的布尔什维主义和改革运动》,徐葵等译,新华出版社,1999年,第11—12页。

③ 李越然:《中苏外交亲历记》,世界知识出版社,2001年,第149页。

④ 蒲国良:《赫鲁晓夫与毛泽东的性格冲突与中苏大论战》,《当代世界与社会主义》,2003年第5期。

⑤ 吴冷西:《十年论战》(上册),中央文献出版社,1999年,第441页。

且登上最高权力的宝座,他马上又换上了一副狂傲自大、不可一世的嘴脸。在毛泽东看来,这种行为缺乏起码的道德。①例如在斯大林问题上,毛泽东说:"你从前那么拥护,现在总要讲一点理由,才能转过这个弯来吧!理由一点不讲,忽然转这么一百八十度,好像老子从来就是不拥护斯大林的,其实从前是很拥护的。"②赫鲁晓夫也把这种政治变脸术运用到了中苏关系上。当他需要得到中国的支持时,就对发展中苏关系表现出极大的热情。1957年毛泽东访苏时,他亲自指挥安排毛泽东的生活起居,为了能使客人满意,他甚至亲自蹲试为毛泽东准备的马桶。当他认为中国的声音对他已是可有可无的时候,便翻脸无情、撤专家、撕合同、施压力,直至在公开场合破口大骂。对赫鲁晓夫的翻云覆雨,毛泽东曾经说过:至于中苏关系,就是时好时坏,反复无常,1954年还比较好,1956年就不行了,1957年好一点,1958年又不行了,就是这么反反复复,不好相处。这个人不可依赖。他和我们签订了原子技术合作协定,他突然单方面撕毁了。就是说,他想怎么干就怎么干,不讲什么条约、协议,是很难信赖的人。③毛泽东总是想帮助赫鲁晓夫改正错误、校正路线。而其立论的前提恰恰是:赫鲁晓夫是错误的,他如果不改正,几年后,他将完全破产(八年之后)。④苏联学者认为,赫鲁晓夫遭罢黜的原因之一就是被指责为"在外交会谈时很不谨慎","在改善苏中关系方面无所作为"。⑤著名汉学家和外交家费德林(Н. Т. Федоренко,1912—2000)在回忆赫鲁晓夫1958年的北京之行时说:"令人痛心的是,赫鲁晓夫的北京之行不仅没有消除苏中之间已经形成的裂痕,相反,从那时起标志着两国关系更加紧张,分歧进一步扩大。当年曾经芬芳扑鼻盛开友谊之花的两国人民友好同盟,顷刻间变成镜中花、水中月。"⑥由于苏联领导人赫鲁晓夫存在许多性格缺陷,加之中国也大搞政治运动,毛泽东对主权和尊严问题又极其重视,中苏两国在政策方面出现了严重分歧,这些都对两国关系产生了重大影响,

---

① 蒲国良:《赫鲁晓夫与毛泽东的性格冲突与中苏大论战》,《当代世界与社会主义》,2003年第5期。

② 《毛泽东选集》(第五卷),人民出版社,1977年,第334页。

③ 吴冷西:《十年论战》(上册),中央文献出版社,1999年,第272页。

④ 中央文献出版社主编:《建国以来毛泽东文稿》(第八册),中央文献出版社,1993年,第601页。

⑤ 葛新生:《赫鲁晓夫传》,世界知识出版社,1997年,第356页。

⑥ [俄]尼·费德林:《费德林回忆录:我所接触的中苏领导人》,周爱琦译,新华出版社,1995年,第143页。

从此在近三十年的时间内，中苏政治关系和中苏文化交流都跌入低谷，进入了一种极不正常的状态。

到戈尔巴乔夫执政时期,随着中苏关系的改善和中国国际地位的提升,苏联方面开始主动重视中苏之间的文化交流。1989年5月15日,戈尔巴乔夫访华;5月16日,邓小平与戈尔巴乔夫会晤,宣布中苏关系正常化。在5月17日向中国学术界发表的演讲中,戈尔巴乔夫指出了苏中高级会晤的意义:"我们有权把苏中高级会晤看成是一个重要的界限。一个很长的相互疏远的时期已经过去。我们将要共同缔造我们的未来。"戈尔巴乔夫特别指出了苏中文化交流的重要性和重要作用:苏中两国人民创造了各具特色的文明,两国的文化交流给两国人民带来了实实在在的好处。两国关系要深入发展,促进人民之间的相互了解十分重要,苏联和中国学者的相互接触和共同研究符合两国利益。戈尔巴乔夫尤其强调了苏中文学艺术的交流:"在文化方面我们拥有一个精神往来的无价之宝,这首先是文学艺术方面的交流的传统。"[①]他引用了鲁迅关于中俄文化和历史有共性的言论,肯定中国文艺家和翻译家为译介俄苏文艺作品所做出的巨大努力。苏联方面对中国独特而古老的文化特别感兴趣,在莫斯科的各类博物馆和列宁格勒(今圣彼得堡)的艾尔米塔什经常举办中国文艺展览,传统的中医在苏联也很受欢迎。当时苏联汉学界出版的40册"中国文学丛书"在苏联深受欢迎。

苏联解体后,俄罗斯的亲西方力量虽然一度冀求西方国家特别是美国能够给俄罗斯以支持,但结果却适得其反。因此,俄罗斯政府开始实施"双头鹰"外交战略,对华关系受到特别重视。俄罗斯领导人继承了苏中关系正常化所确立的新型国家间关系准则和重视两国文化交流的传统,俄中两国的文化交流得以顺利继续进行。1992年12月,叶利钦首次访华,中俄两国签署了《关于中俄相互关系基础的联合声明》,其中指出:"双方将促进并扩大文化、艺术、教育、信息、旅游和体育领域的相互联系,以及两国青年间的交流。双方将鼓励两国文化组织之间的直接联系和公民之间的接触。双方认为,相互教授两国语言和文学具有重大意义。双方将在培训文化干部、保护民族文化财富、翻译出版以及校际联系等方面进行合作。"1997年,叶利钦访华时郑重地明确宣布:"同中国的睦邻合作,是我们对外政策的一个独立的优先方面,具有长期的战略性质,不

---

① 《戈尔巴乔夫向中国学术界发表演讲》,《人民日报》,1989年5月17日。

受一时的政治因素的影响。"他指出,两国都在解决一项共同的任务——带着强盛、繁荣和经过改革的经济进入下一世纪,为本国人民谋求美满幸福的生活。①两国长期的具有战略性质的睦邻友好关系为两国之间的文化交流提供了有力的保障和广阔的舞台。据报道,叶利钦本人十分喜爱中国文化,认可中医理疗,曾学练中国气功,这从一个侧面反映了俄罗斯领导人对中国文化的喜爱。

　　普京执政之后十分重视俄中关系的发展,从 2000 年 7 月到 2015 年 9 月共 11 次访华。2000 年 7 月,普京访华期间,《中华人民共和国和俄罗斯联邦北京宣言》的发表证明普京接受了叶利钦时期俄中关系的成果,并准备加以继承和发展。2002 年 12 月,普京第二次访华,与江泽民签署了《中俄联合声明》,全面总结了中俄关系十年发展的成功经验,制定了此后一个时期两国关系发展的战略规划。2004 年 10 月,普京第三次访华,与胡锦涛全面深入地讨论了中俄关系的现状和前景,双方批准了《中华人民共和国和俄罗斯联邦睦邻友好合作条约的实施纲要(2005—2008 年)》,其中指出:"不管国际形势如何变化,深化中俄战略协作伙伴关系都是两国外交政策的优先方向。"②两国还签署了《中华人民共和国和俄罗斯联邦关于中俄国界东段的补充协定》,宣布中俄边界走向已全部确定, 两国间 4300 多千米的共同边界从此成为两国人民友谊的纽带和桥梁。2004 年是中俄"青年友谊年",两国青年代表团进行了互访。2005 年,中俄两国元首在莫斯科签订《中俄关于 21 世纪国际秩序的联合声明》,双方的经济合作领域逐渐增多,贸易额大幅提升,文化交流日益频繁,安全领域的信任与合作不断加强,中俄建立了战略对话磋商机制并举行了首次大规模联合军事演习。2006 年是中俄战略协作伙伴关系建立 10 周年和《中俄睦邻友好合作条约》签署 5 周年,又是中国的"俄罗斯年",普京于当年 3 月对中国进行了访问,出席了中国"俄罗斯年"开幕式,中俄两国签署了二十多个合作文件,两国元首签署了《中俄联合声明》。两国关系在政治、经济、文化交流等诸多领域都取得了显著进展,尤其是中国"俄罗斯年"和俄罗斯"中国年"的举办更是将中俄战略协作伙伴关系及

---

　　①　《叶利钦总统接受中俄记者采访时强调加强俄中关系开拓合作领域》,《人民日报》,1997 年 11 月 8 日。

　　②　"中俄发表联合声明宣布中俄边界线走向全部确定",新华网,2004 年 10 月 15 日,http://news.xinhuanet.com/newscenter/2004-10/15/content_2091965.htm。

文化交流推向了一个全新的历史高度。中俄互办"国家年"活动在两国关系史上是一个创举,其中文化交流对增进两国人民间的相互了解和推动两国在各个领域的合作具有尤为重要的意义。

2008 年 8 月,普京担任总理后访华,出席了北京奥运会开幕式,热烈祝贺北京奥运会开幕式成功举行,胡锦涛感谢俄罗斯对中国举办奥运会的支持,并再次衷心感谢俄罗斯对中国人民抗击四川汶川特大地震灾害提供的宝贵支持和无私援助。普京表示俄罗斯对华友好方针不会动摇,俄方的援助是友好情谊和睦邻友好的表现,是好邻居应该做的。2009 年10 月,普京访华期间与温家宝举行了中俄总理第十四次定期会晤,会后两国签署了《中俄总理第十四次定期会晤联合公报》。普京还出席了中俄建交 60 周年庆祝大会暨中国"俄语年"闭幕式并致辞。2011 年 10 月,应温家宝邀请,普京对中国进行了正式访问,并与温家宝举行了中俄总理第十六次定期会晤,中俄两国签署了一系列合作文件。俄罗斯《莫斯科时报》网站 10 月 10 日刊载了《普京的中国之行至关重要》的文章。文章指出,此次访问是普京宣布参加总统选举后的首次出国访问,文章引用了上海复旦大学俄罗斯中亚研究中心主任赵华胜的评论,认为此次访问的意义超过了一次普通的总理级访问。2012 年,普京再次当选俄罗斯总统后于 6 月访问中国,并出席了在北京举行的上海合作组织会议。香港《文汇报》刊载了《普京访华深化中俄关系新内涵》的文章,认为普京此次访华具有新的内涵。中美俄大三角不再是意识形态死磕的关系,而是利益交错攸关的关系,三大国也在博弈中求得多赢。在此大局观下考虑中俄关系,中俄两国关系的新内涵就变得更为清晰和理性。

2014 年,普京两次访华。5 月,普京对中国进行国事访问,并出席了在上海举行的亚洲相互协作与信任措施会议第四次峰会。11 月,普京访问中国,与习近平举行了会晤,并出席了亚太经合组织(APEC)第二十二次领导人非正式会议。普京访华前接受中国媒体联合采访时指出:深化与中国的关系在俄罗斯外交政策中占有优先地位。今天,我们两国的关系达到了全面、平等、信任的战略伙伴关系的新水平,这是有史以来的最好水平。我们都非常清楚,这样的合作对于俄罗斯十分重要,对于中国来说,我相信,都同样极为重要。①据俄卫星网 2015 年 6 月 19 日报道,普京

---

① "普京访华前就北京 APEC 会议接受中国媒体联合采访",中国新闻网,2014 年 11 月 7 日,http://www.chinanews.com/gj/2014/11-07/6761834.shtml。

与来访的张高丽会谈时确认,愿于 2015 年 9 月 3 日访问北京。普京说:"5
月我们接待了我们的朋友,习近平先生的访问。不久前,6 月 15 日是他的
生日,请转达最良好的祝愿。我们不久将在乌法 7 月 8—10 日举行的金砖
国家和上合组织峰会框架下会面。正如我们所商定的,我计划 9 月 3 日
访问北京。"①2015 年 9 月 3 日,普京参加了中国人民抗日战争暨世界反
法西斯战争胜利 70 周年庆典,俄罗斯方面派方队参加了阅兵。普京认为,
中国人民解放军方队和俄罗斯军队方队在 2015 年分别首次参加彼此的
纪念活动具有重要意义。

　　普京多次访华,是中国人民十分熟悉的外国领导人,不论担任总统
还是总理,他都积极致力于推动两国关系向前发展,对中俄两国关系的
健康稳定发展做出了重要贡献。普京本人对中国文化的兴趣则直接推动
了中俄文化交流向深层次迈进。普京喜欢吃中国菜,热爱中国文化。2002
年访华时普京和夫人游览了八达岭长城,在北京大学发表了演讲,普京
讲到俄罗斯青年对中国文化的热爱,他说自己的两个女儿都在练习中国
武术,其中一个还在努力学习汉语。2004 年 10 月,普京访华期间参观了
秦兵马俑,对中国成功保护文化遗产表示赞叹。2006 年 3 月,普京于访华
结束前访问了少林寺,观看了少林功夫表演。2009 年访华期间普京在接
受中国媒体采访时说,他本人十分重视两国人文交流与合作,人文合作
是俄中政治关系与经济合作必不可少的基础,两国通过互办"国家年"和
"语言年"活动,增进了两国民众彼此的欣赏和信任。

　　2008 年 5 月,梅德韦杰夫访问中国。访华前夕,梅德韦杰夫专门通过
俄新社向中国人民发表致辞——《致中国读者》,俄新社和俄罗斯联邦驻
华大使馆为他访华编制的专刊——《俄罗斯联邦总统德米特里·梅德韦杰
夫对中华人民共和国进行正式访问专刊》登载了这篇致辞。他在致辞中指
出:"俄中战略协作伙伴关系的基础是相互尊重、积极合作的愿望以及对
现实国际问题所持的相近的外交立场。这使我们能够充分发挥2001 年 7
月 16 日签署的俄中睦邻友好合作条约的巨大潜力……双方一致认为,应
该把国家年活动所取得的社会反响变成一种常态,并决定2009 年在中国
举办'俄语年',2010 年在俄罗斯举办'汉语年',这将有助于我们的双边关
系继续保持高速发展的势头。我相信,我们两国在政治、经济、科学、文化、

---

① "普京证实愿于 9 月 3 日访问北京",新华网,2015 年 6 月 24 日,http://news.xinhuanet.com/ca
nkao/2015-06/24/c_134352234.htm。

教育以及体育领域的关系的进一步发展有着取之不尽、用之不竭的资源。"①在致辞最后,梅德韦杰夫祝愿所有中国人民家庭和睦、万事如意,能取得新的成就,祝愿北京 2008 年奥运会取得成功。关于两国互办"国家年",梅德韦杰夫 2007 年在接受国际文传电讯社记者采访时说,两国互办"国家年"在整个俄中关系史乃至苏中关系史上还没有过。在与《人民日报》和俄新社网站网友直接交流时,梅德韦杰夫再次指出:"国家年"项目的规模绝对是史无前例的——在我们两国关系史上,甚至在我们两国与其他国家的关系史上还从未举行过如此大规模的活动。"国家年"的举办不仅翻开了两国文化合作新的篇章,同时也推动了两国之间的密切对话,全面巩固了两国协作的基础,包括政治基础、经济基础和文化基础。

中俄文化交流所取得的成就与两国一直以来对其的重视紧密相关。与苏联和俄罗斯展开文化交流是中国社会主义文化事业的重要组成部分,其目的是积极引进和吸收苏联和俄罗斯创造的优秀文明成果,借以提高中国人民的文化素质,丰富中国人民的文化生活,同时向俄罗斯人民宣传介绍中国光辉灿烂的传统文化、丰富多彩的现代文化和中国的发展现状,从而增进中俄两国人民之间的友谊和理解,取长补短,加强合作,共同维护世界和平,促进人类进步。新中国成立后的中苏文化交流在相当长的时间内十分不平衡,很难对等交流。由于政治关系的影响和缺乏完善的保障机制,中苏文化交流在短暂的繁荣之后趋于中断,逐渐恢复交流之后苏联又走向了解体。中苏文化交流可以说是大起大落,一波三折。但中苏文化交流为中俄文化交流提供了经验教训,尤其是中苏关系正常化,为中俄文化交流的持续深入进行开辟了道路,两国领导人在这一过程中展现了高度的政治智慧。1989 年 5 月,邓小平在与戈尔巴乔夫会晤时表示,中国人民真诚地希望中苏关系能够得到改善,他建议利用这个机会宣布中苏关系从此实现正常化。邓小平同时回顾了中国与沙俄和苏联关系的历史,指出沙俄大国沙文主义和苏联霸权主义对中国的危害。最后,邓小平强调中苏关系应该本着"结束过去,开辟未来"的方针,"重点放在开辟未来的事情上"。邓小平还提出"不搞意识形态争论"的重要方针,认为"世界格局将来是三极也好,四极也好,五极也好,苏联总还是多极中的一个,不管它怎么削弱,甚至有几个加盟共和国退出去","不管苏联怎么变化,我们都

---

① ［俄］亚·伊萨耶夫主编:《俄罗斯联邦总统德米特里·梅德韦杰夫对中华人民共和国进行正式访问专刊》,俄罗斯新闻社、俄罗斯驻华大使馆,2008 年,第 1 页。

要同它在和平共处五项原则的基础上从容地发展关系,包括政治关系,不搞意识形态的争论"。①这种平等互利,互相尊重,不搞意识形态争论,彼此不把自己的意识形态强加给对方的方针政策为中俄文化交流指明了正确的方向。江泽民、胡锦涛、习近平等党和国家领导人抓准时机,顺应潮流,与俄罗斯签署一系列条约文件,在中俄文化交流的法律保障和机制完善方面做了大量工作,践行了中俄两国签署的文化交流方面的各种协定协议,使中俄两国的文化交流活动达到了全新的发展水平和空前的发展阶段,中俄两国因此成为"和谐友好的人文合作伙伴"。

　　1949年之后的中苏文化交流主要以苏联文化对中国文化的影响为主,呈现出一种不对等的状态。郭沫若在新中国成立前就曾形象地把中苏文化交流的不平衡比喻成"洪流与溪涧",这种状况在新中国成立之后有所改观,但没有发生本质上的变化。当代俄罗斯时期,俄罗斯三位总统叶利钦、普京、梅德韦杰夫都十分重视俄中文化交流。叶利钦和普京都十分喜欢中国文化,在倡导俄中文化交流方面不遗余力,梅德韦杰夫则指出:"我们有数百年的合作历史,但是,要想了解像中国这样一个大国,一个对我们来说非常重要的战略伙伴和邻国,那就必须使这种交往从政府层面转移到民众之间的人文互动层面。"②与苏中文化交流相比,俄中文化交流更受重视,而且是建立在独立和平等的基础之上,是"洪流"对"洪流"式的交流,而不再是"洪流"对"溪涧"式的交流。俄罗斯领导人对俄中文化交流的重视为俄中文化交流的深度开展创造了条件,两国在独立和平等基础上展开的文化交流对于推动两国关系的持续健康发展发挥了不可替代的作用,也为具有不同文明基础的大国之间开展文化交流提供了范例。

第三节　中苏(俄)文化交流的机构和团体

　　中苏、中俄文化交流的主要参与机构和团体有两国和对方国家的友好协会,两国驻对方国家的使领馆,两国的各类委员会、协会、联合会、学会、图书馆、博物馆和出版机构等,涉及文学、电影、美术、音乐、舞蹈、戏

　　①　《邓小平文选》(第三卷),人民出版社,1993年,第353页。
　　②　[俄]亚·伊萨耶夫主编:《俄罗斯联邦总统德米特里·梅德韦杰夫对中华人民共和国进行正式访问专刊》,俄罗斯新闻社、俄罗斯驻华大使馆,2008年,第19页。

剧、卫生、体育、档案等各个领域和青年、妇女、儿童、老战士等不同年龄段和性别的人群。

一、中苏、中俄友好协会

1949 年 10 月 5 日成立的中苏友好协会是中苏文化交流的重要机构,根据《中苏友好协会章程》,该协会是以增进和巩固中苏两国人民兄弟般的友谊和合作,促进两国间以一切智慧和经验的交流为目的的广泛的统一战线的群众组织。中苏友好协会的宗旨是:发展和巩固两国的友好关系,增进两国文化经济及各方面的联系和合作,介绍苏联政治、经济、文化建设的经验和科学成就,加强中苏两国在争取世界持久和平的共同斗争中的紧密团结。因为入会条件宽松,要求简单,中苏友好协会在全国具有规模庞大的组织体系:全国设总会,包括几个省市的大地区(如东北)设总分会,省及直属市设分会;县、市及直属市所属的企业、工厂、机关和学校设支会,村庄及县市所属的企业、工厂、机关、学校设支分会。支分会受支会领导,支会受分会领导,分会受总会或总分会领导,总分会受总会领导。从中苏友好协会总会会长和理事人员组成可知其受重视的程度:刘少奇任会长,宋庆龄、吴玉章、沈钧儒、李济深、郭沫若、张澜、黄炎培任副会长,理事共 197 人,都是中国近现代史上著名的政治家、军事家、外交家、文学家、科学家、艺术家,多是在新中国成立前或在苏联留过学,或曾到苏联访问过,或做过中苏友好交流工作,或是对苏联情况比较了解的著名人士。

东北地区早在新中国成立之前就成立了地方性的中苏友好协会。中苏友好协会总会成立后,大大促进了各地中苏友好协会组织的发展,下面拟以山东省、云南省和陕西省三个省份为例进行说明。根据《山东省志·外事志》记载,中苏友好协会山东分会于 1950 年 11 月 7 日成立,至 1951 年 11 月,山东省已经建立有济南、青岛、烟台等 11 个地市和汶上、长清、莱阳、乳山等 14 个县的中苏友好协会组织,以及沂水、昌潍、泰安等 6 个专区的中苏友好协会工作委员会;建立了所属分会 48 个,支会 1185 个,支分会 1104 个,发展会员 82.77 万人。截至 1952 年 12 月,山东全省发展的中苏友好协会会员达 615 万人。根据《云南省志·外事志》记载,云南省中苏友好协会于 1950 年 4 月 30 日成立,当时定名为中苏友好协会昆明分会,1951 年 1 月更名为云南中苏友好协会。至 1952 年年底,云南中苏友好协会共建立分会及支分会 300 个, 采取集体入会或个人申请入会的办法发展会员 35

万余名。根据《陕西省志·外事志》记载,陕西省成立的第一个中苏友好协会组织是 1949 年 12 月 21 日成立的中苏友好协会西安市分会, 它在不到一年的时间内就组建支会 86 个,支分会 320 个,发展会员 31970 人。陕西省中苏友好协会于 1950 年 12 月成立,在它成立前后,陕南、陕北各专区、市、县的中苏友好协会组织也迅速发展起来。到 1952 年底,全国已解放的地区中除个别十分偏僻的地区外,绝大多数地区都成立了深入厂矿、农村的县和乡中苏友好协会基层组织,会员人数达 3800 万以上。①

　　1949 年至 1952 年是中苏友好协会的鼎盛时期,在这期间,中苏友好协会及全国各地分支机构运用各种可能的方式举行了大量中苏友好构建活动。1952 年 11 月 7 日至 12 月 6 日举行的全国“中苏友好月”运动,把中苏友好构建活动推向了高潮。根据中苏友好协会《关于“中苏友好月”运动的总结》,全国各地的中苏友好协会通过组织讲演会、座谈会、联欢晚会、文艺演出、街头剧、文化站、屋顶广播,以及放映电影、幻灯片和举办图片展览会等形式向 4.268 亿人次进行了直接的中苏友好教育。仅华北地区就有大约 26719 个剧团、文艺队等文娱团体参加了中苏友好话语的构建活动。苏联文化工作者代表团、苏联艺术工作团、亚历山德罗夫红旗歌舞团和苏联电影工作者代表团在中国一些城市的访问活动给群众留下了深刻的印象。根据初步统计,仅河南、辽西就有四千多万人直接受到中苏友好和社会主义、共产主义前途的教育,占两省总人口的 83% 左右；东北地区和河北、江苏等省的城市居民有 90% 以上受到教育；上海、天津两市也有 80% 以上的居民受到比较深刻的教育；在宁夏,有 60% 的人口在各种活动中知道了关于中苏友好的道理。②通过“中苏友好月”运动在全国开展,东北地区和河北、江苏等省在中苏友好话语构建工作中做得最好,城市居民受到教育的普及率达 90% 以上,一般地区达 70% 以上,运动开展较差的地区(如贵州省)达 40% 以上。③

　　由于中苏友好协会过分注重发展个人会员并进行组织工作,只顾单干而不注意与其他方面宣传力量进行联合,1953 年 4 月 29 日,中苏友好协

---

　　①　李巧宁:《新中国的中苏友好话语构建(1949—1960 年)》,中国社会科学出版社,2007 年,第 25—26 页。

　　②　《“中苏友好月”运动成绩巨大进一步巩固和发展了中苏两国人民的友谊》,《人民日报》,1952 年 12 月 9 日。

　　③　李巧宁:《新中国的中苏友好话语构建(1949—1960 年)》,中国社会科学出版社,2007 年,第 48—49 页。

会第三次全国工作会议通过了《关于改进中苏友好协会工作的决定》,其中规定:此后改为以会员所在团体的名义加入中苏友好协会,且不必再成立专门的理事会或干事会,具体工作一般交由团体会员单位的宣传部门去做,在各厂矿、学校、农村乡等单位内则根据具体情况由党、团、工会、学生会等兼做。这样,各基层中苏友好协会的工作大都转给了当地党委宣传部门,中苏友好协会原有的基层机构大大缩减,专职工作人员大幅度减少。至1954年9月前后,各大区中苏友好协会先后裁撤,只有总会和省市友协尚处于活动状态,但总会的一切重要指示均通过中央宣传部下达,总会对省市友协不再负有领导责任,省市友协的实际工作归由当地党委宣传部门领导。

中苏友好协会为促进中苏友好发挥了十分重要的作用,中国人民对外友好协会会长兼中俄友好协会会长陈昊苏2009年在《人民日报》撰文评价指出:"中苏友协的工作服从并服务于我国外交工作的大局,为保障中苏两国的安全和维护远东及世界和平,特别是为我国社会主义建设事业争取一个和平的国际环境起到了重要的作用。作为群众性对外友好团体,中苏友协的实践经验,丰富了'官民并举、以民促官'及'民间外交为政府的官方外交服务'的内涵。"①

到俄罗斯联邦时期,中苏友好协会被中俄友好协会代替,直属于中国人民对外友好协会,其任务是:同俄罗斯对华友好组织、社会团体和各界人士发展友好关系;开展中俄民间文化交流;促进中俄之间经济贸易合作的发展;推动中俄之间的科技、教育合作和人才交流;促进中俄地区合作,建立并巩固友好城市和友好省州关系;从事其他增进中国和俄罗斯两国人民友好关系的工作。中俄友协为促进中俄友好做了大量工作,例如:帮助俄中友协和俄罗斯老战士委员会为出版《在中国牺牲的烈士》一书开展资料搜集工作,向俄方提供了197幅珍贵的历史照片;会同中国和平利用军工技术协会与俄罗斯国际科学文化合作中心、俄中友协在莫斯科联合举办中俄军转民合作研讨会;派出中国地方代表团访问与中国接壤的俄边疆区和州,等等。1999年是中俄友协成立50周年,在庆祝大会上通过了设立中俄友谊纪念奖章的重要决定,以表彰长期以来从事中俄友好事业并做出突出贡献的中俄各界友好人士。当年,向中俄双方各15位友好人士颁发了中俄友谊纪念奖章,俄罗斯方面获此奖章的有汉

---

① 陈昊苏:《光辉的历程——中俄友协60年回顾》,《人民日报》,2009年9月24日。

学家费德林、齐赫文(С. Л. Тихвинский，1918—　)、巴斯马诺夫(М. И. Басманов，1918—2006)、伊·阿·罗高寿(И. А. Рогачёв，1932—2012，人称"小罗高寿")、米亚斯尼科夫(В. С. Мясников，1931—　)、季塔连科(М. Л. Титаренко，1934—2016)、卢金等人，亚历山德罗夫红旗歌舞团作为集体获得中俄友谊纪念奖章。2000年9月，中俄友协向科夫图诺夫(А. В. Ковтунов，1933—2009)等15名老战士授予了中俄友谊纪念奖章，11月，俄罗斯《我们的同时代人》(Наш Современник)杂志作为集体获中俄友谊纪念奖章。2009年9月，中俄友好协会向雷日科夫 (Н. И. Рыжков，1929—　)颁发了中俄友谊纪念奖章。截至2009年，俄罗斯方面共有47名个人和2个团体获中俄友谊纪念奖章。

在21世纪前十几年，中俄友协配合官方外交举办了许多民间外交活动，如2002年与中俄友好、和平与发展委员会联合举行了庆祝《中俄睦邻友好合作条约》签署一周年的报告会和招待会，为配合中国西部大开发战略，与俄罗斯国际科学文化合作中心在莫斯科联合举办以开发中国中西部为主题的"中俄地区合作研讨会"，等等。2003年，为纪念《中俄睦邻友好合作条约》签署两周年并配合胡锦涛访俄，中俄友协在北京金台艺术馆举办了"圣彼得堡市建市300周年暨中俄友好交流"图片展。此外，中俄友协还举办了一系列具有广泛民间基础的交流活动。例如，举办了首都青少年科技爱好者与荣获"苏联英雄"称号的俄罗斯宇航员的友好会晤及科技讲座，在中国科技馆举办了纪念加加林太空飞行40周年大型图片展，与科技部和中国科协共同举办了中俄青少年科普交流活动，等等。2004年，中俄友协在北京举办了庆祝中俄建交和中俄友协成立55周年的活动，及第3届中俄友好城市会晤等活动。2005年，中俄友协邀请曾参加东北三省解放战役的俄罗斯老战士访问了北京、哈尔滨、大连、武汉等城市，并出席了纪念中国人民抗日战争胜利60周年的活动。2009年是中俄建交和中俄友协成立60周年，中国举办了"俄语年"系列活动，中俄友协编辑出版了中俄双语对照的《俄罗斯抒情诗选》，并为俄罗斯"汉语年"筹备了中俄双语对照的《中国诗选》，组织策划了隆重庆祝中俄建交60周年暨中俄友协成立60周年的中俄民间友好活动，举办了"孙中山、宋庆龄与苏联"文物图片展和中俄关系研讨会，等等。

在中俄两国互办"国家年""语言年""旅游年"和"青年友好交流年"的过程中，中俄友协积极参与和协调，为这些活动的成功举办发挥了重要作用。2014年4月，陈元在北京召开的第5届中俄友协理事会第3次常务理事会议上当选为中俄友协新一任会长。10月,庆祝新中国成立、中俄建交、中俄友协成立65周年大会在俄罗斯外交部举行,中俄友协会长陈元、中国驻俄大使李辉、俄中友协名誉主席齐赫文、俄中友协主席季塔连科出席并致辞。陈元在致辞中说,中俄友协始终坚持增进两国友谊的宗旨,为推动两国交流合作、促进两国发展做出了重要贡献。中俄友协在世代友好、永不为敌的和平思想下,开展了一系列卓有成效的活动,为夯实两国关系的社会和民意基础发挥了重要作用。齐赫文在致辞中详细回忆了65年前他和苏联代表团在天安门参加开国大典的盛况。他说,所有场景现在记忆犹新。季塔连科说,新中国成立以来,发展成就辉煌。中俄双边关系在近四百年交往史中处于最高水平。①

中俄友协一直致力于中俄间友好城市和友好省州关系的建立。截至2014年,经过中俄友协的牵线搭桥,两国之间已经建立25对友好省州、87对友好城市。为铭记友谊,推动中俄世代友好,2014年10月,中俄友协等单位在北京联合召开了"156项工程"工业遗产保护工作座谈会,并发布《"156项工程"工业遗产保护倡议书》。2015年5月,中俄两国友协在莫斯科联合举办了主题为"回顾历史、展望未来、珍爱和平"的纪念大会,习近平和普京致信祝贺,陈元、李辉、莫尔古洛夫(И. В. Моргулов,1961—　)等出席大会并致辞。习近平在贺信中说,我们纪念中国人民抗日战争和俄罗斯卫国战争的伟大胜利,是为了铭记历史、缅怀先烈、珍爱和平、开创未来,希望这次纪念大会能巩固中俄两国人民用鲜血和生命凝成的传统友谊,推动中俄两国人民和各国人民携起手来,共同开创两国发展振兴和人类和平进步更加美好的未来。普京在贺信中表示,卫国战争和第二次世界大战胜利70周年对俄中两国都是具有特殊意义的纪念日,俄中两国人民并肩作战,损失惨重,为世界反法西斯战争胜利做出了卓越贡献。相信此次会议能让我们铭记先辈的功勋,培育青年一代的爱国主义、人道主义和友好情感。

二、苏中、俄中友好协会

苏联政府早在1925年就专门成立对外文化关系协会来负责对外文化事务,1957年,这一协会级别得到提升,改名为苏联部长会议对外文化

---

① "俄罗斯举行大会庆祝中俄友协成立65周年",新华网,2014年10月21日,http://news.xin-huanet.com/world/2014–10/21/c_1112906143.htm。

关系国家委员会，按照地理区域划分并设立了各个管理分支，1959年又改名为外国文化关系和友谊协会联合会，下设十几个重要的文化协会，负责与外国签订并实施文化交流协定。所以，新中国成立之初，苏联方面对中国的文化交流工作一直由对外文化关系协会组织。

苏中友好协会成立于1957年10月29日，其理事会为常设机构，首任理事会主席是安德烈耶夫(A. A. Андреев, 1895—1971)。苏中友好协会是苏联成立的第一个对外友协，在一些加盟共和国、远东地区和接壤边疆区及部分大城市都设有分会。苏中友好协会的宗旨是：促进苏中两国人民间的兄弟友谊与合作的进一步发展和巩固；向苏联广泛介绍中国人民的生活和社会主义建设的成就；向中国介绍苏联人民的生活和社会主义建设的成就；同中苏友好协会保持经常的、直接的联系，相互交流图片、文化资料、举办展览会、互派友好代表团参观访问，促进苏中的经济文化交流。从1958年1月到1960年7月，苏中友好协会用中文出版周刊杂志《苏中友好》。

苏中友协自成立之初便与中苏友协建立了良好关系。在两国友好时期，双方频繁互派各类代表团和文化艺术团体，交换出版物及其他信息。苏中友协在苏联举办了各种大规模活动，介绍中国人民如何取得了革命战争胜利、如何建设新中国。在苏中关系恶化期间，苏中友协也并未停止活动，而是积极团结苏联各界对华友好人士，积极开展汉学研究。苏联汉学界对中国古代典籍、传统文化翻译和研究的许多重要成果都是在这一时期完成的。1969年1月，苏中友协举行会议，宣布此后主要任务是"维护、发展和巩固我们两国人民之间的兄弟情谊与合作，加深苏联社会各界对中国百姓生活、中国历史及文化的了解，意识到中国人民为世界文明发展做出的巨大贡献，培养对中国人民的尊敬之情"。苏中友协和中苏友协从1983年开始就恢复了往来，两国交界省区的友协分会之间的联系也得到恢复和发展，两国友协为两国关系正常化做了大量基础性工作。苏中友协还为苏联领导人改善对华关系的决策发挥了智囊作用，许多深谙中国文化的汉学家积极建言献策。在戈尔巴乔夫访华团中，汉学家李福清(Б. Л. Рифтин, 1932—2012)和司格林(Н. А. Спешнев, 1931—2011)都是著名的"中国通"和对华友好的积极倡导者。

苏中友协自1992年起被俄中友协取代。俄中友协是苏中友好协会的继承者和发扬者，对俄中关系快速发展起到了重要作用。1997年10月29日是俄中友协成立40周年纪念日，叶利钦在贺词中高度评价俄中友协在发展两国睦邻友好关系及卓有成效的合作方面所做的努力,在培养俄罗斯社会各界对中国及其文化的兴趣和热爱方面做出的贡献。叶利钦特别指出:"即使是在我们两国关系中的艰难时期,友协也一直在积极开展工作。它帮助俄罗斯与中国人民珍视彼此间的亲切情感,推动了国家间关系的正常化,进而促成了两国互信伙伴关系的建立。"1998年,季塔连科院士当选为俄中友协主席,齐赫文院士担任名誉主席。两人都是院士级别的汉学家,在俄罗斯汉学界有着广泛的影响力和号召力。此后俄中友协在推动俄中友好关系的发展方面更加活跃,组织了各种各样的活动,促进了两国实业界人士、学者、社会活动家、青少年组织和文化界人士的相互了解和往来。俄中友协每年都举行纪念中华人民共和国成立周年庆祝会,陆续组织了纪念孙中山、宋庆龄、毛泽东、刘少奇、周恩来、朱德、邓小平、陈云、陈毅、李富春、蔡畅、胡耀邦等中国领导人和社会活动家的诞辰纪念活动。

俄中友协领导莫斯科、圣彼得堡、叶卡捷琳堡、新西伯利亚、哈巴罗夫斯克、符拉迪沃斯托克以及俄罗斯其他地区的分会,通过各种途径吸引俄罗斯各界对华友好人士投身到与中国的全方位合作中来。为吸引俄罗斯青年投身于俄中友好事业,2004—2005年,俄中友协在俄罗斯的中学和大学举办了以"您了解中国吗?"为主题的知识竞赛,各地学生踊跃参赛,优胜者应中国文化部的邀请到中国进行访问。俄罗斯科学院远东研究所和俄中友协的文化信息中心,近年来一直定期为青年举办主题为"中国文明"的系列讲座,俄中友协名誉主席齐赫文院士则主持了关于现代中国的研讨会,很多汉学家经常前往俄罗斯的高校举办有关中国及俄中关系问题的讲座,引起了听众对中国的兴趣。俄中友协还组织各地友协分会与中国地方友协积极往来,扩大交流,陆续接待了来自黑龙江、辽宁、吉林、湖南、湖北、贵州、四川、北京、广东、天津、上海、重庆、新疆维吾尔自治区、西藏自治区和中国香港的代表团。俄中友协定期把俄罗斯科学院远东研究所出版的《远东问题》杂志、中国出版的俄文版杂志《中国》和《伙伴》寄往俄罗斯各大组织和友协的15个地方分会,以便俄罗斯读者及时了解两国文化交流的现状和动态。

2005年是卫国战争胜利60周年和抗日战争胜利60周年,俄中友协接待了中国对外友好协会和中俄友协代表团,接待了中国城市代表团,这些城市都建有抗日战争期间牺牲的苏联军人墓地及纪念碑。2006年,俄中友协组织了纪念《俄中睦邻友好合作条约》签署5周年、中华人民共和国成立暨俄中建交57周年、纪念孙中山140周年诞辰、朱德120周年诞辰和鲁迅 125 周年诞辰的活动,在符拉迪沃斯托克组织了主题为"建立俄中边境地区环境保护问题互信及互动机制"的论坛。在中俄两国互办"国家年"期间,俄中友协在"国家年"框架下组织了由中俄两国专家和青年学者参与的主题涉及政治、经济、文化及生态环境等两国关系各个方面的学术研讨会,举办了各种丰富多彩的文学艺术领域的文化交流活动。2007 年是俄罗斯"中国年",也是俄中友好协会成立 50 周年,俄中友协于 10 月 23 日在俄罗斯国立社会大学礼堂举行了庆祝大会。季塔连科在发言中回顾俄中友协 50 年的发展历程时指出:苏中友协和俄中友协在不同历史时期团结了一大批苏联和俄罗斯社会各界人士,与中国人民对外友好协会、中俄友协等组织密切合作,不断巩固和促进两国人民之间的传统友谊,对俄中两国关系的发展、两国关系的正常化、俄中战略协作伙伴关系的建立发挥了积极作用。即便是在中苏关系恶化时期,俄中友协也积极工作。俄中友协通过 50 年的努力,在国内外赢得了广泛的赞誉和崇高的威望。普京在贺信中指出:"这些年来俄中友协的积极分子为加强与我们伟大邻国——中国的相互了解和全面合作进行了卓有成效的工作。俄中友协在俄罗斯中国年活动如火如荼地进行之际庆祝成立 50 周年是很有意义的。"①在两国文化交流的组织过程中,俄中友协一直与俄中友好和平与发展委员会积极互动,联合开展俄中文化交流工作,同时与俄罗斯驻华大使馆、中国驻俄大使馆、中国驻圣彼得堡和哈巴罗夫斯克的总领馆保持密切联系,经常邀请中国的大使和领事到俄罗斯高校作中俄关系的讲座,并且联系在俄罗斯的中国同乡会及华商联合会组织了很多活动,与俄罗斯科学院远东研究所一起呼吁为开拓俄罗斯市场的中国企业家举办研讨会。俄中友协积极投身于俄中友好的努力得到了中国方面的高度评价。曾任中国驻俄罗斯大使的刘古昌称,俄中友协是俄罗斯境内发展俄中友谊的火车头和排头兵,中国政府和中俄友协曾颁奖给俄中友协的知名汉学家和优秀活动家,以表彰他们在传播中国文化和促进两国文化交流所做出的重要贡献。

　　对中国方面为中苏、中俄文化交流做出贡献的人士,俄罗斯政府和俄中友协也给予颁奖表彰。"友谊勋章"于 1994 年设立,授予为增进人民之间友谊、促进国家间合作以及发展俄罗斯经济做出突出贡献的人士,

---

① 陈磊:《对外友协、中俄友协代表团出席俄中友协成立 50 周年庆祝活动》,《友声》,2008 年第 1 期。

是俄罗斯联邦总统授予外国人的最高奖章。1999年12月,叶利钦访华期间,向从事中俄友好事业的刘华清(驻华大使罗高寿代颁)、黄毅诚、张德广、朱训、萧榕(原名邓榕——笔者注)、陈昊苏6位中方人士颁发了"友谊勋章"。此后陆续获得"友谊勋章"的还有毛秀璞、李延龄、马福康、张左己、刘利民、黄道秀等。2002年,俄中友协代表俄罗斯科学院授予中国驻俄大使张德广荣誉院士称号,2003年季塔连科主席又授予张德广名誉博士学位。2007年,在俄中友协庆祝成立50周年活动期间,季塔连科主席向陈昊苏、刘恕、朱佳木、高莽等6位中方人士颁发了"俄中友谊贡献奖章"。俄罗斯科学院授予陈昊苏和朱佳木名誉院士称号,俄罗斯科学院远东研究所授予陈昊苏远东研究所名誉博士学位。从1958年郭沫若被苏联科学院选为名誉院士开始,截至2015年,中国已有二十多位人士当选苏联和俄罗斯科学院的名誉院士。

三、其他机构和团体

在中俄文化交流过程中,中俄两国总理定期会晤机制发挥了重要作用。两国总理会晤始于1992年,但定期会晤始于1996年,会晤后签署的联合公报都明确规定下一年两国文化交流的具体计划。为了更好地实践两国1996年文化合作议定书的内容,中方于1996年成立了中俄友好、和平与发展委员会,而俄方则于1997年成立了俄中友好、和平与发展委员会。在中俄两国友好、和平与发展委员会的协调组织下,两国的很多文化机构,如教文卫体部门,出版机构和大众传媒,妇女、青年和宗教组织,图书馆和博物馆等都参与到中俄文化交流工作当中。2000年11月,俄罗斯总理卡西亚诺夫(М. М. Касьянов,1957—)访华期间与中国总理朱镕基就在两国总理定期会晤机制下设立教育、文化、卫生、体育合作委员会达成了协议,12月, 国务院副总理李岚清访俄时与俄罗斯副总理马特维延科 (В. И. Матвиенко,1949—)共同主持了合作委员会第一次会议。截至2009年,两国教文卫体合作委员会共同主持召开了10次会议。2007年9月的第8次会议宣布将两国教文卫体合作委员会更名为人文合作委员会。

从2004年起,档案合作被列入中俄合作议程。当年9月,两国教文卫体合作委员会档案合作工作小组在莫斯科召开了第一次会议。中俄两国档案部门本着相互理解、科学严谨、真诚合作的精神,2004—2015年合作编纂了两部中国与苏联关系文献汇编,以中俄两种语言分别在中国和俄罗斯出版。《中国与苏联关系文献汇编(1949年10月—1951年12月)》于

2009 年出版,收录了 129 份档案文献和相关图片,再现了中苏关系发展过程中的一些历史性时刻和重大事件。中方文献主要由中国外交部档案馆提供,中央档案馆提供了一部分。俄方文献主要由俄罗斯联邦外交部历史文献局提供,还有俄罗斯联邦对外政策档案馆、俄罗斯联邦总统档案馆、俄罗斯国家社会政治史档案馆的馆藏。中文版和俄文版在内容上是一致的,但在编排方式和对文献的注释方面,双方各自根据本国的出版标准进行了处理。作为中俄两国在外交档案领域合作的重要成果,《中国与苏联关系文献汇编(1949 年 10 月—1951 年 12 月)》曾成为两国领导人互相交换的礼品。《中国与苏联关系文献汇编(1952—1955)》于 2015 年出版,全书收录了 128 份档案文献和相关图片,中方文献主要由中国外交部档案馆和中央档案馆提供,还选用了部分业已公开发表的重要文献。俄方文献由俄罗斯联邦外交部历史文献局提供, 主要来自俄罗斯联邦对外政策档案馆等部门。中国外交部部长王毅和俄罗斯外交部部长拉夫罗夫 (С. В. Лавров,1950—　)分别予以作序。王毅在序言中指出:"这部汇编向世人重现了新中国成立初期中苏两国交往的重要历史瞬间, 见证了两国人民深厚的传统友谊,是一部具有重要历史价值的文献。"拉夫罗夫在序言中特别提到,俄中两国在 2015 年共同庆祝反法西斯胜利 70 周年,一起向世界展示对历史的一致态度,表明坚决反对任何篡改历史的企图,俄中在历史档案领域的互相协作理当在这方面发挥特殊的作用。另外,北京市档案局和莫斯科档案管理总局联合编辑了中俄文本的《北京与莫斯科的传统友谊——档案中的记忆》,2006 年由中国档案出版社出版。北京市档案局局长陈乐人和莫斯科档案管理总局局长马内金(В. А. Маныкин,1956—　)出席了首发式并分别致辞。书中采用北京市档案局馆藏图片 155 幅、档案文件 38 件,莫斯科档案管理总局馆藏图片 43 幅、档案文件 19 件,包括两国高层互访、两个首都城市政府代表团互访、北京与莫斯科互赠动物、两国青年及少年儿童友好交往,以及在城市规划、城市建设、医疗卫生、高等教育、文化体育、科学技术、工业、农业、水利、军事等方面开展援助和交流情况等内容,从档案的视角见证了两国人民在 20 世纪 50 年代友好交往的珍贵历史片段,为研究中俄传统友谊提供了真实具体的历史记录。①

　　两国友好、和平发展委员会经常围绕两国国内大事和双边关系的重点问题展开专题活动,比如 2005 年是第二次世界大战结束 60 周年,各项

---

① 《北京与莫斯科档案文化交流取得新成果》,《北京档案》,2006 年第 7 期。

纪念活动是两国文化交流的重点之一,2006 年和 2007 年两国互办"国家年"是文化交流的重中之重。2008 年,两国人文合作委员会举行了"妇女文化周"、青年联谊会、大学生文化节、青少年运动会等活动。2009 年是中华人民共和国成立和中俄建交 60 周年,两国人文合作委员会举行了重大的纪念活动。继互办"语言年"之后,中俄两国又相互举办"旅游年""青年友好交流年"和"媒体交流年",在这些活动中两国人文合作委员会发挥了重要的组织和协调作用,促进了两国文化交流的机制化。

以体育领域为例,两国的交流原先就有基础,后来又经历了一个机制化的过程,相互交流和借鉴的情况十分明显。在苏联时期,中苏两国重视体育交流并且组织了很多活动。1956 年毛泽东畅游长江,《苏联体育报》进行了报道,并在此后对中国游泳的发展提供了帮助。国际象棋是苏联的强势项目,在中国发展国际象棋运动的过程中,苏联的帮助不可低估。在中国,国际象棋直到 1957 年才第一次被列为全国棋类锦标赛的竞赛项目之一。1965 年 12 月,苏联国际象棋队选手在北京同中国国际象棋队选手进行了首次友谊赛,在六盘比赛中,中国选手的战绩是一胜、一平、四负,其中胜出的一局是棋龄不长的刘文哲击败了苏联国际特级大师克罗基乌斯 (H. B. Крогиус,1930—　),刘文哲因此成为第一个战胜国际特级大师的中国棋手。改革开放之后,中国的国际象棋事业不断发展,不断取得优异成绩。1991 年 12 月,中苏举行国际象棋对抗赛,中国棋手叶江川迎战全苏青年冠军获胜,取得了男子国际特级大师的资格。苏联解体之后,中俄之间的国际象棋赛事一度停顿,直到 2001 年 9 月,中俄才在上海举行了首届中俄国际象棋对抗赛,俄罗斯队以 41.5 比 30.5 的总比分战胜中国队,显示出了不凡的实力。2004 年,在莫斯科举行的第 2 届中俄国际象棋对抗赛中,中国男队和女队双双获胜,青年队与俄方战平,特别是中国男队棋手倪华和王玥,分别击败了俄罗斯特级大师马拉霍夫(B. H. Малахов,1980—　)和鲁布廖夫斯基(C. B. Рублевский,1974—　),女队棋手许昱华、赵雪、黄茜和青年队选手王皓、周健超、沈阳也有不俗表现,赛事的胜利证明中国国际象棋队已经具备了与像俄罗斯这样的世界强队抗衡的能力。2006 年的第 3 届中俄国际象棋对抗赛在内蒙古额尔古纳市举行,中国队最终以 51.5 比 48.5 的总比分获得胜利,中国女队表现尤其出色,男队水平较俄罗斯男队稍逊一筹,俄罗斯棋手雅科文科 (Д. O. Яковенко) 和科辛采娃(T. A. Косинцева)分获最佳棋手奖。2007 年,在下诺夫哥罗德市举行的第 4 届中俄国际象棋对抗赛中,中国队以总分 52.5 比 47.5 赢得胜利。2008 年,在宁波举行的第 5 届中俄国际象棋对抗赛中,中国队在慢棋、快棋和超快棋三个阶段比赛总成绩不敌俄罗斯队,中国男队虽以 28.5 比 21.5 大胜,但女队则以 23 比 27 落败。2009 年, 在索契举行的第 6 届中俄国际象棋对抗赛中,中国队凭借在局分方面的微弱优势小胜俄罗斯队。2010 年,第 7 届中俄国际象棋对抗赛在宁波举行, 中国队以总分 128 比 122 战胜俄罗斯队,第 5 次获得中俄对抗赛的胜利。2012 年,第 8 届中俄国际象棋对抗赛在圣彼得堡举行,中国队以总分 72.5 比 77.5 负于俄罗斯队。2015 年,第 9 届中俄国际象棋对抗赛在宁波举行,中国队包揽男女团体冠军。中俄国际象棋对抗赛轮流在中国和俄罗斯举行,形成了机制,成为传统性赛事,对两国选手棋艺的提高尤其是中国棋手的成长很有好处。2015 年,第 9 届中俄国际象棋对抗赛期间,中国队总教练叶江川在接受采访时表示,中国和俄罗斯都是国际象棋强国,中国近两年来连续取得世界团体冠军,与中俄国际象棋对抗赛多次在中国举办不无关系。叶江川说:"感谢比赛给了我们与俄罗斯棋手切磋棋艺的机会。俄罗斯是世界国际象棋第一强国,我们还有很多地方要向俄罗斯棋手学习。希望这项比赛能够一直办下去。"①

在登山运动方面,1958 年赫鲁晓夫和毛泽东商议两国联合攀登珠穆朗玛峰,随后两国的体育部门进行了具体的商谈,苏方派出 100 名功勋运动员参加,中方则专门从苏联买了两架飞机,从法国、瑞士等国家购买了大量装备。1959 年中苏双方运动员进行了侦察性登山,但很快中苏两国关系破裂,合作登山中断。1987 年,美国倡议由美国出资,组成中、苏、美三国联合登山队攀登珠峰,美方与苏联体委和登山协会进行了商谈并向中国通报了情况。1989 年 5 月,中国政府批准中国登山协会参加这项登山活动,决定由西藏登山队代表中国队参加,由西藏体委全权负责组织和筹备工作。7 月,中、苏、美三方代表贡布、巴雷别尔金(维拉第米尔)和汤姆·惠特克在莫斯科签署议定书,一致同意在和平、平等、友好、理解的旗帜下组成联合登山队并就有关细节达成协议。经过近 3 年的酝酿和筹备,中、苏、美联合登山队共 6 人终于在 1990 年 5 月登上珠穆朗玛峰。6 名登山运动员分别是中方的加布和大齐米,美方的罗伯特·林克和史蒂芬·高尔,苏方的阿尔先季耶夫和伦贾克夫。

苏联解体之后, 中俄体育交流日渐频繁并走向机制化。2001 年和 2003 年,由于中国申请举办第 29 届奥运会等原因,中俄教文卫体合作委

---

① 《中国队包揽中俄国际象棋对抗赛冠军》,《宁波日报》,2015 年 7 月 21 日。

员会体育合作分委会与俄罗斯国家体育运动和旅游委员会每年都举行两次会议,俄罗斯支持中国举办 2008 年奥运会,中国支持俄罗斯在索契市举办 2014 年冬奥会，双方都为对方的申办过程和推介活动提供了各种便利条件。2009 年 10 月,普京访华期间和温家宝举行了中俄总理第十四次定期会晤，会后两国签署了《中俄总理第十四次定期会晤联合公报》,公报积极评价两国体育领域的交流与合作,中方表示支持俄方举办 2014 年索契冬奥会,以实际行动推动两国体育部门在冬季运动会项目和其他方面项目的交流合作,双方相互支持对方举办深圳 2011 年第26 届和喀山 2013 年第 27 届世界大学生夏季运动会。2014 年 2 月,习近平应普京邀请到索契出席了第 22 届冬奥会开幕式,这是中国国家主席首次出席在国外举行的大型国际体育活动。习近平在接受俄罗斯电视台主持人布里廖夫采访时说:"我专程来,就是要表达中国政府和人民以及我本人对俄罗斯举办索契冬奥会的支持。"习近平认为,索契冬奥会组织工作是一流的。中国冬季运动项目,特别是滑雪项目竞技水平同冰雪运动强国相比还有较大差距。近些年,中国在滑冰项目上进步较快,在自由式滑雪空中技巧等项目上具备一定实力。习近平还说:"中国北京市联合张家口市已经向国际奥委会正式提出申办 2022 年冬奥会，我们也是来向俄罗斯人民学习的,向俄罗斯运动员学习,向俄罗斯的体育强项学习,向俄罗斯举办冬奥会的成功做法学习。"①

　　武术是俄罗斯向中国体育学习的重要方面。武术在中国很流行,早在 3 世纪就成为一种广为人知的强身健体和格斗对抗的方法。苏联人民和俄罗斯人民对中国武术十分推崇,尤其是对太极拳和模仿动物的武术动作十分感兴趣。20 世纪 80 年代中苏关系改善后,莫斯科第 65 青少年体校校长尼古拉·科罗廖夫曾访问过中国,到过杭州、南京、北京等地,还特地参观了洛阳、开封、嵩山少林寺。1990 年,他邀请杭州大学体育系教师季建成到莫斯科指导,办了两期训练班,学员达 200 人。1991 年夏天,又邀请兰州大学历史系教授马明达和浙江大学体育部主任康天成到莫斯科传授武艺。②1989 年,苏联国家体委下属的非传统健身科研中心曾专门编印了一套关于太极拳的书籍供中老年人练习使用。苏联国家体委正

---

① "习近平接受俄罗斯电视台专访",新华网,2014 年 2 月 9 日,http://news.xinhuanet.com/world/2014-02/09/c_119248735.htm。

② 孙成木:《俄罗斯文化 1000 年》,东方出版社,1995 年,第 326 页。

式承认武术是一种体育运动形式并设立了许多武术气功训练中心,招收学员,聘请中国或苏联教授讲课,大力推广武术气功,至1989年,莫斯科已建有4家规模较大的武术气功训练中心。

苏联解体后,俄罗斯民众更加热爱中国武术,许多武术爱好者公费或自费到中国少林寺、武当山等地学习武术。在俄罗斯的一些教授中文的学校里,武术是重要的授课内容。1993年9月,第3届中国郑州国际少林武术节开幕,有28个国家和地区的40个代表团参加了此次武术节,俄罗斯也派出代表团参加。2001年10月,江南少林功夫表演团访问俄罗斯,在俄罗斯引起轰动。2002年普京访华前夕,俄罗斯国家电视台摄制组一行5人在少林寺拍摄了专题片。专题片主要是拍摄给普京看的,因为他想深入了解少林文化。但是,当年普京未能到访少林寺。时隔3年,为给普京访问少林寺做准备,2005年11月,俄罗斯莫斯科旅游委员会主席率团专门到河南考察旅游线路,重点考察了少林寺,考察团在观看了少林寺武术馆的功夫表演之后,对少林功夫啧啧称赞并当即邀请河南省旅游局率少林功夫表演团到莫斯科参加国际旅游交易会,到俄罗斯推介河南的旅游资源,让更多的俄罗斯人了解河南,了解少林寺和少林武术。2006年3月,普京访华结束前访问了少林寺,探访了《太宗文皇帝御书》碑、乾隆《夜宿少林》碑、大雄宝殿、龟驮碑和藏经阁等处,观看了一指禅、蛤蟆功、童子拜佛、少林单刀、少林棍等少林功夫表演,品尝了禅茶。少林寺向普京赠送了少林武功医宗秘籍和以黄水晶雕制的《混元三教九流图赞》碑。自此,少林功夫在俄罗斯大受欢迎。2007年、2009年、2011年,少林武僧先后受邀赴俄罗斯表演功夫,2009年还在莫斯科参加了国际军乐节,2013年在俄罗斯"中国旅游年"开幕式上,10名少林武僧进行了3分钟的少林功夫表演,包括单练、对练、集体拳、童子功等,观众掌声不断,表演结束后习近平和普京同时对着舞台伸出大拇指。2013年8月,少林武僧团再次受普京邀请赴莫斯科参加国际军乐节。少林寺在俄罗斯设有少林文化中心,少林武僧释延康曾两次赴俄罗斯教授少林功夫,前来参加学习的人非常多,普京的女儿非常喜欢少林武术并进行了学习。创建于1993年的莫斯科武术学校特意制作了微缩少林寺山水景观并引以为豪。莫斯科武术学校以教授中国武术为主,同时开设中文、英文和其他基础教育课程,有专业武术教练十余名,学生几百人。学校定期组织师生到少林寺和北京什刹海体校进修,让他们学习到正宗的中国功夫,从而巩固和提高训练水平。莫斯科武术学校的创始人是俄罗斯武术协会会长兼莫斯科武术学校总教练穆兹鲁科夫(Г. Н. Музруков, 1961—　)。他认为中国武术是传播中国文化的最好使者之一,他希望通过武术训练,让更多的俄罗斯青少年了解中国和中国文化。另外,合肥神行太保文武学校曾经赴俄进行武术表演,在俄罗斯产生了较大影响。圣彼得堡"中国中心"校长韩丹星女士曾于2003年10月访问合肥,在观看了神行太保文武学校的武术表演后深为折服,于是积极策划邀请文武学校赴俄表演。中国驻圣彼得堡总领事馆获悉后高度重视,把文武学校的武术表演作为中国文化系列活动的重头戏。合肥神行太保文武学校精心挑选人员,组成了二十多人的代表团,于2004年1月赴圣彼得堡市参加了该市举办的中国文化系列活动表演,除表演武术套路、散打等传统武术项目外,还表演了多次在国内外大赛上获得金奖的手掌拍钉、一指禅、二指禅、罗汉撞钟等中华武术绝技,受到俄罗斯观众的热烈欢迎。

俄罗斯设有武术联合会,现任主席是穆兹鲁科夫。在2014年索契冬奥会期间,俄罗斯武术队员经常在位于索契的"中国之家"表演武术。穆兹鲁科夫在接受《广州日报》记者专访时表示,在这样的重要场合表演对俄罗斯武术队员来说已是轻车熟路,"每次有重大活动特别是与中国有关的,我们的武术运动员都会作现场表演的,而且我们的总统也非常支持武术"。事实的确如此,比如2015年2月5日,中国驻俄罗斯大使馆为俄罗斯汉学家举行2015年新春招待会,俄罗斯武术联合会学员在招待会上表演了精彩的武术节目。穆兹鲁科夫在接受采访时说,普京是俄罗斯最重要的武术支持者,经常出席各类武术活动。穆兹鲁科夫说,大家都知道普京对武术很感兴趣,"他在成为桑博和柔道高手之前早就对武术感兴趣了,总统认为,所有技击性艺术的基础都是武术"。穆兹鲁科夫强调,在苏联时期,武术就迅速开展,他本人就是在那时开始学习武术的,李连杰主演的《少林寺》对他影响很大,让他萌生了学习武术的念头,他还一度想去少林寺当和尚。后来他在中国体委主任李梦华的安排下开始在中国学习武术。他说:"从1989年开始,我每年都去中国学习,就在北京的什刹海体校,让我惊讶的是,给我安排的师父竟然是吴斌,我知道他也是李连杰的师父。"苏联解体后,俄罗斯武术联合会进一步推广中国武术。穆兹鲁科夫说:"特别是这些年,在莫斯科的武术学校有五六百人专门学习武术和中文,中俄两国的领导人都来我们武校访问过,还有其他的一些体育或影视明星来过,如成龙。"他透露,这些武术学校都是政府投入的,"这是国家的学校,并不是私人的,学生在我们这里学习武术和中文都是免费的,如果是私人学校的话,我们的运动员也不可能达到这么高的水平"[1]。

在两国体育交流的过程中,中俄两国人文合作委员会的体育合作分委会发挥了重要作用,其他很多人文合作领域也是如此。在两国人文合作委员会的协调组织下,两国的作协、妇女和青年组织、宗教组织、各类协会、出版机构、大众传媒等,都被列入两国人文合作交流的范围。

在妇女工作方面,两国人文合作委员会下设妇女分委会,定期举办两国"妇女文化周"活动。中俄"妇女文化周"是两国国家级机制性交流的项目之一,是两国人民特别是妇女交流的重要平台,为巩固两国世代友好的社会基础发挥了积极作用。中俄"妇女文化周"具体由中华全国妇女联合会和俄罗斯联邦委员会合作举办,自2002年至2012年已经举办了7届。2002年中俄两国首届"妇女文化周"是为纪念《中俄睦邻友好合作条约》签署一周年举办的系列活动之一。文化周期间举办了中俄女艺术家作品展、时装表演、"红莓花开"专场文艺晚会和中俄妇女共游长城友好签名活动,俄罗斯妇女代表团还赴上海进行了参观访问。2004年第二届中俄"妇女文化周"在莫斯科举行,举办了"走进新世纪的中国妇女"图片展,双方签署了《中俄两国妇女工作合作交流协议》,中国妇女代表团前往圣彼得堡举办了一系列友好交往活动,考察了俄罗斯的初等教育状况。2006年举行的第三届中俄"妇女文化周"是中国"俄罗斯年"的重要活动之一。文化周期间,俄罗斯联邦委员会副主席奥尔洛娃(С. Ю. Орлова,1954—)率领的由俄联邦女政要、女议员及社会知名妇女等组成的高级代表团一行五十多人来华参加了中俄首届妇女论坛,就妇女在政治、经济和社会各领域的作用与中方代表进行了深入讨论。文化周期间还举办了中俄当代女艺术家作品展,在上海举行了文化周专场文艺演出和闭幕式。俄罗斯妇女代表团还在北京参观了中国儿童中心,观看了孩子们的武术和书法等表演,在苏州参观了园林和刺绣研究所,在上海走访了浦东新区的一户普通人家,在上海交通大学参观了电子信息电气工程学院的实验室并与师生进行了交流。第四届中俄"妇女文化周"于2007年在莫斯科和圣彼得堡举行,这是中俄友好、和平与发展委员会妇女分委会2007年年度计划活动,也是俄罗斯"中国年"13项国家级重要活动之一。中国派出了由全

---

① "俄罗斯武术'掌门':我与李连杰师出同门",中国新闻网,2014年2月12日,http://www.chinanews.com/ty/2014/02-12/5825471.shtml。

国人大常委会副委员长、全国妇联主席顾秀莲率领的八十多人组成的代表团前往俄罗斯参加第四届中俄"妇女文化周"活动,此次文化周的主要活动包括:俄国家领导人会见、第二届中俄妇女论坛、中俄妇女民间手工艺展、中俄家庭联欢演出以及参观访问等。第二届中俄妇女论坛的主题是"家庭",与会者当天在参加了全体会议后还分成"家庭与社会""教育与文化""居民的社会保障"3个小组,就两国的婚姻与家庭、青少年家庭教育及人口与老年生活等问题进行了坦诚地对话和沟通。双方高度评价中俄妇女非政府组织为巩固家庭、推动性别平等和居民社会保障所采取的行动,同时谴责一切针对妇女和儿童的暴力行为及性别歧视。双方建议积极扩大政治和经济支持,以巩固家庭、发展教育和文化事业、加强儿童和老年人的社会保障;建议采取积极行动提高妇女的社会政治地位,支持妇女参政议政;建议进一步采取措施,提高母亲的地位和威望,促进男女平等;建议加深和拓展中俄两国议会、青年、妇女、非政府组织间的交往。第五届中俄"妇女文化周"开幕式暨第三届中俄妇女论坛于2009年10月在北京举行。由于2009年是中俄建交60周年,因此活动十分隆重。本届文化周以"妇女教育和青年发展"为主题,通过开展第三届中俄妇女论坛、中俄当代女艺术家作品展等交流活动,加强了两国妇女的民间交往,增进了两国人民的感情和友谊。在西安举行的闭幕式上通过了《第五届中俄妇女文化周暨第三届中俄妇女论坛共识》,共同建议:进一步提高妇女受教育水平;关注青年包括女青年发展;鼓励两国女企业家建立联系、交流经验,发展互利合作;加强中俄两国在妇女和青年领域的交流。闭幕式结束后还举行了专场文艺演出,中俄两国艺术家同台演出,共同庆祝第五届中俄"妇女文化周"和第三届中俄妇女论坛成功举办,并以此纪念中俄建交60周年。2010年,第六届中俄"妇女文化周"分别在莫斯科和伏尔加格勒两地举办。活动期间,俄议会和政府领导人分别接见了中国代表团,双方还举办了第四届中俄妇女论坛、中俄当代女艺术家作品展等活动。2010年是俄罗斯卫国战争胜利65周年,因此第六届中俄"妇女文化周"的举办非同寻常。两国妇女代表重温历史,参观了莫斯科俯首山卫国战争纪念馆、伏尔加格勒马马耶夫岗和斯大林格勒保卫战全景画纪念馆,共同缅怀为卫国战争和世界反法西斯战争做出贡献的人们。中国全国人大常委会副委员长、全国妇联主席陈至立和俄罗斯联邦委员会副主席奥尔洛娃共同签署了《第六届中俄妇女文化周暨第四届中俄妇女论坛共识》,再次重申了加强两国妇女交流、深化务实合作的重要意义,并表示将进一步提高两国妇女人文和文化交流的水平,促进两国妇女发展,增进相互了解、友谊和互信,为两国人民的世代友好做出更大贡献。2012年,主题为"妇女与环保、生态和旅游"的第七届中俄"妇女文化周"暨第五届中俄妇女论坛在莫斯科举行。陈至立在开幕式致辞时指出,中俄全面战略协作伙伴关系保持着积极、健康、稳定的良好发展势头,战略和政治互信进一步增强,各领域合作全面推进。中俄"妇女文化周"是两国人文交流,特别是妇女交流的重要平台,有力地促进了两国妇女的深入交流、真诚合作,增进了友谊。中国共产党第十八次全国代表大会提出确保到2020年实现全面建成小康社会的宏伟目标,把生态文明建设放在突出位置,提出要努力建设美丽中国,实现中华民族的永续发展。妇女在生态文明建设中具有独特优势,相信中俄两国妇女会更多地支持和参与环境、生态保护和旅游事业。[1]第五届妇女论坛结束时,陈至立和奥尔洛娃共同签署了《第七届中俄妇女文化周暨第五届中俄妇女论坛共识》。中俄两国"妇女文化周"的定期举办在两国妇女和两国人民之间架起了心灵沟通和情感交流的桥梁,在促进两国男女平等、缩小男女发展差距、家庭建设和子女教育等方面做了大量工作,对两国妇女事业的进步起到了积极的推动作用,对中俄人民世代友好的伟大事业将产生积极而深远的影响。

在中俄两国人文合作框架内,中国佛教协会和俄罗斯中央佛教协会自1996年进行首次正式接触后,两国宗教界经常定期举办活动进行宗教文化交流,中国人民外交学会和俄罗斯对外政策协会也从1996年开始不断派员互访以加强两国的民间文化交流,两国的图书馆、出版社、美术馆、博物馆、大众传媒、旅游机构等也交流频繁。中俄两国开始大量以对方国家语言文字出版宣传本国文化的图书,美术馆经常互办两国古代和现当代艺术家的画展,两国博物馆则相互展览本国文物并进行联合考古。

中俄两国人文合作委员会在合作过程中十分重视媒体的作用。2006年,中俄两国媒体记者发起了"中俄友谊之旅"采访活动,中方媒体记者于7月25日从北京出发,经内蒙古满洲里口岸进入俄罗斯境内,然后与俄通社-塔斯社、俄罗斯之声电台、俄罗斯"第一频道"电视台等媒体记者会合,联手横跨欧亚大陆,途经俄罗斯近二十座城市,行程1.5万千米,最

---

① 《陈至立出席第七届中俄妇女文化周暨第五届中俄妇女论坛开幕式并致辞》,《人民日报》,2012年11月24日。

后抵达终点莫斯科。"中俄友谊之旅"是首次由中国和俄罗斯两国记者联合组成的跨境采访报道活动,既是中俄"国家年"的重要活动,也是中俄两国新闻工作者加强合作与交流的重要平台,通过沿途采访报道,向世界展现了中俄两国人民的友好情谊,介绍了沿途地区两国开展的各项活动与交流,展示了俄沿途城市及地区的自然风光和社会风貌,进一步增进了中俄两国的政治互信,扩大了两国的友好关系,推动了两国在各领域的合作。2008年2月,俄罗斯"中国"电视频道正式开播,这一频道用俄语播出有关中国和俄中关系发展的新闻,介绍中国的历史地理、名胜古迹、科学教育、卫生体育、音乐美术、舞蹈戏剧等各个方面,定期播放中国拍摄的优秀电视剧和电影,成为俄罗斯人民了解中国的重要媒体窗口。2009年9月,中国中央电视台俄语国际频道正式开播,这一频道不仅着眼电视技术,还综合利用了网络电视和互联网等新媒体手段和多样化的网络互动技术,用文字、图片、视频、博客、留言、调查等多种手段,搭建了中国与俄语国家和地区网民互动交流的平台,能够及时把全新的中国形象展示出去,使俄语地区国家更加了解中国。中国俄语国际频道的开通也激发了中国人学习俄语和俄罗斯人学习中文的兴趣,并引起了俄语媒体的关注,俄罗斯《观点报》《早报》、莫斯科回声广播电台、白俄罗斯新闻网等媒体都给予相当篇幅的积极报道。因此,2009年俄语国际频道的开播是为中俄建交60周年和中国的"俄语年"增光添彩的重要举措。2010年,中俄媒体开展了大规模的交流活动。中国中央人民广播电台与俄罗斯之声电台共同举办了"中国音乐周",由中方提供中国音乐供俄方播出,并在俄罗斯举行了中国流行音乐会。中国国际广播电台制作了《跟俄罗斯明星学汉语》多媒体俄汉双语教学节目,并组织"情动俄罗斯"俄语歌大赛的中国获奖者赴俄演出交流。中国中央电视台俄语国际频道与俄罗斯电视广播公司合作拍摄了《俄罗斯的汉语热》电视专题节目并交换播出。在2009年成功举办中国大学生俄语知识竞赛之后,人民网对俄新网举办的俄罗斯大学生汉语知识竞赛提供了支持和协助。2011年至2014年中俄两国互办文化节,从2013年起双方互办电影节,2012年和2013年中俄互办"旅游年",2014年和2015年中俄互办"青年友好交流年",中俄媒体都围绕当年的重要文化交流活动展开了报道。2014年10月,人民网与今日俄罗斯通讯社就发展双边信息领域的合作达成协议。2015年6月,首届"中俄电视周"在武汉举行。2015年6月25日,中俄媒体论坛在俄罗斯圣彼得堡举行,两国媒体秉持合作互信理念,展开了深度交流合作,刘奇葆率中共代表团访问俄罗斯并出席中俄媒体论坛等活动。刘奇葆在中俄媒体论坛上发表了题为"秉持合作互信理念,开创中俄媒体发展新未来"的主旨演讲。他说,当前中俄两国已进入相互提供重要发展机遇、互为主要优先伙伴的新阶段。两国媒体应秉持合作互信理念,深化交流合作,共同助推两国全面战略协作伙伴关系,共同服务丝绸之路经济带和欧亚经济联盟建设对接合作,共同捍卫第二次世界大战胜利成果和国际正义,共同促进两国文化交流互鉴,把更多积极友好的信息传至对方,把更多客观正面的声音传向世界。①论坛开幕式后,中国国家新闻出版广电总局、中国国际广播电台、《人民日报》、中国中央电视台、中国新闻社、中国外文局等多家单位分别与俄方伙伴签署协议,确定就内容互换、联合采访、专家资源共享、互译出版物、合作拍摄影视剧等领域进一步展开合作。两国媒体界共同认为,当今两国在媒体质量上并不落后于西方媒体,发展先进的新媒体技术,更新陈旧的媒体传播理念,积极推动两国媒体交流有助于削弱西方媒体在信息传播领域的垄断地位。《人民日报》则评论指出,媒体交流是中俄公共外交的重要力量。马克思曾说,报刊是社会舆论的流通"纸币","经常而深刻地影响舆论"。随着媒体技术的日益进步,中俄媒体间的交流碰撞有助于加深相互了解、澄清事实,更全面、客观、准确地报道对方,从而更好地搭建两国人民了解与信任的桥梁。中俄媒体论坛规格之高、阵容之强,前所未有,其顺利举行为两国 2016 年和 2017 年成功互办"媒体交流年"做好了准备,打好了基础。

在图书交流领域,由于中国综合国力的增强,更加重视对外宣传工作,积极实施中华文化"走出去"战略。除英语国家外,以俄罗斯为重心的俄语国家是中国文化外宣工作的一个重点。中国外文局是中国外文出版发行事业局的简称,后来又称中国国际出版集团,是承担党和国家书刊与网络对外宣传任务的新闻出版机构,是中国历史最久、规模最大的专业对外传播机构。外文局下设外文出版社、华语教学出版社、人民画报社等多家出版社,迄今已出版大量俄文出版物。成立于 1952 年的外文出版社是对外介绍中国的国际化专业出版机构,用 43 种文字翻译出版过大量的政府重要文献、领袖著作和政治理论书籍,以及有关中国基本情况和中国传统文化等方面的图书,共计三万余种,印刷四亿多册,发行到世界一百六十多个国家和地区,拥有中国国内独一无二的、丰富的多文种

---

① 《刘奇葆率中共代表团访问俄罗斯》,《人民日报》,2015 年 6 月 29 日。

图书出版资源。俄文出版物是外文出版社出版的重点之一,曾以俄文出版了大量中国领袖及老一辈无产阶级革命家的著作和传记,加深了俄语读者对他们的了解,增进了中俄两国人民之间的传统友谊。华语教学出版社以出版教学类俄文书籍为主,曾出版《跟我学汉语》《快乐汉语》《体验汉语》《每日汉语》《当代中文》《中国文化常识》《中国历史常识》《中国地理常识》等,《中国文化常识》《中国历史常识》和《中国地理常识》是一套面向世界各国汉语学习者的普及型、口语化的文化辅助读物,拥有包括俄文在内的多种版本,非常适合对中国有浓厚兴趣的俄罗斯读者。2007年胡锦涛访问俄罗斯期间曾将该套丛书赠送给俄罗斯的院校。人民画报社曾长期出版俄文版《中国画报》,在苏(俄)有着五十多年的广泛影响,从2001年开始改以电子出版物发行。2005年11月,依托人民画报社,利用俄文版《中国画报》的办刊基础,俄文版《中国》杂志在莫斯科创建。这是一本全面介绍中国,更多地关注当代中国,侧重经济、文化、社会生活的综合性月刊,面向莫斯科、圣彼得堡和十余个独联体国家的首都地区发行,读者对象为对中国感兴趣的俄罗斯和独联体国家的中青年知识阶层。俄文版《中国》杂志在莫斯科设立了办事处,负责联络读者,并及时向北京总部传递信息,实现前方策划,后方采写、组稿,以加强杂志内容的针对性。和《中国画报》以图为主不同,俄文版《中国》杂志图文并茂,以文为主,文字是《中国画报》的3倍左右。在设计形式上,杂志充分参考了《星火》等俄罗斯主流杂志的设计理念和设计风格,体现了国家级杂志所应有的庄重、高雅、大方,并结合运用图表、漫画、插图等设计元素。杂志使用了俄罗斯杂志提供的丰富的俄文字体,长期聘请俄罗斯汉学家和俄语语言专家参与编辑工作,十分重视选题的针对性和语言的斟酌加工,因此杂志贴近俄罗斯受众的需要和思维习惯,语言也很地道。曾任俄罗斯驻华公使的中国问题专家谢·尼·冈察洛夫(С. Н. Гончаров,1955—)十分认可俄文版《中国》的语言,他曾说:"现在贵国有多本介绍中国的俄语杂志,办刊宗旨和印刷质量都很好,但在语言方面都存在着不同程度的问题,俄罗斯读者会感到别扭,而只有你们杂志的俄语是没有问题的。希望你们珍视这一点,并成为贵国其他杂志的榜样。"①

随着中俄文化交流的深入进行,外文局对俄版权输出持续增长,年

---

① "俄文杂志《中国》:为发展和延续中俄人民友谊而诞生",中国网,http://www.china.com.cn/chinese/sy/10 66573.htm。

输出量达 60 种左右，俄罗斯成为外文局最主要的版权输出国家之一。通过与俄罗斯知名出版社和书店的合作，外文出版社和华语教学出版社在俄罗斯图书市场的品牌知名度和影响力大大提高，外文局的图书已经大规模进入俄罗斯主流发行渠道。以 2007 年为例，当年是俄罗斯的"中国年"，在 9 月举行的第 20 届莫斯科国际书展上，中国以主宾国身份精心准备了三百余种图书，其中新版图书一百多种，涵盖了中国概况、文化、艺术、文学、旅游、中医保健、汉语教学等多个类别和领域，涉及英、俄、法、德、日、阿等 12 个语种，其中俄文为此次参展的第二大外语语种，专门为俄罗斯读者准备了一批俄文版图书，如《邓小平文选》《陈云文选》《我的父亲毛泽东》《我的父亲朱德》《全景中国——上海：世纪上海》《生活中的中国文化与智慧》《中国文化常识》《中国历史常识》《中国地理常识》等，还有俄罗斯作者直接用俄语写作的图书，如伊萨耶娃(Л. И. Исаева)的"我的中国收藏"系列。该系列图书以作者收集的近千件中国陶瓷艺术品为线索，深入发掘了收藏品背后的故事，包括神话传说、历史典故、著名历史人物和事件、民间习俗、汉字知识、美食厨艺、姓氏传承等，取材和观察视角独特，语言生动流畅，通俗易懂，字里行间充满对中华文明的喜爱和赞美。

2013 年，中国国家新闻出版广电总局与俄罗斯出版和大众传媒署共同签署并启动了"中俄经典与现当代文学互译出版项目"，双方确定了"俄罗斯文库"50 部，"中国文库"首选书目 50 部，候选书目 30 部。2014 年 9 月，"中俄经典与现当代文学互译出版项目"首批成果——中国文学作品在俄罗斯出版俄文版，并分别亮相第 21 届北京国际图书博览会和第 24 届莫斯科国际书展，首批成果包括：《红楼梦》《三国演义》《水浒传》《儒林外史》《猫城记》(老舍作品选)、王蒙的《活动变人形》、铁凝的《笨花》、莫言的《生死疲劳》、何建明的《落泪是金》和《张贤亮作品选》。① 参与"中国文库"项目翻译和出版的俄罗斯出版社有东方文学出版社等 7 家出版社。2014 年底，《谢德林作品集》等 15 部俄罗斯文学作品被译成汉语在中国出版发行，承担"俄罗斯文库"项目翻译、出版任务的中国出版社有人民文学出版社、上海译文出版社、黑龙江大学出版社、解放军文艺出版社等 6 家出版社。"中俄经典与现当代文学互译出版项目"首批成果的出版引

---

①　方文国：《"中俄经典和现代作品互译出版项目"推出首批成果》，《中华读书报》，2014 年 9 月 17 日。

起了积极反响,中俄双方决定增加互译作品数量,2015 年 4 月,中俄双方就"中俄经典与现当代文学互译出版项目"由 100 种扩大至 200 种事宜进行了磋商并达成协议。

根据 2009 年 10 月中俄两国政府在北京签订的《中华人民共和国政府和俄罗斯联邦政府关于互设文化中心的协定》,中俄两国还在对方国家互设了文化中心。位于北京的俄罗斯文化中心成立于 2010 年 9 月,梅德韦杰夫亲自到场祝贺并给予很高的评价。在北京的俄罗斯文化中心的活动宗旨是开展人文领域的合作,向中国民众介绍俄罗斯丰富的精神和文化遗产,展示文化、科学、体育等各领域取得的巨大成就。中心定期举办图片展、图书展、影展、演出等文化活动,为中国人民了解俄罗斯提供了一个便捷的多媒体窗口,进而促进两国民间文化交流与合作。位于莫斯科的中国文化中心于 2012 年 11 月试运行,当年 12 月揭牌,是中国在莫斯科设立的官方文化机构,也是中国在独联体国家和东欧地区设立的第一家多功能文化中心。在莫斯科的中国文化中心以"优质、普及、友好、合作"为宗旨,围绕"文化交流、教学培训、思想对话、信息服务"等职能,在俄罗斯开展常态化活动,推广和传播中华文化。

总之,在中苏(俄)文化交流的过程中,两国大量机构和团体都参与其中,几乎涵盖了人文领域的各个方面,展开的是全方位的文化交流。参与两国文化交流的机构既有中央层面的,也有地方层面的,中国各省、自治区、直辖市,特别是与俄罗斯交界的省份,也都进行着密切的文化交流。中俄两国互办"国家年"和"语言年"期间,两国有几十万人直接参加活动,通过媒体经常关注两国文化交流活动的人数达几亿之多。虽然如此,文化交流不平衡的现象依然在一定程度上存在。俄罗斯参与交流的文化团体较多,规模更大,这一点在音乐舞蹈交流方面尤其明显。但随着中俄两国文化交流走向机制化,中俄两国都通过文化政策引导和文化合作协议来平衡两国文化的对等合作与交流。近年来随着中国实施中华文化"走出去"战略,在对俄文化交流过程中,中国方面制定了更为灵活的政策并给予更多的资金投入,这无疑有助于进一步推动中华文化在俄罗斯的传播。

第二章　中苏(俄)思想交流

苏联时期的中苏思想交流以中国借鉴苏联领导人的思想为主,为此中国开展了大规模翻译列宁和斯大林著作的工作。苏联解体前,苏联方面主要翻译出版了毛泽东的著作。苏联解体之后,由于中国改革开放以来国家发展取得了重大成就,为了学习和借鉴中国社会主义现代化的经验,俄罗斯十分重视对邓小平、江泽民、胡锦涛、习近平等中国党和国家领导人著作的翻译和研究工作。与此同时,中国也十分注意对戈尔巴乔夫、叶利钦、普京等苏联和俄罗斯领导人著作的翻译和研究,以便汲取苏联社会主义成败的经验教训。

第一节　苏(俄)领导人著作在中国

新中国成立后,转向学习苏联并不是偶然的,是中国共产党在长期斗争中"以俄为师"道路的自然延续,是历史的选择。当时新中国面临社会主义建设的难题,而世界历史上只有苏联有过较长时期社会主义建设的经验,在严峻的国际环境中,新中国除了借鉴苏联经验之外,没有任何经验可以借鉴。在中苏关系的"蜜月期",列宁、斯大林的著作翻译出版最多。据统计,从1949年到1955年翻译出版的八千四百多种苏联书籍中,列宁和斯大林的著作占六分之一。在所有的苏联译著中,发行量最大的也是列宁和斯大林的著作,在新中国成立后的三年内共出版发行了近三百万册。因此,中国思想界曾深受列宁和斯大林思想的影响。

在探索社会主义建设道路的问题上,中国共产党始终追求自己独特的道路,努力把马克思主义中国化,但这一过程充满了艰难曲折。中国在学习苏联的过程中,很多时候陷入了照抄照搬的泥潭,结果导致政治上高度集权,经济上优先发展重工业,文化上排斥资本主义的优秀成果。高度集权的政治体制容易滋生官僚主义,政治思想容易陷入"左倾",为了国家安全优先发展重工业和军事工业容易忽视轻工业和农业,文化上的偏执则容易阻碍文化多样性的发展,钳制文化思想的创新。当中国领导人发现斯大林体制存在的各种弊端时,在对待马列主义的态度上发生了变化。1956年,毛泽东总结斯大林晚年所犯错误的教训时说:"马列主义的基本原理在实践中的表现形式,各国应有所不同",应该是"社会主义的内容,民族的形式"。1960年初,毛泽东在号召阅读《政治经济学教科书》的时候,对书中"每个国家具有自己独特的具体的社会主义建设的形式和方法"的提法,毛泽东的评价是:"这个提法好。"但由于深受斯大林体制的影响,中国当时虽然认识到了其中的弊端,但并未能从根本上扭转和革新。长达十年之久的"文革"使中国的社会主义建设事业遭遇了严重挫折。

1982年,中国共产党第十二次全国代表大会召开,邓小平在致开幕词时指出:"我们的现代化建设,必须从中国的实际出发。无论是革命还是建设,都要注意学习和借鉴外国经验。但是,照抄照搬别国经验、别国模式,从来不能得到成功。这方面我们有过不少教训。把马克思主义的普遍真理同我国的具体实际结合起来,走自己的道路,建设有中国特色的社会主义,这就是我们总结长期历史经验得出的基本结论。"①

一、苏联领导人著作在中国

毛泽东在《论人民民主专政》一文中曾指出:"中国人找到马克思主义,是经过俄国人介绍的。""十月革命一声炮响,给我们送来了马克思列宁主义。"②可见,中国共产党人接受马列主义是深受"十月革命"和苏联影响的,而且中国共产党在马列主义指导下,结合中国革命实际,完成了新民主主义革命。新中国成立后,自然更加重视对马列主义经典著作的翻译工作。1949年6月,中共中央成立了中央俄文编译局来翻译马列著作。1953年,中共中央仿效苏共中央马克思列宁主义研究院,将中央俄文编译局和中宣部有关部门整合一块,专门成立了马恩列斯著作编译局,当时的首要任务是有计划、有系统地翻译马克思、恩格斯、列宁和斯大林的全部著作。

---

① 《邓小平文选》(第三卷),人民出版社,1993年,第2—3页。
② 《毛泽东选集》(第四卷),人民出版社,1991年,第1470—1471页。

列宁的著作在新中国成立前就有译介。抗日战争期间，中共中央在延安建立了出版发行部，开始以"解放社"的名义出版马列著作，曾出版《列宁选集》20卷，这是第一次以文集的形式出版列宁的著作。新中国成立后，有关出版部门以"解放社"的名义重校重印了一批新中国成立前翻译出版过的列宁著作，比如《帝国主义是资本主义的最高阶段》《国家与革命》《黑格尔〈逻辑学〉一书摘要》《俄国资本主义的发展》《唯物主义和经验批判主义》等。同时，中国国际书店通过苏联国际图书公司进口了莫斯科外文出版局(即苏联外文书籍出版社——笔者注)出版的列宁著作中译本27种，发行了330多万册。①这批苏联翻译出版的列宁著作中译本主要有《列宁文选》两卷集和《论马克思恩格斯及马克思主义》文集，以及《论粮食税》《苏维埃政权的当前任务》《伟大的创举》《无产阶级革命和叛徒考茨基》《马克思主义的三个来源和三个组成部分》《无产阶级专政时代的经济和政治》等单行本。此外，上海三联书店及上海、北京、东北一些书店和出版单位还陆续出版了多种列宁著作的单行本。②

《列宁全集》中文第1版共39卷，根据苏共中央马克思列宁主义研究院编辑的《列宁全集》俄文第4版翻译。1953年开始出版第1卷，到1959年中华人民共和国成立十周年前夕出齐38卷，俄文版第39卷出版后经翻译于1963年出版，题名为"关于帝国主义的笔记"。《列宁全集》中文第1版共1500多万字，曾印刷发行过247万册。③

《列宁全集》中文第1版的翻译出版之所以速度很快，与当时的政治形势和学习需求有很大关系。一些六七十岁的老同志给中央编译局写信说，他们革命了一辈子，如果连《列宁全集》都看不到，真是遗憾。中央领导也多次做出指示，希望编译局加快《列宁全集》的翻译出版工作。在当时形势的鼓舞下，中央编译局经过多次会议讨论，修改了工作计划，1958年决定在可能的条件下，争取在1959年10月之前完成《列宁全集》的翻译、校对和出版工作，以此向国庆十周年献礼。编译局马恩室的工作人员因此暂时停止马恩全集的翻译，全力加入了《列宁全集》的"献礼计划"，使《列宁全集》按时全部完成了翻译和出版工作。

①　《列宁的著作在我国广泛出版》，《人民日报》，1954年1月21日。
②　刘志明：《列宁文献在我国的整理、翻译和出版——纪念新中国成立六十周年》，《湖南师范大学社会科学学报》，2009年第6期。
③　吴道弘：《马克思恩格斯列宁斯大林著作出版五十年》，《出版科学》，2000年第2期。

　　《列宁全集》中文第1版的编译和出版对于推动马列主义在中国的传播和研究发挥了巨大的作用。但是,"'献礼计划'也有不足之处,由于时间紧迫,也由于干部水平的限制,译文质量存在着不少问题"①,而且具有明显的时代局限性。作为《列宁全集》中文第1版的补遗,人民出版社从1977年11月开始出版由内蒙古大学《列宁文稿》翻译组翻译的《列宁文稿》,至1990年12月出齐17卷。《列宁文稿》17卷包括《列宁全集》中文第1版没有收录,而在苏联出版的《列宁全集》俄文第5版和《列宁文集》俄文版中收录了的大量文献。

　　1982年5月,中共中央决定编译出版《列宁全集》第2版。《列宁全集》中文第2版从1984年开始出版,1990年由人民出版社全部出齐,共60卷,前后历时6年。如果从1975年开始筹划时算起,前后历时15年,累计总印数132万册。②中央编译局近百人参加了出版工作,12个高校和科研机构的近50名教授专家参加了校译工作,每卷印数2万册。《列宁全集》第2版的纸张、印刷、装帧都是一流的。胡乔木评论说:"可以毫不夸张的说,这是完成了一项足以与国家重点工程相媲美的宏大工程。"③《列宁全集》中文第2版是我国第一部自行编辑的马列主义经典著作全集,其内容和第1版相比,新增21卷,收录列宁著述近万篇,总字数近3000万字,是世界上收录列宁著述最丰富的版本。《列宁全集》第2版的文献有相当一部分是首次译成中文。原来《列宁全集》第1版和《列宁文稿》各卷的译文,在收录第2版时都根据《列宁全集》俄文第5版和其他俄文版本进行了逐字逐句地校订。第2版较第1版多有改动,不仅订正了第1版引文不准确甚至错误的地方,而且还根据《列宁全集》第5版补正了俄文第4版对列宁原著的删改。俄文版个别文献是根据第二手资料刊印的,而且有许多删节之处,在中文第2版的翻译过程中,中央编译局都根据第一手资料进行了校译,恢复了列宁著述的原貌。《列宁全集》中文第2版以《列宁全集》俄文版第1—5版和《列宁文集》俄文版的部分文献作为基础,对新收录的近百篇著作进行了准确地核实,按

---

　　①　中共中央编译局马恩室编:《马克思恩格斯著作在中国的传播》,人民出版社,1983年,第183页。

　　②　新华书店总店史编辑委员会编:《新华书店总店史》,人民出版社,1996年,第66页。

　　③　胡乔木:《祝贺〈列宁全集〉第2版出版发行,努力学习列宁著作》,《人民日报》,1991年4月28日。

照科学合理的历史分期编订了各卷目次，并且按照文献的性质分为三大部分：第1卷至第43卷为著作部分，第44卷至第53卷为书信部分，第54卷至第60卷为笔记部分。各卷的前言都详细介绍了本卷著述的历史背景、主要内容、理论观点和策略思想，以及列宁对马克思主义的新贡献，为读者参阅提供了便利。

对于广大干部和群众来说，编译出版列宁著作选集版本也十分必要。在《列宁全集》中文第1版的基础上，中央编译局选编了一套4卷本《列宁选集》，收录列宁在1894—1923年的主要著作205篇，全部按照发表时间顺序排列，约258万字，于1960年在纪念列宁90周年诞辰时由人民出版社精装出版。此版4卷本《列宁选集》的特点是"既注意到篇幅不宜过于庞大，同时又考虑到全面地反映列宁在各个时期所阐述的各种理论问题，忠实地表现出列宁主义的基本思想"。[①] 由于时代原因，《列宁选集》中收录的多是列宁关于帝国主义、无产阶级革命、无产阶级专政、社会主义建设等方面的文章。1972年10月，中央编译局根据当时的形势，对《列宁选集》第1版所选文章进行了一些删减和调整，对注释进行了增补和修订，出版了《列宁选集》中文第2版，共收录列宁1894—1923年的著述187篇，约238万字。收录《列宁选集》第2版的著作大部分是全文，只有小部分是摘录，所有文章均按照写作或发表的时间顺序排列，每卷正文之后有注释，并附有人名索引，第2版比第1版的注释多出340条。各卷具体内容为：第1卷收录列宁1894—1907年撰写的文章27篇，比第1版第1卷多出1篇，主要有《什么是"人民之友"以及他们是如何攻击社会民主主义者？》《弗里德里希·恩格斯》《怎么办？》《退一步，进两步》《社会民主党在民主革命中的两种策略》等。第2卷收录列宁1908—1917年撰写的文章37篇，比第1版少13篇，主要有《马克思主义和修正主义》《唯物主义和经验批判主义》《论马克思主义历史发展中的几个特点》《马克思学说的历史命运》《马克思主义的三个来源和三个组成部分》《帝国主义是资本主义的最高阶段》《帝国主义和社会主义运动中的分裂》等。第3卷收录列宁1917—1919年撰写的文章60篇，比第1版少8篇，主要有《论无产阶级在这次革命中的任务》《论口号》《国家与革命》《论"左派"幼稚性和小资产阶级性》《论"民主"和专政》《关于用自由平等口号欺骗人民》《向匈牙利工人致敬》《无产阶级和叛徒考茨基》等。第4卷收录列宁1919—

---

① 林扬：《学习〈列宁选集〉》，《读书》，1960年第8期。

1923 年撰写的文章 55 篇,比第 1 版少了 6 篇,主要有《伟大的创举》《论国家》《无产阶级专政时代的经济和政治》《共产主义运动中的"左派"幼稚病》《民族和殖民地问题提纲初稿》《土地问题提纲初稿》《论我国革命》《宁肯少些,但要好些》等。

两版《列宁选集》出版后发行量大、影响面广,在相当长的一段时间内成为中国广大党政干部学习列宁著作的入门书籍。但随着时代的发展,《列宁选集》中文第 1 版和第 2 版都暴露了一些问题,主要表现在"译文有些地方不够准确,选材时带有时代烙印,偏重于有关阶级斗争、无产阶级专政的论述;附录资料不够丰富、准确等"。①限于编选时的历史条件和校译水平,有些篇目译文不够准确,第 2 版只是在个别地方进行过修改和补正。《列宁选集》第 1 版是根据《列宁全集》第 1 版选编的,蓝本都是俄文第 4 版,而俄文第 4 版由于种种原因存在着很大缺陷,对列宁著作的编辑处理带有明显的时代烙印。两个版本的《列宁选集》在选材上也存在问题,列宁的一些重要著作没有选收,关于社会主义建设的文献选得太少,还有个别选收的著作经考证并不是列宁的著作。两个版本的《列宁选集》所附内容资料不够丰富,有的注释或者过于简单,或者不够科学准确,对读者理解原著帮助不大。1990 年《列宁全集》60 卷出齐之后,编辑出版一部新《列宁选集》的条件已经具备。1995 年 6 月,在充分听取各方面意见之后,人民出版社出版了中央编译局编选的《列宁选集》中文第 3版,该版在中文第 2 版的基础上对选目做了重大调整,进行了增删补校,增加了 32 篇文章,删去了 24 篇,仍分为 4 卷,共收录列宁文献 195 篇,约232 万字。为了适应研究和探索有中国特色社会主义的需要,《列宁选集》第 3 版增加了列宁晚年关于社会主义建设理论的著述和书信,包括利用商品货币关系和市场机制、改革政治经济体制、借鉴和利用资本主义的成果、发展科学技术、完善民主法制等内容,删减了一些重复和涉及党内斗争细节的文章。《列宁选集》中文第 3 版的出版是中国马列主义传播史上的又一重大成果,在中国社会主义建设中发挥了重要作用。

据不完全统计,从新中国成立至中共十一届三中全会之前,中国出版列宁著作中译文图书 135 种,其中 31 种为苏联外文书籍出版社出版;中国报刊发表列宁著作中译文文献 63 篇。②

---

① 《庆贺新编马列著作出版》,《人民日报》,1995 年 10 月 27 日。
② 陈有进:《列宁著作在中国 90 年》,《中共云南省委党校学报》,2007 年第 5 期。

中共十一届三中全会之后,由于经济建设的需要,列宁的经济思想受到重视。2001年,由中央编译局编译,人民出版社出版了"马克思列宁主义文库"著作8种,其中列宁著作有4种:《帝国主义是资本主义的最高阶段》《国家与革命》《列宁论新经济政策》《列宁最后的书信和文章》。2001年以后,中央编译局又根据1991年以来新发现的列宁文献编译出版了两卷本《列宁全集补遗》。为了使读者正确理解列宁著作中的典故,周秀凤和张启荣编写了《列宁著作典故》一书,1984年由人民出版社出版。此书对列宁著作中使用的五百多条典故进行了注解。周秀凤和张启荣系中共中央编译局的工作人员,长期从事经典著作的翻译工作,他们认为"已经出版的中文版《列宁全集》中,有不少典故是译得好的。但是,由于当时查考和推敲不够,有些地方则译得不够理想"。[①]为了便于读者阅读和理解列宁的思想,中共中央编译局列宁斯大林著作编译室还编写了《列宁著作资料汇编》,对列宁著作中两万多个专用名词和大量外来词进行了整理汇编,共计一百四十多万字,1987年由湖南人民出版社出版。

2004年1月,中共中央下发《中共中央关于进一步繁荣发展哲学社会科学的意见》,其重要内容之一是决定在全国实施马克思主义理论研究和建设工程。该工程的首要任务是对马列原著译文进行审核和修订。中央编译局承担了这项任务,编译了10卷本《马克思恩格斯文集》和5卷本《列宁专题文集》。两部文集经过精心编选和重新修订后于2010年1月正式出版。《列宁专题文集》根据《列宁全集》中文第2版和《列宁选集》第3版选编,精选了列宁最具代表性的著作、文章、报告、笔记和书信,采用全新方式编选,即按专题编选列宁的有关著作和论述,系统展现了列宁的思想。这两部文集作为中央决定实施的马克思主义理论研究和建设工程的重大成果,对推动中国亿万人民和广大干部学习和运用马克思主义理论具有重要意义,特别是对哲学社会科学战线的工作者提供了强大的思想武器。两部文集在3个月内的总销量达到了12900套。

据不完全统计,从中共十一届三中全会至十七大之前,中国翻译出版列宁著作中译文图书96种,报刊发表列宁著作中译文文献45篇。[②]

早在1985年,人民出版社马列著作编辑室的周文熙、吴国英、赵其昌、陈有进等专家就编辑出版了《马克思恩格斯列宁斯大林著作中文本

---

①　周秀凤、张启荣:《谈谈列宁著作中典故的翻译》,《中国翻译》,1983年第12期。

②　陈有进:《列宁著作在中国90年》,《中共云南省委党校学报》,2007年第5期。

书目·版本·简介:1950—1983》,列入了从新中国成立到 1983 年 12 月的列宁著作中文版本,计有《列宁全集》第 1 版 39 卷,《列宁文稿》17 卷、《列宁选集》4 卷、《列宁文集》7 册、《列宁文选》2 卷、《列宁杂文集》(试编本)1 卷、列宁著作单行本 77 种、列宁专题文集 29 种。列宁、斯大林著作的合集 3 种,马恩列斯著作合集 46 种。①

　　列宁的思想对中国产生了重大影响。2009 年 9 月,中华人民共和国即将迎来新中国成立 60 周年华诞的时候,《环球时报》举办的"影响新中国 60 位外国人"评选揭晓,在网络评选中,列宁名列榜首。中国社科院世界历史研究所研究员闻一在评语中写道:"早在'五四'时期,列宁关于共产主义的论述就被译成了中文。解放后,我国先后两次大规模出版《列宁全集》,它成为党政领导人、广大干部和思想知识界掌握马列理论和社会主义革命与建设路线的基本教科书。在我国上个世纪 80 年代开始的改革开放中,列宁的社会主义有过渡时期、要面向世界、必须利用资产阶级专家和世界先进科学技术的论述,以及出租、租让和合资企业的实践,对我国的改革开放进程起到了不可忽视的作用。"②

　　新中国成立之后,考虑到中苏关系发展的需要和当时斯大林的威望和影响,在马列经典著作的编译出版过程中,编译局首先翻译出版的是《斯大林全集》,第 1 卷于 1953 年 11 月正式出版,到 1958 年全部出齐,共 13 卷,340 多万字。《斯大林全集》收录了斯大林 1901—1934 年的著述,包括论文、演说、报告和讲话等著述 500 篇。各卷的著述均按写作或发表的时间顺序编排,每卷卷首都有说明,卷后附有注释和年表。

　　为了保证翻译质量,编译局加强译校力量,制定了严密的工作程序,集体校审,分工负责,紧密配合,精益求精。每篇译文都要经过七八次校改,每万字的校改时间平均为 220 小时。凡是遇疑难或有争议的问题,都要提到全局业务会上讨论解决。仅为第 1 卷举行的业务会就达 28 次之多,有些译文是中央编译局通过召开会议以集体讨论的方式定稿的。

　　1962 年,中央编译局收集《斯大林全集》之外的斯大林著作,编成《斯大林文选(1934—1952)》上、下两卷,收录文献 103 篇,共 46 万字。

　　1979 年,中央编译局编辑出版了《斯大林选集》(上、下卷),收录斯大林

　　①　人民出版社马列著作编辑室编:《马克思恩格斯列宁斯大林著作中文本书目·版本·简介:1950—1983》,人民出版社,1985 年。

　　②　《影响新中国的 60 名外国人》,《环球时报》,2009 年 9 月 18 日。

1901—1952年各个时期的主要文章58篇,总计102万字。《斯大林选集》上卷收录了斯大林1901—1927年间的重要著作,主要有《无产阶级和无产阶级政党》《略论党内意见分歧》《马克思主义和民族问题》《论列宁》《论列宁主义基础》《论列宁主义的几个问题》《论中国革命的前途》《再论我们党的社会主义倾向》等。《斯大林选集》下卷收录了斯大林1928—1952年的重要著作,主要有《论联共(布)党内的右倾》《和德国作家赫·乔·威尔斯的谈话》《论辩证唯物主义和历史唯物主义》《马克思主义和语言学问题》《苏联社会主义经济问题》等,附录收录了《联共(布)党史简明教程》的结束语。

1985年,在1962年《斯大林文选》基础上,重新编译斯大林在1934—1952年间发表的著作和讲话,总计111篇,编成一卷本《斯大林文集》,共50万字。

列入《马克思恩格斯列宁斯大林著作中文本书目·版本·简介:1950—1983》目录的斯大林著作有《斯大林全集》13卷、《斯大林选集》(上、下卷)、《斯大林文选(1934—1952)》(上、下卷)、斯大林著作单行本56种、斯大林著作专题文集12种。

中国还出版了不少马恩列斯的专题文集。如1965年人民出版社出版的《列宁、斯大林论中国》,1975年人民出版社出版的《马列著作选读》(3卷本),收录了马克思、恩格斯、列宁、斯大林的59篇文章,附有详细的注释,共53万字,印数达384万册。1978年,中共中央党校编辑了一套《马列著作毛泽东著作选读》,全文收录或节选了马恩列斯的重要著述33篇和恩格斯的8封书信,按哲学、政治经济学、科学社会主义和党的学说编为4册。这套选读本是供党校学员学习使用的,共印113万册,满足了广大党校学员学习马克思主义基本理论的需求。从1981年开始,中国人民解放军军事科学院编辑了《马克思恩格斯军事文集》(5卷本)、《列宁军事文集》和《斯大林军事文集》,收录列宁军事方面的著述125篇,斯大林军事方面的著述93篇。

据统计,除全集和选集外,1949—1954年出版列宁著作单行本42种,列宁著作注释与解说5种,列宁著作综合论述与学习材料4种,列宁生平与传记10种。出版斯大林著作单行本61种,斯大林著作注释与解说15种,斯大林著作综合论述与学习材料27种,斯大林生平与传记11种。马克思、恩格斯、列宁、斯大林著作及著作论述和生平传记合刊27种。①

---

① 新华书店总店编辑:《全国总书目(1949—1954)》,新华书店总店,1955年,第4—19页。

列宁、斯大林的著作也被翻译成中国少数民族语言出版发行。1953年成立的民族出版社是中国第一家专门翻译出版少数民族语文版本图书的机构,其主要任务之一就是用蒙、藏、维吾尔、哈萨克、朝鲜等少数民族语言翻译和出版马列主义经典著作。20 世纪 50 年代,斯大林的《马克思主义与民族问题》《苏联社会主义经济问题》等首先被翻译出版,随后,列宁的《怎么办?》和斯大林的《列宁主义问题》等著作相继被翻译出版。20 世纪 60 年代,列宁的《国家与革命》《唯物主义和经验批判主义》,斯大林的《马克思列宁主义与殖民地问题》等著作陆续被翻译出版。1978 年,中共中央批准建立中央马列著作毛泽东著作民族语文翻译局,简称中央民族语文翻译局,专门负责马克思主义著作、毛泽东和中国其他老一辈无产阶级革命家著作的民族文字翻译工作。中央民族语文翻译局翻译了《列宁选集》和《斯大林选集》等,对少数民族干部和群众学习和掌握马列主义发挥了重要作用。

赫鲁晓夫从 1953 年至 1964 年任苏共中央第一书记,1958 年至 1964 年任苏联部长会议主席。在苏共二十大上,赫鲁晓夫通过秘密报告的方式揭露了斯大林在大清洗中的错误,掀起"去斯大林化"运动。赫鲁晓夫从 1953 年开始进行经济改革,虽然取得了一定成果,但并没有从根本上打破斯大林时期形成的经济模式。赫鲁晓夫著述译成中文的主要有上海《国际问题资料》编辑组译的上、下两册《最后的遗言——赫鲁晓夫回忆录》(1975)、李文政等译的上、下卷《最后的遗言——赫鲁晓夫回忆录续集》(1988)、张俊翔和石国雄译的《未经修改的档案:赫鲁晓夫传》(2009)等。

勃列日涅夫于 1964 年至 1982 年任苏联党政军最高领导人。他在任期间,苏联的军事力量大大增强,但他对社会主义国家推行有限主权论,推行霸权主义和大国沙文主义,破坏了社会主义国家之间的团结。勃列日涅夫当政期间,两国在边境陈兵百万,两国关系跌入历史低谷。但勃列日涅夫在其生命最后一年里接连发出缓和苏中关系的积极信号,为两国关系"结束过去,开辟未来"拉开了序幕。勃列日涅夫的许多言论被翻译成中文出版,1974—1986 年,上海人民出版社编译室、复旦大学外文系俄文教研室编译了 18 卷本《勃列日涅夫言论》。这些言论为两国学者研究勃列日涅夫时代提供了十分重要的资料,如中共党史出版社出版的列·姆列钦著、王尊贤译的《勃列日涅夫时代》(2013)和作为《苏联史》(第 8 卷)的叶书宗著的《勃列日涅夫的十八年》(2013)都大量参引了勃列日涅夫的言论。

戈尔巴乔夫于 1985 年至 1991 年任苏共中央总书记,1990 年至 1991

年任苏联第一任同时也是最后一任总统,其著作译成中文的主要有:《改革与新思维》(1988)、《戈尔巴乔夫对过去和未来的思考》(2002)、《真相与自由——戈尔巴乔夫回忆录（精选本)》(2002)、《戈尔巴乔夫回忆录（全译本)》(2003)、《尚未结束的历史——戈尔巴乔夫访谈录》(2003)、《孤独相伴:戈尔巴乔夫回忆录》(2015)等,中国研究戈尔巴乔夫时期的著作有作为《苏联史》(第9卷)的左凤荣著的《戈尔巴乔夫改革时期》(2013)等。《改革与新思维》有两个译本,都在1988年出版,一个由苏群翻译,新华出版社出版；另一个由岑鼎山等集体翻译,世界知识出版社出版。《真相与自由——戈尔巴乔夫回忆录(精选本)》由述弢等翻译,被列入"当代世界社会主义研究丛书·资料系列",由社会科学文献出版社出版。《戈尔巴乔夫回忆录(全译本)》由述弢等译出,分为上、下两卷,社会科学文献出版社出版。全书分为5篇44章,记述了戈尔巴乔夫当选苏共中央总书记之前的经历、家庭生活及其与朋友之间的关系,记述了他当选苏共中央总书记之后进行改革的理念和实践、反思和辩解等,对研究苏联兴亡历史具有重要的参考价值。《戈尔巴乔夫对过去和未来的思考》由徐葵等译出,新华出版社出版。戈尔巴乔夫在书中对"十月革命"的意义和影响、苏联的解体、改革与新思维、美国霸权、世界秩序、全球化挑战等问题进行了思考和评价,阐述了对俄罗斯过去、现在和未来及其国际地位的许多见解。俄罗斯2001年出版的斯拉文(Б. Ф. Славин,1941—　)著的《尚未结束的历史——戈尔巴乔夫访谈录》一书由孙凌齐和李京洲翻译,中央编译出版社于2003年出版,俄文版于2005年进行了修订,中央编译出版社又于2006年出版了修订版。《孤独相伴:戈尔巴乔夫回忆录》由潘兴明翻译,译林出版社出版。全书分为"我的大学""登顶之路"和"改革是如何完成的"3部分,共15章,书前有戈尔巴乔夫"给中国读者的信"。他在信中说:"很高兴我的回忆录将在中国出版……要说和中国这样一个拥有十几亿人口、在当今世界占有特殊地位的伟大国家的读者相见,对于我来说更是一件特别的大事。"①

二、俄罗斯联邦领导人著作在中国

苏联解体之后,中俄两国领导人从历史中吸取了宝贵的教训,归纳出超越意识形态的国家间关系发展原则。两国政府致力于在互惠互利

①　[俄]米哈伊尔·戈尔巴乔夫:《孤独相伴:戈尔巴乔夫回忆录》,潘兴明译,译林出版社,2015年,第1页。

的基础上不断提升交流与合作水平。1994 年的《中俄联合声明》对双边政治关系进行了这样的论述："考虑到两国国内的特点和相互尊重各自自由选择其发展道路的权利,磋商和相互介绍其改革的理论与实践。"苏联七十多年的社会主义建设和发展更是人类社会发展历史上空前的实践,其兴衰成败对中国建设有中国特色的社会主义具有非同寻常的借鉴意义。

叶利钦是俄罗斯第一任总统,他对中国比较友好,不少中国人都称他为"老叶"。有关叶利钦研究的中文论著和译著已经有十多部,主要有东方出版社出版的朱启会等翻译的《叶利钦自传》(1991)和李垂发等翻译的《总统笔记》(1995),河南文艺出版社出版的由孔寒冰和关贵海合著的《叶利钦执政年代》(2000)、人民出版社出版的 5 卷本《叶利钦时代的俄罗斯》(2000)、译林出版社出版的由曹缦西和张俊翔翻译的《午夜日记——叶利钦自传》(2001)等。《叶利钦执政年代》是研究叶利钦及其治国理念的一部专著,北京大学黄总良和叶自成教授为该书作序。《叶利钦执政年代》以重篇浓笔对叶利钦的执政年代进行了全面的描述,是一部关于叶利钦的力作,对人们从叶利钦的个性、政治生涯,乃至从其生活的俄罗斯社会去思考叶利钦现象是很有帮助的。该书总结了俄罗斯政治和经济改革的经验和教训,能够帮助读者了解叶利钦执政时期俄罗斯的政治和经济状况。《叶利钦时代的俄罗斯》是集体著作,由海运、李静杰主编,分为政治、经济、外交、军事和人物 5 卷,几乎涵盖了叶利钦时代俄罗斯改革的各个主要领域,各卷自成体系,独立成书,同时又相互照应,融为一体,具有可靠性、系统性、学术性和可读性的特点,是对叶利钦时代的俄罗斯进行全面历史回顾和总结的系列专著。①

普京从 1999 年 12 月 31 日起任俄罗斯联邦代总统,2000 年 3 月 26 日当选俄罗斯联邦总统,5 月 7 日就任总统职务,任期内逐渐形成了风格独特的执政理念。胡锦涛评价说:"普京总统是中国人民的老朋友、好朋友,是中俄战略协作伙伴关系的推动者、实践者。近年来,我同普京总统多次会晤,就双边关系和重大国际及地区问题坦诚深入交换意见,达成许多重要共识。中国政府和中国人民高度评价普京总统为中俄关系发展做出的突出贡献。""普京总统执政以来,俄罗斯社会政治稳定,经济快速增长,人民生活不断改善,综合国力显著提升,在国际和地区事务中发挥

---

① 海运、李静杰总主编:《叶利钦时代的俄罗斯》,人民出版社,2000 年,总序。

着越来越重要的作用。"①普京执政以后曾多次访华,频频与中国国家领导人见面,因此是中国人民十分熟悉的俄罗斯领袖人物。

21世纪以来中国出版了大量有关普京的译著和专著,主要有《权力的公式:从叶利钦到普京》(2000)、《普京:克宫新主人》(2000)、《普京——从克格勃到俄联邦总统》(2000)、《铁腕普京》(2000)、《普京:能使俄罗斯振兴吗?》(2001)、《普京时代——世纪之交的俄罗斯》(2001)、《通往权力之路——普京:从克格勃到总统》(2003)、《走出列宁格勒:普京的35个人生瞬间》(2003)、《一个人的振兴——直面普京》(2003)、《第一人:普京自述》(2003)、《二十世纪军政巨人百传·普京传》(2003)、《魅力普京》(2004)、《普京与幕僚》(2004)、《普京凭什么这么牛》(2004)、《从叶利钦到普京——俄罗斯宪政之路》(2005)、《普京——克里姆林宫四年时光》(2005)、《再看普京》(2005)、《普京的俄罗斯新思想》(2005)、《零距离普京:克里姆林宫特派记者看总统》(2006)、《飞扬与落寞——普京的冷面人生》(2006)、《后普京时代——俄罗斯能避免橙绿色革命吗?》(2006)、《普京安邦之道:俄罗斯近邻外交》(2006)、《普京大传》(2006、2009)、《超级总统普京》(2007)、《普京总统的第二任期》(2007)、《普京之治》(2007)、《从叶利钦到普京:俄罗斯经济转型启示》(2007)、《普京时代 (2000—2008)》(2008)、《重振俄罗斯——普京的对外战略与外交政策》(2008)、《谁主沉浮——普京:从总统到总理》(2008)、《普京之谜:普京和普京的俄罗斯》(2008)、《普京八年:俄罗斯复兴之路 (2000—2008)》(分为政治、经济、外交3卷,2008)、《普京百科》(2009),等等。2012年,普京再次出任俄罗斯总统之后,中国又出版了《普京传:他为俄罗斯而生》(2012)等图书。从以上这些书籍的书名及其内容来看,多涉及普京总统的生平传记,或者涉及普京执政的某个领域和侧面,而《普京的俄罗斯新思想》和《普京八年:俄罗斯复兴之路(2000—2008)》等著作则是较多反映普京治国思想的研究性著作。

普京已有三部文集在中国出版,集中反映了普京作为总统治理国家的重要观点和思想。第一部是由中国社会科学院俄罗斯东欧中亚研究所翻译的《普京文集:文章和讲话选集》(2002),该文集由江泽民作序,徐葵和张达楠担任责任编辑和总校对,宋锦海、李永庆、周恒云、冯育民、向祖文、王英杰、孟秀云、吴建军、许华等参与了翻译和校对工作。文集收录了从1999年到2002年普京发表的文章和讲话116篇。文章和讲话均按发

---

① 《普京文集(2002—2008)》,张树华、李俊升、许华等译,中国社会科学出版社,2008年,序言。

表时间先后顺序编排,对原来没有标题的一些讲话,编者根据讲话中心内容和关键词添加了标题。《普京文集:文章和讲话选集》的俄文目录经过了普京总统本人的审阅,俄罗斯联邦总统办公厅提供了文集所用的普京总统的简历和照片16幅,其中和中国领导人在一起的照片8幅,2000年7月访华期间在北京北海公园游览的照片1幅。江泽民在序言中写道:"《普京文集:文章和讲话选集》反映了普京总统治理国家的重要观点和思想,从中人们还可以看到俄罗斯人民在新的历史时期为实现国家和民族振兴所作出的巨大努力。""中俄两国比邻而居,两国人民有着深厚的传统友谊,建立在两国政治互信基础上的中俄睦邻友好合作关系不断巩固。相互了解有助于增强相互信任。《普京文集:文章和讲话选集》是了解当代俄罗斯及其发展前景的重要文献。《普京文集:文章和讲话选集》在中国的出版发行,对加强中俄两国和两国人民的相互了解和信任,将会产生积极而重要的影响。"普京在致中国读者的信中说:"我希望,这本书将有助于中国朋友们更清楚地了解我国当前的政治、经济和社会形势,更好地理解俄罗斯领导和人民为建设强大、稳定和繁荣昌盛的国家所面临的目标和任务。我非常重视全面加强我们两国的战略伙伴关系和传统友谊。我认为,21世纪的俄中关系就应该是这样的。"

《普京文集:文章和讲话选集》中有关中俄关系的文章共有10篇:《对中国〈人民日报〉、新华通讯社和中央电视台记者的谈话》(2000年7月16日)、《将签署的俄中睦邻友好合作条约是面向未来和今后世世代代的条约——答中华人民共和国中央电视台、新华社和〈人民日报〉记者问》(2001年6月13日,莫斯科)、《上海合作组织将促进中亚的和平与稳定——就上海论坛高峰会晤的结果发表的声明》(2001年6月15日,上海)、《在上海论坛高峰会晤结束时举行的记者招待会上答记者问》(2001年6月15日,上海)、《俄中睦邻友好合作条约将对整个世界的和平与稳定产生促进作用——在和中华人民共和国主席江泽民联合举行的记者招待会上的讲话》(2001年7月16日,莫斯科)、《俄罗斯准备发展同亚太地区各国的合作——在亚太经济合作组织工商领导人峰会上的讲话》(2001年10月19日,上海)、《在会见中华人民共和国副主席胡锦涛时的致辞》(2001年10月27日,莫斯科)、《书面答中国〈人民日报〉社问》(2002年5月30日,普京在克里姆林宫单独会见《人民日报》社社长许中田期间递交)、《答中国〈人民日报〉记者问》(2002年6月4日)、《在与上海合作组织国家元首会晤时的讲话》(2002年6月7日,圣彼得堡)。

在中国出版的第二部普京文集是由张树华、李俊升、许华等翻译的《普京文集(2002—2008)》(2008)。该文集由胡锦涛作序,中国社会科学出版社出版。《普京文集(2002—2008)》收录了普京 2002—2008 年重要的文章和讲话,反映了普京的执政理念和治国思想,以及俄罗斯人民在强国富民发展道路上的最新探索成果。胡锦涛在序言中指出:这是中俄人文交流的又一重要成果。《普京文集(2002—2008)》收录了普京的照片 16 幅,其中和中国领导人胡锦涛等在一起的照片 6 幅;会见中俄和平、友好和发展委员会副主席萧榕的照片 1 幅;2002 年 12 月访华期间和夫人普京娜(Л. А. Путина,1958—　)一起在北京八达岭长城游览的照片 1 幅。普京在《致中国读者》一文中说:"书中收录的不仅有 2002—2007 年间我在俄罗斯一些活动中的讲话,也收录了我在各种国际论坛中的演讲。我希望,翻阅此书能够有助于你们更多地了解此期间我们国家所完成的任务。自然,也能了解今天俄罗斯所面临的问题及取得的成就,了解我们的战略规划:建设创新型经济,提高国民生活水平,加强与国外伙伴特别是与中国的互利合作。""最近这些年俄中两国各个领域的关系都在不断发展。我们之间的政治联系更加密切,双方贸易额几乎增加了四倍,广泛开展了人文和务实合作,在青年交流方面也积累了大量的经验。在中国举办'俄罗斯年'和在俄罗斯举办'中国年'的活动成为拉近我们两国人民的标志性事件。"

《普京文集(2002—2008)》涉及中俄关系的文章共有 13 篇:《胡锦涛主席访俄是俄中两国关系的重要里程碑——与胡锦涛主席会谈时的开场白及会谈后的答记者问》(2003 年 5 月 27 日,莫斯科)、《俄中关系的新发展——会见邓小平女儿萧榕时的讲话》(2003 年 7 月 28 日,莫斯科)、《发展俄中地区间的伙伴关系——在会见俄中地区领导人时的讲话》(2004 年 10 月 15 日,西安)、《进一步发展俄中战略伙伴关系——同俄罗斯新任驻华大使拉佐夫的谈话》(2005 年 8 月 9 日,新奥加廖沃)、《俄中战略伙伴关系有助于构建公正合理的国际新秩序——2006 年 3 月 19 日访华前夕答新华社记者的书面采访》(2006 年 3 月 19 日,莫斯科)、《中国"俄罗斯年"为俄中人民的交往与合作开辟了新前景——在中国"俄罗斯年"开幕式上的讲话》(2006 年 3 月 21 日,北京)、《挖掘俄中合作潜力,把两国的经济实力提升到一个新水平——在中俄经济论坛上的讲话》(2006 年 3 月 22 日,北京)、《上海合作组织是成功开展国际合作的新模式——在上海合作组织成员国报纸上发表的文章》(2006 年 6 月 14 日)、《俄中全方位合作将进一步促进两国战略协作伙伴关系的深入发展——

就俄中会谈成果向媒体发表的讲话》(2007 年 3 月 26 日,莫斯科)、《俄中互办"国家年"活动将为战略协作伙伴关系长期稳定发展注入新活力——在俄罗斯"中国年"开幕式上的讲话》(2007 年 3 月 26 日,莫斯科)、《启动俄中在科学、高新技术等方面的互利合作,促进共同发展——在俄罗斯举办"中国国家展"开幕式上的致辞》(2007 年 3 月 27 日,莫斯科)、《俄罗斯与亚太经济合作组织:走向亚太地区的持续稳定发展——发表在亚太地区经济合作组织成员国报纸上的文章》(2007 年 9 月 7日)、《俄中合作是促进两国发展的重要因素——会见中华人民共和国国务院总理温家宝时的开场白》(2007 年 11 月 5 日,莫斯科)。

时任中国外交部部长助理的李辉参加《普京文集(2002—2008)》中文版首发式并致辞,认为《普京文集》中文版的问世是中俄关系中的一件大事,是两国关系高水平的体现。该文集为中国读者提供了了解伟大的俄罗斯,了解普京和俄罗斯人民的窗口。

在中国出版的第三部普京文集是由世界知识出版社与华东师范大学出版社合作出版的《普京文集(2012—2014)》(2014),该文集由中国外交部部长王毅作序。《普京文集(2012—2014)》收录了普京 2012—2014 年初发表的竞选纲领、国情咨文、演讲发言、答记者问等文章 43 篇,其中涉及中俄关系的主要有《与中国国家主席胡锦涛共同会见记者时的讲话》(2012 年 6 月 5 日,北京)、《俄罗斯与中国:合作新天地》(2012 年 6 月 5日,北京,《人民日报》刊文)、《与中国国家主席习近平共同会见记者时的讲话》(2013 年 3 月 22 日,莫斯科)。

梅德韦杰夫继普京之后担任过俄罗斯总统,但由于不像普京那样在中国具有巨大的影响力,因此有关他个人的中文译著较少,有著作将他和普京放在一起合写,如《梅德韦杰夫和普京:最高权力的组合》(2008)、《一个普京两张面孔》(2009)等。最能体现梅德韦杰夫治国理念的是《俄罗斯国家发展问题》(2008)一书,该书集中反映了他对俄罗斯国家发展问题的深入思考。

第二节　中国领导人著作在苏(俄)

苏联和俄罗斯汉学界十分重视对中国领导人著作的俄译和思想研究,出版了不少关于中国的党和国家领导人思想的译著和研究著作。这种译介和研究活动在中苏友好时期曾一度达到高潮,但之后随着中苏关系的恶化也曾一度跌入低谷,直到中苏关系正常化和俄罗斯联邦成立之后,俄罗斯汉学界又开始重视对中国领导人关于社会主义建设论述的研究,出现了诸如沃伊京斯基(Г. Н. Войтинский,1893—1953)的《中国共产党为争取国家独立与民主的斗争》(1950)、布尔拉茨基 (Ф. М. Бурлацкий)的《毛泽东和他的继承人》(1979)、阿博尔京(В. Я. Аболтин,1899—1978)主编的《向社会主义转型时期的中国》和《中华人民共和国的成就》、皮沃瓦罗娃(Э. П. Пивоварова)的《中国特色的社会主义建设》(1992)、布尔拉茨基的《毛泽东》(2003)、巴扎诺夫(Е. П. Бажанов)的《中国:从中等帝国到21世纪的现代强国》(2007)等著述。

一、中国第一代领导集体著作在苏（俄）

苏联和俄罗斯汉学界十分重视中国的党和国家领导人著作的翻译及其思想的研究工作。毛泽东、刘少奇、周恩来、朱德、邓小平、江泽民、胡锦涛、习近平等的著作都有一部分被翻译成了俄文,并得到某种程度的研究。俄罗斯学者从事这项工作的目的是为了从中汲取中国智慧,借鉴中国经验,为本国的发展服务。

在中国领导人的论著中,毛泽东著作的俄译本是出版最早、数量最多的。毛泽东著作的俄译本早在20世纪20年代就已开始出版。1927年5月27日,共产国际的机关刊物就用俄文发表了毛泽东的《湖南农民运动考察报告》。1940年,毛泽东的《新民主主义论》一书在莫斯科出版了俄文版和英文版。1949年,在苏联成长起来的沙安之翻译了萧三的《毛泽东传》,由苏联国家儿童出版社出版。新中国成立后,毛泽东的著作在苏联更是备受关注。毛泽东首次访苏时,斯大林提出要把《毛泽东选集》译成俄文,并派理论家尤金(П .Ф. Юдин,1899—1968)到中国帮助翻译。当时斯大林把编辑出版毛泽东著作看成"一件大事情",是在和毛泽东、刘少奇、周恩来等多次会谈之后,是在对中国革命进行了长期观察研究之后,是在对毛泽东及其思想进行了多次了解之后,也是在斯大林强调革命中心东移的问题之后提出来的。《毛泽东选集》俄文版是斯大林首次建议翻译出版的外国共产党领袖的著作。斯大林曾亲自主持苏共中央政治局会议,特别讨论《毛泽东选集》俄文版的出版事宜。根据当时参加会议的费德林回忆,讨论十分严肃认真,斯大林还就《毛泽东选集》的规模和卷数征求了毛泽东的意见。

毛泽东从苏联回国后于1950年4月致电斯大林,正式邀请尤金来华协助工作。5 月初,毛泽东在丰泽园主持召开中央政治局会议,讨论了斯大林的建议并决定成立《毛泽东选集》编辑委员会,指定陈伯达、田家英整理中文稿件,由毛泽东亲自审定,由师哲和费德林负责组织俄译工作。7 月,尤金应邀到北京开始阅读毛泽东著作俄文译稿并协助编辑。9 月,由于中文稿件整理速度延缓妨碍了俄文的翻译进度,毛泽东建议尤金先到各地讲学参观。尤金对毛泽东的《实践论》《矛盾论》和《在延安文艺座谈会上的讲话》等特别推崇,建议把这几篇文章寄送给斯大林阅读,毛泽东接受了尤金的建议。斯大林读了毛泽东的《实践论》后,认为很好并交给苏共中央机关刊物《布尔什维克》编辑部。12 月出版的《布尔什维克》第 23 期全文刊登了《实践论》并转登了中文编辑部关于毛泽东发表《实践论》的背景和原因的题解。斯大林推荐在苏共中央的理论刊物上发表《实践论》,说明他此时承认了毛泽东思想的科学性,承认毛泽东发展了马克思列宁主义。12 月 18 日,苏联《真理报》也发表编辑部文章,向苏联广大读者介绍并推荐《实践论》。文章写道:"毛泽东同志在其著作中简洁和明晰地概述了唯物论的认识论——反映论。在他的著作中,发展了马克思列宁主义关于辩证唯物论的认识论的基本原理,关于实践在认识的过程中的作用的基本原理,关于革命理论在实际革命斗争中的意义和基本原理","发展了马克思列宁主义关于绝对真理和相对真理的原理,关于客观的东西与主观的东西在认识中统一的原理"。文章还指出:"毛泽东这一著作的特点就是:对复杂的哲学问题的深刻的马克思主义的分析与叙述的形象性和鲜明性结合在一起。"文章最后指出:"毛泽东同志的《实践论》这一论文,广大的苏联科学界将带着极大的兴趣来阅读。"[①] 1951 年 1 月,苏联还曾出版过《实践论》的单行本。

1952 年 5 月,《毛泽东选集》俄文版第 1 卷由苏联外文书籍出版社出版发行,到 1953 年 12 月,中文版《毛泽东选集》共出版 3 卷,俄文版《毛泽东选集》则出版了 4 卷,因为中文版第 2 卷在俄文版中分为两卷出版。

《毛泽东选集》俄文版从第 1 卷出版开始就得到了苏联学者的高度评价。尤金在评论《毛泽东选集》第 1 卷时指出:"《毛泽东选集》第 1 卷是马克思列宁主义思想的伟大生命力的新证据,中国共产党在毛泽东领导之下正在为实现马克思列宁主义思想而坚决斗争着,中国共产党不是教条式地、而是创造性地领会了马克思列宁主义,成功地把马克思主义的理论

---

① 苏联真理报编辑部:《论毛泽东的著作〈实践论〉》,《人民日报》,1950 年 12 月 30 日。

应用于中国这样的国家,因而大大丰富了马克思主义的理论。"①1953年6月13日,《真理报》发表了普利歇夫斯基(И. Плышевский)和索波列夫(А. Соболев)撰写的文章,专门介绍俄文版《毛泽东选集》第2卷。两人的文章首先指出:"中国共产党领导革命运动的经验的理论总结,不仅对于中国同志,而且对于一切处在资本主义统治下的国家的共产党员,特别是对于殖民地和半殖民地国家的共产党员,具有巨大的意义。中国共产党的组织者和领袖毛泽东同志,在自己著作中对于党的活动给予深刻的马克思列宁主义的分析,科学地论证了各种历史条件下党的政策和策略。"文章最后写道:"毛泽东的著作是中国革命经验的深刻的理论的总结。这些著作进一步在思想上和理论上武装了中国共产党,提高了党的战斗力,并且加强了党在中国人民解放斗争中的领导作用。这些著作丰富了马克思列宁主义的革命理论。"②亚历山德罗夫(А. Александров)和哈尔拉莫夫(М. Харламов)在介绍与评论《毛泽东选集》俄文版第3卷时强调:"这些著作是创造性地研究马克思主义的范例,是把革命的马克思列宁主义理论和中国人民解放斗争的实践,和世界上最大国家之一的共产党活动相结合的范例。"③哈尔拉莫夫在《真理报》撰文介绍和评价《毛泽东选集》第4卷时说:"苏联读者已熟知并深切注意了《毛泽东选集》头三卷。现在外国书籍出版局(即苏联外文书籍出版社——笔者注)又出版了《毛泽东选集》俄文版第四卷,它相当于中文版第三卷,其中包括毛泽东同志一九四一年三月至一九四五年八月的著作。毛泽东同志把马克思、恩格斯、斯大林的学说创造性地应用于中国革命……毛泽东同志是世界解放运动的卓越的马克思主义理论家,他将马克思列宁主义和中国革命的实践结合起来。"④

　　20世纪50年代至70年代,苏联共出版发行俄文版《毛泽东选集》2.2万套。赫鲁晓夫上台之初,为密切苏中关系,还把毛泽东著作列为苏联高等学校的规定教材。苏联报纸杂志除引用马恩列斯语录外,也经常引用毛泽东语录。苏联军方还印发出版了一批俄文版的毛泽东军事著作。

　　斯大林还曾建议翻译出版毛泽东诗词以供社会主义阵营各国借鉴。

---

① 《〈毛泽东选集〉第一卷》,《人民日报》,1952年9月10日。

② 《苏联〈真理报〉发表论文 介绍俄文版〈毛泽东选集〉第二卷》,《人民日报》,1953年6月15日。

③ 《介绍〈毛泽东选集〉俄文版第三卷》,《人民日报》,1953年10月31日。

④ 《〈毛泽东选集〉俄文版第四卷》,《人民日报》,1954年1月7日。

斯大林对毛泽东的《西江月·井冈山》很感兴趣,很想知道中国红军的摇篮——井冈山到底是什么样的环境,毛泽东写《西江月·井冈山》的背景是怎样的,为此他特别委派费德林到中国帮助翻译《毛泽东选集》并实地考察井冈山。1950年2月,费德林在吉安地委第一任书记李立的安排陪同下实地考察了井冈山,参观了毛泽东在茨坪的旧居、经常坐着读书的"读书石",了解了黄洋界保卫战的情况和《西江月·井冈山》的写作背景,去袁文才遗孀谢梅香的住处看了袁文才写给毛泽东的信。最后,费德林一行购买了一张华南虎虎皮,作为献给斯大林的礼物。

在毛泽东诗词的各种外文译本中,最早的是1957年苏联真理报出版社出版的俄文版《毛泽东诗词十八首》,由著名汉学家费德林与艾德林(Л. З. Эйдлин,1909—1985)担任编辑。艾德林亲自参与翻译,他翻译了《念奴娇·昆仑》和《沁园春·雪》,译者还有马尔夏克 (С. Я. Маршак,1887—1964)、苏尔科夫(А. А. Сурков,1899—1983)、戈卢别夫(И. Голубев)、阿谢夫(Н. Асеев)和巴斯马诺夫。马尔夏克翻译了《沁园春·长沙》和《浣溪沙·和柳亚子先生》;苏尔科夫翻译了《菩萨蛮·黄鹤楼》《西江月·井冈山》《如梦令·元旦》《清平乐·会昌》《忆秦娥·娄山关》《七律·长征》《水调歌头·游泳》;戈卢别夫翻译了《菩萨蛮·大柏地》和《七律·和柳亚子先生》;阿谢夫翻译了《十六字令三首》;巴斯马诺夫翻译了《清平乐·六盘山》和《浪淘沙·北戴河》。这十八首诗词是根据《诗刊》1957年第1期刊载的毛泽东《旧体诗词十八首》翻译的。1958年,苏联以吉尔吉斯文、楚瓦什文、乌兹别克文3种民族文字出版了《毛泽东诗词》,1959年和1961年,苏联又分别以哈卡斯文和格鲁吉亚文出版了《毛泽东诗词》。此外,出版单位和出版年月不详的《毛泽东诗词集》还有雅库梯文、爱沙尼亚文、乌克兰文、奥塞梯文、布里亚特文、巴斯基尼亚文等,共计12种文字。[①]《毛泽东诗词》在苏联的出版发行为苏联汉学界研究毛泽东思想提供了资料。中国翻译家沙安之曾翻译过毛泽东诗词,1962年《人民画报》俄文版第1、2期曾刊载了她翻译的4首毛泽东诗词,1980年《湖南语言学会论文集》收录了她翻译的20首毛泽东诗词。

中国的外文出版社曾出版《毛泽东选集》的俄文译本,第1卷于1967年出版,第2卷于1968年出版。1967年,外文出版社还曾出版过俄文版的《毛主席语录》。毛泽东的女儿李敏著有《我的父亲毛泽东》一书,俄文

---

① 李晓航:《毛泽东诗词版本出版情况综述》,《毛泽东思想研究》,2003年第3期。

版于 2003 年出版。2003 年正值毛泽东 110 周年诞辰,俄罗斯驻华使馆于 12 月 19 日举行了《我的父亲毛泽东》一书俄文版首发式,时任俄罗斯驻华大使罗高寿出席了首发式。虽然毛泽东在俄罗斯十分有名,但书中描写的许多事情是鲜为人知的,这本书可以帮助俄罗斯读者了解毛泽东作为伟人和普通人的不同侧面。《我的父亲毛泽东》俄文版照片比中文版多,共有 183 张,其中三分之二是中文版所没有的。《我的父亲毛泽东》俄文版曾在 2007 年 9 月举行的第 20 届莫斯科国际书展上展出,深受俄罗斯读者欢迎。

苏联解体以后,苏联共产主义青年团演变发展为俄罗斯革命共产主义青年联盟, 这一联盟组建了俄罗斯毛泽东思想党 (Российская маоистская партия,简称 РМП),其党报是《俄罗斯毛泽东思想党新闻》。党主席达尔·茹塔耶夫(Дар Жутаев)认为在 20 世纪的中苏两党大辩论中,真理站在以毛泽东为代表的中共一边:毛泽东和中国领导人公开发表批判苏修的文章,但是赫鲁晓夫和勃列日涅夫不仅不敢在苏联发表批判中共的文章,还禁止阅读关于毛泽东思想的文献,诋毁中国鼓吹民族主义和侵犯苏联边境。

除了毛泽东的著作外,中国外文出版社还曾出版过刘少奇、周恩来、朱德等党和国家领导人著作选集的俄文译本。《刘少奇选集》俄译本分为两卷,分别于 1984 年和 1991 年由外文出版社出版。刘少奇之女刘爱琴撰写的《我的父亲刘少奇》一书俄文版于 2009 年由外文出版社出版,2009 年 4 月 24 日在莫斯科俄中友协举行了首发式,刘爱琴及其家属、中俄两国外交人员等近百人出席。首发式由季塔连科主持,他说,俄文版《我的父亲刘少奇》首发式是在俄中建交 60 周年和中国"俄语年"框架内举行的,因此具有特别重要的意义。与会者们共同缅怀了刘少奇的丰功伟绩,对他为中国革命和建设以及中苏友好事业所建立的卓越功勋给予了高度评价。刘爱琴用俄语发表讲话,她回忆了父亲不平凡的一生,介绍了中国各界为刘少奇 110 周年诞辰举行活动的情况。外文出版社出版的《周恩来选集》俄译本分为两卷,上卷于 1981 年出版,下卷于 1990 年出版。李立三的夫人、著名俄语教育专家李莎(И. П. Кишкина,1914—2015)等曾参与《周恩来选集》俄译本的审定工作。由周恩来侄女周秉德著、作家铁竹伟执笔的《我的伯父周恩来》一书于 2000 年由辽宁人民出版社出版,外文出版社于 2008 年出版了此书的俄文版。2008 年 3 月 24 日,俄罗斯俄中友协举办了周恩来 110 周年诞辰纪念大会。周秉德作为特邀嘉宾专程参加了此次活动,她向俄中友人赠送了《我的伯父周恩来》一书俄文版。《朱德选集》俄译本于 1986 年出版,《朱德画传》俄文版于 2008 年由四川人民出版社出版,由王育伦翻译。《朱德画传》广泛参考《朱德传》《朱德年谱》《朱德军事文选》《朱德诗词集》等著作,全书约 18 万字,选录图片九百余幅,图文并茂,形象、生动地再现了朱德波澜壮阔的一生。朱德的女儿朱敏著有《我的父亲朱德》一书,其俄文译本于 2006 年由外文出版社出版。任弼时长女任远志撰写的《我的父亲任弼时》俄文版于 2011 年由外文出版社出版,并于当年 11 月在北京东直门俄罗斯文化中心举行首发式。俄罗斯驻华大使馆文化参赞梅捷列夫(Ю. А. Метелев)对俄文版《我的父亲任弼时》的出版表示热烈祝贺并给予高度评价,认为此书的出版将对加深俄中两国人民的相互了解和友谊做出贡献。至此,由中国共产党"五大书记"的子女们撰写的红色传记均已译为俄文出版。

2007 年 9 月 6 日,在第 20 届莫斯科国际书展中国公共活动区,中国国际出版集团向俄中友好协会、俄罗斯老战士协会、莫斯科 1948 中学赠送了俄文版图书《我的父亲毛泽东》和《我的父亲朱德》。中国新闻出版总署图书管理司司长吴尚之、俄罗斯各地图书馆驻莫斯科代表处代表等各方人士出席了赠书仪式。中国国际出版集团书展代表团副团长呼宝民、俄中友好协会第一副主席库利科娃、莫斯科 1948 中学校长谢苗诺娃(О. Н. Семенова),以及俄罗斯老战士协会代表分别致辞。与会人员在现场播放了珍贵的历史图片,深切缅怀了毛泽东和朱德两位伟大的中国革命家,重温了中俄两国的传统友谊,展望了中俄关系的良好发展前景。

二、改革开放之后中国领导人著作在苏(俄)

邓小平及其思想在苏联和俄罗斯的影响很大。邓小平曾在莫斯科中山大学学习,其俄文名字叫多佐罗夫(Дозоров)。担任中国党和国家领导人之后,邓小平访问最多的国家是苏联。20 世纪 80 年代,国际局势发生了很大变化,中国走上了改革开放的道路。为了两国人民的根本利益和世界和平,为了实现中苏关系正常化,他甚至打破惯例和常规,不顾高龄出访苏联。1989 年,邓小平与苏联领导人一起富有远见地实现了两国关系正常化,为中国和俄罗斯两个大国开创全新的睦邻友好合作关系奠定了基础。中国外文出版社于 1985 年出版了《邓小平文选(1975—1982)》俄文版,1989 年又有一版《邓小平文选》出版。1988 年 1 月,苏联政治书籍出版社出版了邓小平的文集——《论当代中国基本问题》,收录邓小平在 1982 年 9

月至 1987 年 6 月间发表的 46 篇文稿。文集封面印有邓小平头像,文稿后附有邓小平简历。苏联舆论界认为,在苏联出版邓小平著作有助于苏联公众了解中国社会主义现代化的经验,了解邓小平作为一个马克思主义政治家的思想。布尔拉茨基博士撰写了《论当代中国基本问题》的书评,翻译为中文后发表于《江西社会科学》1988 年第 3 期。1996 年,俄罗斯出版了《邓小平文选》第一卷。1997 年,季塔连科院士在《远东问题》第 2 期发表了《邓小平的事业和时代》一文。同年,帕列亚出版社出版了俄文版的《建设有中国特色的社会主义》一书。邓小平女儿邓榕所著的《我的父亲邓小平》上卷和《我的父亲邓小平——"文革"岁月》都被译成俄文出版。2003 年 7 月 28日,普京在克里姆林宫会见邓榕时指出:"邓小平提出的思想正在中国的国内政策中得到实施,并在对外政策中得以延续。我指的是他的思想在俄中经济协作关系中,在发展我们两国之间的战略伙伴关系中的延续。"普京表示会很高兴地去阅读《我的父亲邓小平——"文革"岁月》。他说:"在书中我会看到书的作者,她大概比任何人都更了解自己的父亲一生中和中华人民共和国历史上那段非常有意义的时期,从中我们能够看到那些为人所知的和不为人所知的智慧展现。"①《我的父亲邓小平——"文革"岁月》俄文版由俄罗斯外贸银行和国际文传电讯社资助出版, 首发式于 2003 年 7 月在莫斯科举行。邓榕在首发式上说:这本书展示了新中国历史上最为曲折动荡的 10 年,展示了中国人民纠正谬误向真理迈进的历史过程;本书将向人民讲述邓小平一生中最艰难的岁月, 讲述他如何凭借对国家和人民的热爱,凭借政治家的经验和胆略去战胜困难, 并顽强不屈地追求真理的真实故事。书中记述了邓小平和他的一家人在那 10 年中大起大落的悲欢离合,并首次披露了大量鲜为人知的历史资料。2003 年,俄罗斯汉学家杰柳辛(Л. П. Делюсин,1923—2013)的专著《邓小平和中国社会主义改革》问世,主要内容包括邓小平在中国改革开放进程中发挥的作用、邓小平理论的形成过程等。杰柳辛认为,邓小平不仅汲取了斯大林和毛泽东国家发展理论与实践的经验教训,同时坚决反对摧毁现行体制而按照西方资本主义模式全盘西化, 注重在改革过程中探索适合中国国情的发展道路,"摸着石头过河",量力而行,区分了社会主义的发展阶段,从而为中国政治和经济改革的成功奠定了理论基础。杰柳辛认为邓小平超过了康有为、孙中山这样很

---

① 《普京文集(2002—2008)》,张树华、李俊升、许华等译,中国社会科学出版社,2008 年,第 44—45 页。

有影响的改革家,因为他勾画了中国现代化的蓝图并部分实现了它。①鉴于邓小平及其理论在俄罗斯的广泛深入影响,俄罗斯汉学界开始出现研究邓小平理论的博士学位论文。有一篇题为"以中国为例:论 20 世纪 90 年代非西方国家社会文化变革问题"的博士学位论文就以中国改革开放以来的实践为素材,以邓小平创立的中国特色社会主义理论为依据,阐述了中国建设社会主义物质文明和精神文明的必要性和迫切性,深入分析了中国经济和科技飞速发展,以及中国人思维方式和生活方式发生改变的原因。

　　江泽民对中苏和中俄文化交流做出了很大贡献,他本人就是中苏友好时期成长起来的专家,曾在苏联斯大林汽车厂(1956 年改称利哈乔夫汽车厂)实习。中国编辑出版江泽民的著作是从 1995 年开始的,编辑的目的不是为了在国内出版,而是为了出版俄文文集,书名为《改革·发展·稳定》。当时俄罗斯总统叶利钦正准备于 1996 年春访问中国,俄方提出要在俄罗斯出版江泽民的著作,作为叶利钦总统访华时的礼品赠送给江泽民。考虑到这有利于两国间的友好关系,也是中国向俄罗斯人民介绍改革开放成果和各项内外政策的一个大好机会,中方接受了这一建议,并决定由中共中央文献研究室负责,围绕俄罗斯读者可能关注的问题,编辑这本俄文版文集。该文集由俄罗斯帕列亚出版社出版,并于 1996 年 4 月叶利钦访华时如期担负了作为俄罗斯国家礼品的使命。这本文集在俄罗斯引起了良好反响。《人民日报》在报道时指出:"这是俄出版界第一次出版江泽民主席的著作选集。"2001 年,应帕列亚出版社的要求,中共中央文献研究室又编辑了该书的增订本。"据帕列亚出版社社长米申向俄通社-塔斯社介绍,《中国国家主席江泽民文选》是帕列亚出版社准备出版的系列丛书'人民领袖——20 世纪'中的一本。这套丛书共 80 卷,主要收集世界各国领导人的著作。"②该文选共收集江泽民自 1989 年 9 月至 1995 年 9 月公开发表过的部分讲话和报告共 28 篇,并附有江泽民的生平介绍和多幅照片。此外,中共中央文献编辑委员会编辑的《江泽民文选》(3 卷本)于 2006 年 8 月由人民出版社出版,外文出版社分别于 2010 年、2012 年、2013 年发行了俄文版第一卷、第二卷和第三卷。《江泽民文选》俄文版的出版发行,有助于俄语读者了解江泽民关于中国特色社会主义重大问题的理论思考,正确了解我国改革开放和社会主义现代化建设的历史进程,深入理解我国的

---

① Делюсин Л. П. Дэн Сяопин и реформация китайского социализма. М.:Муравей,2003.С.22.

② 《俄出版〈中国国家主席江泽民文选〉》,《人民日报》,1996 年 4 月 24 日。

对内对外方针政策,加深国际社会对当代中国的了解和认识。

随着信息技术的发展和网络媒体的完善,胡锦涛的许多讲话和文章都被俄罗斯和中国的媒体译成俄文发表,俄罗斯的《真理报》《消息报》、塔斯社和中国的人民网、新华网俄文版、中国国际广播电台俄文广播、中央电视台俄语频道都及时进行刊载和播发。2007 年 3 月 20 日,在对俄罗斯进行国事访问并出席在俄罗斯举办的"中国年"开幕式等活动前夕,胡锦涛在人民大会堂接受俄罗斯 6 家媒体记者的联合采访。在回答俄新社记者的提问时,胡锦涛谈到了中国构建社会主义和谐社会的问题。他指出,构建社会主义和谐社会是我们从中国实际出发提出的重大战略任务。我们认为,社会和谐是国家富强、民族振兴、人民幸福的重要保证。我们要构建的社会主义和谐社会是民主法治、公平正义、诚信友爱、充满活力、安定有序、人与自然和谐相处的社会。我们正在以解决人民群众最关心、最直接、最现实的利益问题为重点,着力发展社会事业、促进社会公平正义、建设和谐文化、完善社会管理、增强社会创造活力,推动社会建设与经济建设、政治建设、文化建设协调发展。当然,实现社会和谐是一个需要不断努力的过程。目前,我们还面临着不少影响社会和谐的问题,比如:就业压力很大,社会收入分配关系尚未理顺,社会保障体系有待进一步健全,教育卫生事业特别是农村教育卫生事业需要进一步发展,等等。我们将在深化改革、推动又好又快发展的基础上大力促进社会和谐,为国家发展进步和人民生产生活创造更好的社会环境。随之,俄罗斯积极开展对中国科学发展观和"和谐社会"理念的研究。2007 年 5 月在赤塔通过答辩的两篇博士学位论文也对中国的"和谐社会"理念进行了阐述和研究。这两篇论文分别是莫罗佐娃(B. C. Морозова)的《现代化中国社会价值取向的发展》和费奥克蒂斯托夫(B. M. Феоктистов)的《全球化背景下的中国国家安全观念的文化—文明价值》。莫罗佐娃指出,"建设'中国特色的社会主义'的思想根植于中华民族传统文化价值观"。"'和谐社会'来源于孔子文化遗产中'和'的理念,'和'的现代意义阐释为人际关系和人与社会关系的和谐"。她认为,"建设'社会主义和谐社会',集中阐释了'社会主义市场经济''民主治理'和'先进文化'等现代观念"。而费奥克蒂斯托夫则认为,"'和谐社会'的理念对于保障俄罗斯和中国的国家安全具有重要意义"。①

① 转引自马冲宇:《新世纪俄罗斯汉学研究动向初探》,《河北大学学报》,2008 年第 5 期。

2013年，习近平担任国家主席之后，提出了"中国梦"的指导思想。《人民日报》海外版曾发表过《圆"中国梦"是场接力赛》的社评，文章俄译文在俄罗斯网站发表后引起了俄罗斯网友的热烈讨论。俄罗斯也致力于民族复兴。有学者针对两国各自的强国梦想指出，在内涵颇为相似的"强国梦""复兴梦"上，中俄梦想成真的路径并不一样。"中国梦"以爱国主义为核心，致力于经济发展，强调人民的幸福；"俄罗斯梦"的核心是军事和外交，建设一支在全球具有精准打击能力的军队，同时争取经济上的现代化。"中国梦"的终极目标是世界和平，承诺即便中国强大了，也绝不恃强称霸；"俄罗斯梦"的目标是针对美国霸权，要以俄罗斯的"利矛"应对美国的"坚盾"，称霸世界的念头依然存在。①

习近平的著作已有俄文版出版。《习近平谈治国理政》由中国国务院新闻办公室会同中共中央文献研究室、中国外文局编辑，由外文出版社以中、英、法、俄、阿、西、葡、德、日等多语种向全球出版发行。书中收录了习近平在2012年11月15日至2014年6月13日期间的讲话、谈话、演讲、答问、批示、贺信等79篇，分为18个专题，还收录习近平各个时期照片45幅。俄罗斯驻华大使杰尼索夫（А. И. Денисов，1952—　　）在接受新华网采访时表示，《习近平谈治国理政》的内容非常丰富，话题是正式而严肃的，但写法却很通俗易懂。杰尼索夫认为，从管理学的角度来说，这本书的内容非常充实，中国是一个能够给管理者提供大量正确管理经验的国家。杰尼索夫说："当使馆举行一些会议的时候，我总会提醒我们的工作人员'照镜子、正衣冠、洗洗澡、治治病'。"杰尼索夫说："作为一个汉学家，这本书给我留下很深刻的印象是，习近平主席非常喜欢引用哲学家、中国文学家的经典作品，他非常喜欢使用形象的比喻和词句。"②

2015年，俄罗斯埃克斯摩出版社出版了莫斯科友谊大学教授塔夫罗夫斯基（Ю. В. Тавровский，1949—　　）所著的首部关于中国国家主席习近平的专著《习近平：正圆中国梦》。书的封面上印有普京总统的一段话："中国经济增长是我们的'经济之帆'乘上'中国之风'的机会。"在塔夫罗夫斯基看来，中国是21世纪世界瞩目的焦点，正在逐步实现的"中国梦"将在人类历史上留下印记。"在中国生活着世界五分之一的人口，而中国经济在某

---

① 陈冰：《"中国梦"握手"俄罗斯梦"》，《深圳特区报》，2013年3月21日。

② "俄大使谈《习近平谈治国理政》：这本书提供了大量正确的管理经验"，新华网，2015年5月28日，http://news.xinhuanet.com/world/2015-05-28/c_127851675.htm。

些方面来说已经跃居世界首位。我们清楚地看到中国人正在圆梦路上铸下一座座里程碑。"塔夫罗夫斯基说,中国不断增强的国际影响力使近邻俄罗斯越发需要也更加渴望了解中国。而《习近平:正圆中国梦》就是要帮助俄民众更加认同中国,更好地了解中国带来的实实在在的好处。[①]

2015年5月7日,在出席俄罗斯纪念卫国战争胜利70周年庆典并访问俄罗斯前夕,习近平在《俄罗斯报》发表了题为"铭记历史,开创未来"的署名文章。文章提到,中俄两国人民在反法西斯和日本军国主义的战斗中相互支持,相互援助,并肩战斗,用鲜血和生命凝成了战斗友谊。文章最后指出:"中华民族和俄罗斯民族都是伟大的民族。当年,我们患难与共,用鲜血凝成了坚不可摧的战斗友谊。今天,中俄两国人民更将携手前进,同护和平,共促发展,继续为巩固世界持久和平和人类共同进步做出自己的贡献。"

综观新中国成立后的中苏(俄)思想交流,中国向苏联的学习在新中国成立初期一度十分兴盛,甚至到了照抄照搬的地步,但随着中国探索适合本国国情的发展道路,逐渐摸索出了一套适合本国国情的有中国特色的社会主义建设和发展理论并且形成了体系,为人类发展史做出了应有的贡献。苏联解体后,俄罗斯作为苏联的继承国,正视历史和现实,借鉴包括中国特色社会主义理论体系在内的人类优秀思想成果,不断调整发展模式,探索适合俄罗斯国情的发展道路,正走向重振大国雄风的道路。中国则从苏联解体和东欧剧变事件中获得了许多教训和启示,调整了国家发展道路,致力于建设中国特色社会主义。

尽管当今中俄两国的改革道路和发展模式存有差异,但两国历史上曾有过相同的意识形态和社会制度,所以两国的政治思想和治国理念对于双方都具有较大的参考价值和借鉴意义。列宁主义至今在中国仍具有深远的影响力,苏联和俄罗斯演变发展的经验、教训及其历史反思在今后很长的一段时间内对中国的社会主义改革和发展仍具有非同寻常的借鉴意义,而中华人民共和国成立以来形成的建设理论和执政理念,对善于学习且当下迫切需要振作复兴的俄罗斯来说,是取之不尽的思想源泉,已经并且将会持续对俄罗斯产生深刻的影响,也正因如此,两国在政治思想领域的交流将会不断持续下去。

---

① "俄罗斯出版首部关于习近平的专著《正圆中国梦》",人民网,2015年4月30日,http://politics.people.com.cn/n/2015/0430/c1001-26933404.html。

第三章 中苏(俄)教育交流

在新中国成立前较长一段时间内,中国的教育制度和模式都深受欧美教育的影响,但是这种影响在新中国成立后迅速转向。由于中国实行"一边倒"的外交方针,新中国的教育开始放弃欧美体系,转向全面学习苏联教育模式。中国通过向苏联派遣留学生、聘请苏联教育专家,按照苏联模式进行院校调整和教育改革,在教育体系上全面学习苏联。由于中国在学习苏联教育的过程中照抄照搬严重,苏联教育的一些弊端殃及中国教育,至今仍有一些挥之不去的影响。另外,中苏之间的教育交流在很长一段时间内十分不平衡,以中国学习苏联教育为主,直到20世纪80年代中苏关系逐渐改善之后,才开始改变不平衡的状况,逐渐实现对等交流。及至俄罗斯联邦时期,中俄两国的教育交流逐渐恢复正常,走向正轨,两国政府签订了关于相互承认学历和学位证书的协议,说明两国都认可对方的教育水平并愿意积极学习对方的教育经验。但在俄罗斯联邦时期,两国的留学人员还是存在较大差异,中国留学人员去俄罗斯多是学习自然科学,而俄罗斯来中国的留学人员多是学习中国的语言文学、历史和文化。

第一节 中国与苏联的教育交流

中国在全面学习苏联的过程中,教育始终是走在前列的。1949年12月,教育部在北京召开第一次全国教育工作会议,教育部党组书记、副部长钱俊瑞在会议的总结报告中向全国教育工作者明确提出要借用苏联教育经验的意见,并把借用苏联教育经验作为建设新教育的保障:"在全国范围的建设任务前面,我们的教育必须根据共同纲领,以原有的新教育的良好经验为基础,吸收旧教育的某些有用经验,特别要借助苏联教育建设的先进经验,建设我们的'以提高人民文化水平、培养国家建设人才,肃清封建的、买办的、法西斯主义的思想,发展为人民服务的思想为主要任务'的新民主主义教育。"①自此,中国在教育领域开始全面学习苏联。中苏之间的教育交流主要在互派留学生和教育代表团、校际之间展开合作、聘请苏联教育专家来华指导、按照苏联模式进行教育改革、译介苏联教育著作等方面展开。

一、互派留学生和教育代表团

派遣留学生是中苏教育交流的重要方式。新中国成立之初,百废待兴,缺乏各类专业技术人才,国内教育无法在短时间内培养出所需人才。为了尽快培养社会主义建设需要的各类人才,中国兴起了大规模的留苏热潮,向苏联派出了数以万计的留学人员。

1950 年 6 月,周恩来指定国家文教委员会冯乃超、外交部伍修权、教育部陈新民三人组成工作小组,负责选拔留学出国人员。1951 年,中国向苏联选派了第一批留学人员。根据时任中国驻苏大使张闻天于 1951 年 10 月 15 日递交的《关于留苏学生的报告》,1951 年,中国在苏联的留学人员达 609 人,包括教育部选派的留学生 375 人(其中研究生 136 人)、海军留学生 53 人、空军留学生 30 人、青年团留学生 22 人、东北工业实习团 88 人、老留学生 41 人。②教育部派出的留学生到达苏联后分别被安置进入莫斯科第一医师进修学院、莫斯科机床工具学院、莫斯科铁路运输工程学院、莫斯科运输经济学院、列宁格勒铁路运输工程学院、萨拉托夫汽车公路学院等高等院校学习。由于时间紧迫,出国之前来不及进行俄语培训,这些学生俄语基础几乎就是"零"。绝大部分学生还是在火车上,从苏联列车员那里学会了第一个俄语字母。因此,这批学生进入苏联高校后遇到很大困难,曾在莫斯科第一医师进修学院学习的张璇在回忆文章中写道:"第一天在教室里上课,老师在黑板上连写带说。我不知其他同学能听懂多少,反正我是一个字都没听懂。一堂课快结束时,老师在黑板上写了两个俄文字后就走了。我们几个听课的还呆坐着没有反应。左等不来右等不来,回宿舍赶紧查字典,原来黑板上写的是'下课'。"③

---

① 《在全国教育工作会议上钱俊瑞副部长总结报告要点》,《人民日报》,1950 年 1 月 6 日。
② 转引自李滔主编:《中华留学教育史录(1949 年以后)》,高等教育出版社,2000 年,第 230 页。
③ 单刚、王英辉编著:《岁月无痕——中国留苏群体纪实》,中央编译出版社,2007 年,第 45 页。

1951 年，正在苏联疗养的林伯渠详细了解了中国派出的第一批留学生的学习和生活情况,在回国后致信刘少奇和周恩来,反映了留苏生因语言不通及饮食、气候等原因,情绪波动很大。他建议,以后再派留学生,须在国内进行预备教育 6 个月或更多一些时间,也可以到苏联后,先集中教育一个时期。周恩来高度重视林伯渠的建议,随即做出批示,指定时任教育部副部长钱俊瑞、时任组织部副部长安子文和时任外交部副部长伍修权 3 人负责筹备留苏预备学校。因为设在北京俄文专修学校之内,因此又被称为俄专二部(后正式命名为留苏预备部)。1952 年 2 月,留苏预备部迎来了第一批六百多名学生。因当时还没有专门的校舍,不得已借用位于定阜大街的原辅仁大学部分校舍栖身。6 月,留苏预备部搬到当时位于鲍家街 21 号(现在是鲍家街 43 号)的醇亲王府内。由于空间不足,教育部又腾出了位于石驸马大街(1969 年改称为新文化大街)18 号的北京女八中的部分场地供留苏预备部学员住宿使用。后来留苏人员日益增多,又在海淀区魏公村建了留苏预备部的新校址,1955 年投入使用。根据中央"学习好、纪律好、身体好"的要求,当时留苏预备部确定了 3 项主要任务,即业务学习与考核、严格的政治审查和保证学生的身体健康,被留苏预备生称为"过三关"。留苏预备生最主要的任务是学习俄语,此外还需要进行一定的时事政策学习,接受思想政治教育。

1952 年 9 月,中苏两国签订了《关于中华人民共和国公民在苏联高等学校(军事学校除外)学习之协定》,严格了留苏人员的选拔标准,加之中国方面忙于筹备留苏预备部,所以 1952 年中国派遣留苏学生时采取了宁缺毋滥的方针,教育部仅派出留学生 220 人,经济部门所属高校派出了 67 名,共 287 名。从 1953 年到 1956 年,中国留苏人员逐年增多,这主要是因为中国于 1953 年开始实施第一个五年计划,对社会主义建设人才的需求量加大。留苏预备部的建立完善了赴苏留学的考试和选拔制度。1953 年,中国政府成立了高等教育部留学苏联预备生学科考试委员会,下设政治财经、理工、农医、政法文教 4 个考试组,专门负责留苏预备生的考试选拔工作。留苏学生选派工作在当时被视为一项严肃的政治任务,包括人员选拔、培养、管理和使用几个环节,是一个复杂的系统工程,需要国家多个部委和部门细致分工,密切配合。当时对留学生的选拔程序和条件都很严格,首重政治条件,其次是身体素质、俄语水平以及业务成绩,有"够得上入党条件,不一定够得上留苏条件"的说法。除应届高中毕业生和进修生外,其他留苏学员必须参加国家统一考试。政治审查的具体标准是:历史清楚,政治上完全可靠,思想进步者;学习、工作积极、努力,品质优良、有培养前途且志愿赴苏联学习者;家庭成员与主要社会关系无政治问题。①

从 1951 年到 1966 年,中国向苏联选派了约一万名留学生。其中最多的一年是 1956 年,共有 2085 人赴苏联留学进修,占当年派出国外总人数的 86%。1953 年至 1956 年是高峰期,仅就教育部和外交部派往苏联的留学生人数而言,1953 年为 583 人,1954 年为 1375 人,1955 年为 1932 人,1956 年为 2085 人。1954 年到 1956 年的留苏人数最多,三年共向苏联派出 5392 名留学生,占 1951 年至 1956 年间中国派遣赴苏联留学生总数的 82%,②占 1951 年到 1966 年留苏人数的 65%。1957 年至 1959 年,中苏关系出现裂痕,中国国内运动迭起,派往苏联的留学人员急剧减少,1957 年派出 483 人,1958 年派出 378 人,1959 年派出 460 人。1960 年到 1966 年是中苏关系逐渐走向破裂的时期,中国向苏联派遣留学生的数量锐减,1960 年至 1965 年仅派出 519 人。③

教育部派往苏联的留学人员主要是高中生、大学生、研究生、进修生、实习生等。据《学子之路——新中国留苏学生奋斗足迹》一书的统计,这类留学人员的数量在一万人以上。高中生起初在留苏学生中占有一定比重。1952 年,新中国举行了第一次全国高等院校入学统一考试,约有280 名优秀考生被选拔为留苏预备生,1953 年也有相当数量的应届高中毕业生被列入教育部拟定的留苏选拔计划。考取留苏预备部成为当时无数年轻人的志向,留学苏联成为那个时代很多优秀青年的最高梦想。1954 年,教育部对应届高中毕业生报考留苏预备生的人数做出要求,指定报考留苏预备生的应届高中毕业生比例,一般占该校应届毕业生总数的 2.8%~10%。1955 年,中央提出在派遣出国留学生时"争取多派研究生,少派或不派高中毕业生"的方针。为此,1956 年教育部发出通知:"今后派遣出国留学生必须贯彻多派留学研究生少派高中毕业生的方针,只有国内现在不能培养的缺门专业和薄弱专业才派遣高中毕业生出国学习。"1957 年,教育部在《关于变动 1957 年派遣留苏研究生、大学生计划的请示报告》中指出,

① 丁晓禾主编:《中国百年留学纪录》(第四册),珠海出版社,1998 年,第 1341 页。
② 于富增、江波、朱小玉:《教育国际交流与合作史》,海南出版社,2002 年,第 33 页。
③ 李滔主编:《中华留学教育史录(1949 年以后)》,高等教育出版社,2000 年,第 222—225 页。

几年来派遣高中毕业生赴苏联大学学习,因俄文条件限制,学习吃力,因而效果并不甚好。据毕业回国的留学生及各方面的反映,由于上述原因,留苏大学生的学业水平和国内大学毕业生并无明显区别。有鉴于此,决定不再派遣当年在留苏预备部学习的 1150 名高中毕业生。因此,1953 年至 1956 年间,中国派往苏联的留学生主要由大学生组成。留苏研究生从 1955 年开始受到重视,留苏研究生的比重开始大幅度提高。1954 年以前的留苏研究生,是由各部门从高等学校和科研机构的在职人员中选拔保送的,要求有一定工作经验。1954 年以后,大部分留苏研究生则是从应届大学毕业生中选拔保送。选择研究生出国留学具有两大优势:一是由于研究生具有较为扎实的理论基础,能够在留学期间得到较快成长;二是由于研究生阶段的学习更为专业化、系统化,对于培养中国所需的高精尖人才更有帮助。[1]

从 1955 年开始,中国首次选派教师到苏联学习,从中国人民大学、北京大学、清华大学等 18 所高校抽调了 33 名教师到苏联进修。1956 年 1 月,中国选拔 100 名高校教师到苏联学习各种专业知识。根据教育部《关于 1958 年选派赴苏联进修教师工作计划的报告》,1955 年至 1957 年间中国政府共派出 231 名教师赴苏联进修,这些教师进修回国后在各自岗位上表现突出,1958 年中国决定再派出 104 名学术上有造诣的讲师或副教授赴苏联进修。

除了教育部派遣留学生和教师之外,中国各个部门也根据实际需要派出人员到苏联学习,如由苏联援建的 156 个项目中的工矿单位,派出大批工程技术人员和优秀工人前往苏联学习。这些人被称为留苏实习生,在留苏人员中占有较大比重。第一个五年计划期间,在这 156 个项目的建设中,苏联派遣来华工作的技术专家达三千多人,中国派遣了六千多名与项目建设有关的实习人员去苏联接受培训。[2]早在 1951 年 12 月中苏两国就签订了《关于中国公民在苏联进行生产技术实践条件的协定》,其中规定在苏联实习的中国技术干部,只须支付苏联专家和教师的讲课费及少量的实习费,其数额仅为实习指导者工资的 10%~20%。根据中国方面的档案资料,1952 年中国政府从中央和东北计委抽调了 273 名在职干部、从中央 9 个部委和东北工业部所属各公司各抽调了 174 名

①　余子侠、刘振宇、张纯:《中俄(苏)教育交流的演变》,山东教育出版社,2010 年,第 183 页。

②　中华人民共和国教育部编:《共和国教育 50 年》,北京师范大学出版社,1999 年,第 594 页。

和 560 名技术干部赴苏联实习。1953 年派出的1100 名赴苏留学生当中,财政系统的达 650 名,占一半还多。在留学生派出计划之外,中央财经委还拟选派 500 名到 600 名实习生。另外,根据当年中国技术进口公司和苏联技术出口公司签订的相应合同,苏联以提供科学技术援助的方式,接受了 144 名中国专家在苏联进行生产技术实习。①

中国人民解放军也向苏联派出了军事留学生。这些军事留学生被派往伏罗希洛夫海军学院、克雷洛夫海军工程技术学院、茹科夫斯基空军工程学院、红旗空军学院、陆军装甲兵学院、炮兵学院、防化兵学院等苏联军事院校学习。据《岁月无痕——中国留苏群体纪实》一书的不完全统计,1951 年至 1960 年,中国共向苏联派遣军事留学生近千人。

从 1951 年起,共青团中央也先后派出了 70 多名干部到苏联中央团校学习,曾任外交部部长和国务院副总理的钱其琛就是其中的杰出代表。据其著作《外交十记》记载,他是 1954 年被派往苏联学习的,当年团中央向苏联中央团校派出了 19 名学员,还有徐净武、张学书等人。

20 世纪五六十年代,由于急需各方面的建设人才,中国向苏联派遣了大量留学人员。由于派出的途径多样,所以统计起来十分困难,统计数据差别较大。苏方的统计如下:1951 至 1962 年间,八千多中国公民在苏联学习生产技术。在此期间,有一万一千多名中国大学生和研究生在苏联的学校学习。苏联政府承担了他们学习费用的一半。中国科学院各研究所的九百多名工作人员在苏联科学院接受科学训练,……苏联接待了一千五百名中国工程师、技术人员和学者。②他们曾在苏联几十个城市的两百多所大学和科研机构中学习,书写了中国留学史上辉煌的一页。

新中国成立之初,在向苏联"一边倒"和急需社会主义建设人才的情况下,向苏联派出留学生是培养人才的捷径。为了在 12 年后中国的科技能达到苏联和世界其他大国的水平,1956 年 1 月,周恩来对派留学生出国学习的目的讲得很清楚:"什么是最迅速最有效地达到这个目的

---

① 沈志华、李丹慧:《战后中苏关系若干问题研究——来自中俄双方的档案文献》,人民出版社,2006 年,第 160 页。

② [苏]奥·鲍·鲍里索夫、鲍·特科洛斯科夫:《苏中关系》,肖川、谭实译,生活·读书·新知三联书店,1982 年,第 152 页。

的道路呢？这样的道路就是：按照我们所最急需的门类，最迅速地派遣若干组专家、优秀的科学工作人员和优秀的大学毕业生到苏联和其他国家去作一年到两年的实习，或者当研究生，回国以后立即在科学院和政府各部分别建立发展这些科学和技术的基础，并且大量培养新的干部。同时，按照需要，每年陆续派人去实习和研究。"①留学生的选派关乎国家建设大计，因而备受重视。周恩来和刘少奇都曾接见过留苏预备部学员，并嘱托留学人员在国外虚心学习，学成后回国参加建设。毛泽东1957年访苏期间在莫斯科大学曾向中国留学生发表讲话："世界是你们的，也是我们的，但是归根结底是你们的。你们青年人朝气蓬勃，正在兴旺时期，好像早晨八九点钟的太阳。希望寄托在你们身上。"这句名言不仅对留苏学子是极大的鼓舞，而且传遍祖国大地，激励了中国千千万万的青年。

中国力所能及地为留苏学生提供在当时来说非常优越的学习条件。在留苏预备部学习期间，保证留苏预备生的身体健康是一项重要任务。由于当时中国人民生活水平较低，很多学生都营养不良，周恩来指示："出国留学生不能搞得面黄肌瘦，国家再穷，也要保证他们的健康。"因此留苏预备部的伙食很好，这一直为很多当年的留苏生所津津乐道。国家为留苏学生提供的生活用品也十分齐全，每人两大箱行李，服装从冬到夏，从里到外，一应俱全，足够穿戴五六年，还有羊毛毯和雨衣等物品，为男生准备了几条领带，为女生准备了香水和面油等，可谓应有尽有，考虑周全。例如，池秀峰曾留苏学习铁道建筑专业，回国后在解放军后勤部工作，他在1957年11月17日的日记中用满满17页纸记下了赴苏留学的幸福时刻。池秀峰一直珍藏着一件冬天穿的西装，布料非常好，是1954年发的，2009年在接受北京电视台采访时还能穿。赴苏留学生每月的生活费是500卢布，大约相当于250元人民币，而当时新中国的部长每月工资不过200元人民币。当时国内供养一个大学生需要耗费12个农民的劳动，而一个留苏学生则需要花费培养十多个甚至二十多个国内大学生的费用。

留苏学生遇到的第一个难题就是语言问题，因为在留苏预备部只学了几个月的俄语，语言环境突然转变增加了学习的困难。留苏学生把语言关称为"坐飞机"，意思就是晕晕乎乎的。据曾留苏并在中国驻苏大使

---

① 中共中央文献研究室编：《周恩来经济文选》，中央文献出版社，1993年，第238页。

馆负责留学工作的陈先玉讲,两个留学生听完一堂课后,讨论是什么课,一个学生说听到了"马克思主义""列宁主义"的单词就猜测是政治课,后来一问,上的是数学课。儿科专家龚明敏回忆说,到莫斯科第二医学院求学的第一个月,上课一句也听不懂。苏联的大学当时授课时大部分没有现成的教科书,考试基本围绕平时课堂讲授的内容,因此,课堂笔记成为获取知识的主要途径,很多留学生都有请苏联同学帮助记笔记的经历。因为语言不通,有的留学生去买肥皂,只顾着大小形状相像,结果买回来的是黄油。有的留学生去食堂用餐看不懂菜单,只认识几个俄文数字,于是就按顺序点了前三样,结果全是汤。

虽然留苏学生面临许多困难,但他们深知祖国的重托,所以惜时如金,克服困难,倾力学习,给苏联人民留下了诚恳、勤奋、优秀、谦虚的印象,他们的名字不断频繁出现在苏联高校的优等生光荣榜上。例如,两院院士宋健留学苏联的时候,为了多学习知识,除了白天上课,晚上还报了夜校,每天奔波于两所高校,最后以优异的成绩从两所院校毕业。曾任中央音乐学院院长的吴祖强一直保存着留苏时的毕业证书,他的每门课成绩都是五分。

留苏学生中获得博士学位的并不多。第一个获得博士学位的是曾任清华大学校长的高景德。因为高景德是第一个获得博士学位的留苏学生,《人民日报》对他的事迹进行了报道:高景德1951年到列宁格勒加里宁工程学院留学学习电机专业,经过苏联教授的用心指导和他的刻苦钻研,其副博士学位论文《远距离输电系统中的电机及其参数的影响》超过了副博士水平,继续完善后达到了博士学位论文水平,他于1956年5月18日通过学位论文答辩后被授予技术科学博士学位。[①]

中国在20世纪五六十年代派出的留苏人员几乎全部回国,并且无条件地服从分配,奔赴祖国建设最需要的地方工作,后来成为祖国各条战线上的骨干和中坚,为祖国的建设和发展做出了贡献。在这批留学人员当中,后来出现了一名国家主席,一名国务院总理,四名副总理,两百多各部长和省部级官员,两百多名院士,百余名将军和部队领导。在苏联斯大林汽车厂实习过的江泽民,曾担任中共中央总书记、国家主席、中央军委主席,是中国共产党第三代中央领导集体的核心。以全优成绩从莫斯科动力学院毕业的李鹏,历任国务院总理、全国人大常委会委员长。刘华

①　《我国留苏研究生高景德将获得博士学位》,《人民日报》,1956年5月22日。

清、邹家华、尉健行、李岚清、钱其琛、宋健、曹刚川等党和国家领导人也都有着留苏背景。改革开放后,留苏学子中有两百多人走上了省部级领导岗位,如曾任铁道部部长的傅志寰、曾任机械部部长的何光远、曾任地矿部部长的朱训、曾任中国科学院院长的周光召、曾任科技部部长的朱丽兰、曾任航天工业总公司总经理的刘纪原,等等。在科研领域,留苏学子中涌现了两百多位院士,如核潜艇研制专家钱凌白、船舶工程专家张炳炎、中国载人航天工程总设计师王永志、中国探月工程总设计师孙家栋、冰川学家谢自楚,等等。作为新中国成立后宝贵的高层次人才,他们被推到了国家发展的前沿。而因为保密原因而无法公开身份和在基层踏实工作的留苏学子,也与那些显赫的名字一起,成就了留苏群体的辉煌,成为共和国的骄傲。

　　新中国第一位教育参赞、1951 年底奉调前往中国驻苏联大使馆工作的李滔后来在《岁月无痕——中国留苏群体纪实》一书中这样评价 20 世纪五六十年代的留苏学子:"五六十年代的留苏学子群体,既是那一代青年人的杰出代表,也是他们中的普通分子。在所有和他们一样优秀的青年身上,蕴含着中华民族最优秀的品质,那就是:永远胸怀祖国、视祖国声誉为生命的爱国主义,永远将祖国利益置于个人利益之上的奉献美德,以及永远追求真理、不向困难低头的科学精神。"因此,20 世纪五六十年代中国出现的赴苏留学高潮不仅为国家培养了各行各业所急需的有用人才,而且为后世留下了一笔宝贵的精神财富,赴苏留学生的优良传统成为出国留学人员奋发学习、报效祖国的精神动力。

　　由于"文化大革命"的发生,中国从 1966 年停止了留学生的派遣,直到1972 年才开始向英、法两国派遣留学生。因为中苏关系的恶化,向苏联派遣留学生的工作直到 1983 年才恢复。1983 年中苏双方互派 10 名留学生。一年仅派 10 名留苏学生,与 20 世纪 50 年代的留苏热潮相比已经不可同日而语,在当年中国派出的 3421 名留学人员当中所占比例也极小。而这 10 名留苏学生的派遣却是中苏教育交流恢复的标志,成为两国关系改善"报春的燕子"。1984 年,中苏两国教育部签署了《中华人民共和国教育部和苏维埃社会主义共和国联盟高等和中等专业教育部关于 1984—1985 学年合作协定书》,商定 1984 年至 1985 年把互换留学生的人数增至各 70 人。1985 年签署《教育合作协定书》时又把互换留学生的人数增至各 200 人。中苏两国教育部每年都签订教育合作计划,不仅保持了互换留学生的连续性,而且互换留学生的人数逐年增加。在中苏 1988—1990 年教育合作计划文件中规定，除双方每年互换 150 名留学人员、30 名语言教师外，苏方还将单方面接受中方留学人员 550 名，其中 1988 年 150 名，1989 年和 1990 年各 200 名。1988 年中国派往苏联的留学人员共 443 名，占当年全部公派留学人员的 11.7%。[①] 从 1983 年至 1991 年底，中国共向苏联派遣留学人员 2475 名。与此相应，在 1983—1992 年间，苏联派遣到中国的留学生有 2373 人。[②] 1984 年 12 月，中苏两国政府成立了中苏经济、贸易、科技合作委员会，下设教育分委员会专门负责两国教育交流与合作事宜。1986 年 3 月，中苏经济、贸易、科技合作委员会第一次会议在北京举行，会议决定成立教育合作工作小组，由中苏两国教育部副部长担任组长。中苏副部长级教育合作工作小组的成立提升了两国教育交流的规格，为中苏教育交流和后来的中俄教育交流的顺利开展奠定了基础。除派遣留学生和访问学者外，1986 年，中国教育国际交流协会还派遣了一批中学骨干教师到苏联高等学校进修。

苏联向中国派遣的留学人员主要学习中国的语言、文学、哲学、历史等学科，如 1983 年苏联派出的 10 名留学生主要在北京语言学院学习，而中国向苏联派出的留学人员像先前一样仍以理工科为主，有些是新中国成立初期的留苏学子再次被派出，如 1956 年 9 月至 1962 年 2 月曾在莫斯科有色金属及黄金学院地质系留学的阎鸿铨，1986 年 8 月至 1987 年 3 月再赴这一学院(已改名为莫斯科地质勘探学院)进修。莫斯科地质勘探学院院长翻阅着过去的纪念册激动地说："我们永远不会忘记中国的好学生！"学院的帕夫林诺夫(В. М. Павлинов)教授办公桌后面的玻璃柜里珍藏着中国的工艺品、岩石标本、书籍等，苏联的同志称之为帕夫林诺夫教授的"中国一角"。[③] 20 世纪 80 年代，中国派往苏联学习人文学科的人数较少，且多是研究生。

互派教育代表团也是中苏教育交流的方式之一。1953 年时，中国就已经有 63 所院校与苏联的院校建立了直接的联系。1955 年 5 月，中国人民大学副校长胡锡奎、北京大学教务长周培源赴苏联参加了国立莫斯科大学成立 200 周年庆典活动。为了发展新中国的原子能事业，高教

---

①　《中国教育年鉴》编辑部编：《中国教育年鉴(1989)》，人民教育出版社，1990 年，第 330 页。

②　生建学：《中俄教育交流回顾》，《神州学人》，2005 年第 8 期。

③　阎鸿铨：《访苏日记四则》，《神州学人》，1987 年第 7 期。

部①于 1955 年 9 月派出了以清华大学校长蒋南翔为团长，周培源、钱伟长、胡济民为成员的中国高等教育代表团访苏考察苏联培养原子能人才和干部的有关情况。回国后蒋南翔向高教部呈交了《高等教育考察团访苏报告》，这份报告为 1956 年清华大学、北京大学等高校建立原子能专业打下了基础。②1955 年 10 月至 12 月，教育部副部长陈曾固率领中小学教师代表团访问苏联，在莫斯科、列宁格勒、基辅、第比利斯等地参观访问。据陈曾固 1956 年 2 月 8 日在教育部第 40 次部务会议上的报告称，代表团听取苏联教育部门及有关方面负责人的报告 18 次，与他们进行谈话 30 多次，参观学校 25 所，听课 90 多节，同校长、教导主任、教师、学生谈话共 150 多次。代表团在苏联重点考察了苏联综合技术教育教学工作、师范教育和教育行政等方面的工作，回国后在北京等 16 个城市作了专题报告，《人民教育》出版专号进行了报道，全国兴起了学习代表团报告的活动。1957 年 7 月，高教部副部长曾昭抡率领 30 多人的高教代表团访问苏联，走访了苏联十多个城市的高等院校，对苏联教育进行了比较全面深入地了解。

1958 年 5 月，复旦大学副校长陈建功赴苏联出席全苏复函数讨论会。1958 年 12 月，南京大学副校长高济宇等 14 人组成的科技考察团赴苏联考察。1960 年 12 月，教育部办公厅主任崔仲远率领中国教育工作者代表团赴苏考察并参加了国际综合技术教育问题讨论会。1961 年 7 月和 1966 年 3 月，教育部副部长刘皑风两度率团赴苏参加全苏高等教育工作会议。1962 年 9 月，周培源率团参加了在莫斯科大学召开的国际高等技术和人文教育问题讨论会，作了题为"高等教育的目的和任务"的报告，并介绍了中国高等教育的发展历程。

因为苏联向中国派出了大量教育专家，所以在中苏友好时期，苏联方面访问中国的教育代表团数量不多。1949 年受邀参加开国大典的苏联文化艺术科学工作者代表团也担负有教育交流的使命。苏联教育部副部长杜伯洛维娜(Л. В. Дубровина, 1901—1977)是代表团的成员，她为北京的教育工作者作了题为"关于苏联教育制度及教育措施"的报告，并赠送

---

① 高等教育部的简称，曾两设两并。1949 年 10 月，新中国成立教育部，1952 年 11 月增设高教部，1958 年 2 月，高教部并入教育部。1964 年 7 月，恢复高教部，1966 年 7 月，再次并入教育部。

② 《中国教育年鉴》编辑部编：《中国教育年鉴(1949—1981)》，中国大百科全书出版社，1984 年，第 665 页。

了教科书等资料,还参加了北京新华广播电台的广播节目。代表团团长法捷耶夫在北京大学作了题为"苏联文化建设"的演讲。代表团成员、莫斯科东方大学副校长富辛格教授在华北人民革命大学作了题为"苏联大学生的政治教育"的演讲,着重指出马列主义的政治教育在苏联大学教育中的重要性。[①]1956 年,作为对 1955 年中国中小学教师访苏代表团访苏的回访,苏联向中国派出了第一个真正意义上的教育代表团。该团由俄罗斯联邦共和国教育科学院院长马尔古舍维奇率领,在中国访问了一个多月,目的是为了帮助中国研究和解决普通教育和师范教育中遇到的一些问题。访华期间,代表团参观了北京、南京、上海、广州等地学校,举办了多场讲座,还向北京和天津两市的教育局赠送了 81 箱中学教学仪器和直观教具,其中包括物理演示仪、生物标本、教学幻灯片等 206 种、837件及 5 套无线电转播设备。[②]《人民教育》连载了代表团的报告并号召全国教师认真学习。

1957 年 12 月,俄罗斯联邦共和国教育科学院院长凯洛夫(Н. А. Каиров,1893—1978)率苏联对外文化协会代表团访问中国。凯洛夫的教育理论当时在中国影响很大。凯洛夫访华期间应邀作了一系列报告和讲座,向中国教育界详细介绍了苏联教育科学院的情况及教育研究和管理方面的经验。1962 年,以普罗柯耶夫为团长的苏中友协代表团访华,应邀参加中国举行的"十月革命"45 周年庆祝大会。虽然普罗柯耶夫是教育界人士,但这个代表团不是严格意义上的教育代表团。由于当时中苏关系已经恶化,中苏之间的教育交流活动自此陷入停顿状态,直到 20 世纪 80年代中苏关系松动时才有所改观。

二、聘请苏联教育专家来华指导

聘请苏联教育专家是中苏友好时期教育交流的重要形式之一。在教育全面学习苏联的背景下,中国教育界聘请了许多苏联教育专家来华指导工作。中国人民大学就是在原华北大学的基础上在苏联专家的帮助下建立起来的。刘少奇于 1949 年访问苏联时表示希望苏联能协助中国在莫斯科成立一所类似中国劳动大学的高校,费用由中方承担。后经协商

---

① 刘白笔:《莫斯科东方大学副校长富辛格、第米里亚夫农学院长斯托拉托夫昨分别应邀讲演》,《人民日报》,1949 年 10 月 11 日。第米里亚夫农学院后来通常译为季米里亚捷夫农学院。

② 方德溥:《苏联同行的珍贵礼物》,《教师报》,1956 年 7 月 10 日。

双方同意把这所大学改设在北平,这所学校就是后来著名的中国人民大学。由于中国政府的重视和苏联专家的大力帮助,中国人民大学在较短的时间内就发展成为一所新型的正规高等学校。当时有100多位苏联专家参与了中国人民大学的建设和发展。"以课程来说,截止于1957年,该校在几年间开设140多门课程,其中在苏联专家帮助下开设的就有100门左右。苏联专家为这些课程编写了大量的教材和讲义,其中大部分为国内许多高等学校采用。在苏联专家的培养下,许多从军队转业的老干部和青年干部成为该校的教学骨干。在该校1000多名教师中,有700多名是由苏联专家培养出来的。该校还为国内各高等学校培养师资近2000名,尤其政治理论教师中,有2/3是由该校苏联专家直接或间接培养出来的。"①

在20世纪50年代,苏联专家对中国高等师范教育工作提出了一些根本性的改进措施。在旧中国,全国高等师范学校没有统一的教学计划,呈现各自为政、因人设课的紊乱现象。1952年,在北京师范大学的苏联专家的帮助下,拟定了全国高等师范学校的教学计划,从而克服了这种紊乱现象。在苏联专家的指导下,对一些高等院校的年轻教师进行研究生培养,提高了师资队伍的整体水平。

中国一些高校和研究所是在苏联专家顾问的指导下建立起来的,如哈尔滨工业大学和中国科学院下属的部分研究所。据苏方有关资料,在1949—1960年间,苏联专家帮助培训了约19000名中国讲师(17000名在中国,约1700名在苏联),约占中国大学教学人员的四分之一。以北京俄语专修学校为例,建校初期没有固定教员,教员主要包括两部分,一部分由中共中央编译局俄文翻译干部兼任,另一部分是莫斯科东方语言学院中文系派到苏联驻华大使馆实习的学生。1950年,中方开始从苏联聘请专家到校担任专职教师,其中多数是苏联中学语文教师,少数为苏联高等学校语文系的教师,如初期的鲍米诺娃、玛蒙诺夫都是副博士和副教授,还有毕丽金斯卡娅等专家。从1950年冬开始,北京俄专请中央党校的苏联专家列米卓维奇到校兼课,主要是向学校一些干部讲授联共(布)党史。1951年秋,全国俄文教学指导委员会成立以后,加强了对俄文教学工作的组织指导。此后,苏联专家来华任教的人数逐年增加,在当时的文教部门中,北京俄专是拥有苏联专家人数最多的高等学校之一。1953年暑

---

① 刘志青:《恩怨历尽后的反思——中苏关系七十年》,黄河出版社,1998年,第404页。

假,苏联专家玛蒙诺夫等人期满回国。秋季开学前后,杜德尼科夫、舒立卡、马尔钦可等10名新专家来校,他们为青年教员开设各种俄语理论课程,帮助学校培养师资。1954年9月,巴林诺娃、库茨涅措娃等7名苏联专家到校工作,进一步加强了教学的指导力量。1955年暑假,以杜德尼科夫、舒立卡为正副组长的一批苏联专家期满回国,秋季开学时科兹洛夫、库拉科娃、萨哈洛夫等20名有学位、学衔的苏联专家到校工作。1956年9月,斯维利朵娃(Свиридова)等3位苏联专家到校,当时在校的苏联专家人数多达30余人。再如1949年12月,苏联季米里亚捷夫农学院院长、苏联科学院遗传研究所副所长、李森科派的主要人物斯托拉托夫应邀在北京农业大学作了关于"米丘林学说"与"生物科学中的论战"的演讲。"生物科学中的论战"的演讲在中苏友好协会总会农业生物学组也进行过,还由北京农业大学农业生物研究室翻译并在1949年12月24日的《人民日报》发表。苏联科学院遗传研究所教授、李森科派的主将努日金(Н. И. Нуждин, 1904—1972)曾到中国各地发表多次演讲,听众达十余万之众,北京农业大学还专门出版了《努日金博士讲演集》,作为学习"米丘林学说"的材料。1950年8月,北农大又请苏联专家绥吉纳开办"达尔文主义讲习班",系统地介绍"达尔文主义"与"创造性的达尔文主义——米丘林学说",参加讲习班的学员来自全国各地的农业院校和师范院校,这些人毕业之后成为在全国传播"米丘林学说"的骨干。而"米丘林学说"存在的各种问题后来对中国生物学的发展产生了严重的负面影响。

到中国教授俄语的还有一些汉学家,如著名的敦煌学家丘古耶夫斯基(Л. И. Чугуевский, 1926—2000)、研究中国历史的尼基福罗夫(В. Н. Никифоров, 1920—1990)等。1951—1954年,丘古耶夫斯基受派遣到中国教俄语,先后在东北师范大学、北京工学院和中国人民解放军张家口通信学院任教。尼基福罗夫于1947年毕业于莫斯科大学,1950年获历史学副博士学位,1953—1956年曾在北京高级党校和中国人民大学任教,1967年获历史学博士学位,著有《苏联历史学家论中国问题》(1970)、《第一批中国革命家》(1980)和《亚洲觉醒时代的中国》(1982)等。

据统计,1949—1959年的10年间,共有861位苏联专家在中国高校工作过。中苏关系恶化后,中苏教育交流中断,直到中苏关系开始走向正常化时,中国教育界才又开始从苏联聘请教育专家。1987年,中国国家教委所属高校聘请了苏联专家20人。1988年,中国向苏联派出长期任教教师3名,从苏联聘请42名文教专家,讲学27次。

三、按照苏联模式进行教育改革

中国借用苏联教育经验的历史可以追溯到"五四"时期。俄国"十月革命"的胜利,使正在寻找出路的中国先进知识分子看到了世界光明的新曙光和民族解放的新希望。中国早期马克思主义者在介绍俄国革命时,也把苏联的教育思想与经验介绍到了中国。但在民国时期,来自美国的实用主义教育思想一直占据主流地位,而苏联教育思想与经验只是在共产党建立政权的革命根据地和后来的解放区得以传播和借用。中国的革命根据地教育对苏联教育的借鉴表现在指导思想、教育方针和组织形式等多个方面,甚至有些学校名称就是直接从苏联借用过来的,如列宁小学、高尔基艺术学校等。为了在新中国成立之后更好更快地发展中国的教育事业,借鉴苏联教育经验在中华人民共和国成立前夕就已开始,较早学习苏联教育经验的是东北解放区。1948年,东北人民政府教育部门就成立了苏联教育研究小组,组织干部和教师前往旅顺、哈尔滨参观苏联中学,借用苏联的教学方法和五分制,借用并推广苏联的教学内容、思想教育和教育理论等。1949年8月召开的东北第四次教育会议正式提出了学习和借用苏联教育经验的口号。

新中国成立以后,由于缺乏建设社会主义的经验,中国的各行各业都把第一个社会主义国家苏联作为榜样来学习,教育界也不例外。从1949年新中国成立到1960年,在苏联教育模式的影响下,新中国政府收回了所有外国教会开办的学校,对旧的教育体制进行了改造。1949年12月,教育部在北京召开第一次全国教育工作会议。钱俊瑞在会上首次明确提出全国教育工作者要借助苏联的教育经验,指出当时教育工作的指导方针是以老解放区教育经验为基础,吸收旧教育的某些有用经验,特别要借助苏联教育建设的先进经验,建设新民主主义教育。在教育政策上,虽然初衷是要兼收并蓄,但在实际操作过程中,借鉴苏联教育经验成为主流,出现了"一边倒"的态势。

新中国为了全面学习苏联教育,模仿苏联教育模式改革调整了高等学校的学科和院系设置,对全国高校进行了跨校院系调整,到1953年基本完成。通过这次改革和调整,教育部把国内高等院校分为综合性大学、专门学院和专科学校。同时对专业设置也进行了全面改革和调整,有一些专业的学制从四年延长到五年。此后,中国的高等学校在各环节都参照苏联高校,按照苏联同类高校的运营模式展开教学。以外语教育为例,中国的历史情况是外语院系都设在综合性大学内,学习苏联进行院校调整后重点发展单一的外语学院。例如著名的北京外国语学院,1954年12月就参照莫斯科外语师范学院的教学方案制定了四年制的《北京外国语学院教学计划》。高教部还要求受聘于北京外国语学院和北京俄语学院的苏联专家,除了负责本校的教学和科研外,还应在其他外语院系和中学外语教学中发挥指导作用。通过向苏联学习,在外语教育方面建立了新的教学体系和管理制度,稳定了教学秩序,制定了教学计划和大纲。因为学习了苏联模式,中国外语教育在取得较大成绩的同时,也出现了不少弊端。首先,综合性大学校内各学科之间可以相互补充交流,这对外语教育来说是十分必要的,单一外语学科的外语学院在发展上存在着学科互补性差这一缺点。其次,中国原来的学制是根据不同的人才培养情况来确定学制和进行课程设置,但学习苏联的结果是统一学制,都改为四年或者五年,培养目标都是一个模式,即外语教师、翻译和研究人员。再次,在课程设置方面强调语言,而对文化知识课程的重视程度不够,导致学生的知识面偏窄,毕业后对工作的适应能力不强。最后,实行分科教学,把外语课分成精读、语法、词汇等课程,然而语言本身是一个整体,过细的分科教学导致理论比重加大,语言实践缩减,词汇课对词义用法越讲越细,忽视了语言的整体教学和实践,过分强调系统性,难免烦琐和重复。比如,在俄语语法学习方面,就存在要求过高的问题,把苏联学生学习俄语语法的方式方法移植到中国学习者身上,难免出现揠苗助长的情况。

中国语文教育受苏联教育影响很大,这也是按照苏联模式进行改革的结果。在"一边倒"的方针指引下,当时中国的语文教育以苏联模式为指向,从教育理论、教育方法及课程设置形态等方面进行了系列的革新与改革,具体措施有:全面借用苏联教育理论,凯洛夫的《教育学》成为广大语文教师的必读书目,1953年开展了"《红领巾》教学法"的改革,1955年开始汉语、文学分科教学改革实验,1956年全面推广。这次分科改革实验的决策层次和上下重视程度之高是十分罕见的,毛泽东亲自过问,中共中央政治局扩大会议批准,胡乔木直接领导。"在教育部内,则由教育部副部长、著名语文教育家、文学家叶圣陶先生直接领导,人民教育出版社主持这项编辑工作的是著名作家吴伯箫、文学史家张毕来。在编辑过程中,还召集几次作家座谈会,茅盾、老舍、臧克家、萧三等都提供过意见。"分科教学改革实验对语文课程设置形态进行了有益的探索,其影响深远。①在改革过程中,以普希金教授为代表的苏联教育专家曾亲临中国指导,传授了在语文教学中进行思想政治教育的方法。

语文分科教学改革实验通过借用苏联的经验和教育理论,改造了旧的语文教育,改变了用讲授文言文的"串讲法"教白话文的现象,建立了现代白话文教学的基本模式,提高了教学效率,基本满足了社会发展和学生成才的需要。而实行汉语、文学分科教学改革,使中国语文教育从教学内容、课堂结构方式、教学方法到课程设置形态都有了根本性的变化。可以说,借用苏联教育经验期间所取得的成就,为中国今天的语文教育发展奠定了比较坚实的基础。但是,由于分科教学改革实验只是进行了短短一年的试验就急于在全国推广,因此难免仓促和冒进,致使问题不断而最后终止,而且,单一学科改革难以适应教育发展的整体需求。教育改革是一个系统工程,必须整体推进。指望任何一科单兵突进,进行局部的改革,都是难以达到目标的。语文分科教学改革实验脱离了社会环境,过于强调学科的内部矛盾而较少研究整个社会需要,没有妥善地解决语文与其他学科的配合。没能同时推动其他学科的改革也是分科教学改革终止的一个因素。总之,"这是一次重大的改革,不仅是建国以来的重大改革,而且是建国以前若干年来的重大改革"②。它是中国第一次有组织、有领导地对语文教学的科学化和系统化所进行的实验研究,第一次提出了汉语文学分科的理论和方案,对语文课程形态的设置进行了探索,这在中国语文教学科学化道路上是一次重大突破。

四、译介苏联教材和教育学著作

在全面学习苏联的背景下,中国大量购进苏联书刊。据《新中国对外文化交流史略》一书的统计,从 1949 年 11 月至 1953 年 6 月,国际书店进口的 4000 万册书刊中苏联书刊为 3875 万册, 占全部进口书刊的96.875%,其中不少是关于苏联教育的书刊。

新中国成立初期,中国教育界首先重视的是引进和翻译苏联的教材。在苏联教科书的翻译方面,东北人民政府教育部门从 1949 年起就以苏联

---

①　刘国正:《似曾相识雁归来——中学文学教育的风雨历程》,《课程·教材·教法》,2002 年第 6 期。

②　朱小蔓主编:《教育研究者的足迹——中央教育科学研究所研究论文集萃 1》,教育科学出版社,2003 年,第 269 页。

十年制中学各科教材为蓝本,组织力量翻译使用。从 1952 年起,教育部规定全国中学数学教科书要采用东北编译的数学课本。1952 年 11 月,教育部要求各高校制定编译苏联教材的计划,尽快翻译苏联高校一、二年级基础课教材以及某些必要的专业课教材。1952 年 11 月,教育部增设高等教育部后颁发了《关于翻译苏联高等学校教材的暂行规定》,明确了各校的翻译计划,译稿经教材编审委员会审查批准后,以"教育部推荐高等学校教材试用本"的名义出版。高等教育部特别制定了《1954—1955 学年工作计划指导要点》,要求继续学习苏联的教学制度、教学内容、教学方法及组织领导教学的经验,随后颁布了《高等学校课程考试与考查规程》《高等学校教师工作量和工作日试行办法(草案)》等。1954 年,高等教育部委托 26 所高校在苏联专家的帮助下,制定统一的教学计划,采用了几百门苏联教材,连英语专业都采用苏联的《高级英语》和《大学英语》作为基本教材。从 1952 年到 1956 年底,中国共出版苏联高等学校教材译本 1393 种,高等学校使用苏联教材 629 种。[①]

　　翻译苏联教育书籍是中国学习苏联教育的重要途径之一。新中国成立后,从翻译出版阿尔纳乌托夫(Г. Р. Арнаутов)编写的多卷本《苏联学生的思想政治教育》、博尔德列夫(Н. И. Болдырев,当时译为包德列夫)的《加里宁的教育思想》等 8 种苏联教育图书开始,中国翻译了大量苏联教育类书籍。据统计,从 1951 年至 1957 年 11 月,中国一共翻译出版苏联教育书籍 360 多种,1000 余万册。[②]1951 年至 1957 年秋,人民教育出版社翻译出版的苏联教育书籍达 303 种,共发行 12627849 册。[③]苏联教育家凯洛夫的《教育学》,从 1951 年到 1956 年共印了 29 万多册。此外,中国还把翻译出版的叶希波夫(Б. П. Есипов,1894—1967)和尼·基·冈察洛夫(Н. К. Гончаров,1902—1978)合编的《教育学》作为中等师范教育学教科书的蓝本。安·谢·马卡连柯(А. С. Макаренко,1888—1939)是苏联著名的教育家,20 世纪 50 年代末中国出版了 7 卷本的《马卡连柯全集》,在中国影响很大,许多青年因为读了他的《教育诗》而志愿献身崇高的教育事业。儿童教育方面有丁由翻译的凯洛夫和杜伯洛维娜的《论苏联儿童文学的教育意义》(1954)、辛歌翻译的杜伯洛维娜的《从儿童共产主义教育的任务

---

①　李涛:《借鉴与发展:中苏教育关系研究(1949—1976)》,浙江教育出版社,2006 年,第 69 页。

②　何东昌主编:《当代中国教育》(上册),当代中国出版社,1996 年,第 733 页。

③　毛礼锐、沈灌群主编:《中国教育通史》(第六卷),山东教育出版社,2005 年,第 85 页。

看苏维埃儿童文学》(1954)等。

　　回顾两国教育交流的历史,曾出现过两次高潮,以中国向苏联教育学习为主。中央教育科学研究所所长朱小蔓于 2006 年在接受记者采访时指出:第一次高潮是新中国成立以后,当时苏联是社会主义教育现代化的始发国。那时在中国不仅有以凯洛夫为代表的苏联教育学理论的广泛传播,而且在教育体制、专业设置、培养模式等方面全面学习苏联,更有多个领域一大批苏联专家在工作岗位上的深入交流合作。第二次高潮是改革开放以后,中国打开了国门,在教育借鉴方面,首先被引入介绍的是苏联的教育学、心理学等领域的各种理论流派,苏霍姆林斯基、马卡连柯、赞科夫、阿莫纳什维利、巴班斯基、达维多夫等苏联教育理论家的思想在中国广泛传播。①到 20 世纪 80 年代中后期,中国教育界开始比较全面地翻译研究苏联教育理论家的著作,是译介苏联教育理论著作十分积极和集中的时期,因为对于改革开放初期的中国教育界来说,在经过了近二十年的迷惘和混乱之后,苏联教育学家强调尊重和发展学生个性,主张建立师生合作关系,重视教育的科学性和艺术性,关注教育的公共性、民主性与人文性等观点和做法,再次受到中国教育界的重视。苏联教育学派尽管也不无缺陷,但通过选择性地学习和吸收,仍然有助于中国教育找到适合中国国情、古今兼容并包、中外兼收并蓄、富有中国特色的教育发展模式。

　　新中国的教育之所以借鉴苏联模式,主要有以下两个方面的原因:其一,作为当时世界上最强大国家之一的苏联,已经有三十多年的社会主义建设经验,在教育方面也取得了巨大的成就,积累了丰富的经验。特别是在战胜法西斯,取得了卫国战争胜利之后,苏联受到世界瞩目,也受到中国知识分子的敬仰,对世界各国人民特别是中国人民具有很大的吸引力。新中国政府相信苏联已消化了世界上科学技术发达国家的经验,并已使之适合社会主义事业,因而借用苏联经验是一条最直接和最有成效的道路。当时教育行政部门普遍认为,苏联的教育经验是社会主义制度优越性的反映,是苏联科学文化和政治思想水平的反映,是苏联经过三十余年努力的结果,是中国长期学习借鉴和不断努力的目标。苏联教育是以马克思主义教育理论为指导,是社会主义性质的教育。新中国的教育是新民主主义教

---

① 郜云雁等:《不能遗忘的俄罗斯——写在〈20—21 世纪之交中俄教育改革比较〉出版之际》,《中国教育报》,2006 年 11 月 30 日。

育,从思想体系来讲是属于社会主义范畴,它与苏联教育在意识形态和发展方向上是一致的。正如《人民教育》发表的社论所指出的:"……只有苏联先进的经验,足以供我们借镜。打碎资产阶级的一套,学习苏联的先进经验,这对于我们今天的教育建设,是有头等重要的意义的。""苏联的教材、教法以及教育理论、教育制度,不只是社会性方面和我们最接近,并且在科学性方面也是最进步的……因此,在教育建设的各个方面也必须很好地学习苏联,那么培养出来的人才,才能和我们的生产建设相适应。我们的教育要为工农服务,这更是任何资本主义国家所没有的,这正和苏联相同,更是只有学习苏联的经验,才能较快较好地完成我们的教育任务。"社论结尾以激扬的文字号召一切教育工作者"要以如饥似渴的心情,来大量吸收苏联教育经验的补品。只有大量吸收这种优良的补品来滋养我们的头脑,才能使我们更有力量来担负起教育改革和教育建设的伟大任务"[①]。

再者,在历史上,落后国家为了赶上发展步伐,在教育模式上多集中国家教育资源,有计划和有针对性地培养国家所需要的建设人才,这种做法往往可以收到事半功倍的效果。在当时的社会背景和历史条件下,为了快速改变中国教育的落后状况,使之与社会政治和经济发展相适应,创立新中国的教育体系,中国借用移植了苏联成功的教育经验。而事实表明,借用苏联的教育经验,对于中国在短时间内较快地发展本国的教育事业,建立本国的教育体系起到了积极的作用。

新中国成立后中国全面学习苏联教育模式给中国教育注入生机的同时,也带来了严重的负面影响。中国教育变成了向苏联教育"一边倒",出现了对苏联的经验不加分析、盲目地学,一切照抄、机械搬运的情况,几乎是完全按照苏联模式构建新中国的教育。而且,当时中国借用苏联经验是在强烈的政治背景和行政干预下以政治运动的形式进行的,把借用苏联教育经验提到所谓"两个阶级、两条路线斗争"的高度去认识。比如,苏联用政治手段强制推行李森科所创造的"米丘林学说",打压摩尔根学派的错误做法在 20 世纪 50 年代初期一度成了中国效仿的榜样,给中国农业科学和遗传学及其教育造成了极大危害。因此,中国教育史学界普遍认为"1949 年是中国教育现代化的一个分水岭",其中一个重要标志就是运用政治手段推行苏联教育模式,忽视甚至完全抛弃了中国教育的优良传

---

① 评论员:《进一步学习苏联的先进教育经验》,《人民教育》,1952 年第 11 期。

统和解放区创造的教育经验,存在着形式主义的照抄照搬问题,把苏联教育自身存在的历史局限或偏向也当作经验来借用,给中国教育事业的长远发展带来了问题和弊端。

在教育领域,中国经过几年全面学习苏联的实践之后,发现生搬硬套是不行的。毛泽东于1956年4月25日在中共中央政治局扩大会议上发表《论十大关系》的讲话,其中对教育领域照抄照搬苏联经验提出了批评。时任中共中央宣传部部长的陆定一于当年5月在论及教育工作时毫不讳言地说:"我们发现,有好些地方生搬硬套过苏联经验。"但是,发现的问题非但不能得到及时解决,反而对提出意见的有识之士上纲上线,据《北京日报》的采访报道,1957年,担任清华大学副校长的钱伟长因为反对教学改革中一味照抄照搬苏联的做法而被说成"落后,不愿学习苏联",甚至被说成"有反苏情绪"。①在1958年3月的成都会议上,毛泽东再次批评了照抄照搬苏联经验的做法,并且指出"工业和教育两个部门搬得厉害"②。之后中共中央从一个极端走向另一个极端,指示教育部门进行教育革命,掀起了批判高校生搬硬套苏联教育模式的运动。"'教育革命'标志着苏联直接影响的结束和一条新的中国式社会主义教育道路探索的开始。"③但这条探索道路是艰难曲折的,不仅排斥新中国成立前的教育经验,而且批判了苏联教育经验,原先被奉为圭臬的凯洛夫的《教育学》,从1958年开始不断受到批判,被贬斥为"冒牌的马克思主义教育论",被定性为资本主义的教育学。

当然,苏联教育自身存在的问题是一个不容忽视的因素。20世纪30—50年代的苏联教育发展是存在很大局限性的,比如,教育中要求所有中学毕业生都要升入中等技术学校和高等学校的"升学教育"模式就很不合理,以至于后来苏联不得不在1958年进行教育改革,花费了将近三个五年计划的时间来调整中等教育结构,主要是调整普通教育和职业技术教育的结构比例。另外,分科教育制和班级授课制以课为教学的基本组织形式,虽是传统的教学制度,但其局限性已经充分暴露。以分科教学制为例,已经是越分越细,分不胜分。苏联1951—1952学年的小学和中学的必修课程已经达

①　李巧宁:《新中国的中苏友好话语构建(1949—1960年)》,中国社会科学出版社,2007年,第86页。

②　中华人民共和国外交部等编:《毛泽东外交文选》,中央文献出版社,1994年,第311页。

③　李涛:《借鉴与发展:中苏教育关系研究(1949—1976)》,浙江教育出版社,1993年,第247页。

到 18 门，"科际联系" 问题已经成为许多教学论和教学法专家绞尽脑汁也无法解决的问题。以课为教学主要内容的基本组织形式也遇到许多问题，以至于不得不辅以课外活动和校外活动等措施，而这些活动的组织又受到许多客观条件和主观认识的制约。[①]虽然后来中国教育界也意识到问题的严重性并进行了一定程度的纠正，但因问题积重难返，加之后来中国发生十年"文革"，教育改革发展无从谈起。

　　苏联教育模式给中国教育带来负面影响的另一个原因是因为中国学习不当。自 20 世纪 80 年代中后期以来，随着西方文化思潮的涌入，西方的价值观、生活方式、流行话语等逐渐成为一股潮流，苏联的教育经验受到冷落，这种非此即彼的做法显然有失公允。作为世界上第一个社会主义大国，其教育体制和实践经验融合了俄罗斯教育思想和西方教育理念，是人类教育史上的一笔财富，值得中国以合理的方式方法不断进行借鉴，遗忘了苏联的教育经验，我们就缺失了一个审视和反观自我的参照系，我们在学习借用外来优秀文化时就缺少了一个独特的视角。朱小蔓特别指出，中国的现代化不能只学美国，美国只能作为中国发展中学习借鉴的参照之一，而不是参照系的全部。过去我们全盘学习苏联，后来我们批判苏联、全盘否定苏联，结果是把"小孩和洗澡水一起都泼掉了"。而且很多人还形成了一个很奇怪的思维定式，认为中国教育中很多失败和教训是因为学习苏联。因此，苏联教育经验不应被遗忘，而是应进行为我所需的借鉴。

第二节　中国与俄罗斯联邦的教育交流

　　1991 年 12 月 25 日，苏联宣布解体，12 月 27 日，钱其琛致电俄罗斯联邦政府外长，宣布中华人民共和国政府承认俄罗斯联邦政府，中苏之间的教育交流被中俄教育交流取代。

　　苏联解体之后，仍有很多中国留学生愿意到俄罗斯留学。中俄两国政府也顺应潮流，不断加强合作，促进两国的教育交流。1995 年，中国和俄罗斯签订了《中华人民共和国和俄罗斯联邦政府关于相互承认学历、学位证书的协议》，为两国互派留学生到对方国家学习提供了更加便利的条件。与苏联时期不同，由于俄罗斯教育模式的变化和市场经济发展的需

---

① 杜殿坤主编：《原苏联教学论流派研究》，陕西人民教育出版社，1993 年，第 18 页。

要,俄罗斯开始接收自费留学人员,因此在俄罗斯联邦时期,中国政府除了向俄罗斯派遣两国协议规定的公派留学生外,还鼓励中国公民自费赴俄留学。在两国签订相互承认学历和学位证书协议的1995年,中国共有416名公派留学人员、300多名校际交流人员和600多名自费留学生赴俄罗斯学习。与中国留俄学生相比,俄罗斯到中国的留学生相对要少,以2001年为例,中国在俄罗斯有公派留学生484人,而俄在华公派留学生仅122人。但与苏联时期相比,俄罗斯向中国派出的留学生数量显著增加。随着中国综合国力的增强和国际地位的提升,随着中国文化在俄罗斯的影响不断扩大,俄罗斯来华留学生数量持续增长,1997年有557名俄罗斯留学生来华学习,到两国互办"国家年"的2006年和2007年,这一数字分别为5035名和7261名,10年之间增长了10倍多。俄罗斯政府鼓励留学生到中国学习中国哲学、历史、政治、经济、语言、文学、艺术、中医、武术等。从2006年起中国每年赴俄留学人员约1.5万人,其中90%以上为自费留学生,且三分之二以上集中在莫斯科和圣彼得堡两市高校。由于中国赴俄自费留学人员日益增多,国家留学基金管理委员会于2003年专门设立了"国家优秀自费留学生奖学金",旨在鼓励和帮助品学兼优的自费留学人员顺利完成学业,激励他们回国工作或以多种形式为国服务。"国家优秀自费留学生奖学金"每年评选一次,由留俄学生向中国驻俄罗斯使(领)馆教育处(组)提出申请。莫斯科地区由中国驻俄罗斯大使馆教育处负责,圣彼得堡地区由中国驻圣彼得堡总领事馆教育组负责,远东地区由中国驻哈巴罗夫斯克总领事馆教育组负责。中国驻俄罗斯使(领)馆教育处(组)负责组织评审小组对所负责地区的留学人员进行初审,综合其学业成绩及思想素质择优筛选,并将拟推荐人选进行公示后报国家留学基金管理委员会,由留学基金委组织国内专家进行差额终审。由于"国家优秀自费留学生奖学金"是针对中国全部自费留学人员而设,要求较高,评审程序又十分严格,因此,相对于中国在俄罗斯庞大的留学人员群体而言,获得奖学金的人数有限。2004年在俄罗斯的中国留学人员共有来自莫斯科大学等高校及科研院所的6名博士研究生获得此项奖学金。2014年底,中国教育部批准设立了"在俄优秀毕业生扶持计划",规定在俄罗斯学习并获得金质奖章的优秀高中应届毕业生、获得红皮优秀毕业证书的应届本科和硕士毕业生,以及在全俄或国际大赛中获得优胜名次并拿到俄高校录取通知的优秀应届自费留学生,均有机会获得中国国家留学基金委的资助,在俄继续攻读更高学位。2014年当年有13人获得该计划资助,其中11人继续攻读副博士学位,2人继续攻读硕士学位。

在俄罗斯联邦时期,中俄两国高等院校之间的联系合作更加密切。例如,与普希金俄语学院建立校际联系的中国高校有清华大学、北京外国语大学、哈尔滨工业大学、哈尔滨师范大学、四川大学、西安大学、新疆经济大学、沈阳工业大学、上海师范大学,其中在沈阳工业大学和上海师范大学设有预科系,为留学俄罗斯的人员提供俄语培训。北京外国语大学、四川大学和西安大学等高校常年聘请普希金俄语学院的俄语专家在校任教。2005年9月,上海外国语大学代表团访问俄罗斯,俄罗斯作协外事委员会协助上海外国语大学与俄罗斯人民友谊大学、高尔基文学研究所、国立诺夫哥罗德大学签署了合作协议,延长了与圣彼得堡大学的合作期限。20世纪90年代,北京外国语大学和莫斯科普希金俄语学院合作编写了《东方》大学俄语教材,供中国高校四年制俄语专业学生使用。普希金俄语学院参与编写的俄语专家有里姆斯卡娅-柯尔萨科娃(H. H. Римская-Корсакова)、扎尔曼诺娃(Т. С. Залманова)、格里戈里耶夫(Е. Б. Григорьев)、阿列芙耶娃(Т. Л. Арефьева)等。普希金俄语学院还与人民教育出版社签订合作协议,从2002年起开始合作编写俄语教材。2002年10月,应教育部邀请,以莫斯科大学校长萨多夫尼奇(В. А. Садовничий,1939—)院士为团长的俄罗斯大学校长代表团访华,教育部部长陈至立会见代表团一行,双方就两国间教育合作问题交换了意见。

中俄之间的教育交流在新时期不断走向机制化,中俄教文卫体合作委员会教育合作分委会发挥了重要作用。从2001年5月中俄教文卫体合作委员会教育合作分委会第一次会议在北京举行,到2007年中俄教文卫体合作委员会更名为中俄人文合作委员会,教育合作分委会每年都举行一次会议,举行了大量交流活动,如中俄大学生艺术节、中俄中小学生夏令营和冬令营、中俄高等教育展、中俄高校合作交流会、中国高校学生俄语大赛、中俄高等教育拨款机制研讨会等。这些活动的成功举办进一步增进了两国教育界的相互理解和信任,推动了中俄人文及其他领域合作的发展。在中俄互办"国家年"和"语言年"之后,《中俄教育合作分委会2005—2008年高等教育合作执行计划》和《中华人民共和国政府和俄罗斯联邦政府关于在俄罗斯联邦学习汉语和在中华人民共和国学习俄语的协定》都得到了落实。

另外一个在中俄教育交流过程中发挥重要作用的机构是两国驻对方国家的使领馆。2003年11月,俄罗斯人民友谊大学发生火灾,中国驻俄罗斯大使馆积极组织使馆全体人员、留学生志愿者、华人华侨华商和媒体记者开展救灾及善后工作。2004 年 11 月，中国驻俄罗斯大使馆隆重举行纪念会悼念在友谊大学火灾中罹难的同胞，慰问康复返校学生并表彰在火灾中涌现出的先进集体和个人。中国驻俄罗斯大使馆还定期举行春节招待会、到俄罗斯高校演讲、组织中俄学生友谊晚会等活动，利用各种机会宣传中国的外交政策和文化教育以促进中俄教育交流。例如，2008 年 1 月，刘古昌大使应邀赴圣彼得堡工会人文大学作了题为"和平发展、互利共赢"的专题演讲，该演讲是 2008 年圣彼得堡工会人文大学"利哈乔夫系列读书活动"的首场演讲，演讲后刘古昌回答了俄罗斯学生提出的问题。学生们的问题集中在中俄两个民族性格的共性、中国东西部如何协调发展、中国在改革开放条件下如何加强道德建设、中国共产党在教育领域发挥什么领导作用、中国文科大学发展模式等方面。2005 年 10 月，莫斯科大学举办了"俄中友谊晚会"，中俄学生演唱了《爱我中华》《茉莉花》《保卫黄河》《上海滩》《喀秋莎》《莫斯科郊外的晚上》等经典中俄名曲，朗诵了毛泽东的《沁园春·雪》和俄罗斯诗歌《这就是俄罗斯》，演出了蒙古舞、傣族孔雀舞和俄罗斯民族舞蹈，展示两国独特的民族风情，加深了中俄学生对两国文化内涵的了解，促进了友谊。莫斯科大学师生代表和中国驻俄罗斯大使馆官员观看了晚会，中国使馆公使衔教育参赞裴玉芳和莫斯科大学外事副校长希达罗维奇分别在晚会上致辞。希达罗维奇先生介绍了莫斯科大学接收中国留学生的历史渊源和现状：莫斯科大学的中国留学生数量一开始只有 50 多人，到 2008 年已经达到 2500 余名。即使在中国大量向苏联派遣留学生的 20 世纪五六十年代，莫斯科大学的中国留学生总数也仅为 600 人左右。裴玉芳在致辞中谈到，莫斯科大学一直是接收中国留学生最多的俄罗斯高校，希望广大中国留学生珍惜在这所世界知名学府的学习机会，继承老一辈留学生的优良传统，刻苦学习，勤奋钻研，成为中俄人民友谊的使者和桥梁，将两国人民友谊的接力棒代代相传。2005 年 10 月，刘古昌大使访问了莫斯科大学，与萨多夫尼奇校长进行会面并共同签署了《中华人民共和国教育部与国立莫斯科罗蒙诺索夫大学科学和文化合作协议》，还代表中国教育部、国家对外汉语教学领导小组和中国驻俄罗斯大使馆向莫斯科大学赠送了价值 1 万美元的图书资料，用以促进中俄教育科研合作和俄罗斯汉语人才的培养。莫斯科大学与北京大学、清华大学、中国人民大学、西北农林科技大学等多所中国高校建有校际合作关系。刘古昌高度评价莫斯科大学在中俄关系中所起的作用,称赞莫斯科大学是中俄教育合作的火车头和培养中俄友好事业人才的摇篮。莫斯科大学十分重视刘古昌大使的访问,把中国大使的访问列为学校的年度大事之一。2006 年 1 月 25 日,莫斯科大学举行建校 251 周年庆典,刘古昌大使应邀参加。

在应对恐怖主义和自然灾害方面,中俄教育界也联合起来互帮互助。2004 年 9 月 1 日至 2 日,俄罗斯北奥塞梯的别斯兰第一中学发生震惊世界的"别斯兰事件",导致 334 人死亡,其中包括 186 名儿童。恐怖分子在这所中学共劫持 1128 名人质。中国政府不仅给予俄罗斯政府经济援助,而且在事后邀请事件中幸存的学生到中国海南疗养。第一次是 2006 年 5 月,中国邀请了 10 名俄罗斯学生到三亚进行了为期一个月的中医疗养。另一次是 2008 年 3 月,三亚市中医院为"别斯兰事件"第二批共 9 名受害儿童顺利完成中医康复治疗。中国方面还组织俄罗斯小朋友通过与海南同龄小朋友的联谊活动以及学习汉语、武术、绘画,进行观光旅游等多种方式,放松心情,疗养身心创伤。2008 年,中国四川发生"5·12"特大地震,俄罗斯政府除提供了人力、物力援助之外,还邀请四川等地震灾区的 1500 多名中小学生分两批赴俄疗养。2008 年 7 月至 8 月,第一批 550 名中国震区中小学生在位于符拉迪沃斯托克的俄罗斯滨海边疆区的全俄"海洋"儿童中心进行了疗养,45 名在莫斯科"小鹰"全俄儿童中心进行了疗养。俄罗斯滨海边疆区教育局为 550 名中国中小学生专门举办了"俄罗斯日",让他们了解俄罗斯传统和风俗。俄罗斯方面为中国学生安排了包括文化、体育、游览在内的各种活动,还为中国学生开设了语言课程和其他课程,每个孩子都能在小组和创作工作室找到自己喜爱的课程。在莫斯科疗养的 45 名中国中小学生则在克里姆林宫受到了俄罗斯总统梅德韦杰夫的接见。2009 年,第二批来自四川、甘肃、陕西 3 省受灾严重市县的中小学生应邀赴全俄"海洋"儿童中心疗养。在 2008 年接待第一批中国学生疗养后,全俄"海洋"儿童中心积累了一些经验,因此此次接待准备工作更为充分,组织的活动更精彩,为中国学生开设了俄语课程,游泳、球类活动、爬山等体育课程,舞蹈、绘画等艺术课程以及折纸、做帆船模型等手工课程。2010 年 3 月,习近平访问俄罗斯并出席俄罗斯"汉语年"开幕式,其间专门访问了全俄"海洋"儿童中心。在参观中国地震灾区孩子疗养的生活图片展时,习近平说道:"疗养期间,中国儿童同俄罗斯及其他国家小朋友相识相知,中俄友好的种子在他们幼小的心灵中生根发芽!"在观看了孩子们的演出后习近平发表讲话,他说,2008 年中国四川汶川特大地震发生后,俄罗斯人民感同身受,及时向灾区人民提供了慷慨无私的援助。梅德韦杰夫总统还亲自邀请1500名中国四川等地震灾区的中小学生到俄罗斯疗养。其中一半以上的小朋友来到了全俄"海洋"儿童中心,中心的老师和工作人员们给予这些孩子细心的照料和温馨的关怀,为他们精心设计了疗养计划,让孩子们亲身体会到俄罗斯人民的友爱、善良和温暖,真正应验了"大爱无疆"这句中国人常说的话,表明友谊不分界限、真爱没有国界。①习近平语重心长地对俄罗斯孩子说:"你们都是中俄友好事业的传播者、建设者和接班人,你们开辟了中俄人文交流与合作的新途径。希望你们积极参加'汉语年'活动,学习汉语,了解中国的历史和文化,永远做中俄友谊的传播者,为中俄世代和平友好的思想更加深入人心、为中俄战略协作伙伴关系的社会基础更加坚实,做出新的更大的贡献!"中国四川芦山地震发生后,2013年7月,地震灾区的260多名儿童应邀赴全俄"海洋"儿童中心疗养。中俄两国相互邀请对方国家中小学生到各自国家疗养的做法,培养了两国青少年之间的友谊。

在教育类书籍的翻译出版方面,俄罗斯联邦时期已经远不能和苏联时期的两次译介高潮相比。不可否认的是,苏联解体后俄罗斯对西方的教育理论和教育体制的态度也发生了改变,不再一味地排斥。当今的俄罗斯教育研究更加注重分析性和批判性,更加追求教育的民主化和人道主义,以及对人的独特潜能和个性的呵护等。中国对当代俄罗斯教育理论的翻译和研究在进入21世纪后才逐渐增多,启动较早的是"当代俄罗斯教育理论译丛"。2003年10月,中国中央教育科学研究所与俄罗斯教育科学院在莫斯科签订了《中华人民共和国中央教育科学研究所与俄罗斯教育科学院于2003—2006年合作协议书》。2005年4月,中国中央教育科学研究所所长朱小蔓在莫斯科开会时向俄罗斯教育科学院院长尼康得罗夫(Н. Д. Никандров,1936—   )院士和副院长鲍里先柯夫(В. П. Борисенков,1939—   )院士正式提出,中国教育界希望引进一批俄罗斯世纪之交的教育学术著作,得到他们的积极响应。当年6月,鲍里先柯夫到中国参加中央教育科学研究所与中山大学合作举办的"道德教育国际研讨会"时带来了推荐论著。"当代俄罗斯教育理论译丛"由中国教育科学出版社于2007年和2008年出版,包括伍尔夫松(Б. Л. Вульфсон)的《比较教

---

① "习近平考察接收中国地震灾区学生疗养的'海洋'全俄儿童中心",新华网,2010年3月22日,http://news.xinhuanet.com/world/2010-03/22/content_13218939.htm。

育学:历史与现代问题》、克拉耶夫斯基(В. В. Краевский)的《教育学原理》、坦基扬(С. А. Тангян)的《新自由主义全球化——资本主义危机抑或美国全球化?》、季姆娜娅(Н. А. Зимняя)的《教育心理学》(第2版)。鲍里先柯夫任"当代俄罗斯教育理论译丛"俄方顾问,鲍列夫斯卡娅(Н. Е. Боревцкая)任编委会成员,她是俄罗斯著名汉学家、历史学博士,从20世纪80年代就开始研究中国的教育问题, 其博士学位论文就是关于中国当代教育的研究。

中国研究俄罗斯教育的著作主要有高金岭的《俄罗斯基础教育》(2004)、吕达等主编的《当代外国教育改革著名文献(苏联—俄罗斯卷)》(2004)、安方明主编的《社会转型与教育变革——俄罗斯历次重大教育改革研究》(2006)、张男星的《权力·理念·文化——俄罗斯现行课程政策研究》(2006)、吴式颖的《俄国教育史——从现代化视角所作的考察》(2006)、朱小蔓主编的《20—21世纪之交中俄教育改革比较》(2006)等,主要论文有朱小蔓的《俄罗斯的教育科学研究在关注什么——以〈俄罗斯教育科学院2010年前基础和应用领域的优先研究方向〉文本为例》(2004)、《一丛能在异国开花的玫瑰——苏霍姆林斯基教育思想在当代中国的传播与生长》(2006)等。其中,《20—21世纪之交中俄教育改革比较》是中俄两国教育界根据《中华人民共和国中央教育科学研究所与俄罗斯教育科学院于2003—2006年合作协议书》,在双方共同感兴趣的领域进行的研究合作。鲍列夫斯卡娅于2004年5月专门到中国商讨合作事宜,经过多次磋商,双方最终达成了具体的工作协议, 其最终成果是2006年出版的《20—21世纪之交中俄教育改革比较》。这部著作的出版是改革开放以来两国在教育领域内进行的又一次深入合作。

在中俄教育合作的过程中,俄罗斯教育界看到了中国教育的发展成就,对中国的教育改革非常关注。特别是中国对教育的财政投入不断增长、教育事业不断发展,义务教育普及很快,以及在道德教育方面的坚守都使俄罗斯教育界非常佩服。中国在教育的区域化、教育管理改革、教育战略选择、科教兴国、高等教育规模增长等方面也让俄罗斯教育界刮目相看。但俄罗斯学者同时指出中国教育方面的一些问题,比如,中国的师范教育比较多地参照了美国的模式,即不再依赖师范院校专门培养师资。另外,中国普通高等教育与职业教育是分离的,轻视职业教育的观念还相当普遍。

朱小蔓2006年在接受采访时不无遗憾地指出:中国的教育界似乎正在遗忘俄罗斯,更多的学者愿意研究和借鉴美国的经验。中国教育改革的参照系现在变得很单一、很倾斜,听到的主要是西方国家的声音。其实,无论从文化传统、意识形态还是从社会变革来看,没有哪个国家像俄罗斯与中国这样具有如此大的可比性和可借鉴性。①正是基于这样的原因,中俄两国在教育领域仍有非常广阔的合作空间。俄罗斯教育有悠久的传统和深厚的理论基础,有高素质的教师队伍,有自己独到的教育理念,而且能执着地坚守。比如,他们一贯重视教学论研究,对教学论的研究很深入。他们的教育研究十分重视教育理论要贴近受教育者的实际过程,研究人员要长期扎根在学校里做教学实验,推广任何一项教育试验都严肃认真、实事求是。在俄罗斯,教育科研人员的地位很高,除了专门的教育科研机构外,在许多中小学都设有教学法研究中心或教育学、心理学实验室,由受过专门训练的专家从事教育理论和各类实验研究。2006 年,朱小蔓等考察了莫斯科的"91 中学",这是著名的教育家达维多夫(B. B. Давыдов,1930—1998)和艾利康宁(Д. Б. Эльконин,1904—1984)当年进行教学试验的学校。据该校校长介绍,对达维多夫的发展性教学思想的推行是学校教学的特色,并从 20 世纪六七十年代坚持至今。他们认为,直到现在,这套教学理论仍有生命力,依然先进。但是即使如此,全莫斯科也没有大面积推广,原因在于学生的基础和教师素质达不到要求。该校校长说,进行达维多夫教学实验的教师需要有很高的教育敏感性,要善于体察学生,能够与学生共情,否则就达不到实验所追求的"教育走在发展的前面""适合不同发展水平的教育"等目的。另外,孩子中有的可能适合传统的教学方法,有的则适合达维多夫的试验方法,学生智力是不一样的,不能一刀切。这些做法对我们推行课改及素质教育有很大启发。②因此,中国教育还有不少方面需要借鉴俄罗斯的教育经验。当下中国热衷学习美国教育模式难免再次出现泥沙俱下和过犹不及的情形,而中俄教育交流的冷静和理性反而能够促进两国教育的良性互动和协调发展。

第三节 中国的俄语教学和苏(俄)的汉语教学

如果从清康熙四十七年(1708 年)设立俄罗斯文馆算起,中国的俄语

---

① 郜云雁等:《不能遗忘的俄罗斯——写在〈20—21 世纪之交中俄教育改革比较〉出版之际》,《中国教育报》,2006 年 11 月 30 日。

② 同上。

教学迄今已经走过了三百多年的历程，但中国真正大规模的俄语人才培养是从 1949 年中华人民共和国成立以后开始的。由于全面向苏联学习的需要，中国掀起了俄语学习的热潮，规模大，范围广，一度造成了俄语人才过剩的情况，也在一定时期内导致了外语语种的不平衡。在经过了一系列调整之后，中国的俄语教学和学习逐渐走向规范，适应了中俄关系和两国文化交流发展的需要。而同时期苏联并未出现汉语学习的热潮，只有少数大城市的高校设有汉语教研室进行汉语教学。但到俄罗斯联邦时期，随着中国综合国力的增强和国际地位的提高，以及中俄关系的快速健康发展和文化交流的日益广泛深入，俄罗斯出现了汉语学习的热潮，目前，俄罗斯有百余所高校和不少中学都开设了汉语课程，有近二十所高校与中国高校合作设立了孔子学院，学习汉语的人数越来越多。

一、中国的俄语教学

新中国成立初期，大批苏联专家来华援助建设，还有不少中国留学生远赴苏联学习，对俄语人才的需求激增，中央开始大量筹建学习俄文的教学机构。1951 年 7 月，中央人民政府教育部批准成立西北俄文专科学校。1952 年初，西北局书记习仲勋、西北军政委员会教育部部长江隆基亲临西安南郊勘察校址，10 月底建成首批校舍，保证了 11 月开学上课。截至 1952 年年底，全国建成了多所俄文专科学校：北京俄专、华东人民革命大学附属外文专修学校(上海俄专)、哈尔滨俄专、大连俄专、沈阳俄专、西南第二高级步兵学校附设俄文大队(西南俄专，重庆)、西北俄专(西安)、迪化第二步兵学校附属俄文学校。此外，各部委还设立了俄专，如一机部的大连工业俄专、二机部的北京工业俄专等。综合性大学设立俄文系、科的有：北京大学、中国人民大学、南京大学、南开大学、复旦大学、中山大学、武汉大学、山东大学、东北人民大学、广西大学和南昌大学等 17 所。师范院校设立俄文科、系的有北京师范大学、华东师范大学、东北师范大学、天津师范学院、华南师范学院、昆明师范学院、浙江师范学院、苏南师范学院、沈阳师专、江西师专、黑龙江师专(齐齐哈尔)、松江师专(哈尔滨)等 19 所。据统计，在 1953 年至 1956 年，全国俄文专科学校和综合大学俄文系共招生 12477 人，中国俄语教学进入一个高潮期。

在中国俄语学习的高潮期，高等院校的公共外语大都是俄文，不仅学生学俄文，教师也学俄文，甚至连朱光潜这样年过半百的著名学者也开始学习俄文，不少中学、中专也开设了俄语课。1950 年 8 月 1 日，教育部颁发的《中学暂行教学计划(草案)》规定:初中三年外语课为 360 学时,占总学时的 10%;高中三年外语课为 480 学时,占总学时的 13.3%,并在总说明中指出:初高中均需设立一门外国语,如有条件(如师资、教材等)宜设俄语,并于 1952 年出版了初中和高中俄语课本。

　　由于各个俄文专科学校及俄语培训班由中央各部委分管,在学制、培养方向、教学计划、方法、教材、师资配备等方面各行其是,所以,中共中央宣传部、中共中央编译局根据毛泽东的指示于 1951 年 9 月 25 至 28 日在北京召开了第一次全国俄文教学工作会议。胡乔木致开幕词,朱德出席会议并在讲话中指出培养俄语人才对于国家建设具有很重要的作用,勉励大家努力完成党和政府下达的这项艰巨任务。会议认为:"两年来各地虽设立了若干俄文学校,但无论数量和质量都是不够的,亟待提高;旧式大学的俄文系、组,一般成绩不够好,要学习俄文专科学校的经验,以改进教学工作。""当前各大、中学普遍要求增设俄文课程,但师资非常缺乏;各俄专和大学科系也存在师资不足、水平不高的问题。"因此,应抓紧俄文教师的培训工作。[1]会议通过了《关于全国俄文专科学校的决定》(下称《决定》),会后经周恩来批准于 1952 年 3 月 10 日下达。《决定》指出,从 1949 年下半年到 1952 年初,全国各地曾以极大的努力或多或少地给各部门解决了部分俄文干部。尤其是东北,由于事先有准备,在这方面供给的干部最多。但俄文干部不论在数量上还是质量上都不能满足实际的需要,特别是能独立承担(俄译中、中译俄,笔译与口译兼顾的)工作的干部更少,甚至成为某些工作不能进展的直接原因。《决定》还对各俄专的俄文教学方针和任务做出了规定,尤其强调北京俄文专修学校的地位和作用,并决定将北京俄专变为高级专门学校,划归教育部直接领导,使其担负起为中央各部门培养能独立担任工作的干部的任务。《决定》同时要求注意摸索教学经验,创造经验,总结经验,以便推动提高全国的俄文教学水平。为此,北京俄专应丰富其教学计划,除了普通班,应添设师资班、深造班、速成班等,以便既能适应目前的需要,又能为长期打算,并使具有一般基础或有实际工作经验者能得到深造机会。其余各俄文学校在必要和可能的情形下,可仿照北京俄专的办法设立师资班和速成班。为了培养较为成熟的俄文人才,各地可从俄文学校挑选有发展前途的优秀学生送北京俄专深造,毕业后根据需要仍回各地工作。

---

　　[1]　李传松编著:《新中国外语教育史》,旅游教育出版社,2009 年,第 80 页。

北京俄文专修学校在中国俄语教学史上占有重要的地位。该校于1949年10月成立,毛泽东题写校名,隶属于中共中央编译局,由局长师哲任校长,副局长张锡俦任副校长,校址设在北京西城区南宽街13号,后迁至鲍家街21号原太平湖醇亲王府旧址。建校初期有3个班,共70名学生,到1950年年初扩展为6个班。北京俄文专修学校于1951年6月筹备创办《俄文教学》杂志,毛泽东亲笔题写刊名,杂志创刊号于10月1日出版,刘少奇、周恩来、朱德和郭沫若等为杂志题词,对俄文教学工作提出了殷切希望。周恩来和郭沫若的题词特别强调学好俄语对加强中苏文化交流的意义。周恩来的题词是:"教好俄文,学好俄文,交流中苏文化,为新中国建设事业服务。"郭沫若的题词是:"工欲善其事,必先利其器。要把俄文学好,才能切实地吸收苏联建设事业的宝贵经验,并促进中苏两大民族的友好互助的文化交流。"《俄文教学》杂志在第一次全国俄文教学工作会议上被定为全国俄文教学指导委员会的机关刊物,在俄语界广有影响。1956年1月,全国俄文教学指导委员会撤销,该刊改为《北京俄语学院学报》。北京俄文专修学校从1952年2月开始成立留苏预备部,一直到1955年更名为北京俄语学院并与中国人民大学俄文系合并。北京俄专为留苏人员的俄语培训发挥了重要作用,当时凡国家派往苏联学习、进修的人员均先在此集中学习一年俄语。

《关于全国俄文专科学校的决定》特别对俄文教学指导问题进行了规定:中央人民政府教育部成立全国俄文教学指导委员会,负责研究、指导俄文教学计划与方针,并研究教材与教员之调整等问题(包括审查、聘请外籍专任教员的问题)。全国俄文教学指导委员会的人选是周恩来会同教育部、组织部、中共中央编译局商定后批准任命的。全国俄文教学指导委员会由中共中央编译局局长师哲担任主任委员,副主任委员为张锡俦、张勃川,委员有李楚离、张仲实、马列、贾震、曹汀、罗俊才、高亚天、邹鲁风、王季愚、姜椿芳、姚志健和军委总干部管理部的一名代表。①

1953年8月,教育部召开了第二次全国俄文教学工作会议,会议就当时俄语教学中的若干重大问题做出决议。经过政务院批准后,1954年4月3日颁发实施了《关于全国俄文教学工作的指示》,中国的俄语教学开始走上正规化、系统化和统一化的道路。第二次全国俄文教学工作会议还对公共俄语的教学目的、任务提出了目标和要求,提出高等学校公共

---

① 付克:《中国外语教育史》,上海外语教育出版社,1986年,第68页。

俄语课的任务是培养学生初步阅读专业俄文书籍和资料的能力。各院校根据要求制定了相应的教学任务。中国人民大学做出了《关于改进本科各系(俄文系除外)俄文教学的决定》,规定"本科大多数系的俄文教学目的已确定为培养阅读能力;教材自第二学年开始将逐渐与本系专业结合,语法教师将尽量由中国同志担任"①。有的院校将教学目标进行了量化,如华中师范学院确定的教学目的和要求是:"在教育部所规定的时间内(两学年)使学生了解俄语语法的基本概念,认识1000—1500个单词,为将来阅读俄文专业书籍打下基础。"

1955年6月,高等教育部召开了关于制定俄语专业统一教学计划的座谈会,拟定了三年制和四年制两份教学计划:三年制教学计划的目的是培养俄语翻译工作者,培养当时应急需要的能完成普通口译、笔译的翻译人才。四年制教学计划的培养目标是培养俄语教师和水平较高的俄语翻译工作者。这两份教学计划于7月15日颁发给全国有关部门和学校,并被刊载于1955年第9期的《俄文教学》。两份教学计划的制定使全国在俄语人才培养方面有了统一的要求和标准,为提高俄语教学质量、培养合格的俄语人才创造了必要的条件。

在中央政府的重视下,1949—1956年成为中国俄语教育迅猛发展的时期,无论是专业俄语还是公共俄语,教学规模和水平都有了显著提高。到1956年底,高校专业俄语教师已达近2000人,招生10000多人。1949—1956年的7年间,不包括高等师范院校及各业务部门所办俄文学校的学生和教师,仅中学毕业生就有约13000名,基本上满足了当时国家的需求。经过7年的努力,在苏联专家的协助下,中国俄语教育的教学计划、教学大纲、教材已经配套,形成了系统的教学体系。一批研究生毕业后充实了教师队伍,水平较高的中青年教师迅速成长,新课程接连开设,原先的空白基本上已不存在,教学水平一年比一年提高。②

在全面学习苏联的形势下,全国学习俄文的人数越来越多,业余俄语教学也因此蓬勃发展起来。中苏友好协会及各地分会、各地广播电台为了满足各地群众学习俄语的要求,纷纷办起了俄文夜校、俄文讲座等各种俄文学习班。据《俄文教学》1953年第3期所载的《东北第一次业余俄语教育工作会议报道》一文,从东北全境解放到1953年,东北地区的中

---

①　《关于改进本科各系(俄文系除外)俄文教学的决定》,《俄文教学》,1953年第6期。

②　李传松编著:《新中国外语教育史》,旅游教育出版社,2009年,第89页。

苏友协共开办了 266 个班级,累计学员人数达 12895 人,还协助其他部门开设了业余俄文学习班 339 个,学员达到 7712 人。北京、天津、上海等全国大中城市的中苏友协也开设夜校,积极开展业余俄语教学。到1954 年,在总结全国各地开展业余俄语教育办学经验的基础上,中苏友协总会制定了《关于业余俄语教学工作的决定》。该决定提出了发展业余俄语教育的方针,要求根据需要和可能,有计划、有准备、有重点地发展,既注意教学效果的提高与巩固,又适当注意数量上的发展。业余俄文教学的组织以办夜校为主,对象是广大的在职干部,首先是业务上迫切需要学习俄文的在职干部。参加学习的学员,应具有初中以上文化程度,并有坚持学习的决心和可能。学制一般为两年。全部课程为 440 学时,目标是掌握俄语的基本语法,学习 3000 个常用基本词汇,具备初步阅读一般俄文书刊的能力。从 1949 年到 1959 年,上海市中苏友协的俄语夜校共举办 10 期,有 2615 名学员学成结业。学成结业的学员一般都达到了基本教学要求,其中许多技术人员直接从俄语科技书刊上学习苏联经验,解决了不少生产中的实际问题。在业余俄语教育的发展过程中,全国各地的广播电台进行的俄语广播教学发挥了很大作用。例如,1952 年,天津人民广播电台与天津中苏友协举办了俄语广播讲座,为期 16 个月,第一期报名的就有1.5 万人,包括职员、教员、学生等,不仅有天津的,还有包头、张家口、唐山等地的。[①]有些高校也展开了针对俄文师资的培训,比如,北京大学于1952年 10 月和 1953 年 7 月先后在全校教师中开展了专业俄语阅读速成班,并专门成立了北京大学俄文学习委员会,马寅初校长任委员会主任,曹靖华、王学珍任副主任。全校按专业范围分成文科组、数学组、物理组、化学组、生物组 5 个教学小组,文科组因选用《联共(布)党史简明教程》作为教材,因此又称"联共党史"组。各组参加学习的老师积极性很高,经过短期强化培训取得了比较满意的效果。

　　1957 年,中苏关系开始出现裂痕,俄语人才也大大超出了国家的实际需要,全国俄语教学规模开始收缩,中国俄语教学进入低谷期。教育部门于 1957 年采取了系列措施:俄语专业暂停招生一年,解放军大连俄专、一机部大连工业俄专、二机部北京工业俄专停办;动员三年制应届毕业生继续学习一年,并把俄语专业的学制一律改为四年;动员在校俄语学生转学、转专业并制定《关于俄语、波语、捷语、东语各专业学生转学、转

---

①　《天津俄语广播讲座成立了》,《俄文教学》,1953 年第 3 期。

专业的具体办法》。其中规定，俄语专业转学总人数暂定 3000 人，高等师范学校俄语专业学生不转，其中一年级转 60%，二年级转 40%。转文科各专业约 1000 人，转农、林各专业约 500 人，转高等师范学校本科各专业约 1500 人。综合大学俄语及东语各专业学生尽量先在本校设置的专业范围内调剂，俄语院校学生一般转入就近地区有关院校。对在职的剩余俄语人员也采取了一些措施，主要包括：动员他们学习一门专业知识，从单纯的俄语翻译人员变成懂俄语的专业技术人员；大中城市的初中恢复外语课，让部分过剩的俄语人员转到中学任教；进俄文院校进修、提高，使之成为更高水平的俄语翻译教师和科研人员。经过大规模调整，到 1959 年，全国 7 所俄专都已不复存在，俄语专业学生人数逐渐减少。教育部于 1964 年 10 月制定的《外语教育七年规划纲要》提出，在学校教育中确定英语为第一外语，大力调整高等教育和中等学校开设外语课的语种比例，学习英语的人数要大大增加，学习俄语的人数以适应实际需要为限。但是，由于俄语教育的基础广泛，到 1966 年 3 月，根据教育部的统计结果，全国高等外语院系共设 41 个外语语种，设立俄语的院校数量仍居榜首，有 79 所，而英语是 74 所。

《外语教育七年规划纲要》(下称《纲要》)十分重视中国外语教育的均衡发展和重点发展，俄语仍然受到重视。《纲要》提出到 1970 年之前，全日制初中的外语课开设比例约占 40%~50%，全日制高中全部开设外语课，学习英语、俄语的比例先要求调整到 1:1，1970 年以后再逐步做到 2:1。高校公共外语应以英语为第一外语，到 1970 年学习英语的学生应占 50%，学俄语及其他外语的学生占 50%。在师资方面，《纲要》要求在俄语毕业生中选留 30% 充实教师队伍，7 年内共需补充外语教师 23580 人，其中英语最多，为 17410 人，俄语为 2110 人。《纲要》规定要新建和扩建十多所外语院校，新设立的北京第二外国语学院、秦皇岛外语专科学校(后改名河北外专，1974 年 6 月改名为天津外国语学院)、广州外国语学院、国际关系学院也都设立俄语专业。截至 1965 年，全国共建立 14 所外国语学校。这些外国语学校都设有俄语语种。《纲要》还规定要充实和加强一所教育部直属的外语院校，当时确定的是上海外国语学院。1963 年 10 月 9 日，上海外国语学院确定为教育部直属全国重点大学之一，并任命在外语界深孚众望的俄语专家王季愚担任院长。

"文革"开始后，俄语学习不再受重视，懂外语的特别是懂俄语的人员多成为受打击对象。因为被怀疑与苏联修正主义有关联，俄语界有许多著名专家学者遭受了迫害。"文革"后期至 20 世纪 70 年代末,各高校的俄语专业陆续恢复招生,但规模十分有限,全国约 1000 人。到 20 世纪80年代,随着中苏关系逐渐走向正常化,俄语专业招生人数逐年增加。据1983 年统计,全国高校有专业俄语教师 1078 人,公共俄语教师 719 人,在校俄语专业学生 1348 人,俄语师范学生 801 人。为了提高俄语人才的培养水平,从 80 年代开始扩大招收硕士和博士研究生的名额。

自 20 世纪 90 年代中俄建立战略协作伙伴关系以来,学习俄语的人数迅速增长。据统计,1999 年全国共有 40 多所高校设有俄语专业,学生人数 3000 多人。有些专门外语院校的俄语学科发展一直受到重视,发展势头强劲。如北京外国语学院,1994 年经教育部批准更名为北京外国语大学,俄语系于 1995 年改名为俄语学院。再如语种齐全的上海外国语大学,俄语学科一直都是学校最有影响的学科之一,设有俄语本科专业,俄语语言文学专业有硕士学位授予权和二级学科博士点,外国语言文学一级学科博士点和外国语言文学博士后流动站。俄语还是上海外国语大学的全国重点学科和上海市重点学科。

在教材编写方面,为了保证教学质量,国家教委于 1980 年成立了高校外语专业教材编审委员会。经过高校外语专业教材编审委员会审定,中国有了统编俄语教材,出版了《基础俄语》《俄语视听说》《俄语阅读》《俄语泛读教材》《俄语写作》《现代俄语通论》《俄语修辞学》《俄苏文学史》《俄苏文学名著选读》《苏联概况》《俄汉翻译教程》等十多种俄语教材。如此大规模、高质量地出版配套教材,在中国俄语教育史上还是第一次。[①]在字典编纂方面,1998 年出版的 4 卷本《俄汉详解大词典》是中国俄语教育史上的一大盛事。词典包含词条近 25 万条,由黑龙江大学辞书研究所主持编写,国内 52 名俄语专家学者参与。该词典是国家哲学社会科学重点研究项目,还曾被列入 1986—1987 年中苏文化合作计划和 1989—1990年中苏教育科学合作计划。在编写过程中,中国学者还与俄罗斯的著名出版社和语言学家建立了广泛密切的联系及合作,得到了他们的支持和帮助。俄罗斯科学院语言研究所所长宋采夫(В. М. Солнцев,1928—2000)院士为词典作序。他在序言中把这部词典和苏联时期鄂山荫(И. М. Ошанин,1900—1982)教授主编的《华俄大词典》相比较,指出这部词典的实用意义、科学意义和社会意义。其实用意义在于有益于广大读者,

---

① 李明滨:《中国与俄苏文化交流志》,上海人民出版社,1998 年,第 352 页。

包括学者、翻译工作者、语文工作者、学生,科学意义在于它提示了俄语和汉语丰富的词汇,从而显示并保证了从一种语言完满而恰当地翻译成另一种语言的可能性。他认为,该《词典》是巩固中俄民族传统友谊的手段,也是其社会意义的最大体现。[①]1998 年,江泽民访俄时将此词典作为国礼赠送给叶利钦。宋采夫在为《俄汉详解大词典》撰写序言时指出了俄汉两种语言的异同:俄语和汉语属于完全不同的类型,然而两者都是高度发达的语言,能表达任何思想和细微含义。这两种语言都拥有丰富的词汇和强大的构词能力。由于词汇形态上的差别,俄语新词的产生主要通过词缀,当然也有复合词;而汉语主要通过复合法,当然也有用词缀构成的词。[②]

　　进入 21 世纪以来,中俄关系得到进一步发展,达到前所未有的水平,俄语教学的规模进一步扩大。到 2004 年, 全国开设俄语专业的高校增至 65 所,俄语专业学生总数达 6000 多人。目前全国已有俄语教学点 88 个,根据报名参加全国俄语四级考试的人数估算,在校生总数已经超过10000 人。2008 年,中华人民共和国教育部组织上海外国语大学承办了大型国际学术会议庆祝中国俄语教学 300 周年,有来自世界 20 多个国家和地区的200 多位专家学者参会, 标志着中国俄语教学经过了非同寻常的历程,进入了新的发展阶段。据统计,截至 2014 年,中国开设俄语专业的院校已达 130 所,分布在 26 个省、自治区、直辖市,其中以东北和华北的院校居多。鉴于中国俄语教学的巨大成就, 俄罗斯政府向中国俄语教育界的优秀代表颁发了"俄语教育突出贡献奖"和"俄语推广突出贡献奖"等奖项。

　　随着"一带一路"战略的提出,中国俄语教育迎来了新的契机。2015 年5 月,"丝绸之路经济带与中国俄语人才培养"国际研讨会在对外经济贸易大学举办,教育部副部长刘利民在研讨会上作了主旨发言。刘利民认为,丝绸之路经济带上的俄语院校还不够多,未来中国需要培养更多的俄语人才,中国的俄语教育要找准方向,培养出适用于丝路经济带建设的复合型俄语人才。刘利民提出了"大俄语"的概念,他说:"所谓的'大俄语'概念,就是我们现在常常说的俄罗斯区域学的概念,更广义上讲就是斯拉夫学的概念。它应该以俄语为基础、为中心,学术视野和研究范围不断拓展,向着人文合作的各个领域,向着经济贸易合作的各个领域,向着更大的地域和

---

① 宋采夫:《〈俄汉详解大词典〉序言》,《光明日报》,2000 年 4 月 25 日。
② 同上。

空间延伸和发展。具有这种理念的俄语专业院校一定会有更光明的前景,培养出的新型俄语人才一定会有用武之地。"①

二、苏(俄)的汉语教学

俄罗斯的汉语学习可以追溯到彼得大帝时代。俄国在18世纪已经奠定了汉语教学的基础,但是教学规模小而且水平很低。经过19世纪众多汉学家的努力,20世纪初俄罗斯形成了较完备的古代汉语和现代汉语研究及培养体系。

新中国成立后,由于全面学习苏联的需要,中国掀起了俄语学习的热潮,而苏联并未出现汉语学习热潮,苏联只有莫斯科、列宁格勒、赤塔、海参崴等少数大城市的少数高校开设汉语课程,但多偏重书面语教学,口语实践能力较为薄弱。即便是师资力量比较雄厚、水平较高的莫斯科大学亚非学院培养出来的学生,情况也是如此。从20世纪60年代开始,苏中两国关系的变化直接影响到苏联的汉语教学,汉语人才的需求量下降,学生学习动力不足。80年代中期,随着中苏两国关系的逐渐改善及合作领域的扩大,苏联对汉语人才的需求量不断增加,教授汉语的各种短期培训班应运而生。莫斯科大学亚非学院中国语文教研室增设了一个公共汉语教学中心,为莫斯科各高等院校提供公共汉语师资。②

苏联和俄罗斯的汉语教学主要集中在圣彼得堡大学(1924—1991年称列宁格勒大学)和莫斯科大学等著名高等学府。圣彼得堡大学东方系和莫斯科大学亚非学院南北呼应,代表着俄罗斯汉语教育的最高水平。圣彼得堡大学早在1855年就成立了东方语言系,聚集了俄国最优秀的汉学家在此教授汉语,如俄罗斯汉学史上第一个汉学学派的创立者王西里(В. П. Васильев,1818—1900)院士等。在"十月革命"之前,圣彼得堡大学一直是俄国最重要的汉学人才培养中心。到苏联时期,俄罗斯汉学史上第二个汉学学派的创立者阿理克(В. М. Алексеев,也译为阿克谢耶夫,1881—1951)院士在此任教并培养了大批汉学人才,后来形成了俄罗斯汉学史上最著名的汉学学派——阿理克汉学学派。卫国战争时期,列宁格勒大学汉语专业停止招生,直到1944年才重建东方系。阿理克院士及其创立

---

① "'一带一路'战略为中国俄语人才培养带来新契机",国际在线,2015年5月20日,http://gb.cri.cn/42071/2015/05/20/6891s4969120.htm。

② [俄]谭傲霜:《俄罗斯汉语教学的实践与思考》,《语言文字应用》,1994年第2期。

的学派在列宁格勒大学的汉语教学过程中发挥了重要作用。菲什曼(О. Л. Фишман,1919—1986)、维·瓦·彼得罗夫(В. В. Петров,1929—1987)、谢列布里亚科夫(Е. А. Серебряков,1928—2013)、韦尔古斯(В. А. Вельгус,1922—1980)、齐一得 (И. Э. Циперович,1918—2000)、杨托夫 (С. Е. Яхонтов,1926—)、史萍青(А. Г. Шпринцин, 1907—1974)、龙果夫(А. А. Драгунов,1900—1955)等都曾在圣彼得堡大学任教。

菲什曼主要从事中国古典文学翻译、比较文化和欧洲汉学研究,翻译过纪昀的《阅微草堂笔记》(1974)和袁枚的《新齐谐》(1977),参与合译李汝珍的《镜花缘》(1959)、《唐代传奇》(1960)、《七至九世纪的唐人小说》(1970)等。菲什曼的研究著作主要有《中国 17 至 18 世纪的三位小说家——蒲松龄、纪昀、袁枚》(1980)、《中国在欧洲:神话和现实(13—18 世纪)》(2003)等。

维·瓦·彼得罗夫主要研究中国现代文学。20 世纪 50 年代初,他开始关注中国现代诗歌,他和诗人艾青、柯仲平、李季、严阵、田间、袁水拍、萧三都有直接接触或通信联系,这对他的翻译和研究大有裨益。他很快就写出了很有分量的《当代中国诗歌》(1951)、《马雅可夫斯基和现代的中国诗歌》(1952)等论文。在此基础上,他开始专门研究艾青,于 1954 年完成了《艾青评传》。这部著作研究了艾青各个时期的创作,分析了艾青的文学和美学观点、创作风格和特色,特别注意了艾青和时代的关系、艾青诗歌中的爱国主义和国际主义因素,是一部具有开创性的专著。此后,维·瓦·彼得罗夫把自己的研究范围从现代诗歌扩大到了整个中国现代文学,开始对鲁迅、巴金、老舍、郁达夫、丁玲、曹禺等作家进行研究,主要著述有:《丁玲》(《文学报》,1952 年 4 月 1 日)、《介绍〈太阳照在桑干河上〉》(《苏联文学》,1952)、《巴金的长篇小说 〈家〉》(翻译并作序,1956)、《老舍及其创作》(1956)、《鲁迅和中国诗歌》(《列宁格勒大学学报》,1958)、《巴金的创作道路》(《巴金〈两卷集〉》第 1 卷,1959)、《鲁迅:生平与创作述评》(1960)、《论曹禺的创作》(《曹禺的剧作》第 2 卷后记,1960)、《鲁迅和郁达夫》(《列宁格勒大学学报》,1967)、《郁达夫》(《春风沉醉的晚上:短篇小说集》前言,1972)、《鲁迅和瞿秋白》(《远东问题》,1975)、《鲁迅与苏联》(《外国文学》,1976)等。

谢列布里亚科夫 1950 年毕业于列宁格勒大学东方系,1954 年 10 月获文学副博士学位,学位论文为《8 世纪伟大的中国诗人杜甫的爱国主义与人民性》,1973 年 7 月获语文学博士学位,学位论文为《陆游(1125—

1210):生平与创作》。谢列布里亚科夫是研究中国古典诗歌的专家,重点研究唐诗和宋词,著有《杜甫评传》(1958)和《陆游的生平与创作》(1973),主编了《中国文学史手册(公元前 12 世纪—21 世纪初)》(2005),翻译了陆游的《入蜀记》(1968)和茅盾的《动摇》(1956),还翻译过张天翼和严文井的小说,研究过陶渊明、欧阳修、范成大、鲁迅等古今文学大家。谢列布里亚科夫还是苏联第一位研究汉魏六朝小说的汉学家。他根据列宁格勒大学东方系图书馆收藏的《津逮秘书》20 卷和《稗海》8 卷对干宝的《搜神记》进行了仔细的研究,发表了论文《中国古代文学的珍贵文献——干宝〈搜神记〉》(《列宁格勒大学学报》,1958 年第 8 期)。谢列布里亚科夫说他好像有四条性命:除了一世生存之外,还有三次人生经历,可谓精神上的三度人生。这三次精神之旅都跟他研究中国古典诗歌相关。中国的三位大诗人:杜甫、陆游、范成大,都经历了人世的艰难坎坷,顽强地生存、写作。他研究他们的作品,为他们写传记,仿佛陪伴三位诗人度过了漫长的人生,精神上受到感染与震撼。①谢列布里亚科夫从1961 年起到 1998 年担任汉语教研室主任达 37 年之久。在圣彼得堡大学东方系,学生和教师都尊称谢列布里亚科夫为"我们的孔夫子"。谢列布里亚科夫的学生索嘉威(А. Г. Сторожук,1970—　　)曾说:"上世纪 90 年代初,汉语教研室一度处境非常艰难,教学计划被打乱,专业被取消,整个东方系面临关闭的危机,可同事们并没有慌乱。因为大家感到背后有谢列布里亚科夫老师,他有经验,有智慧,绝不会袖手旁观。汉语教研室团结一致,充满了友好、安定的家庭气氛,齐心协力,终于渡过了难关。"②

　　韦尔古斯出生于莫斯科,其养父是中国人,是苏联红军志愿军部队的指挥员,曾经参加过"十月革命"。1928 年,韦尔古斯随养父来到中国,在山东农村读完小学,后到上海、天津接受中等教育,1946 年加入苏联国籍,1948 年受阿理克院士邀请到列宁格勒大学东方系汉语教研室任助教,教授汉语口语课程。

　　齐一得于 1941 年毕业于列宁格勒大学东方系,1969 年获副博士学位,学位论文为《中国格言杂纂和李商隐的杂纂》,1948 年至 1950 年在列宁格勒大学东方系任教。韦尔古斯和齐一得是夫妻,曾一起翻译《今古奇观》(1954)、《镜花缘》(1959,列宁格勒;1998,里加)和"三言""二拍"部分话本小说等中国古典文学作品。

---

　　①② 谷恒东:《俄罗斯汉学家的多重人生》,《世界文化》,2013 年第 2 期。

　　阿理克汉学学派的汉语研究代表着苏联汉语研究的最高成就。杨托夫、史萍青、龙果夫等一批研究汉语的学者，都是阿理克汉学学派的成员。杨托夫于 1950 年毕业于列宁格勒大学东方系，正赶上阿理克院士教学活动的后期。1953 年师从龙果夫修完研究生课程，1954 年获语文学副博士学位，学位论文是《汉语的动词范畴》，后获博士学位。曾在列宁格勒大学东方系任教，1962—1964 年在北京大学进修。杨托夫主要研究汉语，特别是古代汉语，发表著述八十余种，其主要著作和论文有：专著《汉语的动词范畴》(1957)和《古代汉语》(1965)等，论文《汉语中句子的成分》(《列宁格勒大学学报》，1958)、《公元前一千年前汉语的语音学（唇化元音)》(《东方学问题》，1960)、《古汉语的词类》(《列宁格勒大学学报》，1960)、《汉语方言的分类》(《亚非国家的语文学研究》，1966)、《汉语方言的地理分布》(《列宁格勒大学学报》，历史、语言和文学类，第 1 册，1967)、《七至八世纪汉语的书面语和口语》(《中国和朝鲜文学的体裁和风格》，1969)、《词汇是语言亲属关系的标志》(《阿尔泰语系的共同性问题》，1971)、《汉语句子成分的划分原则》(《汉语和东南亚语言的句法问题》，1971)、《中国诗的语法》(《远东文学研究的理论问题》，1974)、《三至四世纪中国诗歌的韵律》(《亚非人民》，1976)、《十一世纪的北京音》(1980)、《词汇和语法构词法》(2006)等。1957 年杨托夫的《汉语的动词范畴》由列宁格勒大学出版社出版，此书是为苏联学习汉语的高年级大学生、研究生和一般语言学研究者编写的教科书，但对于当时汉语语法研究薄弱的中国汉语语言学研究学界来说也很有价值，因此 1958 年中华书局出版了陈孔伦的中译本。

　　史萍青于 1929 年毕业于列宁格勒大学东方系，主要研究汉语和汉字的拉丁化问题，发表著作三十余种，主要著作有：《汉字的拉丁化问题》(《苏联科学院东方学研究所论丛》，第 1 卷，合著，1932)、《中国新文字的成人识字教育》(哈巴罗夫斯克，1933)、《中国争取语言文字改革的新阶段》(《革命和文字》，1936)、《鲁迅和中国的语言与文字问题》(《鲁迅(1881—1936)》，1938)、《中国新文学史片断(1928—1931)》(《亚非人民》，1961)、《关于瞿秋白的一篇不引人注目的著作》(《东方学问题》，1961)、《关于中国地名的俄文转写》(《东方国家和民族》，1964)、《"五四"运动和中国的文字、语言》(《五四运动》，1971)、《苏联出版的汉语书籍(20 至 30 年代)》(《苏联对中国文学的研究》，1973)等。

　　龙果夫于 1925 年毕业于列宁格勒大学，1930—1936 年在符拉迪沃斯托克国立远东大学和远东师范学院任教,1936—1942年在列宁格勒东方学院和列宁格勒大学任教,并在汉语拉丁化委员会兼职。龙果夫主要研究汉语和东干语,发表《方块字文献和古代官话》(1930)、《汉语词类》(1937)、《古藏语音系特点》(1939)、《现代汉语语法研究·词类》(1952)、《现代汉语口语语法体系》(1962)等著述五十余种。龙果夫在语法教学过程中经常融入很多新的思想和方法,阿理克院士对其赞赏有加。龙果娃(Е. Н. Драгунова)和扎多严科(Е. Н. Задоенко)等学者以龙果夫的研究成果为基础合作编写了苏联第一部比较完整的基础汉语教材——《汉语教程》(1965)。这部教材分别于1973年和1983年进行了修订再版,一直保持着原来的语法体系和教学原则,为苏联和俄罗斯的汉语教学发挥了重要作用,在俄罗斯的汉语教学史上占有重要的地位。

后来陆续在圣彼得堡大学东方系教授汉语的有司格林、尼基季娜(Т. Н. Никитина)、索嘉威、罗流沙(А. А. Родионов,1975—　　)、萨莫伊洛夫(Н. А. Самойлов)和俄籍华裔汉学家庞英等。司格林1931年生于北京,在北京度过了童年时代,1947年回国。他主要从事汉语音韵学和中国民间文学研究,其副博士学位论文是《汉字韵母声学分析》(1968),博士学位论文是《中国俗文学:说唱体裁》(1987)。1989年苏共中央总书记戈尔巴乔夫访华时,司格林任同声翻译,参加过戈尔巴乔夫与邓小平的会谈。司格林长期在圣彼得堡大学任教,曾任圣彼得堡俄中友好协会主席。其主要著作有俄文版《中国曲艺》、译著《中国俗文学》和《老舍幽默诗文集》等。此外,他还翻译了冯骥才的小说,以《俗世奇人》为书名出版,俄罗斯还出版了中俄对照本,以供俄罗斯人学习汉语之用。司格林是世界上少有的研究中国说唱艺术的汉学家,他能恰如其分地将中国讽刺与喜剧作品用俄文转译出来,他还翻译了侯宝林等人的相声并进行了研究。因为童年是在北京度过的,所以司格林对北京很有感情,在其回忆作品《北京,我童年的故乡》一书中,他饱含深情地叙述了北京这座他热爱过并依旧热爱着的城市。这部作品经李逸津教授等翻译后于2006年由东方出版社出版。尼基季娜主要研究古代汉语语法,以《古汉语复合句构成方式》(1958)获得副博士学位,著有《古文语法》(1982)。索嘉威编写了《汉字学入门》(2002)等教材,其主要研究领域是中国古典文学、中国哲学和传统观念以及中国书法,主要论文有:《中文作品人物塑造的基础》《三大学说与中国文化:唐代文艺作品中的儒家、佛家和道家》《元稹:一位唐代诗人的作品与生活》等。罗流沙是俄罗斯圣彼得堡大学东方系青年汉学家、圣

彼得堡大学孔子学院俄方院长。罗流沙主要研究中国现当代文学,2001
年以《老舍作品中的中国人民族性格》获副博士学位。他经常到中国参加
各种会议和交流活动。萨莫伊洛夫主要研究中国近代思想史和俄罗斯中
国形象。庞英主要研究中国古典小说,尤其对列藏本《石头记》进行了深
入研究。圣彼得堡大学东方系具有学士、硕士、副博士和博士学位授予权。
此外,圣彼得堡大学哲学系东方哲学与文化学教研室也有汉学家任教,
比较著名的是研究佛教和西夏学的索罗宁,研究中国文学和文化史的克
拉芙佐娃(М. Е. Кравцова)。①

　　莫斯科大学的汉语教学和汉学研究起步较晚,直到 1944 年才在历史
系成立远东历史教研室,1949 年才在语文系成立汉语教研室,1956 年 6 月
24 日,莫斯科大学将历史系和语文系的东方学科合并成立了东方语言学
院,后改称亚洲非洲国家学院,简称亚非学院。莫斯科大学亚非学院具有学
士、硕士、副博士和博士学位授予权,学位论文集中在汉语语言学、历史学
和社会经济学等方向。亚非学院的汉语教学重视汉语基础,开设的课程有
语言学大纲、语言学通论、汉语语法理论、词汇学、语义学、汉语史、汉语音
韵学与方言、古代汉语、中国语法著作等课程。在 20 世纪 80 年代,亚非学
院使用的汉语教材有:《基础汉语课本》(扎多严科、黄淑英编,第一学年
用)、《汉语选读》(科托娃编,第二学年用)、《现代汉语口语教科书》(谭傲霜
编,第三、四年级用)、《报刊资料汇编》(普里雅多辛编)。②学生在整个学习过程中,除了在课堂上上
课以外,还必须在录音室完成录音练习。为了弥补在缺乏语言环境的情况
下进行汉语教学的不足,当时亚非学院的汉语教学尤其重视使用录音教
材,由母语为汉语的老师担任口语教学,苏联老师担任句法分析、翻译、文
章摘要、听译广播等课程的教学。学习成绩优秀的学生在四年级之后有机
会被派往中国进修一年。俄罗斯联邦成立后,亚非学院对汉语教学进行了
改革,本科阶段由原来的五年改为四年,硕士阶段两年。在本科阶段,一年
级学习初级汉语,每周 16 课时,二、三年级学习中级汉语,每周分别教授 8
课时和10 课时,四年级学习高级汉语,每周 8 课时,开设课程有口语课、阅
读课、报刊阅读、古代汉语、文选和专业资料阅读等,主要教材有《实用汉
语》《现代汉语课本》《现代汉语口语教科书》《实用汉语课本》《文言课本》

---

① 阎国栋:《俄罗斯汉学三百年》,学苑出版社,2007 年,第 211 页。
② [苏]康德基:《莫斯科大学亚非学院的汉语教学》,《世界汉语教学》,1988 年第 4 期。

等。硕士两年采取上专业课和教授指导学生写论文的方式。谭傲霜 1994 年的论文显示，当时亚非学院汉语专业学生一百多名，对未来汉语教学的规划是："今后拟将录取的学生数控制在 16 名（两个班），这样就能择优录取素质较好的学生，并发挥我校师生比例为 1:3 的优势，使汉语教学在若干年内达到或接近我国西方语言教学的水平。"①随着信息技术的发展，多媒体技术在俄罗斯汉语教学过程中被广泛使用，配有多媒体光盘的汉语教材更受欢迎，比如，东方文献出版社出版的高辟天（А. М. Карапетьянц，1943—　）和谭傲霜夫妇合编的《实用汉语新编》等。

　　莫斯科大学亚非学院教授汉语的教师主要有波兹德涅耶娃（Л. Д. Позднеева，1908—1974）、阿·彼·罗高寿（А. П. Рогачёв，1900—1981，人称"老罗高寿"）、司马文（В. И. Семанов，1933—2010）、华克生（Д. Н. Воскресенский，1926—　）、鲁勉斋（М. К. Румянцев）、科托娃（А. Ф. Котова，1927—2001）、高辟天、苏敏（М. В. Софронов）等。波兹德涅耶娃是莫斯科大学中国文学研究的创始人，翻译过鲁迅、老舍等中国现代作家的作品，其专著《鲁迅：生平与创作（1881—1936）》是鲁迅研究的一部力作，中译本 2000 年由湖南教育出版社以"鲁迅评传"为题出版。老罗高寿以翻译《水浒传》和《西游记》著称，还翻译过《吕梁英雄传》和《原动力》等小说。司马文从 1973 年在亚非学院任教，主要研究鲁迅，翻译过《老残游记》《孽海花》《芙蓉镇》《猫城记》等作品。以研究明清小说著称的华克生从 1960 年开始在亚非学院任教，翻译过《儒林外史》《闲情偶寄》和"三言""二拍"部分话本小说及许地山的《萤灯》、老舍的《正红旗下》、王蒙的《活动变人形》等作品。鲁勉斋是汉语语言学专家，其副博士学位论文《现代汉语的句子形式主语》于 1961 年由商务印书馆出版，其博士学位论文是《现代汉语声调与语调：实验研究》（1968）。科托娃1954 年获副博士学位后留校任教，著有《现代汉语疑问句》（1963），编有《汉语教程》（1984）和《汉语》（1992）等。高辟天的副博士学位论文是《汉语流时间结构》（1969）、博士学位论文是《汉语基本成分形态》（1992）。苏敏于 1970 年从苏联科学院东方学研究所调入莫斯科大学亚非学院任教。他继承了圣彼得堡的汉学传统，在汉语语言学研究中始终以中国古典文献为基础，其主要研究领域为古代汉语、西夏学、中国人类学和民族学。在西夏学方面，苏敏与克恰诺夫（Е. И. Кычанов，1932—2013）合著有《西夏文语音学研究》（1964），

① ［俄］谭傲霜：《俄罗斯汉语教学的实践与思考》，《语言文字应用》，1994 年第 2 期。

独著有《西夏语语法》(1968)。在中国人类学和民族学领域,苏敏与刘克甫
(М. В. Крюков,1932—　)、切博克萨罗夫(Н. Н. Чебоксаров,1907—1980)、
马良文(В. В. Малявин,1950—　)合作,先后出版了《古代中国人:民族
起源问题》(1978)、《中世纪前的中华民族》(1979)、《中世纪近代之交的中
华民族》(1987)等著作。

　　在中国哲学领域,亚非学院的主要成果除了波兹德涅耶娃翻译的《庄
子》和《列子》之外,还有她撰著的《古代中国的无神论者、唯物主义者和辩
证主义者》(1967)。波缅兰采娃(Л. Е. Померанцева,1938—　)以翻译《淮
南子》著称,1972 年以《〈淮南子〉——公元前 2 世纪的中国古代文献》获
副博士学位,主要著作有《民歌》(1962)、《淮南王刘安的生平和不同的处
世方式》(1970)、《晚期道家论自然、社会和艺术》(1979)等。波缅兰采娃于
1963—1964 年曾在北京大学进修,从 1965 年起在莫斯科大学任教。谢缅
年科从 1973 年开始在亚非学院任教,曾从事嵇康研究,翻译过《论语》和
《道德经》。

　　在历史教学和研究领域,从 1956 年起西蒙诺芙斯卡娅任历史教研室
第一位主任,1972 年由尤里耶夫(М. Ф. Юрьев,1918—1990)接任,从1990
年起拉比纳成为第三任主任,两年后由梅利克谢多夫接任。西蒙诺芙斯
卡娅主要研究中国古代史,侧重农民起义问题。刘克甫主要研究中国社
会史、民族学和甲骨文。马良文曾长期在亚非学院任教,完成了系列历史
文化论著。梅利克谢多夫主要从事中国近现代史和中国台湾地区历史研
究,1998 年主编出版了历史教研室集体撰写的《中国历史》。列·谢·瓦西
里耶夫(Л. С. Васильев,1930—　)是著名的中国文明史研究专家,其中
华文明起源的研究在中俄学术界备受瞩目。拉比纳主要研究宋代政治改
革,是俄罗斯的范仲淹和欧阳修研究专家。近年来,随着莫斯科与中国台
湾地区交流的增多, 亚非学院的中国台湾地区历史与社会研究发展很
快。皮萨列夫(А. А. Писарев,1950—　)在从事中国近现代史研究的同
时,也关注两岸关系问题,曾任淡江大学俄罗斯研究所所长。马良文现在
兼任淡江大学俄国语文系主任和俄罗斯研究所所长。捷尔吉茨基(К. М.
Тертицкий)一直从事中国文化人类学研究,近年来将中国台湾地区民间
宗教纳入研究视野。[1]齐赫文院士和米亚斯尼科夫院士也曾在亚非学院
从事过教学和研究工作。在此兼职任教的还有博克夏宁,他是俄罗斯科学

---

[1]　阎国栋:《俄罗斯汉学三百年》,学苑出版社,2007 年,第 213 页。

院东方学研究所主任,主要从事明史研究。

亚非学院的科洛霍夫教授和黄淑英副教授合作编写的古代汉语教科书,在苏联教授汉语的高等院校中很受欢迎。在亚非学院任教的汉学家还有郭质生(В. С. Колоколов,1896—1979)、卡尔波夫(М. В. Карпов)等。郭质生曾为瞿秋白担任过翻译,曾和老罗高寿合译了《西游记》,著有《中国:国家、人民和历史》《汉俄军事术语词典》等,编辑了《中国南方各族史诗传说集》(1955)等。卡尔波夫于1990—1991年曾到中国北京外国语学院进修,1992年毕业于莫斯科大学亚非学院,从1994年起在该校任教,1995年以《中国经济改革与政治斗争(1984—1989)》的学位论文获副博士学位。

圣彼得堡大学和莫斯科大学从1953年起就聘有汉语外教。1953年10月,中国政府就曾派遣南开大学邢公畹教授赴列宁格勒大学教授现代汉语,派遣北京师范大学叶丁易教授赴莫斯科大学讲授中国文学。在俄罗斯联邦时期,俄罗斯多所大学成立了孔子学院之后,中国选派到孔子学院的教师成为帮助俄罗斯进行汉语教学的重要力量。

苏联时期教授汉语的大学还有远东大学和塔什干大学。远东大学在苏联解体之前规模较小,汉语专业每个班有学生5—9人,学制五年,一、二年级学习基础汉语,要求学生掌握800—1000个汉字,后三年是高级阶段,开设报刊课、翻译课、中国文化课等。本科生毕业后从事东方语言文学的研究或汉语翻译工作。[①]塔什干大学的汉语教学始于1954年,1977年之后规模更大,师资力量也较强。这里的汉语教研室图书资料丰富,为学生创作了良好的学习条件。塔什干大学每年都要从高年级的学生中选派一部分到中国学习,1984—1988年派出了三十多名。从1985年开始,塔什干大学聘请中国专家到该校任教。[②]在苏联时期,开设中文的中学有"1948中学"和莫斯科第14寄宿学校等。中国驻苏联大使馆经常赠送一些中国艺术品给这些学校。新华社记者王宪举等1989年5月采访莫斯科第14寄宿学校时发现,中国驻苏联大使馆赠送给该校的金鱼戏水贝壳画和中国山水画挂在校长办公室,学校的中文教室内也挂着中国的梅兰竹菊、桃杏松柏等画作。

---

① 北京语言学院世界汉语教学交流中心信息资料部编:《世界汉语教学概况》,国际文化出版公司,1991年,第47页。

② 同上,第46页。

俄罗斯联邦成立之后,随着中俄关系的快速提升,俄罗斯兴起了汉语学习热潮。在 20 世纪 90 年代,莫斯科、圣彼得堡、符拉迪沃斯托克是俄罗斯的三大汉语教学中心,其他城市如伊尔库茨克、哈巴罗夫斯克、赤塔、布拉戈维申斯克等也都设立了汉语教学和研究的专门机构。截至 2010 年底,俄罗斯境内有 130 多所大学开设了汉语课程,其中将汉语作为第一外语的就有 40 多所。学习汉语的大学生、研究生达 1.47 万人。以汉语为主要外语的中小学有 20 多所,学生 1.1 万余人。仅在莫斯科市就有十多所中小学开设了汉语课程,学习汉语的中小学生达到 2000 多人。"1948 中学"有 1000 多名学生,教师 60 多人,其中汉语教师近 20 人,所有学生从小学一年级就开始学习汉语,高年级还开设中国国情学、中国旅游课、汉俄翻译等课程。胡锦涛等党和国家领导人都曾在访俄期间视察"1948 中学"并站在讲台上进行教学。圣彼得堡第 652 中学的师生用中国书法写春联和横幅、包饺子、做春饼、制作小宫灯,按照中国的传统方式欢度中国的春节并组织了演出活动,学校教师用汉语演唱了中国歌曲《我的祖国》《洪湖水浪打浪》,进行了快板表演,演出了昆曲《牡丹亭》片段。

孔子学院是国家汉语国际推广领导小组办公室授权在国外设立的、以开展汉语教学为主要内容的中国语言文化推广机构。截至 2014 年 12 月,国家汉办已在全球 127 个国家(地区)建立了 476 所孔子学院。俄罗斯的第一所孔子学院于 2006 年 12 月在远东国立大学挂牌成立,中国驻哈巴罗夫斯克总领事范先荣、俄远东国立大学校长库利洛夫等出席了仪式。此后俄罗斯多所高校陆续成立了孔子学院。2006 年 12 月,刘古昌大使代表国家汉语国际推广领导小组办公室与俄国立人文大学校长比沃瓦尔签署了关于合作建设俄国立人文大学孔子学院协议。2007 年 4 月,刘古昌代表国家汉语国际推广领导小组办公室与俄喀山国立大学校长萨拉霍夫签署了在喀山大学合作建设孔子学院的协议。喀山国立大学是俄罗斯文豪列·尼·托尔斯泰和苏联开国领袖列宁的母校,有两百多年的历史,具有深厚的汉学研究传统,因此孔子学院在喀山大学的设立具有特别的意义。2007 年 5 月,受国家汉办委托,范先荣出席了阿穆尔州布拉戈维申斯克国立师范大学孔子学院签字揭牌仪式。截至 2012 年 3 月,中国已经在俄罗斯建有 17 个孔子学院和 4 个孔子课堂,在莫斯科建有中国文化中心。俄罗斯设有孔子学院的大学有:远东国立大学、国立人文大学、莫斯科大学、圣彼得堡大学、伊尔库茨克大学、新西伯利亚国立技术大学、喀山国立大学、布拉戈维申斯克国立师范大学、卡尔梅克国立大学、托木斯克国立大学、布里亚特国立大学、乌拉尔国立大学、莫斯科国立语言大学、梁赞国立大学、伏尔加格勒国立师范大学、阿穆尔国立人文师范大学、下诺夫哥罗德国立语言大学。

圣彼得堡大学孔子学院是俄罗斯孔子学院中名气较大的一个,它于2007年2月开始运作,9月举行揭牌仪式,中方合作院校为首都师范大学,实行理事会负责制,理事会分别由合作双方成员组成。圣彼得堡大学孔子学院在汉语教学中采用现代的汉语教学方法、使用本国和中国的汉语教材,教学对象为大学在校生及成人。圣彼得堡大学孔子学院本着教学与文化活动相结合的原则,除开设了标准汉语、中级口语、商务汉语等汉语课及中国人心理学、中国民俗概况、中国烹调基础等讲座外,还举办了中国国庆联欢会、中国历史研讨会、中国电影讲座、摄影比赛、"我的汉语生活"比赛、"汉语桥"比赛、中国音乐和书法讲座以及汉语水平考试、汉语教师培训等丰富多彩的活动。"汉语桥"世界大学生中文比赛圣彼得堡地区选拔赛是在圣彼得堡大学孔子学院定期举行的一项重要活动,中国驻圣彼得堡总领馆也十分重视。圣彼得堡大学、圣彼得堡人文工会大学、圣彼得堡财经大学、圣彼得堡矿业大学及圣彼得堡孔子课堂等教授汉语的院校定期参加"汉语桥"比赛,截至2013年已经参加了12届。

全俄"汉语桥"中文比赛分为大学生和中学生两个组别。2012年首届"汉语桥"全俄大学生中文比赛在莫斯科市铁路文化宫举行,由中国国家汉办主办,莫斯科国立语言大学、中国驻俄罗斯大使馆教育处协办,共有来自全俄莫斯科、圣彼得堡、远东、伊尔库茨克、叶卡捷琳堡5个赛区的25名选手参加了这次比赛的决赛,俄、中近千名观众观看了比赛。2013年,第2届全俄大学生"汉语桥"比赛在圣彼得堡冬宫剧场举行,在预赛中成功闯关的俄罗斯5大赛区的25位优秀选手参加了比赛, 比赛共分集体会话、即兴演讲和回答问题3轮进行,每个环节都围绕着"我的中国梦"以及中俄文化交流的主题展开。2014年,第3届全俄大学生"汉语桥"比赛在符拉迪沃斯托克远东联邦大学俄罗斯岛新校区成功举行。来自5个赛区的25名优胜选手参加了本次全俄决赛。比赛分集体会话、即兴演讲、中国文化知识问答、才艺表演4个环节。由于本次比赛恰逢中俄"青年友好交流年",所以集体会话以"青春的旋律"为主题,围绕"梦想、友情、爱情、时尚、休闲"5个话题展开;在即兴演讲环节,选手们以中国城市、电影、音乐等贴近生活的话题进行阐述;知识问答环节侧重考查选手汉语语言能力和中国文化知识;最后选手们进行了诗朗诵、单口相声和歌曲等才艺表演。比赛期间,来自符拉迪沃斯托克市及远东联邦大学的艺术团体为比赛呈现了具有俄罗斯风情的"海军舞"、中文歌曲、武术表演及沙画艺术表演等精彩节目。[1]2015 年,第 4 届全俄大学生"汉语桥"比赛在伊尔库茨克州青年剧院成功举行。来自 5 个赛区的 25 名优胜选手参加了本次全俄决赛。比赛分集体会话、即兴演讲、才艺表演和中国文化知识问答 4 个环节。集体会话以"我的中国梦"为主线,围绕"经济、历史、文化、汉字、民俗"5 个话题展开。比赛结果是来自远东联邦大学的扎弗亚罗夫夺冠,伊尔库茨克队获得"最佳团队奖"。此外,本次比赛还产生了"最佳语音奖"和"最佳演讲奖"等奖项。

　　2013 年 9 月 27 日至 29 日,首届"汉语桥"全俄中学生中文比赛在莫斯科郊外举行。比赛由中国国家汉办孔子学院总部主办,中国驻俄罗斯大使馆教育处会同莫斯科"1948 中学"联合承办。参赛选手包括来自莫斯科、圣彼得堡、叶卡捷琳堡、伊尔库茨克和远东 5 个赛区的中学生。本次比赛团体前三名获得赴中国参加世界中学生中文比赛的资格,个人前六名获得赴华学习奖学金。中国驻俄罗斯大使李辉、俄中友协副主席库利科娃及参赛选手近 300 人出席了闭幕式暨颁奖仪式。优胜的俄罗斯代表队于 2013 年 11 月首次参加了"汉语桥"世界中学生中文比赛。首届全俄中学生"汉语桥"中文比赛是"汉语桥"世界中学生中文比赛举办大区赛的首次尝试,表明了中俄文化关系的深入发展和汉语在俄罗斯的受重视程度。2014 年,第 2 届"汉语桥"全俄中学生中文比赛由中国国家汉办孔子学院总部主办,中国驻俄罗斯大使馆和莫斯科"1948 中学"联合承办,共有来自 5 个赛区、17 支队伍的 51 名选手参赛。比赛共持续了 3 天,包括主题演讲、语言游戏竞赛及文艺表演 3 个环节。比赛结果是莫斯科"1948中学"代表队最终夺得比赛团体冠军,圣彼得堡孔子课堂代表队和圣彼得堡652 中学分列二、三名。在个人表现中,来自莫斯科"1948 中学"的选手奥莉嘉·阿尔图尼娜获得个人比赛的第一名。阿尔图尼娜在接受采访时说,开始学习汉语的时候,语法和发音是最难的部分,但出于对汉语和中国文化、历史的热爱,她坚持将汉语作为自己的第一外语勤学苦练。学习汉语为她打开了另外一扇窗,使她有机会学习中国的古老文化并从中汲取人生智慧。她尤其喜欢中国的书法,喜欢从毛笔的运握中体会这门

---

　　[1]　中华人民共和国驻俄罗斯大使馆教育处,http://www.eduru.org/publish/portal103/tab4884/info108032.htm。

艺术的博大精深。这次比赛获得第一名使她有机会公费到中国大学学习4年。她决心要在中国努力提高汉语水平,学成后将更多的中国优秀文化传播到俄罗斯。2015年5月,第3届"汉语桥"全俄中学生中文比赛在莫斯科州成功举行,圣彼得堡孔子课堂代表队获得了团体冠军,赤塔市第四中学学生斯拉瓦获得个人赛冠军,比赛还产生了"最佳语音奖""最佳才艺奖""最佳写作奖"和"最高人气奖"等多个单项奖。

关于"汉语桥"中文比赛的作用,中国驻伊尔库茨克总领事郭志军强调,目前中俄关系处于历史最好水平,两国在推进"一带一路"建设和发展的同时离不开语言与文化这座桥梁。"汉语桥"中文比赛为促进中俄两国在教育文化领域的合作做出了重要贡献,也为两国青年增进了解、相互交流提供了宝贵机会。①

在汉语教科书及学习资料翻译和编写方面,苏联和俄罗斯汉语教学界做出了很大努力。1954年,赖斯卡娅(Г. Н. Райская)翻译了王了一(王力)的《中国语法纲要》,莫斯科出版了伊三克(Б. С. Исаенко,1914—1965)、郭路特(Н. Н. Коротков,1893—1954)和苏维托夫·陈(И. Советов-Чэн)合作编写的《华语课本》。1955年东方学研究所的郭路特、鄂山荫到中国先后参加了全国文字改革会议和现代汉语规范问题学术会议,并将大会的两篇重要报告译成俄文,及时把中国汉语研究的信息传到苏联汉学界。1955年出版了郭路特、林沙伊珞等合编的《汉语教科书》,1957年戈列洛夫(В. И. Горелов)编写了《汉语实践语法》,伊三克编写了《实验汉语语音学辞典》,宋采夫主编了《现代汉语论文集》,1965年杨托夫主编了《古代汉语论文集》,谭傲霜编写了系列《现代汉语口语课本》。在经历了20世纪六七十年代的低潮后,随着中苏关系的改善,苏联的汉语教学开始回暖,汉语教材建设得到一定程度的改善,出版了《汉语口语教科书》(1983)等教材和弗罗洛娃(О. П. Фролова)的《现代汉语术语词汇构词法》(1981)、舒托娃(Е. И. Шутова)的《词法理论问题》(1984)、宋采娃(Н. В. Солнцева)的《孤立语的类型学问题》(1985)和戈列洛夫的《汉语理论语法》(1989)等。

苏联解体后,随着俄罗斯汉语热的兴起,数量有限且内容陈旧的汉语教材根本无法满足学习者的要求。汉语教材的建设,特别是口语教材

---

① 中华人民共和国驻俄罗斯大使馆教育处,http://www.eduru.org/publish/portal103/tab4884/info115678.htm。

和外事外贸用语教材建设成为俄罗斯汉语教育的重中之重。很多汉语教科书一版再版,仍不能满足汉语学习者的需求。如蚂蚁出版社出版的《实用汉语教程》到 2000 年已出版了第 4 版,《汉语实用语法》到 2002 年已是第 2 版,《商务交际汉语》2003 年出版了第 3 版。阿斯特出版集团出版社的《汉语阅读选集》《汉语词汇学》《300 个基础汉字》和"东方—西方"出版社的《汉字书写法》《实用汉语教科书·口语实践》《中国·语言国情》等也是一版再版。而伊凤阁(A. И. Иванов,1878—1937)和波利瓦诺夫(E. Д. Поливанов)1930 年合著的《现代汉语语法》,自 2001 年至 2007 年由不同出版社连出了 5 版。汉语词典则包括莫斯科弗林塔出版社 2003 年出版的巴斯卡(H. B. Баско)主编的《俄汉—汉俄简明经济词典(贸易和金融)》,蚂蚁出版社 2004 年出版的西佐夫(C. Ю. Сизов)主编的《俄汉法律、经济、金融术语词典》,"东方—西方"出版社 2006 年出版的王露霞主编的《汉俄文字教学词典》等。为了满足广大俄罗斯汉语学习者的需求,受国家汉办委托,黑龙江大学编写了针对俄语国家的系列汉语教材《汉语新起点》(中小学)和《汉语新目标》(大学),这两套教材凝结了中俄双方汉语教学专家的多年研究成果,在相当程度上缓解了当代俄罗斯汉语教科书缺乏的问题。

俄罗斯于 1997 年专门成立了汉语教师协会,每三年举办一次年会。在 2000 年 6 月召开的第 2 届俄罗斯汉语教学研讨会上,举行了《汉语教学与研究》会刊的首发式,为汉语教师分享教学研究成果和经验提供了平台。2010 年俄罗斯"汉语年"期间,中国为俄罗斯汉语教师举办汉语培训班、来华研究班等,并派遣汉语语言文学专家赴俄讲学,为俄罗斯汉语教师的培养和培训工作提供了支持。随着俄罗斯"汉语年"的开展和学习汉语人数的增多,俄罗斯政府开始重视汉语教师队伍建设,对汉语教师的资格标准提出了更高的要求:汉语教师必须接受一定学时的培训并且考核合格后方能入职,汉语教师每五年必须进行一次培训。

莫斯科师范大学东方语言系主任、汉学家库尔久莫夫 (B. A. Курдюмов,1965—　　)2013 年在接受中新社记者专访时曾说:"在莫斯科高校的各类外语专业中,按热门和受欢迎程度排名,汉语仅次于英语,排名第二。人们不仅对汉语,也对中国文化及国家本身很感兴趣。"库尔久莫夫认为,语言和文化都与实用紧密相连,汉语和中国文化在俄罗斯的实用性和实际需求近年来迅速攀升。他所在的院系发展迅速正是这种需求的写照:该系创办仅 6 年,已培训了超过 100 名汉语教师。

俄中友协副主席库利科娃在接受采访时表示,中俄两国都应当在人文财富的传承上做更多的努力。她认为一个国家应当珍惜本国文化,中国懂得保留自己的传统文化,而传统文化是有基础的,中华民族五千年的文明就是基础。"汉语、太极、武术、美食,等等,在俄罗斯都被认为是很有亲和力的中国元素。""中国有国家复兴的伟大梦想,传统文化就是梦想的基础之一。居住在世界各国的中国人,他们对血缘、语言的热爱永远不会消退。"①

2010年是俄罗斯的"汉语年",汉语和中国文化研究中心在莫斯科英才中学正式揭牌。梅德韦杰夫访问中国时表示,俄罗斯民众应当更多地学习汉语,以便更广泛地发展俄中两国关系。梅德韦杰夫还曾指出,在21世纪内汉语将成为俄罗斯人的第二语言。"我们两国关系非常紧密,学习俄语的中国人越多、学习汉语的俄罗斯人越多,我们两国的关系就越牢固、越广泛。"②

---

① "俄文化界人士:习近平访俄将促进两国人文合作",中国新闻网,2013年3月21日,http://www.chinanews.com/gn/2013/03-21/4665011.shtml。

② 《俄总统号召民众学汉语　引发英国担忧》,《环球时报》,2010年9月27日。

第四章　中苏(俄)文学交流

　　20 世纪 50 年代,中苏两国的文化交流盛极一时,双方展开了真正的互动文学交流,两国作家频繁互访,并向对方推荐翻译各自国家的重要文学作品。中国对俄苏文学的翻译规模宏大,出现了第一次高潮,很多中国作家和普通读者深受苏联文学影响。以第一次俄苏文学译介高潮为基础,"文革"结束后,中国的俄苏文学译介在 80 年代出现了第二次高潮。在这两次译介高潮中, 中国翻译出版了一千多位俄苏作家的几千部作品,其中 80 年代翻译的数量要比 50 年代多,而且更加注重在翻译基础上展开研究工作,研究著作的出版数量大大超过了 50 年代。这种翻译和研究齐头并进的情况在苏联解体之后并未受到大的影响。随着一些文学档案资料的公开,中国学者反而对俄苏文学尤其是苏联时期的文学有了更清醒和理性的认识,在译介方面也开始追求系统性和学术性,相继出版了一些著名作家的大型文集,研究方面则出现了《中国俄苏文学研究史论》等学术史著作,这表明中国对于俄苏文学的译介和研究已经开始步入总结和进一步提升的阶段。

　　在苏联和俄罗斯对中国文学的翻译和研究方面, 随着 1949 年新中国的成立和中苏关系的友好发展,苏联翻译研究中国文学作品的力度加大。在中国古典文学方面,1949 年之前没有翻译的许多中国文学作品很快得以翻译出版,如《诗经》《楚辞》、四大名著等都是在中苏友好时期翻译出版的。在现当代文学方面,鲁迅、郭沫若、茅盾、巴金、老舍、曹禺等许多中国作家的作品被翻译成俄语,发行量超过一千多万册。而在 20 世纪 80 年代,王蒙、冯骥才、古华、刘心武、贾平凹、李准、高晓声、蒋子龙、刘绍棠、张贤亮、张抗抗、陆文夫等作家的作品也被译成俄文出版,尤其是王蒙、冯骥才、古华等作家的作品在苏联广受欢迎,发行量很大,如古华的

《芙蓉镇》,印数达到了 10 万册,这样的发行量在当时的苏联出版界是很可观的。到当代俄罗斯时期,俄罗斯汉学界既注重对中国古典文学已有译作的增补修订出版,又注重对现当代文学的翻译研究。王蒙、冯骥才等作家的作品继续受到重视和欢迎,铁凝、莫言等作家的作品开始受到关注。尤其是莫言,在获得诺贝尔文学奖之前他的作品在俄罗斯的译介并不算多,但获奖之后其作品《酒国》《丰乳肥臀》《生死疲劳》等陆续被翻译成俄文出版。

第一节　俄罗斯文学在中国

冯骥才曾指出:"值得注意的是,每一位重要的俄罗斯作家,都有一位精心对其研究,甚至毕生从事其作品翻译的中国翻译家相对应。许多经典的苏俄作品在中国都有十分精确又精美的译本。这在世界各国的文学交往中,都是罕见的。80 年代改革开放后,中国对俄国文学的翻译步入系统化、学术化和文集化。一些俄国作家在中国有了全集。这标志着中国文学界对俄罗斯文学翻译与研究所达到的高度。"[①]从 1949 年到1962 年,中国出版的俄苏文学作品共计 2539 种,5000 多万册。与新中国成立前不同,这一时期的译本基本上都是从俄文直接翻译过来的,翻译质量进一步提高。改革开放之后,特别是中苏关系正常化之后,中国学者又翻译了大量俄苏文学作品,相继出版了著名作家的文集,如 20 卷《高尔基文集》、17 卷《托尔斯泰文集》、10 卷《普希金全集》等,白银时代的俄国文学也一度成为翻译和研究的重点。综观俄罗斯文学在中国的传播和研究,具有译介全面系统、意识形态色彩浓厚、影响广泛而深刻等特点。

一、俄罗斯文学在中国的翻译

在 20 世纪 50 年代的中苏友好时期,苏联文学被视为"我们的导师和朋友",成了中国人最主要的文学阅读文本,在中国人世界观的形成过程中发挥了巨大的作用。

1954 年,全国文学翻译工作会议召开,郭沫若、茅盾、周扬等文学和文化界著名人士都在会上作了重要讲话,一致强调了译介外国文学工作

---

①　冯骥才主编:《心灵的桥梁——中俄文学交流计划国际学术研讨会论文集》,天津大学出版社,2010 年,第 266 页。

的重要性。1949 年之后在中国译介外国文学的过程中，俄苏文学作品的译介始终占有重要地位，出现了翻译出版俄苏文学的第一次热潮。不同时期的统计数据都证明了当时中国译介俄苏文学的盛况。"从 1949 年 10 月至 1953 年底，中国翻译出版的苏联科学技术和文学艺术方面的书籍达 5183 种。苏联的文学名著在中国人民群众中广泛地流传。保尔、卓娅、马特洛索夫等英雄人物成为中国人民学习的楷模。"[①] 从 1949 年 10 月到 1958 年 12 月，中国翻译出版的苏联（包括俄国）文学艺术作品 3526 种，占这个时期翻译出版的外国文学艺术作品总数的 65.8% 之多；总印数 8200.5 万册，占整个外国文学译本总印数 74.4% 之多。人民文学出版社、作家出版社、新文艺出版社、中国青年出版社等成为俄苏文学翻译出版的重要阵地。新中国成立后的最初 7 年，仅人民文学出版社就翻译出版了 196 种俄苏文学作品。新中国成立前的俄苏文学译本印数一般只是几千本，新中国成立后都是数以万计，译介总量超过了前半个世纪的译介总和。

在俄国古典文学方面，凡是在苏联文学史界有定评的重要作家作品都被重译或新译，如普希金、果戈理、奥斯特洛夫斯基（А. Н. Островский，1823—1886）、伊·亚·冈察洛夫（И. А. Гончаров，1812—1891）、萨尔蒂科夫·谢德林（М. Е. Салтыков-Щедрин，1826—1889）、涅克拉索夫（Н. А. Некрасов，1821—1877）、屠格涅夫、陀思妥耶夫斯基、列·尼·托尔斯泰、契诃夫、别林斯基（В. Г. Белинский，1811—1848）、车尔尼雪夫斯基、杜勃罗留波夫（Н. А. Добролюбов，1836—1861）、冯维辛（И. А. Фонвизин，1790—1853）、卡拉姆津（Н. М. Карамзин，1766—1826）等的作品。

新中国更加重视对苏联文学的翻译，新中国成立后 10 年内翻译了上千位苏联作家的几千种作品。被苏联文学史界定评为经典作家及准经典作家的主要作品，都被纳入了翻译出版计划。这些作家有高尔基、肖洛霍夫、安·谢·马卡连柯、马雅可夫斯基（В. В. Маяковский，1893—1930）、阿·尼·托尔斯泰（А. Н. Толстой，1883—1945）、法捷耶夫、尼·阿·奥斯特洛夫斯基（Н. А. Островский，1904—1936）、费定（К. А. Федин，1892—1977）、特瓦尔多夫斯基（А. Т. Твардовский，1910—1971）、康·米·西蒙诺夫（К. М. Симонов，1915—1979）、爱伦堡（И. Г. Эренбург，1891—1967）、柯涅楚克（А. Е. Корнейчук，1905—1972）、波列伏依（Б. Н. Полевой，1908—1981，原姓科姆波夫）、伊萨柯夫斯基（М. В. Исаковский，1900—

1973）、绥拉菲莫维奇（А. Серафимович，1863—1949，原姓波波夫）、马雷什金（А. Г. Малышкин，1892—1938）、卡达耶夫（В. П. Катаев，1897—1986）、革拉特珂夫（Ф. В. Гладков，1883—1958）、维什涅夫斯基（В. В. Вишневский，1900—1951），等等。有的作品甚至一版再版，广为流传。例如，《钢铁是怎样炼成的》在 1952 年一次就出版了 50 万本，保尔·柯察金的形象成了中国青年学习的榜样，尤其是其中的名言，更是为亿万中国读者所熟知。富尔曼诺夫（Д. А. Фурманов，1891—1926）的《夏伯阳》、科斯莫杰米扬斯卡娅（Л. Т. Космодемьянская，1900—1978）的《卓娅和舒拉的故事》等作品给中国青年以巨大的鼓舞。《真正的人》《古丽雅的道路》《普通一兵》《海鸥》等作品打动了千千万万中国青年的心。再如，波列伏依、卡达耶夫、革拉特珂夫 3 位作家的作品，在中国传播也很广泛。波列伏依有着旺盛的创作力，其作品在中国极受欢迎，20 世纪五六十年代被译成中文的有《真正的人》《归来》《我们是苏维埃人》《斯大林时代的人》《沸腾的车间》《大后方》，其中以《真正的人》影响最大，主要译者有磊然等。卡达耶夫作品的汉译本也很多，主要有《我是劳动人民的儿子》《团的儿子》《时间呀，前进！》《雾海孤帆》《草原上的村庄》等，主要译者有曹靖华、方予等。《雾海孤帆》有 1956 年朱明的译本和 1986 年方予的译本，朱明译为《雾海孤帆》，方予译为《白色孤帆》。方予翻译的《草原上的村庄》于1961 年由上海文艺出版社首次出版，1986 年上海译文出版社再版时书名改为《草原农庄》。革拉特珂夫的作品很多被译成了中文，如《水泥》《母亲》《宣誓》《桦树林子》《童年的故事》《自由人》等，其中以《水泥》影响最大，有董秋斯和叶冬心翻译的两个译本，董秋斯翻译为《士敏土》，叶冬心翻译为《水泥》。

　　在中国俄苏文学作品译介的第一次高潮中，无论古典佳作还是现当代作品，基本都被译为汉语出版。由于俄语水平的普遍提高，以及工具书的普及，翻译质量比新中国成立前有明显改善。由其他语种转译俄文作品的现象已经很少见到。[①]新中国成立前的绝大多数俄苏文学作品都是通过其他语种转译的，而不是直接从俄语翻译的，例如，法捷耶夫的《毁灭》和果戈理的《死魂灵》是鲁迅通过日语转译的，《钢铁是怎样炼成的》是梅益通过英语转译的，《被开垦的处女地》（第一部）是周立波通过英语

---

　　① 陈众议主编：《当代中国外国文学研究（1949—2009）》，中国社会科学出版社，2011 年，第131 页。

转译的。尽管译者都是大家,但因为是转译,翻译质量很难不受影响。新中国成立后中国的俄苏文学翻译队伍不断壮大。一批优秀的翻译家在新中国成立前就有许多译作问世,如曹靖华、戈宝权、余振、陈冰夷、满涛、姜椿芳、刘辽逸、汝龙、金人、高植、草婴、叶水夫、孙绳武、许磊然、吕荧、查良铮等,新中国成立后这些翻译家仍孜孜不倦致力于译介工作。还有一些新中国成立后开始崭露头角的俄苏文学翻译工作者,如高莽、智量、顾蕴璞、吴元迈、蓝英年、力冈、谷羽等。他们是新中国成立后培养起来的俄语人才,有的还曾留学苏联。陈建华指出:"如果说解放前每七八本译著中只有一本是译自俄文的话,那么到了五十年代中期以后平均每十本就有九本是根据原文翻译的。这就为译文的准确性提供了可靠的保证。"①这一时期的俄苏文学译介还有一个现象是许多名著都有多种译本,而且译者多为名家。

斯大林在世时,中国翻译界对苏联文学译材的选择以歌颂和赞美苏联的作品为主。以 20 世纪 50 年代《人民文学》翻译的作品为例,其中几乎没有出现过苏联的反面形象,赞美苏联领导人的作品一度受到欢迎。如1950 年 1 月刊载的由戈宝权翻译的《斯大林之歌》写道:"斯大林!春天的太阳——这就是你!……但是你的来临,正像太阳上升,驱开黑暗,所有的人都因为你而得到拯救……斯大林——太阳。你在克里姆林宫里照耀,永不消逝。"1950 年 5 月刊载的陈用仪翻译的《马雅可夫斯基——伟大的无产阶级诗人》在歌颂列宁时写道:"列宁现在比一切活着的人都更有生命。他是我们的智慧、力量和武器。"为庆祝斯大林七十寿辰,1950 年 7 月号的封面和扉页之间专门夹上推荐阅读《庆祝斯大林七十寿辰文集》的小纸条,其中说道:"斯大林七十寿辰是全世界进步人类的一件大事,庆祝他的文章多的无法计算。"苏联作家把苏联描绘得相当美丽,空气里飘着花草的香气,"天空像一块蓝绸一样垂挂着",一切安宁静谧。他们赞美自己国家的人民如何勤劳、热情,建设者坚毅顽强,舍身为国家建设服务。苏联在文学艺术领域所取得的伟大成就,都是苏联共产党领导功绩的体现,是其他社会主义国家学习的榜样,尤其是中国学习的榜样。很多文章都直接论述苏联文学对中国文学所产生的影响和帮助。当中国文艺界翻译介绍了苏联作家和评论家的文章后,这种影响便伴随着两国政治关系的急剧升温铺天盖地而来。

但 1953 年斯大林去世后,苏联文坛"无冲突论"文学思潮逐渐被摒弃,

---

① 陈建华:《20 世纪中俄文学关系》,学林出版社,1998 年,第 184 页。

出现了"奥维奇金流派"文学思潮。该流派因奥维奇金（В. В. Овечкин，1904—1968）大胆揭露社会矛盾的农村题材作品《区里的日常生活》而得名。这部作品当时被誉为苏联文学新时期的"第一只报春燕"。"奥维奇金流派"作家及其作品还有《区里的日常生活》的续篇《在前方》，特罗耶波利斯基（Г. Н. Троепольский，1905—1995）的《农艺师手记》和《白铁匠大王普罗霍尔十七》，田德里亚科夫（В. Ф. Тендряков，1923—1984）的《阴雨天》《死结》和《不称心的女婿》，加·叶·尼古拉耶娃（Г. Е. Николаева，1911—1963，原姓沃良斯卡娅）的《拖拉机站站长和总农艺师》，别尔戈丽茨（О. Ф. Берггольц，1910—1975）的诗体悲剧《忠诚》，施泰因（А. П. Штейн，1906—1993）的剧本《个人事件》，柯涅楚克的剧本《翅膀》等。这些作品反对公式化和概念化的写作模式，为苏联文坛注入了一股新风，紧跟苏联文坛动态的中国翻译界很快就把这些作品译成中文出版。

1956 年苏共二十大批判了对斯大林的个人崇拜后，苏联文坛掀起了"解冻"文学思潮，其中不少作品也被译介到中国，如爱伦堡的《解冻》、肖洛霍夫的《一个人的遭遇》、尼林（П. Ф. Нилин，1908—1981）的《试用期》、奥维奇金的《艰难的春天》、罗佐夫（В. С. Розов，1913—2004）的《永生的人们》、叶甫图申科（Е. А. Евтушенко，1932—　　）的《致一代人中的佼佼者》和《会有什么样的清醒》，等等。当时的中国翻译界对于苏联曾经批判和否定的作家，如古米廖夫（Н. С. Гумилёв，1886—1921）、阿赫玛托娃（А. А. Ахматова，1889—1966）、茨维塔耶娃（М. И. Цветаева，1892—1941）、布宁（И. А. Бунин，1870—1953）、帕斯捷尔纳克（Б. Л. Пастернак，1890—1960）、布尔加科夫（М. А. Булгаков，1891—1940）等人的作品几乎没有翻译介绍，以至于中国苏联文学翻译界在没有阅读和翻译其作品，在不明真相的情况下跟着苏联文学界鹦鹉学舌、人云亦云。但在对待斯大林的态度上，中国和苏联有很大不同，中国没有全盘否定斯大林，也没有全盘否定斯大林时期的作品，例如杜金采夫（В. Д. Дудинцев，1918—1998）的长篇小说《不是单靠面包》在中国以"供内部参考"的形式出版发行。苏联不赞成全盘否定斯大林的文学作品契合了当时中国政坛的政策和态度，这类作品还有柯切托夫（В. А. Кочетов，1912—1973）在 1958 年发表的《叶尔绍夫兄弟》和 1961 年发表的《州委书记》。两部小说发表后，中国作家出版社很快就将其翻译出版，《叶尔绍夫兄弟》于 1961 年出版，由龚桐等翻译；《州委书记》于 1962 年出版，由孙广英等翻译。柯切托夫并非知名作家，但他与索尔仁尼琴（А. И. Солженицын，1918—2008）、特瓦尔多夫斯基、叶甫图申科等著名作家在对待斯大林的问题上持迥然不同的态度,其作品当时在中国的译介多半与这种态度紧密相关。

从 1957 年到 1966 年,中国俄苏文学的翻译除了几位盖棺论定、举世公认的作家外,很少翻译其他作家作品。中国虽然停止了公开译介俄苏文学作品,但仍发行了数量不少的俄苏文学内部读物。"文革"爆发的前几年,《世界文学》编辑部和外国文学研究所出版了一些标有"内部刊物,请勿外传""内部刊物,注意保存"和"供领导同志参考,请勿外传"等字样的刊物,如《世界文学参考资料》、《世界文学情况汇报》、《世界文学情况汇报副刊》、《现代文艺理论译丛》及其增刊、《外国文学现状》及其增刊、"黄皮书"(作品部分)、"黄皮书"(理论部分)等,这些刊物仍然侧重介绍苏联文艺界的动态和苏联文学作品。例如,"黄皮书"(理论部分)于 1963 年 7 月至 12 月共出版了 6 本,主要介绍苏联文艺理论、思潮、批评方面的资料,其"编辑说明"指出:"为了了解和研究苏联近年来的文艺思想,我们编了这套内部资料,内容包括……以及有关苏联青年作家的材料。文章是从 1959 年以后的苏联报刊、书籍中选译的,大部分是全译,一部分是摘译。"[1] 1960 年至 1966 年俄苏文学作品在中国出版和刊载情况如下:1960 年公开出版 49 种,刊物登载 58 篇;1961 年公开出版 22 种,内部出版 4 种,刊物登载 32 篇;1962 年公开出版 16 种, 内部出版 4 种, 刊物登载 22 篇;1963 年公开出版 10 种,内部出版 10 种,刊物登载 7 篇;1964 年公开出版 3 种,内部出版 10 种,无刊物登载;1965 年无公开出版和刊物登载,内部出版 9 种;1966 年无公开出版和刊物登载, 内部出版 1 种。[2] 1964 年之后,中国不再公开出版俄苏文学作品,译介范围受到了限制,虽然也译介了几位名家的作品,但都不是上乘之作,例如,法捷耶夫的《最后一个乌兑格人》、革拉特珂夫的《童年的故事》等。

随着中苏关系的恶化,俄苏文学遭到了批判,如有一署名为谭微的作者就在《新民晚报》上发表了题为"托尔斯泰没得用"的文章,认为以托尔斯泰为代表的 19 世纪俄罗斯文学是"封资修文艺","在高扬阶级斗争旗帜的年代里,这些作家的作品不说是有害至少是没用了"。有些内部出版的俄苏文学作品是为了批判而出版的。1961—1966 年间,作家出版社和中国戏剧

---

① 古凡:《黄皮书及其他:中苏论争时期的几种外国文学内部刊物》,《文艺理论与批评》,2001 年第 6 期。

② 陈建华:《20 世纪中俄文学关系》,学林出版社,1998 年,第 222—223 页。

出版社就出版了一批"供批判用"的外国小说，因其装帧简陋，只用稍厚的黄纸做封面而被称为"黄皮书"。"黄皮书"以苏联文学作品数量最多，先后出版的有特瓦尔多夫斯基的《山外青山天外天》和《焦尔金游地府》、爱伦堡的《解冻》和《人·岁月·生活》、索尔仁尼琴的《伊凡·杰尼索维奇的一天》和《索尔仁尼琴短篇小说集》、阿尔布佐夫（А. Н. Арбузов, 1908—1986）的《伊尔库茨克故事》、阿克肖诺夫（В. П. Аксёнов, 1932—2009）的《带星星的火车票》、艾特玛托夫（Ч. Т. Айтматов, 1928—2008）的《小说集》等四十余部。这些苏联文学作品在出版之后受到欢迎，被偷偷阅读或秘密抄阅，以一种近乎可笑但又无可奈何的非正常方式在中国传播。在"文革"时期，尽管中国禁止翻译出版俄苏文学作品，但由于第一次翻译出版高潮时期中国翻译出版了大量俄苏文学著作，有的有两三个甚至更多的译本，发行量极大，因此仍拥有大量的读者群体。他们秘密地阅读俄苏文学作品并从中感悟社会人生。关于这种地下阅读现象在很多人的回忆录中得到了印证。

进入 20 世纪 80 年代之后，随着中苏关系的改善和文化交流活动的日趋增多，中国出现了翻译出版俄苏文学的第二个高潮。一些活跃于苏联文坛的著名作家及其作品成为中国译者关注的目标，如艾特玛托夫、邦达列夫（Ю. В. Бондарев, 1924—　）、拉斯普京（В. Г. Распутин, 1937—2015）、舒克申（В. М. Шукшин, 1929—1974）、阿斯塔菲耶夫（В. П. Астафьев, 1924—2001）、瓦·弗·贝科夫（В. В. Быков, 1924—2003）、鲍·利·瓦西里耶夫（Б. Л. Васильев, 1924—2013）、叶甫图申科、万比洛夫（А. В. Вампилов, 1937—1972）、阿布拉莫夫（С. А. Абрамов, 1944—　）、格拉宁（Д. А. Гранин, 1919—　）等作家的作品被大量翻译介绍到中国。阿赫玛杜林娜（Б. А. Ахмадулина, 1937—2010）、沃兹涅先斯基（А. А. Вознесенский, 1933—2010）、杰缅季耶夫（А. Д. Дементьев, 1928—　）、罗·伊·罗日杰斯特文斯基（Р. И. Рождественский, 1932—1994）等作家的诗歌，别洛夫（В. И. Белов, 1932—2012）、杜姆巴泽（Н. В. Думбадзе, 1928—1984）、特里丰诺夫（Ю. В. Трифонов, 1925—1981）等作家的散文也为中国读者所熟悉。波列伏依的作品继续受到重视，20 世纪 80 年代被译成中文的主要有《穆霞姑娘》《随军采访四年》《永志不忘：我的记者生涯》《三十年以后》和《名流侧影》等，其中《名流侧影》记述了他一生接触到的许多著名人士，影响较大。因为"苏联当代文学表现出的强烈的反思意识，以及对人性、人情和人道主义的热忱呼唤，成为新时期中国作家重要的借鉴对象"①。

与此同时，俄国文学作品再次受到关注。如拉季舍夫的《从彼得堡到莫斯科的旅行》、赫尔岑的《往事与随想》、伊·亚·冈察洛夫的《巴拉达号三桅战船》、契诃夫的《萨哈林岛游记》等作品都是初次被翻译成中文出版。普希金的诗歌、小说和戏剧作品出现了多种不同的译本，仅长诗《叶甫盖尼·奥涅金》就有 3 种以上的译本，还出版了《普希金全集》。屠格涅夫、陀思妥耶夫斯基、托尔斯泰和契诃夫等人的作品，陆续出了新译本，如上海译文出版社出版了草婴翻译的托尔斯泰的《安娜·卡列尼娜》和《复活》，荣如德等翻译了陀思妥耶夫斯基的《中短篇小说集》，汝龙翻译了 12 卷本《契诃夫文集》，人民文学出版社出版了重新翻译的 20 卷本《高尔基文集》。根据王玉莲编写的《俄苏文学译文索引》(1987)和李万春等编写的《俄苏文学研究资料索引》(1988)，从 1949 年到 1987 年间，共有 1800 余名俄苏作家的作品被译成中文出版或发表。根据苏联方面的统计，截至 1989 年，已有 1100 位俄苏作家的 6000 部作品被翻译成中文出版，总印数达 4000 万册，其中 3500 部作品是在 1978 年之后翻译出版的。以尼·阿·奥斯特洛夫斯基的《钢铁是怎样炼成的》为例，这部作品在中国广受欢迎，印数达 300 万册。②苏联方面统计的只是著作，而《俄苏文学研究资料索引》包括发表在报纸杂志上的作品，所以作家数量更多。

苏联解体之后俄罗斯文学本身发生了变化，价值取向日趋多元，缺乏名作，中国出版社出版的俄罗斯文学作品骤减，多是再版以前的经典名著，当代俄罗斯作家的新作品很少。中国俄罗斯文学研究会会长刘文飞认为，面对当代俄罗斯文学的多元局面，整体把握和系统翻译的难度日益增加。另外，英语国家的文学作品占据了国内译介的相当份额，俄罗斯文学变成了小语种文学，已被边缘化。尽管中国的俄语文学翻译者和研究者一直在不遗余力地把俄罗斯文学现状完整、及时地介绍给国人，但是很多出版社考虑到经济效益问题，表现得并不积极。

进入 21 世纪之后，随着中国与俄联邦文化交流的深入开展，中国翻译俄罗斯文学作品的数量逐渐增多，俄罗斯文学经典名著仍是一些中国出版社的出版重点。人民文学出版社、译林出版社、上海译文出版社等出

---

① 汪介之、陈建华：《悠远的回响：俄罗斯作家与中国文化》，宁夏人民出版社，2002 年，第 26 页。

② Разов С. С. Китайская Народная Республика: Справочник. М.: Политиздат, 1989. С. 242.

版社每年出版的比较重要的俄罗斯文学作品有三四十种。2006 年中国"俄罗斯年"期间,中国举行了以"永恒的经典""传统与现代"为主题的"俄罗斯文化节"。人民出版社、人民文学出版社等出版社在北京图书大厦、王府井新华书店和中关村图书大厦,联合举办了"经典与传承"俄罗斯作家作品展。人民出版社展出了《肖斯塔科维奇文集》《骑兵军日记》《叶利钦时代》《西方视野中的白银时代》等作品,"战争文学经典作品重读系列"——《不屈的人们》《他们为祖国而战》《生者与死者》,还有《钢铁是怎样炼成的》《静静的顿河》《战争与和平》《复活》《契诃夫短篇小说选》《肖洛霍夫文集》等名家名著。但由于老一代读者群体已经饱和,新一代读者群体关注较少,因此反响不大,书籍销售状况一般。

以出版文学类书籍为主的人民文学出版社,从 1951 年建社开始就一直不间断地出版俄苏文学作品,在新中国成立后的两次俄苏文学译介高潮中发挥了重要作用,到 2006 年已出版俄罗斯文学类图书百余种。人民文学出版社联合中国外国文学学会和其他国别文学研究会自 2001 年起推出"21 世纪年度最佳外国小说",首次为外国小说评奖。截至 2012 年,除 2008 年和 2010 年之外,每年都有俄罗斯小说获奖。2002 年获得此奖的俄罗斯小说是张建华译的尤·米·波利亚科夫(Ю. М. Поляков,1954—)的《无望的逃离》、2003 年是刘文飞译的普罗哈诺夫(А. А. Проханов,1938—)的《黑炸药先生》、2004 年是石南征译的拉斯普京的《伊万的女儿,伊万的母亲》、2005 年是任光宣译的乌利茨卡娅(Л. Е. Улицкая,1943—)的《忠实您的舒里克》、2006 年是吴嘉佑和吴泽霖译的米·巴·希什金(М. П. Шишкин,1961—)的《爱神草》、2007 年是王宗琥和张建华译的普里列平(Е. Н. Прилепин,1975— ,笔名:扎哈尔·普里列平)的《萨尼卡》、2009 年是刘文飞等译的叶里扎罗夫(М. Ю. Елизаров,1973—)的《图书管理员》、2011 年是富澜等译的斯拉夫尼科娃(О. А. Славникова)的《脑残》、2012 年是任明丽译的弗·格·索罗金(В. Г. Сорокик,1955—)的《暴风雪》。

此外,还有一些中国出版社力图在出版俄罗斯文学作品方面形成自己的特色。2003 年,漓江出版社推出了俄语布克奖小说丛书。该丛书由刘文飞主编,收录 1992—2001 年间获得俄罗斯布克奖的 10 部小说,它们是:哈里托诺夫(М. С. Харитонов,1937—)的《命运线》、马卡宁(В. С. Маканин,1937—)的《审讯桌》、奥库扎瓦(Б. Ш. Окуджава,1924—1997)的《被取消的演出》、弗拉基莫夫(Г. Н. Владимов,1931—2003)的

《将军和他的部队》、马·达·谢尔盖耶夫（М. Д. Сергеев，1926—1997）的
《集邮册》、阿佐利斯基（А. А. Азольский，1930—2008）的《兽笼》、莫罗佐
夫（А. Г. Морозов，1944—　）的《他人的书信》、布托夫（М. В. Бутов，
1964—　）的《自由》、米·巴·希什金的《攻克伊兹梅尔》和乌利茨卡娅的
《库克茨基医生的病案》。著名作家阎连科认为："这是一段最新的俄罗斯文
学史记，其中的探求与思考会在你流失的时间里沉淀在你的脉管之中。这
种沉淀会成为滋养你心灵的人参。"2005 年长江文艺出版社出版了《普里
什文文集》。普里什文被誉为"伟大的牧神""完整的大艺术家""世界生态
文学和大自然文学的先驱"。《普里什文文集》是我国第一部全面、系统、
深入地展现普里什文创作的丛书，该丛书共 5 册，210 多万字，收录了普
里什文的散文、随笔、日记、长篇小说等作品 15 部。同年，长江文艺出版
社还出版了《好的斯大林》。2005 年，译林出版社出版了《左琴科幽默讽刺
作品选》《俄罗斯美女》《我的哥哥吹黑管》《贼王》《狂人的审判》等作品。
2006 年，译林出版社出版了叶梅利亚诺夫（Ю. В. Емельянов，1937—　）的
斯大林两部曲——《斯大林：未经修改的档案（通向权力之路）》和《斯大
林：未经修改的档案（在权力的顶峰）》。2006 年，上海译文出版社出版了
《俄罗斯飓风》。上海译文出版社还一直致力于帕斯捷尔纳克作品的出
版。2006 年，中国作协联手俄罗斯作协出版了《俄罗斯当代作家小说集》，
该书共收录了拉斯普京等四十余位当代俄罗斯作家作品。

　　在当代俄罗斯通俗文学翻译方面，中国群众出版社、海天出版社和
河南文艺出版社等翻译出版了侦探小说家亚历山德拉·玛丽尼娜
（Александра Маринина）的二十多部作品。亚历山德拉·玛丽尼娜本名玛·
阿·阿列克谢耶娃（М. А. Алексеева，1957—　），1991 年后开始用笔名发
表侦探小说，目前已出版侦探小说三十多部，总销量三千多万册，被翻译
成汉语、法语等二十多种文字。女性侦探小说家达里娅·东佐娃（Дарья
Донцова）原名阿·阿·东佐娃（А. А. Донцова，1952—　），是作家阿·尼·
瓦西里耶夫（А. Н. Васильев，1907—1972）的女儿。她的作品靠轻松的故
事情节征服了广大读者，曾蝉联 2001 年和 2002 年俄罗斯"年度作家"称
号，《收获毒浆果》是其代表作，也是 2001 年俄罗斯畅销书，2005 年上海
译文出版社出版了徐永平的译本。2006 年，《译林》杂志第 4 期推出的"俄
罗斯文学专号"，收录了达里娅·东佐娃的长篇小说《巴黎惊魂》。在俄罗
斯通俗小说领域，还有一位男作家鲍里斯·阿库宁（Борис Акунин）闻名
遐迩，其原名是奇哈尔季什韦利（Г. Ш. Чхартишвили，1956—　）。人们

将他和玛丽尼娜、东佐娃并称俄罗斯侦探小说的"三驾马车"。他的很多历史侦探小说都是畅销书,其作品商业化运作也相当成功,但少有中译本出版。因为俄罗斯通俗类作品不是很符合中国读者的阅读习惯,加之中国长期深受俄苏文学经典名作的影响和熏陶,因此对俄罗斯的通俗类文学作品的翻译并不积极。

在中国与俄联邦关系不断深入发展的形势下,俄罗斯政府也对中国的俄苏文学翻译家和研究者的贡献做出回应,向他们颁发奖章和证书,以表彰他们为传播俄苏文学做出的贡献。1999年,为纪念普希金200周年诞辰,国际俄语教师联合会向高莽、张铁夫、谷羽(谷恒东)、任光宣、李明滨、冯春(郭振宗)、李毓榛、陈训明、金亚娜等普希金翻译家和研究者颁发了普希金奖章。2006年,俄罗斯作家协会向草婴、高莽、张建华、任光宣、余一中5位中国翻译家颁发了高尔基奖章,向李明滨、潘安荣、田大畏、张捷、白春仁、顾蕴璞、徐振亚、郭振宗、戴骢、蓝英年10位翻译家颁发了高尔基奖状。

中国的俄罗斯文学作品译介在取得巨大成绩的同时,也出现了泥沙俱下和良莠不齐的情况。由于在新中国成立初期全面学习苏联,文学方面也出现了亦步亦趋的状况,这对于优秀作品是好事,但对于一些禁不起推敲和考验的作品,则有欠妥当。例如,巴巴耶夫斯基的粉饰现实的《金星英雄》由于在1948年获斯大林文学奖一等奖,所以这部小说连同该作者的另一部长篇小说《光明普照大地》很快就被译成中文。类似的还有1951年获斯大林文学奖的苏洛夫的《曙光照耀着莫斯科》、潘菲洛夫的《磨刀石农庄》、特瓦尔多夫斯基的《春草国》、阿扎耶夫的《远离莫斯科的地方》,等等。1985年,《远离莫斯科的地方》的中译者刘辽逸随中国作家代表团访苏时希望会见一下作者阿扎耶夫,苏方负责接待的人士表现出一脸惶惑不解之色,言下之意,即使在斯大林时期,那也是不值一哂的作品。但苏联人根本不可能知道,这部小说在50年代的中国,远比在苏联吃香。[1]《金星英雄》的作者巴巴耶夫斯基曾自责道:"我常想,为什么对普通老百姓最美好的苏联政权垮台了呢?我对自己说也有我一份责任。我写的书只一味歌颂,没能批评某些不良现象。"[2]《磨刀石农庄》中文译本共四册,译者金人先生独出心裁地借用东北方言来处理作品中的土语,收

---

[1]　李国文:《并非陨星的苏联文学》,《文学自由谈》,1993年第4期。

[2]　蓝英年:《寻墓者说》,汉语大词典出版社,1998年,第50页。

到了很好的翻译效果,但终因原作水平不高和作者本人的行径而备受诟病。甚至有些苏联作家本人也羞于谈论自己的作品,如特瓦尔多夫斯基本人在苏联解体后出版的长诗集中,就未收录《春草国》。

二、个案研究:普希金作品翻译在中国

在中国俄苏文学翻译过程中,普希金的作品备受关注。1949 年之后,普希金的大部分作品被直接从俄文翻译成中文出版,有的作品出现了十多个译本。如果从 1942 年算起,截至 2004 年,在六十多年的时间里,中国翻译出版了 15 个《叶甫盖尼·奥涅金》的中文译本,这充分说明了普希金作品的艺术魅力以及在中国的深远影响。根据南开大学谷羽教授撰写的《〈奥涅金〉的 15 个中文译本》一文,《叶甫盖尼·奥涅金》的 15 个中译本的情况如下:第一个中文全译本是甦夫(本名冯剑南)的《奥尼金》(1942),他是依据 1931 年莫斯科出版的世界语译本转译的,并且参考了米川正夫(よねかわまさお,1891—1965)的日语译本。据吕荧先生说,这个译本"文字枯涩而且粗率,并且很多地方和原诗出入很大"。尽管有缺点,但它毕竟是第一个完整的中文译本,甦夫先生功不可没。第二个译本是吕荧直接从俄文翻译的《欧根·奥涅金》(1944),这个译本后来经过修改,1950 年由上海海燕书店出版,1954 年人民文学出版社出版时更名为《叶甫盖尼·奥涅金》。吕荧的译本译文朴素、流畅,但在形式处理上与原文差距较大,译诗采用的是无韵自由体,诗句过于散文化,难以传达与再现原作的音乐性。第三个译本是查良铮翻译的《欧根·奥涅金》。查良铮依据俄文进行翻译,同时参考了英文和德文译本,其译本于 1954 年 10 月由上海平明出版社出版,1983 年四川文艺出版社出版了修订本。查良铮以诗译诗,高度重视形式和音韵,其译本的最大特色是力求保存诗的活泼生命和艺术审美价值,因而该译本富有诗意,语言流畅洗练,节奏和谐,音韵格律接近"奥涅金诗节"。这个译本拥有广泛的读者,受到普遍好评。《叶甫盖尼·奥涅金》的第四个译本是智量翻译的,1985 年由人民文学出版社出版。智量采用"奥涅金诗节"再现原作的音韵形式和音乐性,注重形神兼备,先求形式贴近,再求辞达而意雅,学术界对他的译本给予了充分的肯定和高度评价。《叶甫盖尼·奥涅金》还被出版过散文体译本,书名改译为《永恒的恋人》,译者是郑清文,台北志文出版社 1977 年出版。自 20 世纪 80 年代以来,中国陆续出版了王士燮的译本(1981)、冯春的译本(1982)、未余和俊邦的译本(1993)、王志耕的译本(1995)、丁鲁的译本(1996)、顾蕴璞

和范红的译本(1997)、刘宗次的译本(1998)、郑铮的译本(2000)、田国彬的译本(2003)、剑平的译本(2004)。在 15 个译本中,20 世纪 40 年代出版的有 2 部,50 年代出版的有 1 部,70 年代出版的有 1 部,80 年代出版的有 3 部,90 年代出版的有 5 部,进入 21 世纪以后的有 3 部。查良铮的初译本和修订本影响广泛,流传年代久远,起到了承前启后的作用。①查良铮的译本得到了著名俄苏文学翻译家戈宝权先生和高莽先生的高度评价。戈宝权先生撰写过《〈叶甫盖尼·奥涅金〉在中国》的论文,评论了甦夫、吕荧、查良铮、冯春、王士燮、智量 6 位译者的译本,他认为"查良铮是翻译普希金诗歌作品最得力的人",还肯定了智量用"奥涅金诗节"进行翻译的贡献。高莽认为虽然查良铮的译文也有错误,但译得最好,因为他译出了普希金的诗魂。杨怀玉在《〈叶甫盖尼·奥涅金〉在中国》一文中以第一章第 50 节为例进行对比分析,评说了吕荧、查良铮、冯春、王士燮、智量、丁鲁 6 位译家的译作。谷羽教授认为,顾蕴璞和范红的译本在讲究音韵的同时,非常注重诗句的节奏感。田国彬的译本语言流畅,每节偶行押韵,一韵到底,更接近中国读者的欣赏习惯和审美趣味。剑平的译本,采用了"奥涅金诗节",翻译过程中,多方请教,得到了前辈翻译家魏荒弩先生的指点和帮助,并借鉴了前人的经验,是个质量上乘的译本。②

　　"文革"结束后,一度中断的普希金作品的翻译和出版工作得以恢复,一些以前出版的译本被重印,如查良铮译的《普希金抒情诗选》、梦海等译的《普希金童话诗》等;新译的普希金作品犹如雨后春笋,纷纷出版,如戈宝权、王守仁主编的《普希金抒情诗选》,戈宝权翻译的《普希金诗集》,冯春翻译和编选的《普希金抒情诗选》和《普希金小说集》,戴启篁译的《普希金小说集》和《普希金戏剧集》,肖珊译的《普希金小说选》,余振译的《普希金长诗选》,刘湛秋译的《普希金抒情诗选》,汤毓强和陈浣萍译的《普希金散文选》,张铁夫和黄弗同译的《普希金论文学》,张铁夫译的《俄罗斯的夜莺——普希金书信选》,其他重要译者还有高莽、卢永、黎华、谷羽等。此外,一些外国学者和作家写的与普希金有关的传记、小说或回忆录,也相继翻译出版,如格罗斯曼(Л. П. Гроссман,1888—1965)的《普希金传》(王士燮译)、亨利·特罗亚(Henri Troyat,1911—2007)的《天才诗人普希金》(张继双等译)、伊凡·诺维科夫(И. А. Новиков,1877—1959)的《普希金在流放中》(史慎微译)、阿·库兹涅佐娃(А. А. Кузнецова,1911—

_____

①②　谷羽:《〈奥涅金〉的 15 个中文译本》,《中华读书报》,2013 年 2 月 6 日。

1996,原姓马尔科娃)的《我更爱你的心灵——普希金夫人的故事》(杨衍松译)、果戈理等的《回忆普希金》(刘伦振译)、《普希金情人的回忆》(张铁夫译)等。①普希金作品在中国的这种翻译和出版盛况,得到了苏联汉学家的密切关注和高度评价。热洛霍夫采夫(А. Н. Желоховцев)撰写了一篇题为"80年代中国翻译的普希金作品"的文章,对20世纪80年代中国翻译出版普希金作品的情况进行了简述,被收录于《国外普希金创作研究的新成果》(莫斯科,1986)一书,文章由王英佳翻译后于1992年发表于《湘潭大学学报(社会科学版)》。热洛霍夫采夫在文章最后指出:中国俄罗斯语文学家和出版家的巨大积极性说明,普希金的作品在中国赢得了广大的读者。另一方面,大量的翻译作品和不断出现的新的译作证明,中国文学界对现有译作的质量并不感到满足。②

因为已经有了普希金作品的大量译作为基础,中国20世纪90年代的普希金作品翻译和出版开始走向系列化。1995年,人民文学出版社出版了7卷本的《普希金文集》,由卢永选编,33位译者集体翻译。1999年,上海译文出版社出版了冯春翻译的10卷本《普希金文集》。冯春保持着以笔手书的翻译和创作习惯,2011年,冯春将其所译的六百多件普希金文学作品译文手稿赠予了上海图书馆中国文化名人手稿馆。在普希金200周年诞辰前夕,河北教育出版社出版了刘文飞主编的《普希金全集》(10卷本),浙江文艺出版社出版了肖马和吴迪主编的《普希金文集》(8卷本)。

一百多年来,经过几代翻译家的努力,普希金的名字在中国已经深入人心。他的诗歌哺育了一代代读者和一代代诗人。普希金生前曾多次在诗歌和书信中表示过访问中国的愿望,但由于沙皇政府的阻挠而未能成行。今天,他正骑着缪斯的飞马遨游在我国辽阔的大地上空,成为我国人民最喜爱的外国诗人之一。③通过普希金作品在中国的译介可以看出中国翻译俄苏文学的高度热情。俄罗斯国内和世界上早已形成了"普希金学",中国无疑是研究"普希金学"的大国,除俄罗斯本国外,世界上没有第二个国家能够和中国相比。

---

① 张铁夫等:《普希金的生活与创作》,中国社会科学出版社,2004年,第449页。

② [苏]А. Н. 热洛霍夫采夫:《80年代中国翻译的普希金作品》,王英佳译,《湘潭大学学报》,1992年第3期。

③ 张铁夫等:《普希金的生活与创作》,中国社会科学出版社,2004年,第450页。

三、俄罗斯文学在中国的研究

在新中国成立后的第一次俄苏文学翻译高潮中，关于俄苏文学的研究显得相对冷寂，相关论述主要集中于俄苏文学译著的前言和后记、报纸和综合性杂志的评论之中。从中苏蜜月友好时期一直到 20 世纪 70 年代末，值得注意的研究成果主要有戈宝权、王忠淇的普希金研究，戈宝权、张羽、王智量、倪蕊琴等学者的托尔斯泰研究，萧三、钱谷融等学者的高尔基研究，朱光潜、汝信、刘宁、辛未艾等学者的别林斯基、车尔尼雪夫斯基、杜勃罗留波夫研究，蒋路等学者的卢那察尔斯基研究，陈燊等学者的沃罗夫斯基（B. B. Воровский，1871—1923）研究，等等。此外，研究普希金及其作品的文章还有雷成德发表于《内蒙古师范学院学报》1959 年第 1 期的《论普希金的〈欧根·奥涅金〉的思想意义和人物形象——兼评教学中的资产阶级思想》、管珑发表于 1959 年 6 月 6 日《光明日报》的《〈俄国情史〉的发现》、匡兴发表于《北京师范大学学报》1962 年第 2 期的《论"奥涅金"是多余人的典型》等。研究屠格涅夫及其作品的文章主要有郑谦发表在《人文科学杂志》1957 年第 4 期的《屠格涅夫〈父与子〉中主人翁巴札洛夫研究》、叶乃芳发表于《南开大学学报》1963 年第 1 期的《屠格涅夫小说〈前夜〉的思想和艺术特点》等。契诃夫研究有汝龙发表于《文艺报》1954 年第 13 期的《关于契诃夫的小说》、戈宝权发表于《文学评论》1960 年第 1 期的《契诃夫和中国》、茅盾发表于《世界文学》1960 年第 1 期的《契诃夫的时代意义》等。莱蒙托夫的研究有石璞发表于《四川大学学报》1959 年第 4 期的《论〈当代英雄〉中毕巧林的形象》、合肥师范学院中文系1956 级学员撰写的发表于《合肥师范学院学报》1960 年第 4 期的《论毕巧林形象的个人主义本质》。别林斯基、车尔尼雪夫斯基研究有满涛发表于1953 年 6 月 7 日《人民日报》的《关于别林斯基思想的一些理解》、樊可发表于 1961 年 5 月 28 日《文汇报》的《略谈别林斯基的思想和作品》、马家骏发表于 1961 年 6 月 13 日《西安晚报》的《别林斯基的斗争生活和文艺思想》、冯增义发表于 1961 年 8 月 13 日《文汇报》的《略谈车尔尼雪夫斯基关于美的学说》、马白发表于《江海学刊》1962 年第12 期的《正确估计车尔尼雪夫斯基的美学遗产》等。研究高尔基的有巴金的《燃烧的心——我从高尔基的短篇中所得到的》(1956)。梳理俄苏文学在中国翻译传播情况的有阿英的《俄罗斯与苏联文学在中国》(1956)。

20 世纪八九十年代，中国的俄罗斯文学研究领域大大拓展，所取得的成果在数量上已经超过以往全部研究成果的总和,研究的理论、视角和方法等都有了明显突破。这些成果或者全面剖析苏联文学思潮,或者将文学置于文化大背景下进行研究,或者从新的视角切入重新评价经典作家,或者认真研究"白银时代"文学,或者特别关注苏联解体后的俄罗斯文学,或者系统梳理中俄文学关系的发展历程,或者深入评述巴赫金等的文学理论,或者致力于俄罗斯文学史的编写和研究。陈建华教授在《20世纪中俄文学关系》(1998、2002)一书中对相关情况进行了系统的梳理和介绍。这一时期出版的主要专著有王富仁的《鲁迅前期小说与俄罗斯文学》(1983)、吴元迈的《苏联文学思潮》(1985)、马莹佰的《别、车、杜文艺思想论稿》(1986)、薛君智的《回归——苏联开禁作家五论》(1989)、陈世雄的《苏联当代戏剧研究》(1989)、程正民的《俄国作家创作心理研究》(1990)、李明滨的《中国文学在俄苏》(1990)、王智量等的《俄国文学与中国》(1991)、汪介之的《俄罗斯命运的回声:高尔基的思想与艺术探索》(1993)、周启超的《俄国象征派文学研究》(1993)、董小英的《再登巴比伦塔:巴赫金与对话理论》(1994)、任光宣的《俄国文学与宗教:基辅罗斯——十九世纪俄国文学》(1995)、刘文飞的《二十世纪俄语史诗》(1996)、刘亚丁的《苏联文学沉思录》(1996)、郑体武的《危机与复兴——白银时代俄国文学论稿》(1996)、何云波的《陀思妥耶夫斯基与俄罗斯文化精神》(1997)、张捷的《俄罗斯作家的昨天和今天》(2000)等。在俄罗斯文学史撰写方面,在20世纪80年代后期,中国学者先后撰写和出版了易漱泉等编的《俄国文学史》(1986)、臧传真等主编的《苏联文学史略》(1986)、周乐群等著的《俄苏文学史话》(1987)、孙尚文主编的《当代苏联文学》(1987)、雷成德主编的《苏联文学史》(1988)、彭克巽著的《苏联小说史》(1988)、李明滨和李毓榛主编的《苏联当代文学概观》(1988)、刘亚丁著的《十九世纪俄国文学史纲》(1989)、徐稚芳著的《俄罗斯诗歌史》(1989)等。

　　中国的市场经济大潮和苏联解体后的新形势,对中俄文学交流产生了重大影响。由于中国加入了世界版权公约,翻译需要付版权费,读者群体又不多,考虑到经济效益,出版社都不愿去翻译出版当代纯文学作品。另外由于信息和媒体技术的快速发展,民众有了更多的精神文化活动,传统的读书方式受到了很大的冲击,阅读俄罗斯文学作品的群体人数大大减少。从20世纪90年代开始,中国的俄罗斯文学翻译跌入了低谷,除了俄国古典文学作品继续保持着良好的出版势头之外,苏联时期和当代俄罗斯时期的文学作品翻译出版数量锐减。与此同时,对俄苏文学的研究却在不断深入,完成了一些关于俄苏文学研究的课题。例如 4 卷本《中国俄苏文学研究史论》就是陈建华主持的国家社会科学基金项目的最终成果。该著作从发展脉络梳理、重要专题探讨和作家个案分析等角度切入,深入地探讨了中国俄苏文学的学术发展史和重要文学现象的研究状况。《中国俄苏文学研究史论》还对中国的俄苏文学研究状况进行了反思,指出了研究中存在的一些突出问题和有待加强的领域。

19 世纪俄罗斯文学群星璀璨,涌现了普希金、果戈理、屠格涅夫、托尔斯泰、契诃夫等文学巨匠,这些作家一直是中国学者研究的重点。20 世纪 80 年代以来,关于这些作家已有数十种研究专著问世,如戈宝权著的《普希金创作评论集》(1983)、冯春编选的《普希金评论集》(1993)、张铁夫著的《普希金的生活与创作》(1997、2004)和《普希金:经典的传播与阐释》(2009)、张铁夫主编的《普希金与中国》(2000)、张铁夫等著的《普希金新论——文化视域中的俄罗斯诗圣》(2004)、查晓燕著的《普希金——俄罗斯精神文化的象征》(2001);钱中文的《果戈理及其讽刺艺术》(1980)、胡湛珍著的《果戈理和他的创作》(1982)、杜宗义著的《果戈理》(2000);孙乃修的《屠格涅夫与中国》(1988)、李兆林和叶乃芳编的《屠格涅夫研究》(1989)、朱宪生的《在诗与散文之间:屠格涅夫的创作与文体》(1999);上海译文出版社编辑出版的《托尔斯泰研究论文集》(1983)、倪蕊琴主编的《列夫·托尔斯泰比较研究》(1989)、吴泽霖的《托尔斯泰与中国古典文化思想》(2000)、杨正先的《托尔斯泰研究》(2008);徐祖武主编的《契诃夫研究》(1987)、郑伟平编著的《契诃夫》(1998)、朱逸森著的《契诃夫(1860—1904)》(2006)等。

中国学术界对莱蒙托夫、伊·亚·冈察洛夫、涅克拉索夫也比较关注,一直开展相应的研究,研究成果有林瀛和黄玉光的《莱蒙托夫》(1988)、顾蕴璞的《莱蒙托夫》(2002)、金留春的《冈察洛夫》(1988)、魏荒弩的《涅克拉索夫初探》(1985)和《论涅克拉索夫》(2000)等。

一度曾离开中国研究者的视线,但过后再度受到关注的作家有陀思妥耶夫斯基、丘特切夫、蒲宁等。这几位作家或因"反动"或因"纯艺术"或因"流亡"而遭受过学术界排斥,但从 20 世纪 80 年代开始得到重新评价,有关他们的研究专著陆续问世。在这些作家当中,陀思妥耶夫斯基一举成为超越所有俄国古典作家的研究热点,并出现了十多种关于这位作家的评传和研究著作。例如,刁绍华的《陀思妥耶夫斯基》(1982)、李春林的《鲁迅与陀思妥耶夫斯基》(1985)、陈建华的《陀思妥耶夫斯基传》、刘翘的《陀思妥耶夫斯基创作论稿》(1986)、胡狄的《探索心灵奥秘的人——陀思妥耶夫斯基》(1993)、何云波的《陀思妥耶夫斯基与俄罗斯文化精神》(1997)、冯川的《忧郁的先知：陀思妥耶夫斯基》(1997)、季星星的《陀思妥耶夫斯基小说的戏剧化》(1999)、赵桂莲的《漂泊的灵魂——陀思妥耶夫斯基与俄罗斯传统文化》(2002)、王志耕的《宗教文化语境下的陀思妥耶夫斯基诗学》(2003)、彭克巽的《陀思妥耶夫斯基小说艺术研究》(2006)等，刁绍华、刘翘、何云波、赵桂莲和王志耕等学者为此做出了贡献。[①]丘特切夫和蒲宁的研究专著主要有曾思艺的《丘特切夫诗歌美学》(2009)、邱运华的《蒲宁》(2003)、冯玉律的《跨越与回归——论伊凡·蒲宁》(1998)等。

比较全面深入对 19 世纪俄罗斯文学巨匠进行研究的是智量的《论19 世纪俄罗斯文学》。此书于 2009 年由复旦大学出版社出版，精选收录了作者五十多年来发表的 20 篇代表作。《论 19 世纪俄罗斯文学》所收论文除了卷首的 2 篇为 19 世纪俄罗斯文学总论、书末 1 篇是比较文学论文外，其余 17 篇均为关于 19 世纪俄罗斯经典作家作品的评论。这些论文的结集出版，是中国俄罗斯文学研究与教学工作成果的一种总结，对于中国新一代俄罗斯文学研究者和大学教师很有参考价值。

中国学术界对 20 世纪苏(俄)作家的研究，可分为以下几种类型：始终受到高度关注的作家，如高尔基和肖洛霍夫；曾一度受到高度关注的作家，如马雅可夫斯基、法捷耶夫、巴乌斯托夫斯基(К. Г. Паустовский，1892—1968)和拉斯普京等；曾一度遭排斥或批判但过后备受关注的作家，如叶赛宁(С. А. Есенин，1895—1925)、阿赫玛托娃、茨维塔耶娃、布尔加科夫和左琴科(М. М. Зощенко，1894—1958)等。高尔基在中国一度曾被神圣化，相关研究因此受到影响。1949 年之后，中国的高尔基翻译研究不断走向深入，根据"读秀学术搜索"的统计，1954—1963 年中国出版了 359 种与高尔基相关的书籍，包括专题译著译文、研究著作和部分涉及高尔基及其作品的书籍，1964—1973 年出版 49 种，1974—1983 年出版 582 种，1984 年出版 130 种，1985 年出版 137 种，1986 年出版 155 种，1987 年出版 127 种，1988 年出版 162 种，1989 年出版 106 种，1990 年出版 120 种，1991 年出版 118 种，1992 年出版 142 种，1993 年出版 89 种，1994 年出版 101 种，1995 年出版 138 种，1996 年出版 131 种，1997 年出版 129 种，1998 年出版 156 种，1999 年出版 173 种，2000 年出版 204 种，2001 年出

---

①　陈建华主编：《中国俄苏文学研究史论》(第一卷)，重庆出版集团，2007 年，导论，第 10 页。

版 221 种,2002 年出版 227 种,2003 年出版 210 种,2004 年出版 305 种,2005 年出版 260 种,2006 年出版 345 种,2007 年出版 242 种,2008 年出版 240 种,2009 年出版 259 种,2010 年出版 247 种,2011 年出版 210 种,2012 年出版 139 种。到 1986 年,人民文学出版社出齐了 20 卷《高尔基文集》,共约 800 万字,这是中国已经出版的外国作家个人作品集中规模较大的一套。这套文集收录的作品包括长篇、中篇、短篇小说和部分诗歌,其中有 300 多篇短篇小说在中国第一次翻译发表,全部作品都根据俄文原版进行了翻译校订。夏衍、巴金、曹靖华、戈宝权、楼适夷、姜椿芳等许多知名作家和翻译家及北京大学、北京师范大学、北京外国语学院的一些高尔基研究专家参加了《高尔基文集》的编辑和翻译工作。另外,1978 年,巴金和曹葆华合译的《回忆录选》的部分译文得以重版,书名改为《文学写照》。1979 年,上海译文出版社再版了缪灵珠译的高尔基的《俄国文学史》,此书 1956 年由新文艺出版社出版。1981 年 6 月,为纪念高尔基逝世 45 周年,由全国苏联文学研究会、高尔基著作编辑委员会、辽宁师范学院等单位联合举办了高尔基学术讨论会。这次会议就高尔基的文艺思想等问题展开讨论,试图摆脱极"左"思潮对高尔基研究的影响。高尔基学术讨论会是新中国成立以来第一次全国性地讨论高尔基文艺思想的大型会议,成为中国高尔基研究的新起点。1987 年,人民文学出版社出版了孟昌等译的高尔基《论文学》,1988 年出版了冰夷等译的《论文学(续集)》。这两本译文集收录高尔基文学论文 66 篇,远远超过 1958 年版《文学论文选》28 篇的数量。20 世纪 80 年代以后翻译的高尔基文艺理论和批评的著作有臧乐安等译的《三人书简(高尔基、罗曼·罗兰、茨威格书信集)》(1980),林焕平编的《高尔基论文学》(1980),王庚虎译的《高尔基论新闻和科学》(1981),孟昌选译的《高尔基政论杂文集》(1982)等。余一中编选的《高尔基集》(1998)和朱希渝译的《不合时宜的思想》(1998)中一些文章、书信和言论有不少涉及文艺批评和理论,很多文献是第一次译成中文,填补了此前高尔基文学理论译介领域的空白。期刊上也刊登了一些译文,如汪介之译的《论俄国农民》(1987)和《高尔基致罗曼·罗兰的五封信》(1999)、谭得伶选译的《高尔基给安·普拉东诺夫的四封信》(1988)、张羽译的《还是那些话》(1993)、郭直京译的《高尔基给斯大林的两封信》(1993)等。1996 年,纪念高尔基逝世 60 周年学术讨论会在北京大学召开,此后中国陆续出版了多部研究高尔基的专著,如汪介之的《俄罗斯命运的回声——高尔基的思想和艺术探索》(1993)和《伏尔加河的呻吟:高

尔基的最后 20 年》(2012)、韦建国的《高尔基再认识论》(1999)、黎皓智的
《高尔基》(2001)、陈寿朋的《高尔基晚节及其他》(1991)和《高尔基美学思
想研究》(2002)及《高尔基创作研究》(2002)等。陈寿朋的《高尔基晚节及
其他》1998 年再版,书名改为《步入高尔基的情感深处》,并附上了《不合
时宜的思想》的译文;《高尔基美学思想研究》以《高尔基美学思想论稿》
(1982)为基础进行了全面修订,基本观点变化并不大,但在分析的深度和
广度上有所提升;《高尔基创作研究》以《高尔基创作论稿》(1985)为基础
进行了修订,分析了高尔基的主要作品,观点鲜明,材料翔实。2014 年出
版的陈寿朋等著的《高尔基学术史研究》有选择地运用了 20 世纪 80 年代
以来苏联和俄联邦高尔基研究者的成果,认为 19—20 世纪之交和 20—21
世纪之交是高尔基研究的两个重要阶段。高尔基研究是研究者和研究对
象之间的思想对话, 而不是把研究对象供奉起来当作思想统一的偶像。
20 世纪 90 年代以来,中国的高尔基研究不断走向深入,究其原因,一是
国内文学界对文学自身规律的认知已超越了肤浅的社会学需求,不再仅
以功利为标准,文学研究越来越深入文学创作与文学理论自身;其二是
在思想解放的政治氛围中学术研究思想的解放和方法的兼收并蓄;其三
是苏联政体的变化导致的苏联文艺研究中对经典作家的重新审视,大量
珍贵的研究资料、档案材料首次向社会公开,为重新认知高尔基等经典
作家提供了弥足珍贵的资料。"把一个真实的、全面的高尔基还原给历
史"[1],成为高尔基研究的学术方向。

　　肖洛霍夫是诺贝尔文学奖获奖作家,因此在中国很受关注。新中国成
立以后至 20 世纪 60 年代中期,肖洛霍夫的主要作品,如《顿河故事》《静
静的顿河》《被开垦的处女地》《他们为祖国而战》等,几乎全被译介到中国。
2000 年,人民文学出版社出版了草婴翻译的 8 卷本《肖洛霍夫文集》。在
肖洛霍夫研究方面,1957 年刘绍棠发表了《现实主义在社会主义时代的发
展》的文章,他以肖洛霍夫为例进行论述后认为,苏联"后二十年的文学事
业比前二十年逊色得多",原因在于近二十年里斯大林犯了重大错误,主
观主义、教条主义左右了文学创作。20 世纪 80 年代以后,中国在 1984 年、
1987 年、1990 年、1993 年、1995 年召开了 5 次肖洛霍夫学术讨论会,肖洛
霍夫一时成为中国最受关注的外国作家之一。中国研究肖洛霍夫的主要

---

　　① 　陈寿朋、邱运华、王芳、马晓华、马晓辉、史亚娟:《二十世纪八十年代以来的高尔基学——高
尔基学术史研究》,《东吴学术》,2012 年第 2 期。

专著有孙美玲选编的《肖洛霍夫研究》(1982)、李树森的《肖洛霍夫的思想与艺术》(1987)、徐家荣的《肖洛霍夫的创作研究》(1996)、何云波的《肖洛霍夫》(2000)、刘亚丁的《顿河急流——肖洛霍夫》(2001)、刘亚丁等的《肖洛霍夫学术史研究》(2014),等等,译著有孙美玲编译的《作家与领袖》(2000)、刘亚丁等翻译的《肖洛霍夫秘密生平》(2001)和孙凌齐翻译的《肖洛霍夫评传》(2002)等。

中国的马雅可夫斯基研究在 1949 年之后经历了从大唱赞歌到客观评价的过程。因为新中国在文学上学习苏联,所以马雅可夫斯基在苏联的定位——"过去是现在仍然是我们苏维埃时代最优秀的、最有才华的诗人"被无条件地移植到中国,并生根发芽。作为被广泛接受的标志,其作品被大量翻译过来,研究诗人诗作时也多采取仰视为主的态度,内容上依然重视其对革命的积极因素。[①]除综合述评外,中国的马雅可夫斯基研究还围绕艺术风格、诗人悲剧、诗人与中国关系等方面展开,发表相关论文几十篇,专著主要有陈守成和张铁夫的《马雅可夫斯基(1893—1930)》(1983),译著有郑敏宇和蒋勇敏翻译的《爱是事物之心——马雅可夫斯基与莉丽·布里克通信集》(1998)。马雅可夫斯基与中国文学的关系是中国学术界比较感兴趣的专题,主要论文有戈宝权的《马雅可夫斯基与中国》(1980)、陈守成的《论马雅可夫斯基对贺敬之诗歌创作的影响》(1980)、郑传寅的《也谈马雅可夫斯基与贺敬之——与陈守成同志商榷》(1980)、常文昌的《马雅可夫斯基对中国新诗的影响》(1996)、犹家仲的《从马雅可夫斯基到贺敬之》(2002)等。

中国学术界对法捷耶夫的翻译和研究集中在 20 世纪 50 年代和 80 年代,主要成果有俞亢咏译的《法捷耶夫》(1949)、水夫译的《法捷耶夫的创作》(1955)、殷钟崃译的节林斯基(К. Л. Зелинский,1896—1970)的《法捷耶夫评传》(1959)、韦之译的罗曼宁柯(Л. Н. Романенко,1923—2007)的《法捷耶夫》(1961)、刘循一译的博博雷金(В. Г. Боборыкин)的《亚历山大·法捷耶夫》(1984)、李必莹译的《法捷耶夫文学书简》(1988)等。1999年,译林出版社出版了翁本泽等翻译的 3 卷本《法捷耶夫文集》。传记类有齐广春和郑一新著的《法捷耶夫》(1985)和《法捷耶夫(1901—1956)》(1988)。

巴乌斯托夫斯基的作品在中国流传很广,在不同时期都有翻译,最

---

① 陈建华主编:《中国俄苏文学研究史论》(第三卷),重庆出版集团,2007 年,第 259 页。

著名的是《金蔷薇》。《金蔷薇》有两个中译本：李时译本出版于 1959 年，1980 年和 1987 年两次再版，1997 年漓江出版社出版了一个新版本，薛菲增补了作者修订改写的部分；另一个是戴骢的译本——《金玫瑰》(1987)，后更名《金蔷薇》(2007)。中国对巴乌斯托夫斯基研究的主要成果有董晓的《走近〈金蔷薇〉——巴乌斯托夫斯基创作论》(2006)，是在其博士学位论文基础上完善而成的专著。

拉斯普京的作品在中国广有影响，主要作品有王乃卓译的《拉斯普京小说选》(1982)、任光宣和刘文飞译的《幻象——拉斯普京新作选》(2004)等。2003 年，拉斯普京的小说《伊万的女儿，伊万的母亲》获得由人民文学出版社和中国外国文学学会主办的第三届 21 世纪年度最佳外国小说奖。2006 年中国"俄罗斯年"期间，拉斯普京作为俄作家代表团成员访问了中国。中国关于拉斯普京的研究专著主要有孙玉华、王丽丹的《拉斯普京创作研究》(2009)。作为农村小说作家，拉斯普京对中国的文学界影响很大，其中对路遥、莫言、贾平凹、张炜、张贤亮等中国农村题材作家的影响尤其突出。

中国从 20 世纪 20 年代开始介绍叶赛宁，但新中国成立后对叶赛宁的翻译和研究成果仍然很少，直到 20 世纪 80 年代，中国学界才开始重视对叶赛宁的翻译和研究。刘湛秋翻译了《叶赛宁抒情诗选》(1982)，此后陆续出版了兰曼、付克和陈守成翻译的《叶赛宁诗选》(1983)，丁鲁翻译的《叶赛宁诗选》(1991)，刘湛秋编选的《叶赛宁诗歌精选》(2000)，顾蕴璞翻译的《叶赛宁诗选》分别于 1990 年、1999 年、2006 年出版了三个版次，此外他还翻译了《叶赛宁抒情诗选》(2012)等。研究方面，1985 年中国召开了叶赛宁学术研讨会，研讨会之后出版了岳凤麟和顾蕴璞编选的《叶赛宁研究论文集》(1987)，收录了 19 篇文章和叶赛宁研究索引资料。中国自 20 世纪 80 年代以来已经发表研究叶赛宁的论文百余篇，专著有文俊和文清编著的《叶赛宁传》(1997)、哈米的《叶赛宁——月光抚摸着忧伤》(1997)、王守仁编著的《天国之门——叶赛宁传》(1995)和《叶赛宁》(1998)、郭洪体的《悲歌与狂舞：叶赛宁与邓肯》(1998)、吴泽霖的《叶赛宁评传》(1999)、刘卫伟著的《叶赛宁》(2006)等，译著有刘梦耋译的《邓肯与叶赛宁》(1989)、胡真等译的《情海遗恨：邓肯和叶赛宁的生死恋》(1991)等。

中国翻译研究阿赫玛托娃主要从 20 世纪 80 年代开始。随着 90 年代中国学术界对俄国"白银时代"文学研究热潮的到来，阿赫玛托娃日益受到重视。主要译作有戴骢译的《阿赫玛托娃诗选》(1985)、王守仁和黎华译的《阿赫玛托娃诗选》(1987)、马海甸和徐振亚译的《阿赫玛托娃诗文集》(1999)、马海甸译的《回忆与诗:阿赫玛托娃散文选》(2001)等。2001年,华夏出版社出版了丘科芙斯卡娅(Е. Ц. Чуковская,1931—2015)的《诗的隐居:阿赫玛托娃札记(一)(1938—1941)》《诗的蒙难:阿赫玛托娃札记(二)(1952—1962)》和《诗的朝圣:阿赫玛托娃札记(三)(1963—1966)》,译者有张冰、吴晓都、牟忠锋、封立涛、林晓梅等。中国的阿赫玛托娃研究专著有辛守魁著的《阿赫玛托娃》(2001)、汪剑钊著的《阿赫玛托娃传》(2006)、徐曼琳著的《白银的月亮:阿赫玛托娃与茨维塔耶娃对比研究》(2011)等,译著有蒋勇敏等译的阿曼达·海特的《阿赫玛托娃传》(1999)、辛守魁和辛冰译的帕甫洛夫斯基(А. И. Павловский)的《安·阿赫玛托娃传》(2000)、夏忠宪和唐逸红翻译的耐曼(А. Г. Найман,1936—)的《哀泣的缪斯:安娜·阿赫玛托娃纪事》(2002)等。

中国对茨维塔耶娃作品的译介和研究也是从 20 世纪 80 年代才开始起步,主要译著有娄自良的《温柔的幻影:茨维塔耶娃诗选》(1990)、苏杭的《致一百年以后的你:茨维塔耶娃诗选》(1991)、汪剑钊的《茨维塔耶娃诗集》(2011)、谷羽的《接骨木与花楸树:茨维塔耶娃诗选》(2013)等。2003 年,东方出版社出版了汪剑钊主编的《茨维塔耶娃文集》,共 4 卷,包括汪剑钊译的《茨维塔耶娃文集:诗歌》、王志耕等译的《茨维塔耶娃文集:小说戏剧》、董晓等译的《茨维塔耶娃文集:散文随笔》、刘文飞等译的《茨维塔耶娃文集:书信》。2013 年,广西师范大学出版社出版了苏杭译的《火焰的喷泉:茨维塔耶娃书信选》。在研究方面,荣洁著有《茨维塔耶娃的诗歌创作研究》(2005)。另外,陈耀球翻译了《自杀的女诗人:回忆茨维塔耶娃》(1991),谷羽翻译了萨基扬茨(А. А. Саакянц,1932—2002)的《玛丽娜·茨维塔耶娃:生活与创作》(上、中、下,2011),马文通翻译了美国学者利莉·费勒的《诗歌战争死亡:茨维塔耶娃传》(2011),苏杭等译了丘科芙斯卡娅的《寒冰的篝火:同时代人回忆茨维塔耶娃》(2012)。

布尔加科夫作品在中国的翻译研究始于 20 世纪 80 年代,作品翻译主要有臧传真译的《莫里哀传》(1985)、钱诚译的《狗心》(1987)和《大师和玛格丽特》(1987)。《大师和玛格丽特》的其他译本还有徐昌翰译的《莫斯科鬼影:大师和玛格丽特》(1987)和王振忠译的《大师和马格丽达》(1996)。1998 年作家出版社出版了石枕川、曹国维、戴骢和许贤绪翻译的 4 卷本《布尔加科夫文集》,是迄今为止国内最系统地展现布尔加科夫作品全貌的译本。21 世纪以来中国翻译出版的布尔加科夫的作品有陈世雄和周湘鲁译的《逃亡:布尔加科夫戏剧三种》(2004)、周启超主编的《布尔加科夫中短篇小说选》(2005、2007、2009)、吴泽霖译的《狗心》(2006)等。中国研究布尔加科夫的专著及其传记主要有唐逸红的《布尔加科夫小说的艺术世界》(2004)、温玉霞的《布尔加科夫创作论》(2008)、谢周的《滑稽面具下的文学骑士:布尔加科夫小说创作研究》(2009)、钱诚的《米·布尔加科夫》(2010)、周湘鲁的《与时代对话:米·布尔加科夫戏剧研究》(2011)。另外,中国还出版了由杜文娟和李越峰翻译的英国莱斯莉·米尔恩(Lesley Milne)撰写的《布尔加科夫评传》(2001)。

中国出版的左琴科的作品主要有曹靖华译的《列宁的故事》(1979)、顾亚铃和白春仁译的《左琴科幽默讽刺作品选》(1981)、吴村鸣译的《丁香花开》(1984)、吴村鸣和刘敦健译的《一本浅蓝色的书》(1984)、靳戈译的《一部浅蓝色的书:金钱·爱情·阴谋·倒霉奇妙的事件》(1991)、戴骢译的《日出之前》(1997)、吕绍宗译的《左琴科幽默讽刺作品集》(2004)等,研究著作有陈孝英和解西津著的《一位被人遗忘的天才:左琴科的幽默》(1988),吕绍宗著的《我是用做实验的狗:左琴科研究》(1999)、李莉著的《左琴科小说艺术研究》(2005)、谷玮洁著的《左琴科幽默讽刺艺术与民间笑文化》(2012)等。

1949 年之后,中国的苏(俄)文论研究在不同时期有不同的重点。20 世纪 50 年代以别林斯基、车尔尼雪夫斯基、杜勃罗留波夫为重点,出现了见解各异的大量研究论文。1986 年,马莹伯的《别、车、杜文艺思想论稿》问世。2000 年出版的陈顺馨的《社会主义现实主义理论在中国的接受与转化》对于"社会主义现实主义"从 20 世纪 30 年代到 80 年代在中国的传播和研究进行了评析。另外,学界还推出了刘宁主编的《俄国文学批评史》(1999)和彭克巽主编的《苏联文艺学派》(1999)等相关专著十多种。同时,以前曾遭排斥的苏联现当代文论进入了研究者的视野,并成为新时期中国苏(俄)文论研究的热点。以巴赫金为例,从 20 世纪 80 年代至今,中国出版了钱中文主编的 6 卷本《巴赫金全集》,报刊上发表了数百篇的研究论文,还出现了十多部巴赫金理论研究专著。对俄国形式主义文论、俄国历史诗学、普洛普故事学和洛特曼符号学等的研究也取得了大量成果。①2012 年,北京大学出版社出版了程正民、邱运华、王志耕、张冰合著的《20世纪俄国马克思主义文艺理论研究》,此书是国家社科基金重点项目、教

---

① 　陈建华主编:《中国俄苏文学研究史论》(第一卷),重庆出版集团,2007 年,导论,第 7 页。

育部人文社会科学重点研究基地重大项目的最终成果，系统梳理了 20 世纪俄国马克思主义文学理论的发展历史，并对各重要文论思想进行了评价，总结了其中的经验教训。

俄罗斯文学与文化关系的研究难度很大，特别是对俄罗斯文学进行宗教文化的审视更是如此。20 世纪 80 年代后从文化角度考察文学现象的文章逐渐增多，但真正有力度的和较为全面的研究直到 90 年代后才开始出现。任光宣教授的《俄国文学与宗教》（1995）阐明了宗教对俄国文学的巨大影响及其消长的过程，特别是 17 世纪以前俄国文学与宗教的种种联系。此后出现的成果是王志耕教授的《宗教文化语境下的陀思妥耶夫斯基诗学》（2003）和《圣愚之维：俄罗斯文学经典的一种文化阐释》（2013）。中国的俄国"白银时代"文学研究成果从 20 世纪 80 年代开始逐渐增多，90 年代后出现了有力度和综合性强的成果，至今已有多部著作问世，其中以周启超在这方面的贡献尤为引人注目，著有《俄国象征派文学研究》（1993）、《俄国象征派文学的理论建树》（1998）和《白银时代俄罗斯文学研究》（2003）。其他如郑体武、汪介之、曾思艺、刘文飞、刘亚丁的研究著作也各具特色，体现了中国学者对俄国"白银时代"文学的研究水平。谷羽教授则主持翻译了俄罗斯科学院高尔基世界文学研究所编写的 4 卷本《白银时代俄罗斯文学史》，由敦煌文艺出版社于 2006 年出版。

在中俄文学关系的研究方面，戈宝权首先发表了一系列研究论文，对这一专题的研究做出了突出贡献。迄今中国已经出版了十多部研究中俄文学关系的著作。倪蕊琴主编的《论中苏文学发展进程》（1991）和王智量等的《俄国文学与中国》（1991）两本论文集的推出，标志着中国学者在这一领域的研究开始步入系统和深入的阶段。陈建华的《20 世纪中俄文学关系》（1998、2002）是国内第一部全面论述俄罗斯文学在中国的翻译和研究的专著。李明滨的《中国文学在俄苏》（1990）和《中国文学俄罗斯传播史》（2011）介绍了俄罗斯对中国古代文学和现当代文学译介和研究的历史。

在俄罗斯文学思潮和文学史领域，20 世纪 50 年代中国学习苏联文学以翻译作品为主，文学思潮和文学史也是以翻译苏联相关著作为主，直到 80 年代中国学者才开始独立撰写文学史。从 1986 年至今，中国学者编写的俄罗斯文学史方面的著作已有二十多种，其中有纵览俄罗斯文学发展全过程的大部头著作，如曹靖华等主编的 3 卷本《俄苏文学史》（1992、1993）及其修订版《俄国文学史》（上、下卷，2007）等；有断代史，如李毓榛主编的《20世纪俄罗斯文学史》(2000)等;有文体史,如徐稚芳的《俄罗斯诗歌史》(1989、2002),许贤绪的《当代苏联小说史》(1991)和《20世纪俄罗斯诗歌史》(1997)等。在文学思潮研究方面出现了多部力作,代表性的论著有吴元迈的《苏联文学思潮》(1985)、李辉凡的《苏联文学思潮综览》(1986)、张捷的《苏联文学的最后七年》(1994)和《俄罗斯作家的昨天和今天》(2000)、谭得伶等的《解冻文学和回归文学》(2001)、黎皓智的《20世纪俄罗斯文学思潮》(2006)等。上述论著或具理论深度和反思意识,或及时提供了俄罗斯文坛的信息。[①]此外,还有张捷的《热点追踪》(2003)和《当代俄罗斯文学纪事(1991—2001)》(2007)及其《当今俄罗斯文坛扫描》(2007)等。

四、中苏(俄)作家的互访

新中国成立时,苏联派出了以法捷耶夫和康·米·西蒙诺夫为正副团长的文化代表团参加了1949年10月1日的开国大典,曹靖华等陪同代表团出席了10月2日在怀仁堂举行的保卫世界和平大会中国分会的会议,当晚还陪同代表团赴天津参加了庆祝新中国成立及保卫世界和平的群众大会。

在中苏友好时期,很多苏联作家先后到中国访问,例如吉洪诺夫(H. C. Тихонов,1896—1979)、爱伦堡、苏尔科夫、柯涅楚克、瓦西列夫斯卡娅(В. Л. Василевская,1905—1964)、卡达耶夫、穆康诺夫(C. M. Муканов,1900—1973)等。

不少苏联作家回国后写下了访问中国的感受或者进行了以中国为题材的创作。例如,波列伏依写下了《走遍中国三万里》,发表在苏联《十月》杂志。康·米·西蒙诺夫创作了《战斗着的中国》,这一著作还被翻译成了中文,有蒋元椿和钱新哲两个译本。蒋元椿的译本于1950年由新华书店中南总分店出版,1953年又由新华书店中南总分店组建的中南人民出版社出版了增订全译本。钱新哲的译本1951年由文光书店印行,书名是《战斗的中国》。苏尔科夫在1953—1959年曾任苏联作家协会第一书记,1955年10月曾到中国访问,并根据沿途见闻和感受创作了一系列关于中国的诗,这些诗后来都收录在他出版的诗集《东方和西方》(1957)中。苏尔科夫所写的关于中国的诗,或描画中国的优美自然景色,如《中国的

---

① 陈建华主编:《中国俄苏文学研究史论》(第一卷),重庆出版集团,2007年,导论,第9页。

风景》，或赞美中国的悠久历史和灿烂文化，如《人民的心》，或讴歌中苏两国人民的友谊，如《暴风雪》，均显示出 20 世纪 50 年代苏联作家对于中国文化的眷恋，对中国人民的友好感情。苏尔科夫还曾将若干首毛泽东诗词译成俄文。诗人兼小说家吉洪诺夫从青少年时代就向往东方和中国，曾于 1952 年和 1959 年两次访问中国。在第二次访问期间，他曾满怀激情地写下了一组赞颂中国和中国人民的诗歌，1961 年出版了诗集《五星照耀着绿色的大地》。在《中国人》这首诗中，吉洪诺夫表达了对中国人民的钦佩与赞美，他还特意引用毛泽东《沁园春·雪》中的名句"数风流人物，还看今朝"作为这首诗的题词。吉洪诺夫的《在韶山村》一诗，系根据自己参观毛泽东旧居的印象写成，诗中写道："屋后一片丛林，远方是倾斜的山坡，树影倒映在池塘中……依旧是这座房屋，这深深的池塘，天空一片绯红就像丝绸一样，但是，再也看不到他走过的小路，和那遥远的消逝了的春光。"①在《"中国人民是最贵重的金属"》一诗中，吉洪诺夫以拟人化的手法和对话的形式，形象地说明了中国固然需要煤炭、钢铁、石油和有色金属，但比这一切更为宝贵的是中国人民。

新中国成立后，中国著名作家郭沫若、茅盾、老舍、巴金、靳以、夏衍、曹禺、冯雪峰、艾青、赵树理、刘白羽、周立波、丁玲等都曾到苏联访问。1951 年 10 月，曹靖华随中国作家代表团访苏，在近两个月的时间里在红场参加了"十月革命节"的观礼活动，访问了莫斯科、列宁格勒、巴库、第比利斯等城市，在阿塞拜疆和格鲁吉亚共和国参观了集体农庄、水利设施和海底采油，出席了苏联作协主办的国际作家保卫和平晚会和中国文学晚会，与苏联作家进行了座谈。1956 年 2 月，曹靖华出席了在莫斯科圆柱大厅举行的陀思妥耶夫斯基逝世 75 周年纪念活动。1958 年 9 月，曹靖华出席了在莫斯科大学举行的斯拉夫学会年会。1959 年 6 月，曹靖华率领中苏友好代表团访问苏联。曹靖华访苏期间每次都受到费定父女的热情款待，1960 年以后曹靖华与费定的联系中断，费定于 1977 年去世。20 世纪 80 年代，曹靖华与费定的女儿取得了联系。费定的女儿在写给曹靖华的信中说，"文革"期间，他们都怀着焦虑的心情关注着中国朋友的命运。1987年 5 月，苏联驻华大使特洛扬诺夫斯基代表列宁格勒大学授予曹靖华名誉博士学位证书，8 月，曹靖华荣获苏联最高苏维埃主席团颁发的"各国人民友谊勋章"，以表彰他帮助苏联进行汉语教学、培养汉语人才，以及翻译介

---

① 乌兰汗编选：《苏联当代诗选》，外国文学出版社，1984 年，第 146—147 页。

绍苏联文学方面所做的贡献。

在俄罗斯联邦时期,中国赴俄罗斯的作家代表团较多,而俄罗斯赴中国的作家代表团相对较少。从1994年开始,中国作家协会、中国文学艺术界联合会与俄罗斯作家协会建立了联系。1996年3月,高莽赴俄罗斯进行文学考察,从莫斯科出发,依次经过布鲁金诺、格扎茨克、斯摩棱斯克、米哈伊洛夫斯克、普斯科夫、罗日杰斯特维诺、加特契纳、沃鲁、圣彼得堡、列宾诺、普希金、诺夫哥罗德、瓦尔代、克林等地,最后返回莫斯科。高莽回国后撰写了《俄罗斯大师故居》和《灵魂的归宿:俄罗斯墓园文化》两本书。2001年6月,中国作家代表团访问俄罗斯,同年10月,中国军事作家代表团访俄。2002年8月,中国作家协会副主席张锲率作家代表团访俄。2004年12月,中国文学艺术界联合会代表团一行6人访问了俄罗斯。2005年12月,湖南、河南省作协代表团一行6人访问了俄罗斯。2006年9月,俄罗斯作协圣彼得堡分会接待了山西、甘肃、青海和北京作协一行8人组成的中国文学艺术界联合会代表团。2007年7月,中国现代文学馆作家代表团一行8人访问俄罗斯。2008年12月,中国作协各省主席代表团一行6人访问俄罗斯。2009年初,冰心纪念馆代表团访问俄罗斯,冰心的女儿随团访问。据俄罗斯作协的巴韦金(O. M. Бавыкин)统计,从1994年到2009年,共有28个中国文学代表团138位作家访问俄罗斯,如冯骥才、铁凝、张洁、阿来、陈建功、高洪波、孙甘露等。

契诃夫文学奖是由俄罗斯联邦政府特设、俄罗斯城市作家协会主办的政府类文学奖项,在俄罗斯有着非常崇高的地位。2010年,该奖首次颁发给中国作家,截至2014年,已有雷涛、陈孝英、阿莹和朱西京4名中国陕西作家获得该奖。2010年,雷涛和陈孝英因编写中俄友谊题材的俄汉对照大型纪念文集《情系俄罗斯》获契诃夫文学奖;2013年,中国作家阿莹凭借长篇纪实散文《俄罗斯日记》获契诃夫文学奖;2014年,朱西京因《流年》获得契诃夫文学奖。向4位中国作家颁奖的是俄罗斯著名诗人、欧亚作家联盟副主席施拉普诺夫(Г. С. Шлапунов)。施拉普诺夫对中国和中国文化充满感情,他曾以丝绸之路的今昔为题材专门写了一首献给习近平的诗歌作品——《伟大的丝绸之路》,经王意强和李俊升翻译后于2014年1月发表于《中国文化交流》杂志。

2011年7月,陕西作家代表团一行21人在陕西作协秘书长王芳闻团长率领下开展了为期一周的俄罗斯文学之旅。12月,由中国作家协会副主席李存葆少将率领的中国作家代表团访问了俄罗斯圣彼得堡大学孔子学院。2013年5月,贵州作家代表团访问了俄罗斯,代表团参加了一系列文学活动,如中国贵州作家小说选《白多黑少》(俄文版)首发式、以"贵州多民族文学共同繁荣发展"为主题的文学讲座、与高尔基世界文学研究所研究员的座谈交流,等等。2013年7月,以福建省作协主席杨少衡为团长的中国作家代表团一行8人访问俄罗斯并在俄罗斯作家协会大楼肖洛霍夫博物馆与俄罗斯作家代表进行了座谈。应俄罗斯联邦出版与大众传媒署的邀请,2013年7月,中国少数民族作家学会和《民族文学》杂志社组织安排中国少数民族作家代表团访问了俄罗斯。9月,中国作家代表团韩少功等一行10人对俄罗斯进行了正式访问。2015年1月,以解放军艺术学院教授朱向前为团长的中国作家代表团一行5人访问了俄罗斯。

从1997年到2015年,有10多个俄罗斯作家代表团曾访问过中国。2004年4月12日,外交部副部长戴秉国会见并宴请茹科夫(Д. А. Жуков,1927—)率领的俄罗斯作家代表团。2006年,中国举办"俄罗斯年",中俄两国举行了大型的文学交流活动,由俄罗斯作协主席、《二十一世纪长篇小说报》主编加尼切夫(В. Н. Ганичев,1933—)率领的俄罗斯作家代表团访华,代表团成员包括拉斯普京、《莫斯科》杂志主编博罗金(Л. И. Бородин,1938—2011)、《俄罗斯作家报》主编多罗申科 (Н. И. Дорошенко,1951—)、《文学日报》主编邦达连科(И. М. Бондаренко,1927—2014),小说家谢金、古明斯基、罗琴科娃,俄罗斯作协外委会主任巴维金及《莫斯科》杂志编委谢利瓦诺娃等。俄罗斯作家代表团此行的目的是进一步深化和发展中俄两国作家协会于1998年启动的交流与合作。代表团参观了中国现代文学馆,并与中国文学界人士就中俄文学以及世界文学发展的诸多话题进行交流。代表团参与了在外研社举办的题为"文学——中俄两国人民之间的精神桥梁:21世纪的任务"的中俄作家论坛,就如何在全球化背景下保持两国民族的文化个性和文学传统进行了探讨。中国作协副主席陈建功、铁凝,中国作协书记处书记吉狄马加等出席了有关会见和交流活动,中国作协还组织代表团游览了哈尔滨、南京、杭州、上海等地。2009年8月,俄罗斯女诗人、歌唱表演艺术家穆萨里季娜(Мусалитина)参加了在青海西宁举行的由中国诗歌学会举办的第2届"青海湖国际诗歌节"。2010年以后,北京大学、中国人民大学、南开大学、山东大学、北京外国语大学、北京师范大学、上海外国语大学、天津外国语大学、大连外国语大学等高校先后邀请了一些俄罗斯学者到校作俄罗斯文学讲座。俄罗斯科学院世界文学研究所所长库兹涅佐夫(Ф. Ф. Кузнецов,1931—)曾率团到中国参加"苏联解体后的俄罗斯文学研讨会"。2014 年 8 月,在北京国际图书博览会上,俄罗斯《十月》杂志主编巴尔梅托娃(И. Н. Барметова)率领的俄罗斯作家代表团与中国《十月》杂志主编曲仲及王蒙等中国作家进行了交流并达成了合作意向。根据双方达成的合作协议,中俄《十月》将建立紧密合作,包括定期互访、举办文学论坛、相互开专栏以及出书等。两本杂志还确定要进行以北京和莫斯科为主题的文学创作,即俄罗斯作家写北京,中国作家写莫斯科。代表团成员作家阿梅林已是第四次访华,每一次访华他都有新的发现和感悟,他说:"我认真地想过,我试图想发现我们国家还有没有一些诗歌写到过中国,后来发现可能有一些短诗或者诗句写过,但特别完整的写中国的作品还没有。"①因此,他创作发表了一部关于中国的组诗。

五、俄苏文学在中国的影响

俄苏文学在中国的影响很大,对此有学者指出,无论古代,还是现代,恐怕再也没有哪一种文学对中国产生过如此强烈的影响。②很多中国著名作家、文学翻译家和研究者都深受俄苏文学的影响。汉学家费德林在 1957 年谈到苏联文学在中国的影响时说,俄罗斯文学,首先是普希金、果戈理、列·尼·托尔斯泰、屠格涅夫、契诃夫、马雅可夫斯基等人的作品,在发展现代中国文学方面起了一定的作用……高尔基的艺术创作对于中国文学发展的影响,比之任何外国作家的影响更为直接,也更有巨大意义。茅盾在《高尔基和中国文学》一文中指出:中国作家从高尔基的作品中继承了战斗精神,并学会了爱憎,该爱什么,该憎恨什么。郭沫若有次对我说,中国作家们崇拜高尔基,热爱他,并且追随他。③

新中国成立后,在一片颂扬的氛围中,很多中国著名作家都围绕苏联题材尤其是苏联领导人展开写作, 特别是热情地歌颂斯大林。1949 年 12 月,邵燕祥创作了长诗《伏尔加河之歌》,其中写道:"蓦地我眼前站起一个人,目光炯炯,给我力量,他仿佛矗立在伏尔加河上,那是斯大林,我们的钢! ……我看见了斯大林,我看见了人民,我永远的父亲和爱人! 在伏尔加

---

① 路艳霞:《中俄〈十月〉聚首北京话文学》,《北京日报》,2014 年 9 月 1 日。
② 王锦厚:《五四新文学与外国文学》,四川大学出版社,1996 年,第 276 页。
③ 转引自李喜所主编、刘景泉等著:《五千年中外文化交流史》(第五卷),世界知识出版社,2001年,第 5 页。

河上,我们开始了胜利,斯大林引导我们向胜利前进!"在作家们的心目中,苏联的首都是庄严而神圣的,作家冯至在《莫斯科》一诗中这样赞颂道:"莫斯科,斯大林时代的莫斯科,你是全世界进步人类的北极星,哪一颗发光的星辰不在瞻望着?我来到你这里,感到一种幸福,我离开你,也感到幸福。"作家马加在参观了蔡特金集体农庄后创作了散文《参观蔡特金集体农庄》,发表于《人民文学》1952年第4期。马加激动地认为看到了社会主义的幸福生活,也看到了中国的远景,决定回到中国后把看到的一切告诉父亲,告诉所有的中国农民。诗人艾青写了《幸福的国土》,描绘了苏联人民令人艳羡的富足的物质生活。在发表于1950年1月《人民文学》的《献给斯大林》一诗中艾青写道:"斯大林的功德,超过天上的太阳……斯大林的事业,使人民蒙受荣光!斯大林的思想,哺育全世界人民——斯大林的恩情,比海洋更深更广……光明的苏联——是人类的方向!中苏两国人民相爱,中苏两个疆土相连。"作家严辰在《我们最最尊敬的同志——献给斯大林同志七十寿辰》中写道:"……斯大林—— 你的智慧照穿万物,你的慈爱渗透一切,你照亮了我们每一个屋顶,你渗透了每一颗真诚的心……"

从1957年至1959年,苏联连续成功发射3颗人造地球卫星,并且成功发射宇宙火箭,中国人民对苏联的崇拜之情变得更加浓厚。尽管当时的中苏国家关系已经出现裂痕,但是赞美苏联航天技术发达的诗歌和散文仍然不断出现。天堂、光明的、幸福的国度、幸福的人民、富裕的国度、伟大的、优秀的、老大哥、社会主义的、列宁式的、斯大林式的,等等,都是当时很多作家描绘苏联所使用的词汇。很多诗歌直抒胸臆,多用"莫斯科—北京","毛泽东—斯大林" 这样现在看起来简单直接而当时却饱含无限感情的字眼。1957年,为纪念"十月革命"胜利40周年,《文艺报》举办了"感谢苏联文学对我的帮助"的征文活动。作家萧三在《向苏联文化工作者学习——陪随苏联文化代表团五星期志感》一文中描写法捷耶夫和康·米·西蒙诺夫时写道:"高高的、令人起敬的满头银发的法捷耶夫……他——苏联文学文化优秀杰出的代表,他——苏维埃人的代表,他——是那样质朴,那样本色,那样纯真、快乐,那样诚恳、热情而又那样谦虚、谨慎的'人类灵魂的工程师'。""身体结实高大……的西蒙诺夫……聪明尖锐的词令,那种活泼愉快、豪爽的态度与作风,都使人一见如故。""宽肩厚背的斯托列托夫……具有俄罗斯人浑厚质朴的气质,亲切、和蔼、大方的风度。"曹靖华在《谈苏联文学》时认为苏联文学"是世界上最年轻的文学,却是最有内容、最有成就、最前进、最民主、最革命的文学,它对全世界劳动人民的解放,对建设自由幸福的新社会,对保卫和平,对反法西斯的侵略斗争,都起着示范、指示与鼓舞作用"。苏联文学是全世界进步作家的财富,中国作家自然更要向苏联文学学习。当时之所以出现大批中国作家尤其是著名作家写作歌颂苏联及其领袖的作品, 显然与当时中国全面学习苏联的政治号召密切相关,很多作品都充满浓厚的时代色彩,有意拔高夸大,打上了政治运作的深深烙印。不过在整体颂扬和夸饰的氛围中,也有作家留下了真切朴实的作品,如孙犁的散文《在苏联文学艺术的园林里》,感情真挚,娓娓道来,毫不做作,令人起敬。

周立波和丁玲获得过斯大林文学奖,主要原因在于他们的创作深受苏联文学的影响。周立波的《暴风骤雨》受到了苏联文学尤其是肖洛霍夫作品的影响,他曾翻译过肖洛霍夫的《被开垦的处女地》第一部。西里尔·伯奇在《延安时期的小说》一文中指出:"周立波对苏联的仰慕与赵树理如出一辙:苏联的农业机械化成为《暴风骤雨》主要人物之一的梦想。从周立波的小说中很容易看出肖洛霍夫的强烈影响。"①丁玲的《太阳照在桑干河上》更是如此,汉学家波兹德涅耶娃曾为《太阳照在桑干河上》俄译本作序,陈冰夷译成了中文,其中指出:"……这是这位共产党女作家对共产党领袖毛泽东许多号召的答复……中国进步作家所以能提高到真实地反映新中国农村的建设工作和工人的自由劳动,并且表现共产党在这个过程中所起的领导作用,多多少少是由于他们仔细研究了苏联作家的作品。因此,我们完全有理由说,中国作家向着毛泽东所指示的新民主主义现实主义道路的转变,所以能这样迅速完成,是由于已经在苏联创立了的社会主义文学和中国作家的努力向它学习。"

中苏友好时期两国作家往来频繁,相互之间非常熟悉,在苏联发表的每一部稍有名气的文学新作,几乎都被很快地翻译成中文,这使得两国的作家和读者几乎过着同步的文学生活。加之,苏联文学所再现的现实是中国人心目中的理想国,苏联作家的创作方法又被视为毋庸置疑的典范,因而,中国作家在自觉和不自觉之间受到了苏联作家的影响。

俄苏文学对中国文学的影响也是很广泛的。沙叶新在《假如我是真的》里将结局场景安排在上演《钦差大臣》的剧场里,这一构思惟妙惟肖地勾画了俄罗斯文学对中国文学从外在到本质的感染力。而艾特玛托夫极富民族地域文化色彩的创作,又给中国作家书写自己的乡土文学,寻求

---

①　Cyril Birch, Fiction of the Yenan Period, The China Quarterly. 1960, №4.

自身文化之根提供了艺术资源。王蒙曾将艾特玛托夫视为对中国文学影响最大的苏联作家之一，因为不少中国作家都曾直言不讳地谈到对这位苏联作家的借鉴。张承志曾说："艾特玛托夫的作品给了我关键的影响与启示……我开始希望更酣畅地、尽情尽意地描写和抒发我对草原日渐复杂和浓烈的感受，希望更深刻地写写我们和牧民们曾经创造过的生活。"的确，在张承志的《黑骏马》和《骑手为什么歌唱母亲》等作品里，我们可以体味到草原风情与粗犷的民风背后隐藏着的艾特玛托夫式的情感表达。然而，苏（俄）作家对人性认识的深度，尤其是帕斯捷尔纳克的《日瓦戈医生》、索尔仁尼琴的《癌病房》和《古拉格群岛》、格罗斯曼的《生活与命运》等作品中那种超越大众意识的对历史悲剧的深刻体悟与反思，在"伤痕文学"和"反思文学"中很难再见，这不能不说是个遗憾，说明中国作家对苏（俄）作家的接受并不深刻。

　　王蒙是中国作家中深受苏联文学影响的作家之一，他说："我崇拜革命崇拜苏联崇拜共产主义都包含着崇拜苏联文艺。"① 由于时代的原因，王蒙自然而然地喜爱苏联文学："我们这一代中国作家中的许多人，特别是我自己，从不讳言苏联文学的影响。是爱伦堡的《谈谈作家的工作》在50 年代初期诱引我走上写作之途。是安东诺夫的《第一个职务》与纳吉宾的《冬天的橡树》照耀着我的短篇小说创作。是法捷耶夫的《青年近卫军》帮助我去挖掘新生活带来的新的精神世界之美。在张洁、蒋子龙、李国文、从维熙、茹志鹃、张贤亮、杜鹏程、王汶石直到铁凝和张承志的作品中，都不难看到苏联文学的影响……这里，与其说是作者一定受到了某部作品的启发，不如说是整个苏联文学的思路与情调、氛围的强大影响力在我们身上屡屡开花结果。"② 可以说，王蒙的精神世界中存在着强烈的苏联情结，其作品对政治的关注和理想主义浓厚的特点都是苏联文学在作家身上的折射。但是王蒙对苏联文学的借鉴不是单一的，他在不同阶段借鉴不同作家，在创作中同时借鉴不同作家的风格。他早年倾心于尼·阿·奥斯特洛夫斯基、法捷耶夫、爱伦堡、屠格涅夫、契诃夫的"温柔和优美""感伤和叹息""对于庸俗与野蛮的谴责"，后来又喜欢艾特玛托夫的优美和感伤。③ 王蒙的中篇小说《歌声好像明媚的春光》，题目本身即取

①　王蒙：《王蒙文存 17：欲读书结》，人民文学出版社，2003 年，第 247 页。
②　王蒙：《王蒙文存 21：你为什么写作》，人民文学出版社，2003 年，第 432 页。
③　王蒙：《王蒙文存 7：狂欢的季节》，人民文学出版社，2003 年，第 434—436 页。

自苏联名诗和歌曲《喀秋莎》的中译文,可见作者对苏联文学的钟爱。这篇小说通过对记录自己成长轨迹的苏联歌曲给予的充满诗意的回味, 表达了对自己心中的苏联的怀恋和爱戴,在模糊与清晰、真实与幻觉、破碎与完整的回忆中,流露出对往日之不可追的沧桑感和悲凉感,抒发了王蒙对苏联及苏联文学的全部复杂的感情, 表现了他内心深处对青春时代的一切经历刻骨铭心的迷恋和珍重。①

刘心武喜欢陀思妥耶夫斯基的《白夜》,他曾在《边缘有光》一文中谈到喜欢的原因:"每一个人,到头来还是尽早地归位于最合适的立脚点才好,在那站立得最坚实的地方,不管是怎样地'边缘',以良善之心,独创之艺,是一定会耕而有获的,他觉得自己在比较边缘的地方,就反能更从容地抒发灵性。""这就说明,他的喜爱《白夜》,有很私密的因素,与任何一种批评模式,与文学史的角度,都基本无关,现在他公布出这一份私密,企盼着人们理解,这,毕竟也属于解读作品的一种方法,是吗?"②从刘心武的《班主任》当中可以看出苏联文学对刘心武的影响,在作品中刘心武提到了《钢铁是怎样炼成的》及其主人公保尔·柯察金,写到张老师回忆自己在年轻时代——中苏友好的鼎盛时期,中国的中学生阅读苏联作家班台莱耶夫的《表》并从中寻找模仿的榜样。③作家张炜喜欢阅读普希金、托尔斯泰、屠格涅夫等俄罗斯古典作家的作品,他在谈到普希金的时候说:"他有点像中国唐朝的李白,更像个仙人,而不像我们所熟悉的现实生活中的一代又一代人。这种神奇感,来自他的无数超乎常规和经验的天才创造……普希金的诗总有最奇妙的发现——当我们被这种发现的辐射所击中时,总是浑身一战,久久凝视篇章。"④作家宁肯曾谈到苏联作家巴巴耶夫斯基(С. П. Бабаевский,1909—2000)的《人世间》对自己的深刻影响,他模仿《人世间》创作了一篇小说,得到了老师的好评,从此开始进行文学创作。他说:"一切都是在神奇中发生的,我模仿了《人世间》是个奇迹,而我能读到《人世间》更是个奇迹。事实上我在读《人世间》之前以及后来的两年里,《人世间》是我阅读的惟一一部外国文学作品,而这一部作品就影响了我。"⑤叶延滨认

---

①　蔺春华:《王蒙文化人格论》,中国社会科学出版社,2010 年,第 112 页。

②　刘心武:《边缘有光》,《世界文学》,1995 年第 1 期。

③　Гу Хуа. В Долне лотосов: Роман. Пер. с кит. В. Семанова Послесл. А. Желоховцева. М.: Радуга,1986.С.364.

④　转引自陈建华编:《凝眸伏尔加——(苏)俄书话》,江西教育出版社,1999 年,第 111 页。

⑤　宁肯:《荒凉之上的圣殿》,《世界文学》,2004 年第 4 期。

为自己受叶甫图申科影响很大，称他是"自己钟爱的星辰"①。梁羽生、易中天等都在自己的文章中提到阅读苏联文学作品的情景。董培伦曾在《俄罗斯诗歌是我诗海航行的导航灯》一文中指出俄罗斯文学特别是诗歌对自己的深刻影响。他说自己受到普希金、丘特切夫等俄罗斯诗人的影响，创作了《新水兵》《碧海红灯》《标灯闪闪》《蚌姑娘——渔眼的故事》等。董培伦在文中写道："回顾自己在没有名师指导的岁月里，能够从诗歌爱好者成长为以写爱情诗著称的中国作家协会会员，全凭着俄罗斯诗歌对我乳汁般的哺育。如果将我的诗歌创作比作诗海航行，那么我乘坐的舟船是中国传统诗歌的舟船，双手挥动的却是俄罗斯诗歌的桂桨；如果把探索的诗路比作航程，那么俄罗斯诗歌就是指引我永远前进的导航灯。"②曾获鲁迅文学奖的作家格非承认自己深受俄罗斯文学影响，他说："我刚开始接触俄罗斯文学的时候，就发现它跟欧洲文学不一样，它比欧洲文学更重、更大、更深、更杂，不论绘画、音乐、文学都充满了一种野性的、未经驯服的东西，我特别着迷。"③

俄苏文学不仅促进了中国文学的发展，同时也影响了许多中国知识分子的精神世界。贾植芳曾指出："五四"以来的中国新文学，受俄苏文学影响之深，是自不待言的。中国新文学与世界上任何一国文学的联系，都无法与俄苏文学相提并论。中俄文学之间的关系，可谓"剪不断，理还乱"。很多中国作家和学者都受到苏联文学不同程度的影响。华东师范大学的钱谷融教授认为自己是"喝着俄国文学的乳汁成长的"，他说俄国文学对他的影响不仅仅是在文学方面，它已深入他的血液和骨髓里。他观照万事万物的眼光识力，乃至整个心灵，都与俄国文学的陶冶熏育之功密不可分。

苏联文学在几代中国人世界观的形成过程中发挥了巨大作用，20世纪50年代的中国青年大都读过《钢铁是怎样炼成的》《卓娅和舒拉的故事》《青年近卫军》等文学作品。视文学为"生活教科书"、视作家为"灵魂工程师"的苏联文学，与当时弘扬共产主义理想的中国社会大背景相呼应，极大地影响了中国青年的个性塑造和精神成长。许多优秀的俄苏文

---

① 叶延滨：《为心灵窃一份阳光》，《世界文学》，1989年第4期。

② 董培伦：《俄罗斯诗歌是我诗海航行的导航灯》，《文艺报》，2006年6月8日。

③ "中俄《十月》文学论坛：十月来到了……"，光明网，2014年8月28日，http://news.gmw.cn/2014-08/28/content_12840797.htm。

学作品所表现出的热爱祖国和家乡、热爱领袖和人民、热爱生活和人生的情怀，抱定信仰和希望的坚定不移，不向敌人屈服的英雄气概，克服困难的坚强意志，自立自强、自尊自爱的优秀品质，都深深打动并深刻影响了中国的译者和研究者、著名作家和普通读者，鼓舞着他们去劳动和工作，去成长和奋斗。这种影响又通过文化的薪火得到后辈的传承并不断去粗取精、去伪存真，因此俄苏文学在中国的传播和影响是持久而深远的，其精髓精华与核心理念已经超出了意识形态范畴，具有永远的普世价值。而很多优秀俄苏作家的人格魅力和创作手法技巧已经深刻影响了一代代中国作家，他们在俄苏作家影响下所进行的许多中国题材创作，已经成为中国现当代文学的经典之作。俄苏文学经由优秀译者的翻译，经过几次出版高潮，成为几代中国读者的集体记忆，融进了中国读者的精神血脉中。有些优秀译作还被选入不同时期的中学和大学语文课本，如高尔基的《海燕》《时钟》和《母亲》片段，契诃夫的《凡卡》《变色龙》和《装在套子里的人》，屠格涅夫的《麻雀》《呱……呱……》《乞丐》和《门槛》。另外，《普希金诗选》《复活》《童年》和《钢铁是怎样炼成的》等曾被教育部列入《中学语文教学大纲》指定必读书目，《安娜·卡列尼娜》《卡拉马佐夫兄弟》和《母亲》等曾被列入非文学专业大学生必读书目。总之，俄苏文学在中国的传播程度之广，影响之深，在世界范围内都是绝无仅有的文化现象。

很多中国作家受到苏联文学的深刻影响与当时中国革命和建设过程中以苏联为榜样的做法有关。以周扬为例，他本人受苏联文学影响很大，曾翻译《安娜·卡列尼娜》《生活与美学》等作品，介绍过高尔基和别林斯基、车尔尼雪夫斯基等的文论思想。作为20世纪五六十年代中国大陆文艺界的实权人物，周扬十分推崇苏联文学，在中国积极倡导学习苏联社会主义现实主义。1952年他为苏联文学杂志《旗帜》撰写的《社会主义现实主义——中国文学的前进道路》一文列举了当时中国读者所熟悉的普希金、果戈理、杜勃罗留波夫、托尔斯泰、屠格涅夫、契诃夫、高尔基等作家，尤其推崇高尔基，认为当时中国读者对高尔基的喜爱超出任何其他外国作家。他还提到绥拉菲莫维奇的《铁流》和《土敏土》、肖洛霍夫的《静静的顿河》和《被开垦的处女地》、尼·阿·奥斯特洛夫斯基的《钢铁是怎样炼成的》和康·米·西蒙诺夫的《日日夜夜》等小说，以及康·米·西蒙诺夫的《俄罗斯人》和柯涅楚克的《前线》等戏剧。最后，周扬认为苏联文学创造了"正在建设共产主义世界的完全新的人物的形象"，因此他建议学习斯大林对文艺问题的论述、苏共中央委员会关于意态问题的决议、日丹诺夫关于文艺问题的讲话及马林科夫在苏共十九大上所作报告中关于文艺问题的指导意见。在周扬的倡导下,中国文学界组织翻译了他建议的苏联文学理论文章,其中对中国文学界产生过巨大影响的是联共(布)中央作出的《关于〈星〉和〈列宁格勒〉两杂志》的决议和日丹诺夫的报告。日丹诺夫在报告中对两本杂志发表左琴科的小说和阿赫玛托娃的诗歌提出了严厉批评:"阿赫玛托娃是与我国人民背道而驰的、内容空洞、缺乏思想性的典型代表。她的诗歌充满悲观情绪和颓废心理,表现出过时的沙龙诗歌的风格,停留在资产阶级—贵族阶级唯美主义和颓废主义以及'为艺术而艺术'这一理论的立场上,不愿与本国人民步调一致,对我国的青年教育事业造成危害,因而不能为苏联文学界所容忍。"阿赫玛托娃"不知是修女还是荡妇,更确切地说,是集淫荡与祷告于一身的荡妇兼修女"! 1953 年 9 月,周扬在一次报告中主张"把社会主义现实主义方法作为我们整个文学艺术创作和批评中的最高准则"①。他援引马林科夫在联共(布)第十九次党代表大会上的报告和毛泽东《在延安文艺座谈会上的讲话》中说过的"苏联在社会主义建设时期的文学就是以写光明为主"的归纳,要求发掘和表现普通人的高尚的精神品质和典型的、正面的特质, 创造值得做别人的模范和效仿对象的明朗的普通人艺术形象。到 1955 年 2 月,中国作家协会常务委员会召开扩大会议,决定召开专题研讨会,学习 1954 年 12 月第二次全苏作家代表大会的精神,尤其是要学习苏联作协第一书记苏尔科夫在会上的讲话——《苏联文学的现状和任务》。苏尔科夫认为社会主义现实主义是苏联文学唯一有思想创造性的方法,并作出了"文学是传播社会主义影响的锋利武器,它与政治紧密地联系着,并且服从于政治"的论断。学习这样的讲话实际上使中国作家受苏联文艺理论的束缚更大,尽管当时苏联文学界已经出现"解冻思潮",作家爱伦堡也参加了大会。以周扬为团长,丁玲和老舍为团员,高莽为翻译的中国作家代表团出席了第二次全苏作家代表大会并亲眼见证了爱伦堡因小说《解冻》受到攻击和他反驳的情形。爱伦堡认为该书有缺陷,但绝不是因为走得太远,而是对阴暗面的暴露还远远不够。1954 年 12 月 20 日的苏联《文学报》载文提到爱伦堡的愤怒:"那些把小说中的人物划分为肯定与否定类型的文学研究家本身就是我们文学中的否定

---

①　周扬:《为创作更多的优秀的文学艺术作品而奋斗——一九五三年九月二十四日在中国文学艺术工作者第二次代表大会上的报告》,《人民日报》,1953 年 10 月 9 日。

现象——他们还带有很多过去的遗留残余。""如果我再写一本书的话，我要尽量在上一部小说的基础上再前进一步，而不是退后一步。"

因此，俄罗斯文学在中国表现出了政治化和社会化两大特征。刘文飞研究员在《俄罗斯文学在中国的接受和传播》一文中指出：中国在接受俄罗斯文学时所表现出的政治化和社会化这两大特征，在 20 世纪 50 年代得到了最为典型的体现，其结果是：一方面，文学作为意识形态，作为教育人民的思想武器，被赋予了崇高的社会地位；另一方面，文学的审美特性和作家的创作自由相对而言却遭到了削弱。一方面，文学因为官方的倡导而获得了空前的受众以及他们空前的阅读激情，文学得到了真正意义上的普及；另一方面，过于沉重的社会负担也往往会成为文学前行的包袱。

第二节　中国文学在苏（俄）

俄罗斯汉学界对中国文学的研究起步较早，而且把中国文学置于世界文学的大背景下进行深入研究，给予中国文学高度评价。苏联汉学的奠基人阿理克院士曾指出："中国文学像广阔的海洋，它汇集着科学艺术和生活的大川小溪，文学是中国文明的基础……它是中国人民生活和命运的一面镜子。如果说，各国的民族文学是沟通各国人民相互了解的途径，那么要想了解中国就更应该从这方面入手。"①阿理克的学生费德林 1989 年曾指出："我一辈子从事中国古典文学研究……我认为，中国的传统文化几千年来没有中断过，为人类文化宝库做出了巨大贡献。中国在文学和文化方面是值得自豪的国家。中国的《诗经》、楚辞、唐诗、元曲等优秀著作是任何国家所望尘莫及的。"②

俄国汉学家和苏联汉学家在中国文学翻译和研究方面在国际汉学界卓有影响。尤其是中华人民共和国成立之后，随着中苏友好关系的发展，苏联汉学界对中国文学的翻译和研究力度加大。据统计，1946—1986年，苏联大量出版中国古典文学和当代文学作品，共出版发行中国文学作品 994 种，总印数达 4400 万册。苏联文艺出版社从 1982 年开始出版"中国文库"，包括了诸如《诗经》《红楼梦》《聊斋志异》《孽海花》等中国文学名著。

---

① 伊丽娜：《苏联著名汉学家——瓦·米·阿列克谢耶夫》，《中国翻译》，1988 年第 6 期。
② 转引自李明滨：《中国与俄苏文化交流志》，上海人民出版社，1998 年，第 155 页。

一、中国古典文学在苏(俄)

在中国神话和民间故事领域,霍德兹(Нисон Ходза,1906—1978)编译了《中国传说故事》(1952),是专门为儿童翻译改编的。李福清编译的《中国民间故事》非常有名,由苏联国家文学出版社出版,1957 年出版了第 1 版,1959 年再版。1965 年,袁珂的《中国古代神话》被翻译成俄语出版,由鲁波–列斯尼琴柯和普济斯基合译,李福清撰写了题为"中国神话研究与袁珂教授的著作"的后记。该书于 1987 年再版,李福清再次撰写后记,题为"中国神话论",除了分析袁珂的神话学观点外,还比较详尽地评述了中国神话学的汉语、西语和日语研究论著并附录了 166 种著作的目录。李福清为两卷本的《世界各民族神话百科全书》(第一卷,1980;第二卷,1982)撰写了有关中国神话的词条,包括早期古代神话和晚期民间神话、道教神话和佛教神话等数百条,有些甚至是袁珂《中国神话传说词典》中所没有的。杨希娜(Э. М. Янщина,1924—　　)于 1965 年以题为"古代中国神话"的学位论文获得了语文学副博士学位,1952—1960 年在莫斯科大学任教,从1962 年开始任苏联科学院东方学研究所研究员。她撰写了多篇研究中国古代神话的论文,曾翻译《山海经》(1977)。在神话研究方面,主要研究成果还有费德林的《中国神话题材特点》(1967),李谢维奇(И. С. Лисевич,1932—　　)的《中国神话中的世界模式与五行学说》(1969)和《文化英雄神话的时空周期:古代中国的宇宙起源观》(1969),李福清的《中国古代神话和叙事散文的发展》(1969)、《从神话到长篇小说》(1969)、《从神话到章回小说·中国文学中人物形貌的演变》(1979)、《古代中国神话的形成和发展》(1984) 和《中国神话故事论集》(1988,北京;1991,台北)。《从神话到长篇小说》论述了伏羲、女娲、黄帝等人物角色的演变,从动物形态到神人合一,最终发展为理想统治者或皇帝,在苏(俄)汉学界开创了神话学领域文学研究的先河。《中国神话故事论集》由马昌仪选编并撰写序言"李福清的中国神话故事研究",马昌仪在序言中高度评价李福清的中国神话和民间文学研究所取得的成就,但也指出,李福清关于中国道教神话与佛教神话已经各自形成体系的说法,并不符合实际情况。李谢维奇撰写了《古代中国的民间口头创作与文学散文》(1969)一文,在苏联汉学界首开研究先秦诸子如何利用民间文学素材进行创作的问题,同时讨论了中国古籍中包含的某些传说取材于世界民间文学的问题。

在中国诗词方面,从《诗经》到中国近现代诗歌,苏联和俄罗斯汉学界都进行了系统的翻译和研究。《诗经》是中国现实主义文学的源头,翻译难度很大,20世纪三四十年代才由什图金 (А. А. Штукин,1904—1964)翻译成俄语,而其出版则直到中苏友好时期才得以实现。什图金是阿理克汉学学派的成员,以翻译《诗经》驰名苏联汉学界,他的译本有3个版本:一是1957年苏联国家文学出版社出版的《诗经选译》,由康拉德 (Н. И. Конрад,1891—1970)院士编辑作序;二是1957年科学院出版社出版的全译本;三是1987年由莫斯科文学艺术出版社再版的《诗经》全译本,费德林作序。因为时代的原因,什图金翻译《诗经》的过程十分艰难,他备受煎熬,历尽折磨,但仍以坚强的毅力完成了《诗经》的翻译。由于秉承阿理克的翻译原则和方法,又在翻译过程中不断和阿理克通信探讨,因此什图金的《诗经》译文十分出色。费德林在《〈诗经〉及其在中国文学中的地位》一书中高度赞扬什图金的译作,称其《诗经》全译本不仅是第一个俄译本,而且是第一流的译作。费德林在论述《诗经》的翻译技巧时,例证都引自什图金的译文。关于《诗经》单篇的翻译,孟列夫 (Л. Н. Меньшиков,1926—2005)翻译过《关雎》《绸缪》《天保》《谷风》等篇。克拉芙佐娃曾翻译了《关雎》《螽斯》《鹿鸣》《灵台》《天作高山》等二十余篇。刘亚丁教授撰文评价俄罗斯汉学界对《诗经》的翻译时指出:俄罗斯汉学家翻译《诗经》表现出了明确的阐释意图和还原《诗经》"风""雅"之民歌本色的倾向。这与20世纪50年代以后中国学者解读《诗经》的路数是基本一致的。[①] 有了译本作为基础之后,苏(俄)汉学界对《诗经》的研究更加深入,主要研究著述有费德林的《〈诗经〉及其在中国文学中的地位》、瓦赫京(Б. Б. Вахтин,1930—1981)的《论〈诗经〉中的诗句重复》、谢列布里亚科夫的《儒家注疏者笔下的抒情诗歌〈诗经〉》、李谢维奇的《〈诗经〉大序》等。克拉芙佐娃在《中国古代诗歌——文化学试析》(1994)一书中专辟一章对《诗经》进行了论述。

《楚辞》的翻译和研究也是苏(俄)汉学界十分关注的领域。阿理克院士曾翻译了屈原的《卜居》《渔夫》和宋玉的《对楚王问》《风赋》《高唐赋》《神女赋》《登徒子好色赋》等篇。1954年,苏联国家文艺出版社出版了屈原著作的第一个俄文译本《屈原诗集》,其中收录了阿赫玛托娃和费德林

---

① 冯骥才主编:《心灵的桥梁——中俄文学交流计划国际学术研讨会论文集》,天津大学出版社,2010年,第227页。

合译的《离骚》和《招魂》、阿理克翻译的《卜居》和《渔夫》、艾德林翻译的《国殇》和《哀郢》、阿达利斯（А. Е. Адалис）翻译的《天问》，其余如《九歌》和《九章》等诗篇都是由吉托维奇（А. И. Гитович，1909—1966）翻译的，费德林作序并和帕纳秀克一起完成了注释工作。在1954年版本的基础上，1956年又出版了由费德林撰写前言并总校订的屈原的第二本集子，里面除了屈原的诗作外，还收录了司马迁的《屈原列传》和郭沫若的历史剧《屈原》。在翻译《离骚》的过程中，费德林逐字逐句译出俄文后登门拜访阿赫玛托娃，希望她能对译文进行加工，但阿赫玛托娃直率地说："我对中国诗歌，它的特点，格律，都一窍不通，无论汉语，无论汉字，对我来说都深不可测。"①后来在费德林的劝说下阿赫玛托娃愿意一试，并要求费德林为她找一些有关中国诗歌的材料，以便她粗略了解一下中国诗歌，但相关材料很少，阿赫玛托娃便要费德林为她朗读原作，以便深刻体验、感受、理解《离骚》的音韵和乐感，而后她对费德林的译文进行了认真细致的加工。费德林评价说："她把我的译文，在字句上作了重新安排，于是译文就放出了光彩。只有她才有这种神奇的本领。结果就是现在的译本。它也许无损于伟大《离骚》的原作。"②1986年，费德林在《屈原创作源泉及创作中的若干问题》中说道："我很幸运，依据我逐词逐句的翻译初稿，最终完成译作的是安娜·阿赫玛托娃。恕我大胆说一句，这个译本不愧为经典译作，虽然阿赫玛托娃对我的初稿并没有实质上的改动。她只是增添某些自认为合适的词，也只有安娜·阿赫玛托娃能够这样调整润色，经过她的修改确实增加了诗意，使译稿臻于完美更接近于原作……"③

继费德林和阿赫玛托娃翻译《离骚》之后，陆续又出现了《离骚》的3个俄译本。巴林（А. И. Балин）曾译过《离骚》，收录于1959年苏联教育出版社出版的由康拉德院士主编的《中国文学选读》一书，这是《离骚》的第二个俄语译本。巴林的翻译比较忠实，但文字不够灵活。《离骚》的第三个译本是吉托维奇翻译的，是作为1962年列宁格勒出版社出版的《中国古典抒情诗选集》的附录发表的，因为这个原因，费德林直到1986年都不知道吉托维奇的译文已经出版发表。吉托维奇的翻译很有特色，他把原作的373句分为92个诗节，每节用8行翻译原作的4句，句式短小活泼，隔

---

① ［俄］费德林著，赵永穆编选：《费德林集》，奉真、董青子等译，天津人民出版社，1995年，第238页。

②③ 谷羽：《〈离骚〉的四个俄译本》，《中华读书报》，2007年1月24日。

行押韵,体现了译者特有的激情以及对音乐性的追求。①2000 年,圣彼得堡晶体出版社出版了《屈原·离骚》,收录了《离骚》的上述 3 个译本。《离骚》的第四个俄译本是俄罗斯侨民诗人夏清云(В. В. Перелешин,1913—1992)翻译的。夏清云从 1952 年开始侨居巴西,生活很窘迫,但他十几年如一日,不断致力于中国古典文学作品的俄译工作,1976 年,夏清云翻译的《离骚》在德国出版。与其他译者不同的是,夏清云在翻译手法上更加灵活,原作中大量用以比兴的植物名称难为俄语读者理解的省去未译,然而却充分考虑了俄语诗歌的节奏要求,使译文的总体韵味大有提高。②夏清云精通汉语,对原文理解透彻准确,表达和谐流畅,接近原作风貌,译本达到了很高的水平。得知《离骚》终于出版的喜讯后,诗人特意带老妈妈上街,在里约热内卢一家冷饮店吃冰激凌以示庆贺。③在屈原和《楚辞》的研究方面,费德林研究较多,撰有论文《屈原问题》《屈原之诗》和《不朽的屈原》,1986 年出版专著《屈原:时代与创作》。谢列布里亚科夫也研究过屈原和《楚辞》,撰有论文《屈原与楚辞》,在文中分析了《离骚》的形象体系。

　　费德林和郭沫若共同选定篇目并组织编辑和翻译出版的 4 卷本《中国诗选》的第一卷(1957)收录了较多的乐府和汉赋,乐府包括《孔雀东南飞》《客从远方来》等和《古诗十九首》中的一些名篇;汉赋包括《天子游猎赋》《子虚赋》《大人赋》《哀秦二世赋》《长门赋》《吊屈原赋》《鵩鸟赋》等。瓦赫京是汉代乐府翻译研究专家,他于 1956 年翻译出版了一些乐府诗,1958 年在《苏联东方学》发表《乐府的产生》一文,1959 年以论文《汉代和南北朝乐府是中国诗歌的经典》获得副博士学位,同年出版的《乐府:中国古代诗歌选》是选译汉代乐府最多的译本。此书共 406 页,其中汉代乐府占 80 页。作者在前言中介绍了乐府产生的时代背景和特点。1964 年瓦赫京翻译出版了《乐府:中世纪中国抒情诗》。除瓦赫京外,李谢维奇也研究乐府,其副博士学位论文《中国古代的诗歌与民歌的关系(公元前 3 世纪末—公元 3 世纪初的民间乐府和文人乐府)》(1965)即专门研究乐府,其他论文还有《乐府及其在中国文学史上的地位》(1961)、《中国古代民歌与诗歌的相互关系问题》(1967)和在博士学位论文基础上形成的专著《中国古代的诗歌与民歌(公元前 3 世纪末—公元 3 世纪初的乐府)》(1969)。

---

① 谷羽:《〈离骚〉的四个俄译本》,《中华读书报》,2007 年 1 月 24 日。

② 阎国栋:《俄罗斯汉学三百年》,学苑出版社,2007 年,第 142 页。

③ 谷羽:《流落天涯译〈离骚〉——俄罗斯侨民诗人佩列列申》,《世界文化》,2011 年第 6 期。

《中国古代的诗歌与民歌(公元前 3 世纪末—公元 3 世纪初的乐府)》分三章对乐府进行了详尽系统的论述,这在俄罗斯汉学史上尚属首次,因此备受重视。研究汉赋的主要论文有李谢维奇的《汉赋与司马相如的创作》,载康拉德和李谢维奇所编的《古代中国文学》(1969)。另外,波兹德涅耶娃主编的莫斯科大学教科书《东方古代文学》(1962)也设专章论及乐府和汉赋。建安文学之中,苏联汉学界对曹植的翻译和研究最多。汉学家车连义(Л. Е. Черкасский,1925—1998)是曹植翻译和研究专家,出版有《曹植之诗》(1963)和《曹植·七哀诗》(1973)。此外,茹拉舍夫(В. А. Журашев)、阿达利斯、吉托维奇和李谢维奇也都翻译过曹植的诗赋,其译作连同阿理克的《洛神赋》和车连义的译作于 2000 年在圣彼得堡以《洛神赋》为名结集出版,俄罗斯读者由此得窥曹植诗之全貌。①

艾德林是翻译和研究陶渊明的专家,译有《陶渊明抒情诗选》(1964)和《陶渊明诗集》(1973)。他于 1975 年翻译出版的《中国古典诗词》和1984年出版的《中国古典诗歌》也都收录了陶渊明的诗歌。艾德林创造了一种翻译中国诗歌的独特风格。他不主张押韵,但十分注重节奏。艾德林逝世之后,其译作继续被编选再版,1994 年白俄罗斯明斯克的一家出版社出版了他的《陶渊明和他的诗》。

唐代文学是中国文学发展的一个高峰时期,唐诗是中国文学中的瑰宝,苏联和俄罗斯汉学界对唐代文学的翻译和研究主要集中于唐诗,另外还有唐传奇和变文等。苏联对唐诗的翻译研究在中苏关系友好时期初具规模。1956 年,费德林编选了《中国诗集》,其中收录了从初唐四杰到晚唐的李贺、孟郊等 58 位诗人的 181 首唐诗,译者有马尔科娃(С. Д. Маркова)和巴斯马诺夫等。费德林和郭沫若共同选编的《中国诗选》第二卷是唐诗卷,收录了 62 位诗人的 202 首唐诗。4 卷本《中国诗选》第一次向苏联读者展示了中国诗歌的全貌,其规模迄今仍为国外所仅见。它的出版成为苏联汉学界乃至文学界在 50 年代的一大盛事。②苏联汉学界对唐代著名诗人也有专门的翻译和研究。1955 年,吉托维奇翻译出版了《杜甫诗集》,收录了杜甫的《望岳》等 80 多首诗,谢列布里亚科夫作序,蒙泽勒(Г. О. Монзелер,1900—1959)注释。苏联汉学界于1957 年出版了《李白抒情诗集》,1967 年出版了《杜甫抒情诗集》,1959 年出版了《王维诗

---

① 阎国栋:《俄罗斯汉学三百年》,学苑出版社,2007 年,第 143 页。

② 李明滨:《当代外国汉学的进展和中国文学在国外的传播》,《岱宗学刊》,1998 年第 2 期。

集》。艾德林是翻译研究白居易的著名汉学家,由他翻译的《白居易诗选》分别于 1949 年、1951 年、1958 年、1965 年和 1978 年出版。

李白是俄罗斯读者喜爱的一位中国诗人。中国驻俄罗斯大使馆于 2002 年 1 月 17 日举行了李白 1300 周年诞辰纪念会暨《书说太白》俄文版的首发式。《书说太白》由俄罗斯科学院远东所研究员托洛普采夫(C. A. Торопцев,1940—　)编辑并翻译。俄罗斯社会各界人士 100 多人应邀出席。中国驻俄大使张德广、季塔连科院士、米亚斯尼科夫院士等都作了发言,俄罗斯著名汉学家弗·费·索罗金(B. Ф. Сорокин,1927—　)、博克夏宁(A. A. Богащанин)、司马文、华克生等都参加了活动。俄罗斯著名女演员邦达连科还声情并茂地朗诵了李白的一些诗篇。中国学者陈建华教授曾参加此次活动并采访了李福清先生。

休茨基(Ю. K. Щуцкий,1897—1938)在中国古典诗歌俄译史上占有重要位置,他翻译的《7—9 世纪诗歌选》是在自己的毕业论文《唐诗选》的基础上完成的,1923 年由世界文学出版社出版,初版的前言和书中针对每个专题的短小前言都是阿理克写的。后来阿理克修改了这些短小精悍的前言并补充了一些唐诗译文,组成了一篇新的文章——《中国诗歌的题材》,1978 年被编入了《中国文学·选集》。《7—9 世纪诗歌选》的出版是俄(苏)中国诗歌翻译和研究史上的重要事件,甚至可以说是一个转折。1924 年,康拉德评论说:"在我们常见的汉学书籍之中,休茨基翻译的这本中国诗歌选无疑是非同寻常的,至今我们还没有与之媲美的著作,新的俄罗斯汉学学派能有像休茨基这样著书立说致力于汉学研究事业的代表,我们有理由对学派的前途表示乐观。"[1]阿理克是诗歌翻译的行家里手,他很欣赏这一译本,并且总是向自己的学生推荐这本书。由于休茨基《7—9 世纪诗歌选》达到了很高的翻译水平,2000 年俄罗斯圣彼得堡东方学中心进行了再版。2001 年,该中心还出版了孟列夫翻译的唐诗选《清流》。

苏联汉学界翻译出版了一系列中国诗歌选编,如《中国古典抒情诗选集》(1962)、《中国古典诗词》(1975)和《中国古典诗歌》(1984)等。《中国古典抒情诗选集》由吉托维奇翻译,其中收录了曹植、陶渊明、元稹、苏轼、陆游等名家的作品,屈原的《离骚》作为附录刊出。1979 年出版的《中国抒情诗选》收录了阿尔卡季·什杰别格翻译的王维的诗,维特科夫斯基

---

[1]　Конрад Н. И. Избранные труды. Синология. М.:Наука,1977.С.587.

(Е. В. Витковский)翻译的苏轼的诗词。"世界文学丛书"是苏联翻译研究世界文学的一套精品丛书,其中有两卷收录了中国文学作品。第一卷《古代东方诗歌和散文》于 1973 年出版,收录了曹植、刘桢、阮籍、嵇康、汤显祖、陈子龙等作家的诗歌散文作品。1977 年出版的《印度、中国、朝鲜、越南、日本五国古典诗选》收录了许多中国古代诗歌名作。2000 年,费拉托夫(Г. Н. Филатов)编选了一本题为"柳枝"的中国古典诗词集,收录了《诗经》的《蟋蟀》和《晨风》,屈原的《离骚》《哀郢》《怀沙》和《橘颂》,《古诗十九首》,汉赋收录了贾谊的《吊屈原赋》和王粲的《登楼赋》,晋代收录了陶渊明和谢灵运的诗歌,南北朝时期收录了范云和谢朓的两首诗,唐代诗歌收录得最多,主要是孟浩然、王维、李白、杜甫和白居易的诗,宋代主要收录了欧阳修、陆游、王安石、苏轼、李清照、辛弃疾的诗词,元明清诗词收录较少,仅十几首,近现代诗歌只收录了闻一多的 4 首诗和殷夫的 5 首诗。中国古典诗词集《柳枝》由艾德林作序,主要译者有艾德林、吉托维奇、巴斯马诺夫、雅罗斯拉夫采夫(Г. Б. Ярославцев)等汉学家。

中国古典小说中的诗词翻译也是苏联汉学家翻译的对象。车连义翻译了《懒龙的勾当:17 世纪短篇小说 16 篇》(1966)中的部分诗词。1977 年出版的《金瓶梅》中的诗词译者为雅罗斯拉夫采夫。孟列夫翻译了《红楼梦》中的诗词。

菲什曼的《唐代传奇》(1955)是俄罗斯唐代传奇研究的奠基之作。1960 年,菲什曼和季什科夫翻译了《唐代小说集》。1970 年,索科洛娃(И. Соколова)翻译了《7—9 世纪唐代小说》。索科洛娃还翻译了韩愈和柳宗元的作品,1979 年出版了《韩愈、柳宗元》选集。郭黎贞(К. И. Голыгина, 1935—1999)翻译了沈复的《浮生六记》(1979)和瞿佑的《剪灯新话》。

明代话本小说以"三言""二拍"为代表。"三言"是《喻世明言》《警世通言》《醒世恒言》三部小说集的总称,作者是冯梦龙。三部小说集"极摹人情世态之歧,备写悲欢离合之致",是中国古代重要的一部白话短篇小说总集。"二拍"是《初刻拍案惊奇》和《二刻拍案惊奇》的总称,其作者凌濛初"因取古今来杂碎事,可新听睹,佐诙谐者,演而畅之,得若干卷",创作了这两部小说集。这两部小说集的出现标志着中国短篇小说创作进入了一个新的阶段。"二拍"所反映的思想和"三言"大致相同,艺术水准也大致相当,所以文学史上将二者并称。至明末,姑苏抱瓮老人见"三言"和"二拍"共 200 种,"卷帙浩繁,观览难周",于是从中选出 40 篇编成《今古奇观》一书,极大地推动了"三言""二拍"的传播。

　　在苏联和俄罗斯，"三言""二拍"从 20 世纪 50 年代开始被集中译成俄文出版。1954 年，维尔古斯和齐一得夫妇合作翻译了《今古奇观》中的 9 篇小说，分别是《杜十娘怒沉百宝箱》《宋金郎团圆破毡笠》《夸妙术丹客提金》《卢太学诗酒傲王侯》《金玉奴棒打薄情郎》《吕大郎还金完骨肉》《裴晋公义还原配》《唐解元玩世出奇》《李谪仙醉草吓蛮书》。此外，他们二人还有 1962 年苏联东方文学出版社出版的两卷本《今古奇观》、1977 年苏联科学院出版社出版的《揭露神灵：中世纪中国话本集》、1988 年苏联国家文艺出版社出版的《今古奇观》和 1999 年圣彼得堡东方学出版社出版的《珍珠衫：中国古代话本小说》。1962 年《今古奇观》两卷本共收录了维尔古斯和齐一得翻译的《今古奇观》中的 20 篇小说，除收录了 1954 年版本的全部 9 篇小说外，还新译了 11 篇小说：《苏小妹三难新郎》《羊角哀舍命全交》《李汧公穷邸遇侠客》《看财奴刁买冤家主》《庄子休鼓盆成大道》《卖油郎独占花魁》《老门生三世报恩》《沈小霞相会出师表》《滕大尹鬼断家私》《女秀才移花接木》《俞伯牙摔琴谢知音》。1988 年的《今古奇观》共收录《李谪仙醉草吓蛮书》等 11 篇小说，没有新译，是以前旧译的编选再版。1999 年出版的《珍珠衫：中国古代话本小说》，包括 1962 年《今古奇观》中的 20 篇小说，新译了《逞多财白丁横带》，另外还加入了《醒世恒言》中的《一文钱小隙造奇冤》《勘皮靴单证二郎神》两篇，《二刻拍案惊奇》中的《硬勘案大儒争闲气，甘受刑侠女著芳名》《伪汉裔夺姜山中，假将军还珠江上》两篇以及《石点头》中的《王孺人离合团鱼梦》，全书共计收录了 26 篇话本小说。

　　1962 年，由佐格拉夫（И. Т. Зограф，1931—　）翻译的《十五贯：中世纪中国小说》出版，收录了《错斩崔宁》《碾玉观音》《菩萨蛮》《西山一窟鬼》《志诚张主管》《拗相公》《冯玉梅团圆》7 篇小说，是根据《京本通俗小说》中的 7 篇小说节译的。《京本通俗小说》7 篇内容与《警世通言》和《醒世恒言》的 7 篇内容基本相同，很可能是根据后者纂辑，分别对应的是《醒世恒言》的《十五贯戏言成巧祸》1 篇和《警世通言》的 6 篇：《崔待诏生死冤家》《陈可常端阳仙化》《一窟鬼癞道人除怪》《小夫人金钱赠年少》《拗相公饮恨半山堂》《范鳅儿双镜重圆》，但最后一篇的女主角是吕顺哥，而不是冯玉梅。

　　1966 年，文学艺术出版社出版了由华克生等汉学家翻译注释的《懒龙的勾当：17 世纪短篇小说 16 篇》，书名取自《二刻拍案惊奇》第三十九卷的《神偷寄兴一枝梅，侠盗惯行三昧戏》，这一译本收录了"三言""二拍"小说 16 篇：《小道人一着饶天下，女棋童两局定终身》《乌将军一饭必酬，陈大郎三人重会》《白娘子永镇雷峰塔》《十五贯戏言成巧祸》《闹樊楼多情周胜仙》《王安石三难苏学士》《叠居奇程客得助，三救厄海神显灵》《神偷寄兴一枝梅，侠盗惯行三昧戏》《青楼市探人踪，红花场假鬼闹》《白玉娘忍苦成夫》《刘小官雌雄兄弟》《小水湾天狐诒书》《乔兑换胡子宣淫，显报施卧师入定》《赫大卿遗恨鸳鸯绦》《刘东山夸技顺城门，十八兄奇踪村酒肆》《姚滴珠避羞惹羞，郑月娥将错就错》。

因为"三言""二拍"小说在苏联和俄罗斯比较受欢迎，所以版本很多。1978 年，《两度离魂女》出版，收录了 9 篇：《小道人一着饶天下，女棋童两局定终身》《十五贯戏言成巧祸》《白娘子永镇雷峰塔》《乌将军一饭必酬，陈大郎三人重会》《赫大卿遗恨鸳鸯绦》《神偷寄兴一枝梅，侠盗惯行三昧戏》《王安石三难苏学士》《闹樊楼多情周胜仙》《乔兑换胡子宣淫，显报施卧师入定》，书名是根据《闹樊楼多情周胜仙》的情节提炼的。1982 年，《还银》由科学出版社出版，共收录 10 篇小说：《闹阴司司马貌断狱》《许察院感梦擒僧，王氏子因风获盗》《史弘肇龙虎君臣会》《卫朝奉狠心盘贵产，陈秀才巧计赚原房》《徐茶酒乘闹劫新人，郑蕊珠鸣冤完旧案》《汪大尹火焚宝莲寺》《袁尚宝相术动名卿，郑舍人阴功叨世爵》《韩秀才乘乱聘娇妻，吴太守怜才主姻簿》《陶家翁大雨留宾，蒋震卿片言得妇》《闻人生野战翠浮庵，静观尼昼锦黄沙巷》，书名是根据《袁尚宝相术动名卿，郑舍人阴功叨世爵》一篇的内容提炼的。1982 年，科学出版社还出版了《道人神咒》，收录了 11 篇小说：《张溜儿熟布迷魂局，陆蕙娘立决到头缘》《两错认莫大姐私奔，再成交杨二郎正本》《李道人独步云门》《田舍翁时时经理，牧童儿夜夜尊荣》《宴平仲二桃杀三士》《计押番金鳗产祸》《宋四公大闹禁魂张》《简帖僧巧骗皇甫妻》《张员外义抚螟蛉子，包龙图智赚合同文》《三现身包龙图断冤》《汪信之一死救全家》，书名是根据《田舍翁时时经理，牧童儿夜夜尊荣》一篇内容提炼的。1989 年，《懒龙的勾当：16—17 世纪短篇小说 25 篇》由文学艺术出版社出版。这一版本选用了 1966 年版的《白玉娘忍苦成夫》等 11 篇，1982 年两个版本的 14 篇：《计押番金鳗产祸》《张员外义抚螟蛉子，包龙图智赚合同文》《三现身包龙图断冤》《许察院感梦擒僧，王氏子因风获盗》《卫朝奉狠心盘贵产，陈秀才巧计赚原房》《徐茶酒乘闹劫新人，郑蕊珠鸣冤完旧案》《汪大尹火焚宝莲寺》《陶家翁大雨留宾，蒋震卿片言得妇》《张溜儿熟布迷魂局，陆蕙娘立决到头缘》《两错认莫大姐私奔，再成交杨二郎正本》《李道人独步云门》《田舍翁时时经理,牧童儿夜夜尊荣》《袁尚宝相术动名卿,郑舍人阴功叨世爵》《闻人生野战翠浮庵,静观尼昼锦黄沙巷》。1994 年,乌克兰哈尔科夫的一家出版社出版了《凌濛初"二拍":中世纪中国小说》,收录了华克生翻译的 15 篇"二拍"小说,内容包括 1966 年《懒龙的勾当:17 世纪短篇小说 16 篇》和1982 年《还银》中所有的"二拍"小说。2000 年,华克生翻译的《二郎神的靴子:来自明代(14—17 世纪)小说集》出版,书中收录了"三言""二拍"小说各 4 篇:《勘皮靴单证二郎神》《万秀娘仇报山亭儿》《史弘肇龙虎君臣会》《宋四公大闹禁魂张》《韩秀才乘乱聘娇妻,吴太守怜才主姻簿》《徐茶酒乘闹劫新人,郑蕊珠鸣冤完旧案》《两错认莫大姐私奔,再成交杨二郎正本》《张溜儿熟布迷魂局,陆蕙娘立决到头缘》。

　　在"三言""二拍"研究方面,主要有维尔古斯和齐一得夫妇俄译本的前言后记和华克生的论文《中国古典作家凌濛初著作的题材和文本》等。《中国古典作家凌濛初著作的题材和文本》收录于《中国文学研究在苏联》(1973)一书。1973 年,美国汉学家韩南(Patrick Hanan,1927—　)出版了《中国短篇小说:时代背景、作者、成书时间研究》[①]一书,书中涉及"三言""二拍"研究。韩南经过考证指出,《李道人独步云门》正是从《云门传》发展而来的。他还提出"风格标志断代"的研究方法。他根据这种方法提出《醒世恒言》的主要编者为席浪仙而不是冯梦龙的论断,引起了国际同行的关注。华克生对此十分重视并撰文评价,文章发表于《亚非人民》1976 年第 6 期。

　　中国四大古典名著在苏联和俄罗斯有一定影响。在苏联,首先出版的是《三国演义》的译本。1954 年,由帕纳秀克翻译的《三国演义》由苏联国家文学出版社出版,共两卷,译本中附有三国地图、职官表及插图 16幅,并附有简短的说明。在《三国演义》研究方面,李福清院士的研究视角独特,细致深入。《水浒传》的俄译本是由老罗高寿完成的,1956 年由苏联国家文学出版社出版,1959 年再版,印行 3 万册,1997 年第三次出版,可见俄罗斯读者对《水浒传》的浓厚兴趣。老罗高寿还与汉学家郭质生一起翻译完成了《西游记》,于 1959 年出版。老罗高寿还编写了一个节译本——《猴王孙悟空》,并从文学、历史、艺术手法等角度对《西游记》进行了多层次的阐释。《红楼梦》由汉学家帕纳秀克翻译,1958 年由苏联国家文艺出

---

① Patrick Hanan.The Chinese Short Story: Studies Indating, Authorship and Composition. Cambridge, Mass: Harward University Press, 1973.

版社出版,1995 年再版。《红楼梦》俄译本的出现,是俄罗斯汉学的重要成绩之一,为中俄文学交流做出了贡献。

《红楼梦》列藏本的发现是苏联汉学界为红学研究做出的重要贡献。列藏本又称脂亚本,题名《石头记》,因藏于列宁格勒的苏联科学院亚洲民族研究所,故名列藏本。列藏本于清道光十二年(1832 年)由第 11 届俄国驻北京传教团学生库尔良采夫带回俄国,1962 年苏联汉学家李福清于亚洲民族研究所发现此本,1964 年与孟列夫撰写了《长篇小说〈红楼梦〉的无名抄本》一文进行了介绍,引起了海内外红学界的极大关注。但由于中苏关系处于非正常状态,除了中国台湾学者潘重规于 1973 年见到外,大陆学者难得一见,直到 20 世纪 80 年代才开始联系合作出版事宜。1984 年 12 月,红学家周汝昌、冯其庸和中华书局的李侃受苏联科学院东方学研究所副所长宋采夫和汉学家李福清的邀请,到苏联商谈中苏合作出版《石头记》抄本事宜。经过鉴定,列藏本的基本信息是:全书共 37本,分装 5 函,用竹纸抄写,没有头卷和目录。纸呈黄褐色,从笔迹看,至少有 5 人分抄。全书共七十九回,内缺第五、六两回;第七十九回实际上包括庚辰本的八十回在内,因为这个抄本未将八十回分出,所以成了"七十九回本"。经过鉴定,周汝昌和冯其庸两位红学家的共同意见是:这个抄本所据的底本是早期的珍本,对于研究《红楼梦》具有重要的参考价值。1985 年 1 月 16 日,中苏就合作影印《石头记》抄本正式换文,1986 年 4月,中华书局以精装和平装两种方式影印出版,1987 年 1 月又出版了 330套线装本。由于技术原因,1986 年和 1987 年的影印本还原程度不是特别好,2012 年, 中国国家图书馆出版了重新扫描和仿真影印的新版本,是《红楼梦》列藏本迄今最好的影印本。曾做过冯其庸先生助手的中国社会科学院红楼梦研究所的任晓辉赴俄罗斯科学院东方文献研究所进行了核对,并根据研究所赠给的光盘进行了补缺。中俄两国学者研究列藏本《红楼梦》的著述主要有:李侃的《列宁格勒访查〈石头记〉》、冯其庸的《列宁格勒藏本〈石头记〉回归记》、庞英的《列宁格勒藏本〈石头记〉第六十四回考析》、胡文彬的专著《列藏本〈石头记〉概论》等。2002 年 10 月 25 日,全国《红楼梦》翻译研讨会在南开大学举行,这是我国首次就《红楼梦》外译举行专题研讨会,李福清的论文《〈红楼梦〉在俄罗斯》由阎国栋教授翻译并提交,后收录于 2004 年由南开大学出版社出版的《红楼译评:〈红楼梦〉翻译研究论文集》。

《聊斋志异》在俄罗斯广有影响,这主要归功于苏联汉学的奠基人阿

理克院士的精彩翻译。他于 1907 年在中国进修时亲眼看见了《聊斋志异》
的传播盛况并开始翻译聊斋小说。他一生汉学研究的主要领域是中国文
学,而在中国文学之中他最喜欢的是《聊斋志异》。他投入巨大精力翻译
了 160 多篇聊斋小说,译笔高超,堪称经典,生前出版了 4 个聊斋小说译
本:《狐魅集》(1922)、《神僧集》(1923)、《异事集》(1928) 和 《异人集》
(1937)。从 20 世纪 50 年代起他的译文被一版再版,总印数超过百万册,
主要有 1954 年、1955 年、1957 年、1970 年、1973 年、1983 年、1988 年、
2000 年、2003 年、2007 年、2008 年出版的版本。1954 年,费德林从《异人
集》中选出 59 篇出版,全书共 284 页。1955 年费德林又将《狐魅集》扩编
为 49 篇出版,两个选编本均由苏联国家文艺出版社出版。1957 年苏联国
家文艺出版社出版了《神僧集》和《异人集》的合集,共 105 篇,但由于种种
原因,出版社在编选过程中对阿理克院士的译文进行了武断修改,一定
程度上损害了译作的原貌。1970 年苏联国家文艺出版社出版了艾德林选
编的《狐魅·聊斋神奇故事集》,包括《狐魅集》中的 15 篇、《神僧集》中的
15 篇、《异事集》中的 10 篇和《异人集》中的 21 篇。1973 年的版本是艾德
林从四个单行本《狐魅集》《神僧集》《异事集》和《异人集》中分别选出了
14 篇、24 篇、11 篇、41 篇,共计 90 篇组成的,以"聊斋神奇故事集"为题出
版。艾德林在选编时,根据张友鹤辑校的上海古籍出版社 1962 年出版的
《聊斋志异会校会注会评本》对译文作了校对,并根据手稿作了修改。1983
年,苏联国家文艺出版社又出版了艾德林选编的《聊斋奇异故事集》,译
文仍选自阿理克的 4 个单行本,共计 101 篇。艾德林编选的上述 3 个译本
不仅开始加入插图,而且忠实可靠,校改是在尊重阿理克原来译文的前
提下进行的。1988 年,苏联国家文艺出版社出版了阿理克的女儿班科夫
斯卡娅(М. В. Баньковская,1927—2009)的选编本,包括《狐魅集》和《异
事集》的全部篇目,还选了《神僧集》的 17 篇和《异人集》的 27 篇,另外编
入了《绿衣女》《药僧》《金永年》《瞳人语》4 篇,共计 99 篇聊斋小说译文,
前言中有《聊斋自志》的译文,而《药僧》《金永年》《瞳人语》3 篇为首次发
表。2000 年圣彼得堡东方学中心出版了阿理克聊斋译文的合集本,收录
了阿理克生前 4 个版本的所有篇目和《绿衣女》《药僧》《瞳人语》3 篇及
《聊斋自志》,共 160 篇,《金永年》不知何故没有列入。汉学家孟列夫和阿
里莫夫(И. А. Алимов,1964—　)校对了艾德林未校的 70 篇。2000 年版
本还编入了阿理克 1934 年发表的 2 篇研究论文,然后附录了《我重新翻
译的聊斋小说》(1949 年报告摘要)一文,最后是班科夫斯卡娅的长篇后

记《聊斋的朋友和冤家》。这篇后记已经译成中文,2003 年和 2004 年连载于《蒲松龄研究》。2003 年,莫斯科的埃克斯摩出版社从《狐魅集》中选择 15 篇,从《异事集》中选择 10 篇,从《异人集》中选择 21 篇,以"狐妖之术"为题出版,多数选择的是与狐狸有关的故事。俄罗斯科学院东方文献出版社依据阿理克生前的 4 个版本于 2007 年出版了《异事集》和《异人集》合集,2008 年出版了《狐魅集》和《神僧集》合集,这一版本在 2000 年版本的基础上修正了一些误读和疏漏之处,由李福清院士担任责任编辑。李福清还根据阿理克 1938 年 3 月 8 日在列宁格勒东方学院录制的灵格风唱片整理出阿理克院士未曾发表过的《鸿》《象》《赵城虎》3 篇译文并编入了 2008 年版本。① 此外,莫斯科大学的乌斯京(П. М. Устин,1925—　)也翻译过聊斋小说。1961 年,苏联国家文艺出版社出版了他和法因加尔(А. Файнгар)合译的《蒲松龄小说选》,包括《骂鸭》《考城隍》等 39 篇。他的副博士学位论文于 1981 年由莫斯科大学出版社出版,其中选录了他翻译的《翩翩》等 26 篇聊斋小说。

阿理克院士对《聊斋志异》的研究十分深入,其研究成果主要包括:《狐狸王国(选自聊斋故事)》和《中国法官的才能》两篇序言;4 个聊斋小说译本的前言和注释;1934 年发表的《聊斋小说中儒生个性和士大夫思想的悲剧》和《论中国古典文学通俗化的历史(关于聊斋小说)》两篇重要研究论文。1949 年后,苏联和俄罗斯的聊斋学研究专家主要有乌斯京、菲什曼、索科洛娃和李福清院士等学者。乌斯京是苏联时期专门研究《聊斋志异》的学者并以此取得副博士学位,1960 年开始在莫斯科大学亚非学院任教。乌斯京聊斋学研究的主要成果有:《蒲松龄小说选》(1961)及其前言、专著《蒲松龄和他的小说》(1981)、论文《论蒲松龄小说的政治讽刺》(1960)、《蒲松龄——满族占领者的揭露者》(1966)、《蒲松龄和他的启蒙主义观念》(1970)、《聊斋小说中诗词的若干特点》(1974)、《蒲松龄的小说》(1975)等。菲什曼主要从事中国古典文学翻译研究,其聊斋学研究的主要论著有:论文《满清在思想领域的政策》(1966)、《启蒙运动时代中国的讽刺小说》(博士学位论文,1965 年通过答辩,1966 年出版专著)、专著《17—18 世纪三位中国短篇小说家(蒲松龄、纪昀、袁枚)》(1980)。索科洛娃曾发表《蒲松龄小说中"奇事"的美学》(1974)和《蒲松龄小说中艺术形

---

①　Пу Сунлин. Лисьи чары. Монахи-волшебники. Пер. скит., предисл., коммент. акад. В. М. Алексеева; отв. ред. Б. Л. Рифтин. М.: Вост. лит., 2008.С.316.

象的特点》(1976)两篇论文,从艺术审美和形象分析的角度对部分聊斋小说进行了论述。李福清院士的聊斋学研究成果主要有《〈聊斋志异〉外文译本补遗》(1989)、《〈聊斋志异〉在俄国——阿列克谢耶夫与〈聊斋志异〉的翻译和研究》(2001)、《阿列克谢耶夫院士译〈聊斋〉》(2008)等。

《儒林外史》的俄译者是华克生,他翻译的《儒林外史》55回全译本于1959年由苏联国家文学出版社出版。华克生为俄译本撰写了长篇序言,介绍了吴敬梓的生平和清代的科举制度,对《儒林外史》进行了分析和评价。华克生指出:"吴敬梓广泛运用古代书面语、民间口语以及谚语、俗语,刻画出不同人物的性格特征。所以他的小说虽是在两个多世纪之前写成的,今天仍然得到中国人民的普遍热爱。无疑地,通过这部小说,苏联读者也可以更多地了解伟大中国人民过去的历史。"华克生是根据中国作家出版社1954年版本翻译的。他于1957年到北京大学进修,师从吴组缃教授,因此在翻译过程中得到了吴教授的指导和帮助,塔斯金帮助进行了校对。在《儒林外史》的研究方面,华克生的研究论文有《18世纪吴敬梓的讽刺小说〈儒林外史〉的思想内容》(1959)、《18世纪中国讽刺文学家吴敬梓和他的小说〈儒林外史〉》(副博士学位论文,1962)、《18世纪中国讽刺小说的人道主义倾向》(1963)和《吴敬梓及其小说〈儒林外史〉中的讽刺与理想》(1970)等。另外,柯切托娃(С. М. Кочетова)摘译了中国作家出版社1955年出版的《〈儒林外史〉论集》。

苏联和俄罗斯的中国古典文学翻译和研究在不同历史时期呈现出了不同的特点。20世纪五六十年代,苏联汉学界对中国文学的研究无疑受到意识形态的深刻影响。汉学家郭黎贞认为当时出现的诸如"民族诗人""封建文学""上层特权贵族与下层被压迫人民文学"之类的术语十分抽象,某些概念禁不起推敲,如屈原被称为是"巫师诗人"和"中国第一位民族诗人",3—6世纪的神话故事是"人民想象力的体现",唐代传奇则被认为是"现实主义的短篇小说"等。但是,这并没有影响到中国的四大古典名著和很多古典诗词及元曲剧作的俄译本在这一时期的集中出版。与此同时,他们还形成了不同的翻译流派和主张,如艾德林等提出可以不考虑韵脚来翻译诗歌,而另一些人如瓦赫京、车连义和雅罗斯拉夫采夫则坚持押韵翻译的观点。①根据郭黎贞的划分,在20世纪60年代,苏联汉学界对中国古典

---

① [俄]郭黎贞:《俄罗斯中国古典文学研究概览》,阎国栋等译,见阎纯德主编:《汉学研究》(第九集),中华书局,2006年。

文学的研究者都有所专攻,大体上形成了历史文学、仪典神话、民间文学、理论研究、文献学5个方向。中苏关系恶化时期,中国古典文学成为苏联汉学家的研究重点。中国特殊的政治环境和中苏文学交流的中断反而成就了俄罗斯汉学史上中国古典文学研究的一次辉煌。学者们对中国古典诗歌、散文、小说、戏曲和民间文学等领域进行了深入研究,出版了大量有价值的研究成果,而且不乏独特视角和新颖观点。菲什曼提出17—18世纪是中国文学史上的"启蒙时代",康拉德提出"东方文艺复兴"的观点,认为以中国为中心的东方国家也存在类似西方的"文艺复兴"时期。菲什曼和康拉德的观点曾引发苏联汉学界和东方学界的争论。到20世纪八九十年代,因为缺乏读者群体和出版经费,苏(俄)的中国古典文学翻译一度十分冷清,新的译作较少,但研究仍在持续,理论和方法也时有创新。郭黎贞指出:文化学是中国文学研究的一个新方向。它的主要目的就是确立统一的文化体系中各个方面的内在联系。很多学者都强调过中国文化的整体性,如伊萨耶娃的《论音乐体系中的律与中国普遍认识论》、纪宁的《中国文化的宇宙和人:星辰与八风》(1993)、高辟天的《儒学四书中的人与自然》、特卡琴科的《宇宙、音乐与仪式——〈吕氏春秋〉中的神话与美学》。近些年来的研究成果显示,在中国文学研究领域形成了一个新的方向,即用文化学研究的普遍方法,对文学文本、事实和现象进行整体性研究。克拉芙佐娃的《中国文化史》就是这种方法的写照。从历史比较文化入手,以文明特征为参照,确立新的文化模式和新的中国传统文化及文学研究方法,是20世纪末俄罗斯汉学学派的显著特征。①这种特征在21世纪初期的俄罗斯汉学研究中得到了延续。

二、中国现当代文学在苏(俄)

新中国成立后,苏联广大民众对中国文学的了解很少。中苏友好协会收到了苏联各地学生寄给中国学生的大量信件,其中高尔基第三十一女中学生在给中国学生的信中说,她们对中国的革命作家鲁迅、郭沫若、茅盾、丁玲等的生活和创作知道得还很少,因此请中国学生在回信中写一写关于他们的事。②

20世纪50年代中苏友好时期,苏联汉学家翻译了鲁迅、郭沫若、茅

---

① 阎纯德主编:《汉学研究》(第九集),中华书局,2006年,第25页。
② 《苏联高尔基城第三十一女中学生写给中国学生的信》,《人民日报》,1950年2月17日。

盾、老舍、巴金等许多中国作家的作品,并展开了评论和研究。

鲁迅是苏联汉学界翻译和研究的重点作家之一。1950 年,时代出版社出版了鲁迅的《伤逝》;1950 年,国立儿童出版社出版了鲁迅的小说集《故乡》《鲁迅短篇小说与论文集》;1952 年, 国家文学出版社出版了 《鲁迅选集》;1953 年,国家文学出版社出版了《鲁迅短篇小说集》(《鲁迅短篇小说集》于 1956 年又出版了 2 个版本, 巴库和明斯克各一种);1954 年至 1956 年,国家文学出版社陆续出版了波兹德涅耶娃、费德林等翻译的 4 卷本《鲁迅文集》;1956 年,塔什干出版了由阿赫拉罗夫翻译的《故乡》;1960 年,国家文学出版社出版了由罗果夫(B. H. Рогов,1909—1988)翻译的《阿Q 正传》;1964 年,文艺出版社出版了由波兹德涅耶娃作序并注释的《故事新编》;1971 年,文艺出版社出版了由艾德林编选作序的《中短篇小说集》;1981 年,文艺出版社出版了由霍赫洛娃(C. Хохлова)编选、艾德林作序的《鲁迅选集》。苏联的鲁迅研究十分深入,出版了 4 本专著:索罗金的《鲁迅世界观的形成》(1958)、波兹德涅耶娃的《鲁迅:生平与创作》(1959)、维·瓦·彼得罗夫的《鲁迅生平与创作概论》(1960)、司马文的《鲁迅和他的前驱》(1967)。波兹德涅耶娃和司马文的专著已经被译成中文, 前者由吴兴勇、颜雄翻译(《鲁迅评传》),湖南教育出版社于 2000 年出版,后者由李明滨翻译(《鲁迅和他的前驱》),湖南文艺出版社于 1987 年出版。司马文的博士学位论文是《19 世纪和 20 世纪初的中国文学和鲁迅》(1962),撰有论文《伟大的中国作家——评彼得罗夫著〈鲁迅生平与创作概论〉》(1962)、《新的经典作品》(1962)、《鲁迅论外国文学》(1965)、《思想家—革命家》(1966)、《鲁迅反对庸俗化者》(1972)、《评波兹德涅耶娃著〈鲁迅:生平与创作〉》(1973)等。苏联时期出版的《苏联大百科全书》(第 3 版)和《简明文学百科全书》(1962—1978)中关于鲁迅的条目都由司马文撰写。

郭沫若在苏联是比较知名的中国作家。"加强国际和平" 斯大林国际奖金委员会于 1951 年 12 月 20 日授予郭沫若"加强国际和平"斯大林国际奖金。苏联《共青团真理报》在一篇社论中指出:"郭沫若是伟大的中国人民的忠实儿子……郭沫若的全部活动,是忘我地服务国际和平、进步和自由事业的榜样。"[①]1951 年 10 月,郭沫若的历史剧《屈原》由费德林翻译成俄语由莫斯科外国文学出版社出版, 法捷耶夫和费德林称该剧人物塑造得十分鲜明。1955 年,苏联国家文学出版社出版了《郭沫

[①]　《莫斯科各报以显著地位祝贺郭沫若等得奖》,《人民日报》,1951 年 12 月 22 日。

若选集》,费德林作序。《郭沫若选集》包括了郭沫若在各个时期所写的作品。苏联作家康·米·西蒙诺夫和吉洪诺夫在《文学报》《真理报》上撰文予以评价,认为这是"一本珍贵的书"。1958 年,苏联出版了由费德林等翻译的 3 卷本《郭沫若选集》。1990 年,苏联国家文学出版社再版了由费德林主编,有 25 位汉学家参加翻译的 3 卷本《郭沫若选集》。全书分诗歌、戏剧、中短篇小说 3 卷。诗歌卷选收诗作 95 首,戏剧卷选收《棠棣之花》《屈原》《虎符》3 部历史剧,小说卷共收作品 17 篇,有中篇小说《漂流三部曲》《落叶》等。这是迄今为止最新最全的郭沫若作品选集俄译本,几乎包罗了郭沫若各方面的代表作。另外,苏联在 1960 年还出版过郭沫若的诗集《百花齐放》。①

　　苏联汉学界早在 20 世纪 30 年代就开始翻译茅盾的作品,中华人民共和国成立后,茅盾任文化部部长,其作品自然更受苏联汉学界的青睐。1952 年,鲁德曼(В. Г. Рудман)翻译再版了《子夜》,1959 年又一次出版。1954 年,鲁德曼翻译出版了《茅盾短篇小说》,其中收录了《春蚕》《林家铺子》《赵先生想不通》《微波》《夏夜一点钟》《第一个半天的工作》《儿子开会去了》和《列那和吉地》。1955 年,鲁德曼所译茅盾小说以《林家铺子》为书名出版,费德林作序。除《林家铺子》之外,还收录了 1954 年曾出版过的《赵先生想不通》《微波》《夏夜一点钟》《第一个半天的工作》和《儿子开会去了》。1956 年,在基辅出版了由米什尔翻译的茅盾的《子夜》,同年费德林主编出版了《茅盾选集》3 卷本,收录了长篇小说《动摇》《虹》《子夜》和中篇小说《路》《三人行》。1959 年,莉希查(Б. Лисица)和穆德洛夫(Б. Г. Мудров)翻译了茅盾的长篇小说《虹》。1960 年,乌莉茨卡娅翻译了《茅盾短篇小说》,收录了 4 篇小说。伊万科(С. Иванько)翻译了《腐蚀》(1968)和《幻灭》(1972)。1972 年,索罗金翻译的茅盾小说以《腐蚀》为名出版,同时收录的还有他翻译的《春蚕》《秋收》《残冬》和《林家铺子》。1991 年,索罗金主编了《茅盾选集》,收录了《腐蚀》《动摇》《我走过的道路》《林家铺子》《春蚕》《一个真正的中国人》《水藻行》等作品。据 1959 年统计,苏联以 10 种文字翻译茅盾的作品,共印 20 次,总印数为703000 册。②苏联文学界对茅盾评价很高,法捷耶夫曾指出:"我们国内前进的人们以极大的兴趣读过茅盾的作品《动摇》和《子夜》,至于在我们杂志上所登载的他的短

　　①　秦川:《国外郭沫若研究述略》,《郭沫若学刊》,1994 年第 4 期。
　　②　《苏联大量出版中国书籍》,《光明日报》,1959 年 11 月 10 日。

篇小说和论文,我们的喜爱更不必说了。"①汉学家索罗金在苏联《文学报》撰文评价说:"茅盾自己的文学作品,从 1925—1927 年大革命失败后不久的《蚀》三部曲,到 1948 年人民解放斗争胜利前夜写下的《锻炼》,就是这种现实主义文学的典范,中国作家大概没有人描绘出中国历史上这大变动的几十年间国家生活如此辽阔多彩的画面,没有人描绘出几乎代表着社会生活各个方面的如此五光十色的人物画廊。""茅盾的优秀作品是世界进步文化宝库的有机组成部分。"②苏联作家卡达耶夫认为:"茅盾的风格的特点是极其朴实和细腻,情节展开得强健有力,人物的性格在行动中逐渐点出,事件一件紧接着一件,对话简洁,没有雕琢。人物的形象和作品的'气氛'不是用描写造成的,而是事件活动造成的,这就是极其高明的成熟技巧的确切标志。"他认为《林家铺子》以纯粹的巴尔扎克般的技巧描绘出了林家所代表的阶级的破产和灭亡的图画。③

从 20 世纪四五十年代起,苏联陆续翻译出版老舍的小说、话剧和杂文。小说有《老舍短篇小说选》《骆驼祥子》《无名高地有了名》《末一块钱》《全家福》等,仅短篇小说就有 22 篇。《骆驼祥子》还以拉脱维亚文和哈萨克文出版。1957 年,苏联出版了两卷本《老舍选集》。此后,尼科利斯卡娅(Л. А. Никольская,1925—)翻译了《全家福》(1961),罗日杰斯特文斯卡娅翻译了《离婚》(1967),司马文翻译了《猫城记》(1977)和《赵子曰》(1979),华克生翻译了《正红旗下》(1981)。1981 年,进步出版社再版了《老舍选集》。1991 年,儿童文学出版社出版了老舍的《小坡的生日、天才的故事》,司马文编选作序。汉学家安基波夫斯基(А. А. Антиповский,1923—)写了一本研究老舍的专著——《老舍早期创作与中国社会》,其中给予《猫城记》很高的评价,认为《猫城记》是一部世界讽刺史上的杰作,它使作家的名字完全可以无愧地与世界文学史上的谢德林、法朗士并列。他认为《猫城记》对中国的民族性问题作了深刻的反思,面对人民群众的怯懦、苟安和麻木,老舍不能沉默……他像鲁迅在《阿 Q 正传》中那样,绝不粉饰历史真相。李福清院士曾指出,在《猫城记》中被老舍批判的"文化革命"和三十多年后真实发生的"文化大革命"有着惊人的相似性,不仅说明了作者天才的文化预见性,也雄辩地说明了这部作品文化批判

---

① 法捷耶夫:《在中苏友好协会总会大会上的讲话》,《文艺报》,1949 年第 1 卷第 2 期。
② 庄钟庆编:《茅盾研究论集》,天津人民出版社,1984 年,第 534—535 页。
③ 《原苏联报刊对我国文学作品的点滴评论》,《作家通讯》,1955 年 4 月 5 日。

的内涵之深。安基波夫斯基认为老舍是类似于高尔基、库普林那样来自底层、人生迁移性极大的作家，而有风俗画的特色，他的讽刺接近果戈理，常不设有形的正面人物，而只有无形的正面人物——"笑"，因而才会使浅薄的批评家误解。司马文认为，老舍同谢德林一样，是"铁面无私的现实主义"。2006 年，圣彼得堡的和平玫瑰出版社出版了罗流沙的专著——《老舍与 20 世纪中国文学的国民性问题》。

早在 1937 年，苏联《在国外》杂志就译载了巴金的短篇小说，维·瓦·彼得罗夫于 1956 年翻译出版了巴金的《家》，1957 年出版了《巴金选集》两卷本，并在序言中介绍了巴金的生平和创作。据统计，巴金的作品在苏联发行了五十多万册。

叶圣陶作品的主要译者是雅罗斯拉夫采夫，曾翻译《叶圣陶短篇小说选》(1955)。苏联汉学界对叶圣陶的评价比较高。索罗金指出："如果说叶圣陶是 20 年代继鲁迅之后中国最著名的一位小说家，也并不过分。""对生活的熟悉，敏锐的观察，巧妙的心理描写，是叶圣陶小说的出色之处。他的小说的情节一般都是缓缓发展的，然而在平静的外表和生活现象下面，作家看到的却是在普遍的麻木不仁和忘却精神利益的环境中窒息的人们的无声悲剧，是勇士们奋起同社会罪恶斗争的大胆的、往往暂时失败的尝试。"费德林指出："20 年代的优秀作家叶圣陶的现实主义短篇小说，以深刻的真实性，对生活环境所作的令人信服的记述和富有表现力的描写手段——语言而令人瞩目。叶圣陶创作了许多作品，他描写中国的知识分子，主要是外省知识分子和小资产阶级出身的人以及那些为糊口而每日奔波、极端贫困、命运艰辛的人……而且叶圣陶绝不仅仅是一个单纯论述生活习俗的作家，或者仅仅是一个将观察到的现象描画下来的风俗画家。他有深刻的观点、敏锐的目光，因而他能深入社会现实的本质，揭露其隐秘的根源和造成社会罪恶与人的不幸的首要的政治上的原因。"[①]

丁玲的《太阳照在桑干河上》曾获斯大林文学奖，因此在苏联风靡一时。1949 年，该小说俄译本由苏联的《旗帜》杂志(第 5—7 期)和《矿工小说报》(第 9—25 期)先后连载，并由苏联外国文学出版社和玛加达苏维埃摇篮出版社分别出版。仅 1949 年一年，苏联就出版了丁玲的 11 种作品，

---

① 中国社会科学院文学研究所国外中国学（文学）研究组编：《国外中国文学研究论丛》，中国文联出版公司，1985 年，第 85 页。

包括短篇小说、长篇小说、论文等。此后苏联汉学界对丁玲作品的翻译不断升温。据不完全统计，从 1949 年到 1955 年，苏联共翻译发表了丁玲的 38 种作品，其中仅《太阳照在桑干河上》就出版了 14 种版本（8 种为少数民族文字版）。但从 1957 年丁玲被错划成"右派"后，苏联汉学界停止了对丁玲作品的翻译，直到 20 世纪 70 年代才有零星发表。1974 年，费德林在编选出版《雨——20—30 年代中国作家短篇小说集》时收录了丁玲的短篇小说《梦珂》，1977 年，苏联《译丛》第 8 期译载了丁玲的小说《在医院中》。

1951 年，苏联外国文学出版社出版了由鲁德曼和卡利诺科夫（В. Калиноков）合译的周立波的长篇小说《暴风骤雨》，1952 年再版。1953年，苏联外国文学出版社出版了《中国短篇小说集》，其中收录有周立波的短篇小说。到 20 世纪 60 年代初，苏联外国文学出版社出版了周立波的《铁水奔流》、《山乡巨变》正篇、《山乡巨变》续篇。

1949 年，《远东》杂志第 2 期刊载了克立朝（В. А. Кривцов，1921—1985）翻译的赵树理的长篇小说《李家庄的变迁》，同年苏联外国文学出版社出版了单行本，1950 年，远东出版社也出版了《李家庄的变迁》。1950 年，真理报出版社出版了赵树理的短篇小说集《小二黑结婚》，外国文学出版社在 1950 年出版的《中国短篇小说集》中也收录了《小二黑结婚》。1953 年，苏联出版了由贾丕才（М. С. Капица，1921—1995）编选的《赵树理选集》。1954 年，克立朝翻译的《李家庄的变迁》再版。1955 年，斯米尔诺夫（В. Смирнов）和季什科夫（А. Тишков）合译了《三里湾》（载《外国文学》1955 年第 3 期）。1963 年，苏联外国文学出版社出版了加托夫（А. Гатов）翻译的《张来兴》。1974 年，科学出版社出版了由施耐德（М. Е. Шнейдер）等翻译的《李有才板话》。这样，在"文革"结束之前，赵树理的主要作品都被译介到了苏联，而且有多种版本，可见当时苏联汉学界对赵树理作品的重视。

军事题材作家刘白羽和魏巍在苏联也受到关注。1950 年，苏联儿童文学出版社出版了《政治委员：短篇小说集》，同年苏联外国文学出版社出版的《中国短篇小说集》收录了刘白羽的《无敌三勇士》《政治委员》《回家》等小说。1951 年，苏联外国文学出版社出版了伊万科与帕纳秀克合译的《火光在前》，帕霍莫夫作序。1955 年，苏联外国文学出版社出版了《刘白羽选集》，伊万科编选，罗扎诺夫（Г. Лозанов）作序，收录了伊万科与帕纳秀克合译的《火光在前》、帕霍莫夫译的《回家》和《血凝》、帕纳秀克译的《红旗》、华克生译的《永远前进》和《斗争的幸福》、王光明译的《无敌三勇士》、贾丕才译的《早晨六点钟》、加托夫译的《路标》、斯拉勃诺夫与舒拉文合译的《红领巾》。1957 年,苏联国防部军事出版社出版了《火光在前——中国作家中短篇小说集》,贾丕才编校并作序。1959 年,军事出版社出版了中国小说《永不熄灭的火焰》,原著为刘白羽的《无脚拖拉机手》,由斯米尔诺夫翻译,马列西耶夫作序。苏联汉学界对于刘白羽的研究主要体现在俄译本序言中,如帕霍莫夫的《火光在前》俄译本序言、罗扎诺夫的《刘白羽选集》俄译本序言、贾丕才的《火光在前——中国作家中短篇小说集》俄译本序言、马列西耶夫为《永不熄灭的火焰》所作的序言。这些序言已经由宋绍香翻译成中文,刊载于中国文史出版社 2004 年出版的《中国解放区文学俄文版序跋集》一书中。1959 年,巴拉绍夫(Н. И. Балашов,1919—2006)和李福清合作撰写了《论刘白羽的创作》,刊载于国家文学出版社出版的《人民民主国家作家》论文集第三卷。论文全面系统地论述了刘白羽的创作道路,经宋绍香译出,发表于《文艺理论与批评》2008 年第 1 期。

　　魏巍的名作《谁是最可爱的人》在中国广为人知。仅 1957 年苏联军事出版社就出版了两种俄译版本:一种是作者的报告文学集《谁是最可爱的人》,另一种是作者与其他描写中国人民志愿军战士的中国作家的短篇小说合集《谁是最可爱的人》。

　　苏联汉学界还翻译介绍了草明、柯蓝、马烽、陈登科等作家的作品。草明第一部描写工业题材的作品《原动力》经老罗高寿翻译于 1950 年由苏联外国文学出版社出版。1951 年,国立伊尔库茨克州出版社出版了由加托夫缩译的柯蓝的《红旗呼啦啦飘》。1951 年,苏联外国文学出版社出版了马烽和西戎合著的《吕梁英雄传》,由老罗高寿翻译。此后 10 年间,苏联汉学界还翻译了马烽的《结婚》《村仇》《一架弹花机》《韩梅梅》《三年早知道》等短篇小说。1952 年,苏联《新世界》杂志第 5 期刊载了由罗果夫翻译的陈登科的中篇小说《活人塘》。1958 年,苏联国家文学出版社出版了由普利谢茨卡娅(Л. Плисецкая)等译的《陈登科中篇小说集》,收录了《杜大嫂》《活人塘》《黑姑娘》等小说。吴运铎的《把一切献给党》(1956)、杨朔的《三千里江山》(1956)、艾芜的《小说选》(1956)也都被译为俄文出版。费奥克蒂斯托夫翻译了杨沫的《青春之歌》(1959),车连义翻译了张天翼的《鬼土日记》(1972),热洛霍夫采夫翻译了邓拓的《燕山夜话》(1974)。

　　在选集方面,继《中国短篇小说集》(1950)之后,1953 年苏联外国文学出版社出版了《中国短篇小说集》。1956 年,艾德林编选了《中国人民的儿子:中国作家短篇小说选》。1959 年,苏联出版了米海耶夫等翻译的《向未来跃进:人民中国建设社会主义的故事》。1959 年,东方文学出版社出版了由尼科利斯卡娅等翻译的《中国作家短篇小说集》。1968 年出版的《中国作家短篇小说选》选录了鲁迅、茅盾、巴金、叶圣陶、丁玲、王鲁彦、王统照、谢冰心、吴组缃、许地山、老舍等作家的小说。1969 年出版的安季波夫斯基等翻译的《现代中国散文选》收录了朱自清等作家的散文。

苏联汉学界翻译的中国现当代诗歌选集主要有《获得解放的中国的诗歌》(1952)、《中国之声:中国诗人诗集》(1954)、《1937—1945 年民族解放战争时期的中国诗歌》(1958)、《红色浪潮:五四时期的诗歌》(1964)、车连义翻译的《雨中的林荫道:20—30 年代中国的抒情诗》(1969)、《五更天:30—40 年代中国抒情诗》(1975)、《四十位诗人:20—40 年代的中国抒情诗》(1978)和《蜀道难:50—80 年代中国诗歌》(1983)等,翻译出版的诗歌专辑主要有《闻一多诗选》(1960)和《艾青抒情诗选》(1981)等。

从 20 世纪 80 年代开始,苏联汉学界开始翻译出版中国当代的文学作品,王蒙、刘心武、王亚平、韩少功、韶华、刘宾雁、李准、冯骥才、高晓声、蒋子龙、刘绍棠、张弦、秦兆阳、何士光、周克芹、张贤亮、李功达、温小钰、张抗抗、陆文夫等作家的短篇小说先后被译成俄文出版。被译成俄语的中长篇小说主要有:王蒙的《蝴蝶》(1983)、陈森的《稀有作家庄重别传》(1983)、张抗抗的《北极光》(1985)、古华的《芙蓉镇》(1986)、谌容的《人到中年》(1986)、鲁彦周的《天云山传奇》(1986)、刘心武的《立体交叉桥》(1986)、蒋子龙的《乔厂长上任记》(1986)、张一弓的《犯人李铜钟的故事》(1986)、冯骥才的《啊!》(1986)、谌容的《太子村的秘密》(1987)、路遥的《人生》(1987)、王蒙的《活动变人形》(1988)、张贤亮的《男人的一半是女人》(1989)、张洁的《沉重的翅膀》(1989)、阿城的《树王》(1989)、李存葆的《山中那十九座坟茔》(1989)、郑万隆的《他和她》(1989)、蒋子龙的《赤橙黄绿青蓝紫》(1990)、谌容的《结婚进行曲》(1990)等。

索罗金翻译了钱钟书的《围城》,1980 年由苏联外国文学出版社出版。热洛霍夫采夫和索罗金编选翻译的《中国作家小说选》由进步出版社于1982 年出版,收录了王蒙的《组织部新来的年轻人》和《夜的眼》、陈翔鹤的《广陵散》、刘心武的《班主任》和《我爱每一片绿叶》、王亚平的《神圣的使命》、李陀的《愿你听到这支歌》、韩少功的《月兰》、韶华的《舌头》和《上书》、李准的《芒果》。青年近卫军出版社于1983 年出版了热洛霍夫采夫等翻译的中国当代中篇小说集《一个人和他的影子》，收录了刘心武的《如意》、王蒙的《蝴蝶》、陈淼的《稀有作家庄重别传》等。消息出版社于1984年出版了由索罗金等编选翻译的《当代中国小说：王蒙、谌容、冯骥才》，收录了王蒙的《春之声》和《海的梦》、谌容的《人到中年》、冯骥才的《啊！》和《高女人和她的矮丈夫》。文学出版社于1985年出版了索罗金选编的小说集《纪念》，收录了赵树理的《李有才板话》、钱钟书的《纪念》、峻青的《山鹰》、王蒙的《组织部新来的年轻人》和《春之声》、陈翔鹤的《陶渊明唱挽歌》、李希坚的《李有才之死》、李准的《芒果》、冯骥才的《高女人和她的矮丈夫》、高晓声的《陈焕生上城》、蒋子龙的《一个工厂秘书的日记》、刘绍棠的《蛾眉》。彩虹出版社于1985年出版了由李福清编选的中短篇小说集《人到中年》，收录了冯骥才的《啊！》、王蒙的《杂色》、张一弓的《犯人李铜钟的故事》、鲁彦周的《天云山传奇》、谌容的《人到中年》、刘心武的《立体交叉桥》、蒋子龙的《乔厂长上任记》。1986年，苏联出版了《冯骥才中短篇小说集》和何士光的小说集《兰州的会见》等。索罗金选译了张辛欣、桑晔的长篇纪实文学作品《北京人》，1989年由消息报出版社出版。热洛霍夫采夫选编了《树王：中国当代中篇小说集》(1989)，收录了谌容、王安忆、李存葆、蒋子龙、阿城、郑万隆的小说。苏联时期的杂志也大量刊登中国当代文学作品，如《外国文学》1985年第6期刊载了张抗抗的《北极光》，《莫斯科》杂志1987年第8期刊载了谌容的中篇小说《太子村的秘密》。

1991年苏联解体后，俄罗斯对中国现当代文学的关注度明显降低。据统计，从1992年至2008年，俄罗斯出版的中国现当代文学作品仅十多部：由日丹诺娃(Т. Жданова)从英译本转译的棉棉的《糖》(2005)，库良夫采娃(Е. Кудрявцева)从英译本转译的卫慧的《上海宝贝》(2006)和《我的禅》(2006)，热洛霍夫采夫翻译的蔡骏的《病毒》(2006)和《诅咒》(2006)，阿格耶夫(Н. Ю. Агеев)翻译的姜戎的《狼图腾》(2008)，叶果夫(И. А. Егоров)翻译的苏童的《我的帝王生涯》(2008)。1995年，扎哈罗娃和司马文选编了小说集《孔雀开屏》，收录了谌容的《生死前后》、张洁的《最后的高度》等12篇小说。1999年，《我们的同时代人》杂志为庆祝俄中关系50周年而出版专号，收录了王蒙的《春堤六桥》等7篇小说，扎哈罗娃等翻译。2002年，扎哈罗娃和雅罗斯拉夫采夫选编了《中国20世纪诗歌与小说》，收录了臧克家等60多位诗人的诗歌和王蒙等20多位作家的小说，译者有托罗普采夫等人。2003年，司格林翻译了冯骥才的18篇小说，以《俗世奇人》为题出版。2003 年,罗流沙和谢列布里亚科夫选编了《上海人:当代上海作家选集》,收录了王安忆等作家的作品 12 篇。2004 年,托罗普采夫选编并翻译了王蒙的 17 篇小说,以《山坡上的脚印》为题出版。2007 年,华克生选编了小说和散文集《中国变形》,收录了王安忆的《上海女性》、王小波的《知识分子的不幸》等小说散文 42 篇。在 2006—2007 年中俄两国互办友好年期间,中国作家协会选编并资助俄方翻译出版了 3 部中短篇小说集,均于 2007 年出版,铁凝作序。这 3 部小说集是:涅赫留多娃(А. Нехлюдова)、司格林、罗流沙等人翻译的《雾月牛栏》,收录了迟子建的《雾月牛栏》、铁凝的《永远有多远》等作品 14 篇;米珍妮(Е. Митькина)和热洛霍夫采夫等 12 人翻译的《命若琴弦》,收录了史铁生的《命若琴弦》、王蒙的《歌声好像明媚的春光》等 11 篇小说;杰米多(Н. Демидо)和列梅什科(Ю. Лемешко)等 10 人翻译的《红云》,收录了曹征路的《红云》、陈应松的《松鸦为什么会鸣叫》等 12 篇小说。

在莫言获得诺贝尔文学奖之后,其作品《酒国》《丰乳肥臀》《生死疲劳》等陆续被叶果夫译成俄语出版。为了帮助俄语读者更好地理解原著,译者在翻译过程中加入了不少注释。比如,在《酒国》俄译本的 446 页里有 200 多个脚注,在《丰乳肥臀》俄译本的 830 页里有 260 多个脚注,在《生死疲劳》俄译本里有 300 多个脚注。莫言的声望在俄罗斯越来越大,在俄罗斯文学短评中,《丰乳肥臀》位列前十,同时还入选 2013 年 5 部最有趣味的作品之一。《丰乳肥臀》从 2013 年初以来一直是畅销书。[①]2014 年,莫言的小说《变》由弗拉索娃(Наталья Власова)翻译成俄语,埃克斯摩出版社出版。弗拉索娃认为,《变》描述的那些看起来微小的细节要比厚重的历史教科书更能充分展现中国人的生活,"甚至那些并不了解中国的读者都可以很容易领悟这个国家的精神"[②]。

三、个案研究:巴金在苏(俄)

巴金受屠格涅夫的影响很大。他一生翻译过两部长篇小说——《父与子》和《处女地》,都是屠格涅夫的作品,翻译过 3 篇中篇小说,其中两篇是屠格涅夫的作品——《木木》和《普宁与巴布尔》,翻译过散文诗 58 篇,

---

① 叶果夫:《汉学家谈莫言作品在俄罗斯:全国各地都开始认识莫言》,《人民日报》,2014 年 11 月 2 日。

② 汪嘉波:《莫言小说〈变〉有了俄文版》,《光明日报》,2014 年 3 月 30 日。

其中 51 篇是屠格涅夫的作品。在与维·瓦·彼得罗夫的通信中，巴金说自己十七八岁的时候就迷上了屠格涅夫。他曾把自己读《前夜》译本的情形写进了自己的小说《家》，还在《家》中反复引用屠格涅夫《前夜》中的话："我们是青年人，不是畸人，不是愚人，应当给自己把幸福争过来。"巴金与维·瓦·彼得罗夫从 1957 年 1 月 18 日至 1966 年 2 月 7 日通信百余封，信中除了叙谈个人友情，除了谈《家》和中国文学，最常见的话题之一是巴金托维·瓦·彼得罗夫帮助查找屠格涅夫的作品和研究屠格涅夫的著作。关于屠格涅夫在中国的情况，苏联汉学家马利诺夫斯卡娅（T. A. Малиновская，1922—　）撰有论文《〈猎人笔记〉在中国》，但巴金的研究更全面，他是中国第一位向俄罗斯读者介绍中国屠格涅夫学的研究家。1955 年 10 月 8 日，苏联奥廖尔举办了屠格涅夫研讨会，巴金虽没有亲自参加，但向会议提交了论文《伟大而有力的影响》，论述了屠格涅夫的艺术创作对中国社会与文学所产生的影响。巴金的论文由当时在列宁格勒大学留学的余绍裔代为宣读，在会议上引起了很大的反响。1955 年 10 月的《奥廖尔真理报》第 202 期以整版篇幅报道了会议实况，同时刊载了巴金论文的主要内容和余绍裔的简要发言。会议组委会致信巴金，感谢他参加纪念屠格涅夫的学术活动并征询巴金意见，请他同意将提交会议的论文收录在会议论文集。巴金回信如下：

　　敬爱的同志：
　　　　十一月二十二日的来信收到，敬悉一切。谢谢您的好意。您要把我那篇短文在博物馆刊物上发表我完全同意（Я вполне согласен, чтобы моя статья была напечатана в сборнике музея）。倘使您需要，我以后还可以把与屠格涅夫有关的中国方面的材料陆续寄给你们。谢谢您寄来的关于 Записки охотника 的书。
　　　　请接受我的敬意。
　　　　此致
　　敬礼

　　　　　　　　　　　　　　　　　　　　　　　　巴金
　　　　　　　　　　　　　　　　　　　　　　　　Ба Цзинь
　　　　　　　　　　　　　　　　　　　　　　　　1955 年 12 月 6 日[①]

---

① 　白春仁主编：《中俄文化对话》（第一辑），黑龙江人民出版社，2008 年，第 174 页。

　　巴金的简短回信影印件刊载于当年出版的《屠格涅夫的〈猎人笔记〉(1852—1952)文章与资料》一书中。信件原稿被收藏于奥廖尔市国家屠格涅夫文学博物馆。1994 年,总管员波尼亚托夫斯基将信件手稿赠送给屠格涅夫斯帕斯科耶-卢托维诺沃庄园图书馆, 现珍藏于卢托维诺沃屠格涅夫纪念馆与国家自然保护博物馆的"稀有书籍"基金会。

　　巴金提交的论文全文收录于 1960 年由奥廖尔图书出版社出版的《屠格涅夫(1818—1883—1958)文章与资料》一书中,题目更改为《屠格涅夫创作在中国》。巴金的论文被列为首篇,主编阿理克(М. П. Алексеев, 1896—1981)院士亲自执笔,单独为巴金的文章写了一篇很长的编者按,同时还在巴金文章的末尾留下了以注代跋的若干文字。巴金在文中介绍了屠格涅夫在中国的翻译情况。在谈到屠格涅夫在中国深受欢迎的原因时,巴金指出:"中国读者喜欢屠格涅夫是因为他严谨认真的创作态度,是因为他伟大而有力的语言,是因为他的写作技巧,是因为他行文的音乐美,尤其是因为其作品的社会意义,因为他对祖国的热爱和对真理的追求。"[①]屠格涅夫的心理描写、风景描写、语言与叙事艺术对巴金影响很大。巴金认为屠格涅夫的迷人之处在于他善于用极其简练的文笔描写人的深刻复杂感情,用真诚的热爱之情描写俄罗斯大自然的美丽,但他从不用多余的字句充塞这种描绘,也不分散笔力去描绘细枝末节,他擅长用点睛之笔描画出他构思中所必不可少的风景,这种风景与人的内在情感时而相融相谐,时而对立反衬。

　　巴金研究专家维·瓦·彼得罗夫认为,巴金创作风格的形成不仅得益于中国经典文学,也得益于俄苏文学经典的有力影响,最主要的是得益于屠格涅夫的强有力影响。巴金及与他同时代的一些青年很喜欢屠格涅夫的作品,这在巴金的创作中有所体现。维·瓦·彼得罗夫认为,巴金的《家》以一个"小小家庭的生活就反映出了社会发展的矛盾, 主要是反映出了呼唤中国前进的新生力量与拖着中国倒退的旧势力之间的冲突"[②]。

　　1954 年,苏联重要文学杂志《十月》发表了巴金短篇小说《黄文元同志》,俄译文为《一位四川男青年》。1955 年,苏联国家文学出版社出版了

---

　　① 　Ба Цзинь. О творчестве Тургенева в Китае//И. С. Тургенев(1818–1883–1958):Ст. и материалы/ред. М. П. Алексеев. Орел, 1960.С.388.

　　② 　Петров В. В. Творчество Ба Цзиня и его роман Семья//Ба Цзинь, Семья, пер. с кит., М.: Худож. лит., 1956.

《巴金短篇小说集》,维·瓦·彼得罗夫作序,包括《奴隶的心》《狗》《煤坑》《五十多个》《月夜》《鬼》《长生塔》《雨》《黄文元同志》9 篇小说,一次印行了 16.5 万册。1956 年,巴金的代表作《家》被译成俄文,维·瓦·彼得罗夫作序并注释,印刷量为 9 万册。1957 年,苏联国家文学出版社连续出版了 3 本巴金的作品,印刷量都是 9 万册。第一本包含了“激流”三部曲《雾》《雨》《电》和《沉落》《能言树》《废园外》等 7 篇短篇小说。第二本是《春》,第三本是《秋》。苏联读者从此熟悉了巴金在 20 世纪 30 年代的代表作,即“爱情”三部曲和“激流”三部曲。1959 年,费德林选编出版了两卷本《巴金文集》,第一卷包含了 1957 年业已发表过的《雾》《雨》《电》3 篇中篇小说以及《狗》《煤坑》《五十多个》《怀念》《雨》《沉落》《能言树》《废园外》《活命草》《寄朝鲜某地》《坚强战士》《一个侦察员的故事》《爱的故事》等 17 篇短篇小说,其中 14 篇是新翻译的。第二卷是新翻译的《憩园》和《寒夜》。截至 1959 年,巴金的代表作全部被译成了俄文,印刷总量达 54 万册。1960 年曹禺著作俄译本印刷总量为 16 万册、叶圣陶为 21 万册、老舍为 27.8 万册、郭沫若为 40.8 万册、茅盾为 55.11 万册、张天翼为 59 万册(其作品深受苏联儿童读者的欢迎)、鲁迅为 87.8 万册,可见巴金作品印行量已经非常可观。巴金作品的俄译者主要有维·瓦·彼得罗夫、穆德罗夫、罗杰斯特文斯卡娅、乌里茨卡娅、契尔加索娃、兹沃诺夫、霍赫洛娃等。

　　维·瓦·彼得罗夫是苏联汉学界当之无愧的巴金研究大家。据统计,维·瓦·彼得罗夫的“苏洵书屋”里收藏了 12304 册书,其中巴金作品的不同版本有 240 本之多,一些书上面有巴金先生的题字。维·瓦·彼得罗夫是 1957 年 11 月在巴金访苏期间见到巴金的。维·瓦·彼得罗夫于 1959—1960 年在中国进修,与巴金的合作和私交得到了进一步发展。继续沿着维·瓦·彼得罗夫的道路研究巴金的是莫斯科大学的尼科利斯卡娅教授。中国“文革”期间,当巴金的命运不明的时候,尼科利斯卡娅教授正在撰写《巴金创作概况》。该书于 1976 年由莫斯科大学出版社出版。尼科利斯卡娅详细地分析了巴金作品的主题和艺术手法,并将巴金的创作放在中国和世界文学的框架中进行研究,将巴金与曹雪芹、鲁迅、屠格涅夫、契诃夫进行了比较。

　　苏联文学界和广大读者十分敬爱巴金,在中苏关系恶化的情况下还于 1974 年 4 月在莫斯科国际友谊宫举行了纪念巴金诞辰 70 周年活动,苏联《真理报》1974 年 4 月 27 日第 117 期对其进行了报道。1976 年,基辅的出版社还出版了《家》的乌克兰文译本。

　　中苏关系正常化之后,巴金的作品继续在苏联出版。1991 年,莫斯科彩虹出版社出版了由维·瓦·彼得罗夫、罗杰斯特文斯卡娅和索罗金娜等翻译的《巴金选集》,包括旧译《寒夜》《雾》《奴隶的心》《沉落》《煤坑》《五十多个》《长生塔》和新翻译的 《灭亡》《莫娜丽萨》《马赛的夜》《丹东的悲哀》以及《随想录》的一部分。因为当时苏联国内政治经济动荡不稳,《巴金选集》的印刷量只有 1.5 万册。索罗金娜为《巴金选集》撰写了序言“遥远历程的路标”,在回顾巴金创作历程的同时,特别重视作家世界观的演变。索罗金娜认为巴金一直保持着下列核心特点:“……作家对人类的责任意识、对真理和正义的追求、对解除人类所受的各种社会和精神上的奴隶枷锁的痴心。”①

　　2004 年是巴金 100 周年诞辰,在中国驻圣彼得堡总领事馆的支持下,圣彼得堡大学东方系 6 月 22 日至 26 日举办了纪念巴金 100 周年诞辰的国际学术研讨会,共有来自 7 个国家的 50 位学者参加了会议,论文集《远东文学问题》在研讨会之前就已出版。在研讨会上,谢列布里亚科夫教授首先作了题为“在追求善良和正义的道路上”的学术报告。在报告中,谢列布里亚科夫提到了巴金创作的道德基础,分析了巴金世界观的哲学基础和创作来源。他满怀信心地指出:在 21 世纪,巴金的作品仍然会为读者打开精神顿悟、崇高理想、纯洁思想的世界,它们符合当代读者的道德追求,富有深刻的美感乐趣。

　　在圣彼得堡大学东方系的中国文学教学活动中,巴金一直占有重要地位,巴金的《家》是学生的必读书目,巴金的《雾》和《家》是文学翻译课程的重要素材,巴金创作研究也是圣彼得堡大学东方系学习汉语本科生和研究生年级论文、毕业论文和学位论文的常见题目,迄今已经撰写了十多篇研究巴金及其创作的论文。

---

　　①　转引自陈思和、李存光主编:《一粒麦子落地——巴金研究集刊卷二》,上海三联书店,2007 年,第 213 页。

第五章　中苏(俄)电影交流

中苏(俄)电影交流在不同时期呈现出不同特征。在中苏关系时期，尤其是中苏友好时期，以中国电影向苏联电影学习为主。因为当时中国的电影技术十分落后，有必要向苏联学习先进的理念和技术。中国电影界通过大量配译并放映苏联电影，借助苏联专家的指导和向苏联派出留学人员，学习了苏联电影的很多优秀经验，奠定了新中国电影事业的基础。但由于盲目学习和机械模仿，苏联电影的负面影响波及中国电影。意识到存在的问题后，中国电影界进行了一定调整，从 20 世纪 60 年代开始重视电影发展的民族性，到 80 年代学习渠道逐渐增多，中国电影水平不断提高，开始在国际电影节上获奖，在国际上的影响越来越大。至中国与俄罗斯联邦关系时期，俄罗斯电影产业曾经一度跌入低谷，而后在政府的重视下逐渐复苏。俄罗斯十分重视中国电影市场，欢迎来自中国的影视投资，有一些俄罗斯影片在中国放映后取得了很好的票房。随着两国电影交流的深度开展，中国电影经常参加俄罗斯电影节，越来越多的中国影片在俄罗斯受到欢迎，两国电影交流进入了相互学习借鉴和对等交流的时期。

第一节　苏(俄)电影在中国

在中苏友好时期，中国电影"坚定不移""不能动摇"[①]地学习苏联电影，中国电影界配译了几百部苏联影片并大量放映。《列宁在十月》《列宁在 1918》《夏伯阳》《乡村女教师》《乡村医生》《政府委员》《顿巴斯矿工》和

---

① 习仲勋：《对电影工作的意见》，《电影创作通讯》，1952 年第 1 期。

"马克辛三部曲"等影片教育了几代中国观众,鼓舞了广大群众建设社会主义事业的热情。到 20 世纪 80 年代,《静静的顿河》《战争与和平》《这里的黎明静悄悄》《合法婚姻》《稻草人》《办公室的故事》《两个人的车站》和《莫斯科不相信眼泪》等苏联影片深受中国观众欢迎。及至中国与俄联邦关系时期,俄罗斯电影在经过短暂低迷后开始重新振兴,《太阳灼人》《回归》《磁暴》《布谷鸟》《西伯利亚理发师》《护宝娇娃》《敢死连》和《我们来自未来》等影片在中国受到关注。

一、中国译制苏联电影

新中国成立后,中国电影界开始译制苏联影片。新中国负责电影工作的领导十分关心苏联影片的译制工作。1951 年初,刘少奇在写给电影译制工作者的嘉勉信中说:"我们看到你们翻译的影片是感到满意的……苏联影片有了华语对白,对中国广大人民认识苏联,进而学习苏联,增进了极大的方便,它对于加强中苏友好是一个十分有用和有力的工具。"①陆定一在《欢迎苏联电影》一文中说:"让我们伸开两臂,欢迎苏联影片的大量到来!请我们的艺术家们广泛地向人民介绍苏联的电影!希望多多生产用华语配音的苏联影片,并把这个任务作为我国电影制片事业的最重要的任务之一。……希望将苏联影片大量的到工农兵群众中去放映,同时也在一切城市中普遍放映。让更多更多的人能够享受最进步的苏联电影艺术。"②

据统计,中国的电影制片厂 1949 年译制苏联影片 1 部,1950 年60部,1951 年 36 部,1952 年 28 部,1953 年 17 部,1954 年 18 部,1955 年28部,1956 年 36 部,1957 年 47 部,1958 年 34 部,1959 年 31 部,1960 年23部,1961 年 18 部,1962 年 29 部,1963 年 14 部,1964 年 1 部, 总计 421部。如果考虑到 1949 年、1953 年的国产片各有 10 部,1952 年只有 8 部,就更能体会到这些数字的分量了。"十七年"期间引进的 857 部外国影片中,苏联影片独占 49%。③在美术片译制方面,从 1951 年到 1963 年,东北电影制片厂和上海电影制片厂共译制苏联美术片 60 多部。在苏联纪录片译制方面,从 1950 年到 1964 年,东北(1955 年后长春)、北京、上海、新

---

① 转引自《当代中国电影》编辑委员会编:《当代中国电影》,当代中国出版社,2009 年,第 128 页。
② 陆定一:《欢迎苏联电影》,《人民日报》,1949 年 10 月 30 日。
③ 迪善:《苏联电影在中国——50 年代的考察》,《电影艺术》,2008 年第 4 期。

疆等电影制片厂共译制了 90 部左右。在科学教育片译制方面,从 1950 年到 1965 年,东北、北京、上海、北京科学教育、上海科学教育、八一等电影制片厂共译制苏联科教片 400 多部。①另外,还有一部分苏联影片被译成蒙古语、维吾尔语、哈萨克语或配音成粤语发行放映。中国译制的苏联电影题材广泛,有"十月革命"题材,有苏联国内战争和卫国战争等战争题材,有苏联社会主义建设题材,有历史人物题材,还有从文学名著改编而成的影片,等等。

仅以东北电影制片厂(1955 年改称长春电影制片厂)和上海电影制片厂为例就很能说明当时中国译制苏联影片的盛况。从 1949 年至 1954 年,仅东北电影制片厂就译制了故事片 96 部、动画片和科教片 40 部。其间,苏方先后派电影艺术工作者代表团和电影工程师到东北电影制片厂系统地介绍影片译制经验。②东北电影制片厂译制的苏联影片主要有:《普通一兵》《俄罗斯问题》《伟大的转折》《愤怒的火焰》《诗人莱尼斯》《成吉思汗后代》《胜利而归》《斯大林格勒战役》《攻克柏林》《诗人纳沃依》《侦察员的功勋》《外科医生彼洛果夫》《蔚蓝色的道路》《他们有祖国》《小海军》《拳斗大王》《真正的人》《区委书记》《小船长》《列宁在十月》《阴谋》《幸福的生活》《大败拿破仑》《天才发明家》《丹娘》《玛丽黛传》《世外老人》《第三次打击》《俄罗斯航空之父》《宣誓》《瓦良格巡洋舰》《秘密使节》《义犬救主》《保卫察里津》《海军上将纳希莫夫》《光荣之途》《十三人》《带枪的人》《在人间》《波罗的海代表》《海鹰号遇难记》《虎将》《马克辛青年时代》《马克辛归来》《夏伯阳》《美丽的华喜丽莎》《苏沃洛夫元帅》《山地大战》《奇异的种子》《萨根的春天》《她在保卫祖国》《锄奸记》《我的大学》《革命摇篮维堡区》《政府委员》《斯维尔德洛夫》《拖拉机手》《为了生命》《我的童年》《在和平的日子里》《明朗的夏天》《金星英雄》《顿巴斯矿工》《被开垦的处女地》《光明照耀到克奥尔地村》《光明之路》《民族英雄尤拉也夫》《乡村医生》《难忘的 1919 年》《大音乐会》《伊万雷帝》《革命英雄传》《易北河两岸》《萨特阔》《山中防哨》《海军上将乌沙科夫》《银灰色的粉末》《伟大的战士》《别林斯基》《忠实的朋友》《脖子上的安娜》《游击队员之子》《不能忘记这件事》《短剑》《我们好像见过

<hr>

①　隋文静:《鉴往观来——浅谈中俄电影交流》,附录,南开大学硕士学位论文,2006 年。
②　孙维学、林地主编、《新中国对外文化交流史略》编委会编著:《新中国对外文化交流史略》,中国友谊出版公司,1999 年,第 30 页。

面》《大家庭》《忠诚的考验》《深山虎影》《驯虎女郎》《世界摔跤冠军》《王朝末日》《不称心的女婿》《教育的诗篇》《306 号案件》《雪地激战》《保尔·柯察金》《海底擒谍》《劳动与爱情》《静静的顿河》《共产党员》《烽火里程》《三海旅行记》《志愿者》《兰箭》《青年时代》《毁灭》《非常事件》《柯楚别依》《亲爱的人》《伊万娜》《上尉的女儿》《人血不是水》《山鹰》《复活》《星期天的爸爸》《银河相会》《稻草人》《战地浪漫曲》《两个人的车站》《匪巢探密》和《体育彩票》等一百三十多部影片。1950 年 3 月,上海电影制片厂译制了《团的儿子》(译名《小英雄》),揭开了上海电影制片厂译制外国影片的序幕,此后该厂译制的苏联影片主要有:《乡村女教师》《勇敢的人》《党证》《钢铁是怎样炼成的》《列宁在 1918》《远离莫斯科的地方》《彼得大帝》《伟大的公民》《牛虻》《钦差大臣》《安娜·卡列尼娜》《第六纵队》《伊凡从军记》《不同的命运》《雁南飞》《堂吉诃德》《一个人的遭遇》《白痴》《苦难的历程》《白夜》《智擒眼镜蛇》《红帆》《运虎记》《机组乘务员》《第一骑兵军》《合法婚姻》《男子汉》《钻石胳膊》《莫斯科在广播》《姑娘们》《一年中的九天》和《莫斯科之恋》,等等。

在译制苏联影片的过程中,中国各电影制片厂经常超额完成任务。东北、上海和北京 3 个电影制片厂的翻译片科曾在写给刘少奇的信中说,他们 3 个电影制片厂 1950 年除完成原计划翻译的 40 部苏联故事片和 36 部苏联科学教育短片外,还为配合抗美援朝保家卫国运动,超额译制了《秘密使节》《阴谋》和《钢铁是怎样炼成的》3 部故事片,苏联科学教育短片也超额完成了 6 部。苏联影片译制工作不仅速度快,而且水平高,译制质量得到了苏联电影界的认可。比如,中国第一部译制片《普通一兵》是导演袁乃晨和俄语翻译孟广钧等一起完成译制的,译制过程十分曲折。袁乃晨在哈尔滨与苏联影片输出公司东北分公司负责人见面时,苏方对中国译制苏联影片的能力表示怀疑,袁乃晨则表示能够胜任译制。双方经过商谈,东北电影制片厂决定试译《普通一兵》,译完后经过多次试听试看才通过审查。苏方最后认为影片译制得很好,因此按照合同规定把苏联影片华语对白版的译制工作全部交给了中方。再如,苏联影片输出公司在评价译制片《阴谋》时认为该影片译制质量很高,能做到配音和表演协调一致。20 世纪 50 年代,苏联电影代表团来华访问,代表团成员乌沙科娃(В. А. Ушакова,1925—2012)等在参观了由他们主演的影片《道路与命运》的配译工作现场后,十分高兴。著名演员邦达尔丘克(С. Ф. Бондарчук,1920—1994）还特地找到为他主演的影片《乌克兰诗人舍夫琴柯》配音的演员卫禹平,并与其亲切交谈。①

　　苏联电影的译制对中国电影事业的发展起到了积极的推动作用。20世纪60年代,中国文艺界开始重视向民族文化传统学习,中国电影对民族风格的追求日趋自觉。有学者指出:《林则徐》《林家铺子》《红旗谱》《早春二月》《小兵张嘎》《阿诗玛》《舞台姐妹》等影片就是"十七年"电影的民族风格不断走向成熟的标志,它们以对传统戏曲、曲艺、绘画和诗词等艺术形式的学习而显示出"十七年"电影不同于苏联电影的独特的民族风格。②虽则如此,苏联电影对中国电影的影响仍然是不可低估的,特别是在把文学名著改编成电影方面,这种借鉴是十分明显的。由文学名著改编成的苏联电影,如《战争与和平》《静静的顿河》和《白夜》等,不但给观众以美的享受,而且为中国改编拍摄名著类电影提供了典范。

　　20世纪70年代,苏联进行了电影改革,电影人创作时更加重视影片的艺术水平和观众需要,比较注重心理描写和抒情因素,注意挖掘新颖题材,拍摄了大量历史政治、战争军事、爱国主义、生产建设和道德探索等题材的影片。像奥泽罗夫(Ю. Н. Озеров,1921—2001)导演在1968年至1971年陆续拍摄的《解放》、罗斯托茨基(С. И. Ростоцкий,1922—2001)导演的《这里的黎明静悄悄》(1972)和《白比姆黑耳朵》(1977)、萨哈罗夫(А. Н. Сахаров,1934—1999)导演的《适得其所的人》(1973)、邦达尔丘克导演的《他们为祖国而战》(1975)、舍皮钦柯(Л. Шебитченко)导演的《升华》(1977)、米凯良(С. Г. Микаэлян,1923—　　)导演的《奖金》(1975)、舒克申编导的《红莓》(1975)、沙姆什耶夫(Б. Т. Шамшиев,1941—　　)导演的《白轮船》(1976)、叶尔绍夫(М. И. Ершов,1924—2004)导演的《围困》(1977)、缅绍夫(В. В. Меньшов,1939—　　)导演的《莫斯科不相信眼泪》(1979)、达涅利亚(Г. Н. Данелия)导演的《秋天的马拉松》(1980)和梁赞诺夫(Э. А. Рязанов,1927—2015)导演的《办公室的故事》等都是20世纪70年代苏联电影的优秀代表作品。但是,由于政治方面的原因,20世纪70年代的苏联电影对中国电影的影响十分有限,只有少数影片在80年代被译制,但这时中国电影界已经开始注意对世界电影的全面学习与借鉴。

---

① 《当代中国》丛书编辑部编辑:《当代中国电影》(下),中国社会科学出版社,1989年,第161页。

② 洪宏:《苏联影响与中国"十七年"电影》,中国电影出版社,2008年,第19页。

二、中国放映苏联电影

在中国放映苏联电影是中苏友好时期影响最广泛的一种文化交流活动,盛况空前。中苏友好协会当时是全国开展"对苏友好、学习苏联"的总指挥部,在放映苏联电影过程中发挥了很大作用。中苏友好协会下设秘书处、组织部、联络部、研究出版部、服务部和图书资料室。其中,服务部的任务是:掌理组织展览会、晚会、演放电影,管理俱乐部、阅览室,办俄文夜校,代订苏联书报杂志等工作。①

中苏友好协会和文化部在全国各地举行的苏联电影放映活动都大受欢迎。以东北各地的中苏友好协会为例,包括重复放映和流动放映在内,仅在 1949 年 9 月和 10 月两个月内就组织放映苏联影片 839 部,观众220 多万人。②再如,1949 年 11 月成立的上海中苏友好协会,从成立之初就十分重视苏联影片的放映, 仅在成立后 4 个月内就组织放映了《索亚传》《以血还血》《巾帼伟人》《俄罗斯问题》《医学先导》《海鹰》《卫城记》《桃李满天下》《米丘林》《侵略》《霓裳新舞》《今日之苏联》《青年近卫军》《小飞马》《无脚飞将军》《伏尔加》《列宁传》《雪地大血战》等近 20 部苏联影片,约 40 场次。中国放映苏联电影有力渲染了中苏友好的气氛,在国内迅速掀起一股"苏联影片热"。③

据中苏友好协会总会统计,截至 1952 年 9 月,全国各地中苏友好协会组织电影放映队在工厂、农村巡回放映电影 35518 场,有 5770 余万群众受到了苏联电影的教育。全国各地中苏友好协会共有 200 多个电影放映队,经常深入偏僻的乡村、山区和草原,向千百万劳动人民放映苏联电影和幻灯。许多地方的农民听到放映苏联影片的消息,三四天以前就从几十里、几百里以外赶着大车到放映地点等候。④以江苏省为例,1952 年,南京、无锡等 5 个城市在"中苏友好月"中同时举行了苏联影片展览;全省 43 个电影放映队深入农村放映了苏联电影和有关中苏友好的国产片,观众多达 427 万人次。云南中苏友协的电影队成立以后

---

① 《中苏友好协会筹委会干事会机构人选确定 开始进行苏联建国经验介绍及有关增进两国人民友谊工作》,《人民日报》,1949 年 8 月 3 日。

② 中苏友协总会编:《中苏友好》第 1 卷第 2 期,1949 年。

③ 上海中苏友协:《上海中苏友好协会电影放映统计》,《苏联知识》创刊号,1950 年 3 月。影片《列宁传》即是下文提到的纪录片《列宁》,可见当时的资料中有些影片的名称并不统一。

④ 新华通讯社编:《新华社新闻稿》(第 895—923 期),新华通讯社,1952 年,第 96 页。

到云南各地巡回放映苏联影片 1000 余场,观众达 600 多万人。青海省的流动电影放映队深入省内的湟中、门源等 12 县放映苏联影片,宣传中苏友好。①

据统计,自新中国成立至 1954 年 11 月,在中国共放映苏联影片 120 万场以上,观众人数在 8 亿人次以上。有些影片,如《难忘的 1919 年》《库班哥萨克》等,每部影片的观众达 2000 万人次左右。②截至 1956 年,新中国共译制和放映外国影片 440 部,而苏联影片就达到 405 部,故事片 189 部,科教片 155 部。"从 1949 年到 1959 年,中国放映的苏联电影大约 750 部,观众平均每年超过 2 亿人。"③其中,《普通一兵》《夏伯阳》《乡村女教师》《伟大的公民》《彼得大帝》《攻克柏林》《列宁在十月》《列宁在 1918》和《保尔·柯察金》等影片给中国观众留下了深刻印象,特别是对青年观众产生了非同寻常的教育意义。保尔的英雄形象在中国广为人知,除相关文学作品的传播外,与电影的放映也有很大关系。20 世纪 50 年代的中国大陆,文盲占绝大多数,透过这种非文字媒体,它的宣传功效自然要比文字大得多。④1950 年,为配合抗美援朝,上海电影制片厂赶译了苏联 1942 年拍摄的电影《钢铁是怎样炼成的》,但上映后反响一般。1956 年,苏联电影界进行了重新拍摄,片名改为《保尔·柯察金》,虽在故事内容上略有改动,但情节变得紧凑明快。1957 年,中国为庆祝"十月革命"40 周年和配合"中苏友好月"活动,将电影《保尔·柯察金》译制后在中国大陆 29 个城市播放。辽宁省还派 200 个电影队到山区农村去放映。⑤

举办苏联影片展览和苏联电影周是中国放映、引进和学习苏联电影的一种重要手段。1951 年 11 月 5 日,文化部举办的苏联影片展览在北京揭幕,11 月 7 日至 16 日,影片展览在全国 20 个大城市同时举行。1952 年 11 月 7 日,中苏友好协会与文化部联合举办的苏联影片展览在北京揭幕,之后在全国 60 多个城市 321 家影院放映了苏联最新出品的彩色影

①　李巧宁:《新中国的中苏友好话语构建(1949—1960 年)》,中国社会科学出版社,2007 年,第 47、101 页。

②　孙维学、林地主编,《新中国对外文化交流史略》编委会编著:《新中国对外文化交流史略》,中国友谊出版公司,1999 年,第 31 页。

③　Цветко А. С. Советско-китайские культурные связи. Историческтий очерк. М.:Мысль,1974.C.59.

④　余敏玲:《苏联英雄保尔·柯察金到中国》,《俄罗斯研究》,2003 年第 1 期。

⑤　《苏联电影周胜利结束》,《人民日报》,1957 年 11 月 27 日。

片,影响广泛。1953 年 11 月 4 日,为庆祝"十月革命"胜利 36 周年,中苏友好协会与文化部联合举办的"苏联电影周"开幕式在北京举行。毛泽东和周恩来在 11 月 5 日分别致电苏联政府领导人表示祝贺,首都各界 6 日举行了庆祝大会。苏联政府领导人在 21 日分别复电表示感谢。1954 年,为庆祝"十月革命"胜利 37 周年,中苏友好协会和文化部联合举办了"苏联电影周"。"电影周"期间,苏联影片在各地受到了普遍欢迎。据京、津、沪等 23 个城市 6 至 10 天的不完全统计,观众达 620 万人次。[①]1955 年,为了庆祝"十月革命"胜利 38 周年,"苏联电影周"在中国 30 个城市举行,各地纷纷举行电影放映活动。1956 年 11 月,中国在 20 个城市举办了"苏联电影周"。"电影周"盛况空前,在首批举行"苏联电影周"的北京、天津、上海、沈阳、哈尔滨、武汉、广州、重庆、西安和乌鲁木齐,共有观众 270 多万人次。上海全市 23 家电影院放映了 591 场。沈阳一地观众达 71 万多人次。旅大(今大连市)11 个电影院普遍加场,有几个电影院甚至一天连续放映 7 场。[②]在杭州,许多郊区的观众特意赶到市内,观看反映苏联集体农庄中先进和落后思想冲突的影片《不称心的女婿》。1958 年 11 月 2 日,在京的苏联女专家和专家夫人邀请北京市各界妇女代表及民主德国等在京的女专家和专家夫人一起举行茶话会,庆祝"十月革命"胜利 41 周年。茶话会共进行了 3 小时,会后宾主一起观看了苏联电影。[③]

　　受中苏关系恶化的影响,从 1960 年起,中国购买的苏联影片大大减少。1960 年,中国一些机构拒绝购买苏联方面推荐的 19 部影片。[④]再加上中国面临经济困难,不得不压缩对外文化交流,1961 年的文化合作计划比 1960 年几乎减少了 30%,在电影、广播、电视、高等教育等方面的合作削减幅度较大。[⑤]中国的苏联电影放映活动骤减,但群众的欢迎程度依然高涨。1960 年 11 月 14 日,为庆祝"十月革命"胜利 43 周年,文化部、对外文化联络委员会和中苏友好协会在北京、上海、天津、沈阳、长春、哈尔滨、武汉、广州、成都、旅大、西安、乌鲁木齐与呼和浩特13 个城

---

　　① 孙维学、林地主编,《新中国对外文化交流史略》编委会编著:《新中国对外文化交流史略》,中国友谊出版公司,1999 年,第 31 页。

　　② 《苏联电影周中观众踊跃 苏联电影工作者代表团回国》,《人民日报》,1956 年 11 月 26 日。

　　③ 《庆祝十月革命节 北京苏中妇女欢聚一堂》,《人民日报》,1958 年 11 月 3 日。

　　④ [苏]奥·鲍·鲍里索夫、鲍·特科洛斯科夫:《苏中关系》,肖川、谭实译,生活·读书·新知三联书店,1982 年,第 217 页。

　　⑤ 同上,第 218 页。

市联合举办"苏联电影周",放映了《列宁的故事》《乌里扬诺夫一家》《海军少尉巴宁》和《在荒凉的河岸上》等苏联电影,受到观众的热烈欢迎。据北京等10个城市统计,在"电影周"期间共放映电影3000多场,观众达180多万人次。首都的电影院在一周中共放映电影263场,观众达162000多人次。①北京市中苏友好协会于1961年11月6日晚在中苏友好馆举行音乐晚会,晚会上播放了伟大革命导师列宁所喜爱的歌曲,并放映了苏联电影。②1961年11月7日,哈尔滨、上海、广州、重庆、西安和乌鲁木齐等地人民集会庆祝"十月革命"胜利44周年,举行了音乐晚会、图片展览和放映苏联影片等活动。1961年,中国电影界还举行过苏联影片《世纪同龄人》的首映式。1962年5月,根据周恩来的指示,文化部组织评选出22位受到观众喜爱的"新中国人民演员",并将他们的照片悬挂于各大影院,取代此前悬挂的22位苏联明星。1962年,为庆祝"十月革命"胜利45周年,中国举行了苏联电影《世纪之初》首映式。1964年,中方还曾举行过苏联影片《通向舞台的道路》的首映式。1965年,为庆祝"十月革命"胜利48周年,中国在北京、上海、广州、武汉、沈阳等地放映《列宁在十月》等5部苏联影片。③

　　1966年3月,中苏两党关系中断,但中苏双方仍克服困难于当年6月在莫斯科签订了中苏文化合作1966年度执行计划,这一计划是中苏文化交流史上规模最小的计划。"文革"发生后,两国文化往来中断,电影交流也随之停滞。"文革"期间,苏联电影及其理论在中国大受批判。

　　中苏两国的电影交流在近20年后才得以恢复。20世纪80年代,《合法婚姻》《稻草人》《这里的黎明静悄悄》《办公室的故事》和《两个人的车站》等苏联影片陆续在中国放映,取得了很大成功。1987年,上海电影制片厂译制了《合法婚姻》。1988年,中央电视台译制并播放了《德黑兰43年》。1989年11月7日,为庆祝"十月革命"胜利72周年,"苏联电影周"开幕式在北京民族文化宫举行,中国广播电影电视部副部长陈昊苏、苏联驻华大使特罗扬诺夫斯基(O. A. Трояновский,1919—2003)等出席了开幕式。此次"苏联电影周"依次在北京、西安、太原、贵阳4个城市举办,放映了《被

---

① 《十月革命节电影周结束》,《人民日报》,1960年11月15日。

② 《哈尔滨上海广州等地隆重集会庆祝十月革命四十四周年 各人民团体分别电贺苏联人民伟大节日 北京市中苏友好协会等开展各种庆祝活动》,《人民日报》,1961年11月8日。

③ 孙维学、林地主编,《新中国对外文化交流史略》编委会编著:《新中国对外文化交流史略》,中国友谊出版公司,1999年,第83页。

遗忘的长笛曲》《女政委》《电影悲欢曲》和《好事不成双》等影片。①

　　苏联电影的放映取得了很好的教育效果，许多人因观看苏联电影深受教育。哈尔滨一位老工人张德祥过去不愿学习先进经验，他的产品有45%以上是废品，自从看了苏联影片《顿巴斯矿工》以后，他被影片中老矿工聂道连的爱国主义精神深深感动，开始积极学习先进工作法，短时期内生产效率提高了70%，质量也达到合格标准。许多医务工作者看了苏联影片《乡村医生》后很受感动，工作更加积极。全国青年学生更热火朝天地掀起了学习苏联优秀青年的高潮。各地的学校普遍举行座谈会、文艺晚会和故事会等，讨论苏联青年英雄卓娅、马特洛索夫、奥列格的英勇事迹，不少学校优秀班级都以苏联英雄的名字命名。②

　　苏联电影教育和鼓舞了几代中国观众，直接影响了他们的文化生活和精神世界。像《列宁在十月》《列宁在1918》《静静的顿河》《战争与和平》《这里的黎明静悄悄》《莫斯科保卫战》《莫斯科不相信眼泪》等经典之作至今仍然让很多中国观众难以忘怀，他们对影片中的经典台词耳熟能详。例如：“面包会有的，牛奶也会有的，一切都会有的。”“不要挤，大家不要挤，让列宁同志先走！”“不要向井里吐痰，也许你还回来喝井里的水。”“每个人都会有缺陷，就像被上帝咬过的苹果，有的人缺陷比较大，正是因为上帝特别喜欢他的芬芳。”“我们是最亲的兄妹。”“俄罗斯虽大，但我们已无路可退，身后就是莫斯科。”“别哭了，莫斯科不相信眼泪。现在不该哭，而该行动。”

　　由于列宁题材影片的大规模放映，影片中饰演列宁的演员所穿的双排扣制服被称为“列宁装”。在20世纪60年代，列宁装成为一种经典服装，受到无数中国女性的崇尚和青睐。

　　另外，在中国当时的社会背景下，放映员在放映苏联电影时还需要注意一些“事项”。比如，《列宁在1918》虽然是一部革命战争题材的影片，但画面中出现的女演员穿裙子跳芭蕾舞、夫妇亲吻等镜头，很容易引起争议。因为害怕产生“副作用”，在放映时除了事先进行剪辑删除外，还采取临时用手挡镜头的方式来放映。放映员都能准确无误地操作，确保放映“质量”。

---

　　①　《苏联电影周在京开幕》，《人民日报》，1989年11月8日。

　　②　《“中苏友好日”运动成绩巨大 进一步巩固和发展了中苏两国人民的友谊》，《人民日报》，1952年12月9日。

三、俄罗斯联邦电影在中国

苏联解体后,在社会和经济发展出现动荡和危机的背景下,俄罗斯电影业的发展受到巨大冲击并陷入困境。俄罗斯政府对电影产业的拨款骤减,电影人才流失严重,许多电影制片厂名存实亡,有些只能以出租场地、转拍电视剧和从事广告拍摄维持生存。俄罗斯的电影生产数量从苏联时期的每年大约150部左右下降到20世纪90年代中期的每年20部左右。作为俄罗斯电影业旗舰的莫斯科电影制片厂,每年拍摄的影片只有四五部。由于不再限制影片进口,俄罗斯电影市场充斥着外国影片,尤其是美国影片。俄罗斯电影产业的私有化也导致电影产业萎缩。为了追求利润,俄罗斯影院放映的多是卖座的进口影片,国产影片所占市场份额很低,有时还不足3%。

为了扭转俄罗斯电影面临的困境,俄罗斯政府采取了一系列措施。俄罗斯政府在2001年实施的《俄罗斯文化五年发展纲要》中制定了包括电影振兴的发展计划。根据这一计划,到2005年底,俄罗斯每年拍摄100部左右的影片,国产影片在电影市场中所占份额达到20%。资金方面,2002年俄罗斯政府对电影产业的拨款比2001年增加了一倍,达到了5000万美元;2003年拨款较2002年又增加了70%。为了进一步解决资金不足的问题,2001年4月,俄罗斯总统签署了国立电影制片厂实行股份制的总统令,决定将所有电影制片厂改造成国家控股的股份制企业,条件成熟后再私有化。俄罗斯政府成立了由国家控股的影片发行股份公司,主要任务是改造和修建以放映俄罗斯电影为主的现代化电影院线,以提高俄罗斯电影的市场份额。随着政局的稳定和经济的复苏,俄罗斯政府采取的振兴本国电影的措施很快见效,影片年产量从1996年的26部增加到2003年的100多部,影片质量也有所提高。俄罗斯电影家协会主席、著名导演尼·谢·米哈尔科夫(Н. С. Михалков,1945—)拍摄的《烈日灼人》(1994)获得1995年奥斯卡最佳外语片奖,几年后又拍摄了《烈日灼人2》(2011)。1999年的《西伯利亚理发师》以1885—1905年沙俄没落时期的社会生活为背景,讲述了一个凄婉美丽的浪漫故事。此片投资不菲,票房甚至超过了《泰坦尼克号》。2000年,《西伯利亚理发师》在戛纳电影节上被定为开幕影片展映, 这是俄罗斯影片第一次在戛纳电影节上放映。2004年,在第26届莫斯科国际电影节上,导演梅斯希耶夫(Д. Д. Месхиев,1963—)执导的卫国战争题材影片《自己人》一举夺得最佳影片、最佳导演和最佳男主角 3 项大奖,马什科夫(В. Л. Машков,1963—)执导的《爸爸》获观众最喜爱的影片奖。为促进电影业的振兴,俄罗斯政府于2003 年设立了有俄罗斯"奥斯卡奖"之称的电影最高奖项——金鹰奖。获得金鹰奖的俄罗斯影片,如《回归》《磁暴》和《布谷鸟》等在国际影坛享有盛誉,中国对此进行了译制。受到国际金融危机影响,俄罗斯 2009 年的电影出口量因投资不足而锐减了 50%。为扭转不利局面,普京任总理期间亲自主持了俄罗斯国产电影发展委员会会议,对俄罗斯电影的发展提出了方向和要求。普京在参加莫斯科国立格拉西莫夫电影学院成立 90周年庆祝活动时说,国家不可能逼迫观众去看他们并不感兴趣的电影。普京年轻时候的经历竟也成为电影拍摄的对象,俄罗斯女导演茹丽娜(О. Н. Жулина,1957—)据此拍摄了《接吻吧,不为媒体》。

票房和艺术上都取得成功的俄罗斯电影佳作让人看到了俄罗斯电影振兴的希望,不仅赢得了俄罗斯观众的喜爱,而且受到了国际电影界的广泛关注,中国电影界也开始陆续译制俄罗斯电影的优秀作品。比如,上海电影制片厂于 1993 年译制了彩色故事片《国际女郎》,肖章任翻译,乔榛和丁建华任译制导演,主要配音演员有丁建华、沈晓谦、苏秀和翁振新等。影片在人物配音、音乐处理与画面节奏的关系等方面均达到较高水平,曾获得广电部年度优秀译制片奖和第 14 届中国电影金鸡奖最佳译制片奖。再如,北京电影制片厂译制了由中影公司引进的《我们来自未来》,2008 年在中国电影院线上映,取得了很好的效果,尤其受到青年观众的欢迎。这部影片采用穿越的手法,教育俄罗斯年轻人不要忘记过去,要尊重祖国的历史,表达了爱国主义主题。

在中国与俄联邦电影交流过程中,中央电视台电影频道成为播放和译制俄罗斯影片的阵地。20 世纪 90 年代末以来,在中央电视台电影频道播放的俄罗斯影片主要有:1998 年分 3 次播出了《钢铁是怎样炼成的》《安娜·卡列尼娜》和《红与黑》,1999 年播出了《西伯利亚之歌》。2001 年播出的《新豌豆公主》真实地反映了俄罗斯的社会现状,歌颂了主人公在物欲横流的社会不为金钱所动的人生态度,该影片曾在戛纳和蒙特卡洛等电影节获奖。2002 年播出了《莫斯科不相信眼泪》,2003 年播出了《这里的黎明静悄悄》,2004 年播出了《办公室的故事》,2005 年播出了《战地浪漫曲》《敖德萨的功勋》和《回归》,2006 年播出了《自由战士》《莫斯科保卫战》《乡村女教师》和《布谷鸟》,2007 年播出了《静静的顿河》《星星》和《敢死连》(原名《九连》),2008 年播出了《小长鼻子雅各布》《逃亡》《生死倒计时》《兵临城下》和《战争与和平》,2009 年播出了《密码疑云》和《护宝娇娃》,等等。

中央电视台电影频道播出的俄罗斯影片中,有些是苏联时期的作品,有些是新译制的当代俄罗斯影片,如《敢死连》《密码疑云》《护宝娇娃》等。《敢死连》是由中央电视台电影频道引进的大片,以 20 世纪 80 年代阿富汗战争为背景,讲述了一批苏联年轻士兵被派往战场掩护苏军撤退的故事。普京在观看了《敢死连》之后曾激动地宣布:俄罗斯电影业从此复兴。《敢死连》由长春电影制片厂译制,由有丰富电影译制经验的杜桂敏担任翻译,配音演员孟丽担任译制导演。《密码疑云》和《护宝娇娃》在中国播放时受到欢迎,俄罗斯影星帕妮娜(А. В. Панина,1983—　　)尤其受到中国女观众的喜爱。她在两部影片中均有大段精彩的动作戏,表现了俄罗斯彪悍动作美女的形象。

中国与俄罗斯互办"国家年"期间,电影是两国文化交流的重头戏。2006 年 5 月 29 日至 6 月 5 日,作为中国"俄罗斯年"重要活动之一的俄罗斯经典电影回顾展在中国电影资料馆举行。这次影展选取了苏联至俄联邦时期 15 位导演的 17 部经典影片。导演中既有老一辈的维·费·索科洛夫(В. Ф. Соколов,1928—2015)和索洛维约夫(С. А. Соловьев,1944—　　)等著名导演,也有托多罗夫斯基(В. П. Тодоровский,1962—　　)等青年导演。影片的时间跨度从 1966 年至 1997 年,大部分影片是在国际或俄罗斯国内电影节上获奖的作品。《穆斯林》(1995)和《跳舞者的时代》(1997)两部影片,从不同角度揭示了战争的悲剧本质,是对阿富汗和车臣战争的重新审视。《高加索俘虏》则表现了冷战后的某些战争给人民带来的痛苦。影展选取了索洛维约夫导演的《童年过后一百天》和《柔情年华》两部影片。《童年过后一百天》是索洛维约夫拍摄于 1975 年的作品,《柔情年华》反映了丰富的社会生活,描写了 20 世纪 90 年代处在动荡不安环境中的俄罗斯青年的迷惘和成长。

2009 年,中国在举办"俄语年"期间再次举办了俄罗斯电影展。2009 年 7 月 3 日至 7 月 8 日,俄罗斯电影展在中国电影资料馆举行。此次影展精选了 10 部 2000 年之后拍摄的不同题材和风格的当代俄罗斯影片。电影展开幕影片《身高 1 米 8 以上》是一部关于矮个子男士征婚的喜剧,其导演斯特里日诺夫(В. А. Стрижинов,1969—　　)携两位女主角到现场与观众见面。《土耳其式的开局》和《火车谋杀案》(又译《国家顾问》)改编自鲍里斯·阿库宁的小说。《孤独之岛》由伦金(П. С. Лунгин,1949—　　)执导,2006 年在俄罗斯曾经引起轰动,并在当年俄罗斯尼卡奖评比中独揽最佳影片和最佳导演等 6 项大奖。参展影片《阴谋》(又译《薇拉的司机》)被认为是 2009 年俄罗斯最好的影片之一,由曾以《小偷》(1997)蜚声威尼斯电影节的丘赫莱依(П. Г. Чухрай,1946—)执导。为配合此次影展,中国电影资料馆还放映了部分苏联时期的经典影片。

2013 年 5 月,由国家新闻出版广电总局与俄罗斯联邦文化部联合主办的俄罗斯电影节在人民大会堂开幕。俄罗斯影片展映先后在北京、上海和重庆举行,共放映了 10 部影片:《5 个新娘》《间谍》《母亲》《男士女子球队》《女倾慕者》《寻宝者》《生死球迷》《圣诞树》《石头》和《我会守着你》。2014 年,受俄联邦文化部委托,国家新闻出版广电总局在北京和济南两地举办了俄罗斯电影展,放映了《冠军》《来自天堂的信使》《警界黑幕》《好孩子的国家》《黑暗世界》和《说曹操曹操到》6 部俄罗斯影片。其中,《警界黑幕》系意译,直译是《少校》。

俄罗斯电影界积极参加中国上海国际电影节的活动,上海国际电影节经常邀请俄罗斯的评委,电影节上也不断有俄罗斯影片获奖。1993 年第一届上海国际电影节曾邀请俄罗斯评委沙赫纳扎洛夫(К. Г. Шахназаров,1952—),1997 年第 3 届上海国际电影节曾邀请俄罗斯评委克利莫夫(Э. Г. Климов,1933—2003),1999 年第 4 届上海国际电影节曾邀请俄罗斯评委罗斯托茨基,2002 年第 6 届上海国际电影节曾邀请俄罗斯评委索洛维约夫。2014 年,上海国际电影节邀请俄罗斯导演尼·谢·米哈尔科夫担任评委会主席。担任 2015 年第 18 届上海国际电影节评委会主席的是俄罗斯导演兹维亚金采夫(А. П. Звятинцев,1964— ,中国媒体报道时译为萨金塞夫)。在 1995 年举行的第 2 届上海国际电影节上,俄罗斯影片《美国女儿》获得评委会特别奖。2006 年的第 9 届上海国际电影节专门举行了俄罗斯电影展。2008 年,第 11 届上海国际电影节共有 16 部影片参赛,俄罗斯的两部参赛影片是《木偶情人》和《陌生的亲情》。《木偶情人》演绎了一个俄罗斯女孩和英国木偶艺人之间的异国恋情,而《陌生的亲情》则讲述了一个生活在俄罗斯小镇上的 16 岁女高中生,偶然遭遇自己素未谋面的生父后发生的故事。《陌生的亲情》是俄罗斯导演科特(В. К. Котт,1973—)的处女作,在第 11 届上海国际电影节上获得金爵奖最佳影片奖。2013 年 6 月,在第 16 届上海国际电影节上,俄罗斯导演尤·安·贝科夫(Ю. А. Быков,1981—)执导的影片《警界黑幕》获金爵奖,贝科夫本人获得艺术成就奖和最佳导演奖。2015 年 6 月,在第 18 届上海国际电影节上,尼·谢·米哈尔科夫执导的《中暑》获最佳摄影奖。

第二节　中国向苏联学习电影艺术

新中国的电影事业基础差、底子薄,而苏联的电影业基础深厚,在帝俄时期就开始起步,到苏联成立后,已经出现了普多夫金(В. И. Пудовкин,1893—1953)、爱森斯坦(С. М. Эйзенштейн,1898—1948)等电影大师。在新中国向苏联"一边倒"的情况下,中国电影向苏联电影学习势所必然。中国电影是在苏联电影的帮助下发展起来的,中国电影向苏联电影的学习主要是通过互派代表团、向苏联派出留学人员、聘请苏联电影专家和翻译出版苏联电影资料等方式进行的。苏联电影对中国电影的影响很大,积极正面的影响是主要的,消极负面的影响是次要的。

一、互访、留苏和聘请苏联专家

苏联领导人列宁和斯大林都十分重视电影的宣传鼓动作用。列宁指出:"所有艺术当中,对我们最重要的是电影。"①斯大林认为电影是大规模宣传鼓动的最伟大的工具,只要把这个工具牢牢抓在手中,就能够以社会主义精神教育和影响群众,鼓舞他们积极投身革命和建设事业。毛泽东、刘少奇和周恩来等新中国领导人也十分重视电影的作用。毛泽东《在延安文艺座谈会上的讲话》主张文艺为工农兵服务,要求政治和艺术统一,内容和形式统一,革命的政治内容和尽可能完美的艺术形式统一。电影作为重要的文艺形式,其在新中国成立后的创作长期围绕《在延安文艺座谈会上的讲话》的主旨要求展开。作为中苏友好协会的会长,刘少奇直接抓苏联影片译制工作,他认为配有华语对白的苏联影片对于加强中苏友好是一个十分有用和有力的工具。周恩来认为电影是一个很重要的教育工具和宣传工具。因此,新中国积极主动地展开了对苏联电影的学习,这样不仅可以满足人民群众精神文化需求,而且可以对广大群众展开宣传和教育,激发他们建设社会主义事业的热情。中国在向苏联电影学习的过程中,电影的作用被夸大:"电影能够解决以前只有文学才能解决的一切任务,也就是说,它创造了一切的工具,使它能够最充分地最广泛地在艺术的形象中表现实际生活中的一切式样。"②

中国学习苏联电影的方式之一是两国互派电影代表团。1949 年 10

---

① Болтянский Г. М. Ленин и кино. М.; Л.: Joyg, 1925.

② 中苏友好协会总会编:《苏联文化工作者代表团在中国一月》,新华书店,1950 年,第 43 页。

月1日,苏联文化艺术科学工作者代表团一行34人在著名作家法捷耶夫和康·米·西蒙诺夫率领下,来华参加中苏友协成立大会和中华人民共和国中央人民政府成立典礼。代表团中电影界的代表是苏联著名导演谢·阿·格拉西莫夫(C. A. Герасимов,1906—1985)和苏联文献纪录电影制片厂导演瓦尔拉莫夫(Л. В. Варламов,1907—1962)。谢·阿·格拉西莫夫在中国演讲时提到的苏联影片有:瓦西里耶夫兄弟①导演的《夏伯阳》、埃尔姆列尔(Ф. М. Эрмлер,1898—1967)的《伟大的公民》、罗姆(М. И. Ромм,1901—1971)的《列宁在十月》和《列宁在1918》、爱森斯坦的《亚历山大·涅夫斯基》、查乌勒尔(М. Э. Чиаурели,1894—1974)的《宣誓》、普多夫金的《纳西莫夫海军上将》及一些反映卫国战争的电影等。中苏友好协会总会编写的《苏联文化工作者代表团在中国一月》对此有详细的记载和评论。②《苏联文化工作者代表团在中国一月》收录了谢·阿·格拉西莫夫10月17日在上海影剧界讲演会上的讲演词《论苏联电影》及在讲演会上的答疑——《关于苏联电影的几个问题》,后者还在1949年10月31日的《文汇报》上刊载过,成为当时中国电影向苏联电影学习的重要资料。代表团代表苏联电影部向中国赠送了《斯大林格勒战役》等15部影片,苏联对外文化协会远东司副司长马尔柯夫(И. С. Марков)在致辞时说:苏联电影部要我们送给你们苏联艺术和传记纪录影片。这些影片大都获得斯大林奖金,在世界影坛上都是第一流的影片。这些影片中有《斯大林格勒战役》《青年近卫军》《在易北河的会晤》《科学院士帕夫洛甫》《米丘林》《康斯坦丁·萨司洛诺夫》《西伯利亚交响曲》和传记片《列宁》《一九四九年五一节大检阅》《普希金》,等等,一共有15部片子。③

　　1951年10月1日至10日,苏联方面为庆祝中国国庆日举行了第一届"中国电影周"。应苏联电影部邀请,中国派出了由于伶、张干、张静、李百万和胡朋等组成的代表团赴苏参加"中国电影周"。代表团9月26日抵达莫斯科,11月1日回国,是中国派往苏联的第一个电影工作者代表团。代表团除广泛传播新中国的电影外,还通过参观苏联的电影制片厂

---

　　①　瓦西里耶夫兄弟(Братья Васильевы),指电影导演格·尼·瓦西里耶夫(Г. Н. Васильев,1899—1946)和谢·德·瓦西里耶夫(С. Д. Васильев,1900—1959)兄弟俩。

　　②　中苏友好协会总会编:《苏联文化工作者代表团在中国一月》,新华书店,1950年,第42—43页。

　　③　同上,第53页。帕夫洛甫现译巴甫洛夫。

和与苏联电影界进行座谈等方式,利用各种机会学习苏联电影的技术和经验。

1952 年 11 月,中国邀请了由团长亚·谢·费奥多罗夫(А. С. Федоров, 1909—1996,当时译为费道罗夫)率领的苏联电影艺术工作者代表团来华参加"中苏友好月"活动。代表团由 7 名人员组成,团长费道罗夫是苏联电影部科学教育片局的局长,成员有演员契尔柯夫(Б. П. Чирков, 1901—1982)、切尔卡索夫 (Н. К. Черкасов, 1903—1966) 和拉迪妮娜 (М. А. Ладынина, 1908—2003), 导演弗·米·彼得罗夫 (В. М. Петров, 1896—1966),编剧斯米尔诺娃(М. Н. Смирнова, 1905—1993)和摄影师瓦·叶·巴甫洛夫(В. Е. Павлов, 1905—1986)。《人民日报》刊文:"十一月六日,我们迎来了七位苏联电影界的使者。他们都是我们从未晤面过的良师密友……苏联人民的劳动和斗争照亮了我国人民前进的道路。苏联电影艺术家的辉煌的工作成果,为我国电影工作者树立了榜样。"[1]苏联电影艺术工作者代表团访问了北京、上海、武汉、长春等城市。在北京,代表团参观了石景山钢铁厂等地并对电影《龙须沟》提出了指导意见,认为电影前半部很好,后半部却很概念化,应修改或重拍。在长春,代表团参观了东北电影制片厂,与该厂职工进行多次座谈,斯米尔诺娃还应邀到东北师范大学就电影《乡村女教师》的创作经历作了报告。代表团于 12 月 23 日离开满洲里返回苏联并在归国途中写了回信。关于 1952 年苏联电影工作者代表团在中国访问的情况,时代出版社出版了陈方千整理的《难忘的日子:记苏联电影艺术工作者代表团在中国的访问》(1955)一书。

1956 年 11 月,中国在 20 个城市举办了"苏联电影周",以卡拉什尼科夫为团长的苏联电影工作者代表团应邀参加。11 月 5 日首批到达的成员有苏联人民演员、影片《乡村女教师》和《母亲》的女主角玛列茨卡娅(В. П. Марецкая, 1906—1978)和苏联人民演员、影片《青年近卫军》和《不称心的女婿》的女主角莫尔久阔娃(Н. В. Мордюкова, 1925—2008)。11 月 6 日到达的有乌兹别克苏维埃社会主义共和国功勋艺术家、《普通一兵》等影片的导演鲁柯夫和电影演员潘尼奇。11 月 7 日到达的有《没有说完的故事》和《奥赛罗》等影片的男主角邦达尔丘克,《不能忘记这件事》和《银灰色的粉末》等影片的女主角乌沙阔娃。代表团在北京、南京、上海、杭州、广州等地和25000 多位观众见面,并且和中国电影界人士进行了交流。1957 年 8 月

---

① 《向杰出的苏联电影剧作家学习》,《人民日报》,1952 年 11 月 15 日。

31 日,有 16 个国家参加的亚洲电影周在北京举行开幕式,亚尔马托夫率领苏联塔吉克斯坦代表团到会并在开幕式上致辞。

中苏关系恶化后,两国电影交流走向低谷,三十多年后苏联才向中国派出电影代表团。1990 年 3 月 8 日,李瑞环会见了苏联国家电影委员会主席卡姆沙洛夫（А. И. Камшалов,1932—　）率领的苏联电影代表团。李瑞环说,电影交流曾经为促进中苏两国人民的传统友谊发挥了积极作用,继续进行交流既是两国人民的需要,也是双方电影工作者的共同任务,希望中苏双方继续进行电影方面的交流,以加深两国人民的相互了解。卡姆沙洛夫介绍了苏联电影业的发展及体制改革情况。他说,苏联人民很爱看中国电影,他在中国访问期间看到,中国的青年人和老年人也喜欢苏联的电影。因此,他表示对苏中两国电影交流与合作的前景满怀信心。①苏联解体后,中苏电影交流被中国与俄罗斯联邦的电影交流代替。

除通过邀请和派出电影代表团学习以外,中国电影向苏联电影学习的重要方式是派出留学人员赴苏联学习和聘请苏联专家进行指导。

1954 年 9 月,中方电影局向苏联派出了中国电影工作者实习团到苏联莫斯科国立电影学院和莫斯科电影制片厂学习电影技术。实习团成员是文化部从电影局、东北电影制片厂、北京电影制片厂和上海电影制片厂等部门优选调集的,共 20 人,其中电影专业人员 15 人,翻译 5 人。文化部从电影局选调了汪洋和成荫,从东北电影制片厂选调了何文今、吕宪昌、张尔瓒和朱革,从北京电影制片厂选调了王希钟和刘鸿文,从上海电影制片厂选调了朱今明、钱江、朱德熊、池宁和王雄,从北京电影洗印厂选调了周从初和夏惜芝,翻译由郑国恩、关胜多、王兆麟、白燕茹和李甸秀担任。实习团首先在中央电影局进行了集训,主要是学习政治和俄语,熟悉到苏联学习和生活的一些情况,包括业务学习目标。在集训期间,上级为每人拟定了到苏联的学习任务:汪洋学习制片厂的领导和管理,成荫学习编导,何文今学习电影制片厂的财务管理和摄制组的制片,朱今明和钱江学习摄影,张尔瓒学习特技摄影,吕宪昌学习录音,朱德熊和池宁学习美工设计和布景设计,朱革学习特技美工,刘鸿文学习布景和道具,王希钟学习电影化妆,夏惜芝学洗印和查验,周从初和王雄学习洗印工艺。实

---

① 《李瑞环会见苏联电影代表团 希望继续进行电影交流加深相互了解》,《人民日报》,1990 年 3 月 9 日。

习团 15 个人的学习内容几乎涵盖了制片厂的所有部门，并且把学习重点放在了彩色故事片的拍摄制作上，主要目的就是学成回国后能够拍摄本国的彩色故事片。实习团里没有学习剪辑的，因为剪辑在国内就能够完成。5 位翻译的分工是：白燕茹主要跟汪洋和何文今；李甸秀跟成荫，此外帮特技进行一些翻译；郑国恩主要跟摄影；王兆麟跟录音、化妆和美工；关胜多跟洗印。①苏联方面对中国派出的电影实习团十分重视，在莫斯科电影学院为实习团专门授课，任课教师大都是苏联电影界的著名人物：上导演课的是《列宁在 1918》的导演罗姆，摄影由《母亲》的摄影格洛夫尼亚任课，库列绍夫(Л. В. Кулешов, 1899—1970，曾译库里肖夫)讲苏联电影史，《幸福的生活》的导演、莫斯科电影制片厂厂长佩里耶夫(И. А. Пырьев, 1901—1968，曾译培利耶夫)负责讲电影制片厂管理，讲技术的是《电影技术导论》的作者戈尔多夫斯基(Б. М. Голдовский，曾译戈尔陀夫斯基)，讲洗印技术的是苏联著名的洗印技术专家约菲斯，讲录音的是莫斯科电影制片厂的维绍斯基。苏方根据中国实习团的实际情况，严格按照苏联电影教育的教学规范进行教学，而且十分重视电影与其他艺术形式之间的联系，为此苏方争取资金让实习团成员定期到苏联著名的剧院看戏，到莫斯科的柴可夫斯基音乐厅听音乐，到莫斯科特列季亚科夫画廊看画。这样的教学模式对实习团的成员来说十分有益，使他们学到了很多新知识。在苏联的学习结束之前，部分成员还到列宁格勒电影制片厂和列宁格勒电影工程学院进行了学习。

实习团回国后，根据上级指示，全部成员都留在北京，负责建设电影制片厂。实习团按照苏联电影制片厂模式建设了北京电影制片厂，并聘请了苏联设计师进行设计。在管理方面，制片厂的规章制度、设备使用和人员配备等方面都参照了莫斯科电影制片厂的模式。尤其在电影技术方面，如塑型化妆、电影特技和彩色片的洗印技术等，都直接学习了苏联电影的经验。实习团回国后结合中国实际，把在苏联学到的电影知识和技术付诸实践，拍摄了中国第一部彩色故事片和其他许多优秀影片，并且把从苏联学习到的知识、技术和经验在全国电影界进行了推广。

在聘请苏联电影专家方面，从 1953 年到 1957 年，苏联派遣到中国的包括电影创作、管理和工程技术方面的电影专家有 28 人。他们直接参与并具体指导电影生产，帮助举办专修班、训练班、讲习会，有的还亲自授徒，

---

① 王雄等口述、丁宁整理：《向苏联电影取经》，《电影艺术》，2008 年第 4 期。

为中国电影业各方面培养了几百名人才。[①]中国电影院校的组建也得到了苏联电影专家的指导。例如,1956年,北京电影学院以1950年成立的表演艺术研究所为基础组建而成。组建时,从组织结构到管理模式,从教学大纲到教学体系等各个方面,基本都借鉴了莫斯科电影学院的模式。北京电影学院曾多次聘请苏联专家任教或指导,苏联人民演员契尔卡索夫和邦达尔丘克也曾先后到学院访问指导。北京电影学院的教师去苏联时也充分利用机会带回苏联电影资料进行学习,例如在1957年去莫斯科参加世界青年联欢节期间,表演系主任张客从莫斯科电影学院带回了苏联默片杰作爱森斯坦的《战舰波将金号》和普多夫金的《母亲》及学生短片作业《卖火柴的小女孩》等资料,并在课堂上多次放映、观摩和学习。

　　苏联电影的成就和中苏两国意识形态的相似,使中国电影向苏联电影学习具备良好的条件,并取得了很大成绩。有苏联导演就曾指出,"应当说,在苏联和中国电影的发展倾向中有许多共同之点","无论是思想意图,对社会主义电影目的与任务的理解,对创作上与生产组织上完美的途径的不倦探索,影片制作数量的大量增加,新的创作干部的迅速成长等等,这一切都说明我们在电影艺术各部门中的道路也是一致的"。[②]

　　中国电影向苏联电影学习的结果是苏联电影在理论、创作、体制等方面对中国电影产生了全方位的重要影响。关于苏联电影对中国电影的积极影响,夏衍曾指出:苏联是有许多好影片的,如《列宁在1918》《乡村女教师》《政府委员》和"马克辛三部曲"等,值得中国电影学习的东西很多。夏衍曾在《关于写电影剧本的几个问题》一书中详细地谈到《政府委员》的编剧,他认为这部影片剧本编得很好,值得仔细深入研究。苏联电影有其优秀的一面,因此,在20世纪50年代初,中国照抄了苏联电影生产的体制和规章制度。夏衍说:"我们开始搞电影,真正是一无所有,而苏联和我们不同,他们的底子比我们厚。苏联'十月革命'成功的时候,已经有普多夫金、爱森斯坦这样的大师了。因此对于苏联'十月革命'胜利后的一些好片子,我们应该学习。"[③]即便到了中国开始全面学习和借鉴世界电影经验的20世纪80年代乃至此后较长的时间内,苏联电影对中国电影的积极影响仍随处可见。例如,影片《小花》(1980)就借鉴使用了与卡拉托佐夫(М. К. Калатозов,

①　王阑西:《电影事业中的伟大友谊》,《大众电影》,1957年第20期。

②　转引自洪宏:《苏联影响与中国"十七年"电影》,中国电影出版社,2008年,第8页。

③　夏衍:《劫后影谈》,中国电影出版社,1980年,第171页。

1903—1973)执导的影片《雁南飞》类似的长镜头和旋转镜头,刘晓庆在影片《小花》中的表演也与萨莫伊洛娃(Т. Е. Самойлова,1934—2014)在《雁南飞》中的表演一样,细腻亲切,真实感人。通过《小花》这部影片仍可以窥见苏联战争题材电影对我国战争题材电影创作的影响。再如影片《钢的琴》(2011),俄罗斯电影评论家特罗菲缅科夫(М. С. Трофименков,1966—　)认为,在这部影片中可以清楚地看到与20世纪70年代某些苏联影片故事情节的相似之处。

当然,由于中国在学习苏联电影的过程中不顾中国电影的实际情况,有时是不加区别地盲目学习,苏联电影创作机制与中国电影生产的实际情况之间产生了矛盾。比如,1951年中国发动了对电影《武训传》的批判,开始了政治对文艺的干预,与中国盲目学习苏联文艺政策不无关系。再如,中国电影在创作时经常出现机械模仿苏联电影的问题,苏联影片《幸福的生活》在中国放映之后,就出现了《葡萄熟了的时候》等模仿之作,军事战争题材影片的机械模仿尤其严重。

新中国电影界很快就注意到了学习苏联电影过程中出现的问题。1956年底,在解放军总政治部召开的座谈会上,有人发言说:中国国产影片概念化的原因之一是 "电影中一味地学习外国","军事题材方面就是如此","看了许多外国影片如《攻克柏林》和《斯大林格勒大血战》等,于是风行一时地写战略思想和高级将领"。[1]胡苏撰文批评学习苏联电影时"食古不化"的问题,认为电影不应该忽视民族的古典文学艺术,以及对苏联之外的其他国家的学习。[2]夏衍曾反思过因为学习苏联电影不当而出现的问题:"……第三,对于队伍培养问题缺乏足够的重视。办了电影学院,起初是按照苏联专家那一套来培养学生,苏联专家走了以后,又没有提供足够的合格的有实践经验的师资。电影学院的教材也是残缺不全、质量不高的。这就是周恩来同志所批评的许多电影工作者缺乏基本训练的原因。第四,特别严重的是,我们还没有从实际出发,根据中国电影事业发展的需要和可能制定出一套电影生产(主要是电影制片厂)的管理制度。"[3]

中国电影界意识到学习苏联电影导致的问题后,1956年曾派出了以

---

① 《让我们的电影工作更加繁荣——对当前国产影片中的某些问题的意见》,《中国电影》,1957年第1期。

② 胡苏:《探索》,《中国电影》,1957年第3期。

③ 夏衍:《劫后影谈》,中国电影出版社,1980年,第46页。

蔡楚生为团长的代表团到欧洲去考察。根据代表团的调查报告,中国电影界研究起草了《关于改进电影制片工作若干问题》及其附件《国外电影事业可供参考改进的一些做法及对我国电影事业的一些建议》。1962 年,中国电影界又根据当时中共中央宣传部拟定的"文艺八条",提出了中国电影生产体制改革方案,即"电影三十二条"。但是,中国电影界的这些努力受到当时政治运动的冲击,无法付诸实施,中国电影的实质性改革无从谈起。

　　总之,新中国成立初期放映的主要是 20 世纪 50 年代之前的苏联电影,因为当时苏联新产的电影很少,质量也不高。因此,在中国电影学习苏联电影的过程中存在一个时间差,有些滞后。即便如此,苏联经典电影对中国电影产生的影响仍然广泛深刻。中国电影全面学习苏联电影的时候,苏联电影在技术方面已经有了很大的发展和进步,开始了彩色片的拍摄和立体电影的放映。因此,在电影技术方面,中国得到了苏联的很大帮助。通过学习,中国掌握了彩色影片的拍摄技术。在苏联专家的指导下,中国根据苏联电影院校的模式组建了本国的电影院校,并且帮助培养了新中国第一批电影人才。所以,苏联电影对中国电影的积极正面影响是主流,苏联电影对中国电影事业发展的贡献不容抹杀,苏联电影的优秀经验对中国电影的发展仍具有指导意义。苏联电影对中国电影的负面影响是次要的,主要是当时僵化的文艺政策和不当的学习方式导致的。

二、翻译出版苏联电影资料

　　创办电影杂志介绍苏联电影及其理论也是中国电影向苏联电影学习的方式之一。有苏联学者指出:"苏联电影,还有印着苏联著名影片镜头并配有相应中文解释的杂志刊物,在教育中华人民共和国人民的工作中被广泛运用。"[1]

　　较早创刊的《大众电影》就刊载了大量苏联电影资料。1950 年 6 月 1 日,《大众电影》在上海创刊,创刊号封面采用了上海电影制片厂译制的第一部苏联影片《小英雄》中的小英雄凡尼亚的形象,其纯真的面孔在当时被人们当作爱的崇高表现,封底采用了《诗人莱尼斯》的一个镜头。创刊号中最大的一张 16 开明星插页是苏联人民艺术家、斯大林奖金获得者塔马

---

　　① Цветко А. С. Советско-китайские культурные связи. Историческтий очерк. М.: Мысль, 1974. С.60.

拉·马卡洛娃的个人艺术照。据统计,"文革"前出版的 306 期《大众电影》中,有近三分之一是用苏联和其他欧亚社会主义国家的影片镜头做封面的,其中苏联影片占了绝大多数。当时观众熟悉的《攻克柏林》《列宁的故事》《丹娘》《幸福的生活》《金星英雄》和《伟大的公民》等苏联影片镜头都曾做过《大众电影》的封面。

　　《电影艺术资料丛刊》的创刊要晚一些。1950 年,中宣部专门设立电影处直接管理中央电影局,电影局下设艺术委员会。为了翻译苏联电影资料,电影局艺术委员会研究室召集了一批优秀翻译人员。这些翻译人员有的是跟随苏联摄影队联合拍摄影片后留在电影局艺术委员会的,如冯志刚和徐谷明等人;有的是从学校分配到电影局艺术委员会的,如邵牧君、伍菡卿、富澜、罗晓风、罗慧生、郑雪来等人。这些翻译人员起初编译了一些供电影工作者学习参考的内部资料,以电影局的名义发行。第一本内部资料是《党论电影》,主要是选译了一些苏联《真理报》关于电影的社论和评论,后来又翻译出版了介绍爱森斯坦蒙太奇理论的《电影艺术四讲》。从 1952 年开始,电影局内部资料转为定期刊物发行,刊名为《电影艺术资料丛刊》,专门译介国外电影理论和创作类文章,实际上以苏联的为主。例如,1952 年发行的 6 期中,除了关于日本和德国电影的两篇文章外,其余都是关于苏联电影创作和理论的文章。《电影艺术资料丛刊》的创刊标志着中国系统译介以苏联为主的国外电影理论的开始。1953 年《电影艺术资料丛刊》更名为《电影艺术译丛》。

　　1956 年,中央电影局艺术委员会研究室与《大众电影》及《中国电影》合并成立了中国电影出版社。艺术委员会研究室成为中国电影出版社的第三编辑室,简称三编室;因主要是译介国外电影,所以又称外编室。20 世纪 60 年代初期,中国电影出版社外编室完成了苏联电影和戏剧等表演方面许多著作的翻译,主要包括魏边实等译的《爱森斯坦论文选集》(1962)、俞虹等译的《杜甫仁科选集》(1962)、罗慧生等译的《普多夫金论文集》(1962)、郑雪来等译的《斯坦尼斯拉夫斯基全集》(1962)等(由于斯坦尼斯拉夫斯基体系在中国影响十分广泛,2011 年中央编译出版社修订再版了《斯坦尼斯拉夫斯基全集》)。何振淦译的《电影语言》和邵牧君译的《电影本性——物质现实的复原》在"文革"前已经完成,但直到 1980 年和 1981 年才出版。

　　新中国成立之初,从国家体制到文化艺术指导思想全部照搬苏联,对苏联电影理论的翻译当然也不例外。这就使得中央电影局艺术委员会研究室的俄文翻译力量最强。在全研究室三十多个翻译人员中,俄文翻译人员占大多数。①至艺术委员会合并为中国电影出版社第三编辑室时，研究室的翻译人员最多达 39 人，多数是俄文翻译。截至 1957 年，中国翻译了苏联电影论著和资料约 2400 多万字，翻译的苏联电影出版物多达 175 种。

1978 年，《电影艺术译丛》复刊后的第一期仍然以译介苏联文章为主，13 篇译文中有 8 篇是关于苏联电影创作和理论的文章。随着思想的解放和意识的觉醒，中国的电影译介逐渐冲破单一的苏联视域的藩篱，开始全面介绍西方电影发展历史和创作理论。与此相适应，从 1979 年第一期《电影艺术译丛》开始，关于苏联电影方面的文章大大减少。1980 年，《电影艺术译丛》第 6 期的《告读者》中表示，希望在更多地介绍西方电影理论的同时，加大介绍各国电影史的力度，使中国电影跟上世界电影艺术的发展。《大众电影》也很少以苏联影片镜头或演员做封面和封底，仅有 1986 年 2 月和 1990 年 5 月等少数几期采用了苏联演员作为封底，前者采用了主演《白比姆黑耳朵》和《这里的黎明静悄悄》的演员伊舍甫丘克（И. Б. Шевчук，1951—　）作为封底，后者采用了主演《小维拉》的演员涅戈达（Н. И. Негода，1963—　）作为封底。

第三节　中国电影在苏（俄）

由于积极学习苏联电影，中国电影发展速度很快，中国拍摄了许多优秀影片并在苏联产生了很大影响。苏联通过举办"中国电影周"等活动的方式，广泛开展对中国电影的宣传和放映。从 1949 年到 1959 年，苏联放映了 100 多部中国影片。像《解放了的中国》《白毛女》《锦绣河山》《钢铁战士》《中华女儿》《无形的战线》和《革命家庭》等影片受到苏联观众的欢迎。1959 年和 1961 年，中国连续参加了两届莫斯科国际电影节，并有《老兵新传》《小鲤鱼跳龙门》和《革命家庭》3 部影片获奖。20 世纪 80 年代后，中苏电影交流日益活跃，中国继续参加莫斯科国际电影节和在苏联举办的各类电影节，参展影片频频获奖，《鹿铃》《锦绣中华》《弧光》《出嫁女》《远离战争的年代》和《山水情》曾在苏联举办的各类电影节上获得不同奖项。中国与俄联邦关系时期，两国文化交流活动频繁深入，电影交流是其中的一个重点，中国影片《变脸》《生命如歌》《男孩女孩》《新疆北鲵》《芬

---

① 单禹：《20 世纪 80 年代西方电影理论在中国》，《电影艺术》，2009 年第 4 期。

妮的微笑》和《游园惊梦》等都曾在俄罗斯举办的各类电影节上获得奖项。中国影片《不见不散》《鸦片战争》《芙蓉镇》《双旗镇刀客》《花季雨季》《那山、那人、那狗》《英雄》《十面埋伏》和《无极》等在俄罗斯放映时受到欢迎,张艺谋执导的影片尤其受到欢迎,票房收入大都突破 100 万美元。张艺谋是俄罗斯电影界比较关注的导演,俄罗斯中国电影研究专家托洛普采夫专门撰有研究张艺谋及其所执导影片的专著。

一、中国电影在苏联

中国影片《百万雄师下江南》曾在苏联文艺界产生过影响。1949 年 10 月 18 日,康·米·西蒙诺夫在人民解放军第三野战军驻沪部队欢迎会上的讲演中说:"我们曾看过中国伟大的影片《百万雄师下江南》,我们看到你们如何英勇地完成了这个有历史意义的渡江战斗,我们看见你们在战斗中间充满镇定和必胜决心的面孔……"[①]

中苏两国合拍电影的计划在新中国成立前就已经开始筹备,并取得了可喜的成绩。据统计,从 1949 年到 1960 年,中苏共合作拍摄了 10 部影片。[②]

1949 年 9 月 28 日,由莫斯科高尔基电影制片厂导演谢·阿·格拉西莫夫和苏联文献纪录电影制片厂导演瓦尔拉莫夫率领的摄制组来华商谈两国合拍电影事宜。经过磋商,中苏决定合作拍摄《中国人民的胜利》和《解放了的中国》两部大型彩色纪录片,前者侧重从解放战争取得决定性胜利的角度来反映中国,后者侧重从政治、经济和文化建设的角度来反映新中国。为了拍摄好这两部影片,北京电影制片厂组织了两个摄影队分赴前后方工作。前方摄影队由吴本立负责领队,瓦尔拉莫夫担任导演,刘白羽担任文学顾问。后方摄影队由徐肖冰负责领队,谢·阿·格拉西莫夫担任导演,作家周立波担任文学顾问。除在北京拍摄外,两个摄影队还曾赴上海和广州等地展开摄制工作。中央和地方都大力配合,积极支持影片拍摄。因为三大战役已经结束,所以许多重大的历史场面只能补拍,中央责成军委作战部李涛部长专门向摄制组作了几次报告。补拍的镜头都十分逼真, 比如辽沈战役、和平解放北平时盛大的部队

"入城式"和"朝阳门换岗"行动、突破长江天险和占领南京国民党"总统府"的壮观场面,等等。为了使部队配合补拍,毛泽东给在武汉的林彪写了信,由吴本立和苏联专家携信前往拍摄,林彪安排第四野战军后勤部政委陈沂和参谋处处长苏静负责协助拍摄。两部影片中的大量镜头,都已成为中国电影发展史上的珍贵资料,比如毛泽东、朱德、刘少奇和周恩来等党和国家领导人在中南海一起开会的镜头,开国大典的过程,等等。1949年10月1日,徐肖冰和吴本立陪同苏联导演和摄影师在天安门城楼上拍摄了开国大典的盛况,拍摄使用的是苏方提供的彩色胶片,采用了同期声录音方式。摄制组负责认真,坚持拍摄到群众游行结束才停机。

《中国人民的胜利》和《解放了的中国》是中苏首次合作拍摄的彩色影片。两部影片后期制作完成后,中央电影局请毛泽东、朱德、刘少奇和周恩来等党和国家领导人审看了样片,毛泽东看完后十分高兴地宣布通过。文化部和解放军总政治部为《中国人民的胜利》的完成,政务院为《解放了的中国》的完成,分别举行了庆祝大会,并向导演瓦尔拉莫夫和谢·阿·格拉西莫夫颁发了荣誉奖状。1951年,两部影片获得斯大林奖金一等奖。担任两片文学顾问的周立波、刘白羽以及音乐顾问、助理导演和摄影师等中方人员均获奖。①两部影片还曾获得中国文化部长纪录片一等奖。但是,由于当时中国电影技术落后,两部影片的主创人员都是苏联的导演、编剧和摄影师,而且拍完之后送回莫斯科洗印,整个过程都是在苏联制作完成的,中国电影界人士无法参与。两部影片的影响很大,时至今日,莫斯科电影学院的大厅里仍悬挂着与《中国人民的胜利》相关的照片。

1957年9月13日,由莫斯科和上海的科学普及电影制片厂组成的中苏电影外拍队离开哈萨克斯坦进入我国境内,并开始进行大型彩色影片《阿拉木图—兰州》的摄制工作。这部影片介绍了沿线地理风貌和人文景观。②继《阿拉木图—兰州》后,中苏还合拍了影片《万里关山结友情》《在辽阔的伏尔加地区》《东风掀起长江浪》和《密林中的小路》。1958年2

---

①　孙维学、林地主编,《新中国对外文化交流史略》编委会编著:《新中国对外文化交流史略》,中国友谊出版公司,1999年,第30页。

②　《电影艺术交流》,上海地方志办公室网站,http://www.shtong.gov.cn/node2/node2245/node69969/node69988/node70093/node70235/userobject1ai69877.html。

月,中苏签订了合拍故事片《风从东方来》的协议,该片于 1959 年摄制完成后参加了苏方为庆祝中华人民共和国成立 10 周年而举办的"中国电影周"的放映。1959 年 8 月,中国文化部奖励了参与拍摄《万里关山结友情》和《东风掀起长江浪》的苏联电影工作者。1959 年 10 月,为表彰《风从东方来》摄制组的苏联电影工作者,中国文化部举行授奖仪式,夏衍向苏林(В. Н. Сурин)和吉甘(Е. Л. Дзиган,1898—1981,也译济甘)颁发了优秀工作者奖章和奖状。

新中国成立后,中国拍摄的影片陆续在苏联放映。1950 年,中央人民政府政务院颁布《国产影片输出办法》,中国电影界开始根据这一办法积极向友好国家介绍新中国的电影,并在平等互惠的原则下与苏联签订了互相购买影片的合同,开始了中国影片向国外的输出。

从 1950 年 8 月到 1954 年 1 月,苏联各地连续上映《中华儿女》《光芒万丈》《无形的战线》《中国人民的胜利》和《解放了的中国》等影片,观众达 2000 万人次。1951 年 10 月 1 日至 10 日,苏联举办了第 1 届"中国电影周",在 16 个加盟共和国的首都和其他各大城市举行了为期 10 天的中国电影展映,放映了中苏合作拍摄的《解放了的中国》《中国人民的胜利》《锦绣河山》以及在莫斯科译成俄语的中国影片《中华女儿》《无形的战线》《光芒万丈》《钢铁战士》《白毛女》和《中国民族大团结》等影片。在电影周期间,仅莫斯科一地的观众就达 100 多万人次。以后苏联各地的电影院和各大工厂的文化宫都经常上映译成俄语的中国影片。①《中华儿女》是苏联放映的第一部新中国国产影片,曾获人民解放斗争奖,苏方制作了 600 部影片拷贝,从 1950 年 8 月 1 日起开始在苏联公映。单在莫斯科就有 23 家影院和 7 个俱乐部同时上映。②一些运到苏联但没有被及时译成俄语的影片如《上饶集中营》《新儿女英雄传》《高歌猛进》《团结起来到明天》《翠岗红旗》和《内蒙人民的胜利》等,也在苏联各大工厂的文化宫巡回放映。应苏联电影部邀请,中国派出了第一个电影代表团参加"电影周",代表团成员目睹了苏联观众观看中国电影时场场爆满的盛况。在此后的一年中,根据统计,苏联观众看过影片《白毛女》和《钢铁战士》的观众都超过 1200 万人次,《中华儿女》和《无形的战线》的观众都超

---

① 文化部党史资料征集工作委员会等编:《当代中外文化交流史料》(第一辑),文化艺术出版社,1990 年,第 497 页。

② 伯奋:《苏联和兄弟国家的人民热爱我国电影》,《大众电影》,1954 年第 18 期。

过710万人次。①

　　在苏联放映的中国影片得到了苏联报纸的积极评价。《中华儿女》上演时,《真理报》《消息报》《劳动报》《红星报》《文学报》《苏维埃艺术报》《共青团真理报》《文化与生活报》《莫斯科真理报》和《莫斯科晚报》等报纸,都发表了评介专文。②苏联演员玛列茨卡娅1956年访问中国时曾提到,在她所看过的中国影片当中,她最喜欢《白毛女》。亚历山德罗夫红旗歌舞团团长鲍·亚·亚历山德罗夫(Б. А. Александров,1905—1994)到中国时曾说:我们在莫斯科非常有兴趣地看了中国的这些影片,《白毛女》《解放了的中国》《钢铁战士》《中华儿女》《无形的战线》。③吉洪诺夫说:我亲眼看到当放映那部关于英勇的《中华儿女》的影片时,观众里就有不少人哭了。④费道罗夫在接受中国记者采访时谈到了苏联观众对中国影片的观感:“苏联人民是以极大热情和兴趣来看中国影片的,中国影片给了我们极强烈的印象。就我所知道的,仅去年半年之内,看《白毛女》和《钢铁战士》的观众就达2000万人次。我们的报纸如《真理报》《消息报》等都赞扬中国的电影。我们热爱它们,因为它们真实地表现了建设着美好生活的人民,表现了为和平而斗争的人民。这些影片给我们介绍了中国人民的新的英雄主义和忘我的工作精神。”⑤

　　由北京电影制片厂和苏联文献电影制片厂合作拍摄的彩色影片《锦绣河山》在放映时大受欢迎,这部影片包括“新北京”“大江东去”“人民的上海”“江南胜景”和“解放了的南方”5个部分。《真理报》曾发表苏联画家费诺格诺夫(К. И. Финогенов,1902—1989)的评论:影片《锦绣河山》向苏联人民展现了中国的辽阔疆域和壮丽河山,中国的文化古迹和风土人情。影片真实清晰地反映了新中国人民的精神面貌和建设成就,以及中国人民靠自己的劳动巩固伟大和平事业的坚强意志。影片加深了苏联人民对中国的认识,有助于两国人民友谊的进一步巩固。

　　1954年3月10日和12日,苏联对外文化协会电影部与莫斯科电影之家举行了两次中国纪录影片晚会,放映了中国纪录片《1952年国庆节》《抗美援朝》(第2部)、《交换病伤战俘》《光明照耀西藏》和《“八一”运动大

---

① 伯奋:《苏联和兄弟国家的人民热爱我国电影》,《大众电影》,1954年第18期。

② 彭明:《中苏友谊史》,人民出版社,1957年,第287页。

③ 《莫斯科—北京》,《人民日报》,1952年12月28日。

④ 《苏联文化工作者代表团团长吉洪诺夫的讲话》,《人民日报》,1952年11月7日。

⑤ 柏生:《访苏联电影艺术工作者代表团团长费道罗夫》,《人民日报》,1952年11月14日。

会》。苏联对外文化协会理事会副主席雅科夫列夫指出："中国的纪录影片很好地表达出了这个国家的伟大,人民的精神,他们趋向光明未来的意志,他们的仁爱、组织性和勤劳。"①

1954年12月20日,第2届"中国电影周"在莫斯科和苏联各加盟共和国的首都举行。"电影周"期间放映了《斩断魔爪》《智取华山》《龙须沟》和《鸡毛信》等18部故事片和文献纪录片。应苏方邀请,中国派出了由张骏祥、袁文珠、凌子元、秦怡、张瑞芳等组成的电影代表团参加了"中国电影周"。1955年,苏联银幕上总共放映了中国18部艺术片、6部舞台艺术片、5部动画和木偶片、18部科学教育片、6辑影片《科学与技术》和200多部新闻纪录短片,其中包括《一场风波》《土地》《伟大的起点》《青岛水族馆》和《小梅的梦》等。这些影片的放映,引起了苏联人民的很大兴趣,苏联的一些报刊对影片给予了很高的评价。1956年10月1日,苏联为庆祝中华人民共和国国庆日举办了第3届"中国电影周",放映了《为了和平》《董存瑞》《怒海轻骑》和《梁山伯与祝英台》等影片,中国派出了由高戈、黄佐临、白杨、桑弧和李景波等人组成的电影代表团前往参加"中国电影周"。

1957年5月,中国导演桑弧执导的彩色影片《祝福》在莫斯科举行了首映式,影片主要演员白杨、魏鹤林和史林等赴苏参加首映活动。《祝福》在苏联放映期间,《真理报》发表了题为"中国电影事业的巨大成就"的评论,其中写道:影片导演不仅谨慎保留了原作的思想内容,而且以新颖的色彩丰富了作品。鲁迅这篇简短的小说在银幕上好像增加了许多篇幅,充实了许多细节。影片的优秀演员所塑造的银幕形象非常生动,更加清晰地表现出了作品的思想倾向。1959年,为庆祝中华人民共和国成立10周年,苏联在8月下旬举行了"中国文献纪录片和科学普及片电影旬",9月下旬又在23个城市举行了"中国电影周",上演了当时的中国电影新片《党的女儿》《红色的种子》《护士日记》《平凡的事业》《长空比翼》《林则徐》《我们村里的年轻人》等。②

此外,通过参加苏联的国际电影节,中国电影也得以在苏联放映。1957年,中国故事片《为了和平》《神秘的伴侣》和《祝福》参加了莫斯科亚非电影节的展映。同年,参加第6届世界青年电影节的中国影片有故事片《女篮五号》《秋翁遇仙记》《两个小足球队》和《沙漠里的赞歌》,纪录片《欢

---

① 伯奋:《苏联和兄弟国家的人民热爱我国电影》,《大众电影》,1954年第18期。

② 《苏联大量放映中国影片》,《大众电影》,1959年第12期。

乐的歌舞》《广场杂技表演》和《儿童晚会》,科学教育片《桂林山水》,美术片《骄傲的将军》《乌鸦为什么是黑的》和《神笔》。1958 年,参加亚非电影节展映的中国影片有故事片《兰兰和冬冬》,纪录片《劳动万岁》《跃进花开麦浪高》《六亿人民的怒吼》《三年工程二十天完成》《首都人民灭雀大战》和《苏绣》。参映 1958 年第一届国际科学普及电影节的中国科普片是《地下宫殿》《风雪昆仑驼铃声》《长江大桥》和《天上飞》。1959 年,苏联创办莫斯科国际电影节,中国当年就应邀选片参加了电影节,并有《老兵新传》和《小鲤鱼跳龙门》两部影片获奖,前者获技术成就银质奖,后者获动画片银质奖。1961 年,参映第二届莫斯科国际电影节的中国影片有故事片《摩雅傣》和《革命家庭》、纪录片《战斗的古巴》、美术片《小蝌蚪找妈妈》。影片《革命家庭》受到观众的欢迎,女演员于蓝获银质奖章。①

　　据统计,从 1949 年到 1959 年,苏联放映的中国电影有 100 多部。②更为具体的统计资料显示,1949 年至 1958 年间,苏联放映了 102 部中国电影。③1962 年,为了庆祝中华人民共和国成立 13 周年,莫斯科各电影院和俱乐部放映了《达吉和她的父亲》《春满人间》《聂耳》《勐垄沙》《换了人间》《钢铁世家》和《万紫千红总是春》等中国影片和多部纪录片。④1964 年,苏方举行过中国影片《蔓萝花》的首映式。

　　有一些中国电影在苏联放映时,为方便苏联观众理解,对片名进行了翻译处理。例如,《人民的战士》在苏联放映时片名译成了《战友们》,《内蒙人民的胜利》译成了《草原之子》,《金银滩》译成了《仇恨的终结》,《智取华山》译成了《勇敢的侦查》,《鸡毛信》译成了《紧急的信件》,《董存瑞》译成了《功勋》,《为了和平》译成了《江教授的一家》,《母亲》译成了《生活中的地位》,《上甘岭》译成了《上甘岭的争夺战》,《芦笙恋歌》译成了《我的朋友,你在哪里?》,《风暴》译成了《红色飓风》,《风从东方来》译成了《在同一的队列里》,《林家铺子》译成了《林先生的铺子》,《林则徐》译成了《鸦片战争》,《我们村里的年轻人》译成了《我们村里来的小伙子们》,《林海雪原》译成了《雕巢》,《摩雅傣》译成了《女巫之女》,《红色娘子军》译成了《红色

　　①　《莫斯科国际电影节闭幕》,《人民日报》,1961 年 7 月 25 日。

　　②　Цветко А. С. Советско-китайские культурные связи. Историческтий очерк. М.: Мысль, 1974.С.59.

　　③　刘志青:《恩怨历尽后的反思——中苏关系七十年》,黄河出版社,1998 年,第 405 页。

　　④　孙维学、林地主编,《新中国对外文化交流史略》编委会编著:《新中国对外文化交流史略》,中国友谊出版公司,1999 年,第 83 页。

女兵》,《李双双》译成了《执拗的妻子》,等等。

至 20 世纪 80 年代,中苏电影交流逐渐恢复。中国影片在莫斯科国际电影节和在苏联举行的其他电影节上屡屡获奖:1983 年,在第 13 届莫斯科国际电影节上,中国选送的美术片《鹿铃》获特别奖。1985 年,在第 14 届莫斯科国际电影节上,中国选送的纪录片《锦绣中华》获荣誉奖和苏联国家旅游委员会颁发的"积极宣传旅游、巩固和平与友谊奖"。1989 年,在第16 届莫斯科国际电影节上,中国选送的故事片《弧光》获得"生活的地毯"特别奖。1991 年,在第 17 届莫斯科国际电影节上,中国选送的故事片《出嫁女》获电影节评委会特别奖。1988 年,在第 10 届塔什干亚非拉电影节上,中国选送的故事片《远离战争的年代》获二等奖。1989 年,在第 1 届莫斯科国际少年儿童电影节上,中国选送的美术片《山水情》获得"勇与美"奖。

苏联对中国电影的研究比较深入。1952 年,谢·阿·格拉西莫夫的《人民民主国家的电影艺术》一书出版,其中有不少篇幅谈到了中国电影的发展历史和具体情况。1953 年, 尤特凯维奇 (С. И. Юткевич,1904—1985)发表《在自由中国的影剧院里》一文,向苏联读者介绍了新中国的电影发展状况。汉学家热洛霍夫采夫撰有《中国电影发展的各主要阶段》一文,载于《中华人民共和国的文化革命问题论文集》(1960)。托洛普采夫是研究中国电影的专家,撰写的论文有载于《中国文学研究在苏联》(1973)一书的《〈白毛女〉和〈……相结合的创作方法〉》、发表于《亚非人民》1976 年第 2 期的《中国电影今昔》和发表于《新世界》1986 年第 7 期的《长城的坍塌》,他还为《少年观众百科辞典》撰写了有关中国电影的条目。托洛普采夫撰写有 《中国电影的艰难岁月》(1975)、《中国电影史概论》(1979)、《晚霞映窗,烛影摇曳:中国电影笔记》(1987)等中国电影研究著作,其中《中国电影史概论》被志刚等翻译成中文,1982 年由中国电影家协会资料室作为内部资料出版。《中国电影史概论》研究了 1896 年至1966 年的中国电影发展史,中译本出版说明指出:《中国电影史概论》除第一章大半取材于程季华主编的《中国电影发展史》以外,其余各章对解放以来直至"文革"前我国电影事业的发展过程进行了评述。由于各种原因,目前我们国内在这方面还没有可观的研究成果。从这种意义上说,这本书对于我们研究解放以来的电影历史,不无参考价值。[①]《中国电影史概论》分为

---

① 　[苏]托洛普采夫:《中国电影史概论 1896—1966》,志刚等译,中国电影家协会资料室,1982年,出版说明。

四章,分别论述了 1949 年之前、1949 年至 1957 年、"大跃进"时期、从"大跃进"时期到"文革"四个阶段中国电影的发展历程,尤其是对新中国成立后的中国电影进行了专门研究。"文革"开始后,苏联的中国电影史研究被迫中断,因此,托洛普采夫的《中国电影史概论》直到 20 世纪 80 年代一直都是研究中国电影的重要著作。

1989 年 4 月,托洛普采夫随莫斯科电影节负责人到中国为莫斯科国际电影节选片时接受了《人民日报》记者李尔葳的采访。托洛普采夫说自己对中国电影一直很关注,从 1967 年就开始研究中国电影。他喜欢的中国电影有水华执导的《白毛女》、郭维的《智取华山》、陈凯歌的《黄土地》和《孩子王》、吴子牛的《晚钟》、田壮壮的《猎场扎撒》和《盗马贼》。托洛普采夫认为张艺谋的《红高粱》是当时中国最好的电影,他对田华在《白毛女》中的表演印象深刻,认为她的眼睛非常有表现力,对于蓝主演的《革命家庭》也记忆犹新,因为这部影片参加过莫斯科电影节并获了奖。在中国女导演拍摄的影片中,托洛普采夫非常喜欢黄蜀芹执导的《青春万岁》《童年的朋友》和《人·鬼·情》。《青春万岁》曾参加过塔什干电影节。关于中国电影的发展问题,托洛普采夫对记者说:"中国电影如果只讲艺术片,不考虑广大的观众,是很难发展的。因为艺术和观众要互相培养。中国银幕上越来越多地出现了活生生的人。中国电影越来越有国际性,也越来越频繁地在国际上获奖。我觉得这是中国电影走向世界的方向。"①

二、中国电影在俄罗斯联邦

苏联解体后,中国与俄罗斯的电影交流更加深入,中国影片不断参与俄罗斯电影节展演并经常获得奖项,中国电影在俄罗斯的影响越来越大。

1997 年,在莫斯科国际儿童电影节上,中国选送的故事片《变脸》获最佳导演奖和最佳女演员奖两项大奖。1998 年,在第 7 届俄罗斯金勇士国际电影节上,中国选送的故事片《生命如歌》获人文奖。同年,在第 6 届俄罗斯阿尔特克国际儿童电影节上,中国选送的故事片《男孩女孩》获得深刻挖掘青少年题材奖和最佳音乐奖。为扩大莫斯科国际电影节在世界

---

① 李尔葳:《一个苏联人看中国电影——访苏联影评家托洛普采夫》,《人民日报》,1989 年 4 月 18 日。

电影界的影响，俄罗斯政府于 2000 年决定将莫斯科国际电影节从以前的每两年举行一届改为每年举行一届。在 2001 年举办的第 23 届莫斯科国际电影节上，中国香港选送的影片《游园惊梦》获最佳女主角奖。2002年，在第 3 届俄罗斯纪录片与科教片国际电影节上，中国选送的科教片《新疆北鲵》获得最佳科教片奖。2002 年，在第 8 届莫斯科"爱之恋"国际电影节上，中国影片《芬妮的微笑》获最佳男主角奖。2005 年，宁浩导演的《绿草地》获得第 22 届莫斯科儿童和青少年国际电影节金天鹅奖。《绿草地》的蒙古草原题材与俄罗斯导演尼·谢·米哈尔科夫执导的蒙古草原题材影片有一些可比之处。俄罗斯电影界十分关注蒙古草原题材电影创作，有俄罗斯导演曾在中国的草原拍摄基地拍摄过蒙古草原题材的影片，有的是两国合作拍摄，有的是俄方租用场地单独拍摄。

中国影片《英雄》《十面埋伏》和《无极》曾在俄罗斯放映并取得了很好的票房收入。2006 年 6 月 23 日，第 28 届莫斯科国际电影节把中国影片《无极》作为开幕式影片，导演陈凯歌获得世界电影贡献奖。《无极》从 6 月 29 日开始在俄罗斯各影院全面放映，由俄罗斯金字塔公司负责影片发行。公司准备了 130 份电影拷贝，期待能够超过《英雄》和《十面埋伏》的票房纪录，但首映后俄罗斯观众和电影专家对《无极》宏大的气势、绚丽的色彩和特技的运用看法不一。青年观众多被影片营造的东方神话和特技效果所倾倒，而有的电影学者则表示，影片画面虽然很美，但情节略显复杂。

在 2007 年 6 月举行的第 29 届莫斯科国际电影节上，中国有 3 部影片参展：王全安执导的《图雅的婚事》和"中国新电影·云南影响"项目的两部影片——尹丽川导演的《公园》和王分导演的《箱子》，中国电影艺人杨紫琼等参加了电影节。此次电影节还特别举办了中国电影展。2008 年，在第 30 届莫斯科国际电影节上，中国影片《对岸的战争》和《上海公园》分别入围主竞赛单元和前景竞赛单元的评奖。2009 年，在第 31 届莫斯科国际电影节上，中国参加展映的影片是贾樟柯执导的《二十四城记》。2010 年，作为俄罗斯"汉语年"的一项重要活动，第 32 届莫斯科国际电影节"中国电影周"在莫斯科和圣彼得堡两地同时举办。"中国电影周"选送了 7 部影片在电影节上进行主题展映，分别是拍摄于 20 世纪 30 年代的《神女》和《十字街头》、1957 年上映的谢晋执导的《女篮五号》、1959 年上映的根据茅盾名著改编的《林家铺子》、陈力执导的《两个人的芭蕾》、冯小刚执导的《手机》和陈嘉上执导的《画皮》。2011 年，在第 33 届莫斯科国际电影节上,中国香港导演黄精甫执导的《复仇者之死》获得最佳导演奖,参加展映的法国电影《老外》的女主角韩丹彤是唯一受邀的中国女演员。在2012年举行的第34届莫斯科国际电影节上,中国参映的影片有陈力执导的《石榴树上结樱桃》、张猛执导的《钢的琴》和诺明花日执导的处女作《天边》。《石榴树上结樱桃》是入围主竞赛单元的唯一一部中国影片,《钢的琴》和《天边》在电影节上展映时曾受到好评。2015年6月,在第37届莫斯科国际电影节上,中法合拍的影片《狼图腾》成为电影节的开幕影片,中国导演杜海滨执导的《少年小赵》入围纪录片竞赛单元。第37届莫斯科国际电影节还专门推出了主题为"中国西部电影展暨纪念导演吴天明"的特别单元,展映了《没有航标的河流》《黑炮事件》《盗马贼》《美丽的大脚》和《飞越老人院》等西安电影制片厂出品的电影和吴天明生前执导的最后一部电影《百鸟朝凤》。

俄罗斯海参崴国际电影节是远东地区最大的国际影展,近年来中国参展影片多有获奖。2005年,在第3届俄罗斯海参崴国际电影节上,中国影片《可可西里》获得评委会特别奖和最佳男演员奖。2010年,在第8届俄罗斯海参崴国际电影节上,惠英红因在电影《心魔》中的出色表演获最佳女演员奖。2011年,在第9届俄罗斯海参崴国际电影节上,韩杰执导的《Hello!树先生》获得最佳导演奖,主演王宝强获最佳男演员奖。2013年,在第11届俄罗斯海参崴国际电影节上,唐晓白执导的《爱的替身》作为唯一华语片参映,影片女主角杨舒婷获主竞赛单元最佳女演员提名。2015年,第13届俄罗斯海参崴国际电影节把中国导演贾樟柯执导的《山河故人》作为开幕式影片进行了展映。

邦达尔丘克国际军事爱国主义电影节是以俄罗斯著名导演邦达尔丘克的名字命名的电影节。2014年,中国演员王大治凭借在影片《我不是王毛》中的出色表演获得了邦达尔丘克电影节最佳男演员奖。2014年11月,俄著名导演尼·谢·米哈尔科夫在北京为王大治颁奖,这是邦达尔丘克电影节改革以来,中国电影人获得的第一个最佳男演员奖。演员邱林凭借其在影片《成成烽火之骑兵第一师》中的出色表现,获得了邦达尔丘克电影节最佳新人奖。

"中国电影周"和中国电影展在俄罗斯的举办更加扩大了中国电影在俄罗斯的影响。2004年4月,俄罗斯文化部携手中国国家广电总局联合举办了"中国电影周"。"电影周"期间,放映了《天地英雄》《周渔的火车》《紫日》《我的父亲母亲》《蓝色爱情》与《和你在一起》共6部影片,获得好评。托洛普采夫在接受新华社记者采访时认为,《天地英雄》拍得非常有气势,演员的演技也很精湛。2007 年 5 月 29 日至 6 月 7 日,作为俄罗斯"中国年"期间的一项重要活动,俄罗斯文化部电影局和中国电影资料馆共同在莫斯科举办了中国经典电影回顾展。中国电影资料馆馆长傅红星率团前往莫斯科参加了影展,他在开幕式上致辞时回顾了两国友好交往的历史,并对中国电影发展史和影展放映的部分影片作了简要介绍。俄方特别为影展开幕式请来著名歌唱家演唱了中国歌曲。此次中国经典电影回顾展共放映了 20 部中国影片,除《红侠》(1929)和《我这一辈子》(1950)两部影片,《不见不散》《鸦片战争》《芙蓉镇》《双旗镇刀客》《花季雨季》和《那山、那人、那狗》等影片均为中国 20 世纪八九十年代国产影片的代表作。此次参展的影片在展映时都给中文原声配上了俄文字幕,每天下午六点和晚上八点各演一场,吸引了大批俄罗斯观众。中国电影代表团回国前,俄罗斯文化部电影局副署长接见了代表团,对此次电影回顾展给予了高度评价。

2012 年 9 月,中国电影节在莫斯科和伏尔加格勒两个城市举行,期间展映了《钢的琴》《额吉》《山楂树之恋》《赵氏孤儿》《南少林寺》《唐山大地震》和《金陵十三钗》共 7 部不同体裁和风格的中国影片。影片《钢的琴》尤其受到俄罗斯观众的欢迎,该片导演张猛认为自己抓住了俄罗斯观众的感情。因为这部影片使用了 3 首俄罗斯民歌作为影片的插曲,俄罗斯观众比较容易接受,影片女主角所演唱的《三套车》更是深深打动了俄罗斯观众。2013 年 9 月,中国电影节在莫斯科和圣彼得堡两地同时举行,受习近平委托,国务院副总理汪洋出席电影节开幕式并致辞,成龙、章子怡、陈可辛、黄晓明、邓超、佟大为和杜娟等中国电影人参加了电影节。参加此次中国电影节展映的影片共有 10 部,分别是陈可辛执导的《中国合伙人》、雷献禾执导的《索道医生》、乌尔善执导的《画皮 2》、王家卫执导的《一代宗师》、赵薇执导的《致我们终将逝去的青春》、冯小刚执导的《一九四二》、成龙执导的《十二生肖》、霍建起执导的《萧红》、张扬执导的《飞越老人院》和滕华涛执导的《失恋 33 天》。2015 年 5 月,中国电影节在莫斯科举行。为纪念世界反法西斯战争胜利暨苏联卫国战争和中国人民抗日战争胜利 70 周年,电影节特别精选了反映两国共同抗击日本法西斯题材的《战火中的芭蕾》和《诺日吉玛》两部影片。电影节还展映了《推拿》《绣春刀》《钟馗伏魔》《触不可及》《狼图腾》和《智取威虎山》6 部影片。其中影片《战火中的芭蕾》是由中国和俄罗斯两国电影人合作完成的,由中国导演董亚春执导,尼·谢·米哈尔科夫担任艺术总监,中国中央芭蕾舞团的舞蹈演员曹舒慈担任女主角,俄罗斯演员科列什科夫(Е. А. Корешков,1986—　)扮演苏联军官。影片讲述了抗日战争后期中国东北边陲小镇的老百姓与苏联红军同仇敌忾共同抗日的故事。俄罗斯观众尤利娅在接受采访时说,虽然她一直在学习汉语和中国历史文化,但对两国在二战中共同抗日的历史知之甚少。通过观看影片《战火中的芭蕾》,尤利娅对两国的友谊有了更加深刻的了解。[1]

　　俄罗斯联邦成立后,托洛普采夫继续从事中国电影研究。1992 年他撰写了一篇专门评论影片《红高粱》的论文,此后陆续撰写了研究中国大陆电影和台湾地区电影的 3 部专著,分别是 1993 年出版的《社会视野下的中国电影》、1998 年出版的《台湾的电影事业》和 2008 年出版的《中国电影的国际标签:张艺谋导演》。

　　俄罗斯和中国在合拍电影方面也做了不少工作。俄罗斯导演列别杰夫(Н. И. Лебедев,1966—　)执导的灾难片《乘务组》和根据果戈理的作品改编的科幻惊悚片《魂》等都有中国著名演员参演,而《战火中的芭蕾》等影片都有俄罗斯演员参演。2015 年,俄罗斯和中国启动了影片《白桦木画框》的合作拍摄。《白桦木画框》是一部反法西斯战争题材的影片,是两国文化交流合作框架协议中的重点项目之一,由中国东方国韵集团与俄罗斯电影机构联合出品。影片由中方全额投资,田七担任中方导演,俄罗斯功勋导演伊什穆罕默多夫(Э. М. Ишмухамедов,1942—　)担任俄方导演。根据俄罗斯电影基金会的统计,两国合作的影片还有科幻冒险题材的《中国游记 3D》和《冰雪女王 3:火与冰》以及动画喜剧片《嘎嘎叫的假期3D》等,其中《嘎嘎叫的假期 3D》是首部获得大笔中国投资的俄罗斯电影。

　　总之,在中国与俄联邦关系时期,由于两国关系快速发展,两国文化交流不断机制化,中俄电影交流因此进入了良性互动的轨道。与中苏关系时期电影交流不平衡的状况不同,中国与俄联邦的电影文化交流基本上是对等互利的,电影交流活动多是相互举办。俄罗斯经常举办中国影片展映活动,中国也经常举办俄罗斯影片展映,中国积极参加莫斯科国际电影节和海参崴国际电影节等俄罗斯电影节,俄罗斯也定期参加上海国际电影节。中国电影在俄罗斯的影响不断扩大,有不少影片在俄罗斯

---

[1]　林雪丹:《中国电影在俄罗斯再掀热潮》,《人民日报》,2015 年 5 月 22 日。

的电影节上获奖。但比较而言,中国电影在俄罗斯的影响范围有限,因为"中国电影节"多在莫斯科和圣彼得堡等大城市举行,其他地区难有机会看到中国电影,对中国电影的认识仍停留在早年中国功夫片阶段,只熟悉李小龙和成龙等功夫片演员,而对中国电影的整体认识十分欠缺。另外,俄罗斯政府对电影行业投入不足,俄罗斯人口较中国少很多,观众群体小,俄罗斯电影院线的拥有量不及中国的五分之一,而中国则拥有庞大的观众群体。据《莫斯科时报》报道,战争片《斯大林格勒》是 2013 年第一部在中国大规模上映的俄罗斯影片,仅上映 4 天票房收入就达 830 万美元。随着两国电影交流的深入开展,俄罗斯电影界十分重视中国电影市场,非常欢迎来自中国的投资。在 2015 年的戛纳电影节上,中国一次就购进 11 部俄罗斯影片,比其他国家都多。中国从俄罗斯引入了 3D 动画系列电影《冰雪女王》,第一部于 2015 年 8 月在全国上映,这是第一部在中国大范围上映的俄罗斯动画片。《冰雪女王 2》在俄罗斯本土上映后被中国福恩娱乐有限公司引进并于 2015 年 8 月在中国上映。《冰雪女王 3:火与冰》的制作吸引了中国方面的投资。2015 年 8 月,中国福恩娱乐有限公司和俄罗斯著名电影工作室在俄罗斯驻华大使馆举行了共同制作《冰雪女王 3:火与冰》的协议签署仪式。根据协议规定,中方将深度参与《冰雪女王 3:火与冰》的制作,拍摄中会融入中国元素,影片拍摄完成后会在中国和俄罗斯两国电影院线同时放映。

第六章　中苏(俄)音乐交流

在 20 世纪 50 年代的中苏友好时期,中国音乐界以学习苏联为主,苏联音乐对中国音乐产生了很大影响。有研究者指出,这一时期,中国在音乐教育、音乐创作、音乐表演、音乐理论等各方面学习、借鉴苏联经验,苏联的音乐文化模式以近乎移植的方式引入中国并被广泛接受。[①]20 世纪 80 年代,中国音乐开始转益多师,广泛学习国外优秀音乐,但苏联音乐仍然受到关注。到中国与俄联邦关系时期,随着两国文化交流的广泛和深入开展,两国音乐文化交流也风生水起,中国继续派出留学人员到俄罗斯高等音乐学府学习声乐、钢琴、小提琴和指挥等专业,两国音乐团体到对方国家的演出日益频繁。

第一节　俄罗斯音乐在中国

中华人民共和国成立后,比较重视音乐的娱乐和政治功用。由于中国传统音乐并不能适应时代形势的发展,向苏联音乐学习成为新中国全面发展音乐事业的一种策略。中国学习苏联音乐主要是通过向苏联派遣留学人员、聘请音乐专家进行指导、邀请音乐团体进行演出、译介歌曲和音乐著作等途径进行的。

通过向苏联派出留学生和邀请苏联专家来华指导,新中国储备了一批高素质的音乐人才。这些人成为 20 世纪五六十年代乃至后来中国音乐创作、音乐教育、音乐表演和音乐学术研究的中坚力量。通过音乐教育,俄罗斯音乐在中国得到了更广泛的传播和接受。从音乐演出的情况来看,苏

---

① 李然:《社会学视域下的中苏音乐交流》,《中国音乐学》,2011 年第 2 期。

(俄)音乐团体到中国的演出要远远多于中国音乐团体赴苏(俄)的演出。以亚历山德罗夫红旗歌舞团为例,截至 2015 年,该团 9 次访华演出,在中国知名度很高。毛宇宽、曹永声、薛范等译配了大量俄苏歌曲,其中很多优秀歌曲在中国传播很广,深受欢迎,传唱不衰。而对苏联音乐专业著作的翻译则为中国音乐界向苏联音乐学习提供了文献和资料。

一、派遣留学生赴苏(俄)学习音乐

新中国成立后,选派优秀的学生出国留学深造是当时培养音乐人才的一条主要途径。限于当时的国际局势,中国只能向以苏联为主的社会主义阵营国家派遣音乐留学生。1953 年,赴苏联学习音乐的第一批留学生有吴祖强、李德伦和郭淑珍 3 人。此后,中国陆续派往莫斯科柴可夫斯基音乐学院学习音乐的留学生有黄晓和、杜鸣心、严良堃、林应荣、刘志刚、倪洪进、徐宜、朱践耳、瞿维、邹鲁、李民铎、丁逢辰、刘诗昆、盛中国、林耀基、韩里、左因、郑兴丽、仲伟、曹鹏、黄晓同、郑小瑛、盛明耀、司徒志文、曹承筠、吴菲菲等。派往列宁格勒音乐学院学习的有韩中杰、赵屏国、殷承宗、朱同德、韩中年、陈根民、白宇、何复兴等。朱丽则被派往乌克兰敖德萨音乐学院学习小提琴。

到苏联学习指挥专业的留学人员主要有李德伦、严良堃、曹鹏、黄晓同、韩中杰和郑小瑛。李德伦于 1953 年赴苏留学,师从苏联指挥家阿诺索夫(Н. П. Аносов,1900—1962)学习指挥,1956 年曾参加"布拉格之春"国际音乐节的演出,1957 年回国后曾担任中央乐团、北京人民艺术剧院和中央歌舞剧院指挥。作为客席指挥,李德伦指挥过列宁格勒和莫斯科等苏联城市的多个乐团, 曾与著名小提琴家奥伊斯特拉赫 (Д. Ф. Ойстрах,1908—1974)和钢琴家塔·彼·尼古拉耶娃(Т. П. Николаева,1924—1993)等合作演出。1986 年,李德伦任莫斯科举办的第 8 届柴可夫斯基大提琴比赛评委, 同年获匈牙利政府文化部授予的李斯特纪念奖章。1997 年,李德伦获俄罗斯友谊勋章。严良堃于 1954 年赴苏留学,师从指挥家阿诺索夫和弗·根·索科洛夫 (В. Г. Соколов,1908—1993),1958 年毕业回国后任中央乐团指挥。曹鹏于 1955 年赴柴可夫斯基音乐学院指挥系学习,师从金兹布尔克(Л. М. Гинзбург,1901—1979)教授。1960 年,曹鹏在苏联举办中国交响乐作品专场音乐会,首次将小提琴协奏曲《梁祝》等中国作品介绍到苏联, 苏联广播电台进行了直播。黄晓同于 1956 年赴柴可夫斯基音乐学院指挥系学习, 师从指挥家高克 (А. В.

Гаук,1893—1963)和阿诺索夫。韩中杰1942年毕业于上海国立音乐学院管弦系长笛专业,1951年在世界青年联欢节长笛比赛中获三等奖,1954—1956年先后任中央歌舞团、中央乐团交响乐队指挥,1957—1961年在列宁格勒音乐学院指挥系做研究生,曾参与歌剧《叶甫盖尼·奥涅金》的译配工作。郑小瑛于1952年考入当时还在天津的中央音乐学院作曲系学习,毕业后留校任教,1952年,中央歌舞团的苏联专家杜马舍夫(Л. Н. Тумашев,1919—2006)在北京举办合唱指挥班,郑小瑛是指挥班唯一的女学员。郑小瑛在1960年赴苏联柴可夫斯基音乐学院进修指挥专业,师从阿诺索夫、根·尼·罗日杰斯特文斯基(Г. Н. Рождественский,1931—)及莫斯科音乐剧院的巴因(И. Б. Байн[①],1896—1990)。1961年,中华人民共和国国庆12周年时,在阿诺索夫的帮助下,郑小瑛在克里姆林宫举行了一场庆祝音乐会,上半场演奏中国音乐作品,下半场演奏了一些中苏友好主题的音乐作品。1962年,在巴因指导下,郑小瑛在莫斯科音乐剧院指挥了歌剧《托斯卡》并获得好评,她因此成为第一个在苏联歌剧院登台指挥的中国指挥家。郑小瑛回国后在中央音乐学院指挥系任教,曾任中央歌剧院首席指挥。

到苏联学习作曲的留学人员有吴祖强、黄晓和和杜鸣心等。吴祖强师从麦斯涅尔(Е. И. Месснер[②],1897—1967)和罗加尔-列维茨基(Д. Р. Рогаль–Левицкий,1898—1962)等教授学习作曲,1958年毕业回国后在中央音乐学院作曲系任教,历任中央音乐学院副院长、院长和中国音乐家协会副主席等职。吴祖强留苏期间成绩优秀,他当时创作的3首作品曾在苏联播放演出。1954年,《主题与变奏》在莫斯科首演,1958年被收录进苏联国家音乐出版社出版的钢琴曲集;1956年,《回旋曲》在莫斯科首演;1957年,《C大调弦乐四重奏》在苏联国家广播电台录音播放,苏联国家音乐出版社于1959年出版了乐谱。苏联老师在指导中国留学生时十分强调音乐的民族性,要求中国学生在学习西方音乐的同时,一定要重视本民族的音乐。吴祖强留学回国后在音乐创作中比较重视民族性,他曾主持创作芭蕾舞剧《红色娘子军》的音乐,与杜鸣心合作了舞剧《鱼美人》的音乐,还将二胡曲《二泉映月》改编为弦乐合奏的形式。1997年,吴祖强获俄罗斯友谊勋章。黄晓和于1953年考取留苏生,1954年赴莫斯科柴可夫斯基音乐学院学习。黄

---

① 1940年之前,其名字是伊·博·拜因(Исаак Борухович Бейн)。

② Евгений Иосифович(Осипович) Месснер,麦斯涅尔有两个父称,中文资料多用 Осипович 这一父称,翻译成叶甫盖尼·奥西波维奇·麦斯涅尔。

晓和留学第一年师从奥伊斯特拉赫学习小提琴,后因身体原因改学理论作曲,师从斯克列布科夫(С. С. Скребков,1905—1967)。黄晓和 1961 年毕业回国后在中央音乐学院任教,担任西方音乐史专业的研究生导师,主讲过苏联音乐史和苏联音乐名作赏析等课程。杜鸣心于 1954 年进入柴可夫斯基音乐学院作曲系学习,师从莫斯科大剧院院长楚拉基(М. И. Чулаки,1908—1989)。因为自己导师的特殊身份,杜鸣心有机会经常观摩大剧院的排练和演出。在苏联学习期间,杜鸣心先后创作了《钢琴三重奏》《弦乐四重奏》、交响序曲《节日》、管弦乐组曲《牛郎织女》、独唱曲《一个黑人姑娘在歌唱》、钢琴曲《练习曲》和《变奏曲》等。1958 年,杜鸣心从苏联学成回国,曾参与创作《鱼美人》和《红色娘子军》的音乐,独自创作了钢琴协奏曲《春之采》,这 3 部作品都被列入 20 世纪华人音乐经典。朱践耳、瞿维和邹鲁于1955 年赴柴可夫斯基音乐学院留学,师从巴拉萨年(С. А. Баласанян,1902—1982)教授学习作曲。为了更加扎实地掌握作曲,朱践耳将原定 3 年的研究生学习改成了 5 年的本科学习。朱践耳在留苏期间创作的作品《节日序曲》和《英雄的诗篇》等都被苏联国家广播电台作为永久性曲目收藏。朱践耳原名朱荣实,受聂耳影响,改称践耳,致力于民族交响乐的发展,创作了大量作品。1990 年,朱践耳获得第 16 届瑞士玛丽·何塞皇后国际作曲比赛大奖,是获此殊荣的第一个中国作曲家。瞿维原名瞿世雄,早年在上海学习音乐,赴苏进修前具备音乐创作基础,1945 年就曾参与创作歌剧《白毛女》的作曲,还创作了钢琴曲《花鼓》和四重奏《对花》①。1951 年,瞿维参与创作了电影《白毛女》的音乐,赴苏学习之前他主要从事电影音乐创作。留苏期间他作为特别选修生在作曲系进修了 4 年,1959 年学成归国后在上海交响乐团任专职作曲。瞿维在苏进修期间创作的主要作品有管弦乐组曲《秧歌场景》《G 大调弦乐四重奏》和钢琴独奏曲《序曲二首》等,从中可以看到他对以往积累的生活素材和民间音乐材料的纯熟处理,以及留学后在专业创作技巧方面的提高。《秧歌场景》创作于 1956 年,曾在莫斯科广播电台首播,1986年由香港唱片公司制成了激光唱片。《G 大调弦乐四重奏》在高雅中透着亲切,在丰富和发展民族音乐语言方面,在中外音乐体裁的结合上都做了一些有益的尝试。全曲分为四个乐章,结构精巧,音乐清新流畅,表现了作曲家在写作纯音乐方面的艺术修养、才能和个人情趣。②邹鲁在苏联学习期间创作

①　1958 年,在柴可夫斯基国际音乐比赛上,作为参赛曲目,刘诗昆曾演奏过钢琴曲《花鼓》。

②　李吉提:《踏雪寻梅第一程——作曲家瞿维创作析谈》,《音乐研究》,1994 年第 4 期。

了钢琴奏鸣曲《青春之歌》和管弦乐《中国狂想曲》，1960 年回国后在西南音专(后改称四川音乐学院)任教。他曾在课上对学生说："要学会作曲首先要学会做人"，"不管是作曲还是做人都要努力追求真善美"。①

中国向苏联选派的学习钢琴的留学人员有 1954 年留苏的倪洪进，1955 年留苏的李民铎和丁逢辰，1960 年留苏的刘诗昆、赵屏国和殷承宗。倪洪进的父亲是京剧大师梅兰芳的琴师，她自幼学习钢琴，12 岁时被上海音乐学院破格录取，1954 年赴柴可夫斯基音乐学院留学，系统学习了民间音乐、西欧音乐史、俄(苏)音乐史、钢琴史、钢琴伴奏、对位法和室内乐等课程，1959 年毕业。留学期间曾获第 6 届世界青年联欢节的钢琴比赛奖，回国后先后执教于中央音乐学院、中国音乐学院和解放军艺术学院。倪洪进的创作根植于民族音乐，曾根据京剧改编钢琴曲。她创作的钢琴曲主要有《钢琴练习曲四首》《壮乡组曲》《幻想曲》和《圆明园漫步》等。李民铎的母亲谭素兰 1921 年赴美国留学，是我国最早的音乐女留学生。李民铎自幼跟随母亲学习钢琴，20 世纪 50 年代在上海音乐学院学习钢琴，曾跟随苏联专家阿尔扎马诺夫（Ф. Л. Арзаманов）的夫人阿尔扎马诺娃（Н. И. Арзаманова)学习，赴苏留学时师从著名钢琴家扎克(Я. И. Зак, 1913—1976)教授，归国后任教于上海音乐学院钢琴系。丁逢辰留苏归国后在上海音乐学院附中任教，培养了许多钢琴人才，如 2006 年赴柴可夫斯基音乐学院学习的戴高德等。刘诗昆于 1960 年被选送到柴可夫斯基音乐学院留学，1962 年回国后在中央音乐学院任教，其作品《青年钢琴协奏曲》和《梁祝》被认为是民族化钢琴曲的代表作。赵屏国于 1951 年至 1957 年在中央音乐学院学习，1960 年赴苏联列宁格勒音乐学院学习，师从著名钢琴家塔图良(А. Г. Татулян, 1915—1974)教授和功勋艺术家塔·彼·克拉夫琴科(Т. П. Кравченко, 1916—2003)教授，并以优异成绩毕业，回国后一直在中央音乐学院从事钢琴教学。他潜心于钢琴教育四十多年，形成了一套科学成熟的教学方法，培养出了一批出色的钢琴演奏家，例如，曾获柴可夫斯基青少年国际钢琴比赛第一名的郎朗和获得肖邦青少年国际钢琴比赛第一名的孙佳依等。殷承宗 1959 年在维也纳世界青年联欢节钢琴比赛中获金奖，1960 年到列宁格勒音乐学院留学，师从塔·彼·克拉夫琴科，1962 年在柴可夫斯基国际钢琴比赛中赢得第二名，当时有评委评价道："殷承宗那充满动人的稚气的才能，假如可以这么说的话，完全忠实地体现在他所演奏的每

---

① 毛青南：《真善美的追求——忆邹鲁老师生前教学二三事》，《音乐探索》，1992 年第 4 期。

首作品中,他对音乐的真诚体验,激发他光彩的技艺并吸引听众,这特别表现在肖邦的《a 小调练习曲》和拉赫玛尼诺夫的《降 e 小调音画练习曲》的演奏中。"①回国后,殷承宗曾任中央乐团首席钢琴演奏家,1968 年完成了钢琴伴奏《红灯记》的创作,先后与费城交响乐团、维也纳管弦乐团和莫斯科爱乐交响乐团等乐团合作过,1983 年移居美国。

　　到苏联学习管弦乐的有盛中国、林耀基、韩里、吴菲菲、朱丽、朱同德、韩中年、左因、白宇、何复兴等。盛中国于 1954 年进入中央音乐学院学习,1960 年赴苏留学,1962 年参加柴可夫斯基国际小提琴比赛获得荣誉奖。林耀基于 1954 年至 1960 年在中央音乐学院随马思聪学习小提琴,1960 年赴柴可夫斯基音乐学院学习小提琴演奏与教学法,师从扬克列维奇(Ю. И. Янкелявич,1909—1973)。林耀基培养了很多优秀的学生,其学生陈曦曾获第 12 届柴可夫斯基国际小提琴比赛第二名,学生杨晓宇获第 4 届柴可夫斯基国际青少年小提琴比赛第一名。林耀基被柴可夫斯基国际音乐比赛评委会授予优秀教师奖。韩里 1949 年后在中央音乐学院任教,先是师从马思聪,后随苏联专家米基强斯基(С. М. Микитянский,1915—1985)和巴·尼·马卡连柯(П. Н. Макаренко,1915—1995)学习,1962 年赴苏联莫斯科进修小提琴主科及教学法,师从库兹涅佐夫和金兹布尔克。韩里在 50 年的教学实践中, 培养了很多小提琴人才。他在教学中注重实效,反对以追求国际比赛获奖作为教学的最高目标。韩里十分重视中国少儿小提琴教育,早在留苏期间就专门考察过苏联的少儿音乐教育,为中国少儿小提琴教育的健康发展做出了贡献。吴菲菲和朱丽在苏联学习的都是小提琴。1960 年赴苏学习长笛的是朱同德和韩中年,学习竖琴和管风琴的是左因,学习双簧管的是白宇,学习单簧管的是何复兴。左因于 1960 年至 1965 年在莫斯科学习竖琴,师从多洛娃。多洛娃是苏联功勋人民艺术家,1959 年曾作为乐队成员随乌兰诺娃到中国演出《天鹅湖》,她到中国文化部点名要左因跟她学竖琴。据左因回忆:"在 5 年的学习期间,多洛娃既是严格的老师,又像慈祥的母亲。没有演出服,她给我做,没有饭吃,她就买给我吃,她非常关心我,使我在莫斯科音乐学院受到特别的关爱。"②白宇在苏联留学期间师从巴勒森教授,1965 年回国后任教于中央音乐学院,制订了中央音乐学院第一部教学大纲, 出版了《双簧管教学曲选集》《双

---

① 张敏编著:《钢琴艺术简史》,河南大学出版社,2008 年,第 242 页。
② 陶亚兵主编:《中俄音乐交流史事回顾与当代反思》,人民音乐出版社,2011 年,第 16 页。

簧管考级教程》,首次开设木管室内乐课程,曾任中国青年交响乐团艺术指导。何复兴于 1951 年至 1958 年在中央音乐学院学习,曾受教于杜鸣心。1960 年到列宁格勒音乐学院留学,师从苏哈诺夫学习单簧管,1963 年回国后被分配到中央乐团交响乐队工作,先后担任单簧管副首席和首席。此外,司徒志文和盛明耀在柴可夫斯基音乐学院进修大提琴。曹承筠在柴可夫斯基音乐学院学习的是竖琴专业,1962 年毕业回国后在上海音乐学院任教,从事竖琴教学三十多年,为国内各地乐团及音乐学院培养了一批演奏人员和师资。

赴苏联学习声乐的留学人员有郭淑珍、郑兴丽、徐宜、仲伟等。郭淑珍留苏期间主攻声乐,曾在列宁格勒市和里沃夫市举行个人独唱音乐会,莫斯科唱片厂发行过郭淑珍的唱片,收录了她演唱的一些古典名曲、歌剧选段和中俄民歌。郭淑珍曾任莫斯科柴可夫斯基音乐学院歌剧主演,1955 年获第 5 届世界青年联欢节古典歌曲演唱铜质奖章,1957 年获第 6 届世界青年联欢节古典歌曲演唱金质奖章,1958 年先后受莫斯科斯坦尼斯拉夫斯基与涅米洛维奇–丹钦科模范音乐剧院和乌克兰里沃夫市大剧院邀请饰演歌剧《艺术家的生涯》的女主角咪咪和歌剧《叶甫盖尼·奥涅金》的女主角塔季娅娜。苏联音乐评论家格罗绍娃(Е. А. Грошева,1908—2002)在《真理报》撰文高度评价郭淑珍在歌剧《叶甫盖尼·奥涅金》中的演出。郭淑珍留学回国后任中央歌舞剧院演员,并在中央音乐学院声乐歌剧系任教。1963 年,中央歌舞剧院首演歌剧《叶甫盖尼·奥涅金》,全剧用汉语演唱,郭淑珍饰演塔季娅娜,受到了专家和观众的好评。从 2008 年开始,郭淑珍指导中央音乐学院声乐歌剧系的学生排演歌剧《叶甫盖尼·奥涅金》,并从俄罗斯邀请音乐专家进行指导。郭淑珍指导排演的歌剧《叶甫盖尼·奥涅金》全部用俄语演唱,2009 年参加了中国"俄语年"活动,2010 年参加了俄罗斯"汉语年"活动,在柴可夫斯基音乐学院大厅和普希金博物馆音乐厅进行了演出。郑兴丽 1956 年毕业于苏联莫斯科柴可夫斯基音乐学院声乐系,后任中央歌剧舞剧院声乐指导、独唱演员、上海乐团声乐教员、上海音乐学院教授。徐宜于 1954 年到柴可夫斯基音乐学院深造,师从著名音乐教育家多尔利阿克 (Н. Л. Дорлиак,1908—1998)教授学习声乐和室内乐等。多尔利阿克的丈夫是世界著名的钢琴大师李赫特(С. Т. Рихтер,1915—1997)。由于徐宜聪慧好学,这对教授夫妇格外喜欢这位来自东方的小姑娘,经常带她到家里做客。1960 年回国后,徐宜在上海音乐学院声乐系教授声乐和室内乐课程。仲伟于 1955 年赴柴可夫斯基音乐学院留学，主修声乐，1962年毕业回国后任职于中央乐团和中央音乐学院等单位。在他毕业当年曾在苏联演出了歌剧《茶花女》，并举行了独唱音乐会。1989年11月，仲伟在北京音乐厅举办过仲伟俄罗斯声乐作品音乐会。

20世纪80年代中苏文化交流恢复后被派往苏联进修音乐的有吴灵芬、李应华和刘康华等。吴灵芬和李应华都曾于1986年至1987年间在柴可夫斯基音乐学院进修学习，吴灵芬进修学习的是指挥专业，回国后在中央音乐学院音教系组建了合唱指挥教研室，李应华进修回国后撰写了《苏联音乐生活印象》一文，记述了她在苏联进修期间关于苏联音乐生活的见闻和感受。刘康华于1988年至1990年在柴可夫斯基音乐学院理论作曲系学习，师从霍洛波夫(Ю. Н. Холопов，1932—2003)。他撰有《二十世纪和声的共同逻辑原理与分析方法——尤·霍洛波夫的理论与方法》一文，发表于《中央音乐学院学报》1992年第1期。

俄罗斯联邦成立后，中国不断有留学人员赴俄罗斯学习音乐，如潘淳、卞萌、张国勇等。潘淳赴柴可夫斯基音乐学院学习，师从多连斯基(С. Л. Доренский，1931—　)和奥·鲍·伊万诺夫(О. Б. Иванов，1947—　)，获博士学位，1996年学成回国，在中央音乐学院钢琴系任教。卞萌于1990年赴俄罗斯圣彼得堡音乐学院学习，师从穆里娜(Е. Б. Мурина，1925—　)教授和钢琴艺术理论家亨托娃(С. М. Хентова，1922—2002)教授，1994年获博士学位，1996年回国后在中央音乐学院钢琴系任教。张国勇1979年在上海音乐学院开始学习指挥，师从黄晓同，1983年毕业后留校任教，1993年赴莫斯科柴可夫斯基音乐学院深造，师从根·尼·罗日杰斯特文斯基，留学期间曾指挥俄罗斯国立文化部交响乐团、俄罗斯爱乐乐团和沃罗涅什交响乐团等，并录制唱片。张国勇于1997年获博士学位，并举行了毕业音乐会，其指挥才能获得了俄罗斯同行的赞誉。在接受记者采访时，根·尼·罗日杰斯特文斯基说给张国勇打了柴可夫斯基音乐学院有史以来的最高分，认为他可以在世界上任何一个乐团找到自己的位置。

进入21世纪以来，到俄罗斯学习音乐的中国留学生日渐增多。比如，下诺夫哥罗德音乐学院就是中国音乐留学生比较集中的院校，20世纪90年代中期开始有中国留学生到此学习音乐，2011年该校有一百多名中国留学生，学费每人每年14.5万卢布，所缴学费成为该校的一项主要经济来源。从2002年开始，国家留学基金委启动了俄罗斯艺术类项目，这一项目重点资助音乐专业，受资助人员多赴俄罗斯柴可夫斯基音乐学院和格涅辛音乐学院等著名高等音乐学府学习深造。例如,2002年至2003年,张旭冬在柴可夫斯基音乐学院作曲系深造,师从俄罗斯著名作曲家库兹涅佐夫教授。张旭冬的钢琴作品《前奏曲与赋格》入选俄罗斯外国青年作曲家室内乐作品音乐会曲目,2003年5月在柴可夫斯基音乐学院的柴可夫斯基音乐厅首演。进修小提琴的刘玉霞2003年毕业于俄罗斯格涅辛音乐学院,获博士学位,2003—2004年曾多次在俄罗斯举办个人独奏音乐会。2005年,她作为唯一的外国人,应邀参加了在莫斯科格林卡音乐厅举办的纪念反法西斯战争胜利60周年大型音乐会。2007年,她率领青岛交响乐团参加了俄罗斯"中国年"的演出活动。2010年,北京电影学院的温雅欣受资助在格涅辛音乐学院硕士毕业后考入柴可夫斯基音乐学院攻读博士学位,师从马丁诺夫(А. П. Мартынов)和加涅林娜(Е. И. Ганелина)教授。2011年,沈阳音乐学院的冯源和广西艺术学院的毕丽君受资助赴柴可夫斯基音乐学院深造。天津音乐学院的冯万圻于2000年曾作为访问学者赴俄罗斯圣彼得堡音乐学院进修,2004年受资助赴格涅辛音乐学院深造,获博士学位。上海戏剧学院的宋颂于2004年受资助赴格涅辛音乐学院攻读硕士学位。2006年1月,格涅辛音乐学院排演歌剧《波西米亚人》,宋颂担任第一女主演,这是该学院自成立以来第一次选用外国留学生担任歌剧第一女主演。俄罗斯功勋歌唱家舍韦廖娃(Е. И. Шевелева)是宋颂的指导教师,她在接受记者采访时说,很荣幸能有宋颂这样一位中国学生。①首都师范大学音乐学院的朱孟文于2007年受资助到格涅辛音乐学院攻读硕士学位,2009年毕业后又在该院继续攻读副博士学位,2012年毕业。

　　从中国和苏联音乐交流的过程来看,虽然两国音乐各具民族特色,但中国音乐还有很多方面要向俄罗斯音乐学习。黄晓和曾说:"通过多年对俄罗斯、苏联音乐文化的感性接触和理性思考,我认为俄罗斯、苏联音乐以其独特的魅力和深刻的内涵,在世界音乐文化中占有十分重要的地位,是世界多民族音乐园地中最鲜艳的花朵之一。"②在音乐教学方面,同样值得中国同行学习。朱同德说:"……俄罗斯的导师的水平和敬业精神确实是值得我们学习的。同我国现在的状况比较,我们有些教师缺乏责

---

① 韩显阳:《在莫斯科开独唱音乐会的中国留学生——记青年女歌唱家宋颂》,《光明日报》,2006年6月25日。

② 陶亚兵主编:《中俄音乐交流史事回顾与当代反思》,人民音乐出版社,2011年,第11页。

任心,敬业精神不够。比如课程的安排,无论是我们留学时期还是现在,俄罗斯的专业课有一个传统,就是每周除了两节专业课外还有一节伴奏课,伴奏课严格到 50 分钟一分不能少。如果学生自己准备没做好,要想再合一次伴奏也很难,老师要求非常严格。"①左因则指出:"苏联音乐学派在音乐上的要求是非常严格的,无论是声音质量的要求还是音乐风格的表现都是值得我们中国学习借鉴的。"尤其是苏联的音乐教育理念,更值得中国学习:苏联人从五六岁就开始学习音乐,而且普及度极高。大量的音乐学校,用极低的成本提供水平极高的师资,提高学生的音乐素养,培养科学精神。音乐成为真正的素质教育,而不是追求名利的手段,这是苏联一种非常好的教育模式。②苏联音乐教育注重音乐民族性的传统深刻影响了我国的留学人员, 李德伦在给妻子的信中谈到 1958 年苏联国家交响乐团访华演出,他说:"在交响乐发展问题上想了许多,国家交响乐团的演出也给了我许多启发,我觉得我们交响乐发展的方针首先是表现民族作品,应采用积极的态度,以自己的演奏来组织鼓励创作,对乐队人员来说,他的任务是体验生活,提高技术,将自己的生活感情注入具体的演奏上去。应爱民族作品,出于本心的爱,即使不好,也像对待自己有缺点的儿子一样。"③通过派出音乐人员赴苏留学和邀请苏联音乐专家指导,一批高素质的音乐人才成长起来,并很快就成为中国音乐创作、音乐教育、音乐表演和音乐学术研究的中坚力量。特别是在音乐教育方面,这些深受俄苏音乐影响的音乐家培养了一批优秀的音乐人才, 如方初善、王秀芬、孙媛媛、幺红、吴碧霞、谢天等都曾师从郭淑珍学习声乐,郑秋枫、王立平、张丕基、石夫、叶小钢、瞿小松、徐沛东、姚盛昌、刘索拉等都曾受教于杜鸣心。

二、聘请苏联音乐专家来华指导

在通过派遣留学生赴苏联学习音乐的同时, 中国方面还邀请了不少苏联音乐专家来华任教和指导。据统计,包括专家家属在内,共有三十多位苏联音乐专家曾到中国任教和指导, 主要有苏联大剧院的歌唱家彼·米·梅德韦杰夫(П. M. Медведев)及夫人、列宁格勒音乐学院教授阿拉波

①　陶亚兵主编:《中俄音乐交流史事回顾与当代反思》,人民音乐出版社,2011 年,第 13 页。

②　同上,第 18 页。

③　罗筠筠:《李德伦传》,作家出版社,2007 年,第 304 页。

夫(Б. А. Арапов,1905—1992)及夫人、国立格涅辛音乐师范学院①的钢琴家塔图良及夫人、米基强斯基、合唱指挥专家和定音鼓演奏家巴拉晓夫(В. Ф. Баращев)、契尔沃夫、音乐史专家康津斯基(А. И. Кандинский)及夫人、苏联歌剧演员库克琳娜(Н. К. Куклина)、古洛夫(Л. Гуров)、塔·彼·克拉夫琴科、巴·尼·马卡连柯、别吉章诺夫、杜马舍夫、瓦·阿·吉明采娃等。

彼·米·梅德韦杰夫于1954年1月来华，从1954年2月至1956年7月在中央音乐学院任教，他的夫人于1954年3月至1956年7月受聘于中央音乐学院，担任声乐教学辅导工作。彼·米·梅德韦杰夫开设的声乐班里有来自中央音乐学院、上海音乐学院、西北艺专、中央实验歌剧院、中央乐团及部队系统的十多名学员。彼·米·梅德韦杰夫在声乐教学中主张用中文译词来歌唱，重视教育学生热爱民族遗产，热爱自己的语言。他要求学生首先唱好自己民族的歌曲。在他看来，唱不好自己民族的歌曲，就不能成为一个真正的歌唱家。②

阿拉波夫于1954年4月至1957年7月在中央音乐学院任教，讲授作品分析和复调课程并开设和声专题讲座，同时担任院长顾问。阿拉波夫强调音乐创作民族风格的重要性，鼓励师生大力学习民族民间音乐，细心研究民族民间曲调，从而建立中国民族音乐体系。作品分析，学员分正式和观摩两类，正式学员分别由中央音乐学院本院、华东分院、东北音专、中南音专、西南音专、西北音专、华东艺专、中国音乐家协会选拔推荐；旁听生学员主要由中央级文艺团体、军委总政文化部、中央音乐家协会统一选拔。③阿拉波夫的夫人在1955年10月至1956年7月专题讲授俄罗斯古典歌剧及歌剧创作法，学生主要是阿拉波夫专家班的正式学员，旁听生学员听课则需要申请。

塔图良于1955年9月至1957年秋在中央音乐学院钢琴系任教。塔图良具有丰富的钢琴教学经验，开设了钢琴班，为我国培养了一些优秀的青年钢琴演奏家及钢琴师资。塔图良钢琴班的学员有后来留学苏联的

---

① 创建于1895年,1944年更名为国立格涅辛音乐师范学院,1992年正式更名为俄罗斯格涅辛音乐学院。

② 李然:《社会学视域下的中苏音乐交流——以苏联音乐专家在中国(1954—1960)为例》,哈尔滨师范大学博士学位论文,2011年,第18—19页。

③ 同上,第23—24页。

赵屏国、刘诗昆和殷承宗,还有周广仁、李瑞星、顾圣婴等。塔图良的夫人于 1956 年 2 月至 1957 年秋在中央音乐学院附属中小学任教。

米基强斯基于 1955 年 9 月至 1957 年在中央音乐学院管弦系任教,开设了小提琴班,他的夫人于 1956 年 9 月至 1957 年在学院附中和附小任小提琴教师。米基强斯基小提琴专家班的学员有阎泰山、郑石生、盛中国、韩里等人,翻译由毛宇宽担任。其中阎泰山和郑石生参加过第 6 届世界青年联欢节比赛,韩里后来赴苏留学。

巴拉晓夫是柴可夫斯基音乐学院教授,1955 年 11 月至 1957 年 11 月在中央音乐学院担任视唱练耳、合唱指挥、打击乐器的教学工作,同时任中央音乐学院苏联专家组组长。巴拉晓夫专家班的学员有学习指挥的郑小瑛、沈武钧、张启舜、丘天龙、林青等和学习打击乐的方国庆。巴拉晓夫的夫人于 1956 年 5 月至 1958 年 8 月在中央音乐学院担任俄语教学工作。

1956 年 9 月至 1958 年 7 月,苏联大提琴专家契尔沃夫在中央音乐学院担任大提琴教学工作。他开设的大提琴班有十几名学员,其中来自上海音乐学院的王砎获第 6 届世界青年联欢节比赛铜质奖章,中央音乐学院的胡国尧曾参加第 7 届世界青年联欢节比赛。契尔沃夫的夫人于 1957 年 6 月至 1958 年 7 月担任中央音乐学院及附中的声乐教师。

来自柴可夫斯基音乐学院的康津斯基于 1956 年 10 月 17 日来华,原定聘期两年,后因故于 1957 年秋提前回国,曾与他的夫人一起讲授音乐理论和音乐史课程。

库克琳娜于 1956 年 9 月至 1958 年 7 月在中央音乐学院担任声乐教学工作,培养了一批声乐教师和声乐人才。她在华期间指导声乐系师生排演过《黑桃皇后》《茶花女》等歌剧片段,对声乐系成立歌剧专业发挥了作用。库克琳娜编写了《声乐发声练习法》(1959),由梁再宏翻译,音乐出版社①出版。她擅长舞台表演,曾在沈阳、西安、武汉等地的音乐专科学校进行讲学和教学指导,并举行演唱会。

1956 年 11 月至 1958 年 7 月,古洛夫受聘于中央音乐学院,担任和声学、作品分析及作曲课的教学。古洛夫除完成教学任务外,还指导了中央音乐学院的教学改革,在制订作曲、配器法、和声学等课程教学大纲的过程中发挥了作用。他还在武汉、广州、上海等地作报告,促进了俄苏音

①　音乐出版社是人民音乐出版社的前身,1954 年 10 月以万叶书店为主,与中国音乐家协会出版部合并组建,1974 年 8 月更名为人民音乐出版社。

乐在中国的传播。古洛夫的夫人于 1957 年 6 月至 1958 年 7 月在中央音乐学院任艺术指导,帮助学院设立了艺术指导专业和室内乐专业。

塔·彼·克拉夫琴科先后于 1957 年 9 月至 1958 年 8 月、1959 年 9 月至 1960 年 6 月两度受聘担任中央音乐学院钢琴教学工作。在其指导下,中央音乐学院的钢琴教学水平和演奏质量都有了显著提高,青年钢琴家在国际性音乐比赛中频频获奖,如顾圣婴、刘诗昆、李明强、殷承宗等。塔·彼·克拉夫琴科是在中国任教时间最长的苏联音乐专家,1960 年回国时周恩来向她颁发了友谊勋章,以表彰她为中国音乐发展做出的贡献。

巴·尼·马卡连柯于 1957 年 10 月至 1958 年 7 月担任中央音乐学院小提琴专业的教学指导工作,还曾在上海音乐学院、中南音专和西安音专进行短期讲学并举行演奏会。

作为接替康津斯基的音乐史专家,别吉章诺夫于 1958 年 1 月至 1959 年 1 月在中央音乐学院任教,讲授俄苏音乐史。

在音乐团体任教的苏联音乐专家是杜马舍夫和吉明采娃。1954 年,杜马舍夫应中央歌舞团之邀来华指导中国学生参加第 5 届世界青年联欢节的合唱节目。他发现当时中国的音乐学院还没有独立的合唱指挥专业,因此向中国文化部建议开办一个合唱指挥班以帮助中国培养合唱指挥人才。杜马舍夫开办的合唱指挥班课程安排全面系统,教学方法严谨规范,是中国第一个专业指挥班。杜马舍夫为中国培养了第一批指挥家,如郑小瑛、司徒汉、秋里、施明新、聂中明、方韧、郑裕锋、张明权、曾理中和许直等。其中郑小瑛是唯一的女学生,是杜马舍夫到当时还在天津的中央音乐学院亲自挑选的。他发现郑小瑛有很好的读谱能力和敏锐的听力,聪明勤勉,成绩优秀,因此将指挥班的视唱练耳课程交给她组织讲授。郑小瑛曾将师从杜马舍夫学习指挥的过程写成《我是这样向苏联专家学习合唱指挥的》一文,刊载于《人民音乐》1955 年第 10 期。1991 年,杜马舍夫指挥班的学生们联名邀请杜马舍夫到中国参加了中国第 3 届合唱节。杜马舍夫是中国音乐文化的积极传播者,在苏联报刊发表了不少介绍中国音乐的文章,高度赞扬中国音乐和中国的建设成就。1957 年,当杜马舍夫从《真理报》上得知武汉长江大桥建成的消息时,撰写了《扬子江和伏尔加的声音》一文,回忆了 1957 年 5 月随同中央歌舞剧团到武汉长江大桥建设工地演出的情景。据他回忆,当时演出了两个节目:一个是武汉作曲家曾礼聪献给长江大桥建设者的大合唱,另外一个是苏联作曲家马卡洛夫合唱组曲《壮士河》中的《建设者之歌》。1991 年参加了中国第

3 届合唱节回国之后,杜马舍夫在报刊上发表文章介绍中国合唱节,赞扬合唱节组织得井然有序,抒发他所感受到的中国人民的友好情谊。他指出:"中国的群众性业余合唱已到如此高的水平,促使专业合唱团体不得不加快前进的步伐,以创造更多更好的音乐。"①吉明采娃于 1955 年 4 月开始在中央实验歌剧院主持声乐专家班教学,学员主要有方晓天、王琴舫、吴道岭、邓韶琪、殷韵含、李光羲、王昆、谢芳和郭兰英等。吉明采娃曾指导学员排演歌剧《茶花女》,这是中国演员首次在国内公开演出这部歌剧,此后《茶花女》成为中央实验歌剧院的经典保留剧目之一。

此外,到上海音乐学院指导的苏联音乐专家有钢琴家德·米·谢洛夫(Д. М. Серов)、音乐理论专家德米特列夫斯卡娅、交响乐指挥专家迪利济耶夫及夫人、音乐理论专家阿尔扎马诺夫及夫人、苏联小提琴专家比利捷等。德·米·谢洛夫于 1954 年 10 月至 1956 年 3 月在上海音乐学院工作,是到该院教学的第一位苏联专家。德·米·谢洛夫开设了钢琴班,学员有 20 人。他全面系统地介绍了莫斯科音乐学院和苏联各种音乐学校的学制、教研组和教学情况,明确了中国钢琴教学中很多模糊的看法,帮助完善钢琴教学计划和教学大纲。通过单独授课、专题讲座、师生座谈、观摩教学、公开演出等方式,培养青年师资及学生,加强教研组职能,推进演出工作,成绩显著。②他还建议在中小学成立民间乐器班,提议不定期在校内外举行个人演奏会及师生音乐会,鼓励学生多参加合奏。德米特列夫斯卡娅于 1956 年 3 月至 1956 年 6 月在上海音乐学院工作,开设了视唱练耳教学法和视唱练耳课程,对学院的视唱练耳教学帮助很大。迪利济耶夫和夫人来自格涅辛音乐师范学院,1956 年 10 月至 1958 年 6 月在上海音乐学院任教并在上海交响乐团担任艺术指导工作,为学院设立指挥系和歌剧班做了很多辅助工作。阿尔扎马诺夫也来自格涅辛音乐师范学院,1956 年 12 月至 1958 年 6 月任职于上海音乐学院,讲授复调和作品分析课程,其夫人在华期间受聘在学院附中讲授钢琴课程。比利捷于 1959 年 9 月至 1961 年 9 月在上海音乐学院任教,帮助学员克服了小提琴演奏中存在的一些问题。

为了培养更多的音乐人才,中国在音乐专家聘用上遵循了以培养师

---

① 杨力:《郑小瑛传》,文化艺术出版社,2007 年,第 61 页。

② 李然:《社会学视域下的中苏音乐交流——以苏联音乐专家在中国(1954—1960)为例》,哈尔滨师范大学博士学位论文,2011 年,第 50 页。

资为主的方针,专家的分配优先照顾院校,兼顾音乐团体,具体办法是从全国抽调音乐院校的优秀教师和音乐团体的骨干力量及一些优秀的在校青少年学生组成向专家学习的训练班。学习完毕后,一部分留校扩充师资力量,一部分回原单位或分配到院团。这样既保证了师资力量的培养需要,又满足了提高专业团体业务骨干表演水平的要求,在最短的时间内有效地促进了苏联音乐文化建设经验在中国的传播。[①]

对于很多没有机会赴苏联学习的音乐人来说,苏联专家的指导在当时无疑十分重要,因此他们十分珍惜机会,奋发学习,日后都成长为中国音乐的优秀人才。在国内师从苏联音乐专家的中国音乐家非常多,如曾任沈阳音乐学院院长的秦咏诚,1954 年毕业于东北音专作曲研究生班和苏联专家配器班;钢琴家顾圣婴和李明强曾跟随苏联专家塔·彼·克拉夫琴科学习钢琴;钢琴家周广仁 1955 年曾在中央音乐学院受教于苏联钢琴家塔图良;作曲家陈钢 1955 年曾在上海音乐学院跟随苏联音乐理论家阿尔扎马诺夫学习作品分析;中国第一部歌剧《白毛女》女主角喜儿的第一个饰演者——女高音歌唱家王昆曾受教于苏联专家彼·米·梅德韦杰夫,等等。

中国聘请的苏联音乐专家大多具有较高的水平,所指导的中国学生不断在国际大赛上获得奖项,这不仅为国家争得了荣誉,而且促进了中国音乐事业的良性发展。例如,刘诗昆 1955 年在中央音乐学院附中学习时即受到钢琴专家塔图良的指导。在塔图良的指导下,刘诗昆于 1956 年在匈牙利举行的李斯特国际钢琴比赛中获得第 3 名及《匈牙利狂想曲》(第 6 号)演奏特别奖,匈牙利政府破例从国家博物馆保存的李斯特(Liszt Ferencz,1811—1886)的头发中取出一束作为奖品奖给刘诗昆。在苏联专家的指导下,刘诗昆获 1958 年第一届国际柴可夫斯基钢琴比赛二等奖,赫鲁晓夫为此发电报给毛泽东和周恩来表示祝贺。顾圣婴于 1957 年获第 6 届世界青年联欢节钢琴比赛金奖。殷承宗于 1959 年获第 7 届世界青年联欢节钢琴比赛一等奖。李明强获第一届埃涅斯库国际钢琴与小提琴比赛一等奖和 1960 年第 6 届肖邦国际钢琴比赛第 4 名。周广仁于 1956 年获舒曼国际钢琴比赛第 8 名。李瑞星分获 1955 年第 5 届世界青年联欢节第 5 名及 1956 年李斯特国际钢琴比赛"爱之梦"特别奖。由杜马舍夫训练的中国合唱团在 1955 年华沙国际合唱节比赛和 1957 年莫斯科世界青年

[①]　李然:《社会学视域下的中苏音乐交流——以苏联音乐专家在中国(1954—1960)为例》,哈尔滨师范大学博士学位论文,2011 年,第 66 页。

联欢节上都获得了金牌。

三、苏联音乐团体来华演出

邀请苏(俄)音乐团体到中国演出是两国音乐交流的一种重要形式。到中国进行演出的音乐团体有亚历山德罗夫红旗歌舞团、国立莫斯科斯坦尼斯拉夫斯基与涅米洛维奇-丹钦科音乐剧院、苏联国立交响乐团等和苏联各加盟共和国的一些著名音乐团体。20世纪50年代到中国演出的苏联音乐家有作曲家卡巴列夫斯基(Д. Б. Кабалевский, 1904—1987)、小提琴家柯冈(Л. Б. Коган)、钢琴家德·米·谢洛夫、音乐理论家阿拉波夫、小提琴演奏家奥伊斯特拉赫、钢琴家扬波尔斯基(А. Янпольский)、李赫特、塔·彼·尼古拉耶娃等。例如,1957年奥伊斯特拉赫到中国访问演出,在北京演奏了巴赫的A小调、莫扎特的A大调、贝多芬和布鲁赫的G小调、柴可夫斯基的小提琴协奏曲及勃拉姆斯、弗朗克和普罗科菲耶夫(С. С. Прокофьев, 1891—1953)的几首奏鸣曲等作品。

在到中国演出的苏(俄)音乐团体中,以亚历山德罗夫红旗歌舞团到中国演出的时间最早,次数最多,影响最大。红旗歌舞团的访华演出多集中在1991年之后的中国与俄联邦关系时期,达7次之多。亚历山德罗夫红旗歌舞团成立于1928年,创始人是苏联国歌与歌曲《神圣的战争》的曲作者亚·瓦·亚历山德罗夫(А. В. Александров,1883—1946)。1949年,歌舞团获红旗勋章并开始以亚历山德罗夫命名。1946年至1987年,亚·瓦·亚历山德罗夫的儿子鲍·亚·亚历山德罗夫出任团长。他继承父业,把该团带入了更加辉煌的时期, 开创并完善了独特的苏联军队歌舞团模式。受红旗歌舞团影响,苏联先后成立了各兵种部队的歌舞团,中国的军队歌舞团也是仿照苏联红旗歌舞团组建的。作为苏联最高级别的军队艺术团体,红旗歌舞团曾两次访华演出。1952年,苏联红旗歌舞团一行259人第一次访华演出,先在中南海怀仁堂为毛泽东等新中国领导人表演了节目,随后歌舞团访问了中国20多个城市,演出140多场,观众达90多万人,中国广播机构组织了22次直播和转播,有组织的听众达2500多万人。红旗歌舞团的艺术家还专门演唱了《东方红》《二月里来》和《兰花花》等经典汉语歌曲,受到中国观众和听众的热烈欢迎。为了学习红旗歌舞团的经验,解放军文艺丛书编辑部派人记录了该团1952年在中国演出的情况,编写了《向苏军红旗歌舞团学习》一书,1954年由人民文学出版社出版。1965年,苏联红旗歌舞团第二次访华演出,10月25日在天津市第一工人文化宫进行了首场演出,然后在北京等地进行了演出,演唱了《万岁,我们强大的祖国》等歌曲,周恩来、陈毅、贺龙、郭沫若等观看了演出。

1954年,苏联国立莫斯科斯坦尼斯拉夫斯基与涅米洛维奇-丹钦科音乐剧院一行347人访华演出,10月31日演出了《暴风雨》等歌剧,朱德、周恩来、陈云、彭德怀、邓小平和宋庆龄等领导人观看了演出并在休息时间接见了格·伊·波利亚科夫(Г. И. Поляков,1906—1970,当时译为波利雅科夫)院长。该音乐剧院合唱团与中国中央乐团合唱团联合排练了《回声》《奥涅金》《伊戈尔王》等俄罗斯歌剧中的合唱曲,终幕演出时邀请中央乐团合唱团参加了歌剧《多瑙河彼岸的萨坡罗什人》的合唱。12月27日,周恩来等中国领导人应苏联驻华大使馆之邀参加了宴会,庆祝苏联经济及文化建设成就展览会圆满结束和斯坦尼斯拉夫斯基与涅米洛维奇-丹钦科音乐剧院访华演出成功。该音乐剧院合唱团当时的主任指挥是苏联功勋演员斯杰潘诺夫。他是中国中央乐团接待的第一位外国指挥家,对艺术要求十分严格,因已年逾古稀,中央乐团的合唱演员都亲切地称他为"老指挥"。

1958年5月,在世界上享有盛名的苏联国立交响乐团一行115人访华演出,乐团由指挥家阿诺索夫和康·康·伊万诺夫(К. К. Иванов,1907—1984)分别担任团长和指挥。除在音乐厅和正式剧场演出外,苏联国立交响乐团还深入到北京棉纺织联合工厂、中苏友好农业合作社和十三陵水库工地等处,为工人、农民和十三陵水库的建设者演出,受到各处数千听众的热烈欢迎。[①]苏联国立交响乐团在中国长达40余天的访问演出期间,共演出23场,其中正式演出18场,各种庆典、宴会和慰问活动演出5场,还举行了报告会和交流会。例如,5月21日举行了团长阿诺索夫的报告会和第一小提琴茹克等的专题报告及示范演奏;5月23日晚在中央人民广播电台进行了录音;5月26日,乐团指挥康·康·伊万诺夫在广播中向苏联听众谈了自己访问中国的感想;5月28日,阿诺索夫举行了各民主国家及欧洲其他国家音乐情况报告会;5月31日,苏联国立交响乐团团员与中国中央乐团团员个别见面,进行了艺术交流。苏联国家交响乐团一共演出了23位作曲家的42部作品,其中包括10位俄苏作曲家的作品23部,3位中国作曲家的作品5部,欧洲其他国家10位作曲家的作品14部。俄苏曲目有格

---

① 孙维学、林地主编,《新中国对外文化交流史略》编委会编著:《新中国对外文化交流史略》,中国友谊出版公司,1999年,第74页。

林卡(М. И. Глинка, 1804—1857)的歌剧《鲁斯兰与柳德米拉》中的序曲、《幻想圆舞曲》、歌剧《伊万·苏萨宁》中的圆舞曲，穆索尔斯基(М. П. Мусоргский, 1839—1881)的《荒山之夜》，里姆斯基-科萨科夫(Н. А. Римский-Корсаков, 1844—1908)的《西班牙随想曲》，柴可夫斯基(П. И. Чайковский, 1840—1893)的《1812 序曲》《意大利随想曲》《E 小调第五交响曲》《小提琴协奏曲》、第六交响曲《悲怆》、《里米尼的弗兰西斯卡》交响幻想曲、芭蕾舞剧《天鹅湖》组曲，拉赫玛尼诺夫(С. В. Рахманинов, 1873—1943)的《第二钢琴协奏曲》，普罗科菲耶夫的芭蕾舞剧《罗密欧与朱丽叶》第二组曲、歌剧《三个橘子的爱情》中的进行曲，卡巴列夫斯基的歌剧《哥拉·布勒尼翁》[①]序曲，哈恰图良(А. И. Хачатурян, 1903—1978)的《小提琴协奏曲》、《马斯卡拉德》[②]中的圆舞曲、《少女舞曲》、《马刀舞曲》，肖斯塔科维奇(Д. Д. Шостакович, 1906—1975)的《G 小调第十一交响曲》、芭蕾舞组曲中的两首舞曲，赫连尼科夫(Т. Н. Хренников, 1913—2007)的《第一交响曲》。中国音乐家的曲目有贺绿汀的《森吉德玛》和《晚会》，马思聪的《思乡曲》和《舞曲》，施咏康的交响诗《黄鹤的故事》。[③]在上海，中国作曲家的曲目是分两次演出的。据《文汇报》的报道，1958 年 6 月 4 日第一场演出了马思聪的《思乡曲》和《塞外舞曲》，贺绿汀的《森吉德玛》和《晚会》；6 月 5 日第二场演出了施咏康的交响诗《黄鹤的故事》。[④]苏联国立交响乐团在演出中相继与中国人民解放军军乐团、中央乐团交响乐队、上海交响乐团、上海管弦乐团及指挥家李德伦、张宁、黄贻钧、陆洪恩、陈传熙等合作演出，扩大了交响乐在中国的影响。马思聪曾撰文指出："他们到过工厂、农业合作社，又到过十三陵水库工地演出；无论在什么场合，为哪一方面的听众，他们的演出都紧紧地吸引了听众的心弦。这是不容易的，只有当演奏员真正的热情奔放、才华横溢，才能不分内行外行，都能为之倾倒。"在论及乐团与中国同行合作演出时，马思聪说："乐团在演出的活动中，友谊地和中央乐

---

①　卡巴列夫斯基 1938 年根据罗曼·罗兰的小说《哥拉·布勒尼翁》创作的同名歌剧，1968 年重新修改，1972 年获列宁奖金。

②　音译，即《假面舞会》(《Маскарад》)。1940 年，哈恰图良应莫斯科瓦赫坦戈夫剧院邀请为莱蒙托夫的戏剧《假面舞会》创作配乐，带有配乐的《假面舞会》于 1941 年上演。1944 年，哈恰图良从配乐中选出五段音乐编成《假面舞会》组曲出版。

③　陶亚兵主编：《中俄音乐交流史事回顾与当代反思》，人民音乐出版社，2011 年，第 260 页。马思聪的《舞曲》全称是《塞外舞曲》。

④　同上，第 260、263 页。

团交换指挥，中央乐团在康·康·伊万诺夫同志和阿诺索夫同志的指挥下，演出了柴可夫斯基的第五和第六交响乐，中央乐团团员的技术水平是不很高的，但在这样杰出的指挥的手中却演奏得那么动人；二位苏联指挥在演出之前曾给我们乐团团员做了很细心的准备工作，上了大课，我们演奏人员得益很大。"①

由于中苏关系恶化，中苏音乐交流从 1965 年到 1985 年中断了 20 年。音乐团体到对方国家演出直到苏联解体后才开始恢复并渐趋频繁。

俄罗斯联邦成立后，苏联红旗歌舞团更名为俄罗斯红旗歌舞团，从 1997 年至 2015 年，该团先后 7 次访华。1997 年，俄罗斯红旗歌舞团在苏联解体后第一次访华演出，在北京、上海、广州、深圳、成都等城市先后演出十几场，除了俄罗斯经典歌曲之外还演唱了《我是一个兵》和《祖国，慈祥的母亲》等中文歌曲。1999 年 10 月 6 日，为庆祝中华人民共和国成立 50 周年和中俄建交 50 周年，俄罗斯红旗歌舞团第二次到中国访问演出，江泽民等观看了演出。2002 年，俄罗斯红旗歌舞团第三次来华演出，5 月 2 日和 3 日在北京人民大会堂隆重举行了两场演出。2005 年，俄罗斯红旗歌舞团第四次访华演出。2006 年 9 月，俄罗斯红旗歌舞团第五次访华演出，胡锦涛等在北京人民大会堂观看了演出，当歌舞团演奏《卡林卡》和《莫斯科郊外的晚上》的时候，胡锦涛鼓掌并用中文跟唱。胡锦涛高度评价俄罗斯红旗歌舞团，称该团是中国人民，尤其是喜欢用俄中两种语言唱歌的老一代人都知道的一张俄罗斯名片。10 月 8 日，俄罗斯红旗歌舞团在东莞玉兰大剧院演出。为庆祝新中国成立 60 周年和中俄建交 60 周年，2009 年 9—10 月间，俄罗斯红旗歌舞团以 120 人的强大演出阵容第六次访华演出，在北京、天津、上海、南京、武汉、广州、深圳、珠海、重庆等城市巡演，以自己的精湛表演向新中国成立 60 周年和中俄建交 60 周年致敬和献礼。2013 年 3 月，在习近平访问俄罗斯期间，彭丽媛到红旗歌舞团参观，演员们分别演唱了一些优秀的俄语和汉语歌曲，彭丽媛应邀与他们用中俄双语演唱了《红莓花儿开》。彭丽媛表示，音乐没有国界，欢迎他们再到中国演出，为增进两国文化交流和人民友谊做出更大贡献。2014 年，红旗歌舞团第七次访华演出，12 月 24 日在厦门演出，12 月 28 日在广州演出，12 月 31 日在太原演出。2015 年 1 月 1 日，红旗歌舞团在北京人民大会堂演出，歌舞团的演员们为中国观众表演了《水兵舞》

---

① 马思聪：《中国听众热烈欢迎苏联国家交响乐团》，《人民音乐》，1958 年第 6 期。

《哥萨克骑兵舞》《节日进行曲》《邀舞》等极具俄罗斯风情的经典舞蹈,演唱了《坚不可摧的传奇》《黑皮肤的姑娘》《伏尔加河纤夫曲》《水手夫人》《黑眼睛》《喀秋莎》《红莓花儿开》等深受中国观众喜爱的俄文经典歌曲,还演唱了《十月是你的生日》《我是一个兵》和《红军不怕远征难》等中国歌曲。

2001 年 11 月,圣彼得堡管弦乐团访华演出。2002 年,俄罗斯克麦罗沃交响乐团和莫斯科国立交响乐团都以 80 人的阵容来华演出。2004 年,俄罗斯国家爱乐乐团在中山公园音乐堂举办了两场交响音乐会。到中国演出的俄罗斯著名歌唱家有波利亚尼诺娃(Н. Н. Полянинова)、维塔斯(艺名 Витас,原名 В. В. Грачёв,1979—)、普加乔娃(А. Б. Пугачёва,1949—)、沃尔科娃 (Ю. О. Волкова,1985—) 与卡京娜 (Е. С. Катина,1984—)双人女子组合等。波利亚尼诺娃是俄罗斯著名女高音歌唱家,俄罗斯功勋演员,先后在莫斯科的儿童剧院和歌剧院工作,自2000 年起担任国家爱乐交响乐团独唱演员,在其保留节目中有各种风格的作品,包括巴洛克、古典派和浪漫派作品。维塔斯 19 岁就在克里姆林宫举办了个人演唱会,其音色横跨 5 个八度,接近超声的音域,被誉为"海豚音王子"。

2013 年 1 月,俄罗斯红星歌舞团访华演出,在中国国家大剧院演唱了《喀秋莎》《莫斯科郊外的晚上》《山楂树》《卡林卡》《出发》《胜利日》等歌曲,开头和结尾则演唱了《我爱你,中国》和《义勇军进行曲》作为对中国观众的特别献礼。

俄罗斯贝加尔国立民族歌舞团于 2012 年 9—10 月和 2013 年 1—2月连续两次访华演出,演唱的歌曲有《纺织姑娘》《三套车》《百万玫瑰花》《草原》《我望着你青色的湖》等,用双语演唱了《莫斯科郊外的晚上》《山楂树》《红莓花儿开》和《喀秋莎》等歌曲,《我望着你青色的湖》的演唱者卡琳娜还演唱了中文歌曲《月亮代表我的心》。

随着中国与俄罗斯音乐界交流的深入进行,有些俄罗斯歌唱家希望能够在中国举办个人演唱会。例如,曾获"俄罗斯人民演员"称号的俄罗斯歌唱家瓦列莉娅 (艺名 Варелия,原名 А. Ю. Перфилова,1968—)就曾表达过在中国举办演唱会的愿望。2015 年,瓦列莉娅应中国网络电视台之邀访华,在北京、成都、上海、海南等地进行了参观访问。在成都期间,她探访了中国大熊猫繁育研究基地,被授予了"熊猫大使"称号,成为首位获此殊荣的欧洲人。4 月 27 日,在俄罗斯驻华大使馆举办的新闻发布会上,瓦列莉娅表示,这是她第一次来中国,中国古老和多元的文化给她留下了深刻印象。她在欣赏了一些中国流行歌曲之后感受到,尽管中俄传统文化有诸多不同,但两国当代流行音乐有许多共通之处,两国音乐发展的总体方向是相似的,两国人民对音乐的感受是相通的。因此,她希望能有机会与中国的交响乐团、音乐家等合作,在中国举办一场音乐会。①

四、俄罗斯歌曲和音乐著作的译介

中国在翻译出版俄罗斯歌曲和音乐著作方面做了大量工作,扩大了俄罗斯音乐在中国的传播和影响。

1949 年新中国成立后,上海人民广播电台所编辑的《广播歌选》经常刊发一些苏联歌曲。像《小路》《有谁知道他》《海港之夜》《太阳落山》《遥远的地方》《列宁山》《红莓花儿开》《莫斯科郊外的晚上》这些脍炙人口的苏联歌曲最初都是在《广播歌选》上首发,并由广播乐团在电台中教唱而得以广泛流传。②1952 年 4 月,中华全国音乐工作者协会主编的《歌曲》创刊后,刊登了不少外国优秀歌曲,其中苏联歌曲占有很大的比例。该刊曾刊载过《莫斯科郊外的晚上》《青年之歌》《有谁知道他》《莫斯科大学生之歌》《山楂树》等许多苏联歌曲,并且还对一些著名的作曲家进行介绍,比如在1953 年 12 月的第 9 期上就刊登了作曲家查哈罗夫的照片并对他进行了介绍。③《歌曲》还刊载过一些歌颂中苏友好的歌曲,如 1952 年 7 月总第 2 期刊出的由袁水拍作词、卡巴列夫斯基作曲的《中苏儿童友谊之歌》,1952 年 11 月总第 4 期刊出的《中苏友好歌》等。

1953 年,上海新音乐出版社出版了阙仲瑶编的《苏联歌曲新编》,选录了萧三、曹葆华、姜椿芳、朱子奇、周巍峙等多人配译的《苏联国歌》《祖国进行曲》《小路》《喀秋莎》等76 首苏联歌曲,其中有些是歌颂斯大林与保卫和平主题的,如《斯大林之歌》《斯大林颂》《保卫和平歌》《保卫和平战士之歌》《和平的旗帜在飘扬》等,还有一些是歌颂中苏友好的,如《莫斯科—北京》和《中苏儿童友谊之歌》等。

---

① “俄罗斯国宝级歌手瓦列莉娅望能在中国举办演唱会”,人民网,2015 年 4 月 28 日,http://world.people.com.cn/n/2015/0428/c1002-26918611.html。

② 薛范:《歌曲翻译探索与实践》,湖北教育出版社,2002 年,第 203 页。

③ 刘颖:《俄苏群众歌曲在中国的传播研究》,哈尔滨师范大学硕士学位论文,2010 年,第 50 页。

1954 年音乐出版社成立后,出版了 4 集《苏联歌曲集》,第一集(1955)和第三集(1956)由薛范编译,第二集(1955)由毛宇宽编译,第四集(1957)由石年、曹永声等编译。音乐出版社还出版了牧村和高嘉译配的《华俄对照苏联歌曲集》第一集(1956)和由薛范等译配的《俄汉对照苏联歌曲集》第二集(1961),第一集收录了《在山后的井旁》《拖拉机手》《等待》《夏天的田野》等 20 首歌曲。第二集收录了《红旗》《工人马赛曲》《我是红色的战士》《我们勇敢地去作战》《海港之夜》《我的莫斯科》《列宁山》《从伏尔加到顿河》等 28 首歌曲。

1955 年,音乐出版社出版了五线谱本的《苏联独唱歌曲集》,收录了李元庆、毛宇宽等译配的《俄罗斯》《列宁山》《相逢之歌》《我走向急流的河畔》《夏日的傍晚》《不要叫醒我》《夜莺》等 18 首歌曲。1956 年,音乐出版社出版的俞荻和曹永声翻译的古巴尔科夫编的《圆舞曲歌曲集(苏联作曲家的群众歌曲集)》,其中收录了《飞到那遥远的地方》《友谊之舞》《莫斯科圆舞曲》《青年圆舞曲》《黑龙江的波浪》等 12 首歌曲。同年出版的孙静云和希扬翻译的斯特兰诺留勃斯基(Б. М. Страннолюбский,1903—1987,当时译为斯特兰诺留勃斯基)编的《苏联民间歌曲集》收录了苏联 24 个民族的 55 首歌曲,其中俄罗斯民歌、乌克兰民歌和白俄罗斯民歌较多,包括《狂风在我们头上呼啸》《忍受不自由莫大痛苦》《叶尔玛克》《花开花谢》《飞到亲爱的故乡》等俄罗斯民歌 9 首,《遗嘱》《出来,出来,伊凡》《冬天》等乌克兰民歌 7 首,《什么月亮》《我折下相思树枝》《为啥河水这么浑》《野地里一棵柳》等白俄罗斯民歌 6 首。1961 年出版了《苏联歌曲选集》第一集,收录了《同志们,勇敢地前进!》《你们已英勇牺牲》《红旗》《我们是红色的战士》《祖国进行曲》《喀秋莎》《我的莫斯科》《春天来到了我们的战场》《我可贵的海军军衣》等 45 首歌曲。此外,音乐出版社出版的《外国名歌 200 首》(1958)和《外国名歌 200 首续编》(1961)也收录了一些俄苏歌曲。

音乐出版社还出版了一些苏联儿童歌曲集,如俞荻和陆静山翻译的希皮岑娜(Н. И. Шипицына,当时译为施皮翠娜)选编的《苏联学前儿童歌曲集》(1955),曹永声翻译的洛克切夫编的苏联少先队歌曲集《少先队营火旁》(1956),杨今豪、宋军等译配的希皮岑娜选编的两集《苏联少先队歌曲集》(1956),钱君匋、俞荻、陆静山和曹永声翻译的苏联教育科学院院士莎茨卡娅(В. Н. Шацкая,1882—1978)主编的《苏联小学歌曲集》(上、下册,1956)等。《苏联学前儿童歌曲集》是一本专为学龄前儿童所编的补充歌曲集，收录了《列宁像》《谢谢斯大林》《飞机》《小树》《到别墅去》《早操》《白鹅》《洋娃娃》《滑雪》《小山羊》《小猎人》《新年》《小枞树》《客人》等42首歌曲。《少先队营火旁》收录了《光荣尽归于亲爱的祖国》《少先队员们在克里姆林宫》《宽广的土地》《少年自然科学者进行曲》《旅行》《少先队行军歌》《杜鹃》等15首歌曲。《苏联少先队歌曲集》第一集收录了《我们的祖国》《全世界少年儿童保卫和平》《我们不要战争》《休夏》《少先队旅行歌》《远行之歌》《我们的辅导员》《早操歌》《足球赛歌》《海军学生之歌》《校友歌》等17首歌曲。《苏联少先队歌曲集》第二集收录了《歌唱少先队员的理想》《快乐的小队》《可爱的日子》《少年米丘林之歌》《春天之歌》《露营之歌》《钓鱼》《体育进行曲》《摘胡桃》《开学第一天》等16首歌曲。《苏联小学歌曲集》上册收录了供一年级学生学唱的《列宁像》《飞机》《我的小旗》《红罂粟》《小枞树》《小船》《小苹果》《摇篮曲》等歌曲31首,供二年级学生学唱的《列宁之歌》《克里姆林红星》《十月的歌》《布谷鸟》《小星星》等歌曲31首。下册收录了供三年级学生学唱的《我们的祖国》《冬天的节日》《米丘林工作者》《金黄色的秋天》《小河》《小公鸡》《黎明》《土拨鼠》等36首歌曲,供四年级学生学唱的《亲爱的列宁和我们在一起》《集体农庄的节日》《我们走过克里姆林宫旁》《中苏儿童友谊之歌》《伏尔加,你这可爱的河流》《夏令营》《苏萨宁》《马铃薯》《拖拉机》《冬天的黄昏》《春天》《磨坊主》等42首歌曲。

在个人作品专辑方面,音乐出版社出版了周枫等编译的《格林卡歌曲选》(1957)和曹永声编译的《索洛维约夫-谢多伊歌曲选》(1957),上海音乐出版社出版了周枫等编译的《格林卡合唱歌曲选》(1957)、钱仁康编译的《柴可夫斯基独唱歌曲选》(1957)、孙静云和希扬编译的《查哈罗夫歌曲选》(1957)、曹永声和薛范合作编译的《杜那耶夫斯基歌曲选》(1958)。

1954年中华书局出版了雷良菜译注的《苏联歌曲集》,收录了《苏联国歌》《国际歌》《斯大林颂》《和平之歌》《第聂伯河》《我的莫斯科》《喀秋莎》《快乐的人们》等60首歌曲。《苏联歌曲集》包括歌曲原文及曲谱、汉语译文和文法注释等部分,但汉语译文并不适合演唱,对此译者雷良菜特别指出,这样编排的目的是为了让读者一方面能学会唱俄文歌曲,另一方面能通过译文及译注把俄文水平提高一步。

上海文艺出版社分别于1957年、1958年和1960年出版了薛范编译的三册《苏联歌曲汇编》。1959年,音乐出版社出版了薛范等译配的《1917—1957:苏联优秀歌曲选(苏维埃俄罗斯歌曲)》第一集,收录了前苏联 1917 年至 1932 年各时期的歌曲 45 首,如《国际歌》《布琼尼进行曲》《公社之歌》《全世界的无产者们,联合起来!》《布琼尼骑兵队》《突击生产者进行曲》《空军进行曲》《钢铁后备军》《飞行员进行曲》等。该书第一集的内容提要指出:"这些歌曲充满了革命的乐观主义精神和对胜利的信心以及磅礴的建设社会主义的热情。其中许多歌曲在我国广为人民所传唱,对中国人民的革命斗争和社会主义建设起了巨大的鼓舞教育作用。"①

中苏关系恶化后,中国苏联歌曲的译配和出版工作停滞,直到 20 世纪 80 年代后半期薛范等编译的苏联歌曲才得以继续出版。上海音乐出版公司出版了《苏联歌曲佳作选(1917—1987)》(1987),中国文联出版社出版了《最新苏联抒情歌曲 100 首》(1989),中国电影出版社出版了《苏联最新电影歌曲 100 首》(1988)。外语教学与研究出版社出版了非文和雨三编的《苏联歌曲选(俄汉对照)》(1987),收录了《红旗》《我们是红色的战士》《离别》《快乐的人们》《喀秋莎》《海港之夜》《灯光》《春天来到了我们的战场》《山楂树》《希望》等 31 首歌曲,所选歌曲配有录音磁带。《苏联歌曲选(俄汉对照)》适合学习俄语的中学生、大学生、俄语自学者及其他苏联歌曲爱好者使用。编选过程中编者得到了中央音乐学院刁蓓华的帮助和北京外国语学院俄语系的支持。海峡文艺出版社出版了郑兴丽译配的《钟情者之歌:苏联抒情歌曲选》(1988),吉林人民出版社出版了卢双等编译的《苏联流行歌曲 123 首》(1988)。

在翻译俄苏歌曲方面较有成绩的是钱仁康、曹永声、毛宇宽、薛范等。钱仁康懂多种语言,从事英语、德语和俄语歌曲的翻译,1957 年编译了《柴可夫斯基独唱歌曲选》,20 世纪 60 年代翻译了百余首苏联歌曲,但在"文革"中被抄家时散失,仅存的几首如《有谁知道他》《神圣的战争》《等着我》等散见于薛范编的上海音乐出版社出版的《苏联歌曲佳作选(1917—1987)》(1987)、《爱的罗曼史》(1991)以及人民音乐出版社出版的《苏联歌曲 101 首》(1991)等歌曲集,其中以《神圣的战争》传唱最广,影响最大。钱仁康还编辑出版了两集《群众歌曲钢琴小曲集》,第一集(1953)由上海万叶书店出版,第二集(1954)由上海新音乐出版社出版。《群众歌曲钢琴小曲集》第一集收录了钱仁康根据《苏联国歌》《祖国进行曲》《歌唱斯大林》《青年团员之歌》《莫斯科—北京》《保卫和平歌》《丰收之歌》《红莓花

---

① [苏]别雷等编:《1917—1957:苏联优秀歌曲选(苏维埃俄罗斯歌曲)》(第一集),薛范等译配,音乐出版社,1959 年,内容提要。

儿开》《从前是这样》等苏联歌曲改编的钢琴曲。①曹永声擅长苏联儿童歌曲的翻译,译配了大量苏联儿童歌曲。毛宇宽译配外国歌曲近两百首,主要是苏联歌曲,如《迎接》《唱吧我的手风琴》《在阳光照耀的草地上》《我从柏林出发》《小海军进行曲》《故乡》,等等。薛范翻译外国歌曲近两千首,其中多数是俄罗斯歌曲,为两国音乐交流做出了贡献,于 1997 年获得俄罗斯联邦友谊勋章,1999 年获得中华人民共和国中俄友谊奖章,2007 年在俄罗斯"中国年"期间受俄中友好协会和莫斯科中国文化中心邀请访问俄罗斯。20世纪 90 年代至 21 世纪前十几年,随着中国与俄罗斯文化交流的日益广泛深入,薛范译配的俄罗斯歌曲被各出版社大量编选出版。中国电影出版社出版了《苏联歌曲珍品集 (1917—1991)》(1995)、《俄罗斯民歌珍品集》(1997)和《俄罗斯和苏联合唱珍品集》(1999)。上海译文出版社出版了《俄语名歌 88 首》(1997)。中国国际广播出版社出版了《重访俄罗斯音乐故乡——俄罗斯名歌 100 首》(2001)和《情动·俄罗斯—中国人唱俄语歌大型选拔活动组委会推荐曲目集》(2009)。武汉出版社出版了《莫斯科郊外的晚上——薛范 50 年翻译歌曲精选》(2003)。上海音乐出版社出版了《俄苏名歌经典(1917—1991)》(2007)和《俄苏歌曲珍品选集》(2007)。《俄苏名歌经典(1917—1991)》是简谱本,收录 20 世纪 50 年代到 80 年代的苏联经典歌曲,而《俄苏歌曲珍品选集》则是五线谱本,收录了《俄罗斯联邦国歌》《祖国进行曲》《伏尔加之歌》《喀秋莎》《瓦夏,好瓦夏》《神圣的战争》《我的莫斯科》《漆黑的夜》《灯光》《春天里鲜花怒放》《列宁山》《红莓花儿开》《山楂树》《莫斯科郊外的晚上》《我歌唱我的祖国》《心儿在歌唱》等近三百首歌曲,歌词为中俄文对照。此外,安徽文艺出版社出版了陆炳森选编的《经典俄苏歌曲选》(2009),收录了俄苏歌曲 60 首,包括《故乡》《伏尔加纤夫曲》和《三套车》等民歌 11 首,《百灵鸟》《吉卜赛女郎之歌》和《夜莺》等古典歌曲 13 首,《喀秋莎》《莫斯科—北京》《红莓花儿开》《莫斯科郊外的晚上》《共青团之歌》《山楂树》《小路》和《灯光》等现代歌曲 36 首。

从 20 世纪 80 年代末迄今,中国发行了很多俄罗斯歌曲磁带和唱片。据不完全统计,1992 年至 2007 年,中国发行了 32 种俄罗斯歌曲唱片。②除此之外,其他还有中国唱片上海公司发行的 CD 唱片《垂柳——俄罗斯歌曲专辑》(1995)、中国电影出版社发行的 CD 唱片《白桦——苏联歌曲珍

---

① 刘颖:《俄苏群众歌曲在中国的传播研究》,哈尔滨师范大学硕士学位论文,2010 年,第 44 页。
② 同上,第 50 页。

品》(1996)、天津音像公司发行的 CD 唱片《莫斯科郊外的晚上——(前)苏联歌曲怀念篇》(2000)、索尼唱片公司发行的《苏联怀旧金曲》(2000)、中国唱片总公司为纪念亚历山德罗夫红旗歌舞团成立 77 周年发行的《俄罗斯名歌经典(俄语版)》(2005)等。在两国互办"国家年"的 2006 年和 2007 年,中国唱片总公司再版发行了《俄罗斯名歌经典(俄语版)》、广东杰盛唱片有限公司发行的《苏联民歌回忆》(2007)、人民音乐出版社等出版社集中出版了《俄罗斯梦幻》(2006 年)、《俄罗斯新歌集(2)》(2006)、《俄罗斯浪漫曲精选》(2007)、《苏联儿童钢琴教材曲选 100 首》(2007)、《俄罗斯钢琴音乐中小型精品选集(上、下)》(2007)等。2007 年后,中国陆续发行的俄罗斯歌曲唱片有中国唱片总公司为纪念亚历山德罗夫红旗歌舞团成立 77 周年发行的《俄罗斯名歌经典》(2009)、广州新时代影音公司发行的《苏联民歌精选》(2009)、广东音像出版社等发行的《苏联歌曲——一代人的流金岁月》(2010)、中国科学文化音像出版社发行的《发烧汽车音乐·史上最受欢迎的苏联歌曲(俄语版)》(2010)和《发烧汽车音乐·神圣的战争:俄语名歌经典》(2010),等等。

　　俄罗斯浪漫曲很受中国民众欢迎,人民音乐出版社 2003 年出版的《俄罗斯浪漫曲选集》一书收录了格林卡、达尔戈梅斯基、鲁宾斯坦、柴可夫斯基、里姆斯基–科萨科夫、拉赫玛尼诺夫等 20 位俄罗斯作曲家具有代表性的浪漫曲《夜莺》《萨沙》《红衣裙》《孤帆》《小铃铛》《心中的音乐》《我记得那美妙的瞬间》《百灵鸟》《血里燃烧着爱的火焰》《阿黛丽》《三套车》《海女王》《为了你遥远祖国的海岸》《茨冈女郎之歌》《又痛苦,又甜蜜》《我祝福你们,森林》《在那早春时光》《月色朦胧》《雪莲花》《春潮》《丁香花》《小岛》《深夜,我在花园里》《在我窗前》等52 首。《俄罗斯浪漫曲选集》中每首作品均有俄文原文和由张宁、戈宝权、郑兴丽的中文译配,是迄今为止一部较为系统和丰富的俄罗斯浪漫曲专集。

　　从 20 世纪 50 年代开始,大量优秀的苏联歌曲在新中国的大地上被广泛地传唱,全国各级电台广播和苏联电影为这些歌曲的动态传播提供了有效保障,频繁的苏联歌曲演唱会和演唱比赛成为基层群众文艺活动的重要内容。苏联歌曲在我国社会文化生活中的地位空前高涨,几乎出现了人人爱听、全民皆唱的盛况。1988 年,上海音乐出版社、上海人民广播电台和上海乐团联合举办了一场苏联歌曲演唱会。苏联大使馆人员不请自来并向演员献花,这是"文革"后在中国举行的第一台苏联歌曲专场音乐会。此后中国经常举办苏联歌曲音乐会,尤其一些中老年人更是对苏联歌曲情有独钟。比如,2000 年 7 月普京访华前夕,"卡林卡"等 3 家中国业余合唱团在北京中山公园举行了一场颇具专业水准的俄苏歌曲演唱会,演唱了《三套车》《共青团之歌》《神圣的战争》《莫斯科郊外的晚上》等名曲。上海歌剧院于 2007 年 10 月在天津大剧院演出了由张国勇指挥的 "莫斯科郊外的晚上——原苏联歌曲交响合唱音乐会",演出了《莫斯科郊外的晚上》《喀秋莎》《神圣的战争》《海港之夜》《小路》《三套车》等名曲。

苏联歌曲对中国歌曲创作产生了影响。比如,王莘在创作《歌唱祖国》时就受到了苏联歌曲的影响。这首歌创作于 1950 年 9 月,是新中国成立后第一首全面歌颂社会主义祖国朝气蓬勃、蒸蒸日上新面貌的歌曲,歌词内容丰富,语言鲜明生动,曲调激昂豪迈,主歌、副歌对比强烈。"这首歌曲在继承我国群众歌曲传统的基础上, 大胆吸收了世界革命歌曲尤其是苏联革命歌曲的新因素, 将雄壮的进行曲体裁与庄严的颂歌体裁完美地结合起来,生动地表现了中国人民向新的胜利迈进的雄健步伐,体现了新中国群众歌曲的新风貌。歌声凝结着时代精神的火花。"[1]亚·瓦·亚历山德罗夫1941 年创作的《神圣的战争》被誉为"苏联卫国战争的音乐纪念碑",在中国广为传唱,很有影响。中国电视剧《潜伏》的片尾曲《深海》以其激昂的旋律给观众留下了深刻的印象,这首歌实际上是王晓峰对《神圣的战争》的作曲进行一定改编后由韩葆重新填词创作而成的。

在苏联音乐著作翻译方面,新中国成立后有上海万叶书店出版的安寿颐翻译的《论苏联群众歌曲》(1951)。随着音乐出版社和上海音乐出版社的成立, 在中央音乐学院编译室和上海音乐学院编译室的努力下,中国陆续翻译出版了一批苏联音乐书籍。中央音乐学院编译室翻译了《斯大林奖金获得者苏联作曲家传》(1955)、《论音乐表演艺术 (论文集)》(1959)、《音乐作品分析》(1959)和《肖邦的创作》(1960)等。上海音乐学院编译室翻译了谢·叶·马克西莫夫(С. Е. Максимов)的《钢琴和声学教程》(第一、二册,1954;第三册,1956)、阿·亚·尼古拉耶夫(А. А. Николаев,1931—   )的《钢琴教学论集》(1954)、多尔然斯基(А. Н. Должанский)编著的《简明音乐词典》(1957)和巴钦斯卡娅(Н. Бачинская,当时译为巴琴斯卡亚)的《舒曼传》(1957)等。其中,《简明音乐词典》是新中国成立后中国出版的第一部音乐辞典,内容丰富,简明扼要,注重实用,深受欢迎。

---

① 梁茂春:《中国当代音乐(1949—1989)》,北京广播学院出版社,1994 年,第 4 页。

据不完全统计,1950 年至 1960 年的 10 年间,中国出版的苏联音乐译著约有 129 种,这些著作将苏共的音乐政策、音乐批评、音乐美学等集中而系统地介绍到中国。①比如,陈登颐翻译的阿连斯基的《和声学大纲》(1953)、张洪模翻译的沙维尔强的《苏联音乐的发展道路》(1953)、穆静翻译的肖斯塔科维奇等著的《苏联音乐论著选译》(1954)、张洪模翻译的波波娃的《音乐的体裁与形式》(1955)、孙静云翻译的奥·斯克列勃科娃和斯·斯克列勃科夫的《实用和声学教程》(1955)、张洪岛翻译的里姆斯基-科萨科夫的《和声学实用教程》(1955)、孙静云翻译的奥·斯克列勃科娃和斯·斯克列勃科夫的《和声分析习题》(1957)、金文达翻译的楚拉基的《乐器法》(1957)、吴钧燮等翻译的《苏联歌曲创作问题》(1957)、吴启元和虞承中翻译的克列姆廖夫(Ю. А. Кремлёв,1908—1971,当时译为克列姆辽夫)的《音乐美学问题概论》(1959 年第 1 版,1983 年第 2 版)、汪启璋和吴佩华翻译的涅高兹的《论钢琴表演艺术》(1963),等等。

20 世纪 80 年代后,中国陆续翻译的苏(俄)音乐著作有杨民望翻译的罗加尔-列维茨基的《管弦乐队讲话》(1980)、高士彦翻译的《柴可夫斯基论音乐与音乐家》(1981)、瞿希贤翻译的里姆斯基-科萨科夫的两册本《管弦乐法原理》(1981)、缪天瑞翻译的列文的《钢琴弹奏的基本法则》(1981)、瞿维和吴祖强等翻译的罗加尔-列维茨基的《现代管弦乐队》(1984)、谌国璋等翻译的阿列克赛耶夫的《钢琴演奏教学法》(1989)、张玉明翻译的格尔曼的《钢琴踏板的使用及标记法》(1992),等等。

20 世纪 50 年代曾受教于苏联专家的学员和中国留苏音乐人员也积极翻译苏联的音乐著作,从事苏联音乐的研究。中央音乐学院编译室将阿拉波夫作品分析课的讲学记录进行了翻译整理,经他本人亲自修改后于 1959年由音乐出版社出版。康津斯基的讲稿由中央音乐学院编译室翻译整理并经过专家本人修订后由音乐出版社分两册出版,书名为《西洋音乐通史》,1958 年出版第一册,1959 年出版第二册。苏联音乐专家古洛夫作曲课的教学内容由学员王震亚整理,连载于《音乐创作》1993 年第 3 期至1995 年第 3期。古洛夫的配器课为大课讲授,内容涉及历史沿革、配器技法等,课堂笔记由学员马稚甫整理发表在《中央音乐学院学报》。吴祖强回国后把在苏联学到的西洋管弦乐技法系统引入中国音乐教学,回国后第二年就在中央音

①　李然:《社会学视域下的中苏音乐交流——以苏联音乐专家在中国·1954—1960)为例》,哈尔滨师范大学博士学位论文,2011 年,第 5 页。

乐学院开设作品分析课并编著了作曲理论教材《曲式与作品分析》，1962 年由音乐出版社出版，1994 年中国台北世界文物出版社发行繁体字版，2003 年人民音乐出版社出版了修订本。这部教材曾于 1987 年荣获国家高等院校优秀教材奖，迄今已出版发行十几万册，成为音乐院校广泛使用的经典教材。吴祖强最早把斯波索宾(И. В. Способин)等撰写的《和声音乐教程》带到了国内并利用假期专门翻译了"如何给民间音乐配和声"的两个章节。吴祖强还翻译了罗加尔-列维茨基的《管弦乐法》，与韩里、黄晓和一起翻译了肖斯塔科维奇作曲的歌剧《姆钦斯克县的马克白夫人》(2003)。丁逢辰曾翻译过克列姆廖夫的《论析贝多芬钢琴奏鸣曲》(1989)。盛明耀翻译过萨波日尼科夫(Р. Е. Сапожников)的《大提琴音阶、琶音、音程》(1992)，人民音乐出版社出版。在俄苏音乐史方面，黄晓和从 20 世纪 80 年代开始重点研究俄国和苏联音乐，论文有《旧制度灭亡的丧钟，新世纪诞生的凯歌——俄国无产阶级革命歌曲评介》《俄罗斯英烈的心声——苏联歌剧〈这里黎明静悄悄〉评介》《时代·生活·思想·创作——纪念柴科夫斯基逝世一百周年》《在战火硝烟中诞生的音乐杰作——肖斯塔科维奇的第七〈列宁格勒〉交响曲》《肖斯塔科维奇第七〈列宁格勒〉交响曲剖析》等。黄晓和曾为《中国大百科全书·音乐舞蹈卷》撰写关于西欧、俄罗斯和苏联音乐的条目，为《世界知识大词典》撰写全部外国音乐条目，为《现代音乐欣赏词典》撰写苏联作曲家及其作品条目。1984 年 9 月，他作为中国音乐舞蹈家代表团成员赴苏联考察访问。代表团一行 6 人先后在莫斯科、列宁格勒、明斯克和基辅考察访问，与苏联作曲家协会负责人和苏联《音乐生活》杂志编辑部负责人进行了座谈，在明斯克观看了列宁格勒作曲家安德烈·彼得罗夫作曲的舞剧《创世纪》，访问了莫斯科、列宁格勒、基辅的 3 所音乐学院和明斯克的 1 所音乐中学。黄晓和回国后撰写了《苏联音乐见闻》一文。他在文中写道："在 20 多天的时间里，我们通过音乐剧院的舞台、音乐会的大厅，每日的广播电视等渠道，接触了苏联的音乐生活。"黄晓和在当时的苏联音乐中感受到了三个传统：一是苏联多民族的民间音乐传统；二是以格林卡、"强力集团"作曲家和柴可夫斯基为代表的俄国专业音乐传统；三是 19 世纪末以来形成的无产阶级革命歌曲的传统。①黄晓和撰写的《苏联音乐史》上卷于 1998 年由海峡文艺出版社出版。1999 年，为了收集资料撰写《苏联音乐史》下卷，黄晓和曾自费赴俄罗斯考察访问，回国后撰写了《重返莫斯科》一文。文中

---

① 黄晓和：《苏联音乐见闻》，《人民音乐》，1984 年第 12 期。

指出，中国 20 世纪二三十年代创作的《共产儿童团歌》《少年先锋队队歌》和《会师歌》分别是由苏联歌曲《苏联少年先锋队队歌》《青年近卫军》和《布琼尼骑兵军》重新填词和改编曲子而来。①

中国与俄罗斯互办"国家年"期间，人民音乐出版社等出版社出版了《当代俄罗斯音乐家访谈录》(2006)、《俄罗斯音乐之魂——柴可夫斯基》(2007)、《俄罗斯当代著名钢琴家特写》(2007)、《苏联音乐教育》(2007)、《俄罗斯作曲家与 20 世纪》(2007)等俄苏音乐研究类著作。近年来，随着中国与俄罗斯联邦文化交流的日益密切，两国的音乐交流更加活跃。

第二节 中国音乐在苏(俄)

在中苏友好时期，中国音乐界积极参加在苏联举行的各类音乐活动，世界青年联欢节就是其中的一项。中国选派音乐家参加过第 3 届及第 5-8 届世界青年联欢节的演出活动。1951 年，中国派出代表团参加了第 3 届世界青年联欢节，代表团成员有指挥家陈传熙、歌唱家喻宜萱和唐荣牧、小提琴家杨秉孙和大提琴家黄源澧等。长调歌后宝音德力格尔于 1955 年在第 5 届世界青年联欢节上以《辽阔的草原》夺得金牌，令多位世界级音乐大师赞叹不已，当时的评委之一、苏联著名作曲家肖斯塔科维奇十分赞叹，认为宝音德力格尔这样的女高音非常少见。1957 年，在第 6 届世界青年联欢节比赛中，北京军区文工团的女高音歌唱家马玉涛获金质奖章，女高音歌唱家方初善获第 6 届世界青年联欢节独唱比赛银质奖章。金石与顾圣婴参加了莫斯科第 6 届世界青年联欢节的钢琴比赛，并赴苏联各地巡回演出，受到了当地观众的欢迎。20 世纪 80 年代以来，中国选手积极参加莫斯科柴可夫斯基国际音乐比赛且不断获奖。1986 年，钢琴家薛伟获得第 8 届莫斯科柴可夫斯基国际钢琴比赛二等奖。1994 年，徐宜受文化部委派，率团赴莫斯科参加第 10 届柴可夫斯基国际声乐比赛，中国参赛选手成绩突出，中央歌剧院袁晨野获第一名，黄静获艺术奖，北京军区战友歌舞团孙秀苇获特别奖。2002 年，钢琴家居觐获得第 12 届柴可夫斯基国际钢琴比赛三等奖。2007 年，谢天在柴可夫斯基国际声乐大赛中获特别奖。2015 年，在第 15 届柴可夫斯基音乐大赛上，王传越获得声乐组二等奖，小提琴组比赛一等奖空缺，中国台湾的曾宇谦获得二等奖。

① 黄晓和:《重返莫斯科》,《人民音乐》,1996 年第 3 期。

　　赴苏音乐留学生的创作在苏联也有一些影响。吴祖强根据新疆哈萨克民歌改编的歌曲《燕子》，1954 年在莫斯科首演，1957 年由苏联国家音乐出版社出版乐谱。吴祖强作曲的《在祖国大地上》，1958 年在莫斯科柴可夫斯基音乐学院柴可夫斯基音乐厅首演。《涂山之阳——与洪水搏斗》是吴祖强创作于 1958 年的作品，全曲共 6 段，其中第三段女生独唱《等待》当年曾以钢琴伴奏在莫斯科演唱，博得好评。朱践耳在苏联留学期间谱写的《节日序曲》，融入了中国民族音乐元素。这部作品于 1959 年曾被莫斯科柴可夫斯基音乐学院管弦乐队首演，苏联国家广播电台作为永久性曲目录音收藏。1960 年，朱践耳创作的交响曲——大合唱《英雄的诗篇》被苏联国家广播电台作为永久性曲目录音收藏。1984 年，朱践耳应邀赴莫斯科参加第 2 届国际音乐节，他的《交响幻想曲》由乌克兰国家交响乐团演出，并录制了唱片。

　　中国音乐团体和音乐家也不断赴苏联和俄罗斯访问演出。1954 年冬，中国人民解放军总政文工团派出以陈沂为团长的演出团访问苏联。1990 年，上海乐团赴苏联演出。幺红于 1993 年在俄罗斯大剧院导演安西莫夫执导的歌剧《弄臣》中饰演吉尔达，以出色的表演和美妙的歌声获得专家的一致好评。1994 年，曹鹏率领上海乐团赴莫斯科、圣彼得堡访问演出，成功指挥了纪念柴可夫斯基 150 周年诞辰演出。1998 年，在"为中国喝彩 1998 克里姆林宫演唱会"上，刘欢和卡亚茨基（C. P. Каяцкий）同台演唱了《好汉歌》，郑咏和别列兹尼亚克（A. Березняк）同台演唱了《长江之歌》，刘欢用俄语演唱了《唱歌的鸟儿》，库尔干斯卡娅（H. Курганская）用中文演唱了《茉莉花》，等等。中央民族乐团曾多次赴俄罗斯演出，其中的一次是 2003 年 8 月在圣彼得堡市举行的"中国周"活动上演出。吴碧霞曾于 2004 年在莫斯科大剧院为纪念中俄建交 55 周年而举办的中国文化节晚会上演唱《小河淌水》和《夜莺》，俄罗斯的媒体称她是"来自东方的天使"。2005 年 6 月，中国人民解放军总政歌舞团一行六十多人访俄，为俄罗斯观众奉献了数场精彩的演出。彭丽媛演唱了《红莓花儿开》《在那遥远的地方》和《在中国大地上》等歌曲，祖海演唱了俄语歌曲《喀秋莎》，董文华演唱了俄语歌曲《小路》。2010 年，中国人民解放军总政歌舞团打造的原创民族歌剧《木兰诗篇》在俄罗斯圣彼得堡马林斯基剧院演出，主演雷佳的表演给观众留下了深刻的印象。马林斯基剧院艺术总监、俄罗斯著名指挥家捷杰耶夫在接受采访时说，雷佳的声音共鸣运用得非常科学，是他所听到的最完美的女高音。

2007 年是俄罗斯"中国年","2007 俄罗斯伏尔加河合唱之旅"是其中一项中俄联欢合唱活动。该活动由北京老教授合唱团和北京华夏之宝国际文化交流中心联合举办,2007 年 8 月分别在俄罗斯乌格利奇市和圣彼得堡市举行,俄方当地的合唱团也参加了合唱活动。中方有 21 个合唱团参加活动,参唱人数近 500 人,演唱的歌曲有傅庚辰谱曲的《中俄友谊歌》、中国民歌《茉莉花》、俄罗斯歌曲《莫斯科郊外的晚上》《灯光》《伏尔加纤夫曲》和《自由涅瓦河上的城市》等。

到苏联和俄罗斯联邦演出的中国音乐家还有刘秉义、周小燕、曹丁、陈燮阳、王秀芬、孙媛媛、王娅雯等。刘秉义 1962 年曾在歌剧《叶甫盖尼·奥涅金》中扮演男主角,赴苏联演出。周小燕是著名的花腔女高音歌唱家,曾赴苏联巡回演出。指挥家曹丁曾师从李德伦学习指挥,曾应邀赴苏联指挥演出。指挥家陈燮阳于 1960 年入上海音乐学院师从黄晓和学习指挥,曾应邀赴苏联和俄罗斯演出。王秀芬和孙媛媛都是女高音歌唱家,曾随团赴俄罗斯演出。王娅雯是胡琴表演艺术家,2007 年俄罗斯"中国年"期间曾赴俄罗斯参加"中国年—安徽周"活动演出,担任京胡领奏,使俄罗斯观众领略了徽风徽韵的风采。

2014 年 10 月,由中国驻俄罗斯大使馆主办,莫斯科中国文化中心、中国东方演艺集团、中央歌剧院、上海国际艺术节中心共同承办的"永恒的记忆——庆祝中华人民共和国成立暨中俄建交 65 周年音乐会"在莫斯科爱乐之家音乐厅举行。音乐会由中国指挥家俞峰指挥,俄罗斯爱乐乐团现场伴奏,中国男高音歌唱家顾欣、迟立明、薛皓垠、杨阳、韩蓬为俄罗斯观众奉献了精彩的表演,上半场演唱了《托斯卡》《浮士德》《奥涅金》《灰姑娘》等歌剧的经典选段,下半场献唱了《天路》《为你歌唱》《祖国,慈祥的母亲》《我爱你,中国》等中国经典歌曲,以及《遥远的地方》《夜莺》《黑眼睛》《莫斯科之窗》等俄罗斯歌曲。2015 年 6 月,俄罗斯华人音乐家协会主席李歌在圣彼得堡著名的爱乐乐团小厅举办了个人演唱会,除演唱《圣母玛利亚》、歌剧选段《诺尔玛》及柴可夫斯基、拉赫玛尼诺夫等音乐大家的名作之外,还演唱了《我爱你,中国》《长相知》《敖包相会》等中国歌曲。2015 年 6 月,为了庆祝世界反法西斯战争胜利 70 周年,"歌唱胜利"庆典音乐会在莫斯科隆重举行,莫斯科老战士合唱团与来自莫斯科国立柴可夫斯基音乐学院及俄罗斯国立格涅辛音乐学院的留学生歌手们联袂演唱了《夜莺》和《海港之夜》等经典歌曲,留学生歌手们则演唱了《我爱你,中国》《永远跟党走》《海恋》等中文歌曲。

　　中国音乐在当代俄罗斯得到了更为广泛的传播,如古筝、二胡、琵琶等民族器乐在俄罗斯较受欢迎,发行了专辑,俄罗斯音乐网站上也能搜索到很多中国民族乐曲。汉语歌曲虽由于语言的障碍在俄罗斯的传播受到一定影响,但随着俄罗斯歌舞团体到中国巡演和一些俄罗斯著名歌唱家的演唱,不仅《喀秋莎》《红莓花儿开》《莫斯科郊外的晚上》《山楂树》《在那遥远的地方》《三套车》等歌曲的中文唱法为一些俄罗斯听众所熟悉,而且中国歌曲《美丽的神话》《月亮代表我的心》《传奇》《今天是你的生日,我的中国》《天路》《祝你平安》《干杯,朋友》《我的中国心》《青藏高原》《游击队员之歌》《难忘今宵》《纤夫的爱》等也得到一定程度的传播。俄罗斯民众对中苏友好时期的歌曲一度十分陌生,但随着中俄文化交流的深入进行,中苏友好时期的歌曲如《莫斯科—北京》等逐渐为俄罗斯民众所熟悉。中国艺术家也开始创作中俄友好题材的新歌,青年导演田七就创作了《爱在莫斯科》《莫斯科上空的雄鹰》《波罗的海》《涅瓦河》《莫斯科的早晨》和《俄罗斯姑娘爱北京》等多首歌曲。2015 年,田七访俄期间启动了影片《白桦木画框》的拍摄,并亲自执导拍摄了歌曲《爱在莫斯科》的音乐短片,由俄罗斯歌唱家克欣诺娜(Ксенона,原名Ксения Бузина,1989—　　)演唱并主演,演员计春华和文艺家丁亚琳友情参演。克欣诺娜出生于赤塔市,大学时学习的是世界经济专业,从小酷爱唱歌,在俄罗斯歌手大赛中脱颖而出,喜欢中国及其传统文化,自学中文演唱,曾演唱田七导演的公益电影《金瓯》的主题曲《金瓯飘香》和史诗音乐微电影《龙潭梦》的主题曲《红颜》。克欣诺娜能够用俄文、中文、英文三种语言演唱,曾与王宏伟和雷佳等中国歌唱家同台合作演唱中文歌曲。在深圳第 26 届世界模特小姐大赛国际总决赛颁奖盛典和厦门国际时尚周上, 克欣诺娜演唱了《鼓浪屿之波》和《I Love Fashion》两首歌曲。克欣诺娜演唱的中文歌曲还有《天路》《你真的幸福吗？》《明天好起来》《天空》《追我的梦想》等。

第七章 中苏(俄)美术交流

苏(俄)美术具有现实主义的鲜明风格和充满诗意的理想主义情怀,在世界美术史占有独特的地位。通过向苏(俄)派遣留学人员学习美术和邀请苏联美术专家来华指导,举办美术展览和译介苏(俄)美术著述,苏(俄)美术在中国广泛传播,影响了几代中国美术家。在美术教育体制和教学方法及油画领域,苏联对中国的影响尤其深刻。

中国也经常在苏(俄)举办美术展览,受到业内人士和广大民众的欢迎。中国的国画具有悠久的历史和深厚的传统,苏联和俄罗斯美术界对中国国画都非常推崇。中国的年画、版画及工艺美术在苏联和俄罗斯也很受欢迎。

第一节 苏(俄)美术在中国

中国学习借鉴苏(俄)美术主要是通过向苏(俄)派遣留学人员、聘请苏联美术专家来华讲学指导或举办培训班、举办美术作品展览和译介苏(俄)美术著述等方式进行的。

20世纪五六十年代,新中国通过向苏联派遣美术留学生和聘请苏联美术专家来华指导等方式学习苏联美术。中国派出的三十多名学习美术的留学人员得到了苏联美术大师的指导,学成回国后成为中国美术界特别是油画和雕塑领域的教学和创作骨干。康·梅·马克西莫夫 (K. M. Максимов,1913—1993)则在中国开办了著名的"马训班",对参训学员进行了比较系统和全面的油画教学方法培训,为中国培养了一批油画艺术人才。在雕塑领域,1957年至1958年, 苏联雕塑家克林杜霍夫 (H. H. Клиндухов,1916—1989)则开办了雕塑训练班,为中国培养了一些雕塑艺术人才。到中国与俄联邦关系时期,俄罗斯美术仍有吸引力,油画和雕塑等仍是中国留学生选择学习的专业。苏联和俄罗斯美术教育重视户外写生和民族传统的做法给学习美术的中国留学生和受到苏联美术家指导的学员以深刻启示,他们在学习苏(俄)美术的同时,十分注重挖掘民族题材,重视中国美术的优秀传统,经过学习借鉴和继承创新,开创了一条独具特色的美术发展道路。

一、派遣留学生和代表团赴苏(俄)学习美术

1953 年至 1961 年,中国共派出了 30 多名留学生赴苏联学习美术,这些留学生主要集中在列宾美术学院。其中有 12 名在油画系学习,7 名在舞台美术系学习,5 名在雕塑系学习,2 名在版画系学习,4 名在美术史论系学习,1 名被安排学习美术古画保管与修复专业。另外,还有 1 名被派往莫斯科大学学习,1 名被派往列宁格勒穆希娜高等工艺美术学院学习,1 名被派往苏联俄罗斯教育科学院艺术研究所学习美术教学法。在列宾美术学院学习油画的中国留学生得到了奥列施尼柯夫 (B. M. Орешников, 1904—1987)、约干松(Б. В. Иогансон, 1893—1973)、谢列勃良内(И. А. Серебряный, 1907—1979)、涅普林采夫(Ю. М. Непринцев, 1909—1996)、莫伊谢延科(Е. Е. Моисеенко, 1916—1988)和梅利尼科夫 (А. А. Мыльников 1919—2012)等油画大师的指导。学习雕塑的留学生得到了阿尼库申(М. К. Аникушин, 1917—1997)和克尔津(М. А. Керзин, 1883—1979)的指导。

1953 年,中国向列宾美术学院派出了李天祥、钱绍武、陈尊三、程永江 4 名留学生,其中李天祥入油画系,钱绍武入雕塑系,陈尊三入版画系,程永江入美术史论系。1954 年 8 月,中国派出全山石、林岗、肖峰和李春等赴苏学习美术。全山石、林岗、肖峰 3 人入列宾美术学院油画系,李春入莫斯科大学学习世界美术史及美术理论批评专业。1955 年,第 3 批被派往苏联学习美术的留学生有 12 人:罗工柳、邓澍、郭绍纲、徐明华、李玉兰(晨朋)、邵大箴、奚静之和李葆年等,其中罗工柳是高级研修生。第 3 批留苏美术生除李葆年留学列宁格勒穆希娜高等工艺美术学院学习装饰雕塑外,其余的都在列宾美术学院学习,罗工柳、邓澍、郭绍纲和徐明华入油画系,李玉兰、邵大箴和奚静之 3 人入美术史论系。1956 年,中国向苏联派出的美术留学生是伍必端、冯真、张华清、李骏和谭永泰 5 人,其中伍必端是高级研修生。5 人都在列宾美术学院学习,伍必端入版

画系,谭永泰入美术史论系,其余 3 人都在油画系学习。1956 年还派出汪国一赴苏联俄罗斯教育科学院艺术研究所学习美术教学法。1957 年派出的是董祖诒和许治平,董祖诒入列宾美术学院雕塑系,许治平则学习美术古画保管与修复专业。1960 年派出的是苏高礼和曹春生,苏高礼入列宾美术学院油画系,曹春生入雕塑系。1961 年派出的是王克庆和司徒兆光,其中王克庆是进修生,两人都在列宾美术学院雕塑系学习。中国向苏联派出的 30 多名美术留学生,除教育部派出的 2 名师范生外,其余都是由文化部选派的。这些留学生都是优中选优,具备过硬的政治思想和业务水平。他们有的是在国内美术学院任教的骨干教师,有的曾在美术赛事中获得奖项,有的是优秀大学生。他们的学习周期比较长,学习油画和雕塑的需要 6 年,学习美术理论的需要 5 年,高级研修生则至少需要学习3 年。

中国赴苏联学习油画的留学人员有李天祥、全山石、林岗、肖峰、罗工柳、邓澍、郭绍纲、徐明华、冯真、张华清、李骏和苏高礼。

李天祥、全山石、肖峰、徐明华和李骏师从列宾美术学院院长奥列施尼柯夫。奥列施尼柯夫任院长达 25 年,尽管院务繁忙,但他仍然指导了这 5 名中国留学生。奥列施尼柯夫擅长肖像画和革命历史题材油画创作,一生恪守现实主义画风。他经常教导中国留学生要注意从中国民族文化传统中汲取营养。据晨朋回忆,奥列施尼柯夫曾亲口对她说:"你们国家的文化传统深厚,历史悠久,回国后一定要好好学习,把在这里学的东西,与你们的传统结合起来。"①1960 年,晨朋毕业时,奥列施尼柯夫为她画了一幅与真人等大的肖像。即便后来中苏关系恶化,奥列施尼柯夫还是将这幅作品收录了他的画册之中。这幅肖像画现收藏于俄罗斯国立高尔基美术馆。1987 年,肖峰访问列宾美术学院时特地拜访了奥列施尼柯夫,他认为肖峰等中国留学生是他最好的学生。

李天祥留学前曾师从徐悲鸿、吴作人等大师,留学期间以作品《儿童图书馆》获优秀毕业证书,并获"艺术家—油画家"称号。《儿童图书馆》被收藏于列宾美术学院的博物馆。1959 年,李天祥回国后在中央美术学院任教,后调入上海大学美术学院工作,主要代表作有《路漫漫》《山花烂漫时》《苏醒》《大森林》《穆桂英》《白桦林》《秋心似火》《江岸惨案》《九寨飞瀑》《剪窗花》《长城晓雾》等。

---

① 晨朋:《苏联列宾美术学院留学记》,《艺术评论》,2009 年第 10 期。

全山石留苏期间成绩优异，在中国留苏美术生中第一个获得了"优秀毕业生"称号。当时苏联对优秀毕业生的要求很高,需要 85%以上的课程成绩都达到 5 分,这对苏联学生来说也是十分困难的。全山石留苏期间创作的作品有《海员头像》《乌克兰姑娘》《黄背景前的女人体》《男人体习作》等。1960 年毕业回国后在浙江美术学院任教,曾多次去新疆写生,创作了大量反映少数民族风情的作品,主要代表作品有《英勇不屈》《八女投江》《塔吉克姑娘》《维族建设者》《老艺人》《民乐》等。

肖峰在苏联学习期间曾临摹过几幅名作,如 1957 年临摹了克拉姆斯科依的《米·尼·莫伊塞耶夫像》,1960 年临摹了伦勃朗(Rembrandt Harmenszoon van Rijn,1606—1669)的《红衣老人》等。留苏期间创作了《娃娜大婶》《娜达莎》《池塘》《树荫下》《绿衣女子》《黑衣女子》《阿卡河的傍晚》《辞江南》等作品。教过肖峰的梅利尼科夫 1956 年曾到中国北京、武汉、杭州等地参观和写生。他教导肖峰在学习苏联美术的同时,也要重视中国自己优秀的美术传统,创作中国题材和中国风格的画作。肖峰的毕业作品《辞江南》就是中国题材的油画作品,画的是新四军战士与母亲告别的情景。毕业答辩时,答辩委员会对《辞江南》的评价很高,打出了满分 5 分的成绩。《辞江南》最初藏于列宾美术学院,后遗失。肖峰于 1999 年获普希金奖章并被聘为列宾美术学院名誉教授,2000 年获第 8 届圣彼得堡国际艺术节"荣誉艺术大师"称号。2009 年,陈永怡采访了肖峰并撰写了《肖峰回忆录》一书,留学苏联是回忆录的重要内容。

徐明华 1960 年毕业回国后在南京师范学院美术系任教,主要代表作品有《女大学生》《三月》《玉兰花》《渔港》《天山下的村庄》《巴黎街道》等。

李骏修完 3 年基础课程后进入奥列施尼柯夫画室,1962 年毕业回国后在中央美术学院任教,主要代表作品有《鸡鸣寺》《栖霞寺》《杜鹃花开》《玉龙雪山》等。

林岗留学苏联期间曾临摹了伦勃朗的《试耳环的少女》等画作,创作了《俄罗斯中学生》《俄罗斯妇女》《俄罗斯农夫》《俄罗斯老农》《白夜》《船坞》《草垛》等油画,毕业时被授予"艺术家—油画家"称号,获硕士学位。林岗 1963 年回国后在中央美术学院任教,曾任油画系第二和第四画室主任,1999 年获普希金奖章并被聘为列宾美术学院名誉教授。林岗的主要代表作品有《群英会上的赵桂兰》《狱中》《井冈山会师》《东渡》《万里征程诗不尽》《峥嵘岁月》等。邵大箴评价说:"林岗留苏的时候在色彩关系处理上和全山石一样是比较好的,这是大家公认的。他一方面注重艺术,一方面关注人性和人的丰富感情。"①

罗工柳早年自学木刻,代表作品有《鲁迅像》等,后又从事油画创作,赴苏留学之前就创作了《地道战》和《整风报告》等油画,留苏期间临摹了列宾的《贵夫人像》等名作,创作了《蓝裙子》《穿红裙子的苏联女孩》《哥萨克人》等油画作品。罗工柳毕业回国后在中央美术学院任教,成为教学骨干,创作了《毛泽东同志在井冈山》《毛主席视察黄河》《六盘山》等油画作品,还曾与全山石合作了《前赴后继》和《井冈山上》等油画作品。1959年,中央美术学院确立了"三室一班"的教学体制。"三室"分别是吴作人工作室、罗工柳工作室和董希文工作室,所谓"一班"就是要筹备一个由苏联专家主持教学的研究生培训班,但由于中苏关系恶化,苏联专家没有到位,但研究生培训班仍在1960年开办,由罗工柳主持教学。培训班起初招收了16名学员,后来又有3名学员随班学习,前后共19人。当时,中国油画过于依赖苏联经验,缺乏民族特色,中国油画的民族化问题因此受到关注。罗工柳主持的培训班在教学过程中十分重视中国油画民族性的探讨和美术家个性的培养,"不仅使欧洲—苏联写实油画艺术成为扬弃而非膜拜的对象,而且使油画学习有了把握中西艺术差异并予以变通的可能"②。

邓澍赴苏留学之前在中央美术学院任教,并从事连环画和年画创作,参与中国第一部长篇连环画《新儿女英雄传》③的创作,1950年创作的年画《保卫和平》曾获一等奖。邓澍在苏联经过3年基础课程学习后进入涅普林采夫画室,创作了《女人像》《俄罗斯姑娘》等作品。邓澍1961年回国后继续在中央美术学院任教,主要作品有油画《农村调查》《毛主席与朱德同志在挑粮路上》《周总理与白求恩》《傣家少女》《放牧的藏女》《徐悲鸿像》《吴作人像》《萧淑芳像》《菏泽牡丹》等。邓澍还单独或与人合作创作了《长城秋色》《天鹅湖》《华夏文明》《清水江畔》等壁画。

郭绍纲于1949年考入国立北京艺专,师从李可染学习素描,师从吴作人学习油画,还得到过伍必端的指导,1953年毕业,毕业时创作的年画《一年级新生》入选画集,由北京人民美术出版社出版,后于1958年入编

---

① 范迪安、徐冰、杜少虎:《林岗、庞壔60年艺术回顾展研讨会纪要》,《中国美术馆》,2010年第6期。

② 曹庆晖:《"学到手再变"——油画民族化思潮中的罗工柳油画研究班教学研究》,《文艺研究》,2007年第12期。

③ 长篇连环画《新儿女英雄传》共分四集,第一集由顾群、邓澍和伍必端绘;第二集由冯真、李琦、林岗和伍必端绘;第三集由伍必端、邓澍和顾群绘;第四集由冯真、李琦和林岗绘。

莫斯科国家出版社编印的《中国现代年画选》。在苏联修完三年基础课程后郭绍纲也进入了涅普林采夫画室,曾临摹过列宾的《斯塔索夫肖像》和荷兰肖像画家哈尔斯(Frans Hals)的《戴手套年轻男子的肖像》等名作,创作的油画作品主要有《男孩像》《农舍》《锻工阔利亚》等,其中《锻工阔利亚》曾发表于《苏中友好》杂志。郭绍纲1960年回国后在广州美术学院任教,1961年3月在学院陈列馆举办了留苏个人习作展,后又于1983年10月和1991年10月在学院两次展出。郭绍纲回国后创作的作品有《毛主席在陕北》《孙中山纪念像》《将遇良才》《检车工》《荔枝林》《西沙前哨》《雄关漫道》《万山渔港》《南粤雄关古道》《泰山扇子崖》《雨后山村》《高原苗圃》《乡土》等油画作品及一些水粉画、速写、素描作品。1986年10月,郭绍纲参加中国美术家代表团访问苏联。1987年,郭绍纲访苏期间创作的5幅写生油画作品和《访苏漫记》一文在《画廊》第22期发表,而《埃里温儿童艺术博物馆》一文则由《美育》杂志第3期刊出。1999年,郭绍纲获普希金奖章并被聘为列宾美术学院名誉教授。

冯真留苏三年后进入莫伊谢延科画室。为了准备毕业创作,1961年暑假曾回国到秦岭和延安写生。1962年毕业,获"艺术家—油画家"称号。冯真的主要代表作有《白求恩在唐县》《艰苦岁月》《微笑的观音》《春到周庄——泡桐花开》《西山脚下的金秋》《向日葵》等油画,以及《我们的老英雄回来了》《发扬大庆自力更生精神》《瑞雪丰年》《娃娃欢》等年画。冯真还创作了一些连环画,包括单独创作的《争红旗》和《沙家店战斗》,参与创作的《新儿女英雄传》,与邓澍合作的《刘胡兰》,与林岗等合作的《工人张飞虎》,与苏高礼等合作的《周恩来的故事》。冯真曾参与2006年举行的"中央美术学院留俄画家绘画作品联展"和2013年中国美术馆举办的"20世纪中国美术之旅——留学到苏联"展览,2013年访问了列宾美术学院。

张华清在留学期间思想进步,学习努力,成绩突出。曾在苏联团校留学的钱其琛毕业后被安排在中国驻苏联大使馆留学生管理处工作,他对曾任列宁格勒留学生支部书记的张华清印象深刻。钱其琛在《外交十记》一书中说:"在留学生管理处工作时,我几乎到过所有有中国留学生的苏联院校,并有一年的时间住在列宁格勒,专职管理那里的一千多名留学生。"[①]张华清给钱其琛的印象是"一个朝气蓬勃、很有天赋、刻苦勤奋而

---

①　钱其琛:《外交十记》,世界知识出版社,2003年,第211页。

又热心公益的青年"①。张华清留学期间创作了《坐着的女人》《喀秋莎》《主妇》和《黑海浴女》等熟练运用色彩表达人物形神的油画作品,还曾去艾尔米塔什博物馆和俄罗斯博物馆等处临摹过列宾、苏里科夫(B. И. Суриков,1848—1916)、瓦·亚·谢洛夫(B. A. Серов,1865—1911)、雷诺阿(Pierre-Auguste Renoir,1841—1919)、凡·高(Vincent Willem van Gogh,1853—1890)、高更(Paul Gauguin,1848—1903)和马蒂斯(Henri Matisse,1869—1954)等大师的作品。1962 年 6 月,张华清以《江南的早晨》通过毕业答辩,被授予"艺术家—油画家"称号,获硕士学位。在作品答辩会上,梅利尼科夫认为,这位中国学生的处女作是有独创性的:作为一个画家,他所选择的艺术道路是正确的,是值得我们向他表示祝福和庆贺的。扎伊采夫(A. Д. Зайцев,1903—1982)认为,张华清将学到的基本功用于表现民族生活题材创作,在艺术形式上进行了探索,"……张华清选择了正确的创作道路,这对他以后的油画艺术的发展和个人风格的形成,具有重要意义"②。

1962 年,张华清回国后在南京艺术学院任教。1963 年,张华清的作品在苏联展出,其中素描《读信》被收录于莫斯科艺术出版社出版的《素描教学示范作品集》(1963)之中。1982 年,张华清曾赴新疆、广西等地讲学,举办教师进修班,被新疆当地报纸称为"驰骋天山育桃李的艺术家"。张华清于 1994 年至 1997 年 3 次应俄罗斯文化基金会和列宾美术学院邀请赴俄访问,进行艺术交流和实地写生。1995 年,江苏省美术馆举办了张华清俄罗斯写生油画展,展出了张华清创作的《乡间小路》《大教堂的钟声》《晚霞》等油画作品。1999 年,张华清获普希金奖章,并被俄罗斯列宾美术学院聘为名誉教授。2006 年, 俄罗斯联邦驻上海领事馆总领事柯安富(A. B. Кривцов)遵照普京命令,授予张华清"圣彼得堡三百年"金质奖章,以表彰他为发展油画艺术、美术教育和两国艺术交流做出的贡献。

苏高礼曾进入梅利尼科夫画室,1966 年回国后在中央美术学院任教,代表作有系列作品《大寨纪事》和《红旗渠》及《周总理是我们的贴心人》《铁锤钢钎穿太行》《深谷羊肠道》《凤凰城》《丛树》《哈萨克人》等。

苏联雕塑也是中国美术积极学习的领域。1953 年,上海建设中苏友好大厦(今上海展览馆),苏联雕塑家克贝尔(Л. Е. Кербель,1917—2003)、

---

① 张华清:《张华清回忆录》,辽宁美术出版社,2011 年,代序。

② 同上,第 119 页。

穆拉温(Л. Д. Муравин，1906—1974)、石膏专家叶拉金与浙江美院雕塑系派遣的 26 名师生一起从事了高达 7.7 米的中苏友好纪念碑大型雕塑的制作，雕塑系的师生从而学到了有关大型雕塑放大与翻铸的经验。

　　中国派往苏联学习雕塑的留学人员共 5 人：钱绍武、董祖诒、曹春生、王克庆和司徒兆光，其中除了董祖诒是鲁迅美术学院派遣的之外，其余都是中央美术学院派遣的。在苏联留学期间，钱绍武和董祖诒选择了克尔津作为导师，而曹春生、王克庆和司徒兆光的导师是阿尼库申。克尔津十分重视古典传统，主张形体的完美，要求造型的艺术性。他创作不多，但教学经验丰富，对每个教学步骤要求都十分严格，培养了很多知名雕塑家。阿尼库申是当时苏联雕塑界的翘楚，曾获列宁勋章和"社会主义劳动英雄"称号。其创作很有激情，重视雕塑语言和人物精神气质，善于把握人体构成的动态规律性与个性。阿尼库申的主要代表作有《普希金纪念碑》《列宁格勒的英勇保卫者纪念碑》《俄罗斯海军成立三百周年纪念碑》等。司徒兆光在评价自己老师的作品时说："我觉得阿尼库申的风格是很好地吸收了传统的古典的美……阿尼库申比较重情，对人物的内心世界表现得比较多。"阿尼库申要求学生"通过各种手段把作品做得感人，吸引人，也很完善，艺术有它的表现语言"。"他经常反复强调要从生活中发现美，要从自然中发现美。要有真正的感动，要有自己的东西，特别强调自然。"①

　　学习雕塑的 5 名留学生经过在苏联的学习，颇有收获。钱绍武说："最大的收获是踏踏实实地把这套体系学到了。不仅是俄罗斯的体系，也是欧洲二千多年来基础训练的可贵之处，这是欧洲教学中最难能可贵的东西，学得比较踏实、比较完整。"董祖诒认为他最大的收获是"掌握了雕塑这门艺术语言，另外参观了很多地方成功的纪念碑，走访了一些艺术家"。②5 名留学生回国后均在中央美术学院任教，成为中国传承和传播苏联雕塑教育模式的骨干力量。

　　陈尊三和伍必端留苏期间主攻版画。陈尊三在苏联留学期间学习刻苦，成绩优秀。2013 年 3 月 1 日，在中国美术馆开幕的"20 世纪中国美术之旅——留学到苏联"大型美术作品及文献展上，有一张陈尊三的成绩

---

①　刘艳萍：《苏联雕塑教育模式在新中国的影响——以留苏雕塑家、雕塑训练班为例》，中央美术学院硕士学位论文，2008 年，第 20—21 页。

②　同上，第 22 页。

单,依次罗列了马列主义基础、政治经济学、马列主义美学原理、辩证唯物主义和历史唯物主义、素描、绘画、构图、石版画、铜版画、木刻、麻胶版画、书籍装帧、美术字、印刷常识、解剖学、透视、俄罗斯苏维埃美术史、美术通史、版画史、俄语、体育、国防,共计22门课程。他的毕业作品是周立波长篇小说《暴风骤雨》的插图及装帧,成绩为优秀。①陈尊三毕业回国后在鲁迅美术学院版画系任教,1992年曾应邀赴俄罗斯列宾美术学院版画系讲学,1996年获鲁迅版画奖。

　　伍必端在三年留学期间创作了铜版画、石版画、麻胶版画等作品50幅左右,他创作的麻胶版《列宁与中国志愿战士》曾在苏联《真理报》发表。伍必端于1959年回国后在中央美术学院版画系任教,还举办了两个展览:一是将在苏联学习期间所创作的铜版画、石版画、麻胶版画以及一些素描、水彩、速写画整理出来,在学院的大礼堂举办了一个个人留苏作品展览;另一个是把在苏联留学期间所收集到的苏联版画作品连同李桦、力群所收集的苏联版画作品一起,在美协展览馆(现美院展览馆)展出。后者是一次较大规模的展览。尽管新中国成立后曾有过苏联美术作品展览,之中也有一些版画作品,但像这次全部是苏联的版画作品尚属首次。②展览后,李桦、力群和伍必端精选部分作品编辑了《苏联版画》(1961),由人民美术出版社出版。《苏联版画》是继鲁迅编选并作序的《苏联版画集》(1936)之后在中国出版的第二本苏联版画集。2005年纪念反法西斯战争胜利60周年国际艺术作品展和2006年中国"俄罗斯年"期间都曾专题展出过伍必端收藏的苏联版画。伍必端曾应著名翻译家曹靖华之邀为《铁流》(1973)彩绘插图,后又为郑泽生等翻译的《恰巴耶夫》(1981)创作了木刻插图组画,获得了全国书籍插图优秀作品奖。伍必端是一位德艺双馨的艺术家,他先后两次向中国美术馆捐赠个人藏品和作品三百多幅,如《列宁与中国志愿战士》《铁流》的插图及封面等。伍必端说:"我是一位'公家人',是国家和人民培养了我。将这些作品和藏品捐赠给中国美术馆,是一种最好的归宿。我要让我的画回归国家,回归人民。"③

　　在苏联求学的岁月对留苏艺术家们的一生都具有非同寻常的意义。

---

① 冯智军:《留学苏联,一个时代的美术梦》,《中国文化报》,2013年4月7日。
② 伍必端:《刻痕:画家伍必端自述》,生活·读书·新知三联书店,2006年,第209页。
③ "'让我的画回归国家,回归人民'——伍必端捐赠作品展在京举行",中国作家网:http://www.chinawriter.com.cn/bk/2006-07-04/24853.html。

肖峰在回顾留苏岁月时曾说："1954 年 8 月底我和全山石、林岗、程永江、齐牧东、周正一起从北京出发……我们年轻时最向往和热爱的就是到苏联留学，我实现了梦想。对我们而言，青春就是俄罗斯！不仅因为我们在那里留下了美好的青春岁月，还因为我们青年时代的最高理想竟然成为可以触摸的现实！"①2013 年 3 月 2 日，中国美术馆艺术沙龙举办了"涅瓦河畔的青春岁月——老一辈艺术家讲述留学苏联的故事"，邀请李天祥和张华清讲述了他们当年的留学生活，并探讨这段珍贵的经历对他们归国后的教学和创作所产生的影响。3 月 23 日，中国美术馆邀请邵大箴和奚静之作了"留学苏联与中俄美术交流"的报告。

2013 年 3 月 1 日，"20 世纪中国美术之旅——留学到苏联"大型美术作品及文献展在中国美术馆举行。此次展览收集了四百多件作品、六百多份文献，将留苏美术生的生活、创作、学习历程分成"新的开始""基础训练""写生实习""创作研究""感受经典""青春风采"六个部分进行了展示。"新的开始"部分展示了留苏美术生去苏联时的火车票、在北京站临行前的合影、在列车上的合影及他们刚抵达苏联时在红场的合影、在列宾美术学院学习时的学生证，等等。"基础训练"部分详细介绍了留学生初到列宾美术学院后学习基础课程的情况，展示了课堂写生照片、课堂笔记，以及他们从苏联带回用于国内教学的绘画用具等。"写生实习"部分主要展示了留苏美术生到苏联各地写生的情况。他们去农庄和野外写生，接触当地的苏联人，创作出了许多作品。除了大量写生照片外，还展出了诸如小型画箱、画笔等写生用具。"创作研究"部分展示了一批留苏美术生为毕业创作而画的草图和色彩稿，以及他们在接受基础教学之后进入导师工作室以后的情况，从中说明不同导师风格对中国留学生创作的影响。"感受经典"部分展示了留苏美术生走进苏联的博物馆参观和现场临摹的情况。对苏联博物馆的考察极大地拓展了留苏美术生的视野，这种条件在当时的国内是不具备的。留苏美术生临摹的作品既有苏联美术名家的作品，也有西方美术名家的作品。他们将临摹作品带回国内，成为中国美术界认识和欣赏苏联和西方著名油画的一条途径。程永江的一些藏品也在此部分进行了展示。程永江是中国第一位出国学习博物馆学的学者，他保存了一大批珍贵的西方博物馆现场资料。"青春风采"部分展示了留苏美术生们在苏联留学期间丰富多彩的生活，如学校组织的"五

---

① 冯智军：《留学苏联，一个时代的美术梦》，《中国文化报》，2013 年 4 月 7 日。

一游行""纪念十月革命的游行",在中国驻苏联大使馆接受刘少奇的接见和观看各种各样的演出,等等。

中国美术馆副馆长梁江在介绍展览时表示,新中国美术主要由三大板块组成,第一板块是来自延安的革命美术传统,第二板块是"五四"以来国统区的新文化、新美术经验,第三板块是中国向苏联学习,来自苏联的经验。而向苏联学习这一部分构成了新中国美术的基本结构,这个结构直至今天还继续发挥着作用,我们在谈到新中国美术架构形态时无法回避向苏联学习的这段历史。"留学到苏联"虽然被多数美术界人所知,但是对这段历史进行系统的梳理研究尚属首次。① "20 世纪中国美术之旅——留学到苏联"大型美术作品及文献展的举行很不容易。虽然留苏艺术家们及其家属或者提供当年的作品与资料,或者提供昔日作品去向的线索,但"文革"使许多作品不复存在,而在俄罗斯收藏的作品也难以查考,得以幸存的一些作品则尘封多年,很多文献和实物都是当年冒着极大风险保存下来的。这次展出的作品及文献对中国美术史、中俄美术交流史研究都具有史料价值。

留苏学习美术的学生后来之所以取得了很大的艺术成就,主要有两个原因。一是苏联的美术教育水平很高且具有特色。当时的列宾美术学院大师云集,水平很高。例如,约干松是"苏联人民美术家"和"社会主义劳动英雄",其代表作《共产党员受审》和《在旧时的乌拉尔工厂里》等画作驰名苏联美术界。约干松教人物素描时要求中国留学生注意结构、整体感和力度感,而创作油画时则强调用色彩塑造形体,不能过分依赖素描。约干松强调色彩的表现力,色彩的训练和运用是他授课的重点,中国留学生因此受益匪浅。邵大箴回忆列宾美术学院的课程设置和教学特点时写道:"五年间,除文、史、哲的学习科目外,在前三年每周用两个上午的时间接受美术实践的训练,学习素描、速写、水彩、雕塑制作技巧。学院美术史课程的设置包括世界各个民族的古今建筑、绘画、雕塑和实用美术,只是亚洲艺术史的教学较为薄弱。俄国和苏联美术史的研究方法受 19 世纪末 20 世纪初德国美术史学派的影响较深,重考据、重史实、重文化背景的全面考察,在扎实材料的基础上进行作品形式语言的研究。理论课程主要是美学和艺术原理。每学期的论文写作是重点课

---

① "首次大型留苏艺术家展览今开幕,再现独特 20 世纪中国美术之旅",中国美术馆网,2013年 3 月 1 日,http://old.namoc.org/news/gnxw/2013/201303/t20130301_159985.html。

程,不仅被视为是培养学生写作技巧的主要手段,而且是训练学生鉴赏和品评作品能力的必要途径,因为每篇论文写作几乎都是对一件艺术经典名作从表现形式到主题内容的解读与分析。美术史论系学生每年的实习是在美术考古队和博物馆进行的,目的是要学生直接接触实物即艺术品,围绕它们做具体、实际的文案工作,使学生养成从实物出发、不尚空谈的习能。"①苏联美术教育很重视基础性训练和造型的规范性,重视从构图到创作的衔接。基础训练包括解剖和透视等方面,并为此开设专门的绘画工具和材料课程。列宾美术学院规定学生每个学期都必须进行创作构图训练,要求学生根据命题在课后进行构图,教师在课上进行点评,学期结束时进行观摩评分。强调名作临摹和户外写生,重视民族传统是苏联美术教育的一大特色,这对中国留学生产生了较大影响。1957年,肖峰和罗工柳、林岗、伍必端、晨朋一起到基辅、索契、雅尔塔和高加索地区进行写生。肖峰指出:"俄罗斯土地辽阔,风光迷人,尤其是夏天,在充足的阳光照射下,大自然的万物都是浓郁多彩的。我们要做的,是去发现,用自己的画笔尽可能地把这些色彩描绘下来。"俄罗斯之所以能出现那么多伟大的风景画家,与他们所面对的大自然是密切相关的。肖峰认为这样的大自然激发了他本人潜在的色彩天赋和能力。②另一个原因是留苏美术生在留学期间学习刻苦,成绩优秀,不少留学人员的成绩都是5分,有的在3年基础课后能够进入油画大师的画室,有的在毕业时获得了"优秀毕业生"称号,做到这些对苏联学生来说也十分不易。

但苏联的油画教育模式也有不完善之处。比如,全山石认为新疆的人文环境很适合画油画,适合写生和体验生活,这和苏联的油画教育有所不同。全山石在接受《美术之友》杂志采访时说:"苏联的教学中虽然也有下乡,但他们只是去挖土豆劳动,主要还是写生,而不是像我们那样去体验生活,把自己的心灵和劳动人民紧密结合起来……这么多年来我们的艺术教育非常值得总结。虽然我们在50年代、60年代的教学大纲基本上是参照苏联模式,但实际上我们是根据现实情况进行了很多调整和改革的,并不是全盘照搬。"③

---

① 邵大箴:《中国现代美术理论批评文丛·邵大箴卷》,人民美术出版社,2011年,自序,第3页。

② 陈永怡:《肖峰回忆录》,辽宁美术出版社,2009年,第27页。

③ 黄雨鸿、全山石:《理性精神真醇人生——全山石先生访谈》,《美术之友》,2008年第4期。

到中国与俄联邦关系时期,中国继续派出留学人员赴俄罗斯学美术。2002年中国教育部委托国家留学基金委,通过选拔资助了55人赴俄罗斯学习美术。2003年,教育部首批向俄罗斯派遣了美术等专业留学人员60多人,他们大部分是国内高等艺术院校的骨干教师。另外还有很多中国留学生自费赴俄罗斯学习美术,仅以列宾美术学院为例,截至2013年,有两百多名中国学生在此学习俄罗斯美术,包括预科、本科、研究生等多种学制。可以说,中国的美术教育实践充分反映了中国政府对于俄罗斯教育体制的认可,俄罗斯的美术教育体系对中国绘画教学依然具有重要的现实意义。[①]

孙韬和叶南于1989年由国家选派赴列宾美术学院留学,师从梅利尼科夫学习油画,1996年毕业,获硕士学位,回国后在中央美术学院任教。孙韬的主要代表作品有《蓝色伏尔加河》《逐日》《本色》《圆明园劫难》等,叶南的主要代表作品有《孤独》《重负》《大地—母亲》《放飞和平》《少男少女》等。2004年1月,为纪念中国画家赴苏留学50周年,在莫斯科国立师范大学美术系进修的四位中国画家林强、陈建军、王海军、冯斌的40多幅画作在莫斯科奥斯特洛夫纪念馆展出。四位画家都是中国教育部选派的,赴俄学习之前都在国内高等院校美术专业执教。他们从学习绘画开始,就直接或间接地受到俄苏绘画艺术的影响。他们的老师或者老师的老师,几乎都曾留学苏联学习美术。2005年,路家明被国家留学基金委公派到列宾美术学院进修,曾在叶列梅耶夫(О. А. Еремеев,1922—)工作室做访问学者。郑光旭于2005年受国家留学基金委委派赴列宾美术学院,师从叶列梅耶夫,2008年毕业,获硕士学位,毕业作品《西藏组画》荣获俄罗斯艺术科学院学院奖。潘义奎于2007年进入俄罗斯圣彼得堡赫尔岑国立师范大学,师从俄罗斯人民艺术家列德涅夫(В. А. Леднев,1940—)学习油画,2010年获硕士学位,2013年获博士学位,同年在列宾美术学院和莫斯科现代艺术博物馆举办个人画展。潘义奎的主要油画作品有《晨》《雪域高原》《夏园》《摘葡萄》《皇家圣菲奥多尔大教堂》《甘南之夏》《祁连山》《夏日的天山》等,这些作品大多获得过俄罗斯各类美术奖项。王轶男于2007年毕业于清华大学雕塑系,曾受国家留学基金委资助赴俄罗斯留学,就读于俄罗斯国立赫尔岑师范大学,2010年获硕士学位,同年进入列宾美术学院雕塑系师从斯韦什尼科夫(В. Д. Свешников,1947—)进

① 郭力等:《中俄人文合作历史与现实》,黑龙江大学出版社,2013年,第43页。

修,回国后在清华大学任教。

为了解和学习苏联美术,中国还派出美术家随文化代表团赴苏联访问,或者派出专门的美术代表团赴苏联考察和学习。1954 年 5 月 1 日,美术界的江丰、王朝闻、蔡若虹、王式廓、米谷等作为中国文化部代表团成员出席了莫斯科五一国际劳动节观礼。之后,全国美协召集在京的理事和美术单位的负责人举行了座谈会,请他们介绍苏联美术创作和美术教育等方面的情况,江丰还向中央美术学院的师生作了汇报。20 世纪50 年代初,访问苏联的中国艺术家们被苏联美术折服,丁玲甚至将一年内的三次访苏称之为"进了三次大学",她在一篇访苏后写作的文章里谈到了自己的印象:"苏联人民的美术修养,在初接触里就可以感觉得到。他们懂得美术,而且喜欢把生活弄得很优美,他们爱美,爱艺术。""人时时可以接触着一些有理想,有高尚的感情的艺术时,就不会愿意做些蠢事,思想上的尘垢很自然的就要清扫去大半。"[1]据统计,1949 年至1959 年,中国美术家有数十人访问过苏联并考察了苏联美术的创作和教学状况。

中苏美术交流中断后于 1985 年恢复,同年苏联首先向中国派出了有美术界人员参加的代表团。作为回访,1986 年 10 月,华君武、郭绍纲、郝伯义等组成的中国美术家代表团赴莫斯科、列宁格勒、伏尔加格勒、埃里温等城市参观访问。1989 年 8 月中旬,中国美术家代表团李少言、方照华、马德春一行 3 人赴苏联和民主德国进行了为期 35 天的访问。在苏联期间,代表团参观了莫斯科、列宁格勒、明斯克、维尔纽斯等城市,参观了苏联的博物馆、美术馆和一些美术机构、美术企业、美术学院,访问了几位著名苏联美术家,游览了冬宫、夏宫等名胜。代表团成员深切感受到苏联艺术气氛比较浓厚,对本国的艺术文化传统十分珍视。

1990 年,鲁迅美术学院的陈尊三赴苏转达了鲁迅美术学院与列宾美术学院建立友好关系的意向。1991 年,列宾美术学院叶列梅耶夫院长和韦特罗贡斯基(В. А. Ветрогонский, 1923—2002)访问了鲁迅美术学院,两院签订了合作意向书。1992 年,应韦特罗贡斯基之邀,陈尊三赴列宾美术学院讲学并商定了鲁迅美术学院的回访日期。1993 年 5 月,鲁迅美术学院访问俄罗斯并与列宾美术学院签订了友好合作协议。鲁迅美术学院代表团参观列宾美术学院,拜会了梅利尼科夫、阿尼库申、涅普林采夫等美术大师,还访问了穆希娜工艺美术学院、圣彼得堡美术中等学校和莫

---

① 丁玲:《苏联美术印象记》,《人民美术》,1950 年第 4 期。

斯科苏里科夫美术学院,参观了冬宫博物馆、俄罗斯博物馆、特列季亚科夫画廊和普希金博物馆。

1994年,中国文学艺术界联合会与俄罗斯作家协会建立联系后,第一位访问俄罗斯作协的是曾任中国美术家协会主席的刘大维。刘大维会晤了俄罗斯的画家和作家,参观了俄罗斯的美术和文学博物馆。

随着中国与俄罗斯文化交流的深入开展,两国美术院校在联合办学方面加快了步伐。俄罗斯的列宾美术学院和苏里科夫美术学院等著名学府不仅每年都为中国提供一定的招生名额,而且还通过合作办学的方式扩大与中国美术院校的交流。郑州轻工业学院与苏里科夫美术学院等国外美术院校联合创办了易斯顿美术学院。齐齐哈尔大学艺术类专业中的美术学、音乐学和艺术设计都是通过中俄合作的形式开办的。黑河学院美术系从俄罗斯聘请师资,借鉴俄罗斯美术教学大纲,在俄罗斯建设了切林姆霍瓦美术实践创作基地,与俄方专家学者联合申报各类美术科研项目。黑河学院还与俄罗斯布拉戈维申斯克国立师范大学、阿穆尔国立大学和哈巴罗夫斯克国立文化艺术学院开展了联合培养本科生项目。德州学院与俄罗斯符拉迪沃斯托克国立经济服务大学的合作项目不但可以培养美术专业本科生,而且可以本硕连读培养研究生。2006年,俄罗斯国立师范大学与四川大学签署了双边未来五年多层次的交流合作协议,其中包括美术方面的合作。2012年俄罗斯圣彼得堡国立列宾美术学院赴深圳洽谈合作办学的事宜。①10月,列宾美术学院与深圳大学达成了合作备忘录。11月,深圳大学与列宾美术学院在圣彼得堡签署了合作办学的框架协议。

二、邀请苏联美术专家来华开设培训班或指导

为了学习苏联美术,中国美术界十分重视邀请苏联美术专家来中国访问或讲学。费诺格诺夫、亚·米·格拉西莫夫(А. М. Герасимов,1881—1963)、扎莫施金(А. И. Замошкин,1899—1977)、康·梅·马克西莫夫、克林杜霍夫等都曾受邀来华访问或讲学。

费诺格诺夫是参加新中国开国大典的苏联文化艺术科学工作者代表团中的美术家成员,在华期间,曾在中国各地访问。1949年10月,费诺格诺夫在上海与中国美术家见面并作报告,内容涉及苏联艺术在国家建

---

① 郭力等:《中俄人文合作历史与现实》,黑龙江大学出版社,2013年,第44页。

设中的作用、如何与西欧颓废艺术思想做斗争、苏联政府如何重视艺术及其所取得的成就等。

亚·米·格拉西莫夫是苏联人民美术家、苏联美术院院长和苏联美术家协会主席,他创作的《画家群像》1946 年曾获得斯大林奖金。中国美术家协会制定工作计划后请苏联美术家协会予以指导,亚·米·格拉西莫夫代表苏联美协致函中国美协,表示支持中国美协制定的工作计划,从此拉开了苏联美术对中国美术援助工作的序幕。1954 年 9 月,亚·米·格拉西莫夫作为中苏美术交流的先行者到中国访问。《美术》杂志第 4 期发表了欢迎文章《欢迎苏联卓越的艺术家盖拉西莫夫即亚·米·格拉西莫夫》。亚·米·格拉西莫夫在中国期间为中国美术界作了题为“社会主义国家的艺术”的报告。10 月 30 日,他在离开中国前,发表了《致中国美术家们的友谊赠言》。11 月 30 日,中国美协在北京举办了“苏联人民艺术家盖拉西莫夫旅行中国水彩写生观摩会”。

1954 年 11 月,莫斯科普希金造型艺术博物馆馆长扎莫施金到中国主持苏联经济及文化建设成就展。在北京展出近三个月的时间内,他利用每天开馆前的一两个小时为从全国各地前来参观的中国美术工作者反复讲解四十余次,有两千多人聆听了他的讲解。扎莫施金在北京期间还举行了多次专题演讲和小型报告会及座谈会,内容涉及“列宾及其作品”“苏里科夫及其作品”“艺术形象问题”“关于雕塑的一些问题”和具体创作技法等。扎莫施金是美术史家,他还在中央美术学院介绍了苏联美术教育和继承民族传统的情况,对中央美术学院的苏联美术史教学进行了指导。1955 年 3 月,扎莫施金随苏联经济及文化建设成就展在上海逗留两个多月,向参观展览的各地美术工作者共 1500 多人作过 15 次现场讲解,并作了“列宾”“苏里科夫”“艺术的内容和形式”“构图”和“美术教育”等 7 个专题演讲。①

在中国邀请的苏联美术专家当中,以苏里科夫美术学院教授康·梅·马克西莫夫影响最大,因为他在中国指导了马克西莫夫油画培训班,简称“马训班”。1955 年 2 月,康·梅·马克西莫夫作为苏联政府第一个委派的美术专家来到北京,出任中央美术学院顾问,江丰在欢迎会上说:“马克西莫夫同志来到中国,使我们有机会直接的、有系统的学习苏联的先进艺术经验。我们相信在马克西莫夫同志的指导下,不论在我们的美

---

① 何志生等:《真挚的友谊——记扎莫施金在中国》,《美术》,1956 年第 2 期。

术教育事业上,或在油画师资的培养上,将会带来非常重大的、宝贵的贡献。"①事实的确如此,康·梅·马克西莫夫在中国指导了为期两年的油画培训班,在中国美术教育史上抒写了浓墨重彩的一笔。

康·梅·马克西莫夫不仅是一位油画家,而且还是一位教育家。他尊重艺术规律,强调创作的民族传统。他热爱中国艺术,善于结合中国艺术的实际指导学生。吴作人曾盛赞康·梅·马克西莫夫"得天下英才而教之乃人生一乐也"。康·梅·马克西莫夫来华后经常针对油画创作进行演讲。1957 年 5 月,他在中国美协全国理事会第二次全体会议上发表了长篇讲话,谈了油画的技巧、题材情节、色彩表现、人物姿势及肖像画和风景画的问题。他在报告中结合在油画创作中如何表现题材情节的问题,评点了两位油画家的作品。一幅是杨建侯的《家庭访问》,康·梅·马克西莫夫认为这幅画并没有交代清楚教师家访的具体原因,提出了几点疑问:"教师为什么去访问家庭? 假如是为了报告男孩子的不好行为,或是学习不好,那么画家也没有以孩子的举动和形象来说明这些。假如是访问生病的学生,也没见到学生有病的样子。"第二幅画是罗工柳的《地道战》,他把这幅画作为是具有明确情节的作品的例子,"在画面上画家抓住人物精神上和生理上最紧张的一刹那,在很突出的构图里,使观众感受到英雄们在斗争的那一刹那所应有的情绪。显然,画家自己有过类似的体会,或者是深刻地感受过这些人物的心情,才画出这样一幅很鲜明的毋须解释就很容易看懂的画"②。康·梅·马克西莫夫还在全国素描教学座谈会和油画教学座谈会上作了关于素描原理及教学问题的报告与关于油画技法和教学问题的报告。

"马训班"的学员有魏传义、于长拱、汪诚一、秦征、武德祖、何孔德、王恤珠、袁浩、谌北新、王流秋、高虹、陆国英、冯法祀、任梦璋、侯一民、靳尚谊、詹建俊、王德威、张文新、尚沪生、俞云阶共 21 名。他们大都是受过高等美术院校的专业训练、已有一定成绩的青年教师和油画家。为"马训班"先后担任翻译的是张同霞和佟景韩。由于张文新和尚沪生 1955年因故中途离班,故而 1957 年"马训班"结业的学员只有 19 人。当时中国党和政府对这个培训班十分重视,朱德参加了结业典礼并接见了全体学员和主要教职人员。

---

① 《美术》杂志记者:《欢迎苏联油画专家康·麦·马克西莫夫》,《美术》,1955 年第 3 期。
② 《苏联画家马克西莫夫在美协全国理事会第二次全体会议上的讲话》,《美术》,1955 年第 7 期。

　　"马训班"的结业使苏联油画教育和创作模式很快在中国形成,促进了中国油画教育和创作的发展。"马训班"学员的毕业作品在创作上就展现了新的气象,如王流秋的《转移》、王德威的《英雄的姐妹们》、秦征的《家》、詹建俊的《起家》、谌北新的《晨》、任梦璋的《收获季节》、侯一民的《青年地下工作者》、高虹的《孤儿》、袁浩的《长江的黎明》、王恤珠的《待渡》等,都表现出扎实的绘画功底,获得了广泛好评。"马训班"学员后来继续努力,成为中国油画界继徐悲鸿、刘海粟、颜文樑等老一辈艺术家之后的一股重要力量。

　　从"马训班"参训人员看,一部分已是当时著名的油画家。冯法祀是徐悲鸿大师的弟子,参训时已42岁,当时担任中央美术学院绘画系主任。俞云阶和王流秋也是徐悲鸿的弟子,时任中央美院教师。陆国英是颜文樑的弟子,从20世纪40年代就在苏州美专任教。汪诚一毕业于中央美院华东分院,詹建俊、靳尚谊等少数几人是当时中央美院的优秀应届毕业生。因此,"马训班"学员前期具备的扎实基础和深厚功力也是这个油画班举办成功的原因。

　　但也有学者在肯定"马训班"的同时,又指出其学员也是苏联绘画固有弊端的直接受害者,认为契斯恰柯夫(П. П. Чистяков,1832—1919)体系的机械性和创作上对情节的苛求扼杀了许多艺术家的才华:"在苏联绘画的影响下不仅在基础训练上出现了单一化的倾向,而且在艺术创作中也由于画家创作思想和表现手法的局限,只能向观者讲述一个寻常或不太寻常的小故事,致使丰富多彩的具有独特意义的绘画语言丧失或减弱了它自身的价值。"[1]邹跃进认为,这种否定性评价明显反映出20世纪80年代的时代特色。他从另外一个角度评价"马训班":从历史的角度看,从苏联输入的这些油画技术和创作观念,正好为当时的意识形态找到了比较贴切的表达方式,也就是说,这些技术和观念,使新中国的形象表达得更加充分,更加鲜明。这一点,应该也算"马训班"的一个功劳吧。[2]

　　经过反思之后,中国美术界对契斯恰柯夫素描体系的评价更趋理性。契斯恰柯夫素描体系强调绘画基础教育中的规律性和准确性,重视对学生造型能力的训练和培养,在教学方法上忠于对象,强调写实和形

---

①　张少侠、李小山:《中国现代绘画史》,江苏美术出版社,1986年,第253页。

②　邹跃进:《新中国美术史(1949—2000)》,湖南美术出版社,2002年,第81—82页。

体塑造,提倡长期作业,有利于创造性地观察和描绘现实。但这一体系把对象当作物体来画,掌握不好就容易机械,缺少神态。中国在学习这一体系的时候,曾一度奉为经典,流于概念和形式,在认识到这一体系不足的时候,不是反省学习的失当,而是错误地直接归咎于体系本身。肖峰在评价契斯恰柯夫素描体系时说:"现在评价契氏,我认为他对培养低年级学生基础的东西是有一定好处的。只是后来全盘学苏,如果不学就上升到政治问题,谁不学苏谁就是反苏,那就是过犹不及了。"①

奚静之在撰文评价"马训班"时指出:应该说,"马训班"进行的基础训练基本上是根据契斯恰柯夫体系进行的,但吸收了苏联美术教育和创作的新经验,尤其在色彩训练上,已经运用了印象派外光的探索成果。他的整个教学围绕主题情节画的创作展开,从基础训练到写生、到深入生活搜集素材、到构思小稿、到最后完成创作。两年的学习,使学生掌握了一整套油画创作程序、方法与步骤,创作了一批有相当写实技巧、有现实主义精神的油画。"马训班"为中国培养了一批人才,这些学员后来成为中国油画创作与教学的骨干,如詹建俊、靳尚谊、侯一民、何孔德、冯法祀、任梦璋、魏传义等。他们和曾在苏联列宾美术学院进修或学习过的留学生罗工柳、林岗、肖峰、全山石、郭绍纲、张华清、徐明华等人,在传播俄苏油画教学方法, 完善中国油画教育体制方面发挥了较大作用。"马训班"学员和留苏学生回来的创作,一时间被认为是带有示范意义的作品。主题性情节题材,以歌颂工农兵生活为主要内容,在色彩上主要用灰调子,成为当时流行的画风。②

康·梅·马克西莫夫回国后对中国一直怀有十分深厚的感情。他在晚年曾多次提到在中国期间是其热情高涨和精力集中的时期。中国美术界特别是"马训班"学员对康·梅·马克西莫夫也一直怀有深厚的情感并不断组织纪念活动。2007 年 5 月,为纪念康·梅·马克西莫夫在中国执教 50 周年,北京俄罗斯艺术画廊、中央美术学院、欧美同学会俄罗斯分会和俄罗斯驻华大使馆文化处联合举办了"纪念马克西莫夫中国执教 50 周年暨苏联著名画家作品展",展出了康·梅·马克西莫夫的原作 30 幅,全部是由私人收藏家从欧洲购买的。画展还同时展出 15 位有"人民艺术家"称号的著名苏联画家的作品 20 幅。同年 12 月 7 日,中央电视台"中

---

① 陈永怡:《肖峰回忆录》,辽宁美术出版社,2009 年,第 17 页。

② 奚静之:《苏联的美术教育及其对中国美术教育的影响》,《中国艺术报》,2008 年 11 月 17 日。

国油画 100 年"节目在开头部分即重点介绍了"马训班"并高度评价其历史地位。2011 年 2 月,由中国留俄(苏)美术家学会和筑中美术馆主办的《马克西莫夫》画册首发式暨马克西莫夫绘画作品展在筑中美术馆举行。《马克西莫夫》画册是康·梅·马克西莫夫在中国的第一本画集,画集中的八十多幅原作《中国的水稻田》《中国的冬天》《中国打谷场》《石桥》《女青年》《农夫》《黑色的小溪》《冬》《春来了》《城郊》《抱着干草的农民》等都在筑中美术馆进行了展示。为纪念自己的老师,"马训班"的一些学员在许多场合都曾表示过希望出版康·梅·马克西莫夫的画册,画册《马克西莫夫》的出版使这一愿望终于实现。画册由奚静之担任主编,江西美术出版社 2010 年出版。中国美术家协会主席靳尚谊和中国油画学会会长詹建俊为画册《马克西莫夫》的题词都特别强调康·梅·马克西莫夫对中国油画艺术发展的贡献。靳尚谊的题词是:"马克西莫夫先生所任教的油画训练班,对中国的油画专业建设(素描、油画写生和创作)起了十分重要的作用。"詹建俊的题词是:"马克西莫夫老师在中国的教学具体地传授了欧洲油画在专业上的基本要求与方法,特别是对形体结构与色彩法则在学理上的认识与技艺上的指导,对中国油画的进步起到了关键的启示作用。"

在雕塑人才培训方面,中国文化部在 1957 年至 1958 年主办了由克林杜霍夫指导的雕塑训练班。来自北京、上海、辽宁、陕西、浙江、四川、广东等省市美术院校的苏晖、凌春德、时宜、王鸿文(后改称王澎)、于津源、史美英、张润垲、傅天仇(笔名傅路、文佐)、沈文强、黄立烓、王泰舜、刘去病、许叔阳、金克俭、杨美英、高秀兰、赵树桐、刘家洪、李枫、郑覲、关伟显、马力(后改称马改户)、陈启南共 23 名学员参加了培训班,翻译主要由彭鸿远担任。从克林杜霍夫雕塑训练班学员的毕业作品集可以得知,实际毕业的只有 20 人,《美术》等刊物的文章则称只有 19 人毕业。这主要是因为在 1957 年的"反右"运动中,刘家洪、刘去病、李枫被错划成"右派"离开了训练班;傅天仇当时是副教授,没参加考试就入训练班学习,上课有所间断,没有参加毕业创作,只作了习作。①

克林杜霍夫曾就读于苏里科夫美术学院,毕业后留校任教,到中国任教之前已经创作了《轧钢工人》和《谢德林纪念碑》等作品。其作品注重

---

① 刘艳萍:《苏联雕塑教育模式在新中国的影响——以留苏雕塑家、雕塑训练班为例》,中央美术学院硕士学位论文,2008 年,第 18 页。

写实,人物的造型能力比较强,各个角度处理得比较到位,具有观赏性,衣服的纹理与质感也表现得非常出色。在创作上,他坚持从直接生活出发,重视反映现实生活的真实性和具体性,表现人物活动中最有代表性和最生动的时刻,塑造出具体情节发展过程中人物的动作和表情。在题材选择方面,他认为落后的人虽然外形美,但没有表现的意义,先进的人尽管外形不漂亮,但应注意发掘他美的方面。他说:"我们应该特别注意表现劳动中的人……人们不仅需要有社会意义的重要题材,而且要很风趣的小品。"①克林杜霍夫虽不是当时苏联一流的雕塑家,与阿尼库申相比,他的艺术美感教育有着明显的不足,但他对工作认真负责,对学生一视同仁,因材施教,赢得了学员的信任。

苏联雕塑专家来华指导和开设训练班对中国雕塑的发展产生了积极的影响。曹春生曾指出:"1952 年以后,陆续有些苏联造型艺术展览在中国展出,艺术家从全国各地来观摩、学习,影响非常大。从延安过来的一些艺术家,当时都很年轻,他们看到苏联社会主义现实主义的艺术,对其造型基本功和能力很赞佩。去苏联的人毕竟是少数,所以能够向苏联专家或者到苏联学习,大家觉得是非常幸运的事情。"②克林杜霍夫雕塑训练班的学员结业后大都返回原单位工作,把苏联雕塑的经验和模式传播到了全国的美术院校。

苏联的雕塑教育模式对中国雕塑教育产生了影响。从体制学制到教学大纲,中国几乎都借鉴了苏联雕塑教育模式。苏联解体后,中国仍不断有留学生到俄罗斯列宾美术学院学习雕塑,但其教学体系基本没有变化,因此中国雕塑艺术仍深受苏联模式影响。这有利于夯实基础和继承传统,但在艺术追求多元的背景下,苏联雕塑模式也出现了题材过窄、表现形式单一、缺乏艺术个性等问题。隋建国认为苏联雕塑模式的优点是特别重视基础教学,缺憾是有些忽视创作的基本功,因为对艺术家来说,关键在于想象力,所有的艺术教学应该鼓动和调动艺术家的想象力,培养他们的创造性。③

通过派出留学生学习和邀请苏联美术专家指导,苏联美术在中国产

---

① 雨行:《雕塑构图问题——向尼·尼·克林杜霍夫老师学习中的一些体会》,《美术》,1957 年第 3 期。

② 刘艳萍:《苏联雕塑教育模式在新中国的影响——以留苏雕塑家、雕塑训练班为例》,中央美术学院硕士学位论文,2008 年,第 8 页。

③ 同上,第 39 页。

生了广泛而深刻的影响。在全面向苏联学习的情况下,中国的美术院校多根据苏联模式成立院系和工作室,成立美术学院的附属中学,以便为培养美术人才提供基础和保障。如果没有苏联在美术方面对中国的帮助,中国现代美术的发展将会更加艰难曲折。在别无选择的情况下,苏联美术对新中国美术家的培养,对其创作能力的提升,起到了显而易见的作用,产生了积极影响。即便中苏关系破裂后,苏联美术对中国美术的影响也依然存在。当然,苏联美术创作和教育存在的过分政治化和意识形态化的缺陷也对中国美术产生了一些不良影响,但客观来讲,中国美术创作与教育中偏"左"的做法主要是当时偏"左"的文艺政策造成的。另外,在学习苏联美术的过程中,因为在执行知识分子政策上的偏差,没有充分发挥中国一些有成就的艺术家(如吴作人先生)的作用,应该说是我们艺术创作与教育的一大损失。①

　　在全面学习苏联美术的背景下,在中国美术界曾出现了中国美术民族化的讨论。1954 年,油画家莫朴在《美术》上发表了《谈学习中国绘画传统的问题》,指出"接受和发扬中国绘画优良传统,是今天所有的画家必须重视的问题",油画家也应该拿起毛笔来创作中国画。董希文认为,从绘画的风格方面讲,油画中国风应该是油画家的最高目标。罗工柳认为,这需要考虑几个问题:所利用的传统形式与所表现的内容是否矛盾;利用传统形式的表现效果是否能超越原有基础;利用传统形式能否表现油画的长处;利用的结果群众是否喜欢。倪贻德指出,形成油画民族风格的主要因素有二:真实描写中国人民的生活;吸收本民族的传统形式。他因此号召油画家解放思想,大胆尝试,创作具有民族风格的油画。中国油画民族化的艺术实践由此展开。1959 年至 1961 年,画家潘世勋、赵友萍、张丽、董希文、吴冠中、邵晶坤等远赴西藏写生。1962 年 3 月,全国美协为他们举办了西藏写生画展。画家们以真实感受找到了民族化的感觉,而且以不同的方式把这种感觉表达出来,从而为油画民族化问题提出了一种切实可行的解决方案,在中国油画发展史上具有较大意义。

　　中苏关系恶化后,中苏美术交流中断,直到 1985 年才开始恢复。1985 年 11 月,苏联派出两个文化艺术代表团访问中国,其中都有苏联美术家参加,如苏联文化部造型艺术局局长波波夫(Г. Попов)、从事装饰美术的斯捷潘诺娃(Н. Степанова)、研究中国美术的穆里安(И. Ф. Муриан)、绘画修

---

① 奚静之:《苏联的美术教育及其对中国美术教育的影响》,《中国艺术报》,2008 年 11 月 17 日。

复专家格鲁什金(C. Грушкин)等。他们访问了中央美术学院和中央工艺美术学院,参观了两个学院的画室和展览,还参观了北京市纪念中华人民共和国成立 35 周年美术展。苏联美术家们先后两次与中国美术家会晤、交谈,参加交流的中国美术家有三十人左右。①

到中国与俄联邦关系时期,聘请美术专家指导仍是中国学习俄罗斯美术的一种手段。比如,2015 年 10 月,俄罗斯艺术科学院主席采列捷利(З. К. Церетели,1934—)被中国国家画院聘为荣誉顾问和研究员,并被中国美术馆聘为国际发展顾问,中国文化部副部长董伟向采列捷利颁发了中国美术馆国际发展顾问证书。中国美术馆馆长吴为山与采列捷利签署了美术交流的合作备忘录。采列捷利还向中国美术馆捐赠了由他创作的雕塑作品《珍爱和平》,以表达中国和俄罗斯两国人民对和平的共同珍爱。

三、举办苏(俄)美术展和译介苏(俄)美术论著

中国欣赏并学习俄罗斯美术的一个常见方式是举办俄罗斯美术展览。1949 年 11 月 19 日,上海苏联艺术协会在永嘉路苏侨协会俱乐部举办绘画艺术展览,展出了玛哈拉泽(Р. К. Махарадзе)等五位画家的油画近作六十幅。②12 月 3 日,清华大学举办了"苏联名画展览"。从 1951 年 4 月的"苏联宣传画和讽刺画展览会"开始,各类苏联美术展览相继在中国展出, 如"苏联经济及文化建设成就展览会""18—20 世纪俄罗斯绘画展览会""庆祝伟大的十月社会主义革命 40 周年苏联版画展览会""十月革命历史画复制品展""1955—1957 年苏联美术家作品——油画、雕塑、版画展览会"等。

1954 年 10 月 2 日,北京苏联展览馆开馆,"苏联经济及文化建设成就展览会"同时开幕,展览会的造型艺术展览馆共展出了苏联各类美术作品 280 件。苏联国立普希金造型艺术博物馆馆长扎莫施金主持了造型艺术馆的展出。他在一年的时间内先后到上海、杭州、广州、武汉等地,向我国的美术工作者介绍苏联造型艺术的创作经验和成就,"通过这些作品,深入地阐述了社会主义现实主义的创作方法和苏联造型艺术的成就"③。

---

① 春羽:《交流友谊切磋技艺——记苏联美术家在北京的活动》,《美术》,1985 年第 1 期。

② 徐昌酩主编:《上海美术志》,上海书画出版社,2004 年,第 754 页。

③ 何志生等:《真挚的友谊——记扎莫施金在中国》,《美术》,1956 年第 2 期。

《美术》杂志 1954 年第 11 期对这个展览作了专题报道,编者的文章称这个展览"给予我国美术家们一个很好的,对社会主义创作方法的学习机会,通过这次学习,将会促进我们的美术创作进一步的提高和发展"。而这个展览"已成为我国美术家学习的中心,许多美术部门和美术学校都相继组织美术家前往参观,并举行了专题研究和座谈会"。对当时中国的许多油画家来说,都是第一次目睹苏联油画的风采,他们在激动之余从中体会到了苏联油画的魅力。

1957 年 5 月 19 日至 6 月 9 日,中央美院和中国美协为康·梅·马克西莫夫联合举办了画展,展出了他的油画、水彩、素描、速写 84 件,包括在中国期间创作的《北京》《画家齐白石》《文学家郭沫若》《画家吴作人》《穿紫毛衣的女孩》《杭州的傍晚》等作品。康·梅·马克西莫夫在中国油画界的影响进一步扩大。

为纪念十月革命胜利 40 周年,1957 年 11 月 5 日,中国文化部对外文化联络局在北京举办了"中国文化世纪俄罗斯绘画展览会",共展出了列宁格勒俄罗斯美术馆收藏的列宾、伊·伊·希什金和苏里科夫等45 位艺术家的 63 幅油画作品。11 月 6 日,中苏友好协会、中国美术家协会和中央美术学院联合举办的"庆祝伟大的十月社会主义革命 40 周年苏联版画展览会"在北京开幕,同时开幕的还有中国美术家协会举办的"十月革命历史画复制品展"。莫斯科美术家协会的卡·克拉夫琴科(К. С. Кравченко)是版画大师阿·伊·克拉夫琴科(А. И. Кравченко,1889—1940)的夫人,她不仅专程来华协助布展,而且在版画展览会结束后将一百多幅阿·伊·克拉夫琴科的版画原作赠送给中国美术家协会。

根据中苏文化协定,1958 年 7 月 8 日,"1955—1957 年苏联美术家作品——油画、雕塑、版画展览会"在北京故宫开幕。展览会在北京和上海各展出了一个月,展出的作品有 540 多件,包括油画、雕塑、版画、招贴画、漫画、插图等艺术形式。苏联版画家施马里诺夫(Д. А. Шмаринов,1907—1999)和油画家沙赫罗娃(Г. С. Шахрова)在展览期间对展品进行讲解,与中国美术家进行了广泛的接触和交流。这次展览会的展品是从1957 年在莫斯科举行的"全苏联美术展览会"展品中挑选出来的,如施马里诺夫的《列宁在检阅公民的军事训练》、什马季科(Л. А. Шматько,1917—1981)的《列宁谈全俄电气化计划》、涅缅斯基(Б. М. Неменский,1922—　)的《烧焦了的土地》、杰伊涅卡(А. А. Дейнека,1899—1969)的《铁匠》、梅利尼科夫的《长江的阴天》和《觉醒》,以及康·梅·马克西莫夫和叶法诺夫(В.

П. Ефанов，1900—1978)等人的肖像画，巴克舍耶夫(В. Н. Бакшеев，
1862—1958)、克雷莫夫(Н. П. Крымов，1884—1958)等人的风景画。雕塑
有平丘克(В. Б. Пинчук，1908—1987)的《列宁在讲坛上》、菲韦伊斯基(Ф.
Д. Фивейский，1931—　)的《宁死不屈》，以及武切季奇(Е. В. Вучетич，
1908—1974)、阿兹古尔(З. И. Азгур，1908—1995)、奥斯特罗乌莫娃-列别
捷娃(А. П. Остроумова-Лебедева，1871—1955)等人的肖像作品。此外，冈
夫(И. А. Гаиф)、普洛罗柯夫(Б. И. Пророков，1911—1972)、维·谢·伊万
诺夫　(В. С. Иванов，1909—1968)、科列茨基　(В. Б. Корецкий，1909—
1998)等的漫画和招贴画，齐加尔(В. Е. Цигаль，1917—2013)、索伊费尔
蒂斯　(Л. В. Сойфертис，1911—1996)　等的组画，杜宾斯基　(Д. А.
Дубинский，1920—1960)、库克雷尼克塞①(Кукрыниксы)、奥·格·维列伊斯
基②(О. Г. Верейский，1915—1993)的插图画等，也都被运到中国参展。《人
民日报》《美术》《美术研究》等报纸杂志都对展览会进行了报道和介绍，人
民美术出版社则出版了《1955—1957苏联美术家作品展览会选集》
(1959)一书。

　　在中国举办的苏联艺术展览还有1958年的苏联漫画展览会、1959
年的苏联各民族实用艺术和民间工艺品展览会、1959年11月中国美协
举办的苏联版画展览会、1960年的纪念列宁90周年诞辰苏联美术作品
展览会等。其中苏联版画展览会共展出了苏联版画240幅，一部分是列
宾美术学院赠送的，还有一部分是苏联版画家送给中国留苏学生的。

　　随着中苏关系的变化，苏联美术展览逐渐减少直至中断。到中国与俄
联邦关系时期，俄罗斯美术作品不断在中国展览。从1996年开始，俄罗斯
总统艺术顾问索罗明(Н. Н. Соломин，1940—　)以俄罗斯美术家协会
第一副主席的身份，率领俄罗斯画家到中国举办了多次巡回画展。索罗
明在苏里科夫美术学院获得博士学位，毕业后留校任教，后调入莫斯科
军事博物馆工作。他擅长创作历史题材作品，《沙皇伊凡三世朝圣》《圣徒
祝福大公》等油画作品被莫斯科救世主大教堂收藏。2002年，索罗明在上

---

　　①　库克雷尼克塞是库普里亚诺夫(М. В. Куприянов，1903—1991)、克雷洛夫(П. Н. Крылов，
1902—1990)、索科洛夫(Н. А. Соколов，1903—2000)3位苏联漫画家从1926年起共同从事创作所
使用的笔名。中国少年儿童出版社于1956年曾出版过其作品《6个1分》。

　　②　苏联插图画家，名字多被翻译为威列斯基或维列斯基，曾为《瓦西里·焦尔金》和《静静的顿
河》等文学名著制作插图，是版画家格·苗·维列伊斯基的儿子。

海举办画展时说:"我喜欢和中国人交朋友, 他们都很忠诚。""中国历史特别悠久,拥有世界上最古老的文明。更可贵的是,中国在经济建设的同时,一直没有放弃自己的文化艺术。"①

2001 年 8 月,"俄罗斯当代经典油画展"在中国美术展览馆开幕。2001 年 9 月,"俄罗斯绘画 300 年展览"在中国举办。2003 年 9 月,"俄罗斯,我们的故乡——俄罗斯当代画家油画作品展"在黑龙江省美术馆举行,展出了西多罗夫(В. М. Сидоров)、西连科(С. А. Сиренко)、斯米尔诺夫(С. Ю. Смирнов)3 位俄罗斯画家的 60 多件油画作品。

作为中国"俄罗斯年"之俄罗斯文化节的项目,2006 年 3 月至 5 月,中国和俄罗斯文化部门在中国美术馆联合举办了"俄罗斯艺术三百年——国立特列恰科夫美术博物馆珍品展",展出了精心挑选的特罗平宁(В. А. Тропинин,1776—1857)、亚·安·伊万诺夫(А. А. Иванов,1806—1858)、伊·伊·希什金(И. И. Шишкин,1832—1898)、克拉姆斯科依(И. Н. Крамской,1837—1887)、韦列夏金(В. В. Верещагин,1842—1904)、列宾(И. Е. Репин,1844—1930)、苏里科夫、瓦·亚·谢洛夫、亚·米·格拉西莫夫、谢·瓦·格拉西莫夫(С. В. Герасимов,1885—1964)、康·梅·马克西莫夫等画家的 110 幅作品,展现了俄罗斯 18—20 世纪绘画发展的历史进程。中国美术馆从 110 幅展览作品中精选了 87 幅,辑录编成《俄罗斯艺术 300 年:国立特列恰科夫美术博物馆珍品展作品集》一书,河北教育出版社 2006 年出版。

2007 年 3 月,"俄罗斯·中国当代油画家作品展"在武汉博物馆开展。本次展览展出了包括本·谢尔盖等十余位俄罗斯油画家和湖北省油画家冷军等中俄油画家的 200 余幅油画作品。2009 年 5 月,加利莫夫(А. Х. Галимов,1958—　)等 3 名来自俄罗斯圣彼得堡的当代知名油画家在中央民族大学举办了油画作品展,展出作品 50 多幅。3 位画家均毕业于列宾美术学院,创作风格以写实为主,画面细腻,想象力丰富,代表了当代俄罗斯优秀油画家的主要风格和水平。2009 年 11 月,为庆祝中俄建交60 周年,上海市海外交流协会和上海国际艺术节中心联合举办了"俄罗斯当代画家油画作品展"。2012 年 10 月,俄罗斯功勋画家皮利普丘克(В. А. Пилипчук)的画展在太阳岛俄罗斯艺术展馆举办,展出了

---

① "俄总统艺术顾问索罗明:我喜欢和中国人交朋友",新华网,2002 年 11 月 17 日,http://news. xinhuanet.com/newscenter/2002–11/17/content_632209.htm。

《成熟的向日葵》《远方的村庄》等油画作品 60 幅。2014 年,位于北京丰台的集典美术馆邀请俄罗斯著名风景画家库兹米乔夫(В. А. Кузьмичев,1950—　)举办了"涅瓦河之风——俄罗斯功勋艺术家库兹米乔夫油画作品邀请展"。

　　2015 年是世界反法西斯战争胜利 70 周年,中国与俄罗斯两国美术界约定以美术展览的形式来纪念这一伟大的胜利。在中共中央党史研究室领导下,2014 年 3 月,中国中共党史学会艺术专业委员会副会长王铁牛等 3 人带队赴俄罗斯组织作品。经过一年多的筹划组织,王铁牛等遴选出以俄罗斯现实主义新生代 80 后画家为主体创作的 30 余幅作品组成专题画展,定名为"历史的记忆——俄罗斯画家笔下的反法西斯卫国战争"美术作品巡回展,2015 年 9 月至 10 月分别在北京、南京、福州等地进行了展出。此次巡回展展出的作品有丹切夫(С. А. Данчев,1981—　)的《怜子图》《站地》《白色河水》和《胜利日老兵》,弗·安·伊万诺夫(Ф. А. Иванов,1981—　)的《不要为我哭泣,妈妈》,谢尔宾妮娜(Л. В. Щербинина,1983—　)的《请不要救我了》,基奇科(С. Д. Кичко,1946—　)的《清晨的围困》《五月的烟花》和《过去的回忆》,诺沃肖洛夫(А. Ю. Новосёлов,1980—　)的《胜利》《指挥官》《女护士》和《刺草》,奥夫恰连科(И. В. Овчаренко,1975—　)的《1941 年的夏天》和《胜利日》,等等。

　　在地方层面,黑龙江省中俄文化大集框架内的美术展览扩大了两国美术在对方国家的影响。至 2015 年,中俄文化大集已经举办了 6 届,其中美术展览是一种重要形式。

　　译介苏(俄)美术论著也是中国美术向苏(俄)美术学习的重要方式。在译介苏(俄)美术论著的过程中,各种美术杂志和各大美术类出版社发挥了重要作用。

　　1950 年 2 月,中国美术家协会专门发出通知,号召美术工作者以自己的实际行动宣传促进中苏友好。1950 年 2 月,《人民美术》杂志第 4 期重点介绍了苏联美术,发表了高莽翻译的黑儿门·尼度雪温①(Г. А. Недошивин,1910—1983)的《现实主义是进步艺术的创作方法》一文,同时介绍了列宾的绘画。2 月 28 日,东北文化艺术界联合会美术工作委员会召开了苏联美术作品欣赏座谈会,王曼硕、古元、高莽、夏风、张望、刘

――――――――――

　　①　苏联艺术评论家,全名 Герман Александрович Недошивин,根据《俄语姓名译名手册》可译为格尔曼·亚历山德罗维奇·涅多希温。有的材料误作门儿黑·尼度雪温。

迅等出席会议并发言。1952 年 12 月 15 日,《人民日报》发表了《向苏联艺术家学习》的社论。

1950 年,《人民美术》《漫画》《人民画报》等相继创刊,这些杂志刊发了大量关于苏联美术的文章,苏联美术在中国的影响逐渐扩大。在苏联美术界帮助下,1954 年,准备已久的《美术》杂志创刊,创刊号以主要篇幅刊登了苏联的美术作品,如油画作品《"阿芙乐尔"巡洋舰的炮声》和《农民代表访问列宁》、素描作品《列宁在工作中》、雕塑作品《列宁和斯大林在哥尔克别墅》等。中苏关系恶化之前,《美术》杂志几乎每期都刊载与苏联美术理论或技法相关的文章,如《论绘画中的典型问题》《论肖像画的技法》《俄罗斯伟大的风景画家什施金》《美术学校业务教学上的几个问题》《绘画的构图》《论美术家的创作构思——绘画构图讨论》《论构思和制作》《风俗画的功能》《苏维埃情节性绘画里的冲突问题》《业余画家素描与绘画教材》等。这些文章的发表对于普及苏联美术理论,指导中国当时的美术创作发挥了作用,尤其是《业余画家素描与绘画教材》的连载,影响了不少中国画家尤其是初学者,《业余画家素描与绘画教材》一度成为他们的必读资料。

中苏友协和国际书店、新华书店等机构单位在介绍和传播苏联美术作品方面发挥了积极作用。中苏友协向各地大量分发苏联美术作品,全国各地有 30 处左右家新华书店供应苏联美术作品,从苏联进口的美术作品约占进口总数的 80%,其中单张的油画复制品就有千余种,流行较广的是亚·米·格拉西莫夫的《列宁在讲台上》,弗·亚·谢洛夫（В. А. Серов,1910—1968）的《农民代表访问列宁》,约干松的《在老乌拉尔工厂》、拉克季奥诺夫（А. И. Лактионов,1910—1972）的《前方来信》、格里戈里耶夫（С. А. Григорьев,1910—1988）的《接受入团》等。

中国的出版社出版了很多苏联美术书籍。截至 1958 年 11 月,人民美术出版社出版了苏联绘画技法类图书 30 多种,发行 17 万余册,苏联美术画册 10 余种,发行量 4 万余册。上海人民美术出版社则翻译出版了书籍48 种,发行 47 万多册,苏联美术作品 6 种,发行总数达 120 多万张。另外,12 位画家传略的印数也达到了 15 万册。新艺术出版社出版的"苏联美术家画丛"12 种,第一次印刷总数即达到了 12.6 万册。此外,全国各地报刊所刊载的作品更是无法统计的一个大数字。①苏联美术特别是油画作品

---

①　黎朗:《苏联美术作品在我国广泛传播》,《美术》,1957 年第 11 期。

在这一时期的传播是空前的,使中国人民和油画家们更深刻地了解了前苏联油画的面貌和成就。

人民美术出版社和上海人民美术出版社出版的苏联美术译著主要有:倪焕之翻译的《苏联美术》(1951)、盖拉西莫夫的《苏联艺术三十五年》(1953)和《苏联美术家传略》(1953),赵琦翻译的《十八世纪前半叶俄罗斯艺术发展的道路》(1954)、钱景长和张同霞翻译的《苏联美术家创作经验谈》(1956), 中央美术学院美术史研究室翻译的阿尔巴托夫 (M. B. Алпатов,1902—1986)的《文艺复兴时期的美术》(1957),杨成寅等翻译的《论苏维埃艺术中美的问题》(1957),陈迤东等翻译的《我的老师克拉姆斯柯依》(1957),石树仁翻译的《素描教学》(1958),严摩罕翻译的《列宾评传》(1958), 钱琼平等翻译的 《丰富的苏维埃生活是美术创作的基础 (1955—1957 全苏美展参考资料)》(1958),钱琼平等翻译的《全苏美术家代表大会报告、发言集》(1958),孙越生等从《世界美术通史》中节译的《苏联艺术理论四十年》(1959),彭鸿远等翻译的《美术理论参考资料(第一辑)》(1962),赵洋翻译的《艺术中的现实主义》(1964),佟景韩翻译的《美术史文选》(1982),严摩罕翻译的《古代西亚埃及美术》(1985)等。《文艺复兴时期的美术》是从阿尔巴托夫的《美术通史》第 2 卷中选择前 4 章翻译的,而《古代西亚埃及美术》是苏联科学院美术理论和美术史研究所编写的 6 卷本《世界美术通史》中的一部分。

"造型艺术理论译丛"是上海人民美术出版社出版的一套苏联美术译著,包括严摩罕翻译的约干松的《论绘画的技法》(1954)和塞尔耶夫的《在苏联造型艺术中为争取社会主义现实主义而斗争》(1954),倪焕之翻译的《十八世纪俄罗斯艺术发展的道路》(1954),秦新顺等翻译的《苏联美术论文集 (一)》(1954), 严摩罕等翻译的 《苏联美术论文集(二)》(1954),袁文德等翻译的《苏联美术论文集(三)》(1957),佟景韩等翻译的《苏联美术论文集(四)》(1958)。朝花美术出版社也出版了钟宁等翻译的《论苏联的造型艺术》(1955)和杨成寅翻译的《艺术概论》(1958)等书籍。

1991 年后人民美术出版社出版的俄罗斯美术介绍性和研究性著作有孙韬和叶南的《涅瓦回望:俄罗斯列宾美术学院绘画系》(2000)、郑光旭的《点画砌构:向列宾美术学院叶列梅耶夫教授学油画》(2013)等。《涅瓦回望:俄罗斯列宾美术学院绘画系》分为 5 章:"走进列宾美术学院""现实主义艺术的堡垒""梅利尼科夫学派""世纪末的现实主义艺术家""走出列宾美术学院"。①

辽宁美术出版社出版了《列宾美术学院学生优秀作品集》(1997)、《俄罗斯列宾美术学院版画系学生作品集》(2015)和俄罗斯现实主义新生代系列:《亚历山大·巴戈香》《尤里·戈留塔》《亚历山大·贝斯特洛夫》《哈米德·萨甫库耶夫》。《列宾美术学院学生优秀作品集》由梅利尼科夫和列宾美院油画系主任佩斯科夫(К. С. Песиков)合写了序言,分为素描卷和色彩卷两卷,"整套画册共收录268幅作品,其中素描118幅,油画138幅,色粉笔画12幅……这些作品出自一批青年人之手,他们不仅继承了老一辈艺术家现实主义的扎实作风,而且现代的审美意识都给他们的作品注入了新的血液和活力,因此他们的作品个性鲜明、方法灵活多样,极富时代特色"。②

另外,广西美术出版社出版了陈瑞林和吕富的《俄罗斯先锋派艺术》(2001),安徽美术出版社出版了路家明编著的《守望:俄罗斯列宾美术学院绘画工作室》(2011),敦煌文艺出版社出版了潘义奎的《西方油画——俄罗斯系列藏画精品解读》(2012)等。

曾留学苏联的张华清、奚静之、晨朋等在苏(俄)美术研究方面也有建树。张华清出版有《张华清画选》《新疆油画写生选集》《俄罗斯风情油画集》等画集,著有《张华清回忆录》(2011)、《素描艺术与素描教学》(2012)等。张华清撰写的《张华清回忆录》为中苏(俄)美术交流史研究提供了很多资料。此书包括"新中国青年美术家留学苏联""留苏学生的选拔与派遣""列宾美术学院的教学体系""留苏学生的友好与业余活动""刘少奇主席接见中国留学生""我的出国留学之路""初识列宾美术学院""博物馆临画的感旨""约干松谈油画技法""访画家乌格洛夫""维肖尔金老师谈创作构图""访院长奥列什尼柯夫""涅斯切洛夫谈习作""列宾美术学院油画框、油画布的制作""中央美术学院王式廓教授谈苏联美术学院素描教学""刘海粟对留苏学生的评论"等内容,附录包括"梅利尼科夫、萨柯洛夫

---

① 其中"梅利尼科夫学派"即梅利尼科夫(А. А. Мыльников)开创的学派,"世纪末的现实主义艺术家"介绍了法明先生、特卡切夫兄弟和阿尼库申。法明即曾任莫伊谢延科助教的福明(П. Т. Фомин,1919—1996),俄罗斯艺术科学院院士、人民艺术家,曾任列宾美术学院院长。特卡切夫兄弟也译特卡切夫兄弟,即人民艺术家谢·彼·特卡乔夫(С. П. Ткачёв,1922—　)和阿·彼·特卡乔夫(А. П. Ткачёв,1925—　)。

② 陈尊三、张东明:《根深结硕果,严师出高徒——读〈列宾美术学院学生优秀作品集〉》,《美术之友》,1998年第4期。

教授在张华清毕业创作《江南的早晨》毕业作品答辩会上的发言""萨柯洛夫在张华清毕业作品答辩委员会上的发言""张华清教授荣获俄罗斯金质奖章""张华清在列宾美术学院中俄艺术家座谈会上的讲话""美术专业留学苏联毕业生简介资料索引"。

张华清在回忆录中提到,他专门询问过曾任列宾美术学院院长的恰尔金(А. С. Чаркин,1937—　)和叶列梅耶夫教授,目前列宾美术学院的教学体系与自己留学期间相比有何变化和区别时,两位院长的回答都是没有变化。恰尔金回答说,列宾美术学院一代代艺术家和美术教育专家用自己的心血积累了丰富的经验,留下了完整的教学体系,需要恪守和继承。他还说:"要知道在当代,我们的敌人希望我们丢掉自己的民族传统,学他们的一套,我们坚决不答应!"叶列梅耶夫回答说:"没有变化,我们坚持几代人,以实践证明行之有效的教学大纲,严格地以现实主义艺术原则来培养学生,如果有的学生不愿意接受严格的教学要求,那么我们只好请这样的学生离开学院。实践证明:目前全世界许多国家,甚至许多西方国家的学生也很愿意来这里接受严格的现实主义训练,因为在他们那里这样的教学体系消失了。"[1]列宾美术学院这种继承和恪守本民族优秀美术传统和教学体系的做法值得我们深思和学习。

奚静之1960年毕业回国后任教于中央工艺美术学院,任工艺美术历史和理论系主任。工艺美术历史和理论系后更名艺术设计学系,奚静之任系主任直到1996年。1999年11月,中央工艺美术学院并入清华大学,更名为清华大学美术学院,艺术设计学系更名为艺术史论系。奚静之在美术教学和研究领域都取得了骄人的成就,她执教四十多年,桃李满天下,译著主要有《穆希娜论文艺》等,主要著作有《俄国巡回展览画派》(1986)、《俄罗斯写实大师列宾》(1998)、《俄罗斯美术史话》(1999)、《俄罗斯苏联美术史》(2000)、《远方的白桦林——俄罗斯美术散论》(2002)、《19世纪末20世纪初俄罗斯"艺术世界"》(2003)和《俄罗斯美术十六讲》(2005)等。1995年5月16日,俄罗斯艺术科学院主席团作出决定,授予奚静之"俄罗斯艺术科学院奖",奖励其著作《俄罗斯苏联美术史》在艺术史研究领域所取得的成就和在沟通两国文化艺术交流方面所做出的贡献。1996年2月2日,俄罗斯驻华大使小罗高寿受俄罗斯艺术科学院及其主席尼·阿·波诺马廖夫(Н. А. Пономарёв,1918—1997)的委托,在俄

---

① 张华清:《张华清回忆录》,辽宁美术出版社,2001年,第15页。

罗斯驻华使馆主持了颁奖仪式。[①]1999 年,奚静之获普希金奖章并被俄罗斯列宾美术学院聘为名誉教授。2011 年,孙媛媛所编的《中国现代艺术与设计学术思想丛书·奚静之文集》由山东美术出版社出版,在《自述——我与俄罗斯美术》一文中,奚静之深情缅怀了自己留学苏联时的老师萨维诺夫(А. Н. Савинов,1906—1976)和丘波娃(А. П. Чупова,1915—1989)。

　　晨朋于 1955 年留苏,回国后进入中国美术研究所从事外国美术研究工作,1960 年至 1973 年在中央美术学院美术史系兼任教职,1976 年至 1988 年任中国艺术研究院美术研究所副所长,参与创办了《中国美术报》和《美术史论》杂志。晨朋撰写了《从赫鲁晓夫到勃列日涅夫时代的苏联美术》《爱沙尼亚版画家伊利马尔·托恩》《苏联当代油画》《苏联当代雕塑》《苏联大型艺术》《俄苏美术中的现实主义问题》《历史画廊中的军事题材作品》《览美京华四月天——俄罗斯油画 300 年》等论文,为山东美术出版社出版的俄罗斯油画名家名作临摹范本《谢罗夫》(1998)和《苏里科夫》(1998)撰文介绍两位著名画家,编写了《苏联当代画家十人集》(1985)和《苏联当代油画》(1986),著有《20 世纪俄苏美术》(1997)和《时代乐章:苏俄美术》(1999),翻译了美术史家契格达耶夫(А. Д. Чегодаев,1905—1994)的《美国美术史》(1985)。晨朋曾获俄罗斯政府颁发的普希金奖章和友谊勋章,1999 年被俄罗斯列宾美术学院聘为名誉教授。

第二节　中国美术在苏(俄)

　　新中国成立后,中苏美术交流日益频繁,中国当时虽然缺少新题材的优秀美术作品,但传统绘画和艺术品在苏联很受欢迎。因为参展作品具有民族特色,中国在苏(俄)举办美术展览经常得到苏(俄)美术界人士的高度评价和广大参观者的热烈欢迎。中国的国画,尤其是徐悲鸿、齐白石的画作受到苏(俄)民众的喜爱。扎瓦茨卡娅(Е. В. Завадская,1930—2002)、谢·尼·索科洛夫-列米佐夫(С. Н. Соколов-Ремизов)等汉学家对中国国画的研究比较深入,出版了不少研究专著。中国的年画一直是俄罗斯艺术界和汉学界研究的重点,不仅藏有不少中国国内都没有的年画,而且研究视角和方法都十分独特。中国的版画在学习苏联版画的同时,十分注意保持民族特色,引起了苏(俄)版画界的关注和借鉴。

---

①　《奚静之获俄罗斯艺术科学院奖》,《人民日报》,1996 年 2 月 29 日。

一、中国美术作品在苏(俄)的展览及影响

新中国成立后,中国在学习苏联美术的同时,也注意向苏联宣传中国美术,在苏联举办了一些中国美术展览。

1950年,在国庆一周年之际,中国在莫斯科特列季亚科夫画廊举办了中国艺术展览会,这是新中国美术在苏联的第一次大规模展出。这次展览由苏联部长会议艺术委员会主办,展品主要是由故宫博物院、北京历史博物馆、南京博物馆、北京图书馆等单位提供的绘画、雕刻、素描和工艺美术品等。中国艺术展览会在莫斯科展览了一个半月,参观者达20万人,之后在列宁格勒展览了38天,观众有10余万人。①展览期间,苏联国家艺术学院还举办了关于中国艺术展览会的讨论会,院长盖拉西莫夫说:"中国艺术展览会的举行是有巨大的政治及艺术意义的,它象征了苏中两大国友谊的新发展。艺术的交流便是加强苏中两国人民友谊的良好媒介。"他评价中国艺术说:"中国现代艺术并未受到形式主义直接影响,中国艺术家们正走上正确的现实主义的道路,并以社会主义的现实主义作为他们的表现方法。我们祝贺已经走上这条道路并已获得成功的中国艺术家们。"②当时苏联美术界对中国美术的了解十分有限,盖拉西莫夫本人对中国美术的了解也仅仅局限于"中国画法的线条、色泽、纸张","有好些画家喜欢用中国纸墨作画"。他所看到的中国油画作品大多是来自延安解放区的艺术家在1950年创作的。因此,漫画家丁聪拜访盖拉西莫夫时,盖拉西莫夫问他:"中国有没有美术学校?中国还有没有受资本主义国家的现代绘画流派影响的绘画?"③

1952年10月1日至11月4日,苏联艺术委员会为庆祝中华人民共和国成立3周年,在莫斯科"画家之家"举行了中国年画展,展出了冯真、李琦、邓澍、古元、侯逸民、张怀江、曹思明等一百多位艺术家的作品。展出的年画表现了中国社会发生的变化及中国人民对党和领袖的爱戴,其中表现中苏友谊、中国人民争取和平与中朝人民战斗友谊的年画尤其受欢迎。

新中国成立后,中苏友好协会和中国相关团体向苏联国立东方文化博物馆赠送了大量陈列品。1952年,苏联国立东方文化博物馆举办了一

① 《一年来苏联大力巩固中苏人民友谊促进文化交流》,《人民日报》,1951年2月17日。

② 《莫斯科中国艺术展览会闭幕,苏艺术工作者座谈备致颂扬》,《人民美术》,1950年第6期。

③ 丁聪:《访全苏画家协会》,《人民美术》,1950年创刊号。

次中国艺术品展览会,展出了约 1500 件展品,包括油画、雕刻和工艺美术品等。东方文化博物馆经常到工厂和集体农庄去宣传中国的文化艺术。1954 年,东方文化博物馆举办了一个大型的中国艺术品流动展览会,在苏联的各个城市中巡回展览,展出了故宫博物院与北京、南京博物馆的部分国画珍品。东方文化博物馆还协助各地艺术博物馆成立中国艺术部。这些博物馆在传播中国文化,使苏联人民进一步认识中国方面,都起了极大的作用。①

　　1954 年 11 月 30 日,中国工艺美术展览会在莫斯科开幕,中国驻苏联大使张闻天和苏联文化部部长格·费·亚历山德罗夫 (Г. Ф. Александров, 1908—1961)出席展览会开幕式并发表讲话。中国工艺美术展览会的展品有陶瓷、刺绣、织帛、丝绸、挑花、抽丝、雕刻、漆器、编织、扎花、剪纸、金属工艺等两千余件。许多苏联观众异口同声地称赞,中国工艺美术的魅力和价值是举世无双的。该展览展出半个月,观众就达 2.5 万人次。②

　　1958 年,中国参加了在莫斯科举办的社会主义国家造型艺术展览会。为了协助苏方办好展览会,中国应邀派出了蔡若虹和力群赴苏参加展览会的组织工作。该展览历时三个月,观众达 40 多万人次,参观者对展出的作品给予了很高的评价。中国选送 270 幅美术作品参展,不论是具有传统艺术特点的国画,还是具有民间艺术风格的彩塑,都以表现出的民族艺术特色而得到苏联观众和各国同行的好评。③

　　另外,中国还在苏联的一些加盟共和国举行了美术展览,比如,1954 年的中国工艺美术展览会也曾在基辅、里加等城市展出。中国曾在拉脱维亚共和国里加图书馆举办齐白石作品展览会。

　　到中国与俄联邦关系时期,中国美术作品在俄罗斯展览更加频繁。2001 年 7 月,中国书画展在俄罗斯展出。2001 年 9 月,为庆祝中华人民共和国成立 52 周年,由中国人民对外友好协会与俄方联合举办的"锦绣中华"摄影作品展在莫斯科奥斯特洛夫斯基人文艺术中心博物馆展出,为期两周,吸引近 3000 名观众。2003 年 7 月,画家刘迅在莫斯科举办了"留住青山:中国画家刘迅作品展"。为纪念中俄建交 55 周年,2004 年 10 月 27

---

① 　彭明:《中苏友谊史》,人民出版社,1957 年,第 290 页。

② 　孙维学、林地主编,《新中国对外文化交流史略》编委会编著:《新中国对外文化交流史略》,中国友谊出版公司,1999 年,第 30 页。

③ 　同上,第 80 页。

日，中国文化节在莫斯科国家大剧院开幕，作为序曲，中国苏州刺绣精品展于当日在莫斯科国立当代历史中心博物馆开幕，展出了50件苏州刺绣精品。2008年3月22日，中国西南少数民族服装、饰品、图片展开幕式在莫斯科东西方汇聚画廊举行，主要展出了中国苗族、瑶族、仡佬族、侗族等少数民族具有代表性的服装、饰品以及反映中国西南地区人文风情的珍贵图片。

2007年9月3日，"中国印·李岚清篆刻艺术展"在圣彼得堡俄罗斯国家博物馆开幕，这是中国传统篆刻艺术首次在海外巡展。本次巡展精选了李岚清篆刻的103方印章，较为全面地展示了李岚清的篆刻艺术造诣，体现了中国印章艺术的高超水准。李岚清为这次巡展特别篆刻了多方关于俄罗斯音乐、文学及文艺题材的印章，其中包括托尔斯泰、果戈理、格林卡等名家的人名章。中国高等教育出版社副社长苏雨恒当天在俄罗斯"中国年"中国新闻中心举行的新闻发布会上说，举办李岚清篆刻艺术展是俄罗斯"中国年"系列活动中的一场活动，为中俄两国文化艺术交流提供了全新角度。除在圣彼得堡俄罗斯国家博物馆展出外，李岚清篆刻艺术作品还在圣彼得堡大学和莫斯科大学等处进行了展出。为配合李岚清篆刻艺术巡展，中国高等教育出版社和俄罗斯圣彼得堡科学出版社联合出版了《李岚清篆刻艺术俄罗斯巡展作品集》，并于2007年9月在莫斯科举行了首发式。《李岚清篆刻艺术俄罗斯巡展作品集》采用中俄文对照形式，同时在国内外发行，在编辑排版上，力图既体现篆刻艺术的内在要求，又贴近俄文读者的阅读习惯，图文并茂，具有收藏价值。书中所附光盘介绍了李岚清参与中俄政治、经济、文化、科技和教育等方面交流合作中的有关情况及其篆刻艺术所取得的成就。《李岚清篆刻艺术俄罗斯巡展作品集》的出版，对于俄罗斯民众了解中国传统文化和传统篆刻艺术，对于推进两国文化艺术交流产生了积极影响。2008年4月，李岚清篆刻艺术作品展在莫斯科"1948中学"举行，共展出了李岚清的四十多件优秀篆刻作品，其中包括他为"1948中学"篆刻的印章。

2014年，中国国家画院在莫斯科中国文化中心举办了"美丽中国"扇画展览，展出了中国国家画院20多位画家的50多幅扇画作品。2015年7月至11月，"瓷器之路——从古老走向未来"中国瓷器展先后在俄罗斯的3个城市展出。7月17日至8月15日在莫斯科新玛涅什展览馆展出，8月22日至9月30日在彼尔姆国家艺术博物馆展出，10月6日至11月16日在乌法市涅斯特罗夫博物馆展出。中国瓷器展共展出了江西博物馆收藏的 80 件瓷器,分为青花瓷、釉上瓷和综合装饰瓷三大部分。中国瓷器展开幕后受到了俄罗斯媒体和民众的欢迎,俄罗斯文化频道、俄罗斯 24 小时、莫斯科 24 小时、《俄罗斯艺术报》《消息报》《文化报》《莫斯科晚报》等几十家俄罗斯媒体对展览进行了报道。

2015 年 9 月,为纪念中国人民抗日战争暨世界反法西斯战争胜利 70 周年,中国中共党史学会、中国艺术研究院和莫斯科中国文化中心在莫斯科中央艺术之家联合举办了"铭记历史,开创未来"美术作品展。此次美术作品展共展出了中国美术家创作的六十多幅油画和国画作品,油画作品有杨尧的《抗战遗址·卢沟桥》、张庆涛的《激流·八路军 115 师奔赴平型关》、吴云华的《攻克虎头要塞》、王铁牛的《苏联援华轰炸机大队长库里申科》、陈世宁的《水上雁翎队》、王树鹏的《叶挺将军》、谷钢的《索契共识》等,国画有薛丕显的《延安五老》、赵志田的《巍巍太行》等。

2015 年 10 月,"存留的记忆——贵州古村落文化的视角再现"美术作品展在莫斯科中国文化中心展出,共有五十多幅国画、油画、版画作品参展。此次展览由中国文化部和贵州省政府主办,是莫斯科中国文化中心和贵州省文化厅承办的 2015 年度部省合作项目内容之一。贵州画院为此次展览做了充分准备,组织五十多位画家深入贵州传统民族村落采风,并以这些村落的地理环境、建筑风格、服饰器物、风俗民情、宗教信仰等方面作为主题进行了创作。

或者由于创作的美术作品在苏(俄)广有影响,或者由于为中苏(俄)两国美术交流做出了贡献,有些中国美术家获得了俄罗斯颁发的奖项,或者被聘为名誉院士。例如,曾获普希金奖章和"圣彼得堡三百年"金质奖章的张华清,其创作就得到了中国和俄罗斯同行的高度评价。同济大学的周君言评价说:"张华清的画是用宝石镶嵌出来的,他像唐僧取经一样,取回了真经。"一位俄罗斯艺术家盛赞道:"看张华清的油画作品,令我们信服的是:东方与西方竟然走到一起来了。这些作品给人以惊人的印象,这说明张华清教授是一位继承民族传统精华又能坚持革新的中国艺坛色彩艺术的奠基者,他的艺术实践为东西方的艺术想象和创造的空间开拓了广阔的道路。"俄罗斯文化部部长杰缅季耶娃(Н. Л. Дементьева)评价说:"西方与东方两大绘画学派在张华清创作中被有机地融合在一起了,正因为如此,这位大师的作品是独一无二的。"[①]2013 年,潘义奎获俄罗斯尼古拉·

---

① 张华清:《素描艺术与素描教学》,广西美术出版社,2012 年,前言。

列里赫国际奖章。该奖项以俄罗斯艺术家列里赫 (Н. К. Рерих,1874—1947)的名字命名,是俄罗斯艺术界专业高端奖。潘义奎是获此殊荣的首位中国艺术家。2014 年 10 月,俄罗斯联邦美术家协会向田七颁发了俄罗斯美协金质奖章,以表彰他为两国艺术交流做出的贡献。田七是获此荣誉的首位中国艺术家。

截至 2015 年 10 月,中国共有 8 位美术家获得苏(俄)艺术科学院荣誉院士称号,1958 年, 中国国画大师潘天寿曾被苏联艺术科学院授予名誉院士称号。2008 年 3 月,俄罗斯驻华大使拉佐夫代表俄罗斯艺术科学院授予高莽和袁熙坤俄罗斯艺术科学院荣誉院士称号。高莽先生不仅是一位俄苏文学翻译家,而且是一位出色的画家,他创作了普希金、托尔斯泰等许多著名作家的肖像,有些被俄罗斯的学术机构收藏。袁熙坤曾创作过列宾和列夫·托尔斯泰的雕塑, 俄罗斯总统叶利钦访华时袁熙坤曾当场为其创作水墨肖像画并大受赞赏。2014 年 6 月,中国国家画院院长杨晓阳被授予俄罗斯艺术科学院荣誉院士称号。2015 年 3 月至 10 月被授予俄罗斯艺术科学院荣誉院士称号的有中国艺术研究院郑光旭、黑河学院教师牟克、画家徐里、清华大学美术学院王铁牛教授。

二、中国国画在苏(俄)

中国国画在苏联很受欢迎。20 世纪 50 年代,中国国画曾随中国工艺美术品一起多次在苏联展出。中苏关系正常化之后,中国国画继续到苏联展出。例如,1989 年,为纪念中华人民共和国成立和中苏建交 40 周年,中国在莫斯科举办了为期近一个月的国画展,展出的画作有山水、花草、人物等各种类别,题材多种多样,受到了苏联观众的欢迎。苏联国立东方民族艺术博物馆远东艺术部主任拉·库兹敏柯发表文章进行了评论。

苏联解体后,中国国画在俄罗斯的影响更加广泛。索罗明对中国画十分佩服,他在接受记者采访时曾说:"中国的水墨画非常精彩,有机会我要向中国同行学习中国画的特色。"①据"俄罗斯之声"广播电台 2012 年 5 月 28 日《莫斯科人开始学中国画》的报道,在莫斯科举办的中国国画展览会上,16 位来自莫斯科的美术家根据绘画风格分别向参观者讲述了中国国画的奥妙。参观者在美术家们的指导下开始学习创作中国国画。此次

---

① "俄总统艺术顾问索罗明:我喜欢和中国人交朋友",新华网,2002 年 11 月 17 日,http://news.xinhuanet.com/newscenter/2002–11/17/content_632209.htm。

中国国画展还专门为儿童准备了包括书法课等在内的活动项目,所有感兴趣的孩子都可以执笔一试。莫斯科中国国画研究专家普拉卡索娃认为中国国画是回避城市尘嚣的好方法,她说:"我对中国国画的爱好是连同我对中国哲学的兴趣,气功和太极拳的练习同时产生的。""我从事东方艺术研究已有十五年。三年前首次提起了画笔,此后就再没有停止创作,成了十足的中国国画迷。"①

旅俄华人姜石仑是著名的国画艺术家,他是圣彼得堡列宾美术学院名誉教授,其作品被法国罗浮宫、俄罗斯冬宫等世界知名艺术馆和中国人民大会堂等国内外机构收藏。姜石仑不仅是艺术造诣很高的画家,而且是中俄文化交流的使者,为中俄友好交往做了大量有益工作。姜石仑在圣彼得堡开设了石仑画廊,在展示自己画作的同时,还向圣彼得堡美术界、当地喜爱中国绘画艺术和中国文化的市民展示了中国绘画艺术的魅力。姜石仑的画作吸收了俄罗斯经典风景画的许多优点,又将中国文化元素和俄罗斯文化元素有机结合在一起。他用中国绘画技巧表现俄罗斯自然风光,拓展了中国水墨的表现力,对中国山水画的发展创新进行了有益尝试。姜石仑的大幅表现俄罗斯冬景的水墨画,给人带来清新感和震撼力。2011年,"彼得堡性格"人文基金会授予姜石仑"彼得堡性格"奖章,以表彰其为该市文化艺术发展所做的贡献。

2013年11月,中国画家杨一峰在莫斯科举办画展,展出了以牡丹为主要题材的国画104幅,参观者络绎不绝。2014年9月,旅美画家李洪涛在莫斯科举办了以"中国梦——爱与美的和谐"为主题的个人画展,受到欢迎。2014年10月,为庆祝中俄建交65周年和两国"青年友好交流年",艺术家田七的"心似莲花·胸怀世界"慈善天缘作品巡回展在俄罗斯中央美术宫举办。俄文化部部长梅金斯基(B. P. Мединский,1970—)代表俄罗斯联邦文化部致贺信。俄罗斯艺术家们参观了画展并与田七进行了切磋交流。田七还创作了《普京》和《中俄文化源远流长》等油画。

随着中国国画在苏(俄)展览的增多和影响的扩大,苏(俄)艺术界和汉学界也开始译介和研究中国国画及其大师。

1953年,万叶书店出版了林念松翻译的阿尔巴托夫(当时翻译成阿尔巴拓夫)的《论中国古代艺术》,是从其所著的《艺术通史》中选译的。

---

① "俄罗斯之声:中国国画风靡莫斯科",环球网,2012年5月29日,http://oversea.huanqiu.com/economy/2012-05/2766357.html。

1955 年,介绍在北京举行的中国第 2 届全国美术展览会时,扎莫施金认为中国的国画在现代美术中的发展很值得注意,优秀的国画作品,具有诗的意境和怡人的气氛。优秀的现代国画家,从中国的新现实出发,遵循古代艺术的进步的、现实主义的传统,在创作现实主义的、民族形式的作品中做出了成绩。①新中国的国画艺术在题材的选择方面更注重反映劳动人民的生活,歌颂他们的劳动和建设。1956 年,苏联出版的大型画册《中国艺术》刊载了中国各个时代的各类艺术作品,其中也包括中国国画。书中附有格鲁哈廖娃(О. Н. Глухарёва)撰写的一篇长文,全面介绍了中国古代和现代的美术。格鲁哈廖娃重点介绍了齐白石的《和平》、徐悲鸿的《鹰》、蒋兆和的《土地证》、叶浅予的《假坟》和潘韵的《普天同庆》等。格鲁哈廖娃在介绍《贵妃出浴图》时写道:"古代美女杨贵妃和她的侍童与宫女在皇宫的一间大厅里……大厅的圆柱明暗相间,这一切都说明画家大胆地破坏了封建时代形成的绘画传统。"②1957 年,格鲁哈廖娃的《徐悲鸿》出版,这是苏联美术界最早介绍中国国画家的一部著作。格鲁哈廖娃认为:"徐悲鸿的创作中渗透了恢复民族艺术中的优秀传统的努力。20 世纪初他在法国时,没有醉心于西欧艺术中形式主义流派,而是坚定地走着自己的路,弘扬中国老一代艺术家的艺术遗产中的优秀传统。"1957 年,列维娜(Л. М. Левина)也出版了研究徐悲鸿的一本书,出版时间略晚于格鲁哈廖娃的《徐悲鸿》。

维诺格拉多娃(Н. А. Виноградова)1945 年毕业于莫斯科大学,后在苏联美术研究所艺术史与理论研究所工作。1957 年,维诺格拉多娃在《艺术》杂志上发表《中国现代国画》一文,另著有《蒋兆和》(1959)、《中国山水画》(1972)、《徐悲鸿》(1980)等。

尼·谢·尼古拉耶娃(Н. С. Николаева,1930—　)是研究中国艺术的汉学家,1953 年从莫斯科大学毕业后在东方文化博物馆等处工作,1968年获艺术学副博士学位,著有《论中国国画中的民族传统》(1959)、《齐白石》(1961)、《画家、诗人、哲学家马远及其时代》(1968)等。《齐白石》一书中附有 32 幅齐白石画作的黑白插图,介绍了齐白石的生平与创作,总结

①　佟景韩:《扎莫施金谈新中国美术》,《美术杂志》,1956 年第 6 期。

②　高莽:《画译中的纪念》,九洲图书出版社,1997 年,第 248 页。高莽指出,东方文化博物馆的藏画《贵妃出浴图》是中国国内所没有的一幅画作,苏联有关中国古代文学艺术的书中,常常刊载这幅作品,说是唐代画家周昉的作品。

了齐白石的艺术特色,强调了齐白石的创作对推进整个现代中国国画发展具有较大意义,为青年画家指出了继承古典传统的道路。

20 世纪 70 年代,苏联出版了《中国肖像画论(翻译和注释)》(1971)、《10 至 13 世纪的中国画院》(1976)等中国国画研究著作。《中国肖像画论(翻译和注释)》的作者是阿理克汉学学派中研究中国艺术的学者拉祖莫夫斯基(К. И. Разумовский,1905—1942),此书是他副博士学位论文的一部分,是在他去世近 30 年之后出版的。《10 至 13 世纪的中国画院》的作者是波斯特列洛娃(Т. А. Пострелова,1931—2010)。波斯特列洛娃还著有苏联科学出版社出版的《徐悲鸿的创作和 20 世纪的中国艺术》(1987)一书。此书以详尽的史料为基础,介绍了徐悲鸿青年时代对艺术的追求和探索,叙述了他所走过的创作道路,分析了徐悲鸿的艺术思想和风格以及他对中国现代绘画艺术产生的影响。

1978 年,列宁格勒艺术出版社出版了萨莫修克(К. Ф. Самосюк)撰写的《郭熙》一书,专门介绍了中国北宋画家郭熙的为人,分析了其作品,比较全面地介绍了他的画论,着重阐述了郭熙有关远近、深浅、风雨、明晦、四时、朝暮的论述,书中还涉及一些与郭熙同时代的画家。萨莫修克还翻译了郭若虚的《图画见闻志》(1978)。

扎瓦茨卡娅于莫斯科大学历史系毕业后在东方文化博物馆和苏联科学院东方研究所工作,专门研究中国国画,翻译了《芥子园画谱》(1969、2001)和石涛的《苦瓜和尚画语录》(1978),著有《现代中国山水画》(1960)、副博士学位论文《新中国的国画(传统和创新)》(1961)、《中国古代绘画美学问题》(1975)、《齐白石》(1982)、《智慧灵感:米芾(1052—1107)》(1983)等研究专著。其中,《中国古代绘画美学问题》是扎瓦茨卡娅的代表性著作。1982 年,她在这部专著的基础上撰写了博士学位论文,1983年获博士学位。《中国古代绘画美学问题》的中译本由陈训明翻译,湖南人民出版社 1987 年出版。这部专著分为四编:第一编首先把中国古代绘画美学史分为四个阶段,然后以"中国古代哲学的美学内涵""作为特殊认识范畴的绘画美学的形成""唐代和五代的绘画美学""宋代绘画美学""元代绘画美学""审美标准的规范化"6 章的篇幅阐述了中国古代的绘画美学。第二编包括"绘画与哲学""绘画形态学""绘画的得与失""风格理论与画派理论""绘画起源的理论""各个画种的理论"和"中国绘画的社会现象"7 章。第三编主要把中国绘画与欧洲艺术进行了分类比较。第四编选编了中国哲学家和美术理论家的若干最为重要的文章,其中包含丰富的中国绘画美学资料,既有古代诸子百家的哲学文章,又有随后各朝代名家的画评和画论,有的是全文照译,有的是摘译片段。这一部分兼有几种作用:既在俄文读者中宣传介绍中国的绘画美学理论,又可帮助他们理解和从新的对他们来说陌生的角度来接受和欣赏中国绘画,还可以沟通中西不同的绘画美学观念。①

　　汉学家索科洛夫−列米佐夫在中国古代绘画研究方面颇有造诣。1985 年,索科洛夫−列米佐夫的《题跋·书法·绘画》一书出版。这是一部综合研究东方艺术的专著。此书以中国绘画和日本绘画为例,广泛地论述了文学、书法与绘画三者之间的综合关系,兼谈了画上题诗、用章等中国画的特殊现象。作者旁征博引古今中外诗人、画家、书法家的论述,涉及的中国画论有王维的《山水论》、郭若虚的《图画见闻志》、沈括的《梦溪笔谈》和苏轼的《传神记》等。论及中国画的诗、字、画三结合时,作者以很多篇幅介绍了元代吴镇的墨竹。以墨竹为例,进行了多层次的剖析:从书法、诗词到竹子所象征的性格。②2000 年,俄罗斯艺术研究院出版了索科洛夫−列米佐夫的《扬州八怪:中国 18 世纪绘画史略》。全书除前言和后记外共有 7 章:"升华""清代文化""康熙乾隆时期的绘画""扬州全景中的几个特点""处理方法的问题与原则""扬州八怪""扬州八怪和现代中国绘画"。第一章所占篇幅最多,作者在这一章中梳理了中国 20 世纪 40—90 年代各种书籍报刊关于扬州八怪的论述,以及西方和日本人的评论。第 2 章概述了清代文学艺术的发展变化,描述了扬州八怪产生的时代背景。第 3 章阐明了康乾时期的绘画在中国绘画史上的重要地位。作者认为中国传统绘画的主流是文人画,扬州八怪作为在野文人,在中国绘画史上有着独特的地位和贡献。第 4 章叙述了扬州的历史地理、自然条件、经济发展和人文环境等各个方面,及扬州的文化环境和园林艺术对扬州八怪所产生的影响。在第 5 章中,作者提到扬州八怪的特点之一是反抗精神,与其说它是一般的反抗当权,毋宁说是全盘地抗拒压制、残忍与粗野,从这一点来看,他们是继承了 14 世纪文人画家倪瓒所开创的道路。第 6 章详细介绍了郑燮等扬州八怪,包括他们的字与号、初名与别称,甚至斋名与闲章,描述了他们的一些作品内容与构图。第 7 章介绍了扬州八怪对中国现当代绘画的影响。作者在后记中强调,对扬州八怪艺术的研究是

---

①　李明滨:《中国文化在俄罗斯》,中国国际广播出版社,2012 年,第 184 页。

②　高莽:《画译中的纪念》,九洲图书出版社,1997 年,第 250 页。

无止境的。①索科洛夫-列米佐夫受郑板桥的影响较大,他给自己起名"索
燮",打算再到扬州去考察,继续译介和研究扬州八怪。

在中国国画家中,徐悲鸿和齐白石在苏联的影响较大。徐悲鸿1934年
曾在苏联举办画展,与苏联艺术家进行了交流并交换作品,徐悲鸿的《六
朝诗意图》等画作尤其受到苏联观众喜爱。《六朝诗意图》在画展举办后
被苏方收藏于莫斯科的博物馆。2006年,应廖静文之请,范曾补足了徐悲
鸿生前所作《六朝诗意图》的一幅未完成稿,根据的就是莫斯科所藏的
《六朝诗意图》图片。

20世纪50年代,齐白石曾与多位苏联艺术及文化界人士会见,如
亚·米·格拉西莫夫、扎莫施金、《星火》杂志美术编辑克利马申 (В. С.
Климашин,1912—1960)、作家柯涅楚克及其夫人瓦西列夫斯卡娅、雕塑
家凯尔别利和穆拉温等。克利马申于1954年曾拜访齐白石并为之画像。
柯涅楚克和瓦西列夫斯卡娅于1955年拜会齐白石, 瓦西列夫斯卡娅在
其访华笔记《在中国的天空下》中写道:"齐白石不出屋,在自己的家里画
自己的花、自己的蛙、自己的虾。齐白石的画论如他本人一样,极其简朴,
但其中无疑蕴含着真正智慧的种子,它的道理要比一部洋洋洒洒的小册
子说明的问题多得多。"瓦西列夫斯卡娅观赏了齐白石画的水鹰和蜻蜓,
她对此记述道:"我的眼睛一直望着那几只水鹰。墨笔勾出了水鹰的轮
廓。没有水——画家没有画水。但是根据所画的水鹰的姿态,我们清清
楚楚地感受到了水的存在。蜻蜓那一幅画上的水是用几条黑线勾出来
的……是啊,这是真正的现实主义。冷眼一看——蜻蜓、花卉、鱼虾,多么
狭窄的世界! 但齐白石不是唯美主义者,不是没有看见周围事物而只为
纯艺术作画的人。"②雕塑家凯尔别利和穆拉文两次拜会齐白石并为之作
雕塑,齐白石曾作画回赠。穆拉文记录了当时的情景,他写道:"齐白石同
意当模特,在等待胶泥和雕塑架子的时间,他为我们画了几幅小画。此
后,他在画边上,自上而下艺术地写了赠给我们的题词,然后钤上两枚红
色印章。他把湿漉漉的画挂在一条绳上,以便晾干。我们现在作为珍品保
存着这幅画。"③

1956年1月12日,苏联对外文化协会、苏联艺术科学院和东方文化
博物馆联合举行了庆祝齐白石96岁寿辰纪念活动。艺术学硕士格鲁哈廖

---

① 高莽:《心灵的交颤:高莽散文随笔选集》,中央编译出版社,2005年,第177—179页。

②③ 高莽:《苏联艺术家与白石老人》,《人民日报》,2011年2月26日。

娃作了关于齐白石生平和创作的报告。亚·米·格拉西莫夫和扎莫施金叙述了他们在访问中国期间与齐白石的会见情景。活动参加者欣赏了齐白石的画作,观看了中国拍摄的艺术纪录片《民间美术工艺》和《敦煌壁画》。2月3日,乌克兰美术家协会、乌克兰对外文化协会造型艺术组、基辅国立西方和东方艺术博物馆等单位联合举办了庆祝齐白石96寿辰的纪念大会。乌克兰对外文化协会造型艺术组主席、苏联人民画家卡西扬(B. И. Касиян,1896—1976)作了关于齐白石生平和创作的报告。会后放映了电影《敦煌壁画》并在基辅艺术工作者之家展出了齐白石的作品。①

　　到20世纪80年代,齐白石仍受到苏联艺术家的关注。苏联雕塑家瓦连京·米哈廖夫(В. Михалёв,1926—1998)说:"齐白石是位伟大的画家,是智者,是哲学家。"又说:"1957年12月我在北京参观了齐白石画展后,为他的独特的绘画风格所倾倒。我当即萌生了为他雕像的念头。"米哈廖夫于1984年完成齐白石第一尊头像。两年后,他又用陶土烧制了一座齐白石全身立像。1987年6月,高莽曾应邀参观米哈廖夫在莫斯科的工作室,他向高莽展示了很多有关中国题材的作品,其中就包括齐白石的头像。

三、中国版画在苏(俄)

　　苏(俄)汉学界致力于阿理克所收集年画的研究和出版工作,中国民俗学界也对此十分重视,王树村就曾赴圣彼得堡看过阿理克的所有藏品并和李福清院士等编辑出版了《苏联藏中国民间年画珍品集》,书中采用了206幅年画,分别由中国人民美术出版社和苏联阿芙乐尔出版社出版,中文版1000册,俄文版8000册,虽然价格很高,但俄文版在一个月之内售罄,表明了俄罗斯人对中国年画的极大兴趣。2009年,中华书局出版了由中国民间文艺家协会主席、著名作家冯骥才主编的"中国木版年画集成"系列工程之一《中国木版年画集成:俄罗斯藏品卷》。"中国木版年画集成"是中国民间文艺家协会组织全国各年画产地相关人士和国内权

---

① 《苏联文化艺术界举行齐白石96寿辰庆祝会》,《美术》,1956年第4期。关于齐白石的出生时间,学术界曾出现过1860年、1862年和1863年等说法,几经考证最终确定为1864年1月1日。苏联美术界一度采用1860年的说法,因此1956年齐白石96岁。1958年3月8日,苏联邮政部门率先推出纪念齐白石的邮票,邮票图案为齐白石晚年肖像,标注的齐白石生卒年份是"1860—1957",这是世界上第一套齐白石专题邮票。苏联还发行过齐白石画作的明信片《齐白石作品选》一套,共14张。

威学者共同从事的一项文化工程,是文化部资助的非物质文化遗产保护工作成果之一。《中国木版年画集成:俄罗斯藏品卷》由俄罗斯著名汉学家、俄罗斯科学院院士李福清担任分卷主编,先后历时三年多,收录了24家收藏机构的藏品和2处私藏,甄选出俄藏中国木版年画数百幅,绝大部分是在中国本土难以见到的孤本与珍品。李福清院士还撰写了十万余字的论文《中国木版年画在俄罗斯》,由阎国栋教授翻译,详细介绍了百余年来俄罗斯收藏与研究中国年画的历史,极具史料与学术价值。

除阿理克院士以外,苏(俄)对中国年画进行研究的著名学者主要有李福清、鲁多娃(М. Л. Рудова)、维诺格拉多娃(Т. И. Виноградова)、古尔佳耶娃(Г. С. Гультяева)等。

李福清关于中国年画的主要论著有:《1990年中国民间年画的新发现》(1990)、《俄国藏中国年画》(1995)、《三国故事年画图录》(1999)、《节日喜庆年画:俄罗斯国立图书馆藏稀见中国年画》(2002)、《中国民间艺术象征(年画)》(2006)、《中国民间年画上的"武十回"》(2007)、《武松故事与民间年画》(2008)、《阿理克院士——中国民间年画的第一位研究者与收藏者》(2008)等。

鲁多娃从1953年起在艾尔米塔什博物馆工作。阿理克的收藏进入博物馆之后,她开始以藏品为基础展开研究并于1958年发表了一篇论述戏剧年画的论文《中国戏出年画》。其著述还有《阿理克院士藏品(中国文化艺术文物)》(1960)、《列宁格勒藏中国民间年画载录》(1961)、副博士学位论文《作为研究中国精神文化素材的民间年画》(1968)、《从中国民间年画看中国艺术中的象征》(1969)、《财神关羽》(1971)、《宗教题材年画(根据列宁格勒藏品)》(1975)、《中国民间年画》(1988)、《国立艾尔米塔什博物馆藏中国民间年画》(2003)等。其中《中国民间年画》是一部专著,收录了178幅年画,《国立艾尔米塔什博物馆藏中国民间年画》由鲁多娃和普切林撰文介绍,收录了209幅年画。

维诺格拉多娃的著述主要有《戏出年画与京剧》(1986)、《中国戏出年画上的风景》(1987)、《中国戏出年画上的动物形象》(1988)、《中国民间年画中的戏出年画题材》(1989)、《中国戏出年画上的城市传统建筑》(1990)、《中国戏出年画上的战争场景》(1990)、《中国戏出年画上的题字》(1991)、《戏出年画:图说文学作品传统的形式》(1991)、《中国民间年画反映的中国文化名人形象》(1991)、《鬼王钟馗崇拜:民间年画、文学、戏曲、仪式》(1994)、《〈封神演义〉题材年画》(1995)、《戏出年画与清朝禁戏》(1997)、

《京剧与戏出年画反映的周朝》(1998)、副博士学位论文《中国民间年画上的中国民间戏曲(作为中国传统文化研究素材的戏出年画)》(2000)、《文学游戏与版画》(2003)、《小型水彩画与中国戏出年画》(2004)等。

古尔佳耶娃的主要著述有《中国木版年画与文化沟通(社会与美学方面)》(2004)、《研究中国民间年画吉祥象征与表现动机的现实意义》(2006)、《20世纪初中国戏出年画题材的艺术特点和形象》(2006)、《当代文化艺术中的中国民间年画 (1980—1990年)》(2007)、《20世纪的中国民间年画:题材类型与革新》(2007)等。《20世纪的中国民间年画:题材类型与革新》是古尔佳耶娃的副博士学位论文,是俄罗斯首次探讨1949年之后中国新年画的著述。作者认为当代年画结合了西方艺术和中国传统绘画的手法,是一种多维的艺术体系。古尔佳耶娃对中国新年画的发展历史进行了分期,将1949—1956年作为第一个时期。她认为,20世纪八九十年代,中国的新年画发展出现了高潮,而且回归传统的趋势最为明显。①

中国的版画曾几次在苏(俄)展出,并得到了苏(俄)版画界的好评和借鉴。1950年举办的中国艺术展览会展出了96件中国版画作品。1957年10月1日,中国现代版画展在列宁格勒艾尔米塔什博物馆举行,展出了版画作品157件。11月4日,移至莫斯科东方文化博物馆展出。中国版画家力群和李桦赴苏参加了版画展,中国文化部部长沈雁冰、苏联文化部副部长帕霍莫夫(В. Пахомов)、全苏美术协会书记皮缅诺夫(Ю. Пименов)出席了开幕式。苏联著名书籍插画家基布里克(Е. А. Кибрик,1906—1978)评价说:"我在展览会上看到两种倾向,一种是企图继承中国美术传统的,另一种是倾向西欧作风的。中国人民和美术家是很有天才的,这两种倾向都有好的成绩,我希望将来能得到更大的成就。"②他同时也指出了一些版画作品存在的问题:"有一些作品有这样的情况:像照片。如扬子江建筑桥梁的作品,虽然在技术方面是好的,但令人看了仅仅知道这是桥梁,这是人物,和照片一样,没有艺术性。"评论家科尔尼洛夫(П. Корнилов)在盛赞中国版画艺术极具民族特色的同时,也指出一些作品"忘记了要进行艺术的概括", 而有着自然主义的倾向。苏联版画家格·谢·维列伊斯基(Г. С. Верейский,1886—1962)在观看了展览后也指出:"学习苏联是可以的,

---

① [俄]李福清:《中国木版年画在俄罗斯》,阎国栋译,见冯骥才主编:《中国木版年画集成·俄罗斯藏品卷》,中华书局,2009年,第502页。

② 力群:《"中国现代版画展览会"在莫斯科》,《版画》,1958年第1期。

但希望不要把近几年来在苏联发生的照相主义也学去。""如果画的像照相那么像,还干么要艺术呢？"①

1958 年 10 月 1 日,莫斯科—北京版画家作品联合展览会在莫斯科开幕,11 月 7 日在北京开幕,中方参展作品 107 幅,苏方参展作品153 幅。苏联版画家阿·伊·克拉夫琴科在莫斯科观看展览后撰文,对中国参展的版画作品给予了好评。苏联作家波列伏依参观了版画展览会后说:"鲁迅号召过中国画家学习苏联版画,而现在我们需要反过来向你们学习。应该在苏联举行中国版画展览会。"②

总体而言,中国版画在学习苏联版画时,比较重视鲁迅倡导的版画传统,因此几乎没有受到负面影响,在保持民族特色方面做得较好。版画家广军在接受采访时提到新中国成立后中国版画的发展情况:"……那时候,苏联的一些创作,画地平线、公路、高速公路、远处的飞机等等,大家看了之后就觉得特别理想、特别向往,应该说是想借助人家的眼睛和情感表述自己对社会的理想。不可否认,当时苏联绘画给中国的影响很大,但是,唯有中国的版画家在一开始就更多地注意了民族性的研究与传达。"③

1959 年, 苏联插图画家和版画家奥·格·维列伊斯基到中国进行访问,他和古元建立了友谊,送给古元一幅套色石版画《途中休息》,古元一直挂在自己的工作室里。中苏关系恶化后,两位艺术家的联系中断。20世纪 80 年代初,中国美术家代表团访问苏联,团员郝伯义是版画家,代表团因此拜访了维列伊斯基,维列伊斯基把自己亲手绘制的贺年明信片寄给古元,古元以自己的木刻作品《牛》回赠。1985 年 8 月 30 日,维列伊斯基致信古元,他写道:"您的来信使我喜出望外,深深感谢您对我的祝贺。《牛》——太迷人了,我一眼便看出了您那只才气横溢的手。自从我们相遇之后,的确已经过去了很多年……我得知您在艺术方面的功勋得到公正的评价,您在艺术界里占有崇高的地位,我感到非常欣慰……"④

1988 年,中国版画家戈沙访问苏联达吉斯坦共和国,与达吉斯坦共和国美协进行了交流,向他们介绍和赠送了《版画世界》杂志,举行了为期15

---

① 李允经:《中国现代版画史》,山西人民出版社,2006 年,第 351 页。

② 孙维学、林地主编,《新中国对外文化交流史略》编委会编著:《新中国对外文化交流史略》,中国友谊出版公司,1999 年,第 80 页。

③ 李小山、邹跃进主编:《春华秋实:1949—2009 新中国版画集》(下册),湖南美术出版社,2009 年,第 25 页。

④ 曹文汉:《珠海历史名人·古元》,珠海出版社,2006 年,第 139—140 页。

天的中国版画展览,展出了60多幅版画作品。达吉斯坦共和国美协主席在展览开幕式上说:"这是从中国飞来的第一只燕子,它给我们带来春天般的温暖。我们也期待飞来第二只和第三只。从这些作品中我们感受到来自中国的诚挚友谊。"[①]当地观众通过版画展览进一步了解了中国。达吉斯坦电视台、北高加索新闻电影制片厂进行了报道,《达吉斯坦真理报》作了题为"来自黄河的彩虹"的专题报道,莫斯科电台也播发了消息。戈沙的版画展后来还曾在苏联赤塔艺术馆和乌兰乌德美术馆进行展出。

20世纪五六十年代,苏联发行过一些中国版画明信片,如一套10张的《中国木刻作品选》、一套16张的《中国版画木刻作品选》等。苏联的中国版画研究者主要有切尔沃娃(Н. А. Червова)等,她撰有论文《当代中国的版画(1954—1958年)》(1958)和专著《当代中国的版画(1931—1958后)》(1960)。

中俄版画的双向交流在长时间中断后开始恢复。2015年7月,首届中俄当代版画邀请展在位于黑龙江省漠河的北极村开幕。在开幕仪式上,俄罗斯人民艺术家帕·苏·格尔曼(П. С. Герман,1941—　　)向黑龙江省俄罗斯油画交流研究会会长陈凤跃颁发了俄罗斯艺术科学院授予的俄罗斯造型艺术杰出贡献奖证书。首届中俄当代版画邀请展共展出了两国版画家创作的作品各100件,中国版画家的作品主要以表现北国地域特色和风俗民情为主,俄方展出的版画种类较多,包括石版、丝网版、铜版、木版等不同版种的作品,题材也广泛多样,包括俄罗斯自然风光、宗教信仰、风俗民情等各个方面。此次中俄版画邀请展是第一次集中在同一展会上同时展出两国艺术家的版画作品,在两国版画交流史上具有开创意义。

第三节　俄罗斯联邦的中国题材美术作品

随着中国与俄联邦文化交流的深入进行,一些俄罗斯美术家开始创作中国题材的作品。俄罗斯人民艺术家格拉祖诺夫花费两年时间创作了巨幅历史题材油画《伟大的中国》,于2004年6月在莫斯科举行了剪彩仪式。这幅油画长近20米,高近8米。格拉祖诺夫以秦始皇统一中国、大唐盛世和改革开放3个中国历史发展时期作为切入点,以画作描述了中国历史的发展变化。中国驻俄大使刘古昌在剪彩仪式上发表讲话时指出,油画《伟大的

---

① 　戈沙:《苏联高加索的——情谊》,《版画世界》,1988年第23期。

中国》充分体现了画家对中国人民的友好感情。《伟大的中国》成功展现
了辉煌灿烂的中华文明,是两国文化友好交流的盛事和见证,为俄罗斯
各界了解中国提供了一个独特的视角,激发了俄罗斯朋友了解中国的兴
趣。2014 年 12 月,俄罗斯女画家波列塔耶娃(Е. В. Полетаева,1983—　　)
在符拉迪沃斯托克举办了题为"中国谋略"画展,展出了她以"三十六计"
为主题创作的二十多幅画作。俄罗斯青年画家科罗特科娃(ц. Короткова)
曾在哈尔滨工业大学留学,在接受记者采访时说:"我喜欢毛泽东,我很
小的时候就读过他的故事,到中国来是我从小的梦想。"①留学中国期间,
科罗特科娃创作了大量以哈尔滨等中国城市为题材的油画和摄影作品。
2015 年年初,她在哈巴罗夫斯克举办了以"过去和未来之间的哈尔滨"为
题的画展。2015 年 3 月,俄罗斯人民画家、艺术科学院院士德米特里·桑
吉耶夫美术作品展在莫斯科中国文化中心开幕,共展出了 38 幅作品,其
中包括从未展出过的长城、紫禁城和许愿桥等中国题材画作。2015 年 8
月 6 日,莫斯科中国文化中心和新玛涅什展览馆合作,在"瓷器之路——
从古老走向未来"中国瓷器展览框架内举办了题为"从中国风到先锋艺
术:18 世纪至 20 世纪初俄罗斯文化中的中国题材"的讲座,主讲人是艺
术学副博士、察里津诺庄园博物馆高级研究员、"东方幻想:18 世纪至 20
世纪初中国的俄式表达"策展人索斯妮娜(О. А. Соснина)。索斯妮娜向
观众系统阐述了四个问题:俄罗斯何时出现第一批中国手工艺品以及这
些手工艺品是什么;中国手工艺品在 18 世纪俄罗斯社会生活中发挥了什
么作用,它们是如何与来自西方高档"中国风"物品接轨的;中国风格在不
同时期的俄罗斯文化中是如何体现的;为什么在俄罗斯文化的时尚和高
品位创新中,例如建筑、剧院、音乐和绘画,一再出现中国题材。②

　　2015 年 10—11 月,"金色的记忆——俄罗斯画家笔下的哈尔滨"油
画展在哈尔滨银行总部大厦展出。此次展览分为"依路兴市""龙脊宝地·
南岗""繁华洋场·道里""喧嚣闹市·道外"和"休闲胜地·江北"五个部分,
共展出了 400 多幅反映哈尔滨开埠时期历史风貌的油画作品。这些油画
是哈尔滨银行聘请了 40 多位热爱哈尔滨城市文化的俄罗斯画家创作的,
其中有俄罗斯人民画家 7 位、功勋画家 19 位。

---

　　①　"俄罗斯年轻女画家伊娜的中国'情结'",中国新闻网,2015 年 7 月 13 日,http://www.chinanews.
com/sh/2015/07-13/7402271.shtml。

　　②　《从中国风到先锋艺术》讲座在新玛涅什展览馆举办,中华人民共和国驻俄罗斯联邦大使
馆,http://ru.chineseembassy.org/chn/whhz/zgwhzels1/t1290288.htm。

第八章　中苏（俄）舞蹈交流

为了学习苏联舞蹈经验，中国方面采取的方式有邀请苏联舞蹈团体来华演出和译介苏联舞蹈资料、派遣舞美留学人员和舞蹈代表团赴苏、邀请苏联舞蹈专家来华指导等，苏联舞蹈因此对中国舞蹈产生了较大的影响。

20世纪五六十年代和80年代，苏联许多著名舞蹈团体应邀到中国演出，中国一些舞蹈团体也应邀到苏联演出。苏联解体后，随着中俄两国文化交流的逐步深入，两国舞蹈团体相互到对方国家演出的频次也逐渐增多。但总体来看，苏（俄）舞蹈艺术尤其是芭蕾舞具有较高的水平，苏（俄）舞蹈团体到中国演出的次数更多，规模更大。

苏（俄）观众尤其喜欢中国民族舞蹈。中国少数民族舞蹈，如蒙古族舞蹈、维吾尔族舞蹈、藏族舞蹈、傣族舞蹈、彝族舞蹈等，在苏（俄）也很受欢迎。

第一节　苏（俄）舞蹈在中国

为了学习苏联舞蹈，中国经常邀请苏联舞蹈团体来华演出，以著名的亚历山德罗夫红旗歌舞团为例，到2015年来华演出已经达到9次之多。中国舞蹈界不仅注意跟踪记录苏联舞蹈团体在中国演出的情况，而且比较注重译介苏联舞蹈文献和资料，主要译者有郑硕人、顾迺晴、鲜继平、韩绍淦、朱立人、杨修兰、许快雪等。为了学习苏联舞台美术，中国向苏联列宾美术学院派出了几名学习舞台美术的留学人员。苏联舞蹈专家也对中国舞蹈事业的发展发挥了极大的作用。舞蹈运动干部训练班和舞蹈编导训练班的开设为新中国培养了一批舞蹈人才。在苏联专家的帮助下，

1958 年,中国舞蹈界第一次演出了芭蕾舞《天鹅湖》,标志着中国芭蕾舞已经具备了一定的水平。此后中国芭蕾舞开始了民族化的进程,尤其是芭蕾舞剧《红色娘子军》和《白毛女》,从内容到形式都具有鲜明的中国风格,这与苏联专家经常强调的舞蹈发展要注重民族性不无关系。

一、苏(俄)舞蹈团体访华及舞蹈艺术在中国的接受

在中苏舞蹈交流过程中,中国向苏联舞蹈学习的两个方式是邀请苏联舞蹈团体到中国演出和对苏联舞蹈资料展开译介。20 世纪 50 年代,苏联几个著名舞蹈团体到中国演出时,中方专门组织了学习并出版了一些学习资料。

亚历山德罗夫红旗歌舞团是最早到新中国访问演出的艺术团体。1952 年 11 月,红旗歌舞团一行 259 人在团长鲍·亚·亚历山德罗夫率领下访华,从 1952 年 11 月 20 日到 1953 年 1 月 10 日历时 50 天,在多地演出多场,舞蹈类节目有《士兵休息舞》《大军舞》等。中方电影界派出人员随团拍摄了纪录片《苏联红旗歌舞团在中国》(1953)。1965 年 9 月至 1966 年 1 月,苏联红旗歌舞团一行 185 人第 2 次访华,在武汉、北京等地进行了演出。

1954 年 9 月 25 日至 12 月 3 日,苏联国立民间舞蹈团一行 167 人在团长莫伊塞耶夫的率领下访华,历时两个多月,先后在北京、天津、广州、上海、杭州、武汉、旅大、沈阳、抚顺、鞍山 10 个城市演出 40 场,演出了《游击队员》《俄罗斯组舞》《林中空地》《马铃薯舞》等。中方进行了精心的准备工作,仅演出节目单就制作了 54 页之多。

1954 年 10 月 26 日至 1955 年 1 月 5 日,苏联国立莫斯科斯坦尼斯拉夫斯基与涅米洛维奇–丹钦科音乐剧院一行 347 人在团长格·伊·波利亚科夫和总导演布尔梅斯杰尔(В. П. Бурмейстер,1904—1971)的率领下访华,在北京等城市演出 70 多场,主要剧目有《天鹅湖》《巴黎圣母院》《阿伊波利特医生》《幸福之岸》等。

1955 年 10 月,苏联小白桦舞蹈团一行 55 人在团长纳杰日金娜的率领下访华,先后在广州、杭州、上海、北京等 10 个城市演出了 41 场,观众达 12 万人次,演出的主要舞蹈节目有《小白桦舞》《天鹅湖》《小链子舞》等。在北京闭幕式演出时,毛泽东、刘少奇、周恩来等领导人观看了演出并给予高度评价。为了抓住时机学习苏联舞蹈,当时的中央歌舞团、中央实验歌剧院、北京舞蹈学校、天津人民艺术剧院歌舞团等单位联合组成了由 21 人参加的学习组跟随学习,掌握了《小白桦舞》等 6 个舞蹈,并在

北京闭幕式演出时与小白桦舞蹈团的演员联袂进行了演出。

1956年7月至10月,苏联乌克兰国家舞蹈团一行80人在团长皮什缅内的率领下访华,在北京等8个城市演出40场。1957年8月至12月,苏联新西伯利亚国立歌舞剧院芭蕾舞团一行172人在团长利加乔夫的率领下访华,在北京等4个城市演出85场,剧目有《天鹅湖》等。1959年9月至11月,苏联国家大剧院芭蕾舞团一行195人在团长尼·尼·达尼洛夫的率领下访华,芭蕾舞演员有乌兰诺娃(Г. С. Уранова,1901—1998)、列宾仙斯卡娅、康·米·谢尔盖耶夫(К. М. Сергеев,1910—1992)、莫西莫娅等,在北京等4个城市演出了《天鹅湖》《吉赛尔》《宝石花》《雷电的道路》等古典芭蕾舞剧40场。

1960年,应中国对外文化联络委员会邀请,苏联鞑靼自治共和国国家歌舞团访华,中方专门制作了节目单,除了较为详细的介绍外,还附有黑白图片22幅。根据中苏文化合作协定1961年的执行计划,中国对外文化联络委员会邀请苏联国家大剧院的两位独舞演员叶·里娅宾基娜和弗·吉洪诺夫访华。两位演员于11月20日与北京舞蹈学校、实验芭蕾舞剧团联合演出了《天鹅湖》,里娅宾基娜饰演白天鹅与黑天鹅,弗·吉洪诺夫饰演王子,其余角色由中国芭蕾舞演员饰演。这次演出受到了观众的热烈欢迎,陈毅、张奚若、曾涌泉、屈武、徐平羽、苏联驻中国大使契尔沃年科(С. В. Червоненко,1915—2003)等观看了演出。

20世纪50年代,参加访华演出的苏联舞蹈专家对中国舞蹈事业进行了指导,特别是亚历山德罗夫红旗歌舞团、苏联国立民间舞蹈团和苏联国立莫斯科音乐剧院访华时的演出和学术交流活动,对中国的舞蹈事业发展产生了较大的影响。

亚历山德罗夫红旗歌舞团首次在中国演出时,中国部队舞蹈工作者专门组织了以胡果刚为组长的中国人民解放军舞蹈学习组随团到各地观摩演出并在演出空隙进行座谈学习,舞蹈家维尔斯基(П. П. Вирский,1905—1975)对中国部队的舞蹈工作提出了建设性意见,他特别强调中国军队舞蹈在发展过程中要注意继承和保持民族特征的问题。该学习组总结了学习过程并编印了《向苏军红旗歌舞团学习》的内部资料。1954年,人民文学出版社出版了《向苏军红旗歌舞团学习》一书,涉及舞蹈的文章主要有胡果刚的《学习苏军红旗歌舞团的舞蹈艺术》、朱东林的《苏军舞蹈艺术发展的基础》、周威仑的《苏军部队舞蹈的创作经验》、隆徵丘的《怎样学习和改编民间舞蹈》、王建华的《怎样做一个舞蹈编导及如何培养舞蹈演员》和《访问红旗歌舞团舞蹈演员季索夫斯基》、李秋汉的《彼·维尔斯基对中国舞蹈的意见》和《随苏军红旗歌舞团学习舞蹈的一点心得》。

1954年苏联国立民间舞蹈团在中国演出时,中国舞蹈界组织全国各地主要舞蹈团体和舞蹈专家参加了以中国舞蹈艺术研究会主席吴晓邦为组长的学习组,随团利用演出空隙组织座谈会进行学习。苏联国立民间舞蹈团团长莫伊塞耶夫、团长助理玛尔果里茨、团主任乌郭里切夫、作曲家加里别林、舞台美术家拉柯夫等人系统全面地介绍了苏联国立民间舞蹈团,为中国舞蹈界传承和发展民间舞蹈艺术提供了多方面的经验。苏联国立民间舞蹈团总结了发展民间舞蹈创作的三项原则:第一,对已形成的民间舞蹈做艺术方面的解释;第二,根据民间的传统来创造新型的舞蹈;第三,把许多民间舞蹈形象概括在一个舞蹈中。这三项原则一时成为中国各歌舞团体进行民间舞蹈创作的依据和参考样本,对中国民间舞蹈的整理、加工和发展产生了重要的影响。[①]

苏联国立莫斯科斯坦尼斯拉夫斯基与涅米洛维奇–丹钦科音乐剧院访华演出时,布尔梅斯杰尔、斯·阿·泽宁、古雪夫(П. А. Гусев,1904—1987)、霍尔芬(Н. С. Холфин,1903—1979)等苏联舞蹈艺术家与中国舞蹈工作者进行了多次的会谈交流,分别就"怎样做一个舞剧导演""如何编写舞剧剧本""关于现实题材的芭蕾舞剧""芭蕾舞的训练问题""《天鹅湖》的创作经过及其他""舞剧《巴黎圣母院》的分析""儿童舞剧《阿伊波利特医生》的创作过程"等专题作了报告。苏联国立莫斯科音乐剧院舞蹈艺术家们的这些报告经过记录整理后发表在了由中国舞蹈艺术研究会1955年编辑出版的《舞蹈通讯》第1期上。

苏联舞蹈团体和舞蹈专家强调向民间舞蹈学习的理论对中国舞蹈的发展产生了积极影响,中国舞蹈界掀起了向民间舞蹈学习的热潮。1957年1月3日至23日,全国专业团体音乐舞蹈会演在北京举行。这次会演由文化部、国家民族事务委员会、青年团中央、全国总工会联合举办,共有全国各地33个艺术团体的2000多人参加,演出了328个节目,其中舞蹈节目有187个。这些舞蹈作品是20世纪50年代初期各专业歌舞团体向民族民间舞蹈学习,继承和发扬民族民间艺术优秀传统的初步成果,其中绝大部分是经过加工整理和改编创作的民族民间舞蹈,具有浓郁的乡

---

① 王克芬、隆荫培主编:《中国近现代当代舞蹈发展史》,人民音乐出版社,2011年,第203页。

土风味和民间色彩。许多节目,如《孔雀舞》《三月三》《长鼓舞》《扇舞》《剑舞》《挤奶员》《花儿与少年》《陕北组舞》《东北组舞》及舞剧《盗仙草》《芙蓉花》等,会演后曾在全国各地广泛流传,有些还在国际性的艺术赛事中获奖。会演期间,钱俊瑞作了《百花齐放,百家争鸣》的报告。他在报告中批判了轻视民族艺术的虚无主义思想,希望大家在学习、继承民族传统艺术的基础上,吸取外来的好东西,以创作社会主义的民族的新歌舞。欧阳予倩作了《我们要发扬我国舞蹈艺术的优良传统》的报告。苏联舞蹈专家查普林(В. И. Цаплин,1903—1968)作了有关舞蹈编导方面的专题报告。向民族民间舞蹈学习,继承和发扬民族民间艺术优秀传统,也是苏联专家对中国舞蹈工作者提出的要求, 新中国舞蹈界为此做了大量工作,但舞蹈理论建设还比较薄弱,因此,努力汲取苏联舞蹈艺术的理论显得尤为迫切。

中苏之间的舞蹈交流在中断近 20 年之后于 20 世纪 80 年代恢复。从 1984 年到 1991 年, 苏联到中国访问演出的舞蹈团体有莫斯科古典芭蕾舞团、乌克兰维尔斯基舞蹈团、国家大剧院芭蕾舞团、彼尔姆芭蕾舞团、俄罗斯舞蹈团、库班哥萨克歌舞团、斯维尔德洛夫斯克歌舞团、滨海区歌舞团、阿穆尔州木偶和少儿歌舞艺术团等。

1985 年 10 月,由根·萨卓思诺夫率领的苏联莫斯科古典芭蕾舞团一行 40 人访华,在北京等地演出 10 场,主要演出了《创世纪》和《舞蹈女神的玩笑》等芭蕾舞剧。1986 年 10 月至 11 月,苏联乌克兰维尔斯基舞蹈团一行 90 人由团长亚历山大·斯特雷列茨率领访华,在北京等地演出12场,主要节目有《我们的故乡乌克兰》《19 世纪的乌克兰民间德里尔舞》《喀尔巴阡山》等。1989 年 9 月,苏联国家大剧院芭蕾舞团一行 131 人在团长索罗年科率领下访华,在北京等地演出了芭蕾舞剧《斯巴达克》及其他舞剧片段 14 场。1991 年 8 月,中国舞协及山东省分会、山东省文联合作举办的国际少年儿童舞蹈夏令营在北京和青岛等城市举行。这是中国首次举办以舞蹈为重点的国际性少儿夏令营, 苏联代表团应邀参加了这次活动,苏联彼尔姆芭蕾舞学校的儿童演员表演了《胡桃夹子》。

中国与俄联邦关系时期,两国的舞蹈交流以相互邀请舞蹈团体到对方国家演出和切磋技艺为主,但以俄罗斯舞蹈艺术团体来华演出为多。1994 年 7 月,国际艺术院校舞蹈节在北京举行,俄罗斯派团参加。同年 8 月,俄罗斯派出故乡民间舞蹈团参加了第 3 届中国国际民间艺术节。1995 年 9—10 月,上海举办"足尖上的梦"系列舞蹈演出,俄罗斯国家芭蕾舞团演出了《天鹅湖》。该团于 2005 年再次访华,演出了《天鹅湖》等经典芭蕾。1996 年 6 月,俄罗斯芭蕾舞团访华演出了首演于 1945 年 11 月的两幕芭蕾舞剧《灰姑娘》,这是该团首次在中国演出。同年,俄罗斯莫伊谢耶夫(也译莫伊塞耶夫)舞蹈团访华,表演了《夏季》《游击队员舞》等民间舞蹈,莫斯科国立模范芭蕾舞团访华期间演出了芭蕾舞剧《天鹅湖》,创造了每场爆满连演 7 场的票房纪录。此后,莫斯科国立模范芭蕾舞团在 1999 年、2001 年、2003 年、2010 年、2013 年、2014 年多次访华演出,演出剧目主要是《天鹅湖》,2001 年还演出了《创世纪》,2003 年还演出了《吉赛尔》。

1995 年,时隔 40 年后,俄罗斯小白桦舞蹈团再次访华演出。此后,小白桦舞蹈团在 1998、2000、2001、2007、2009、2011、2013、2014 年都曾到中国演出,演出过的舞蹈节目主要有《小白桦舞》《春天环舞》《小链子舞》《项链》《卡林卡》《头巾舞》和该团独有的舞蹈剧目《四季》等。2009 年是小白桦舞蹈团创始人纳杰日金娜逝世 30 周年,为了纪念纳杰日金娜,2009 年的访华演出被特地命名为"纳杰日金娜经典回顾",演出的所有节目都是她当年创建小白桦舞蹈团时的成名作品,尤其是《四季》,是集中体现纳杰日金娜舞蹈思想和艺术理念的高难度舞蹈,包括代表春季的《春天圆舞曲》和《卡德利尔舞》,代表夏季的《天鹅湖》和《谐趣》,代表秋季的《俄罗斯田野》和《三套车三人舞》,代表冬季的《聚会》《猎熊》和《狂欢》。

1997 年 2 月,俄罗斯克里姆林宫国家芭蕾舞剧院在北京上演《天鹅湖》全剧和《胡桃夹子》《堂·吉诃德》《睡美人》《灰姑娘》《海盗》等精选片段。同年 8 月,由尼娜·安娜尼阿什维莉和国际芭蕾明星组团在北京演出了《四人舞》《吉赛尔》双人舞、《胡桃夹子》双人舞、《睡美人》双人舞、《雷蒙达》双人舞、《堂·吉诃德》双人舞、《威尼斯狂欢节》等古典芭蕾的经典片段。

1998 年 12 月,莫斯科大剧院芭蕾舞团在北京演出了一台芭蕾舞精品晚会,表演了《睡美人》《天鹅湖》《艾丝美拉达》《海盗》《斯巴达克》《塔拉斯·布拉巴》等舞剧选段和芭蕾舞剧《仙女们》和《天鹅之死》等。

1999 年 4—5 月,英国皇家芭蕾舞团访华,演出了芭蕾舞剧《罗密欧与朱丽叶》,主演之一是俄罗斯的伊戈尔·泽兰斯基。9—10 月,俄罗斯柴可夫斯基模范芭蕾舞团在中国演出了芭蕾舞剧《睡美人》。10 月,莫斯科音乐剧院芭蕾舞团在北京上演芭蕾精品晚会,包括《吉赛尔》《胡桃夹子》《堂·吉诃德》《睡美人》等古典舞剧选段。11 月,莫斯科大剧院芭蕾舞团赴香港演出了彼季帕编导的芭蕾舞剧《堂·吉诃德》。

2000年2月,莫斯科音乐剧院芭蕾舞团访华,演出了芭蕾舞剧《巴黎圣母院》《斯巴达克》和《天鹅湖》等。同年6月,圣彼得堡男子芭蕾舞团访华,演出了芭蕾舞剧《人本来的样子》。2001年,克里姆林宫芭蕾舞团、内务部红军歌舞团、新西伯利亚歌剧芭蕾舞剧院、莫斯科古典芭蕾舞团陆续访华演出。2002年1月,俄方派出了由85人组成的莫伊谢耶夫舞蹈团,5月派出了由82人组成的内务部红军歌舞团访华演出。同年12月,俄罗斯国家戈登科舞蹈艺术团访华演出。2003年9月,俄罗斯国家普希金芭蕾舞团访华,演出了《天鹅湖》《堂·吉诃德》等芭蕾经典。

2004年9月,圣彼得堡国家冰上芭蕾舞剧团访华,演出了冰上芭蕾舞《天鹅湖》《睡美人》和《胡桃夹子》。该团成立于1967年,把柴可夫斯基的《天鹅湖》《睡美人》和《胡桃夹子》全部搬上了冰面舞台。2014年,圣彼得堡国家冰上芭蕾舞团再次访华,演出了冰上芭蕾舞《天鹅湖》。2015年,莫斯科芭蕾舞剧院访华,同样演出了冰上芭蕾舞《天鹅湖》。

在中俄两国互办"国家年"期间,中俄舞蹈交流更加频繁。2006年1月,苏联舞蹈艺术家古雪夫的学生艾夫曼创立的以自己名字命名的艾夫曼芭蕾舞团在人民大会堂演出了经典芭蕾《柴可夫斯基:生死之谜》和《凯瑟琳女皇之子》。在2015年的第17届中国上海国际艺术节上,艾夫曼芭蕾舞团的《安娜·卡列尼娜》参加了展演。2006年9月,叶卡捷琳堡国家模范歌剧芭蕾剧院来华演出。2007年4月,江苏省体育局邀请以俄罗斯体育舞蹈协会副主席卡尔塔绍夫为团长的俄罗斯国家体育舞蹈团一行29人在江苏省南京、苏州、泗洪、宿迁、响水、如皋、江阴、张家港和南通等地进行了十多场演出,演出的舞蹈节目有俄罗斯民族舞《卡林卡》和《头巾舞》、标准舞《永恒的爱情》、拉丁舞《卡门》、桑巴舞《神女》、滑稽舞蹈《吹笛子的人》等。俄罗斯国家体育舞蹈团舞蹈演员还根据自己对中国文化的理解,用3个月的时间排演了一个中国风格的舞蹈节目,使用了长衫、旗袍等服饰,融入了剑舞、扇舞、太极拳等元素。

2008年,新西伯利亚国立模范歌剧舞剧院再次访华,演出了《天鹅湖》。该团在1957年曾访华,毛泽东观看演出并在演出结束后接见了全体演员。

2013年8月,莫斯科国立模范儿童艺术剧院首次访华演出,在南京和广州演出了《天鹅湖》,在广州还演出了芭蕾舞剧《雪姑娘》。2013—2015年,俄罗斯国立远东歌舞团连续3年访华,演出了《我们来自俄罗斯》《阿拉伯肚皮舞》《节日狂欢舞》等舞蹈。2014年9月,彼尔姆雅尔马尔卡民族歌舞团在青岛市进行了演出。2015 年 7 月,作为第 12 届内蒙古草原文化节的特邀演出剧目,俄罗斯布里亚特贝加尔国立民族歌舞团在呼和浩特蒙古民族艺术剧院演出了舞剧《苏鲁锭之魂》。截至 2015 年,亚历山德罗夫红旗歌舞团 9 次访华演出,每次演出的节目中都有舞蹈,其中《水兵舞》《哥萨克骑兵舞》《节日方阵》《帕列赫锦盒》等在中国产生了十分广泛的影响。

　　苏联舞蹈的训练套路、演出规模和审美标准,以及国家主导的舞蹈团体制,对中国舞蹈事业的发展都产生了深刻影响。新中国成立初期建立的歌舞团, 包括军队歌舞团都是按照苏联歌舞团的规模、架构和形式组建的。在我国许多优秀的舞蹈作品中都可以看到模仿俄罗斯舞蹈结构、形式、内容的痕迹。中国的舞蹈艺术团体在国内也经常演出俄罗斯舞蹈,例如,1950 年,福建青年文工团、十兵团文工团①在福建各地演出了苏联、东欧社会主义国家的舞蹈《苏联红军舞》《乌克兰舞》《库班舞》《马车舞》等。1998 年 10 月,上海芭蕾舞团在上海演出了 3 幕幻想芭蕾舞剧《罗密欧与朱丽叶》,并邀请俄罗斯舞蹈家米哈伊洛夫娜(Т. Н. Михайловна)担任编导。从 1960 年至 2014 年,北京舞蹈学院共 4 次排练演出了《天鹅湖》。

　　在苏联舞蹈著述的译介方面, 青年出版社出版了齐国卿与冯和光编译的《苏联舞蹈》(1953)、李士剑编译的《苏联舞蹈艺术》(1953)、高士彦和吴启元翻译的波格丹诺夫–别里卓夫斯基(В. М. Богданов–Березовский, 1903—1971)所著的瓦岗诺娃(А. Я. Ваганова, 1879—1951)评传——《苏联舞蹈家瓦岗诺娃》(1957)。

　　上海的文娱出版社出版了郑硕人和顾逎晴翻译的《苏联民间舞蹈》,共 5 集。第 1 集由博加特科娃(Л. Н. Богаткова,当时译为波加柯娃)等编作,1951 年出版,当年又出版了增订版。全书分为两部分,第一部分介绍了舞蹈的基本知识,第二部分介绍了"游戏舞(俄罗斯舞)""克鲁姆贝(立陶宛舞)""洛戈日娜(罗马尼亚圆舞)""莱金卡(高加索舞)""拉脱维亚舞""军刀舞(乌克兰舞)"。第 2 集由 C. 霍尔斐娜等编作,1952 年出版,介绍了"乌克兰舞""爱沙尼亚舞""幽莉舞(阿捷尔拜疆舞)""林中幽谷(俄罗斯舞)""别洛露西亚波莉卡舞""回旋舞(立陶宛舞)""快乐的环树舞",附录部分是"舞蹈基本知识摘要"。第 3 集由 M. 拉斯孟等编作,1951 年出

---

　　①　该团 1949 年组建,后改称福建军区文工团,骨干成员主要来自 1946 年组建的华中雪枫大学文工团。

版,介绍了"营火舞(拉脱维亚舞)""乌兹别克舞""土里雅柯(爱沙尼亚舞)"
"塔什克舞""鹅舞(俄罗斯舞)""阿依拉(巴什基里亚舞)""阿尔明尼亚舞",
附录部分是"舞蹈基本知识摘要"。第4集由 Л.波加柯娃等编作,1951年
出版,介绍了"俄罗斯库尔斯克省圆舞""马铃薯舞(别洛露西亚舞)""莫
尔达维亚舞""磨机舞(立陶宛舞)""霍鲁米(阿扎里舞)""卡列里舞""卡尔
土里舞(格鲁吉亚莱金卡舞)",附录部分是苏联人民舞蹈剧团介绍。第5
集由乌斯金诺娃(Т. А. Устинова,1909—1999)等编作,1952年出版,介
绍了"集体农庄舞(俄罗斯舞)""柯洛米卡舞(乌克兰舞)""爱沙尼亚舞"
"环树圆舞(集体舞)""七姊妹舞(巴什基尼亚舞)""骑士舞(巴什基尼亚
舞)""波尔斯卡舞(芬兰民间舞)"。①

　　文娱出版社还出版了郑硕人和顾迺晴翻译的 "苏联舞蹈小丛书":
《俄罗斯舞(里温波莉卡)》(1951)、《乌克兰舞(柯洛米卡)》(1951)、《乌拉
尔舞(回旋舞)》(1951)、《双人舞》(1951)、《水手舞》(1951)、《旋舞》
(1951)、《青年舞》(1951)、《四方舞》(1952)、《燕舞》(1952)、《俄罗斯男舞》
(1952)、《红海军舞》(1952)、《溪村舞》(1952)、《乌兹别克舞》(1952)、《农
女舞》(1952)、《绸舞》(1952)、《卡查赫舞 (神箭手)》(1953)、《六人舞乌拉
尔舞》(1953)。"苏联舞蹈小丛书"曾多次再版,有的达八九版之多。文娱
出版社还出版了波加柯娃编作的《苏联舞蹈集》(1954)。

　　上海北新书局出版了许快雪翻译的马尔高里斯编舞的《三人小组
舞》(1952)、波加特柯娃等的《红巾舞》(1952)、阿鲁秋诺娃等的《花环舞》
(1953)、乌斯金诺娃等的《神箭手舞》(1953)和《集体农庄舞》(1953)、康斯
登诺夫斯基的《牧童舞》(1953)、雅柯夫斯卡娅等的《新乌克兰舞》(1953)。
上海北新书局还出版了黄达翻译的波加特柯娃的《最新民间舞》(1953)。

　　艺术出版社出版了鲜继平、韩绍淦、杨修兰翻译的特卡琴科(Т. С.
Ткачинко,1909—1987,当时译为特卡勤科)撰写的《苏联民间舞蹈基本
训练》(1957)、吴钧燮和吴启元翻译的里沃夫–阿诺兴(Б. А. Львов–
Анохин,1926—2000)等著的《舞剧乌兰诺娃》(1955)、吴启元翻译的里沃
夫–阿诺兴等著的《乌兰诺娃》(1956)。

　　上海文化出版社出版了王克伟整理的《喀山鞑靼舞》(1955)、白燕翻
译的《庆丰收舞》(1956)、许快雪翻译的《现代青年舞》等。上海文化出版

---

　　① 《苏联民间舞蹈》中提到的阿捷尔拜疆今译阿塞拜疆,别洛露西亚今译白俄罗斯。乌斯金诺
娃当时译为乌斯基诺娃。

社还出版了特卡琴科的苏联民族舞蹈系列《乌克兰、白俄罗斯民间舞蹈》(1957)、《乌兹别克民间舞蹈》(1957)、《哈萨克民间舞蹈》(1957)、《阿塞拜疆、立陶宛民间舞蹈》(1958)、《亚美尼亚民间舞蹈》(1958)、《吉尔吉斯、塔吉克民间舞蹈》(1958)、《格鲁吉亚民间舞蹈》(1958)、《摩尔达维亚、拉脱利亚民间舞蹈》(1958)、《土库曼、爱沙尼亚、卡累利民间舞蹈》(1961)等，译者有韩绍淦、鲜继平、朱立人、杨修兰等。

上海教育书店出版了赵勤英、吴之仁翻译的莫伊谢耶夫的《苏联土风舞》(1952)，慎之翻译的《苏联民间舞》(1952)。上海万叶书店出版了陈登熙翻译的《苏联舞蹈选》(1952)。

1997年，上海少年儿童出版社出版了朱立人和魏中编著的《足尖上的梦幻——中外芭蕾精品欣赏》，其中介绍了俄罗斯的芭蕾艺术。

在苏联舞蹈研究方面，中国学者撰写的论文主要有隆荫培的《向最先进的苏联舞蹈学习》(1955)、金紫光的《出类拔萃的苏联芭蕾舞》(1959)、罗秉康的《苏联芭蕾舞剧发展的历史回顾》(1987)、刘绍曾的《苏联学校中的现代舞蹈教学简介》(1985、1986、1987)等。苏联解体之后，关于苏(俄)舞蹈的译文和论文主要有朱立人的《1960年以后苏联主要舞蹈论著书目》(1992)、《"芭蕾奶奶"探亲记——原苏联专家伊莉娜重访北京舞蹈学院》(1996)、《重振俄罗斯芭蕾雄风——陪同古典芭蕾剧院巡演散记》(1996)、《周恩来与苏联芭蕾舞专家》(1999)、吴殿君编译的《俄罗斯一座著名的舞蹈宫——莫斯科芭蕾舞学院简介》(1994)、罗辛和杜琴的《认识莫伊谢耶夫——访莫伊谢耶夫舞蹈学校》(2002)、王彬的博士学位论文《苏联芭蕾编导与教学历史经验研究》(2008)及论文《瓦岗诺娃教学法的历史经验及当代启示》(2009)、《苏联交响芭蕾之历史经验研究》(2010)和《苏联戏剧芭蕾之历史经验研究》(2010)、孙恒的硕士学位论文《试论哈恰图良及其芭蕾舞剧〈斯巴达克〉》(2011)、石磊的《苏联舞蹈教育特征探析》(2015)等。

二、赴苏(俄)学习考察舞台美术和舞蹈艺术

中国曾向苏联列宾美术学院派出了几名学习舞台美术的留学人员，如齐牧冬、周正、冀晓秋、王宝康、马运洪等。当时列宾美术学院舞台美术系和油画系前3年的课程相同，从第4年开始分班，舞台美术系的学生在舞美教授指导下进行专业学习。中国文化部还向苏联国立卢那察尔斯基戏剧学院派出了学习编导的蒋祖慧。

齐牧冬于 1954 年赴苏联学习,1957 年毕业,回国后在中央戏剧学院任教,担任舞美教学工作。他提倡五年制,注重在教学过程把苏联舞美经验与中国实际相结合,培养了大批舞美人才。齐牧冬担任舞美设计的各类舞剧主要有《天鹅湖》《海侠》《鱼美人》《红楼梦》《雷峰塔》《无字碑》《文成公主》《仿唐乐舞》《云冈乐舞》《黄山情》《东方红》《中国革命之歌》《冬兰》等。由齐牧冬担任舞美设计的还有话剧《家》和《法西斯细菌》,歌剧《莉玛》和《满族风情》等。

周正于 1955 年赴苏联学习,1960 年回国后在中国青年艺术剧院任职,担任舞美设计的作品主要有《乐观的悲剧》《青年近卫军》《保尔·柯察金》《雷锋》《远方青年》《石油凯歌》《撩开你的面纱》《威尼斯商人》等。

冀晓秋 1961 年毕业回国后任总政治部文工团舞美设计、话剧团舞美队副队长等职,曾参加大型舞剧《湘江北去》和大型音乐舞蹈史诗《中国革命之歌》等的舞美设计,1976 年赴老挝为大型歌舞艺术片《春天》进行服装设计,被授予老挝二级自由勋章。冀晓秋多才多艺,她创作的油画有《毛主席在延安作整风报告》《海鸥》《女儿》《老太太》《落叶归根》等,还参加了《油海波涛》《原子与爱情》《露雨繁星》《转战陕北》《流水的兵》等话剧的舞美设计工作。冀晓秋翻译了《苏联当代水彩画》(1984)、《祖拉布·采列捷利的镶嵌艺术》(1987)和《小舞台在发展》(1987)等论文,撰有论文《格鲁吉亚的杰出画家贾帕里泽》(1984)和《时代·风格·魅力——苏联当代舞美初探》(1988)等。

王宝康在新中国成立后于中央戏剧学院舞台美术系任教,1955 年赴苏联列宾美术学院学习舞台美术。留学期间曾担任列宾美术学院中国留学生党支部书记及列宁格勒中国留学生党总支书记。1961 年回国后继续在中央戏剧学院舞台美术系任教,1966 年去世。王宝康多才多艺,曾参与筹建和创办中国第一个舞台美术专业。在舞台美术创作方面,他进行了不少的创新尝试,试图创作出具有中国民族特色,为群众所喜闻乐见的舞台形象。他在歌剧《阿依古丽》、朝鲜话剧《红色宣传员》、舞剧《西班牙女儿》、话剧《火焰山的怒吼》等舞台美术设计中,以生动鲜明的艺术形象和瑰丽大方的色彩,给观众留下了深刻的印象。[①]其中《西班牙女儿》的舞台美术是王宝康和马运洪于 1960 年回国实习时与天津歌舞剧院的孙振东合作设计的,1961 年由天津歌舞剧院演出。关于王宝康的留学和实习

---

① 黄强:《浩荡东风催战鼓,我辈拭泪赴征程——回忆王宝康同志》,《戏剧学习》,1979 年第 1 期。

情况,沈平子的《离群孤雁王宝康》一文记载甚详,其中提到王宝康毕业时写的自我鉴定。王宝康写道:经六年系统学习,初步掌握了专业主要课程的规律性,专业基础提高,对西欧、俄罗斯及苏维埃的艺术发展有了一个概括的理解,建立了较巩固的信心。[①]

马运洪于 1955 年赴苏联列宾美术学院学习舞台美术,毕业回国后在中央戏剧学院、中央工艺美术学院任教,历任中央芭蕾舞团首席设计、国家一级舞台美术设计师。设计有《天鹅湖》《泪泉》《红色娘子军》《堂·吉诃德》《罗密欧与朱丽叶》《沂蒙颂》等舞剧。

蒋祖慧 1948 年曾随母亲丁玲在莫斯科观看过芭蕾舞剧《泪泉》,1949年赴平壤崔承喜舞蹈研究所学习舞蹈,回国后在中央戏剧学院舞蹈团任舞蹈演员,1955 年被文化部选派去苏联国立卢那察尔斯基戏剧学院学习编导,毕业作品是《西班牙女儿》,1961 年毕业回国后在北京舞蹈学校实验芭蕾舞团(后改名为中央歌舞剧院,现名为中央芭蕾舞团)任编导,编导的舞剧有《巴黎圣母院》《红色娘子军》《雁南飞》《杨贵妃》《流浪者之歌》《泉边》《莫斯科郊外的晚上》《蓝色的多瑙河》《烛光》《祝福》等。其中《红色娘子军》为多人合作编导,蒋祖慧是主要编导之一。

为了学习和借鉴苏(俄)舞蹈经验,中国向苏(俄)派出了一些舞蹈代表团进行参观考察。1960 年 11 月,中国舞蹈教育考察团一行四人,在团长韩光表率领下,前往苏联和匈牙利访问。1985 年 11 月 24 日至 12 月 10日,以贾作光为团长的中国舞蹈家代表团受苏联文化部的邀请对苏联进行了友好访问,访问期间观看了十多个苏联歌舞团体的表演,参观了几所舞蹈学校,与十几位苏联舞蹈界权威人士就舞蹈教育、舞蹈创作、舞蹈现状及发展问题交换了意见。此次访问打破了中苏舞蹈界二十多年中断往来的状态。

1995 年 9 月,由邢志汶、肖苏华、莽双英和李开方组成的中国舞蹈家代表团访问白俄罗斯,并顺访了俄罗斯的圣彼得堡和莫斯科。代表团在圣彼得堡拜会了古雪夫的遗孀鲁缅采娃,在莫斯科拜会了 1992 年曾随团访华的舞剧编导马佑鲁。回国后李开方撰写了《舞蹈燕子传友谊——访明斯克、圣彼得堡、莫斯科》,发表于《舞蹈》杂志 1995 年第 6 期。

---

① 沈平子:《离群孤雁王宝康》,《中华儿女(海外版)·书画名家》,2013 年第 6 期。

三、邀请苏联舞蹈专家来华指导

为了培养舞蹈创作队伍和提高舞蹈创作水平,中国除了向苏联派出舞美留学人员外,还邀请苏联舞蹈专家来华进行了指导。

1951 年 3 月 15 日,在文化部直接领导下,中央戏剧学院成立了舞蹈运动干部训练班,简称"舞运班",吴晓邦任主任。"舞运班"的任务是系统学习舞蹈基础技术,包括自然法则、芭蕾舞、中国戏曲舞蹈等,训练班开设了文艺理论、舞蹈理论、舞台美术、音乐课、文学课及创编实习等课程,苏联专家索可夫斯基夫妇作为教员参与了指导。曾在苏联留学的新疆维吾尔族舞蹈家康巴尔汗·买买提应邀在"舞运班"教授维吾尔族舞蹈。"舞运班"共有学员 61 人,其中 47 人来自各地文工团,是有相当基础的舞蹈干部,另有 14 人是新招的学员。1952 年 6 月,"舞运班"学员进行了汇报演出,结业后成为当时中国舞蹈事业发展的骨干力量。"舞运班"在艺术上和组织上为建立舞蹈学校准备了条件。

1954 年 2 月,文化部聘请奥·阿·伊丽娜和达·克·列谢维奇等苏联舞蹈专家到中国授课指导,重点是芭蕾舞。

1955 年 12 月,北京舞蹈学校开办了第一期舞蹈编导训练班,邀请苏联编导专家查普林任教。在查普林的指导下,1957 年,中国首次完整上演了芭蕾舞剧《无益的谨慎》。在 1957 年全国专业团体音乐舞蹈会演期间,查普林受邀作了舞蹈编导方面的报告。

1958 年 2 月,北京舞蹈学校开始在苏联芭蕾舞专家古雪夫的指导下排练大型芭蕾舞剧《天鹅湖》,白淑湘饰演白天鹅和黑天鹅,刘庆棠饰演王子。北京舞蹈学校当年即首次演出了《天鹅湖》,其中最著名的高难度动作是黑天鹅连续 32 圈的 360 旋转,为了练习旋转,白淑湘付出了超乎寻常的努力。尽管由于条件所限, 当时连一套正规的演出裙都没有,但《天鹅湖》的首演非常成功,得到了周恩来和苏联专家的高度肯定。从此,中国舞蹈界能够自己演出《天鹅湖》。苏联专家古雪夫指导异常严格,近乎苛求,排练时不符合要求就重来,因此在排练过程中,古雪夫说得最多的是"Ещё раз"(再来一次)。1959 年 7 月,芭蕾舞剧《海侠》编排完成并上演,古雪夫担任总编导,苏联专家瓦·鲁米扬采娃和尼·谢列布列尼科夫参与了指导,白淑湘等仍是其中的主要演员。古雪夫还指导了中国新舞剧《鱼美人》的创作。1959 年上半年,北京舞蹈学校为迎接国庆10 周年,拟创作一部新舞剧,定名为《鱼美人》,古雪夫担任总编导,留学苏联的吴祖强和杜鸣心合作作曲。当时的北京舞蹈学校校长陈锦清陪同吴祖强、杜鸣心与古雪夫见面。据他们的描述,古雪夫身材高大,但明显具有舞蹈家矫健灵便的特点。古雪夫要求《鱼美人》的音乐、舞蹈、舞美、灯光浑然一体。他从总体上很喜欢吴祖强和杜鸣心所作的音乐,但认为山妖作为主要反面角色,是"恶"的代表,因此要求音乐表现出山妖粗犷和凶猛,同时又具有贪婪、狡黠、强烈欲求的特性。为了山妖的主题音乐,古雪夫多次和两位作曲家交换意见。《鱼美人》第3幕中山妖和鱼美人在山妖洞窟中的双人舞之所以成为舞剧中最精彩的段落之一,与古雪夫对山妖音乐表现力精益求精的要求密不可分。著名舞蹈家陈爱莲饰演鱼美人,她着单臂长水袖套衫,表现出色。《鱼美人》演出时受到了热烈欢迎,除了毛泽东,几乎所有党和国家领导人都观看了演出,周恩来和邓小平还不止看过一次,苏联驻华大使契尔沃年科也应邀观看演出。1960年,在古雪夫的指导下,中国又陆续成功上演了芭蕾舞《吉赛尔》。古雪夫于1960年离开中国,1987年2月去世。他在中国工作了3年,为中国芭蕾舞艺术事业的发展付出了心血。

乌兰诺娃是芭蕾巨星。她从1928年开始先后主演过《天鹅湖》《睡美人》《胡桃夹子》《罗密欧与朱丽叶》《灰姑娘》《青铜骑士》《泪泉》等古典和现代芭蕾舞剧,蜚声国际芭蕾舞界。乌兰诺娃曾在1952年、1959年和1989年3次到中国访问,对中国芭蕾舞的发展起了较大的推动作用。

1952年11月,乌兰诺娃随苏联艺术工作者代表团首次来到中国,在北京、上海、广州、西安等12个城市访问了四十多天,她对当时的中国文化部副部长夏衍说,在1950年排演《红罂粟》①时,她就向往到"解放了的中国"看看,以便塑造"桃花"这个人物。1959年,乌兰诺娃实现了为中国人民演出的愿望。在北京和上海的舞台上,她演出了自己最拿手的《吉赛尔》的片断以及1928年她在列宁格勒舞蹈学校毕业时的作品《仙女们》和《天鹅之死》,赢得了中国观众经久不息的掌声。《仙女们》是根据肖邦的乐曲改编的芭蕾舞剧,以乌兰诺娃为首的苏联舞蹈家扮演的众仙女轻盈飘逸,娉婷婀娜,使观众不知不觉随之进入仙境。《天鹅之死》是乌兰诺娃

---

① 莫斯科大剧院院长楚拉基曾安排自己的学生杜鸣心和瞿维在大剧院观看过乌兰诺娃主演的舞剧《红罂粟》,乌兰诺娃的表演给他们留下了深刻印象。但舞剧《红罂粟》的内容并不客观,存在对中国文化的庸俗曲解。苏联汉学奠基人阿理克院士临终前曾在病榻上写过一篇评论芭蕾舞《红罂粟》的文章,对那些无知的所谓艺术家们随心所欲的编造进行了措辞激烈的抨击。见常耀信编:《多种文化视角——文化及文学比较研究论文集》,南开大学出版社,1995年,第91页。

的著名作品,是根据圣-桑(Camille Saint-Saens,1835—1921)的名曲改编的独舞。台上一只垂死的天鹅,她那弱不禁风的羽毛微微颤动。舞台没有布景,但舞蹈家却把观众带入到一池秋水和一轮冷月的景色中去。她不时以轻盈柔美的舞姿,来展现天鹅美人的姣好容貌。①在北京,乌兰诺娃游览了颐和园,对中国园艺之美表示惊叹,后来她经常回忆起这次游览。当时乌兰诺娃还回忆起母亲给她讲过的不少有关中国的故事:男人在舞台扮演千娇百媚的妇女形象;能工巧匠修造了精美无比的庙宇和宝塔;智者留下了很多隽永不衰的人生哲理和警世名言;旧时中国妇女缠足的习俗,等等。乌兰诺娃说,实际上,她的中国情结那时便已有了,心中不时涌动到中国去看看的冲动和愿望。

乌兰诺娃被誉为"芭蕾女神"和"芭蕾皇后"。艾青在诗中这样形容乌兰诺娃的舞姿:"像云一样柔软,像风一样轻盈,比月亮更明亮,比夜更宁静。"梅兰芳在看了乌兰诺娃的演出后认为"芭蕾皇后"的表演充满了思想和感情,没有一手一式是虚设的。乌兰诺娃说:"一个一个字母本来是没有什么含意的,但拼在一起就可以有说不尽的语言。芭蕾舞的一手一式舞姿,拼起来也可以表达千千万万的内容。"梅兰芳认为这句话道出了舞蹈的真谛。在梅兰芳看来,乌兰诺娃的艺术已达到了炉火纯青的程度。他曾为苏联《文学报》撰文,热情称赞乌兰诺娃的精湛舞技。

1989年,乌兰诺娃参加了在深圳和珠海举行的国际艺术节,这是乌兰诺娃最后一次到中国。乌兰诺娃一向关心中国芭蕾艺术事业的发展。她称赞"中国演员身材好,黑色的大眼睛,很漂亮,有潜力"。她语重心长地嘱咐中国的年轻同行们要刻苦训练,认真演出,并祝愿中国演员在国际比赛中取得好成绩,夺金奖!这番发自肺腑的话,极大地鼓舞了新一代的中国芭蕾演员飞向大师指引的更高境界。②乌兰诺娃于1998年与世长辞,中国国家主席江泽民致电俄罗斯总统叶利钦,对乌兰诺娃的逝世表示哀悼。

第二节　中国舞蹈在苏(俄)

相比较而言,20世纪五六十年代,中国舞蹈团体很少赴苏联演出,80年代开始逐渐增多,苏联解体后,俄罗斯民众在本国时常可以看到中国

---

① ②　龙飞:《乌兰诺娃对中国情深谊长》,《天津日报》,2006年9月27日。

舞蹈家的表演。中国民族舞蹈《丝路花雨》《千手观音》《小河淌水》等在苏（俄）演出时受到热烈欢迎。中国舞蹈团体以杂技形式表演的《天鹅湖》惊险刺激，令俄罗斯观众叹为观止。

一、中国舞蹈在苏（俄）的演出

1951 年，由梁伦编导的彝族舞蹈《阿细跳月》随中国青年文工团赴柏林参加了第 3 届世界青年联欢节之后曾在苏联演出。1954 年，中国人民解放军歌舞团一行 270 人，在团长陈沂的率领下，赴捷克斯洛伐克、罗马尼亚、波兰、苏联访问演出，共演出 162 场，主要节目有《陆军腰鼓》《佩刀舞》《藏民骑兵队》《捷克舞》等。1956 年，旅大歌舞团赴苏演出，先后在伊尔库茨克和新西伯利亚等地演出了《花鼓舞》《蝴蝶舞》等舞蹈。1965 年由李伟团长带领的中国人民解放军歌舞团访苏演出，当时中苏关系已经很紧张了，但访问还是受到了苏联人民的欢迎。

古雪夫于 1960 年回国时带走了《鱼美人》全剧音乐总谱，希望能在莫斯科演出，但后来中苏关系恶化，文化交流完全中断。20 世纪 80 年代中苏舞蹈交流恢复之后，中央芭蕾舞团重新排练了《鱼美人》并于 1986 年赴苏联演出。

从 1984 年到 1991 年，到苏联访问演出的舞蹈团体还有甘肃歌舞团、陕西歌舞剧院《仿唐乐舞》演出团、陕西榆林歌舞团、新疆歌舞团、吉林歌舞团、山西歌舞团、大庆歌舞团、黑龙江黑河地区歌舞团等。其中以 1985 年甘肃歌舞团在莫斯科、列宁格勒、里加等地演出的大型民族舞剧《丝路花雨》影响最大。《丝路花雨》受到了苏联观众的热烈欢迎，苏联文化部副部长格·阿·伊万诺夫（Г. А. Иванов，1904—1976）、外交部副部长贾丕才、古雪夫、《莫斯科—北京》的词作者维尔什宁（М. М. Вершинин）、塔·彼·克拉夫琴科等观看了《丝路花雨》并给予高度评价。

1992 年，中国青年舞蹈家小组一行 15 人于 10 月至 12 月间赴罗马尼亚、匈牙利、捷克斯洛伐克、波兰、立陶宛、白俄罗斯、摩尔多瓦、保加利亚、俄罗斯访问，演出"中国风韵"舞蹈晚会 38 场。1993 年 10 月，东方歌舞团一行 35 人赴莫斯科、圣彼得堡和斯摩棱斯克演出，舞蹈节目有《天姿馨曲》《长穗花鼓》《女儿河》等，欧阳滨、訾莎莉等舞蹈家参加了演出。1998 年，在"为中国喝彩——1998 克里姆林宫演唱会"上，杨丽萍演出了《孔雀舞》。2001 年 10 月，湖南歌舞剧院访俄，演出了大型民族歌舞剧《边城》。2002 年，中方派出了由 55 人组成的中国歌剧舞剧院代表团访俄演出。2005 年 6 月,中国人民解放军总政歌舞团一行 60 多人访俄,为俄罗斯观众演出了《祖国,请检阅》《壮士》《千手观音》《太阳鸟》《善之》和蒙古族的《顶碗》等舞蹈。

广州军区政治部文工团的杂技舞剧《天鹅湖》将中国杂技艺术的 4 种表演方式、16 项创新技法和《滚环》《草帽》《高跷飞人》《千手观音》等 8 个获国际金奖的杂技节目融入芭蕾舞之中,创作出了全新的芭蕾和杂技艺术境界。2006 年,杂技舞剧《天鹅湖》在莫斯科克里姆林宫大剧院演出,2012 年又在莫斯科、圣彼得堡和下诺夫哥罗德 3 地演出了 7 场,令俄罗斯观众耳目一新,轰动一时。2006 年演出前曾引起俄罗斯文艺界的质疑,但结果出现了一张票卖到 8000 卢布的现象,而芭蕾舞剧《天鹅湖》过去的票价最高只卖到 6000 卢布一张。

由云南省文化界与俄罗斯芭蕾舞团联合创作的芭蕾舞剧《小河淌水》曾在俄罗斯两次演出。该芭蕾舞剧由李华担任编剧,著名芭蕾舞演员维亚切斯拉夫·戈尔杰耶夫担任编导, 俄籍华裔作曲家左贞观根据云南民歌《小河淌水》改编成同名交响乐,是一部融汇中西的高雅之作。2007 年 9 月,芭蕾舞剧《小河淌水》在莫斯科大剧院演出,得到了俄罗斯观众的好评。2009 年 8 月,《小河淌水》在莫斯科国立模范音乐剧院再次演出。该场演出是俄罗斯国际综艺演出公司举办的"夏季芭蕾舞季"的重头节目,也是庆祝中俄建交 60 周年的重点文化活动之一,中国驻俄罗斯大使馆临时代办李惠来、俄中友协主席季塔连科、中国驻俄罗斯大使馆外交官、驻俄媒体和千余名俄罗斯观众共同观看了演出。芭蕾舞剧《小河淌水》填补了云南芭蕾舞剧演出的空白,加之在俄罗斯的成功演出,舞剧策划人中威民族文化传播有限公司董事长邵筱萍决定让《小河淌水》落户大理南国城,作为文化旅游演出剧目常年演出。

2010 年,中国台湾舞蹈团体云门舞集赴俄罗斯演出了舞蹈《九歌》。2015 年 5 月至 7 月,第 12 届契诃夫国际戏剧节在莫斯科举行,台湾云门舞集的创办人林怀民带着芭蕾舞《稻香》参加了艺术节,受到了俄罗斯观众的喜爱。

2013 年 3 月 22 日, 习近平和普京在克里姆林宫共同出席了俄罗斯"中国旅游年"开幕式,并同中俄各界人士五千多人一起观看了由中国艺术家表演的"美丽中国"主题文艺演出。维吾尔族舞蹈家玉米提领衔表演的群舞《葡萄架下》、藏族群舞《高原》以中国少数民族舞蹈艺术的独特魅力,展现了一幅幅中国各民族人民幸福生活的壮美画卷。中国中央民族大学舞蹈学院的 80 名学生参与了舞蹈表演。

2015 年 8 月,"舞·贵州——多彩贵州风"文艺演出暨第一届"品读中国"文学翻译奖评选启动仪式在莫斯科中国文化中心举行。贵州省歌舞剧院的艺术家们为俄罗斯观众表演了苗族群舞《我从岜沙来》等舞蹈,展现了中国西南少数民族舞蹈的魅力。

具有中国民族特色的芭蕾舞、彩带舞、广场舞、《千手观音》、《孔雀舞》以及融合了中国武术和杂技元素的各类舞蹈也受到俄罗斯舞蹈界的喜爱,并成为俄罗斯艺术家的演出节目。俄罗斯舞蹈演员 2006 年在中国台湾演出了《千手观音》。2013 年 7 月,俄罗斯远东奥林匹克中心的水上花样芭蕾表演队在中国演出时在水下演绎了千手观音、佛座莲花等水下芭蕾动作,十分精彩。2010 年,俄罗斯莫伊谢耶夫舞蹈团在庆祝上海世博会俄罗斯国家馆日的活动中表演了中国的彩带舞。2013 年 10 月,在广西南宁国际民歌节外国艺术家专场晚会上,俄罗斯舞蹈家表演了中国的《孔雀舞》。中国广场舞在俄罗斯较有影响的有《小苹果》等。

二、苏(俄)对中国舞蹈的评价

1952 年 11 月,亚历山德罗夫红旗歌舞团第一次来华演出时,正值全国第一届文艺会演之后,他们观看了中国部队文工团创作演出的 17 个舞蹈节目并进行了评价指导。维尔斯基称赞总政治部文工团舞蹈队表演的《陆军腰鼓》和《藏民骑兵队》、中南军区文工团舞蹈队表演的《战士游戏舞》和《狮子斗猴》、公安部舞蹈队表演的《红绸舞》等。维尔斯基尤其赞扬三五零部队战士演出的《秧歌舞》,因为其采用了"腰鼓""龙灯""旱船""霸王鞭"和"杂技"等多种舞蹈动作,真实表现了中国人民解放军部队的新生活和士兵形象。他说:"要在舞蹈中表现中国人民解放军,就只有用中国民族、民间的舞蹈。"与此同时,维尔斯基对《炮兵舞》《伞兵舞》及中国军队文工团表演的一些苏联舞蹈提出了具体的批评意见。他说:"编导者花了很多力气去表现练兵战斗的琐碎过程;正当战斗胜利之后,需要舞蹈的时候,却没有舞蹈了。"[1]维尔斯基指出:"中国部队舞蹈的基本毛病是:在舞蹈中表现的多是开枪、开炮的过程,缺乏民间舞蹈,没有表现出人来。"针对"战士跳民间舞蹈不雅观"的看法,他指出:"中国战士跳民间舞,不但不会使军人不雅观,相反地只会把军人装饰得更美丽,表现出军人对人

---

[1]　胡果刚:《学习苏军红旗歌舞团的舞蹈艺术》,《解放军文艺》,1953 第 6 期。

民艺术的热爱,并推动人民艺术的发展……根据苏联的经验,中国部队舞蹈艺术应该采用民族形式。没有艺术上的民族形式是不可能表现出人来的。"他认为舞蹈编导"要善于从民间舞蹈中去找能表现今天人民思想感情的动作,把陈旧的东西去掉,把不完全适合的稍加改编和发展;原有民间舞蹈中(甚至古典舞中)那些健康、快活的动作,再赋予它新的热情就能表现新的生活"[1]。苏军舞蹈艺术和舞蹈创作实践,给中国人民解放军的舞蹈工作以积极的影响和有益的启示,尤其是亚历山德罗夫红旗歌舞团重视民族舞蹈艺术的思想,更是为当时中国舞蹈事业的发展指明了方向。

苏联国立民间舞蹈团在北京演出时,不仅演出了苏联经典舞蹈,而且表演了中国的《红绸舞》和《大腰鼓》。莫伊塞耶夫在演出期间观看了中国歌舞团体的一些舞蹈演出并发表了看法和评论,其中既有热情的鼓励,也有诚恳的批评。他认为:"可喜的是,中国年轻的舞蹈家除搜集和表演现有的民间舞蹈外,还力图在舞蹈中体现新的、现代的题材。在这方面有了显著的成就。"同时他坦率地指出有些舞蹈作品存在着"风格混乱的危机"。例如,某个"舞蹈的内容,显然演的是中国战士,而且开始的时候舞蹈动作也是中国风格的。然后却不知道因为什么缘故,战士做起俄罗斯式的动作,跳起了俄罗斯风格的舞,接着在舞蹈中两种风格相互混杂。这种风格的替换不是正当的替换,绝不是由于舞蹈内容的需要。"莫伊塞耶夫认为:"中国舞蹈工作者面对的问题是要搜集所有民间舞蹈中最有鲜明性格的成分并加以系统化,也要巧妙地、批判地运用中国古典剧的成果和经验,选出其中具有独特民族性格的一切成分。有了这个基础以后,便可以再从事提高民间舞蹈的演出形式的专业修养,提高技巧,改善形式,发展结构而不歪曲民间舞蹈的本质,更大胆地在舞蹈中体现新的、现代的题材。"[2]

1957 年,在莫斯科举行的第 6 届世界青年联欢节比赛中,中国获奖的舞蹈节目有《孔雀舞》《花鼓舞》《龙舞》《春到茶山》《织女穿花》《盘子舞》《手鼓舞》《种瓜舞》《双人孔雀舞》《牧笛》《花鼓灯》《草原上的热巴》《剑舞》《挤奶员》。获金质奖章的是崔美善等表演的傣族民间舞蹈《孔雀舞》、张

---

[1] 解放军文艺丛书编辑部编:《向苏军红旗歌舞团学习》,人民文学出版社,1954 年,第 184 页。

[2] 伊·莫伊塞耶夫等著,中国舞蹈艺术研究会编:《论民间舞蹈》,陈大维等译,艺术出版社,1956 年,第 115 页。

毅等 10 人表演的《花鼓舞》、李长锁等表演的《龙舞》。获银质奖章的是卓文瑞等表演的《春到茶山》、刘翠玉等表演的《织女穿花》、左哈拉等表演的维吾尔族民间舞蹈《盘子舞》和《手鼓舞》、阿米娜等表演的维吾尔族民间舞蹈《种瓜舞》、毛相和白文芬表演的傣族民间舞蹈《双人孔雀舞》、吕艺生和王佩英表演的《牧笛》。获铜质奖章的是于颖等表演的安徽民间舞蹈《花鼓灯》、欧米加参等表演的藏族舞蹈《草原上的热巴》、舒巧等表演的《剑舞》、呼和格日勒等表演的蒙古族民间舞蹈《挤奶员》。参加第 6 届世界青年联欢节比赛演出的中国舞蹈还有《三月三》《狮子舞》《红花舞》和《绣花舞》。这些奖项在某种程度上说明中国舞蹈获得了包括苏联在内的国际舞蹈界的肯定。

舞剧《宝莲灯》是北京舞蹈学校第一届舞蹈编导训练班学员李仲林和黄伯寿在查普林的指导下和中国京剧表演艺术家李少春的帮助下创作的毕业实习作品,曾赴苏联演出。1958 年,粟承廉曾应邀去苏联新西伯利亚歌舞剧院讲学并指导该剧院排演了舞剧《宝莲灯》。

1985 年,舞剧《丝路花雨》在苏联演出时,得到了苏联媒体、专家和观众的一致好评。塔斯社报道说,舞剧《丝路花雨》的演出"成为莫斯科文化生活中的一件有意义的事情",演出"获得了巨大成功"。乌兰诺娃的搭档、著名舞蹈家康·米·谢尔盖耶夫对塔斯社记者发表谈话,赞扬演出"十分美丽而和谐"。他认为,《丝路花雨》"牢牢地依靠古典戏剧的传统,并吸收欧洲舞蹈的经验,从而获得新的特点"。在中国大使馆举办的国庆招待会上,乌兰诺娃向中国艺术家表示祝贺。维尔什宁说:"在我有生之年,还能看到这么好的节目,简直太幸福了……和我坐在一起的作曲家,也在为你们的音乐欢呼……"古雪夫说:"我学生编出这么好的舞剧,在莫斯科只演四场,太少了!在列宁格勒,演两个月也会天天满座。我十分喜爱这部舞剧……"塔·彼·克拉夫琴科说:"目前欧洲的芭蕾舞,包括苏联,只偏重于技巧,忽略了作为整理艺术的其他方面。而你们的演出,达到了整体的和谐统一。"①

1986 年,《鱼美人》在苏联演出时,已年逾八旬的古雪夫观看了演出。他说:能在迟暮之年观看自己在中国进行指导时曾付出心血的芭蕾舞剧演出,感到特别亲切美好。古雪夫也为见到自己的学生而高兴。据赵汝蘅回忆:"大师还清楚地记得我们每个人的名字,白淑湘、赵汝蘅……我们

---

① 席臻贯:《〈丝路花雨〉在苏联》,《中国音乐》,1986 年第 1 期。

都很激动,就像回到了家,回到了父亲身边。后来,古雪夫大师送给我们礼物,是一个他自己的小木偶雕像,我们都特感动。我觉得我们中国芭蕾跟俄罗斯和大剧院芭蕾之间,不是简单的文化的传承,不是景仰和崇拜,而是一种情感的维系。"①当时天气很冷,但古雪夫身上只穿了件腈纶棉的衣服,白淑湘、赵汝蘅等回国后给古雪夫等购买了羽绒服。在苏联演出期间,白淑湘等还参观了国家大剧院并拜会了芭蕾舞演员普列辛斯卡娅(M. M. Плисецкая,1925—2015)。

　　杂技舞剧《天鹅湖》2012 年 11 月在莫斯科国家会展中心首场演出后,《莫斯科晚报》刊文指出,中国艺术家不可思议地将芭蕾与杂技两个剧种揉捏,刮起一股"中国式"的艺术风暴。"最美的杂技""最惊险的芭蕾",这是俄罗斯观众看完杂技舞剧《天鹅湖》发出的感叹。莫斯科一位多年从事芭蕾舞研究的艺术家这样撰文:"芭蕾舞艺术发展了这么多年,实质性的自我超越不多。中国杂技演员在头顶和双肩上单足舞蹈阿拉贝斯180 度旋转,这将俄罗斯芭蕾的唯美风格带到了全新的境界,我们感谢中国人的创造精神。"为表彰中国杂技艺术家对芭蕾舞事业所做出的贡献,世界文化遗产俄罗斯基金会主席专门授予该剧主要演员之一吴正丹"人民最喜爱的优秀演员——乌兰诺娃奖"。这个奖项的颁发,既说明俄罗斯文艺界对杂技与芭蕾相融合的艺术形式的认可,又显现了他们勇于吸纳东方文化的博大胸怀。②演出之前,俄罗斯电视台邀请吴正丹和魏葆华做了一档现场直播的脱口秀节目,话题谈到了杂技舞剧《天鹅湖》比芭蕾舞剧《天鹅湖》更受欢迎的原因,谈到了中国演员能够在肩上和头上完成高难度芭蕾动作,主持人当场呼吁,俄罗斯的芭蕾演员应该去中国学点儿杂技,以便让芭蕾舞表演再上一个台阶。

---

　　①　《莫斯科大剧院即将来华演出,中芭团长赵汝蘅回忆古雪夫》,《北京青年报》,2001 年 10 月 18 日。

　　②　"世界为之喝彩的艺术苦旅——杂技剧《天鹅湖》赴俄罗斯演出启示录",中国作家网,2013 年 3 月 29 日,http://www.chinawriter.com.cn/bk/2013-03-29/68936.html。

第九章　中苏(俄)戏剧交流

　　中国对苏(俄)戏剧多有学习和借鉴,为此中国向苏(俄)国立卢那察尔斯基戏剧学院派出了一些留学人员学习戏剧导演等专业,邀请苏联戏剧专家在中央戏剧学院和上海戏剧学院开设了多个培训班,排演了几十部苏联剧目,翻译了大量苏(俄)戏剧作品和戏剧理论著述,翻译出版了斯坦尼斯拉夫斯基著作全集。斯坦尼斯拉夫斯基戏剧理论体系对中国戏剧尤其是话剧的发展产生了深刻影响。

　　中国戏剧在苏(俄)享有盛名,演出剧种有京剧、越剧、话剧、歌舞剧、昆曲和闽剧等。在苏联时期就有梅兰芳和周信芳等京剧名家赴苏演出并引起巨大反响,中国与俄联邦文化交流过程中的大型演出也多有中国京剧节目,苏联和俄罗斯观众特别喜欢京剧中的武戏。在戏剧研究方面,苏联和俄罗斯汉学界与戏剧界对中国古典戏曲译介较多,研究较为深入,对京剧等也有所研究。

第一节　苏(俄)戏剧在中国

　　中国学习借鉴苏(俄)戏剧主要是通过向苏(俄)派遣戏剧留学人员、聘请苏联戏剧专家来华指导、排练演出苏(俄)剧目和译介苏(俄)戏剧著述等方式进行的。

一、向苏(俄)派遣戏剧留学人员

　　为了学习苏联戏剧,中国在 20 世纪 50 年代向苏联派出了一批留学人员,包括向列宾美院派出的学习舞台美术的周正和周本义,向苏联国立卢那察尔斯基戏剧学院派出的盛毅、周来、邓止怡、陈颙、张奇虹、徐晓钟、朱漪、石慰慈、冉杰等。中苏戏剧交流恢复后,林荫宇赴苏进修。俄罗斯联邦成立后,查明哲曾在卢那察尔斯基戏剧学院攻读研究生。

周正于1954年赴苏联学习,1960年回国后在中国青年艺术剧院任职,担任舞美设计的剧作主要有《乐观的悲剧》《青年近卫军》《保尔·柯察金》《雷锋》《远方青年》《石油凯歌》《旱鸭子过江》《撩开你的面纱》《威尼斯商人》《一代风流》《风雪夜归人》《本报星期四第四版》《泥人常》等,其中《风雪夜归人》是舞台剧,由周正与张奇虹共同创作。

1955—1960年,周本义在列宾美术学院学习舞台美术,毕业回国后继续在上海戏剧学院任教。他留苏期间曾创作一些绘画作品,后在上海、河南、贵州、四川等地举办个人作品展。周本义担任舞台美术设计的主要剧作有《年轻的一代》《于无声处》《第十二夜》《归长安》《从前有座山》《明月照母心》《游园惊梦》《蛾》《阿炳》《李清照》《快乐推销员》《典妻》《孔雀东南飞》《一片桃花红》等,曾荣获中国文化部和中国话剧研究会颁发的各种奖项,主编有《凝驻美好时光》(2012)等。

盛毅于1953年赴苏联国立卢那察尔斯基戏剧学院学习话剧导演,期间曾接受莫斯科电台的采访,还应聘到电台用汉语向中国国内广播列宁的故事。盛毅于1958年回国,在中央实验话剧院实习,在孙维世和舒强等指导下导演了《不要随地吐痰》《关不住的姑娘》《刘介梅》《友与敌》《波罗的海的代表》等剧目,还参与导演《金桥颂》《烈火红心》《万丈光芒》等。返回莫斯科后在全班毕业剧目《洪流》《婚礼》和《澡堂》的公演中扮演了重要角色并担任实习导演,得到教授们的好评。盛毅毕业前曾在莫斯科艺术剧院实习,1959年毕业回国。盛毅回忆说,在苏联学习导演,6年中要学好40门课,他起初听不懂,因此早起晚睡拼命地学习,但第二年患了肺病,暑假时苏方把他送进了黑海之滨一个著名的疗养院疗养。发表于《戏剧报》1959年第20期的《留苏学生畅谈中苏友谊》和载于《莱州文史资料》第八辑(1994)的《从事革命文艺五十年的回顾》对此都有记载。

周来,原名马耀煦,回族。新中国成立前在延安青年艺术剧院工作,曾主演秧歌剧《兄妹开荒》等。1953年至1958年在苏联学习戏剧导演,回国后先后在中国青年艺术剧院、中国儿童艺术剧院、中国话剧团工作,编导过《保尔·柯察金》《阴谋与爱情》《理查三世》《丽人行》《长缨在手》《为了六十一个阶级兄弟》《刘胡兰》《转折》等剧目,与人合作导演的《喜哥》获全国儿童剧观摩演出优秀演出奖。由周来执导的《转折》于1977年公演,第一次塑造了周恩来的舞台艺术形象。周来译有《舞台调度》(1957)和《论聂米洛维奇–丹钦柯导演方法》(1959)。2014 年张奇虹等编辑了《周来舞台艺术:周来导演阐述及译著》一书,其中收录了《舞台调度》和《论聂米洛维奇–丹钦柯导演方法》。

邓止怡于 1954 年到苏联学习导演,1959 年毕业回国后在青年艺术剧院担任导演,导演的主要剧目有《霓虹灯下的哨兵》《于无声处》《曙光》等。周来和邓止怡是延安时期的文化干部,赴苏留学时已经三十多岁,原先打算在苏联读两年制导演研究生班,但当时苏联国立卢那察尔斯基戏剧学院没有研究生班,只有五年制的本科班。他们克服困难,和陈颙、张奇虹等年轻些的留学生一起,以优异的成绩完成了学业。

陈颙,1945 年参加革命,曾在歌剧《白毛女》和《刘胡兰》中饰演女主角,1950 年考入中央戏剧学院学习中国传统戏曲,1952 年毕业后在中国戏曲研究院工作。1954 年,陈颙到苏联留学,和张奇虹是同班同学。据张奇虹在《忆老同学陈颙》一文回忆,留学期间陈颙学习努力刻苦,每一门功课的成绩都是 5 分。①陈颙 1959 年毕业回国,先后在北京人民艺术剧院和中国青年艺术剧院工作,导演的剧目有《钦差大臣》《伊索》《伽利略传》《蒙塞拉》《费加罗的婚礼》《关汉卿》《马兰花》《岳云》《冰糖葫芦》《迟开的花朵》《樱桃时节》《红鼻子》等,多次获得中国文化部奖项和国外荣誉称号。

张奇虹于 1954 年赴苏联国立卢那察尔斯基戏剧学院导演系学习,得到了戏剧教育家克内贝尔(М. О. Кнебель,1898—1985)和阿·德·波波夫(А. Д. Попов,1892—1961)的悉心指导。克内贝尔于 1950 年起先后担任苏联中央儿童剧院导演和总导演,1960 年后被聘为国立戏剧学院教授,曾导演过的主要剧作有阿尔布佐夫的《漫长的道路》、莎士比亚的《皆大欢喜》、格里鲍耶陀夫(А. С. Грибоедов,1795—1829)的《智慧的痛苦》、罗佐夫的《生活的一页》等,克内贝尔还著有多种戏剧理论著作。张奇虹赴苏留学时原打算攻读表演专业,克内贝尔建议她改学导演专业,因为做导演能学表演和导演两门功课,既可以演戏,又可以做导演,能够保持艺术生命的长久。阿·德·波波夫总是为张奇虹反复讲解排演课所遇到的困难,他在看了 1957 年梅兰芳在莫斯科的演出后特别告诫中国学生重视民族戏剧艺术,无论表演什么都要和民族艺术很好地结合。据张奇虹回忆,她在苏联的留学生活是非常辛苦的,每周上六天课,一、三、五早8点

① 张奇虹:《奇虹舞台艺术》,文化艺术出版社,2013 年,第 486 页。

上课一直到下午 4 点下课,没有午餐,二、四、六下午 4 点上课一直上到夜里 11 点,没有晚饭。从宿舍到学校有一个多小时的车程,早晨来不及洗漱,晚上下课后返回的路上还要在地铁里构思小品。不仅要学课本上的知识,还要大量阅读文学、戏剧、音乐和舞蹈等方面的书籍。另外,张奇虹还要挤出时间到剧场看戏、做排练作业。由于努力刻苦,张奇虹每门功课都达到了优秀。1959 年毕业后在中央戏剧学院任教,1979 年调至中国青年艺术剧院任导演,先后执导话剧《罗密欧与朱丽叶》《威尼斯商人》《十二个月》《风雪夜归人》《原野》《火神与秋女》《灵魂出窍》和歌剧《将军情》《樱花》等近 80 部剧作。张奇虹还执导了 20 集中俄友好题材电视连续剧——《永恒的朝晖》,著有《导演艺术构思》(1998)、《奇虹舞台艺术》(2013)及小说《永恒的朝晖》(2007)等,曾获文华导演奖、文化部导演评比一等奖、第一届中国话剧金狮奖等奖项。1999 年纪念普希金 200 周年诞辰时,为表彰张奇虹为中俄戏剧交流做出的贡献,俄罗斯联邦文化部奖励给她一座普希金浮雕。2007 年 4 月,中华人民共和国人事部和文化部授予张奇虹"国家有突出贡献话剧艺术家"称号。

徐晓钟于 1955 年赴苏联卢那察尔斯基戏剧学院学习戏剧,师从斯坦尼斯拉夫斯基的学生扎瓦茨基(Ю. А. Завадский,1894—1977)。徐晓钟 1960 年毕业回国后在中央戏剧学院工作,曾任导演系主任和学院院长等职。徐晓钟导演的话剧有《桑树坪纪事》(与陈子度合作)、《樱桃园》、《屈原》和歌剧《图兰朵》等。话剧《桑树坪纪事》保留了小说原著人物绣像式的结构,融入了斯坦尼斯拉夫斯基的戏剧思想,同时还吸收了中国的民族戏曲经验,开创了中国话剧艺术的新局面。

朱漪在新中国成立前就曾演出过《雷雨》等剧目,编导了秧歌剧《土地还家》《送公粮》《争年画》和《送子入关》。1949 年,他在中国青年艺术剧院任职,与人合作导演了《丹娘》,创作了独幕剧《出车》。1956 年朱漪赴苏联国立卢那察尔斯基戏剧学院导演系学习,1958 年,归国休假期间导演了童话剧《想不到》和《雪女王》,1960 年毕业回国后在中国儿童艺术剧院任职,曾导演苏联话剧《以革命的名义》、童话剧《宝船》、独幕剧《一百分不算满分》、话剧《寒丹鸟的秘密》等,与人合作导演了话剧《报童》、儿童剧《奇怪的 101》和《喜哥》等,并多次获奖。

石慰慈是戏剧家石凌鹤之子,从小受到戏剧熏陶。他于 1951 年毕业于中央戏剧学院,1954 年赴苏联学习。毕业回国后石慰慈在江西省歌剧团、江西省话剧团等处任职,翻译了苏联话剧《遥远的道路》,参与江西省话剧团《曙光照耀着莫斯科》的演出,合作编导的剧作有《小山鹰》《春燕之歌》《遥远的道路》《雷电颂》《新世纪畅想曲》等。

冉杰曾赴苏联进修,回国后在中央戏剧学院任教。他善于发现人才,因材施教,培养了不少戏剧人才。冉杰曾导演孙家琇根据《李尔王》改编的《黎雅王》等剧,撰有《对"我们是怎样学习斯坦尼斯拉夫斯基体系的"一文的几点意见》(1956)、《探索之路——〈黎雅王〉导演体会》(1986)等论文。

林荫宇毕业于中央戏剧学院导演系本科,1965年至1992年在中央戏剧学院导演系任教,1985年至1987年赴苏联国立卢那察尔斯基戏剧学院和马雅可夫斯基剧院进修。1988年由文化部派往巴黎参加斯坦尼斯拉夫斯基体系国际学术会议,并作了专题发言。1992年调入中国北京青年艺术剧院任导演。林荫宇曾导演《少年周恩来》《大栓的小尾巴》《门闩、门鼻、笤帚疙瘩》《海的女儿》《门》《火鸟》《捉刀人》《太阳·雪·人》等剧目,编有《徐晓钟导演艺术研究》(1991)一书。

中国国家话剧院的查明哲1991—1995年曾在俄罗斯国立卢那察尔斯基戏剧学院导演系攻读研究生,获博士学位。查明哲导演的剧作有话剧《这里的黎明静悄悄》《纪念碑》《青春禁忌游戏》《万世根本》《立秋》《矸子山上的男人女人》等,黄梅戏《风雨丽人行》和《孔雀东南飞》,歌剧《沧海》和《雷雨》,京剧《西域星光》和《郑和下西洋》,川剧《易大胆》,越剧《何文秀传奇》,评剧《我那呼兰河》等。

二、邀请苏联戏剧专家来华指导

在邀请苏联戏剧专家方面,从1954年到1958年,苏联戏剧专家列斯里(П. В. Лесли,1905—1972)、雷科夫(А. В. Рыков)、库里涅夫(Б. Г. Кульнев,也译库利涅夫)、古里耶夫、列普柯夫斯卡娅(Е. К. Лепковская)等先后应聘来华,在中央戏剧学院、上海戏剧学院主持举办了导演干部训练班、表演干部训练班、导演师资进修班、表演师资进修班、舞台美术师资进修班。这些训练班和进修班在两年左右的时间内,以正规和系统的教学,通过讲授、示范、实习,大大强化了斯坦尼斯拉夫斯基体系在中国的传播。参加这几个班学习的,多是来自全国各地戏剧界和电影界的骨干及知名艺术家,如阿甲、吕复、欧阳山尊、丹尼、于蓝、张平、胡辛安、田华、蓝天野、苏民、徐晓钟、陈颙等人。这些人已经具有丰富的演剧经验,在学习斯坦尼斯拉夫斯基体系的过程中,融合中国的演剧传统与自身的实践经验,创造性地吸纳和发挥了斯坦尼斯拉夫斯基体系的优长。[①]

　　列斯里是第一个到中国进行教学工作的苏联戏剧专家。1954 年 3 月 28 日,他在中国戏剧家协会组织的欢迎会上发表了《学习斯坦尼斯拉夫斯基的严格精神》的演讲。列斯里应聘在中央戏剧学院开设了为期两年的导演干部训练班。"这个班的目的主要是为学院培养师资,其次是为剧院培养能带徒弟的导演,专家的教学计划是为这个目的而制定的。"[②]列斯里主要讲授斯坦尼斯拉夫斯基体系。学员们除了学习表演课程、导演理论和进行导演实习之外,还学习了与导演相关的政治理论、台词、戏剧史、美术、化妆、音乐、舞蹈、世界文学名著选读等课程。在最后一个学期,列斯里组织学员排演了《柳鲍芙·雅洛瓦娅》《一仆二主》和《桃花扇》3 个剧目。导演干部训练班学员张拓在学习结束后撰写了《我们是怎样学习斯坦尼斯拉夫斯基体系的——记中央戏剧学院导演干部训练班在苏联戏剧家普·乌·列斯里的教导下两年来的学习》一文,发表于《戏剧报》1956 年第 4 期。张拓认为,列斯里排演的 3 个剧目是全部导演学课程中最生动最实际的一堂大课,使训练班学员懂得了如何按照斯坦尼斯拉夫斯基体系来处理一个完整的剧本,如何组织一个整体的演出,以及如何针对不同风格的剧目运用不同的导演方法。

　　雷科夫 1955 年曾在中央戏剧学院主持舞台美术师资进修班,学员有张守慎、胡冠时、杨之浒、张福宜等。雷科夫的讲稿《舞台美术史概要》(1963)由张守慎翻译,中央戏剧学院编辑整理,人民美术出版社出版。雷科夫当时提出了"三出发"的观点:"从剧本出发""从人物出发"和"从生活出发"。雷科夫的"三出发"有其合理性,但中国戏剧界在学习的过程中,出现了很大偏差,"三出发"被理解到十分偏激的程度。所谓"从剧本出发"被理解成从剧本主题和提示出发,舞台美术的任务是图解主题和提示,比如用松枝比喻革命意志坚贞,以红旗象征理想,等等,如此一来,舞台美术陷入了程式化,难以发挥应有的作用。"从人物出发"被理解成从人物的阶级属性和职业出发,不注意表现人物的性格特征和精神世界。"从生活出发"被理解成从生活原型出发,从生活考证出发。在如此"三出发"理论的指导下,戏剧创作和演出形成了长期的公式化、概念化和雷同化。[③]

　　① 宋宝珍:《中国话剧史》,生活·读书·新知三联书店,2013 年,第 274 页。
　　② 欧阳予倩:《苏联戏剧专家普·乌·列斯里同志对中国戏剧运动的巨大贡献》,《戏剧报》,1956 年第 2 期。
　　③ 戴真主编:《中国当代舞台美术家研究》,《舞台美》编辑部,1994 年,第 247 页。

库里涅夫在中央戏剧学院主持开办了表演干部训练班，学员有于蓝、田华、岳慎、姚向黎、刘燕瑾、方掬芬、赵蕴如、罗英、白珊、化群、蓝天野、王一之、鲁非、朱子铮、嵇启明、胡思庆、赵凡、李金榜、张键翎、孙正操、徐企平、李守荣等。毕业实习时，库里涅夫指导训练班学员排演了3个剧目：莎士比亚的《罗密欧与朱丽叶》、高尔基的《小市民》和根据周立波的《暴风骤雨》改编的同名话剧。库里涅夫还曾指导中央戏剧学院导演系的学生排演了中国古典剧目《拾玉镯》，为上海戏剧学院的教师进行了示范教学。库里涅夫于1956年回国。1985年6月，方掬芬和库里涅夫开始通信，信件发表于《人民日报》海外版。1988年10月，方掬芬随中国戏剧家代表团访问苏联，拜访了库里涅夫。回忆库里涅夫的文章有发表于《戏剧杂志》的汤茀之的《访库里涅夫——苏联纪行之一》(1986)、发表于《中国戏剧》的梅阡的《记库里涅夫》(1993)等。

古里耶夫在中央戏剧学院主持了导演师资进修班，学员有鲁威、刘健、汪洗、苏民、王大英、王玫罡、任庆和、娜孤歌等。娜孤歌曾帮助整理讲义，后经王爱民、尧登佛、刘玉璇等翻译，中央戏剧学院编印了《导演学引论》(1956)等教材。

1956年，列普柯夫斯卡娅在上海戏剧学院主持了表演师资进修班，学员有石炎、葛乃庆、万先康、吴培远、於爱如、周谅量等。毕业实习时，列普柯夫斯卡娅指导进修班学员排演了《决裂》《无事生非》等剧目。他还曾负责表演系1959届的表演课教学，这一届的学生有杨在葆、李家耀、焦晃、卢时初、胡成美等。古里耶夫和列普柯夫斯卡娅著有《舞台速度节奏》，中译本由王爱民和沙金等翻译，中国戏剧出版社1983年出版。

来华的苏联戏剧专家还有在中央戏剧学院担任戏剧史教学的维·维·费多谢耶娃和担任表演课教学的格·伊·柯查金娜。1958年，苏联专家瓦西里·捷列佐夫在上海戏剧学院主持了化妆讲习班，学员有吴建安等。

苏联专家开设主持的各类培训班在中国戏剧发展史上具有重要意义，不仅为中国培养了一大批戏剧人才，而且促使中国的戏剧学院和戏剧团体向苏联学习，制定教学大纲，沿用苏联的戏剧教学教材，并从元素训练、小品练习、片段排演到剧本演出，建立了一套比较系统完整的培养导演和演员的教学法，从而使得斯坦尼斯拉夫斯基体系的教学走向规范化和制度化。

三、苏(俄)剧目在中国的演出

中国戏剧团体排演了大量苏(俄)剧作。据统计,20世纪50年代初演出的俄苏剧目达五十多部,如《怒吼的中国》《俄罗斯问题》《美国人民的声音》《莫斯科性格》《钢铁是怎样炼成的》《丹娘》《曙光照耀着莫斯科》《冷战》《钦差大臣》《大雷雨》《无罪的人》《非这样生活不可》《尤里乌斯·伏契克》《万尼亚舅舅》《小市民》《布雷乔夫》《玛申卡》《带枪的人》《决裂》等。

1950年,为庆祝北京解放,北京人民艺术剧院在京首次演出了苏联作家沙弗罗诺夫的《莫斯科性格》,刘郁民任执行导演。话剧《钢铁是怎样炼成的》,又名《保尔·柯察金》,由孙维世于1950年导演,金山主演保尔,张瑞芳扮演冬妮娅。在导演过程中,孙维世将在苏联学习到的斯坦尼斯拉夫斯基体系的现实主义演剧原则和方法具体地运用于中国戏剧舞台,提升了中国话剧的演出水准,为建立正规的排演制度和完整的舞台艺术树立了榜样。

《曙光照耀着莫斯科》是一部荣获1950年斯大林奖金的剧作,尽管它带有浪漫主义粉饰生活的色彩,但是,对于新中国的人们来说,剧中所展示的苏联社会主义的幸福生活,具有强烈的吸引力和振奋民众精神的作用,1952年由东北人民艺术剧院首演,随后全国有二十多个剧团演出,成为一个深具影响力的剧目。关于《曙光照耀着莫斯科》在中国的演出情况,徐迟曾撰写了《〈曙光照耀着莫斯科〉在中国各地的舞台上》一文,发表于《人民中国》杂志1953年第3期,江东撰写了《名剧〈曙光照耀着莫斯科〉受到我国观众及文艺界的热烈欢迎》,发表于《剧本》1953年第1期。《曙光照耀着莫斯科》的编剧一段时间内被认为是苏洛夫(А. А. Суров,1910—1987),他曾撰写了《我是怎样写〈曙光照耀着莫斯科〉的》一文,经蔡时济翻译后发表于《中国青年》1954年第2期,但苏联解体后中国学界获知,苏洛夫并不是真正的剧作者,真正的剧作者是瓦尔沙夫斯基,苏洛夫的其他剧作也都属剽窃。斯大林逝世后,冠苏洛夫之名的剧目禁止在苏联剧院演出,1954年苏洛夫被苏联作协开除, 苏联百科全书出版社于1962—1978年编写出版的9卷本《简明文学百科辞典》未收录关于他的词条。

1952年5月,为纪念世界文化名人果戈理,中国青年艺术剧院和北京人民艺术剧院联合演出了孙维世导演的《钦差大臣》。孙维世在导演这一古典喜剧时,着眼于喜剧的深刻内涵的开掘,揭示其喜剧的社会性,赋予人物形象以哲理性,避免单纯追求外在的喜剧效果,获得专家和观众的好评。①1954 年 7 月,为纪念契诃夫逝世 50 周年,上海人民艺术剧院演出了契诃夫的独幕剧《蠢货》和独角戏《论烟草有害》,中国青年艺术剧院演出了独幕喜剧《求婚》。1956 年 6 月,为纪念高尔基逝世 20 周年,北京人民艺术剧院演出了《布雷乔夫》,中央戏剧学院表演干部训练班演出了《小市民》。

中国儿童艺术剧院成立后排演的第二个剧目是《玛申卡》,库里涅夫担任导演。1957 年,北京人民艺术剧院为纪念十月革命 40 周年,演出了葛一虹翻译的苏联剧作家波戈金 (Н. Ф. Погодин,настоящая фамилия Стукалов,原姓斯图卡洛夫,1900—1962)的《带枪的人》,获得了巨大的成功,成为北京人艺的保留剧目之一。1958 年,拉夫列尼约夫(Б. А. Лавренёв,настоящаяфамилия Сергеев,原姓谢尔盖耶夫,1891—1959)的话剧《决裂》在上海、西安、长春等城市上演,场场爆满,曹靖华把演出的情况写信告诉了病重的拉夫列尼约夫,后者感到十分欣慰。1958 年,中央戏剧学院的毕业生王景愚等表演了苏联剧作家罗佐夫的喜剧《祝您成功》,王景愚扮演安德烈,导演金山在看了王景愚的表演后认为他是一个具有喜剧素质的演员。

1960 年,为纪念列宁 90 周年诞辰,中国儿童艺术剧院朱漪等排演了沙特罗夫(М. Ф. Шатров,настоящая фамилия Маршак,原姓马尔夏克,1932—2010)的作品《以革命的名义》。朱漪曾说:"在人民吃不饱肚子的困难时期,我们应该给人民最好的精神食粮,我排《以革命的名义》要选最好的演员,最好的舞美、音乐,无论如何要下功夫排好。"②她邀请周正扮演列宁,于是之扮演捷尔任斯基(Ф. Э. Дзержинский,1877—1926),金雅琴扮演女商贩, 邀请中央实验话剧院的王成德扮演流浪少年歌手雅什卡,中国儿童艺术剧院的方掬芬和覃琨分别扮演别佳和瓦夏。方掬芬回忆说:"《以革命的名义》这个戏公演以后,在文艺界,在整个社会上,都引起强烈的反响。周恩来总理来看了戏,和我们亲切交谈,和我们一起照相,还亲自指示北京电影制片厂把这个戏拍成了电影。影片在全国放映以后,引起了更大的轰动。"③

---

① 宋宝珍:《中国话剧史》,生活·读书·新知三联书店,2013 年,第 275 页。

② 罗英:《怀念杰出的儿童剧艺术家朱漪》,《中国戏剧》,1998 年第 7 期。

③ 方掬芬:《优游友又》,大众文艺出版社,2009 年,第 99 页。

1963 年,中央歌舞剧院在中国首演歌剧《叶甫盖尼·奥涅金》,郭淑珍饰演塔季娅娜。

1985 年由北京电影学院表演系师生演出了罗佐夫的两幕剧《"聋人"之家》,剧本由顾亚铃翻译,取得了很好的演出效果,受到了观众的欢迎。顾亚铃在《中外戏剧交流》发表《"聋人"的深意——苏联当代话剧〈"聋人"之家〉观后》介绍了罗佐夫的剧作和《"聋人"之家》的基本剧情。

1987 年,中国青年艺术剧院演出了沙特罗夫的话剧《红茵蓝马》和根据小说《复活》改编的同名话剧。其中,《红茵蓝马》的排演得到了莫斯科列宁共青团剧院总导演扎哈罗夫(М. А. Захаров,настоящая фамилия Ширинкин,原姓希林金,1933—　　)和导演马哈耶夫(Ю. А. Махаев,1940—2006)及叶尔莫洛娃[1]剧院首席舞台美术设计师马库申科(В. А. Макушенко,1934—2011)的帮助。张秋歌在剧中饰演列宁,其演技得到了马哈耶夫的高度赞扬,中国国际广播电台采访了马哈耶夫和张秋歌。张秋歌在接受采访时说:"在整个排练过程中,苏联导演给了我很大的帮助,使我明白了很多表演上的道理……我希望中苏两国的戏剧同行们今后能有更多的机会进行合作与交流。"[2]

2002 年 1 月,俄罗斯派出莫斯科斯坦尼斯拉夫斯基与涅米洛维奇-丹钦科音乐剧院 85 人来华演出,4 月派出马林斯基剧院一行 300 人来华演出,规模空前。同年 10 月,中央戏剧学院举办第 2 届国际戏剧邀请展,邀请俄罗斯叶卡捷琳堡剧团演出了《海鸥》。

2003 年 5 月,中央戏剧学院表演系 1999 级学生以《青春禁忌游戏》为名演出了柳德米拉·拉苏莫夫斯卡娅的剧作《亲爱的叶莲娜·谢尔盖耶夫娜》。该剧由童宁翻译,查明哲担任导演。演出很受欢迎并引起了教育界和戏剧界的热议。

契诃夫的戏剧作品,如《海鸥》《樱桃园》《三姊妹》《万尼亚舅舅》《伊万诺夫》等,在新中国成立前就在中国演出过,新中国成立后仍然继续在中国戏剧舞台上演出,20 世纪 50 年代,中国青年艺术剧院排演过《万尼亚舅舅》,北京人艺排演过《三姊妹》。中央戏剧学院在 20 世纪 80 年代排演

---

①　叶尔莫洛娃(М. Н. Ермолова,1853—1928)成功塑造了许多俄罗斯妇女形象,被称为"叶尔莫洛娃式的妇女",是第一个获得"苏联人民艺术家"称号的著名演员。

②　中国国际广播电台总编室:《中国国际广播优秀作品选(1986—1987)》,中国国际广播出版社,1988 年,第 504 页。

过《海鸥》，90年代排演过《樱桃园》。林兆华指导排演了将《三姊妹》和爱尔兰剧作《等待戈多》混搭而成的《三姊妹·等待戈多》，1998年4月在首都剧场首演。2004年是契诃夫逝世100周年，世界各地的戏剧界和文学界都以不同的方式纪念契诃夫，联合国教科文组织将2004年命名为"契诃夫年"，中国国家话剧院、中国对外文化集团和林兆华戏剧工作室共同发起了"首届中国国家话剧院国际戏剧季·永远的契诃夫"，戏剧季演出了林兆华导演的《樱桃园》和王晓鹰导演的《普拉东诺夫》，还邀请俄罗斯青年艺术剧院演出了《樱桃园》。俄罗斯青年艺术剧院演出的《樱桃园》继承了斯坦尼体系的传统，是标准的现实主义舞台剧；林兆华戏剧工作室演出的《樱桃园》是一台小剧场戏，具有明显的现代派色彩。从台词上看，两部戏都忠于契诃夫的原作，但前者几乎毫无改动，后者进行了较多的删节。

《樱桃园》中有一句台词"Здравствуй, новая жизнь！"，曾被译为"新生活万岁！"，因此"契诃夫在两个世纪之交喊出了'新生活万岁'的时代最强音"的说法曾广泛流传，甚至被写进了《中国大百科全书》外国文学第2卷。刘文飞研究员的《从一句误译的台词谈起》一文指出，"新生活万岁！"实际上是一句误译的台词，原文正确的译法应该是"你好，新生活！"或"欢迎你，新生活！"。因为"热情'欢迎新生活'的契诃夫，没有、也不可能喊出'新生活万岁！'这一'时代的最强音'；用'新生活万岁！'这句误译的台词去拔高契诃夫的思想和创作，是不恰当的"[①]。

亚·尼·奥斯特洛夫斯基(А. Н. Островский，1823—1886)的两幕喜剧《智者千虑，必有一失》曾几度搬上北京人艺的舞台。早在1962年，艺术家苏民就曾主演格鲁莫夫。20世纪80年代，他又作为导演与当时中央戏剧学院的学生合作演出了《智者千虑，必有一失》，徐帆第一次登上北京人艺的舞台，她饰演的乌玛耶娃给观众留下了深刻的印象，梁冠华和王斑等演员也开始崭露头角。2006年3月，中国方面邀请俄罗斯国家模范小剧院在保利剧院演出了《智者千虑，必有一失》，此剧由俄罗斯功勋艺术家别里斯(В. М. Бейлис，1937—   )编导，在演出前，俄罗斯演员在北京大学与戏剧社的同学进行了一次面对面的交流。

2008年8月，福建省泉州市木偶剧团演出了根据果戈理同名讽刺剧改编的提线木偶戏《钦差大臣》。

---

① 刘文飞：《从一句误译的台词谈起》，《外国文学研究》，1984年第1期。

张奇虹导演的《十二个月》非常有名。早在 1980 年,中国青年艺术剧院导演张奇虹就给中国儿童艺术剧院排演了《十二个月》,连续演出450场,轰动一时。2006 年中国"俄罗斯年"期间,张奇虹再次排演《十二个月》。考虑到孩子们爱唱爱跳的天性,张奇虹给该剧增加了新的内容,融入了很多俄罗斯舞蹈的元素,如蜜蜂舞、火舞和雨舞等富有现代气息的舞蹈。《十二个月》是马尔夏克的经典之作,在俄罗斯是家喻户晓的童话故事,普京总统夫人普京娜在中国儿童艺术剧院观看演出后潜然泪下。据俄新社报道称,演出结束后,普京娜说:"《十二个月》是我童年时代最喜爱的童话之一,儿艺将它重新演绎,让我很激动,我两次感到了自己眼中的泪花。"普京娜赞扬了中国演员的精彩演出,希望《十二个月》能到俄罗斯演出,她与大家合影留念后在剧院来宾留言簿中写道:"俄罗斯非常尊敬中国文化和历史,你们应当为自己优秀的传统而骄傲。"①

2009 年 11 月至 12 月,中国"俄语年"活动期间,中国和俄罗斯教育部主办,上海戏剧学院承办了中国大学生俄罗斯作家作品戏剧节,演出了《潜在的支出》《和天使在一起》《钦差大臣》《长椅》《命运的捉弄》《复活》6 部话剧和 1 台俄罗斯小品专场。

石慰慈曾翻译并导演苏联编剧家阿尔布佐夫的三幕五场话剧《遥远的道路》,1961 年,该剧在南昌首演,引起很大反响,并成为中国国家话剧院经典剧目。2009 年是中俄建交 60 周年,石慰慈在生命晚期非常盼望将《遥远的道路》重新搬上舞台,中国对外友好协会和俄罗斯驻中国大使馆也曾特别关注此剧的演出。2009 年 12 月,由王佳纳导演的话剧《遥远的道路》在时隔 48 年后再次在南昌演出。阿尔布佐夫的剧作《塔尼娅》《残酷的游戏》《伊尔库茨克的故事》和《老式喜剧》等也曾在中国演出。

2011 年,莫斯科艺术剧院沙皮罗(А. Я. Шапиро,1939—　　)导演的《樱桃园》参加了中国首都剧场精品剧目邀请展。2012 年,北京人民艺术剧院演出了林兆华执导,濮存昕、何冰主演的契诃夫的独幕剧《天鹅之歌》。2013 年,上海话剧艺术中心邀请沙皮罗导演了《万尼亚舅舅》,吕凉饰演万尼亚舅舅。2014 年,为纪念契诃夫逝世 110 周年,中国台湾导演赖声川执导了《海鸥》,中央戏剧学院演出了《樱桃园》。2015 年 1 月,为纪念契诃夫 155 周年诞辰,李六乙执导的《万尼亚舅舅》在首都剧场演出,濮存昕饰演万尼亚舅舅。

---

① 司徒北辰:《普京夫人王府井看儿童剧,赞演员精彩演出并合影》,《新京报》,2006 年 3 月 22 日。

　　爱伦堡在纪念契诃夫 100 周年诞辰时曾说:"契诃夫存在于所有有人在追求、有人在痛苦、有人在爱、有人在挣扎、有人在欢乐的地方。"但是契诃夫的剧作在中国演出的影响范围并不大,对此,中国戏剧理论家童道明研究员认为:契诃夫写的不是吃不饱穿不暖的痛苦,而是温饱解决后的精神痛苦,是来自灵魂的痛苦。除莎士比亚的剧作外,德国、美国等许多欧美国家的观众最欣赏的就是契诃夫的剧作,因此与这些欧美国家的观众相比,中国观众在欣赏契诃夫剧作的水平上还有不少差距。

　　中国国家话剧院导演杨申将小说《白夜》改编并执导,2013 年在中国国家话剧院首演,傅晶、孔恐、丁俨等演员参加了演出,2014 年再次演出。这是陀思妥耶夫斯基的作品首次被改编并正式亮相中国戏剧舞台。

　　2014 年 12 月 21 日,第 6 届戏剧奥林匹克在北京落幕。作为重头戏,由俄罗斯戏剧大师柳比莫夫(Ю. П. Любимов,1917—2014)导演的话剧《群魔》在北京天桥剧场上演,俄罗斯瓦赫坦戈夫国立剧院的演员们把各个角色扮演得惟妙惟肖。童道明评价说,瓦赫坦戈夫国立剧院的表演将体验派和表现派有机结合在一起,令观众感到震撼。

　　作为乌镇戏剧节的特邀剧目,俄方剧目《我们存在》于 2015 年 10 月在中国演出。该剧目来自柳比莫夫创办的塔甘卡剧院,导演是亚历山德罗夫斯基(С. А. Александровский,1982—　　)。2014 年,他以改编自德国剧作家布莱希特(Bertolt Brecht,1898—1956)的寓意剧《四川好人》的《我们存在》获得俄罗斯戏剧最高奖——金面具奖的最佳导演奖提名。有国外媒体评价《我们存在》时指出,亚历山德罗夫斯基的这部作品可以视为一部芭蕾舞剧,一场多媒体演出,或一部情感旅行。其角色的发展线索非常清晰,可以在任何场合、以任何节奏上演,甚至可以用倒序进行演出。

四、中国对苏(俄)戏剧作品及理论的译介

　　从新中国成立到 1957 年,中国戏剧界的苏联戏剧译介成果主要刊载于《外国戏剧资料》和《剧本翻译专刊》。葛一虹在中国戏剧协会主持工作期间,编印了 17 期《外国戏剧资料》,大量介绍苏联戏剧,为后来《外国戏剧》的编发奠定了基础。《剧本》月刊社在中苏友好时期还专门刊出了两辑《剧本翻译专刊》,由人民文学出版社出版,第一辑(1954)刊载了 3 个大型剧本,苏联剧本占 2 个:谢祖钧译的契普林(Ю. П. Чепурин,1914—2003)的四幕六场话剧《良心》和乌兰汗(即高莽)译的阿·卡哈尔的三幕五场喜剧《丝绣花巾》(又名《在新开垦的土地上》),这 2 个剧本获得了 1951

年的斯大林文艺奖三等奖。作家出版社曾出版《良心》的两个版本,林耘的译本 1955 年出版,谢祖钧的译本 1957 年出版。1954 年,北京戏剧出版社出版了《丝绣花巾》的单行本。《剧本翻译专刊》第二辑(1955)刊载的 3 个大型话剧译本全部是苏联剧本:郁文哉和马华译的比尔-别洛采尔科夫斯基(В. Н. Билль-Белоцерковский,1885—1970)的四幕十一场话剧《暴风雨》、马华译的特列尼奥夫(К. А. Тренёв,1876—1945)的五幕话剧《柳鲍芙·雅洛娃娅》和林耘译的罗马绍夫(Б. С. Ромашов,1895—1958,当时译为罗马肃夫)的五幕十五场讽刺喜剧《投机商人》。1955 年作家出版社出版了《投机商人》的单行本,1956 年作家出版社出版了《柳鲍芙·雅洛娃娅》的单行本。

　　1957 年,中国戏剧出版社成立,田汉任社长,葛一虹任副社长。在苏(俄)戏剧作品及理论的译介过程中,中国戏剧出版社发挥了重要作用。从 1957 年到 1965 年, 该出版社共出版外国戏剧及理论研究类书籍129 部,其中关于苏联戏剧的有 72 部,占到近 60%,苏联剧本主要有:

　　高文风译的捷尔巴基阿尼(Г. Л. Келбакиани)的《青年女教师》(1957)、冯由礼译的克洛特科夫(Ю. В. Кротков,1917—1982)的《和平战士约翰》(1957)、林耘译的施泰因(林耘译为斯泰因)的《个人事件》(1957)、马华译的阿尔布佐夫的《欧洲纪事》(1957)和特列尼奥夫(当时被译为特列尼约夫)的《涅瓦河畔》(1957)、海啸和苗林合译的维什涅夫斯基(В. В. Вишневский,1900—1951)的《第一骑兵队》(1957)、姜惠等译的《索弗罗诺夫戏剧集》(1957)、杨敏等译的《包戈廷戏剧集》(1957)、春秋译的波戈金(当时被译为包戈廷)的《克里姆林宫的钟声》(1957)、汤茀之译的什克瓦尔金(В. В. Шкваркин,1894—1967)的《别人的孩子》(1957)、波涛译的加兰(Я. А. Галан,1902—1949,当时译为雅·迦兰)的《黎明的爱》(1957)、姜丽和林敏合译的阿菲诺格诺夫(А. Н. Афиногенов,1904—1941,当时被译为阿菲诺盖诺夫)的《玛申卡》(1958)、乌兰汗和高一杰合译的阿菲诺格诺夫的《亲骨肉》(1958)、林耘译的罗马肃夫的《燃烧的桥》(1958)和巴巴扬(А. Н. Папаян)的《大祸临头》(1958)、张济民译的亚罗茨基(А. Яроцкий,当时被译为亚洛茨基)的《女婿》(1958)、林耘译的德·伊·佐林(Д. И. Зорин,1905—1967)的《永恒的源泉》(1959)和阿尔布佐夫的《朝霞中的城市》(1959)以及波戈金的《悲壮的颂歌》(1959)、林陵等译的《高尔基剧作集(一)》(1959)、芳信等译的《高尔基剧作集(二)》(1959)和《高尔基剧作集(三)》(1959)、孙维善译的维什涅夫斯基(孙维善译为维希涅夫斯基)的《乐观的悲剧》(1959)、汤弗之译的柯涅楚克的《星星为什么微笑》(1959)、丁宁和杨敏译的列昂诺夫(Л. М. Леонов,1899—1994)的《金马车》(1959)、崔松龄译的拉夫列尼约夫的《决裂》(1959)、丽尼译的契诃夫的《万尼亚舅舅》(1960)、孙维善译的克龙(А. А. Крон,当时被译为克隆,настоящая фамилия Крейн,原姓克赖因,1909—1983)的《海军军官》(1960)、曹靖华译的契诃夫的《三姐妹》(1960)、林陵译的高尔基的《小市民》(1960)和《敌人》(1960)、芳信译的高尔基的《野蛮人》(1960)和《陀斯契加耶夫和别的人》(1960)及《底层》(1960)、葛一虹与春秋及林耘译的波戈金的《歌颂列宁的戏剧三部曲》(1960)、陈冰夷译的高尔基的《最后一代》(1960)、杨秀怡译的谢·弗·米哈尔科夫(С. В. Михалков,1913—2009)的《宽边帽子》(1960)、汤弗之译的高尔基的《瓦萨·日列兹诺娃》(1960)、焦菊隐译的高尔基的《耶戈尔布雷乔夫和别的人》(1960)、张原译的康·米·西蒙诺夫的《第四名》(1962)、苏虹译的柯涅楚克的《德涅伯河上》(1962)、裴未如译的阿尔布佐夫的《伊尔库茨克故事》(1963)、吴钧燮译的列昂诺夫的《暴风雪》(1963)、孙维善译的索弗罗诺夫(А. В. Софронов,1911—1990)的《厨娘》(1963)、徐文译的索弗罗诺夫的《保护活着的儿子》(1963)、沈立中译的伊克拉莫夫(К. А. Икрамов,1927—1989)和田德里亚科夫的《白旗》(1963)、孙维善译的施泰因(孙维善译为史泰因)的《海洋》(1963)、王金陵译的罗佐夫的《晚餐之前》(1964)、蔡时济译的阿廖申(С. И. Алёшин,当时被译为阿辽申,1913—2008)的《病房》(1964)、群力译的波戈金的《忠诚》(1965)等。[①]

　　"文革"期间,中国对苏联剧作的译介停滞,直到"文革"结束后才开始逐渐恢复。1978 年,《苏联文学资料》刊载了王蕴忠和程文翻译的尼·亚·米罗什尼钦科(Н. А. Мирошниченко,1947—　　)的《第三代》。据统计,1979—2001 年,中文期刊发表了近 50 种苏(俄)剧作。这些剧作包括赵鼎真译的万比洛夫(А. В. Вампилов,1937—1972)的《外省轶事》(《外国戏剧资料》,1979 年第 2 期)、白嗣宏译的万比洛夫的《去年夏天在丘里木斯》(《苏联文学》,1980 年第 2 期)、郭家申译的列·根·佐林(Л. Г. Зорин,настоящая фамилия Зальцман,原姓萨尔茨曼,1924—　　)的《好心人》(《苏联文学》,1980 年第 4 期)、马肇元和冯明霞合译的阿尔布佐夫的《期

---

① 人民文学出版社编,王海波辑录:《人民文学出版社六十年图书总目:1951—2011》,人民文学出版社,2011 年,第 693—696 页。

待》(《戏剧界》,1980 年第 1 期)、非文译的契卡杜阿(Ш. Е. Чкадуа,1932—2003)的《"稍等一下!"》(《苏联文艺》,1980 年第 2 期)、赵鼎真译的伊瓦先科(А. Г. Иващенко)的《三分的风波》(《苏联文学》,1981 年第 1 期)、红蒂译的奥特柯连科(Р. Б. Отколенко,1941—2013)的《爸爸,您好!》(《外国戏剧》,1981 年第 2 期)、陈军译的阿·科洛米耶茨(А. Ф. Коломиец,1919—1994)的《野安琪儿》(《国外文艺资料》,1981 年第 2 期)、白嗣宏译的沃洛金 (А. М. Володин,настоящая фамилия–Лифшиц, 原姓利夫希茨,1919—2001)的《五个夜晚》(《当代外国文学》,1982 年第 4 期)、鼎贞译的沃洛金的《秋天的马拉松(悲喜剧)》(《当代外国文学》,1982 年第 1 期)、童道明译沃洛金的《别和相爱的人分手》(《苏联文学》,1982 年第 6 期)、乔育译的索弗罗诺夫的《时效期》(《俄苏文学》,1982 年第 5 期)、郝一星译的阿廖申的《主题变奏曲》(《外国戏剧》,1982 年第 3 期)、荣如德译的布尔加科夫的 《屠尔宾一家的日子》(《外国文艺》,1982 年第 4 期)、赵鼎真译的罗辛(М. М. Рощин,настоящая фамилия–Гибельман,原姓基别利曼,1933—2010)的《军用列车》(《外国戏剧》,1983 年第 2 期)、岳小川译的布拉金斯基(Э. В. Брагинский,1921—1998)和梁赞诺夫(Э. А. Рязанов,1927—2015)的《同事》(《外国文学》,1984 年第 10 期)、沈谕来译的阿尔布佐夫的《残酷的游戏》(《当代外国文学》,1984 年第 2 期)、童道明译的谢·弗·米哈尔科夫的 《国王都能办到……》(《苏联文艺》,1984 年第 4 期)、桴鸣译的沙特罗夫的《我们一定胜利》(《外国戏剧》,1984 年第 4 期)、戴骢译的穆·卡里姆(Мустай Карим,1919—2005)的诗剧《普罗米修斯,别扔掉火种!》(《当代苏联文学》,1985 年第 5 期)、沙金译的谢尔盖·科科夫金(С. Б. Коковкин,1938—　　) 的 《萨什卡》(《外国文艺》,1985 年第 1 期)、童道明译的布拉金斯基和梁赞诺夫的 《办公室的浪漫史》(《外国戏剧》,1985 年第 3 期)、红蒂译的罗佐夫的《校庆日》(《外国戏剧》,1985 年第 3 期)、李沙译的谢·弗·米哈尔科夫的《不是那套公寓》(《外国文艺》,1985 年第 1 期)、童道明译的阿尔布佐夫的 《女强人》(《世界文学》,1986 年第 3 期)、韩纪扬译的阿尔布佐夫的 《罪人》(《俄苏文学》,1986 年第 4 期)、何世英译的谢·弗·米哈尔科夫的《白纸黑字(两幕五场讽刺喜剧)》(《当代苏联文学》,1986 年第 5 期)、童道明译的鲁斯塔姆·伊勃拉基姆别科夫(Рустам Мамед Ибрагимбеков,1939—　　)的《办公室记事》(《剧本》,1986 年第 11 期)、文漪译的杜达列夫 (А. А. Дударев,1950—　　)的《列兵们》(《苏联文学》,1986 年第 3 期)、赵鼎真译的加林(А.

М. Галин,1947—)的《回归》(《戏剧文学》,1986 年第 5 期)、陈锌和马
志洁译的布拉金斯基和梁赞诺夫的《命运的拨弄,或"蒸得舒服"》(《苏联
文学》,1987 年第 3 期)、沙金译的加林的《迟暮之年》(《外国戏剧》,1987
年第 2 期)、王燎译的沙特罗夫的《良心专政:1986 年的争论和思考》(《当
代苏联文学》,1987 年第 5 期)、陈宝辰译的万比洛夫的《成功》(《苏联文
学》,1988 年第 4 期)、李钧学译的弗·多佐尔采夫 (В. Л. Дозорцев,
1939—)的《最后一个来访者》(《苏联文学》,1988 年第 1 期)、崔永昌译
的弗·古巴廖夫 (В. С. Губарев,1938—) 的《石棺》(《当代外国文学》,
1988 年第 1 期)、白嗣宏和陈宝辰分别译的罗佐大的《小野猪》(前者发表
于《外国戏剧》1988 年第 1 期,后者发表于《戏剧文学》1988 年第 2 期)、李
钧学译的布拉金斯基和梁赞诺夫的 《车库》(《新剧本》,1989 年第 5 期)、
育人译的克拉皮瓦(К. Крапива,настоящее имя-Кондрат Кондратович
Атрахович,原名康·康·阿特拉霍维奇,1896—1991)的《长生门》(《俄苏
文学》,1989 年第 3 期)、方造译的万比洛夫的《小鸦林》(《剧本》,1990 年
第 3 期)、陈锌译的科济马·普鲁特科夫(Козьма Петрович Прутков)[①]的
《黄雀的胜利: 描写法国当代生活的四幕剧》(《苏联文学》,1992 年第 6
期)、苏玲译的彼得鲁舍夫斯卡娅(Л. С. Петрушевская,1938—)的《爱
情》(《世界文学》,1993 年第 1 期)、陆人豪译的施瓦尔茨 (Е. Л. Шварц,
1896—1958)的《蛇妖》(《苏联文学》,1993 年第 4 期)等。[②]

　　中国"俄语年"期间,沙金翻译了波戈金等的《俄罗斯现代剧作选》
(2009),其中收录的剧作都是首次译为中文出版,包括《弦外之音》《自选
题》《非此勿了》《雾中枪声》《三点到六点》《石竹花》《银婚前的离婚》《铁
幕》《潜在的支出》《象征性的少数》《在热闹的地方》《漩涡》。

　　在戏剧理论译介方面,较有特色的是戏剧理论译文集。戏剧理论译

---

① 科济马·普鲁特科夫是一个作家集体的笔名,包括阿·康·托尔斯泰(А. К. Толстой,1817—
1875)及其表弟阿·米·热姆丘日尼科夫(Алексей Михаилович Жемчужников,1821—1908)、弗·米·
热姆丘日尼科夫 (Владимир Михаилович Жемчужников,1830—1884)、亚·米·热姆丘日尼科夫
(Александр Михаилович Жемчужников,1826—1896)。科济马·普鲁特科夫原是热姆丘日尼科夫家
的一个仆人,以这个名字发表的诗歌、寓言、喜剧、警句、讽刺诗等散见于 19 世纪五六十年代的《现代
人》《火星》《娱乐》等刊物,曾结集出版,名为《科济马·普鲁特科夫全集》。

② 黄怡:《中文期刊发表外国剧作一览表(1979—2001)》,《戏剧(中央戏剧学院学报)》,2004 年
第 1 期。其中俄文姓名是笔者所加,部分中译姓名有所改动。《办公室的浪漫史》又译《办公室的罗曼
史》或《办公室的故事》,《命运的拨弄》又译《命运的捉弄》。

文集是中国戏剧出版社出版的一套以苏联戏剧及其理论为主的译文集,截至 1963 年出版 9 辑。第 1 辑《在动作中分析剧本和角色》(1957)收录了苏联、罗马尼亚、印度、美国、埃及 5 国与戏剧导演、表演、戏剧史、戏剧批评有关的译文 11 篇,其中 7 篇与苏联戏剧相关,它们是蔡时济和吴启元译的苏联《戏剧》杂志的专论《关于苏联戏剧史的若干问题》、马华译的克内贝尔(当时译玛·克尼别尔)[1]的《在动作中分析剧本和角色》、高士彦译的鲁班·西蒙诺夫 (Р. Н. Симонов, 1899—1968, 旧译鲁边·尼古拉耶奇·西蒙诺夫)[2]的《谈"体验"和"表现"的演剧艺术》和阿·艾弗洛斯(А. В. Эфрос, 原名纳·伊·艾弗洛斯, настоящее имя–Натан Исаевич Эфрос, 1925—1987, 旧译埃夫罗斯)[3]的《遭了殃的斯坦尼斯拉夫斯基》、李孟岩译的契尔卡索夫(Н. К. Черкасов, 1903—1966, 旧译切尔卡索夫)[4]的《灵感的源泉》、沈笠译的科奥宁(А. Г. Коонен, 1889—1974)的《对培养演员的意见》、夏崇学译的阿·德·波波夫的《音响效果的作用》。第 2 辑《论导演构思》(1957)包括 13 篇译文,其中苏联戏剧占 9 篇,分别是李孟岩和王爱民译的基吉(А. Д. Дикий, 1889—1955)的《论导演构思》、陈大雄译的斯坦尼斯拉夫斯基的《论角色的远景》、张守慎译的托波尔科夫 (В. О. Топорков, 1889—1970)的《心理形体行动的统一》、高士彦译的 Л.维甫恩的《什么叫作剧院的面貌》、林子元译的普鲁契克(В. Н. Плучек, 1909—2002)的《关于剧院的面貌问题》、陈新华译的列米谢夫和楚拉基的《戏剧与批评》、林耘译的戈尔恰科夫(Н. М. Горчаков, 1898—1958)的《剧本〈达尼娅〉的导演意见》、兰丁译的阿尔达莫诺夫(С. Д. Артамонов)等的《哥尔多尼——世界文化名人、意大利著名喜剧家》、仇乃博译的基利连科(К. Н. Кириленко)的《梅耶荷德的文献遗产》。第 3 辑《论匠艺》(1957)中除收录了英国、印度和缅甸的戏剧译文 3 篇外,还有苏联戏剧译文 10 篇,分别是张守慎译的斯坦尼斯拉夫斯基的《论匠艺》、艾冬译的贝布托夫(Р. М. Бейбутов, 1915—1989)的《关于表现的演剧艺术》、张守慎译的查哈瓦(Б. Е. Захава, 1896—1976)的《争取"表现派"和"体验派"戏剧

---

[1]　苏联戏剧导演和教育家,艺术学博士,1958 年获"俄罗斯苏维埃联邦人民演员"称号。

[2]　苏联演员,戏剧和电影导演,教育家,1946 年获"苏联人民演员"称号,曾 3 次获斯大林奖金,1967 年获列宁奖金。

[3]　苏联戏剧和电影导演,教育家,俄罗斯苏维埃联邦功勋艺术活动家。

[4]　苏联戏剧和电影演员,1947 年获"苏联人民演员"称号,5 次获斯大林奖金,1964 年获列宁奖金。

的结合》、徐文译的苏联《戏剧》杂志专论《提倡创造，反对书呆子气》、王贵珍译的安年科夫（П. В. Анненков，1813—1887，王贵珍译为安宁科夫）等的《提倡创造，反对虚无主义和不认真钻研的态度》、陈大雄译的戈尔恰科夫的《问题和答复》、郁文哉译的瓦赫坦戈夫（Е. Б. Вахтангов，1883—1922）的《瓦赫坦戈夫的最后两次学术谈话》和查哈瓦的《关于瓦赫坦戈夫》、王文译的伊利英（Б. Ф. Ильин，1901—1979，当时被译为依里茵）的《什么叫作好角色》、刘丹清译的奥赫洛普柯夫（Н. П. Охлопков，1900—1967）的《〈汉姆莱脱〉导演说明》。[①]第 4 辑《舞台调度》（1957）中包括周来译的尼·瓦·彼得罗夫（Н. В. Петров，1890—1964）的《舞台调度》、何若非译的科米萨尔热夫斯基（В. Г. Комиссаржевский，1912—1981，当时译为科米沙尔惹夫斯基）的《赫梅辽夫[②]的演剧艺术》、王文译的古里耶夫（Г. Н. Гурьев，当时被译为古里叶夫）的《掌握舞台自我感觉的途径》、仇乃博译的古里耶夫的《〈女店主〉导演说明》、张跻处译的约菲耶夫（М. И. Иофьев，1925—1959）的《遗产及其继承者》、高士彦译的列梅兹（О. Я. Ремез，1925—1989，当时被译为雷米兹）的《时代的要求》、李醒译的什韦鲁博维奇（В. В. Шверубович，1901—1981，当时被译为施维鲁包维奇）的《寻找演出的外部形式》等。第 5 辑《角色的创造》（1958）中有 4 篇苏联戏剧译文，分别是沈笠译的伊林斯基（И. В. Ильинский，1901—1987，当时被译为伊里茵斯基）的《角色的创造》、张跻处译的萨赫诺夫斯基（В. Г. Сахновский，1886—1945）的《关于斯坦尼斯拉夫斯基》、夏立民和郑祖庆译的查哈瓦的《〈布雷乔夫〉导演手记》和裴未如译的科米萨尔热夫斯基的《〈远方〉的思想和艺术分析》。第 6 辑是《论演员的自我感觉》（1958），包括英国、法国和德国戏剧译文 5 篇，苏联戏剧译文 7 篇，这 7 篇分别是王文译的古里耶夫的《论演员的自我感觉》、孙伟译的文德罗夫斯卡娅（Л. Д. Вендровская）的《〈带枪的人〉的人物形象处理》、兰丁译的斯米尔诺夫（В. А. Смирнов）的《我是怎样创造列宁形象的》、苗林译的罗扎诺夫（М. А. Розанов）的《反面人物形象的体现》、李慧译的阿·德·波波夫的《谈我们舞台艺术的实质》、陈大雄译的克内贝尔的《斯坦尼斯拉夫斯基体系是有普遍性的吗？》和苏联《戏剧》杂志编辑部整理的《对剧院创作特色问题

---

①　《汉姆莱脱》又译《哈姆雷特》，是莎士比亚四大悲剧中最重要的作品。

②　今译赫梅廖夫（Н. П. Хмелёв，1901—1945），苏联演员，戏剧导演和教育家，1937 年获"苏联人民艺术家"称号，3 次获得斯大林奖金。

讨论的意见》。第 7 辑是《论剧作家的劳动》(1959),收录的 8 篇译文全是关于苏(俄)戏剧理论的,包括孟昌译的高尔基的《论剧本》、张守慎译的弗·维·伊万诺夫(В. В. Иванов,1895—1963)的《剧本〈铁甲列车〉创作的经过》、陈继遵和申坚译的索弗罗诺夫(当时译为索弗洛诺夫)的《戏剧创作与生活》、张劭译的阿尔布佐夫的《剧作家的职业》和罗佐夫(张劭译为罗卓夫)的《戏剧创作经验杂谈》、孙伟译的施泰因(孙伟译为史坦茵)的《关于戏剧创作的一些想法》、宋白译的拉夫列尼约夫的《创作历史剧的经验》和戈尔恰科夫的《剧院与剧作家》。第 8 辑《戏剧理论译文集》(1960)中收录的俄苏戏剧理论译文有《俄罗斯古典作家论莎士比亚》《普希金论高乃依》《普列汉诺夫论高乃依》《列宁与戏剧》《剧情中的时间》《谈舞台节奏》。第 9 辑《戏剧理论译文集》(1963)收录的苏(俄)戏剧理论译文有《莱辛与现实主义戏剧的兴起》《论布莱希特戏剧》《论假定性》《致尼古拉·奥赫洛普柯夫的公开信》《生活—戏剧—观众(节译)》和《回答》。

　　中国戏剧出版在 20 世纪五六十年代出版的苏(俄)戏剧理论著作还有何若非译的戈尔恰柯夫的《剧本·导演·演员》(1957)、张守慎等译的古里耶夫的《斯坦尼斯拉夫斯基体系讲座》(1957)和《导演学基础》(1960)及托波尔科夫的《演员的技术》(1957)、夏立民等译的比亚里克等著的《〈瓦萨·日列兹诺娃〉的剧本分析和角色创造》(1960)、金乃学译的费道托夫的《木偶戏技术》(1961)、中国戏剧家理论协会研究室编写的苏联现代戏剧理论专辑《新生活——新戏剧》(1964)和《戏剧冲突与英雄人物》(1965)等。

　　斯坦尼斯拉夫斯基体系一直是中国戏剧界译介的一个重点,截至2011年,中国出版过两个版本的《斯坦尼斯拉夫斯基全集》。《斯坦尼斯拉夫斯基全集》俄文原版分为 8 卷,中译本第一版由中国电影出版社从1958 年到 1986 年出版,分为 6 卷和《斯坦尼斯拉夫斯基论文讲演谈话书信集》(1981):第 1 卷是史敏徒译的《我的艺术生活》(1958),第 2 卷是林陵和史敏徒译的《演员自我修养 (第一部)》——《体验创作过程中的自我修养》(1959),第 3 卷是史敏徒译的《演员自我修养(第二部)》——《体现自我创作过程中的自我修养》(1961),第 4 卷是郑雪来译的《演员创造角色》(1963),第 5 卷(1983)和第 6 卷(1986)辑入了论文、演说、谈话、日记、回忆录。《斯坦尼斯拉夫斯基论文讲演谈话书信集》(1981)由郑雪来、汤茀之、姜丽和孙维善翻译,分为上下两篇,上篇是戏剧活动和社会活动,包括1889—1938 年斯坦尼斯拉夫斯基的论文、讲演、谈话和书信九十多篇,下篇是戏剧艺术论述摘录。2011 年,中央编译出版社修订再版了由郑雪来主持编译的 6 卷本《斯坦尼斯拉夫斯基全集》。2013 年 4 月,中国艺术研究院和中央编译出版社在北京共同举办了《斯坦尼斯拉夫斯基全集》的首发式暨学术研讨会。《光明日报》《中国文化报》《中华读书报》《艺术评论》等报刊都进行了报道。中国艺术研究院院长王文章在致辞时说:"斯坦尼斯拉夫斯基的艺术理论自 20 世纪 30 年代开始逐渐引入我国,50 年代,我院著名翻译家、电影理论家郑雪来先生翻译了斯坦尼斯拉夫斯基的部分重要著作……多年后的今天,郑雪来先生主持编译的《斯坦尼斯拉夫斯基全集》(全六册)由中央编译出版社再版,为学术界全面、深入地研究斯坦尼斯拉夫斯基艺术理论提供了更加有利的条件,对推动我国戏剧、电影等门类艺术的发展,以及对我国戏曲表演体系研究与建构都具有重要参考借鉴意义,对深化中俄人文艺术交流具有重要推动作用。"①

对斯坦尼斯拉夫斯基及其表演体系的研究也一度成为中国戏剧界的一个研究重点。据中平译的《斯坦尼斯拉夫斯基与布莱希特》(1986)一书附录部分的统计,1951—1984 年中国报刊发表的关于斯坦尼斯拉夫斯基和布莱希特的研究论文有 120 余篇,1954—1983 年发表的关于斯坦尼斯拉夫斯基和布莱希特的译文近 100 篇,主要发表于《中苏友好》《人民日报》《光明日报》《戏剧报》《戏剧论丛》《戏剧艺术》《戏剧学习》《外国戏剧》《电影艺术译丛》等报刊。研究论文中关于斯坦尼斯拉夫斯基的研究论文占三分之二强,如焦菊隐的《斯坦尼斯拉夫斯基在中国》(1951)、《导演如何运用斯坦尼斯拉夫斯基体系》(1951)、《向斯坦尼斯拉夫斯基学习》(1954)、《斯坦尼斯拉夫斯基体系的形成过程》(1982、1983)等,郑雪来的《关于斯坦尼斯拉夫斯基体系的几个问题》(1979)、《斯坦尼斯拉夫斯基体系与表演艺术本质问题》(1980)、《要澄清对斯坦尼斯拉夫斯基体系的误解》(1980)、《斯坦尼斯拉夫斯基体系的方法论问题——形体动作方法及其它》(1980)、《斯氏体系的哲学美学基础问题》(1981)、《斯坦尼斯拉夫斯基体系和中国戏曲》(1982)等,白嗣宏的《斯坦尼斯拉夫斯基体系简介》(1979)、《斯坦尼斯拉夫斯基体系在苏联》(1980)、《斯坦尼斯拉夫斯基体系在国外》(1982)等,童道明的《在探索创造中发展前进——从斯氏体系的不同定义谈起》(1982),等等。近百篇译文中关于斯坦尼斯拉夫斯基的有 70 余篇,主要译者有孙维世、文骏、雷楠、罗慧生、郑雪来、白嗣宏等,如

---

① 王文章:《承传经典,开创未来——在〈斯坦尼斯拉夫斯基全集〉出版首发式暨学术研讨会上的书面致辞》,《艺术评论》,2013 年第 5 期。

孙维世译的《〈智慧的痛苦〉的爱国主义——〈史坦尼斯拉夫斯基的导演课程〉选译》(1954)、《最初几次会见史坦尼斯拉夫斯基——〈史坦尼斯拉夫斯基的导演课程〉选译》(1954)、《〈费加罗的婚礼〉——〈史坦尼斯拉夫斯基的导演课程〉选译》(1955)和《什么叫通俗喜剧——〈斯坦尼斯拉夫斯基的导演课程〉的一节》(1959)[①]等,文骏译的《斯坦尼斯拉夫斯基在排演中》(1956)在《电影艺术译丛》多期连载,雷楠译的《斯坦尼斯拉夫斯基体系中的舞台形象问题》(1957) 在《电影艺术译丛》3 期连载, 罗慧生译的《保存斯坦尼斯拉夫斯基的遗产就是要去发展它》(1957)在《电影艺术译丛》两期连载,另外还有郑雪来译的《表现艺术》(1980)和《斯坦尼斯拉夫斯基关于导演和演员艺术的谈话》(1980)及《关于外国戏剧理论:斯坦尼斯拉夫斯基还活着(对话录)》(1980),白嗣宏译的《斯坦尼斯拉夫斯基未发表的札记:舞台是表演生活的场所》(1980),等等。

　　到中国与俄联邦关系时期,中国学者继续研究斯坦尼斯拉夫斯基及其表演体系,1992—2015 年发表的主要研究论文有童道明的《焦菊隐和斯坦尼斯拉夫斯基》(1992)、沈林的《斯坦尼斯拉夫斯基·布莱希特·梅兰芳》(1998)、陈世雄的《斯坦尼斯拉夫斯基体系的历史渊源》(2002)、阎立峰的《斯坦尼斯拉夫斯基、布莱希特和阿尔托戏剧距离观之比较》(2002)、张仁里的《斯坦尼斯拉夫斯基一生探索之启迪》(2005)、马相武和刘阳的《斯坦尼斯拉夫斯基体系在苏联的流变》(2006)、曹雷雨的《布莱希特的叙事剧理论再思考——兼论斯坦尼斯拉夫斯基体系对演剧艺术发展的意义》(2007)、苏琼的《斯坦尼斯拉夫斯基研究在 20 世纪的中国》(2010)、王晓鹰的《斯氏表演体系的发展历史以及对中国话剧现状的意义》(2013)和《斯氏表演体系的历史与中国话剧舞台现状》(2013)、阳雯的《斯坦尼斯拉夫斯基理论与重庆抗战话剧》(2015)。

　　在 20 世纪的中国,斯坦尼斯拉夫斯基表演体系曾盛极一时,产生了广泛的影响,"从 30 年代到 70 年代末,在表演艺术上,可以说是独尊斯坦尼斯拉夫斯基一家的"[②]。但中国戏剧界没有定于一尊,而是充分借鉴。北京人民艺术剧院总导演焦菊隐创造性地吸收斯坦尼斯拉夫斯基表演体系的精华,继承了民族传统美学、中国戏曲和话剧艺术的精神和方法,形

---

①　关于斯坦尼斯拉夫斯基(К. С. Станиславский)姓氏的翻译,1954—1955 年孙维世译成"史坦尼斯拉夫斯基",从 1959 年改译为"斯坦尼斯拉夫斯基"。

②　田本相主编:《新时期戏剧述论》,文化艺术出版社,1996 年,第 323 页。

成了具有民族特色的导演、表演体系和方法,提炼概括出了一个比较完整的富有创意的民族话剧演剧美学思想体系。正因为如此,北京人民艺术剧院不仅博得了国人的热爱,而且赢得了世界的赞誉。老舍先生的夫人胡絜青称赞北京人民艺术剧院是北京市的"市宝",国外权威艺术家称之为"东方戏剧舞台上的明珠""世界一流的剧院"。但斯坦尼斯拉夫斯基理论在"文革"期间也遭到了批判,夏衍曾指出:"四人帮"的手法是绝对化和简单化,批评了斯坦尼斯拉夫斯基的唯心主义,据说现在的戏剧学校里,连"内心活动""潜台词"这一类话也不准讲了。[①]

2010—2015 年,中国研究契诃夫和高尔基戏剧以及当代俄罗斯戏剧发展状况的论文主要有赵扬译的米·卡尔波夫的《契诃夫与分裂的俄罗斯——关于契诃夫与俄罗斯生存困境的思索》(2011)、董晓的《契诃夫:忧郁的喜剧家》(2013)、查晓燕的《外国文学经典传播中的"契诃夫经验"——以契诃夫戏剧在中国传播的历程为例》(2013)、王树福的《高尔基剧作思想之源流与发展考论》(2013)、刘巍的《俄罗斯戏剧舞台艺术的嬗变》(2010)、王树福的《"留比莫夫卡之子"与当今俄罗斯"新新浪潮"戏剧》(2010)和《从"万比洛夫派"到"新戏剧":当代俄罗斯戏剧源流与发展考》(2011)、周湘鲁和许小梅的《严酷的生活,残酷的戏剧——析瓦西里·西加列夫剧作〈泥塑〉》(2013)、刘溪的《当代俄罗斯"新戏剧"概貌》(2015),等等。

第二节　中国戏剧在苏(俄)

中国戏剧的各个剧种,如京剧、越剧、舞剧、昆曲、闽剧等,曾在不同时期赴苏(俄)演出,向苏(俄)观众展示了各自独特的艺术魅力。在两国关系时期,京剧一直是中国戏剧团体赴苏(俄)演出的重要剧种,梅兰芳和周信芳等京剧大师都曾赴苏联演出,反响热烈,苏联和俄罗斯观众特别喜欢京剧中的武戏,如《三岔口》等。在中国戏剧研究方面,苏(俄)汉学界对中国古典戏曲的研究比较深入。

一、中国京剧在苏(俄)

1956 年,旅大歌舞团赴苏演出,先后在伊尔库茨克和新西伯利亚等

---

① 夏衍:《劫后影谈》,中国电影出版社,1980 年,第 8 页。

地演出了《甘宁百骑劫魏营》《闹天宫》《贵妃醉酒》《穆柯寨》等京剧。

　　1956 年,上海京剧院院长周信芳率领上海京剧院代表团一行 77 人访苏演出,从 11 月 5 日抵达莫斯科到翌年 1 月 7 日离苏回国,历时 64 天,在莫斯科、列宁格勒、塔林、里加、维尔纽斯、明斯克、基辅等 9 个城市演出 53 场。77 人中有著名的旦角李玉茹和赵晓岚、丑角刘斌昆、武旦张美娟、老生沈金波、武生王金璐、丑角孙正阳、小生黄正勤等。为了照顾周信芳的生活,周信芳的儿子周少麟也跟团随行。上海京剧院赴苏演出所带剧目有 20 个之多,其中有《十五贯》和《四进士》这样演出时长达 3 个小时的大戏,也有一些折子戏,如《雁荡山》《拾玉镯》《投军别窑》《秋江》《盗仙草》《打渔杀家》《三岔口》《双射雁》《八仙过海》《徐策跑城》《追韩信》《泗州城》等。借助于意译,苏联观众不仅爱看武戏,也爱看文戏。周信芳发现,苏联观众很能看得懂,凡是演到国内观众叫好的地方,苏联观众的反应也特别强烈。不少剧目令苏联观众着迷,《雁荡山》一共演了 21 场,周恩来指定演出的昆剧《十五贯》也演了 8 场。每场演出结束时,观众都欢呼,久久不愿离去,演员谢幕最多的达十五六次之多。①《打渔杀家》和《十五贯》尤其受到欢迎。

　　苏联方面的接待热情而友好,许多加盟共和国的领导人都把这次访问演出说成是他们国家文化和政治生活中的一件大事。在苏联文化部部长米哈伊洛夫的主持下,俄罗斯和乌克兰文艺界先后举行欢迎大会。拉脱维亚部长会议主席拉齐斯称上海京剧团在首都里加的那一个星期为"中国周"。周信芳认为这个"中国周"是名副其实的,代表团所到之处,"都看到中国文字的欢迎横幅标语(这在这个连一个中国人都没有的城市可不是一件简单的事);时时刻刻,无线电里播送出中国歌曲和乐曲;报摊上陈列着《人民日报》,书摊上摆满了中国作品的俄文和拉脱维亚文的译本;在联欢表演中总穿插着个把中国节目——扇子舞、秧歌舞等,海军的军乐队还十分熟练地吹奏了一支《中国人民解放军进行曲》"。②演出团所到过的每个加盟共和国和每个城市,都向周信芳等人颁发了荣誉奖状,最后苏联文化部也向周信芳等 15 位主要演员颁发了荣誉奖状。演出期间,周信芳结识了苏联话剧演员拉金、克里姆林宫国家音乐会的报幕员巴拉克谢耶夫、苏联木偶大师奥勃拉兹卓夫(С. В. Образцов,1901—1992)等。

---

①　沈鸿鑫:《1956 年中国京剧轰动莫斯科》,《世纪》,2007 年第 3 期。

②　周信芳:《中苏两国亲如同胞兄弟》,《中国戏剧》,1957 年第 4 期。

奥勃拉兹卓夫认为：周信芳不愧为艺术大师，他塑造的萧恩、宋士杰、况钟等人物形象，给观众留下了十分深刻的印象。奥勃拉兹卓夫专门邀请周信芳和伊兵、李玉茹、刘斌昆、赵晓岚、张美娟等到他家里做客，他的夫人特地穿上中国的锦缎旗袍迎接，还以中国的茉莉花茶和中国菜招待他们。周信芳一行还参观了他的木偶室，其中一个玻璃橱窗里摆的全是孙悟空，有的是中国同行送的，有的是他自己制作的，形态各异，神形毕肖。奥勃拉兹卓夫热爱中国京剧，他向周信芳请教了京剧表演、化妆、脸谱等诸多问题，并对周信芳等的清唱进行了录音。

苏联著名汉学家艾德林担任了翻译工作。为了将演出的宣传材料翻译得准确传神，艾德林绞尽脑汁。比如"京剧"这个名词，他觉得简单地译成"北京歌剧"还不太确切，后来他译成了"北京音乐戏剧"。[①] 为了便于苏联观众了解剧情，他对一些剧名的翻译也颇费心思，如将《萧何月下追韩信》译成《韩信将军归来》，将《打渔杀家》译成《渔人的复仇》，将《投军别窑》译成《薛平贵与妻子分别》，将《挑滑车》译成《战斗在山上》，将《徐策跑城》译成《徐策急忙到皇宫去》，等等。演出团每次演出时，艾德林差不多都陪同在侧，随时把一些苏联艺术家介绍给周信芳认识，有空就和演出团交换有关演出的意见。演出结束后，艾德林在苏联《戏剧》杂志1957年第2期专门发表了《戏剧和演员·上海京剧院巡回演出情况》一文，介绍了上海京剧院的演员及其在苏联演出的剧目。

在苏联期间，周信芳等多次观摩了苏联艺术家演出的歌剧、芭蕾舞剧、轻歌剧、木偶戏、马戏等，如在立陶宛首都维尔纽斯观看了现代民族芭蕾舞剧《幸福之岸》，在不同城市观看了几个不同歌剧团演出的《鲍里斯·戈都诺夫》，在基辅观看了乌克兰艺术家表演的芭蕾舞和民间歌舞的集锦演出，观摩了芭蕾舞剧《吉赛尔》《黑桃皇后》等。周信芳回国后撰文，认为这次访苏演出"在艺术上有一个特点，那就是把京剧艺术按照它本来的面貌介绍给苏联人民，介绍给苏联艺术界"[②]。

1957年，在莫斯科第6届世界青年联欢节上，中国有四出京剧获金奖，分别是杜近芳和李金鸿演出的《拾玉镯》、杜近芳和杨鸣庆演出的《嫦娥奔月》、关肃霜和张韵斌演出的《打焦赞》、李少春演出的《哪吒闹海》，获

---

① "北京歌剧"和"北京音乐戏剧"对应的俄译文分别是 пекинскаяопера 和 пекинскаямузыкал ьная драма。

② 周信芳：《中苏两国亲如同胞兄弟》，《中国戏剧》，1957年第4期。

得银奖的京剧有杜近芳演出的《金水桥》、关肃霜等演出的《猪婆龙》和王静等演出的《放裴》,马长礼、郝庆海和李世济的京剧清唱。

1957年11月,梅兰芳随中国劳动人民代表团赴苏联参加纪念十月革命40周年庆祝活动,进行演出并与乌兰诺娃等人会晤。此次是梅兰芳继1935年之后第三次赴苏演出。梅兰芳自从1935年赴苏演出后在苏联戏剧界名声大振,斯坦尼斯拉夫斯基、弗谢沃洛德·梅耶荷德和电影导演爱森斯坦都被梅兰芳的演技所深深折服并与梅兰芳成为好朋友。梅兰芳认为,苏联戏剧家中真正懂得中国戏曲艺术的是梅耶荷德。梅兰芳第二次访苏是在1952年,这一年他随团赴维也纳参加世界人民和平大会后途经莫斯科,受到苏联对外文化协会的热情接待。梅兰芳参观了斯坦尼斯拉夫斯基的故居博物馆并与斯氏的两个子女见面交谈。梅兰芳向对方赠送了自己刚刚出版的《舞台生活四十年》,斯氏的子女回赠了梅兰芳1935年第一次访苏演出时与斯氏的合影。

此外,在20世纪50年代,中国很多省区的京剧团体都曾赴苏联访问演出,如上海京剧团、宁夏京剧团等。

1987年4月,中国辽宁省青年京剧团到莫斯科、明斯克、维尔纽斯演出了《穆桂英》《三岔口》《虹桥赠珠》等剧目,受到苏联观众的热烈欢迎。1990年10月,应苏联戏剧家协会邀请,上海京剧院演出团一行79人赴苏联进行为期22天的访问演出。这是上海京剧院第2次赴苏参加演出。

苏联解体后,中国在俄罗斯的京剧演出主要有:2001年6月北京梅兰芳京剧团访问俄罗斯。中俄建交55周年之际,由中国文化部及俄罗斯文化部举办的中国文化节于2004年10月27日下午在莫斯科国家大剧院开幕,中国文化部副部长孟晓驷、中国驻俄罗斯大使刘古昌、俄罗斯文化部部长亚·谢·索科洛夫(А. С. Соколов,1949—　)等出席了开幕式。开幕式上,北京京剧院表演了折子戏《火神阻路》,展示了中国国粹的魅力。2007年6月14日晚,"中国年·上海周"的"来自上海的问候——波罗的海明珠之夜文艺晚会"在圣彼得堡古老的玛丽娅国家模范剧院举行,著名旦角演员史依弘演出了京剧《梨花开》,幕布中盛开着一朵巨大的牡丹,舞台上如云似雾般挥舞着的水袖,史依弘美丽的扮相和优美的唱腔使俄罗斯观众叹为观止。

苏联艺术家认为,中国京剧中的动作技巧对发展中国传统舞蹈艺术很有裨益。彼·维尔斯基在1952年随亚历山德罗夫红旗歌舞团第一次来华演出时观看了部队文工团表演的一些京戏舞蹈,尤其是看到广东的《英歌舞》之后认为：“利用京戏舞蹈的技巧，来表现中国人民解放军战士的机警与灵活是非常有力量的。”①

　　观看过中国京剧，尤其是梅兰芳京剧演出的苏联著名戏剧家、表演家对中国京剧表演艺术都高度赞扬。早在 1935 年，在观看了梅兰芳的演出后，剧作家特列季亚科夫（C. M. Третьяков，1892—1937，当时译为特莱杰亚考夫）评价说：“梅兰芳博士的演出就像中国人过新年时所放的色彩缤纷的烟火那样突然展现在我们面前，使苏联观众和舞台工作者眼花缭乱，惊讶得目瞪口呆。一种我们长期被一道无知和误解的壁垒隔离开来的戏剧艺术，现在向我们充分展示了它那纯朴的独创性，它那明晰的想象力，它那严格的综合训练。我们作为演出人和观众可以从这种戏剧当中学到许多东西。”②斯坦尼斯拉夫斯基则说：“我有幸结识了梅兰芳博士的戏剧，这次接触使我惊叹不已，同时也使我深受鼓舞。这是同伟大的艺术、第一流的戏剧，相结识。”③梅耶荷德曾说：“可是，我们却忘记了最重要的一点，而正是梅兰芳博士现在提醒了我们，那就是手……看完了他的一次表演，然后再到我们那些剧院里转一圈，你就会同意我的说法，那就是该把我们那些演员的手都砍掉因为那些手对他们来说毫无用场……我认为对苏联戏剧来说，中国戏剧将具有重大意义。也许再过二三十年，我们就会看到这些不同经验的综合。”④乌兰诺娃惊叹梅兰芳能“施展魔法”：演出前她见到的还是一位年近六旬的美男子，转瞬间，在舞台上出现的却是个非常年轻，非常艳丽的女子……乌兰诺娃怎么也不能将这两个人物联系在一起！尤其梅兰芳双手的变化令她叹为观止。演出结束后，她禁不住请求梅兰芳将他那有鬼神之功的手伸出来，给她看看其中有什么奥秘……事后她说：“当然，这是很难看穿的，因为这些微妙的动作和姿势，是高度劳动和创造天才的结晶，也是民族戏曲遗产精华的集中表现。”⑤爱森斯坦认为中国戏剧以它那已经发展到极高水平的艺术形式所蕴含的力量，向我们表明那种一再折磨我们艺术的“忠实于生活”的要求，与其说是先进，毋宁说是落后的审美观……根据历

　　① 解放军文艺丛书编辑部编：《向苏军红旗歌舞团学习》，人民文学出版社，1954 年，第 186 页。
　　② 中国梅兰芳研究会、梅兰芳纪念馆编：《梅兰芳艺术评论集》，中国戏剧出版社，1990 年，第713 页。
　　③ 同上，第 716 页。
　　④ 同上，第 720—721 页。
　　⑤ 中苏友好协会总会编：《在新中国三十天》，时代出版社，1953 年，第 10 页。

史发展的逻辑,电影注定要成为新型的综合性艺术,中国戏剧在这方面给它指出了方向。汉学家费德林也曾撰文对京剧艺术大师梅兰芳的演出进行过评述。

　　苏联和俄罗斯观众特别喜欢京剧的武戏。比如,他们认为武戏《三岔口》里两个人以在黑暗里互相摸索表演出互相打斗的场景十分有趣。苏联方面也积极学习中国京剧艺术的技巧。比如,苏联国立民间舞蹈团1954年在北京演出时,不仅演出了苏联经典舞蹈,而且表演了中国的京剧《三岔口》,高洛万诺夫扮演任堂惠、萨文扮演店主刘利华。京剧表演艺术家张云溪撰文评价时说,苏联艺术家表演的《三岔口》"不仅作到了敏捷、灵巧和准确的要求,并且以现实主义的表演方法,精湛的技术,合情合理地处理了京剧中最不好处理的武打结构"①。1952年春,张云溪、张春华和张世桐曾在莫斯科演出了《三岔口》,在将要离开时,苏联国立民间舞蹈团团长莫伊塞耶夫向中国京剧访苏代表团提出要张云溪等到他们的舞蹈团"解剖"表演一次《三岔口》,同时互相交换学习几个节目,使中苏两国人民的文化更密切地交流。此后,张云溪等还在柴可夫斯基音乐厅的舞台上再一次给高洛万诺夫和萨文排演了《三岔口》中空手夺双刀的武打及一些个别的动作。

二、中国其他剧种在苏(俄)

　　除京剧之外,中国戏剧的其他剧种,如越剧、舞剧、话剧、昆曲、闽剧等,也曾赢得了苏(俄)观众的欢迎和喜爱。

　　1951—1952年,中国青年文工团赴苏联等国访问演出,演出了中国戏剧的多种剧目。1954年4月,以文化部部长钱俊瑞为团长的中国文化代表团访问苏联,成员有张光年、黄佐临、柯仲平、王朝闻、高莽、李和曾、陈伯华、陈书舫、周小燕等。代表团应邀在莫斯科大剧院进行了一场临时演出。李和曾表演了京剧唱段,陈伯华表演了汉剧《白蛇传》,陈书舫表演了川剧。周小燕应邀到莫斯科电台录制了中国歌曲《在那遥远的地方》和歌剧《白毛女》选段。

　　1955年,以许广平为团长、上海越剧院院长袁雪芬等为团员的上海越剧团赴民主德国和苏联演出了《西厢记》和《梁山伯与祝英台》,反响热烈。苏联各报刊对袁雪芬、范瑞娟、徐玉兰、傅全香、张桂凤、吕瑞

---

① 张云溪:《我兴奋地看到苏联民间舞蹈团演出的〈三岔口〉》,《戏剧报》,1954年第11期。

英等的演技和唱腔给予了高度的评价。卡巴列夫斯基以《古老文化的青春》为题在《真理报》发表评论文章，称赞中国越剧团的艺术家"是真正的革新者，他们善于把古典歌剧最丰富的悠久的传统同现实主义结合起来，爱护和发展自己艺术的民族形式"，称赞《西厢记》和《梁山伯与祝英台》是"美妙的抒情的诗篇"，是"充满人民性的现实主义巨作"。[①]《共青团真理报》发表的一篇文章说，在越剧《西厢记》中，莫斯科人不仅看到了美妙的舞台艺术形象，"还有中国人民的无与伦比的绘画。每幕布景都再现出中国的自然和艺术。所有这些都是如画的、美丽的、很好地帮助传达人物的生活气氛，无怪每当幕启时都博得热烈的鼓掌"[②]。莫斯科音乐剧院的三位女导演看完越剧《西厢记》和《梁山伯与祝英台》的演出后一致认为，演员们的外在动作和内心情感都是紧密相结合的，是符合于斯坦尼斯拉夫斯基体系的。整体来看，苏联观众的欣赏水平较高，在其他国家演出《梁山伯与祝英台》时，常根据观众欣赏水平把"十八相送"等动作较少的情节删去，但在苏联演出时没有这样做。此外，上海越剧团还在记者招待会上回答了很多苏联观众关心的一个问题——"京剧是男的来扮演女的，为什么越剧是女的扮演男的"。苏联人民艺术家、木偶大师奥勃拉兹卓夫也观看了《西厢记》和《梁山伯与祝英台》的演出。根据他在《中国人民的戏剧》一书中的记载，上海越剧院还演出了《拾玉镯》等几出小戏。对于上海越剧团在苏联的演出，奥勃拉兹卓夫在书中写道："莫斯科、列宁格勒、明斯克、斯维德洛夫斯克、新西伯利亚等城市凡是看到了上海越剧团演出的居民，都一致热烈地欢迎对他们来说是完全新的中国传统戏剧艺术，其热烈程度完全像伦敦、巴黎、罗马、阿姆斯特丹等地的居民对曾经到那里去作过访问演出的中国京剧团的欢迎一样。"[③]奥勃拉兹卓夫夫妇还邀请袁雪芬等越剧演员到家中做客。

1958 年，中国派出了以卢肃为团长、黎国荃担任指挥的中央实验歌剧院代表团一行 118 人访苏，在莫斯科、列宁格勒等 4 个城市演出了 41 场，演出剧目有歌剧《刘胡兰》《草原之歌》《槐荫记》等。在克里姆林宫闭

---

① 钱法成主编：《中国越剧》，浙江人民出版社，1989 年，第 235—236 页。

② 东川：《从越剧在国外演出中所体会到的若干问题》，《戏剧报》，1955 年第 11 期。

③ ［苏］奥布拉兹夫：《中国人民的戏剧》，林耘译，中国戏剧出版社，1961 年，第 214 页。奥勃拉兹卓夫当时译为奥布拉兹夫。

幕演出时，苏联领导人赫鲁晓夫、伏罗希洛夫（К. Е. Ворошилов，1881—1969）、米高扬（А. И. Микоян，1895—1978）等出席观看，并在演出结束后与代表团成员共进晚餐。

1961年9—10月，中央歌舞剧院一行60多人在波兰演出后转赴苏联访问，在莫斯科、列宁格勒、明斯克等市演出了《宝莲灯》《雷峰塔》和《小刀会》三个大型民族舞剧。

除中国艺术家赴苏演出之外，苏联剧院也演出了一些中国剧目，比如《西厢记》《白毛女》《战斗里成长》《屈原》《雷雨》《一个死者对生者的访问》等。

1952年1月12日，苏联戏剧界在莫斯科讽刺剧院首次演出了根据王实甫的《西厢记》改编的剧本。剧本是苏联作家安德烈·格洛巴根据汉学家波兹德涅耶娃的译述改编的，由尼·瓦·彼得罗夫和普鲁契克导演并改名为《掷杯记》，电影导演尤特凯维奇设计了演出服装和布景，作曲家柯尔契马耶夫利用中国民间曲调进行了配乐。《西厢记》是新中国成立后由苏联艺术家演出的第一部中国戏剧作品，1953年又在卡累利-芬兰剧院演出。此后，这出剧目成为苏联各加盟共和国的保留剧目。很多苏联观众认为王实甫的这部作品在艺术感染力上可以与莎士比亚的《罗密欧与朱丽叶》相媲美，然而，前者问世的时间却比后者早很多。

1954年，苏联戏剧界演出了《白毛女》《在战斗里成长》《屈原》等中国话剧。莫斯科瓦赫坦戈夫剧院演出了罗果夫改编的话剧《白毛女》，演出效果较好，苏联《戏剧》杂志刊载了萧三的评价文章。苏联中央红军剧院演出了胡可改编的话剧《战斗里成长》。由费德林翻译的郭沫若的话剧《屈原》在莫斯科的叶尔莫洛娃剧院演出。演出之前，剧院人员请求作者把第4幕开场部分扩大一些，增加一段渔夫之歌，以便通过歌词使苏联观众了解当时尖锐的社会矛盾。此时，郭沫若正在莫斯科访问，他接受了剧院的建议，立即为俄文本写了一首渔夫之歌。[①]

1958年，普希金剧院排演了曹禺的《雷雨》，苏联人民演员弗·米·彼得罗夫（В. М. Петров，1896—1966）任总导演，并邀请在苏联留学的杜鸣心参与作曲，邀请在苏联留学的朱漪担任艺术顾问。弗·米·彼得罗夫深刻地研究原著后，认为《雷雨》是一出反封建的社会大悲剧，因此他决定全剧用黑丝绒的天幕和侧幕，造成一种沉闷、昏暗的、使人喘不过气来的

---

① 高莽：《妈妈的手》，中国华侨出版社，1994年，第196页。

氛围。朱漪认为，弗·米·彼得罗夫的处理完全忠于原著。[①]1959 年，在纪念中华人民共和国成立和苏中建交 10 周年之际，普希金剧院举行了《雷雨》的第 42 场演出。此后，《雷雨》在苏联声名鹊起："它有时被译成了各种不同的、但彼此接近的名称，如《雷雨》《暴风雨》《台风》……这个剧本给中国的戏剧作品带来了广大的声誉，光是俄罗斯苏维埃联邦社会主义共和国就有六十五家剧院把它列为保留节目。"[②]

中苏关系恶化之后苏联剧院不再排演中国戏剧剧目，直到 1983 年苏联戏剧界才再次排演了曹禺的《雷雨》，剧名为《台风》，首先在布拉戈维申斯克上演，而后又在莫斯科上演。1987 年，张奇虹赴苏联，在一个月内为新西伯利亚市的红色火炬剧院排演了中国话剧《一个死者对生者的访问》，为中国导演赢得了荣誉，中苏两国的戏剧交流得以恢复。

在苏联解体后，随着两国文化关系的不断发展，中国的昆剧院赴俄罗斯演出并受到欢迎，闽剧也得以首次赴俄罗斯演出。两国戏剧界还针对观众的审美特点合作创作了一些剧目，取得了理想的演出效果。

1992 年 9 月 25 日至 10 月 9 日，北方昆剧院派出 43 人的演出团赴俄罗斯进行友好访问，先后在莫斯科、圣彼得堡、斯摩棱斯克进行 8 场演出，俄罗斯观众给予高度评价，称之为 30 年来看到的最好的演出。[③]2009 年 10 月，到中国南京参加"涅瓦河畔的似水年华"油画艺术展的俄罗斯画家参观了江苏省昆剧院，他们在观看了昆曲演员的排练后对昆曲表现出了浓厚兴趣。擅长手指画的佐托娃（L. Зотова）被昆剧院内墙上悬挂的昆曲剧照所吸引，在现场情不自禁地画了一幅。2010 年 9 月，在莫斯科"中国文化节"期间，浙江遂昌"龙谷丽人"昆曲茶艺表演受到热烈欢迎。遂昌"龙谷丽人"昆曲茶艺跳出传统的茶艺表演形式，以《牡丹亭·劝农》中茶事的戏剧情节和昆曲音乐，编排茶艺歌舞，表现劝歌劝农、采茶、咏茶、点茶、泡茶、敬茶。典雅的乐曲，优美的表演，清醇的香茗，给人以"佳茗似佳人"的美好享受，俄罗斯观众纷纷为能品上一口香茗或与表演者合影而兴奋不已。[④]

---

① 朱训主编：《希望寄托在你们身上——忆留苏岁月》，中国青年出版社，1997 年，第 217 页。

② ［苏］鲍利斯·沃尔金：《中国戏剧在苏联舞台上——为〈戏剧报〉而作》，伊珂译，《戏剧报》，1960 年第 2 期。

③ 北京市地方志编纂委员会编：《北京年鉴（1993）》，北京年鉴社，1993 年，第 561 页。

④ 林庆雄等：《遂昌昆曲茶艺俄罗斯放异彩》，《丽水日报》，2010 年 9 月 8 日。

2005 年,中俄两国合作的大型话剧《良辰美景》参加了在莫斯科举行的第 6 届契诃夫国际戏剧节的展演。《良辰美景》改编自上海剧作家赵耀民的同名电影剧本,演员为中国人,导演、舞美设计、作曲和声乐指导都由俄罗斯艺术家承担。俄罗斯戏剧家协会主席沙德林 (В. И. Шадрин, 1939—)告诉记者,在 2005 年邀请的 16 个国家的 38 台外国戏剧中,有 3 台是合作制作的,演出场次最多的是《良辰美景》,在著名的普希金剧院连演了 7 个晚上。编剧赵耀民对中俄合作打造话剧感到惊喜。他说,经过俄罗斯艺术家的再创作,《良辰美景》被提升到更纯粹的审美、艺术层面,从而让这出话剧"更为空灵,有了回味,反而更符合创作原意"①。

2015 年 5 月至 7 月,第 12 届契诃夫国际戏剧节在莫斯科举行,由福州闽剧艺术传承发展中心排演,国家一级演员张建斌导演的闽剧《杨门女将》赴俄罗斯参加了展演,向俄罗斯戏剧界及观众展示了具有400 年历史的闽剧的魅力,受到喜爱和好评。闽剧《杨门女将》在俄罗斯的展演是首次整本演出,此前只演出过折子戏片段。

三、苏(俄)对中国戏剧的翻译与研究

苏(俄)汉学界对中国戏剧特别是中国古典戏曲的翻译研究比较深入,对京剧等剧种也有所研究。阿理克院士曾翻译过《西厢记》的片段。1958 年索罗金节选翻译了《窦娥冤》,司马文和雅罗斯拉夫采夫节选翻译了《救风尘》。1960 年,苏联国家文学出版社出版了由孟列夫翻译的《西厢记》,这是元曲第一个完整的俄语译本,俄文书名为《崔莺莺待月西厢记》。孟列夫翻译时根据的是 1954 年出版的王季思的校注本,还参考了 1954 年出版的吴晓铃的注释本。孟列夫以诗体形式翻译了《西厢记》中的曲词,译文上乘,尤为苏(俄)汉学界所称道。孟列夫《西厢记》译本的序言《西厢记及其在中国戏剧史上的地位》一文同时也是研究性文章,论述了元曲的发展历史,认为王实甫善于继承创新,把元稹和董解元写过的题材提升到了完美的程度。

1966 年,列宁格勒和莫斯科的艺术出版社出版了孟列夫、谢列布里亚科夫、马利诺夫斯卡娅、司格林等翻译的《〈元曲〉选集》,由维·瓦·彼得罗夫编选作序,孟列夫校注,其中收录了关汉卿的《窦娥冤》《望江亭》《单刀会》,

---

① "中俄合作话剧《良辰美景》将参加契诃夫国际戏剧节",新华网,http://ent.news.cn/2005-04/14/content_2828803.htm。

白朴的《梧桐雨》和《墙头马上》、马致远的《汉宫秋》、康进之的《李逵负荆》、李好古的《张生煮海》、石君宝的《秋胡戏妻》、张国宾的《和汗衫》、郑光祖的《倩女离魂》，共8位作家的11部剧作。

1976年出版的《东方古典戏曲》的中国戏曲部分收录了索罗金等翻译的《窦娥冤》《忍字记》《杀狗劝夫》《长生殿》片段、《桃花扇》片段和《牡丹亭》片段。

现代戏曲剧本译成俄语的有田汉的《谢瑶环》、郭沫若的《屈原》、曹禺的《雷雨》、胡可的《战斗里成长》、朱素臣的《十五贯》、十三场戏曲剧本《梁山伯与祝英台》等。

在中国戏剧研究方面，阿理克很有造诣，主要研究论文有：《中国戏剧》《中国戏剧讲义》《院士认为中国戏剧不似看上去那样神秘》《中国历史上的优伶英雄》《中国民间绘画中的戏剧和演员》和《中国民间戏剧和中国民间绘画》等。《中国历史上的优伶英雄》一文对中国历朝正史中留下姓名的名优名伶的事迹都作了概述。阿理克1907年曾在中国旅行和考察，他在《在旧中国：1907年旅行日记》[①]（1958）中对中国戏剧有不少论述。他认为中国是一个戏剧之国，就普及程度而言，中国戏剧在世界上占第一位，本土历史是中国戏剧情节取之不尽的源泉，中国戏剧的社会作用不仅仅在于娱乐，同时也是中国文化的载体。在日记中阿理克对中国戏剧的道具、布景、演员演技、服装、勾脸、表演节奏、声腔都有详细描述。他还十分注意戏剧和诗歌、年画的关系，他说中国戏剧之中蕴藏着诗歌的伟大宝库，戏剧和年画相互补充，是不识字的中国百姓汲取文化知识和接受美学熏陶的主要源泉。阿理克曾经打算研究《戏剧和观众》这个题目，但由于种种原因没有进行。

1958年，世界各国举行活动纪念中国元代伟大的戏剧家关汉卿戏剧创作700周年，苏联科学院、苏联文化部和社会各界也举办了专门的纪念活动，报纸杂志上发表了大量介绍其生平和创作的文章，如艾德林在1958年6月19日的《文学报》上发表《关汉卿》，索罗金在《苏联文学》1958年第2期发表《伟大的剧作家关汉卿》，司马文在《东方学问题》1960年第4期发表《论关汉卿剧作的特色》。此外，费德林还出版了小册子《关汉卿：伟大的中国剧作家》（1958）。

在纪念关汉卿活动之后，苏联汉学界开始了对中国古典戏曲的全面

---

① 中译本名为《1907年中国纪行》，阎国栋翻译，2001年由云南人民出版社出版。

深入研究。孟列夫著有《中国古典戏曲的改革》(1959),主要讲述了中华人民共和国成立后的戏曲改革问题,部分内容涉及了中国戏剧史,主要参考了周贻白的《中国戏剧史》(1953)一书。孟列夫对水浒戏的分析较为详细,他把《水浒传》原著和水浒戏《玉麒麟》《大名府》进行比较后发现,原著中几句简短的对话在水浒戏中被敷陈演绎成许多完整的场面。而在把《野猪林》改编为《逼上梁山》的过程中,增添了来自人民的人物,显示人民在历史上的作用。他对杨家将戏《三岔口》和《四郎探母》也作了分析,这在苏联学术界是首次尝试。①1961 年,孟列夫在《东方学问题》上发表了《关于〈西厢记〉的作者问题》,对当时中国学术界关于《西厢记》作者问题的五种看法一一进行了评说, 并针对中国学者的一些观点展开了商榷。1970 年,莫斯科大学出版的《东方中世纪文学》一书收录了波兹德涅耶娃撰写的关于元曲的论文。

索罗金是元曲研究的大家,他以论文《13 至 14 世纪中国的古典戏曲:起源、结构、形象、体裁》获得博士学位,1979 年出版,这是苏联汉学界第一部全面论述元杂剧的专著。在这本著作中索罗金对中国戏曲的起源进行了论述,分析了元杂剧的结构安排、人物形象和故事情节等诸多方面,并将元杂剧和欧洲戏剧进行了对比。索罗金认为元杂剧的四折结构与绝句的起、转、承、合十分相似。他对各种人物形象,从帝王将相到各级吏役,从才子佳人到佛道僧尼,都分类进行了分析。索罗金的这部著作问世后,李福清和谢列布里亚科夫都撰文进行了高度评价,李福清认为这部著作是苏俄汉学界元曲研究的奠基性著作。

苏联汉学界关于中国古典戏曲研究的著述主要有盖达(И. В. Гайда)的专著《中国传统戏剧戏曲》(1971)、维·瓦·彼得罗夫为《元曲》所作的序言、李福清的论文《中国戏曲理论(12 世纪到 13 世纪初)》(1964)、索罗金的论文《元曲:角色与冲突》(1969)和《14 至 15 世纪中国剧本中的佛教题材》(1970)及《13 至 16 世纪中国的古典剧本》(1973)、孟列夫的《关于〈西厢记〉的新版本》(1961)和《关于〈西厢记〉的作者问题》(1961)、谢列布里亚科夫的论文《论元代剧作家马致远的剧本〈汉宫秋〉》(1963)、马利诺夫斯卡娅的论文《论洪昇〈长生殿〉的创作意图》(1959)和《洪昇及其时代》(1966)及其副博士学位论文《中国戏曲家洪昇及其〈长生殿〉》(1970)、

① [苏]李福清:《中国古典文学研究在苏联(小说·戏曲)》,田大畏译,书目文献出版社,1987年,第 68 页。

《金瓶梅》俄译者马努辛(B. C. Манухин,1926—1974)的《论汤显祖的〈紫箫记〉》(1974)和《汤显祖的戏曲〈紫钗记〉》(1974)、古谢娃(Л. Н. Гусева)的论文《孔尚任剧本〈桃花扇〉的主要角色》(1972)和《孔尚任剧本〈桃花扇〉的民族传统》(1974)、谢洛娃的专著《黄旛绰的〈明心鉴〉与中国古典戏曲美学》(1979)、《16—17世纪的中国社会与传统中国戏剧》(1990)和《中国戏剧——世界的审美方式》(2005),等等。

在京剧研究方面,奥勃拉兹卓夫著有《中国人民的戏剧》(1957)。此书经林耘翻译,1961年由中国戏剧出版社出版中译本,田汉和梅兰芳都为中译本作了序。《中国人民的戏剧》共23章,中译本选译了直接论述中国戏剧的部分,包括"令人摸不着头脑的回答""内容与形式""同一剧种和不同剧种的戏""拖长语音的唱和念""想象中的船""时间和空间的表现""不存在的美术设计师""角色""我的同行""昨日与今日"和"结束语"。

罗日杰斯特文斯卡娅-莫尔恰诺娃翻译了梅兰芳的《舞台生活四十年》,1963年出版。为了克服翻译过程中遇到的困难,她多方求教,仅京剧剧本就阅读了不下百余部,做了大量笔记、索引和卡片,观看了所有能看到的戏曲表演。1990年纪念徽班进京200周年期间,高莽先生曾陪同罗日杰斯特文斯卡娅-莫尔恰诺娃观看了《武则天轶事》,罗日杰斯特文斯卡娅-莫尔恰诺娃认为这是她几十年来看到的最好的一出京剧演出。她尤其赞赏李世济的演技,认为她扮演的武后,动作端庄而稳重,嗓音深沉而韵致,身段、表情、蹀步、用袖等处处都服从于剧中人物的性格刻画。她还对张威、张学海、张岚等演员的出色表演逐一进行了评价。

在中国话剧研究方面,莫斯科大学的尼科利斯卡娅取得了一定的成绩。她1948年毕业于莫斯科东方学院,1958年起在莫斯科大学任教,1961年以《曹禺的创作》获副博士学位。她还著有两部研究中国话剧的专著:《田汉与20世纪的中国戏剧》(1980)和《曹禺创作概论》(1984)。《田汉与20世纪的中国戏剧》共分5章,是苏联首部全面介绍中国话剧运动及其主要代表人物的著作。《曹禺创作概论》是作者以副博士学位论文为基础增扩而成的,分为9章,依次分析和介绍了曹禺的剧作《雷雨》《日出》《原野》《北京人》《蜕变》《家》《晴朗的天》《胆剑篇》和《王昭君》。[1]介绍中国话剧的著作,还有莫斯科大学出版社出版的齐宾娜(Е. А. Цыбина,1928—1988)的《1937—1945年抗日战争时期郭沫若的剧作》(1961)。

---

[1]　李明滨:《中国与俄苏文化交流志》,上海人民出版社,1998年,第180页。

　　据李福清的《俄罗斯所藏广东俗文学刊本书录》(1994)一文介绍，
1989 年底和 1990 年初，一位攻读地质学研究生的哈萨克青年先后向苏
联国家图书馆出让了广州富桂堂刊印的民间说唱作品 110 多本，其中
有 54 个剧目，包括大棚戏 4 个、西秦戏 1 个、粤剧 49 个，如《打洞结拜》
《李密投唐》《李密中箭》《李密杀妻》《韩信问卜》《李克用充军》《秦琼救
驾》《秦琼卖马》《秦琼卖铜》《刘秀抢饭碗》《薛仁贵征东》《薛仁贵归家》
《斩薛丁山》《孔明借箭》《孔明借寿》《古城聚会》《渭水访贤》《六郎归天》
《六国封相》《八仙贺寿》《二下南唐》《闻太师回朝》等。

第十章　中苏(俄)医学交流

中苏(俄)两国医学领域的交流是两国文化交流的组成部分,两国医学各有专长,引起了对方的关注和学习。新中国成立后,向苏联派出了大量留学人员赴苏联学习医学,并邀请苏联医学专家来华帮助防治鼠疫和消灭血吸虫病等疾病。苏(俄)的神经外科和眼科技术水平很高,从20世纪50年代开始,中国就开始深入学习苏联神经外科的经验,20世纪80年代以来,中国医学界开始重视学习苏(俄)的眼科技术。为学习苏(俄)医学,中国还派出医学代表团赴苏(俄)考察学习,组织翻译了大量苏联医学著作。中医在苏(俄)很有影响,在中苏两国交往时期,苏联医学界主要向中国学习中医的针灸疗法和气功疗法。苏联解体后,俄罗斯出现了"中医热",中医、中药在俄罗斯受到欢迎,中医的推拿、按摩、食疗、药膳等也引起俄罗斯人的兴趣。截至2015年,中俄人文合作委员会卫生合作分委会已召开15次会议,规范和深化了两国的医学交流,尤其是在中医药和传统医学方面,两国合作迈出了重大步伐,两国的医学交流前景广阔。

第一节　苏(俄)医学在中国

苏联医学在许多领域居于世界领先地位,1949年后中国曾掀起学习苏联医学的热潮,苏联医学对中国医学的发展产生了较大影响。1991年后中国仍比较重视对俄罗斯医学的学习借鉴。中国主要通过派出医学留学人员赴苏(俄)学习、邀请苏(俄)医学专家来华、互派医学代表团或合办医学会议、译介苏联医学著作等方式学习苏(俄)医学。

一、派出留学人员赴苏(俄)学习医学

中华人民共和国成立之初十分重视对苏联医学的学习,向苏联派出医学留学人员是学习苏联医学的方式之一。在 20 世纪五六十年代,中国向苏联派遣了几百名医学留学人员。根据《留苏教育史稿》统计,中国分别向莫斯科第一医学院、莫斯科第二医学院、莫斯科化学制药工程学院、莫斯科中央医师进修学院、苏联医学科学院各研究所、莫斯科兽医学院、列宁格勒第一医学院、列宁格勒第二医学院、列宁格勒公共卫生学院、列宁格勒化学制药工程学院等苏联医学院校和科研院所派出了 300 多名留学人员。[①]

中国向莫斯科第一医学院派出了罗贤懋、马广恩、庄辉等 18 名大学生,沈渔邨、钱信忠、陆如山等 32 名研究生,赵天睿、魏振年、杨鼎颐等 7 名进修生。

罗贤懋,1956 年毕业于莫斯科第一医学院,后赴乌克兰科学院生理研究所攻读研究生,1962 年毕业,获副博士学位,回国后在中国医学科学院肿瘤研究所工作,主要从事肿瘤病因及预防研究。马广恩,1960 年毕业于莫斯科第一医学院,回国后在中科院上海药物研究所工作,主要从事生物医学研究,对石蒜科生物碱和水仙抗癌也有所研究。庄辉,1961 年毕业于莫斯科第一医学院, 回国后先在中山医科大学任教,1963 年调入北京大学医学部工作, 主要从事病毒性肝炎研究,2001 年当选为中国工程院院士。

沈渔邨,1951 年毕业于北京大学医学院,当年即获得留苏机会。1955 毕业于莫斯科第一医学院,获医学副博士学位。留苏期间,苏联《火箭》杂志曾把她作为封面人物并介绍其事迹。沈渔邨回国后在北京医科大学等单位工作,主要从事精神病学研究,1997 年当选为中国工程院院士,著有《沈渔邨教授从业五十周年论文集》(2004)和《沈渔邨院士集》(2014)等。钱信忠,1927 年在上海同济医学院学习,1932 年参加工农红军,1951 年赴莫斯科第一医学院学习,1955 年毕业后在列宁格勒军事医学科学院进修一年,当年被授予少将军衔,回国后历任中国人民解放军总后勤部卫

---

① 郝世昌、李亚晨:《留苏教育史稿》,黑龙江教育出版社,2001 年,附录。《留苏教育史稿》附录部分"五六十年代留苏学员名录"中包括了中国 20 世纪五六十年代赴苏学习医学人员的名单,但对赴基洛夫军事医学院留学的人员统计不够全面,个别人员的留学单位与实际留学单位不符。

生部副部长、军事医学科学院院长、中国卫生部部长等职。钱信忠是新中国医疗卫生事业创始人之一，曾任包括 90 多个分卷的大型医学专业工具书《中国医学百科全书》和 3 卷本《中国本草彩色图鉴》编辑委员会主编，著有《中国卫生事业发展与决策》(1992)及俄文著作《中华人民共和国的卫生事业》(1956)等 3 部。陆如山,1954 年留学苏联,1957 年获副博士学位,回国后先后在中国医学科学院四川分院和中国医学科学院放射医学研究所工作,主要从事放射生物学研究。

赵天睿,1941 年毕业于国防医学院,曾在莫斯科第一医学院进修两年,回国后在江西医学院工作,主要从事生物化学研究,著有《物质代谢》(1989)等。魏振年 1960 年赴莫斯科第一医学院进修,学习妇科内分泌专业,后在福建医学院附属医院工作。杨鼎颐为心血管疾病专家,1949 年毕业于西北大学医学院,1960—1962 年在莫斯科第一医学院进修心脏内科,曾获卫生部科技进步二等奖等奖项。

中国向莫斯科第二医学院派出了周雅德、和光祖、修瑞娟等 18 名大学生,李廷敏、陈公白、王琦芳等 30 多名研究生,陈质庵等 3 名进修生。

周雅德,1952 年赴苏联留学,1960 年毕业,回国后在重庆医科大学任教,曾任校长,主要研究儿科血液病,获得过苏联保健部科研成果一等奖。和光祖,1954 年赴莫斯科第二医学院学习儿科,1960 年回国后在西安医科大学从事小儿内科及小儿神经专业的医疗、教学和科研工作。修瑞娟,1955 年赴苏留学,1961 年毕业于莫斯科第二医学院,回国后在中国医学科学院工作,曾任该院副院长,主要从事微循环基础医学研究,她发现和总结的微循环血管变化规律广有影响。

李廷敏,1956—1960 年在苏联留学,获副博士学位,回国后先后在中国医科大学、辽宁人民医院等处任职,主要从事心胸外科的教学、科研与医疗工作。陈公白 1955 年毕业于上海第一医学院,后赴苏联攻读研究生,1960 年获副博士学位,先后在上海第一医学院、上海医科大学华山医院等单位工作,主要从事神经外科研究。王琦芳,1951 年毕业于中国医科大学,1956—1960 年在莫斯科第二医学院攻读研究生,获副博士学位,先后在中国医科大学附属第一医院和天津胸科医院工作,主要从事心血管内科医疗、科研和教学工作。陈质庵,1949 年毕业于西北大学医学院,毕业后在西安医学院工作,1956—1959 年在苏联进修学习儿科,对小儿结核病等有深入研究。

中国向莫斯科化学制药工程学院派出了马广恩等 3 名大学生,饶尔昌等 3 名研究生。马广恩毕业后继续在莫斯科第一医学院攻读研究生。饶尔昌于 1958 年留学毕业,回国后在中国医学科学院工作,主要从事药物合成的教学和科研工作。

中国向莫斯科中央医师进修学院派出了李甡、张璇、叶复来等 15 名研究生,周肃和张宗显 2 名进修生。李甡,中国预防医学中心(1986 年改称中国预防医学科学院)研究员,译有《确定大气污染物最高容许浓度(ПДК)的计算公式》(1980)、《大气致癌物卫生学研究的任务和方法学探讨》(1983)、《苏联农药的卫生标准》(1983)和《有机磷农药的代谢和选择毒性》(1989)等论文,撰有《苏联大气污染概况》(1978)、《苏联环境监测的概况》(1979)、《苏联近年出版的几本有关劳动卫生的专著》(1987)、《苏联的卫生保健事业》(1987)、《苏联劳动卫生科研机构的改革》(1990)、《苏联在劳动卫生和劳动保护领域内的改革措施》(1990)、《俄罗斯 1992—1995年卫生标准研制、重新审查的若干信息》(1994)等论文。李甡于 1983 年赴苏联参加了预防毒理学国际培训班,1984 年参加了在莫斯科举行的“合理利用有关评价化学品对人体健康和环境危害国际文件的方法学”研讨会,1989 年参加了在格鲁吉亚加盟共和国疗养城市茨哈洛杜伯举行的第 3 届全苏“医务工作者保健与劳动”学术会议。张璇,1951 年赴莫斯科中央医师进修学院留学,1956 年回国后在首都儿科研究所工作,主要从事儿童生理和儿童体格发育研究。叶复来,1954 年毕业于西北医学院,1960年毕业于苏联莫斯科中央医师进修学院,获副博士学位,主要从事内科学心血管病专业的医疗、教学与科研。

中国向苏联医学科学院各研究所派遣了袁承业、顾方舟、王新德等 70 名研究生,房益兰、吴洁如等 30 名进修生。

袁承业,1948 年毕业于国立药学专科学校,1951—1955 年在苏联医学科学院药物化学研究所学习,获副博士学位,1956 年回国后在中国科学院上海有机化学研究所工作,同年任中国稀土学会会长,发表学术论文300 余篇,1997 年当选为中国科学院院士,获国家自然科学奖二等奖等奖项。顾方舟,1955 年获苏联医学科学院副博士学位,回国后先后在中国医学科学院和中国协和医科大学工作,曾任院长和校长,主要从事脊髓灰质炎研究,为消灭小儿骨髓灰质炎做出了贡献,得到周恩来总理的褒奖。王新德,1950 年毕业于上海医学院,1956 年在苏联医学科学院神经病学研究所获副博士学位,回国后在上海第一医学院从事医疗、教学和科研工作,后调北京医院脑系科任教授。王新德对脑血管病、帕金森病、老年神经病学和神经心理学有较深的研究,在国内外杂志发表论文一百多篇,主编《脑血管疾病》(1962)、《老年神经病学》(1990)和 21 卷本《神经病学》(2002—2008)等著作。王新德曾获中国卫生部、中国科学院颁发的多项医学科技进步奖,参加过毛泽东、叶剑英等领导人的医疗专家组,还曾为越南领导人胡志明和黎德英诊病,两次获得中央保健委员会颁发的荣誉证书和奖状。

房益兰,1951 年毕业于西北医学院,1954 年赴苏联进修病毒学,后任西安医科大学教授,主要从事肿瘤病毒与免疫研究。吴洁如 1942 年毕业于武汉大学,1958 年赴苏联进修,1961 年回国后在湖南医科大学工作,主要从事病毒学研究。吴洁如曾参与长沙马王堆汉墓的考古工作,测出了马王堆西汉古尸的血型,被推选参编《长沙马王堆一号汉墓·古尸研究》(1973),此书在 1978 年全国科学大会上获集体奖。

中国向莫斯科兽医学院派出了马思奇、郭建钦等 8 名大学生,沈新义、倪士澄等 17 名研究生,周源昌、王洪章等 7 名进修生。

马思奇,1959 年毕业于莫斯科兽医学院,专长为兽医微生物学,曾任中国农业科学院哈尔滨兽医研究所所长,1988 年获国家科技进步三等奖。郭建钦,1959 年留苏毕业,先后在中国农业科学院兰州兽医研究所和农业部环保所工作,主要从事家畜口蹄疫研究和农业环境保护研究,译有波诺马廖夫(А. П. Пономарёв)的论文《口蹄疫病毒蛋白膜的结构》(1979)等,撰有《国外利用蚯蚓消除畜粪污染的情况》(1996)等论文,曾担任《俄英汉环境保护词典》(1996)主编。

沈新义,1955 年毕业于南京农学院,1960 年在莫斯科兽医学院获副博士学位,后进入第二军医大学,主要从事兽医临床检验诊断研究。倪士澄,1955 年毕业于南京农学院畜牧兽医系,1960 年在莫斯科兽医学院获副博士学位,后任浙江农业大学教授,主要从事畜禽消化和营养生理研究。

周源昌,1949 年毕业于北京大学农学院,1955—1957 年在莫斯科兽医学院等处进修,后任东北农业学院教授,主要研究兽医寄生虫病学。王洪章,1945 年到美国康奈尔大学兽医学院学习兽医学,获博士学位,1949 年毕业后在北京农业大学任教,1957 年被派往苏联进修, 主要从事兽医内科学的医疗、教学和研究工作。

中国向列宁格勒第一医学院派出了沈钰如等 3 名大学生,鄂征等 25 名研究生;向列宁格勒第二医学院派出了冯理达等 4 名研究生;向列宁格勒小儿科医学院派出了 2 名大学生,陈菊梅和秦伯益等 17 名研究生;向列宁格勒公共卫生医学院派出了吴中亮等 11 名大学生,张琪凤等17名研究生;向列宁格勒化学制药工程学院派出了姜芸珍等 13 名大学生,陈潇庆、计志忠等 13 名研究生;向列宁格勒医学科学院系统派出了梅镇彤等 16 名研究生,吴熙瑞等 10 名进修生。

沈钰如,1960 年毕业于列宁格勒第一医学院,回国后在上海建工医院工作,主要从事内科和核医学研究。鄂征,1955 年毕业于列宁格勒第一医学院,获副博士学位,回国后先在第一军医大学工作,1956 年曾随中国人民解放军军事医学考察团赴苏访问,任考察团翻译和秘书,后在北京市肿瘤防治研究所工作,主要从事癌变机理研究。

冯理达,爱国将领冯玉祥之女,新中国成立前学习中医,曾在迁往成都的齐鲁大学医学院学习,后赴美国加利福尼亚大学学习,1949 年被派往列宁格勒第二医学院留学,1958 年获副博士学位。留苏期间在列宁格勒的针灸班授课,把针灸运用于白喉免疫,在当时的苏联免疫学界产生了影响。冯理达毕业回国后在军事医学科学院工作,1972 年调入海军总医院,曾任副院长,主要从事免疫学研究,主编多部学术专著,3 次获军队科技进步奖。

陈菊梅,1958 年毕业于列宁格勒小儿科医学院,获副博士学位,回国后在解放军三〇二医院工作,主要从事传染病医疗、教学及科研工作,获军队科技进步奖多项。秦伯益,1955 年毕业于上海医学院,1959 年毕业于列宁格勒小儿科医学院,获副博士学位,回国后在军事医学科学院工作,曾任该院院长,主要从事毒物毒性学和神经性毒剂预防复方的研究,获国家科技进步奖等奖项多项,1988 年被授予少将军衔,1994 年当选为中国工程院院士。

吴中亮,1960 年毕业于列宁格勒公共卫生医学院,回国后在中国医学科学院工作,1976 年调入广州医学院,主要从事卫生毒理学和化学致癌分子生物学研究,与人合译俄文专著 3 部。张琪凤,1952 年毕业于山东医学院,1957 年在列宁格勒公共卫生医学院获副博士学位,回国后在中国医学科学院工作,1961 年调入浙江医科大学,主要从事劳动卫生与职业病研究和教学工作。张琪凤曾参加全苏尘肺会议,其论文《钢筋水泥尘在尘肺发生中的作用》被收录于苏联卫生出版社出版的《尘肺防治论文集》(1959)。

姜芸珍,1953 年考入上海医科大学,1955—1960 年在列宁格勒化学制药工程学院学习,回国后在中国医学科学院工作,1979—1983 年在美国做访问学者,曾参译《有机化学中的保护基因》(1984),参编《中草药现代研究》,著有《梁晓天院士集》(2014)等。陈潇庆,1951 年赴列宁格勒化学制药工程学院学习,获副博士学位,1955 年回国后在上海医药工业研究院工作,1965 年开始在四川抗菌素工业研究所工作,任《抗生素》杂志主编,曾赴苏联考察。计志忠,1952 年入朝参战,任中朝谈判代表团化验组组长,1960 年毕业于列宁格勒化学制药工程学院,回国后在沈阳药学院工作,创制药物多种,主编有《化学制药工艺学》(1996)等教材。

梅镇彤,1955 年毕业于苏联科学院巴甫洛夫生理研究所,获副博士学位,回国后在上海生理研究所工作,主要从事神经学研究。吴熙瑞,1950 年毕业于同济大学医学院,1957—1960 年留学苏联,获副博士学位,回国后在武汉医学院等处工作,主要从事生殖学研究。

此外,中国人民解放军从 1953 年开始向基洛夫军事医学院派出留学人员,至 1955 年已达 30 多名,如 1955 年赴列宁格勒基洛夫军事医学院留学的潘世征、涂通今、陈景藻等。1956 年 1 月,赴苏联访问的聂荣臻代表中央军委授予在列宁格勒军事医学科学院进修的钱信忠和潘世征少将军衔,授予涂通今上校军衔。

潘世征先在莫斯科中央医师进修学院学习,后转入基洛夫军事医学院,留苏期间学习普通外科,1956 年回国后在军事医学科学院任职,曾任副院长,撰有《忆陈东尧》(1964)。涂通今留苏时专攻神经外科,1955 年以学位论文《三叉神经节及其后根肿瘤的诊断和治疗》通过答辩,获副博士学位。1956 年回国后历任中国人民解放军第四军医大学校长、人民解放军总后勤部卫生部副部长和军事医学科学院院长等职,主持翻译和编译苏联神经外科著作多部,1964 年晋升少将。陈景藻,1954 年毕业于解放军第四军医大学,1955 年赴基洛夫军事医学院攻读研究生,1959 年毕业,获副博士学位,回国后在第四军医大学工作,主要从事理疗及防原医学的医疗、教学与科研工作,主编专著多部,1988 年被授予少将军衔。

中国还向列宁格勒兽医学院派出了大学生 3 名、研究生 2 名、进修生 1 名;向列宁格勒医师进修学院派出了大学生 1 名、研究生 9 名;向基辅医学院派出了大学生 1 名;向基辅神经外科研究所派出了研究生 1 名;向阿拉木图兽医学院派出了大学生 12 名;向喀山医学院派出了大学生 15 名。

苏联解体后,中国仍有不少留学生赴俄罗斯学医。中国教育部承认的俄罗斯专门医学院校有莫斯科医学院、俄罗斯国立医科大学、圣彼得堡国立医科大学等近 50 所。还有一些大学,如俄罗斯人民友谊大学的医学院系也接收中国留学生。由于俄罗斯医学在神经科、心脏科、眼科、口腔科和妇产科等领域居于领先地位,因此这些专业是中国留学生乃至其他国家留学生热衷选择学习的专业。

二、苏(俄)医学专家在中国

新中国成立后的中苏友好时期,中国学习西医主要是通过苏联进行的,尤其是苏联医学的专长,更是中国学习的内容。比如,中国医学界十分重视伊·彼·巴甫洛夫(И. П. Павлов,1849—1936)的学说,尤其是他的高级神经活动学说和条件反射理论。1957 年 10 月,中国国庆游行队伍高举的医学家画像中就有巴甫洛夫。新中国第一任卫生部部长李德全曾撰文指出:苏联的医学科学也是最先进的,它是建筑在辩证唯物主义的基础上,并根据理论和实际相结合的原则建立起来的。苏联先进的医学科学理论和技术,我国广大医学科学工作者也早已学习和运用。特别值得提出的是,由于许多医学科学工作者学习了巴甫洛夫学说和苏联医学各科成就,我国的医学学术思想起了显著的变化,使我国医学科学日渐巩固地奠定在辩证唯物主义的基础上。①

新中国成立后,鼠疫、血吸虫病、疟疾等病患在某些地区肆虐,中国邀请苏联专家帮助防治,取得了很大成效。苏联医学专家还帮助中国提高了神经外科和眼科等方面的技术水平,援建了北京苏联红十字医院,到中国医学院校做顾问或开班培养人才,为中国卫生事业的建设和发展做出了贡献。

苏联是鼠疫自然疫源地学说的创始国,鼠防工作走在世界前列。从 1947 年到 1949 年,苏联红十字会与红新月会每年都派遣防疫队到东北帮助防治鼠疫。东北解放后,由于鼠疫流行,苏联政府曾派遣以马意斯基(В. Г. Майский)为队长的三十多人的防疫队参加了东北地区的鼠疫防治工作并取得成效。新中国成立初,张家口以北地区发生肺鼠疫,威胁到北京和天津两市,党和政府把鼠疫列为甲级传染病。1949 年 10 月 28 日,毛泽东致电斯大林,请求苏联空运疫苗和血清,并另派一支防疫队到北京转赴张家口帮助防治鼠疫。因为马意斯基率领的防疫队正在返苏途中,

---

① 李德全:《学习苏联的先进工作经验,更好地建设我国卫生事业——为庆祝十月社会主义革命 40 周年而作》,《新中医药》,1957 年第 11 期。

斯大林接到毛泽东电报的次日即给毛泽东回电,决定向中国派遣防疫专家和防疫队并答应支援药品。10月30日,毛泽东再次致电斯大林,对苏联的帮助和支援表示感谢。中国政府成立了由董必武担任主任委员的中央防疫委员会,在各有关方面共同努力和苏联防疫队的帮助下,鼠疫疫情很快被扑灭,至11月4日即无新病例发生。1949年11月22日,中央防疫委员会、卫生部、外交部和中苏友好协会总会为完成防疫任务的苏联防疫队回国举行了联合欢送会,董必武主持并致辞,他代表中央防疫委员会等单位感谢斯大林和苏联政府对中国防疫工作的关心与帮助,并向苏联专家和防疫人员颁发了纪念章,赠送了礼品。此后,中国在苏联帮助下采取了有力的监测和控制措施,至1955年基本控制了鼠疫。20世纪60年代,中苏在鼠疫防疫方面进行了最后一次交流,此后交流中断,直到俄罗斯联邦成立后才得以恢复。

在防治血吸虫病方面,苏联专家也发挥了作用。1954—1955年,中国卫生部曾邀请苏联专家组帮助防治血吸虫病。苏联专家组组长波尔德列夫(Т. Е. Болдырев,1900—1984)经过实地考察,提出了中国防治血吸虫病的全面建议和具体措施。他还多次就苏联医学成就和血吸虫病防治问题作报告,中华人民共和国卫生部曾编选出版其建议和报告——《苏联专家Т. Е. 波尔德列夫建议和报告选集》(1956)。

在治疗疟疾方面,苏联也给予中国很大帮助。1956年4月至8月,中国卫生部邀请以伊萨耶夫(Л. М. Исаев,当时译为依沙耶夫)教授为团长的苏联保健部抗疟代表团在海南岛举办了高级抗疟干部培训班,为中方培训了69名抗疟干部。1956年8月,中国全国疟疾防治专业会议在广州举行,苏联抗疟代表团应邀出席了会议。经过考察、分析和研究,苏联抗疟代表团肯定了中国抗疟的一些积极做法,发现了一些问题,提出了消灭疟疾的相关建议,参与制定了中国消灭疟疾的具体规划,为中国消灭疟疾做出了贡献。中国卫生部卫生防疫司编写了《苏联防治疟疾代表团讲学集》,1957年由人民卫生出版社出版。

在神经外科方面,苏联具有丰富的经验,曾派专家帮助中国组建神经外科研究机构,培养相关医疗人才。1952年,天津市立总医院根据苏联神经外科经验率先建立了包括神经内科和神经外科的脑系科,赵以成担任科主任。同年,天津医学院成立,天津市立总医院改为天津医学院附属医院。1953年,卫生部在天津医学院开办了第一期神经外科学习班。1954年,北京医学院聘赵以成任教授,同时邀请苏联神经外科专家阿鲁秋诺夫(А. И. Арутюнов,1904—1978)到院任教。1954 年 12 月,北京医学院院长何穆会见赵以成和阿鲁秋诺夫,共商设立神经外科的有关事宜。在赵以成协助下,阿鲁秋诺夫举办了神经外科培训班,北京医学院选派了李通、柴万兴、陈炳桓、白广明、赵雅度、詹名抒、蔡振通、宋遵武 8 名学员参加,上海选派了蒋大介、杨德泰、俞少华 3 名学员参加,指定曾参加了天津医学院第一期神经外科学习班并已结业的李通担任班长。参加培训班的学员都是医生,因此他们边学习边工作。同年 12 月,阿鲁秋诺夫在北京医学院做了到中国后的第一次手术,李通担任第一助手。1955 年 1月,阿鲁秋诺夫参观了天津医学院附属医院的脑系科后,建议在北京建立神经外科研究机构,中国卫生部因此决定在北京同仁医院建立神经外科,这是北京第一个神经外科,也是全国第一个与神经内科分开的独立的神经外科。赵以成参与了北京同仁医院神经外科的建立并被任命为科主任。他让自己的第一个学生薛庆澄留在天津主持脑系科,让第二个学生王忠诚随他到北京工作。1955 年 7 月,阿鲁秋诺夫回国后,赵以成独自担任培训任务。1956 年,上海的 3 名学员从神经外科培训班结业并陆续返回各自医院发展神经外科。1960 年 3 月,北京宣武医院建立北京市神经外科研究所,赵以成任所长。作为中国神经外科的主要创始人,赵以成结合在加拿大留学时学到的神经外科知识,并努力学习苏联神经外科经验,为中国神经外科的创建和发展做出了贡献,由苏联专家和他指导培养的学员后来大都成为中国神经外科的骨干力量。

　　苏联医学专家对中国卫生事业的建设和发展发挥了作用。新中国聘请了包括苏联保健部副部长、学术委员会主席在内的大批优秀医学专家来华帮助中国建设发展卫生事业。弗·斯·贝科夫 (Ф. С. Быков,1891—1952,当时译为佛·斯·比阔夫)、科切尔金(И. Г. Кочергин,1903—1980,旧译柯切尔金) 以及波尔德列夫等就是援华苏联医学专家的杰出代表。贝科夫向中国医学界全面介绍了苏联保健事业的成就和经验,尤其对社会主义医学教育制度进行了较为详细的介绍,对新中国卫生事业的发展很有裨益。贝科夫于 1952 年去世,11 月 13 日《人民日报》刊载了《永远为中国人民怀念的苏联医学教育专家比阔夫》一文,对贝科夫表示悼念。科切尔金曾任中国卫生部苏联专家组组长,在中国工作期间经常赴各地参观考察,或者致力于卫生宣传教育工作,或者到医学院所了解防治各种流行病和寄生虫病的科研与临床治疗情况,或者考察学习中国针灸技术以便在苏联推广,为中苏医学交流发挥了作用。波尔德列夫在华工作期间,不仅向中国医学界系统介绍了苏联先进的保健组织工作经验,而且还经过实地考察,结合实际情况,针对新中国工业卫生工作、卫生监督、发展城市医疗预防网等方面提出了不少合理建议。

一些苏联医学专家还参加了新中国 12 年医学科学技术发展远景规划的制定工作,提出了许多宝贵建议。在苏联医学专家的帮助下,从 1953 年开始,新中国借鉴了苏联卫生保健事业的经验,逐步施行了国家卫生监督制度。在医疗预防工作方面,新中国结合实际并参照苏联经验,施行了划区医疗服务。在工业卫生工作方面,许多有条件的厂矿推行了苏联的车间医师制经验,提高了医疗保健水平和服务质量,更好地贯彻了以预防为主的方针。在医学教育方面,中央采取了"积极学习苏联先进经验,结合中国实际情况,进行教学改革"的方针,逐步确定了全国统一的专业设置和学制,制定了各个专业统一的教学计划和教学大纲,系统改革了高等医学教育的教学制度、教学组织、教学内容和教学方法,中国医学教育性质和整体面貌发生了根本变化。

苏联还帮助新中国建立了一所医院——北京苏联红十字医院,即现在的首都医科大学附属北京友谊医院。经毛泽东和斯大林商定,由苏联政府和红十字会援助,北京苏联红十字医院于 1952 年创建。这是新中国成立后党和政府在首都建立的第一所大医院,毛泽东、刘少奇、周恩来、朱德等领导人都曾为医院题词。1957 年,苏联政府将医院正式移交给中国,周恩来出席了移交仪式。1970 年,这所医院被周恩来亲自定名为"北京友谊医院"。从 1952 年至 1957 年,有 120 多位苏联医务工作者来到医院和中国医务工作者共同治疗了几十万病人,治好了很多疑难病症。1957 年,李德全撰文指出:"五年来,全国各地都有病人不远千里前来求医,或写信询问。经苏联专家们以卓越的技术治疗,病愈而幸福地回到工作岗位上的人们,纷纷写信向苏联专家们表示感谢。五年来,北京苏联红十字医院曾收到六万四千多封询问信和感谢信。此外,苏联医务工作者们对来院学习的中国医务工作者的关怀也是无微不至地,毫无保留地传授给他们以先进的医疗技术,帮助他们提高,培养了二百多名专科化进修医师。在医院工作的年轻大夫,在苏联专家们的帮助下,仅在 1956 年即写出了七十九篇论文。"①

---

① 李德全:《学习苏联的先进工作经验,更好地建设我国卫生事业——为庆祝十月社会主义革命 40 周年而作》,《新中医药》,1957 年第 11 期。

1956 年 3 月,苏联专家茹拉夫廖夫(Н. И. Журавлёв,当时被译为汝拉夫廖夫)、鲁宾施泰因(Ю. И. Рубинштейн,当时被译为鲁宾斯坦因)、塔拉诺娃(А. И. Таранова,当时被译为达拉诺娃)应邀到中国指导大骨节病的调查和研究工作。在 3 位苏联专家的指导下,中国卫生部组织大骨节病调查研究工作队到中国东北和西北地区进行了实地调查研究。3 位专家首先在长春听取了吉林省卫生厅关于该省大骨节病分布情况的汇报,并向长春市的医务工作者作了有关苏联乌洛夫病研究和防治的报告。工作队离开长春后到抚松县进行了调查研究,然后赴沈阳。3 位专家在沈阳听取了中国医科大学有关大骨节病病理学研究的介绍,并且作了报告。之后工作队抵达哈尔滨,3 位专家作了报告并听取了黑龙江省卫生厅关于该省大骨节病分布情况的汇报,并赴北安县进行了调查研究。工作队在抚松县调查时,被分成了流行病临床组、真菌组、病理组和生化营养组 4 个小组,在北安县进行调查时,被分成了流行病学组、临床检验组、X 光组、真菌组、生化组和病理组 6 个小组。4 月底,大骨节病调查研究工作队返回北京。5 月,为了解陕西省所发生的柳拐子病和侏儒病及其与大骨节病的关系,工作队又赴陕西麟游县进行了调查研究。苏联研究者谢尔盖耶夫斯基(Ф. П. Сергиевский,1894—1950)和茹拉夫廖夫等在 20 世纪 40 年代就提出了食物性真菌中毒学说,该学说认为乌洛夫病是由于患区居民食用了被镰刀菌污染的粮食而引起的慢性中毒。但工作队进行了粮食真菌分离鉴定、血清学反应、动物实验及现场换粮防治试验,均未得到有病因学意义的结果。尽管如此,这次调查仍对陕西省的地方病防治很有意义。通过工作队在麟游县对柳拐子病的调查研究,肯定在本县严重流行的柳拐子病和中国东北的大骨节病、苏联的乌洛夫病是同一种病,从此揭开了陕西省大骨节病全面研究工作的序幕。[①]

1956 年 6 月,中苏医学专家在北京举行了大骨节病座谈会。中华人民共和国卫生部医疗预防司编写了《大骨节病资料汇编》(1956),收录了大骨节病调查研究工作队的调研总结和大骨节病座谈会上中苏专家的报告共 10 篇,其中苏联专家的有 6 篇:科切尔金的《中华人民共和国卫生部首席顾问 И. Г. 科切尔金同志对我国防治大骨节病工作的建议》、塔拉诺娃的《中华人民共和国卫生部大骨节病调查研究队营养组补充发言》、

[①]　辛智科:《1956 年苏联医学专家在陕西调查地方病的情况》,《中华医史杂志》,2002 年第 4 期。

茹拉夫廖夫的《苏联乌洛夫病（卡辛－贝克氏病）的研究和防治经验》、鲁宾施泰因的《中华人民共和国卫生部大骨节病调查研究队真菌组工作补充发言》和《苏联研究乌洛夫病病因学的若干资料》及《苏联关于食物性真菌中毒病的研究》。

中国还聘请苏联医学专家到中国医学院校任职、任教或讲学，促进了中国医学院校的发展。戈兰金、聂陀切妥夫、伊里乔娃、安东诺夫、沃勒克、巴维斯卡娅、苏明等苏联医学专家都曾到中国医科大学工作。该校于1952年12月成立了学习苏联先进科学委员会，副校长陈应谦任主任，有组织、有计划地开展向苏联学习活动，推动新型正规化建设的进程。[①]中国医科大学还开办了巴甫洛夫学说学习班，学习巴甫洛夫的高级神经活动学说。中苏交往恢复之后，1986年5月，苏联运动医学专家、莫斯科州立体育学院运动医学教研室主任格拉耶夫斯卡娅（Н. Д. Граевская，1919—2008）教授等到北京讲学，参观了当时国家体委体育科研所、北京医科大学运动医学研究所和北京体育学院，并举行了一次座谈。

苏联和当代俄罗斯的眼科医疗技术水平很高，是中国学习的一个重点领域。苏联和俄罗斯的眼科专家曾帮助不少中国眼疾患者治疗眼病。1988年，莫斯科眼显微外科研究所的斯·尼·费奥多罗夫（С. Н.Фёдоров，1927—2000）教授在北京友谊医院为中国近视眼患者做了"径向角膜切开"近视眼矫治手术，使多数患者摘掉了近视眼镜。俄罗斯眼科专家杜申（Н. В. Душин，1947—　　）教授医术精湛，1992年到中国从事眼科医疗和研究工作，为中国很多眼疾患者带来了光明，为中俄医学交流做出了贡献，他因此于2009年获得了中国政府颁发的友谊奖。杜申是依托莫斯科人民友谊大学与哈尔滨第三医院开展的国际交流项目来到中国的，在大庆眼科医院的工作时间累计长达9年，进行了2000多例手术，治疗的患者约8万人次。杜申还为中国引进了3项治疗疑难眼病的新技术：后巩膜加固术、血管接通及淋巴吸附术和生物刺激术。后巩膜加固术采用生物和人工材料预防治疗进展性近视。从2000年开始，杜申为1500多名患进展性近视的青少年做了后巩膜加固术，有效预防和延缓了他们近视的发展。血管接通及淋巴吸附术主要是治疗视网膜色素变性，这一技术在

---

① 刘民安、钟振寰主编：《中国医科大学校史（1931—1991）》，辽宁科学技术出版社，1991年，第28页。

中国尚属空白,技术引进后,患者通过手术治疗,多数能保持术前视力。在后巩膜加固术领域,杜申为大庆眼科医院培养了7名专业医生,对为他做翻译的人员也耐心指导,不断丰富其眼科专业知识。杜申还经常为大庆眼科医院的医生开设讲座。他在诊断时总是随身携带相机,用来记录每个患者的眼疾状况,选择整理后用于讲座课件制作。在杜申的推动下,不断有俄罗斯学生到大庆眼科医院实习,中国学生也到俄罗斯进修学习。杜申积极推动中国眼角膜捐赠事业的发展。他说,目前中国有三百多万眼角膜患者急需眼角膜移植,但眼角膜捐献率很低,因此需要广泛展开宣传,改变人们的观念,提高眼角膜的捐献率。杜申教授是一位慈善的"光明使者",他非常关注中国农村以及弱势群体,积极参与医院的"扶贫济困光明万里行"活动,义务为眼病患者治病,遇到生活困难的农民,他自己掏钱代交医药费,被当地人亲切地称为"大庆的白求恩""来自俄罗斯的光明使者"。杜申教授还经常去幼儿园为小朋友们义诊,并告诉小朋友们该怎样保护眼睛,预防近视。①

三、互派医学代表团及合办医学会议

派遣医学代表团赴苏联是新中国学习苏联医学经验的方式之一。1949—1958年,中国方面向苏联派遣医学代表团27次,赴苏的医学界代表达339人。例如,1952年4月20日至11月19日,以张汝光为团长的中国卫生工作者代表团一行15人赴苏联进行了为期半年多的参观访问。代表团听取了苏联保健部长、局长及苏联专家有关卫生工作经验的专题报告50多次,参观了苏联城乡医学科学研究所21个、医学院校8所、医疗预防和卫生防疫及疗养等机构40个。代表团回国后,为了便于国内学习苏联医学经验,华东行政委员会卫生局编写了《全国卫生工作者赴苏参观团报告资料汇编》(1953),人民卫生出版社则出版了《中国卫生工作者首届赴苏参观团报告》(1954)。1955年,中国卫生部派代表团访问苏联,参观了在莫斯科举行的医药器械展览会。1956年,中国卫生部派代表团赴苏联参加了第14届全苏内科医师代表大会。中国人民卫生出版社曾出版《第14次全苏内科医师代表大会论文选集》(1958),译者是谢竹藩和田庚善,他们选译了安尼奇科夫(Н. Н. Аничков)等的有关动脉

---

① 杨军科:《传播光明,架起中俄友谊桥梁》,中国驻俄罗斯大使馆青年读书会会刊《白桦林》,2011年第4期。

粥样硬化及心肌梗死的研究论文 5 篇,书后附有全苏内科医师代表大会的大会总结和决议。

在派出医学代表团的同时,中国还邀请苏联医学代表团到中国访问、考察和讲学,据统计,从 1949 年至 1960 年,有近 20 个苏联医学代表团访问中国。

1955 年 1 月,根据中苏科学技术合作协定,苏联保健部派遣了以帕斯图霍夫(Б. Н. Пастухов, 当时被译为巴斯杜霍夫)①教授为团长的苏联医学专家代表团访华,主要任务是考察中国防治鼠疫和霍乱的情况、流行病学的研究工作及生物制品的制造工作,并且从中国带回一些菌种和生物制品进行研究。代表团一行 7 人,在中国考察了 3 个月,先后到北京、上海、武汉、长春和大连等城市参观考察,并参加了中国当年 3 月举行的第 2 届全国卫生防疫工作会议,帕斯图霍夫在会议上作了报告。在各地参观考察结束后,代表团于 4 月 15 日向中国卫生部提出了建议。

1955 年 10 月 30 日,以克洛特科夫(Ф. Г. Кротков, 1896—1983)教授为团长的苏联医学科学院代表团访问中国。代表团在华期间为中国医学界作了 100 多次演讲,听众达 5 万多人,举行 119 次座谈,有 3000 多人参加,还给 2 万多大学生作了 31 次报告。②代表团演讲的中心内容分为三大类:一是和平利用原子能及放射医学问题,主要介绍了原子时代医学科学的发展情况;二是治疗传染病、寄生虫病的经验,主要介绍了使用航空喷雾剂灭虫消毒经验,这些经验对中国当时治疗疟疾、脑炎等疾病具有现实意义;三是介绍苏联以巴甫洛夫学说为指导思想研究肿瘤、高血压及其他心脑血管疾病的先进经验。人民卫生出版社把代表团演讲成果有选择性地结集,出版了《苏联医学科学家代表团在华讲演集》(1956)。

1955 年 10 月,以米捷列夫为团长的苏联红十字会和红新月会联合会代表团应邀访华。代表团在中国红十字会总会作了报告,详细介绍了苏联红十字会和红新月会的组织结构、发展历程和主要任务,在上海向医务工作者和红十字会工作者作了关于卫生工作如何与红十字会工作结合问题的报告。代表团在充分肯定中国红十字会所取得的成就和中国红十字会工作者高度工作热情的同时,还对中国的红十字会工作提出了

---

① 帕斯图霍夫曾任苏联保健部烈性传染病管理局副局长,主编有《鼠疫防治》(1955)、《炭疽病》(1962)等。

② 陈海峰、刘学泽:《中苏医学交流简史》,《人民保健》,1959 年第 11 期。

意见和建议。访问期间,周恩来接见了代表团团长米捷列夫、乌克兰红十字中央委员会主席瓦·阿·潘顿科、白俄罗斯红十字中央委员会主席彼·伊·巴拉涅斯基。

　　1957 年 10 月,莫斯科制药学院院长多布雷尼娜(В. И. Добрынина,当时译为多勃雷尼娜)、莫斯科第一医学院助教特罗扬访华并受邀参加了中国国庆游行。1958 年,多布雷尼娜等再次访华,重点参观了中国中医研究院①针灸研究所,还考察了中医治疗糖尿病的经验。1958 年 4—5 月,苏联医学家尼阔诺夫、盖拉西敏柯、玛尔奇雅诺娃和普利什维娜一行 4 人到北京专门考察了中医治疗糖尿病的经验和疗效。北京市中医医院和北京市地方工业局职工医院联合组成经验介绍小组,向苏联医学家讲述了中医治疗糖尿病的经验。1958 年,苏联还派出了考察并帮助中国防治麻风病的医学代表团。1960 年 6 月,以季马科夫(В. Д. Тимаков,1905—1977)院士为团长的苏联医学科学院代表团访华,中国医学科学院院长黄家驷和季马科夫在北京签订了《中国医学科学院和苏联医学科学院在重大医学问题方面的科学合作协定》。

　　中苏两国卫生保健部门的领导在 20 世纪 50 年代实现了互访。1954年,中国卫生部部长李德全应邀访苏。1955 年,中国卫生部邀请苏联保健部部长科夫里金娜(М. Д. Ковригина,1910—1995)访华。访华期间,科夫里金娜介绍了苏联的医疗保健经验,向中国赠送了 1 台睡眠治疗机及其附件、1 套神经外科手术治疗用具、苏联妇幼保健图册、城市地区和儿童医院的建筑设计图草案、300 多册医学书籍、新制药剂以及教学挂图、卫生宣传册和连环挂图等。中苏卫生保健部门部长的互访为两国在医药卫生领域的进一步合作和发展奠定了良好的基础。

　　中苏医学交流到 20 世纪 60 年代中期基本停滞,直到 80 年代才开始恢复。20 世纪 80 年代后期,中苏医学代表团互访渐次增多。1988 年 12月,应中国医学科学院邀请,以苏联医学科学院院长杜克罗夫斯基博士为团长的苏联医学科学院代表团一行 6 人访华一周,参观了中国医学科学院的肿瘤所、心血管病所、药物所等机构并进行了学术交流。1989 年,中国派出代表团参加了在格鲁吉亚加盟共和国疗养城市茨哈洛杜伯举行的第三届全苏"医务工作者保健与劳动"学术会议。会上,中国预防医学科学院的李甡作了《我国医务工作者保健和劳动的若干问题》的报告,

---

　　①　中国中医研究院成立于 1955 年,在 2005 年建院 50 周年时更名为中国中医科学院。

浙江医科大学环境医学研究所赵正祺教授宣读了关于放射性因素对医务工作者的职业危害的论文,中国预防医学科学院劳动卫生与职业病研究所的李天麟、哈尔滨市卫生局的冯爱兰与哈尔滨市劳动卫生与职业病研究所的张秀芬联合提交了不同专业医务工作者所受职业性损害的卫生学调查报告。中国代表的报告和发言受到了与会者的广泛好评。1990年,黑龙江的中医药专家应邀赴苏联阿穆尔州、莫斯科等地进行中医的医疗、教学与科研工作,并开展经济技术方面的合作。同期四川省绵阳市与普希金的故乡普斯科夫市建立协作关系,中方派遣中医、针灸师去该市进行医疗与教学。1991年6月,中国中医专家代表团赴苏联莫斯科、明斯克、列宁格勒等地参观访问,考察讲学与医疗服务。

　　苏联解体之后,中国与俄罗斯联邦的防治鼠疫交流合作于1993年得以恢复,俄罗斯有多个代表团访华。1993年6月,俄罗斯鼠疫科学研究所所长纳乌莫夫、所长助理德勒慈多夫、流行病室主任卡库什根一行3人对中国鼠疫布氏菌病防治基地进行了访问和考察。1994年5月,俄罗斯西伯利亚—远东鼠疫防治研究所所长戈鲁宾斯基 (Е. П. Голубинский, 1934—)一行访问了中国鼠疫布氏菌病防治基地,双方商谈了科研协作的有关事宜,并于1996年11月在伊尔库茨克确定了开展中国和西伯利亚自然疫源地鼠疫菌生物学性状的研究。1994年5月,中国鼠疫布氏菌病防治基地邀请俄罗斯斯塔夫罗波尔鼠疫防治研究所叶夫列缅科(В. И. Ефременко)所长一行3人考察基地,双方签订了合作交流合同,内容主要包括:研究中国东北和俄罗斯高加索北部鼠疫菌传播媒介在鼠疫疫源地中的相互关系;研究从中国东北和高加索北部疫源地分离的鼠疫菌表型特征和遗传特性;在中国东北和高加索北部疫源地野外现场验证最新灭鼠和灭蚤药物;对中国东北和高加索北部鼠疫菌宿主和媒介的动物病学及生态学方面进行研究;互相交流工作经验,互相培养研究生。中国方面赴俄代表团的情况如下:1993年6月,中国鼠疫布氏菌病防治基地2名专业人员赴俄罗斯国家鼠疫防治研究所、斯塔夫罗波尔鼠疫防治研究所和西伯利亚—远东鼠疫防治研究所进行了访问和考察,对相关学术问题进行了探讨,并和斯塔夫罗波尔鼠疫防治研究所签订了相互培养研究生和进行科研协作的合同。1994年9月,卫生部地方病防治办公室的侯培森、全国鼠疫布氏菌病防治基地的张士义、卫生部外事司的俄语翻译王国芳一行3人参加了在俄罗斯斯塔夫罗波尔召开的国际蚤类学术研讨会,并同斯塔夫罗波尔鼠疫防治研究所签订了鼠疫布病防治科研合作合同,商谈了研究生培训等事宜。①2000 年 6 月,中国鼠疫布氏菌病防治基地高崇华等 4 人组成的考察组应邀对俄罗斯斯塔夫罗波尔鼠疫防治研究所和西伯利亚—远东鼠疫防治研究所进行了考察访问。

2007 年,俄罗斯医师在四川警察学院为中国法医举办了讲座,讲授法医鉴定问题,一百多名来自中国各地的法医参加了培训。俄罗斯专家组包括俄罗斯法医鉴定中心主任克列夫诺 (В. А. Клевно,1955—　)教授、脱氧核糖核酸检验专家巴·列·伊万诺夫(П. Л. Иванов)教授和人身鉴定专家阿布拉莫夫(С. С. Абрамов)。同年,中国代表团访问了圣彼得堡卡什金真菌学研究所、斯克利福索夫斯基医疗急救研究所和生产免疫生物学制剂的科研生产联合企业,该企业邀请中国专家参加了研制新型有效免疫生物学制剂和防流感疫苗研讨会。

在新中国成立初期,两国医学交流以中国学习苏联医学为主,因此两国合作召开的医学会议很少,多以中国医生赴苏联参加其医学会议为主,在华苏联医学专家只是顺便参加中国的医学会议。在苏联解体尤其是进入 21 世纪以后,两国合作召开的医学会议逐渐增多,两国医学专家就共同关心的医学问题展开了广泛的探讨和研究。

2001 年,中俄两国在北京广安门医院联合举办了首次中俄传统医学研讨会,中国卫生部副部长朱庆生、国家中医药管理局副局长李振吉和俄罗斯有关方面的官员出席了研讨会。来自中俄两国的专家围绕本国传统医学的现状及发展前景等进行了广泛的讨论。②

2008 年,第 3 届中俄药理学研讨会在哈尔滨医科大学召开,会议由中国药理学会和俄罗斯药理学会联合主办,哈尔滨医科大学承办,来自俄罗斯等国家和地区以及国内三十余所大学、科研院所的专家学者三百多人

---

① 浦清江、高崇华:《积极开展对外学术交流,促进鼠疫、布氏菌病防治事业发展》,《中国地方病防治杂志》,2001 年第 5 期。苏联解体之后, 中国与俄罗斯联邦的鼠疫防治交流合作还包括:1996 年至 1997 年, 中国鼠疫布氏菌病防治基地 3 名鼠疫专业人员相继赴俄罗斯斯塔夫罗波尔鼠疫防治研究所攻读副博士学位,于 2000 年学成回国。双方还合作开展了“鼠疫和布病实验室诊断技术”等课题的研究工作。1999 年 8 月,全国鼠疫布氏菌病防治基地在吉林省白城市召开了国际鼠疫防治战略研讨会。会议共收到俄罗斯、哈萨克斯坦、美国等国专家论文 30 余篇,国内专家论文 40 余篇,俄罗斯西伯利亚—远东鼠疫防治研究所及中国预防医学科学院等有关单位的专家学者共 40 人参加了研讨会,与会代表就鼠疫防治措施、防治战略、监测技术、分子生物学研究、国际合作的领域和途径进行了广泛研讨。同时基地与俄罗斯西伯利亚—远东鼠疫防治研究所签署了合作完成“鼠疫和布病实验室诊断技术”的科研协作协议书。

② 秦秋:《中俄传统医学研讨会举行》,《人民日报》,2001 年 10 月 29 日。

参加了会议。两国医学专家在会议上就儿童传染病、糖尿病、心脏病等问题进行了广泛的学术交流,探讨了国内外先进的实验技术及科研方法。哈尔滨医科大学是国内与俄罗斯医学界合作比较密切的医学院校,学校设有中俄医学研究中心,中心的血液病研究所和神经科学研究所设在附属第一医院,肿瘤研究所设在附属第三医院,医学影像研究所和肾病研究室设在附属第四医院。2014 年 4 月,俄罗斯莫斯科国立第一医科大学代表团访问哈尔滨医科大学,两校同意在教学、科研和医疗方面开展具体深入的合作,就学生互换、专家交流、科学研究等方面的交流签订了合作协议。

2015 年 6 月,"俄罗斯中医药立法与发展高峰论坛"在北京中医药大学举行。俄罗斯国家杜马医学委员会主席卡拉什尼科夫(C. B. Калашников,1951—　)和俄罗斯传统医学委员会主席弗·弗·叶戈罗夫(И. В. Егоров,1952—　)分别就"俄罗斯中医药发展现状"和"俄罗斯传统医学发展现状"作了报告,向与会者介绍了俄罗斯中医药及传统医药立法的现状。北京中医药大学校长徐安龙作了《关于俄罗斯中医药立法与推广的建议——基于世界各国中医药立法的比较研究》报告。①徐安龙从世界中医药立法现状及特点、中医药教育在推动立法中的作用、俄罗斯中医立法与推广的建议等方面进行了阐述,并倡议成立"俄罗斯中医立法与推广协调委员会",呼吁与会各方共同努力,让中医药造福俄罗斯人民。此次中俄双边高峰论坛规格高、成果丰硕,不仅加深了俄罗斯杜马对中国中医药法规和管理的深入了解,而且为两国搭建了就中医药立法和推广深入交流的平台, 同时还联合国内中医药高等院校组建联盟,服务于国家"一带一路"战略,真正使国家中医"走出去"战略落到了实处,充分显示了中医药的国际影响力。在本次论坛上,中俄双方达成了共建"'一带一路'中医传播与发展联盟"和"俄罗斯中医立法与推广协调委员会"的共识,并共同签署和发布了倡议书。

除上述学术会议外,2005 年, 中俄卫生合作分委员会第 5 次会议纪要介绍了中国与俄罗斯在传染病防治、传统医疗、临床医学交流等方面合作所取得的进展,并就在救灾医疗、药品监督管理和先进医疗技术与装备、养生保健和疗养、医疗保健,以及戒毒治疗等新领域的合作进行了广泛和深入的探讨。中俄双方一致赞同,要继续加强预防和控制传染病跨境传播的合作,制定救治医疗领域合作计划,探索建立药品和医疗器

---

① 　徐亚静:《俄罗斯中医药立法与发展高峰论坛举办》,《中国医药报》,2015 年 6 月 9 日。

械监督管理部门的直接合作机制,继续探讨中医师在俄罗斯执业许可制度,推动医疗保健和自愿性戒毒治疗方面的技术与经验交流,促进建立中俄友好医院等。北京市友谊医院院长刘建与俄罗斯皮洛格夫国家医疗外科中心副主任哈纳利耶夫共同签署了《在高级医疗技术领域的科学临床合作协定》。①

截至 2015 年,中俄人文合作委员会卫生合作分委员会已经举行了 15 次会议。2015 年中俄人文合作委员会卫生合作分委员会第 15 次会议纪要指出,2015 年,中俄双方在灾害卫生应急领域合作不断深入,并在中俄边境地区黑龙江省和哈巴罗夫斯克举办了灾害卫生应急联合演练,交流了经验,锻炼了队伍,提高了沟通协调水平;两国医科大学联盟举行了多场学术交流活动,涉及多个临床学科,参加联盟的医科大学达百多所;双方还在上海合作组织卫生部长会议和金砖国家卫生部长会议等机制下展开了合作,共同推动了多边框架下卫生合作的发展。双方定期交换传染病疫情,在传染病领域的合作不断加强。两国还在医药产品监管和打击假药方面加强了信息交流和沟通。此外,两国在传统医药领域交流活动也不断增加,合作不断深入。

四、译介苏联医学著述

在翻译苏联医学著作方面,20 世纪五六十年代及 80 年代,人民卫生出版社等出版了一大批苏联医学著作中译本, 内容涉巴甫洛夫及其学说、苏联卫生法规、医药卫生行政及设施、卫生学、妇产科学、儿科学、护理学、内科学、外科学、传染病学、病理学、人体免疫学、药学、药理学、毒物学、药剂学、医用微生物学、放射医学、眼科学、口腔学、皮肤学、神经病学、解剖学、法医学、军医学等各个领域和方面,还有一些医学工具书和手册、生理挂图等,为中国学习苏联医学提供了丰富的资料。

巴甫洛夫及其学说方面的译著主要有:《巴甫洛夫睡眠疗法原理浅说》(1951)、《巴甫洛夫学说学习提纲》(1954)、《巴甫洛夫在血液循环和消化方面的研究》(1954)、《巴甫洛夫的生平及其学说》(1954)、《巴甫洛夫的生平和事业》(1955)、《巴甫洛夫选集》(1955)、《巴甫洛夫学说的无神论意义》(1957)、《理论医学与实践医学中的巴甫洛夫学说》(1957)、《巴甫洛夫高级神经活动杂志译丛》(1955—1958 年出版 8 辑)、两卷本《巴甫洛夫生理研

---

① 郭力等:《中俄人文合作历史与现实》,黑龙江大学出版社,2013 年,第 215 页。

究所业绩》(1956、1959)、多卷本《巴甫洛夫全集》,等等。中国出版的研究巴甫洛夫及其学说的著作有几十部,如《巴甫洛夫学说的来源与发展》(1953)、《巴甫洛夫学说及其应用》(1953)、《巴甫洛夫学说在畜牧业上的应用》(1953)、《巴甫洛夫高级神经活动学说讲义》(1954)、《巴甫洛夫的睡眠学说与睡眠疗法》(1954)、《巴甫洛夫高级神经活动学说中级教程》(1954)、《巴甫洛夫和他的学说》(1955)、《高级神经活动生理学基础》(1957)、《巴甫洛夫学说思想》(1958)、《杰出的俄国生理学家巴甫洛夫》(1984),等等。

苏联卫生法规方面的译著有:《苏联医师的道德》(1957)、《苏联的医务干部政策》(1958)、《苏联卫生法规选编》(1958)等。

医药卫生行政及设施方面的译著有:《苏联的保健》(1949)、《苏联劳动者的保健》(1949)、《苏联保健站工作的组织》(1952)、《苏联保健工作》(1953)、《医院的保护性医疗制》(1955)、《苏联结核病防治所与工矿区结核病防治站的工作》(1955)、《医疗用电子仪器》(1956)、《医疗器械学》(1958)等。

卫生学方面的译著有:《妇女卫生》(1954)、《幼儿卫生学》(1957)、《一般卫生学》(1958)、《卫生学讲义》(1958)、《苏联专家妇幼卫生工作讲演集》(1959)、《卫生学总论实习指导》(1960)等。学校卫生和卫生教育方面的译著有《苏联学校卫生学》(1951)、《学校卫生学》(1954)、《卫生实习指导》(1955)、《卫生教育工作的组织和方法》(1955)等。

劳动能力保护和健康保护方面的有:《保持中年及老年高度劳动能力的方法》(1950)、《长寿的途径》(1954)、《健康与劳动能力的保护》(1955)、《疲劳及其防止法》(1957)、《三防条件下的居民卫生防护》(1983)、《心理·睡眠·健康》(1980)、《健康长寿之道》(1983)、《延年益寿的学问》(1984)、《怎样保持女性美》(1986)等。

劳动卫生学方面的有:《人民建筑工程中的医疗卫生工作》(1953)、《劳动卫生学与工业卫生》(1954)、《矿工劳动卫生》(1954)、《劳动卫生学》(1955)、《厂房空气中有害物质测定法》(1956)、《工业尘烟及有毒气体的分析》(1956)、《工矿劳动卫生检查方法》(1956)、《生产中呼吸器官的保护》(1958)、《劳动卫生学讲义》(1958)、《苏联采油工人的医疗卫生组织》(1958)、《工业烟气在大气中之扩散》(1959)、《电离辐射的化学防护》(1959)、《放射性物质工作人员的防护措施》(1959)、《放射性物质污染地面水的卫生防护》(1959)、《工业企业中有害气体与蒸汽的浅性比色分析法》(1962)、《人体中子组织剂量》(1979)等。

卫生检疫方面的有:《卫生检查法》(1957)、《实用工业卫生化学指南(有机化合物)》(1958)、《卫生分析》(1959)、《卫生学检查法》(1959)等。

妇产科学方面的译著有:《妇产科学》(1956)、《妇科学》(1956)、《产科学》(1957)、《妇科泌尿学概论》(1957)、《病理产科学概论及产科手术学》(1958)等。

儿科学方面的译著有:《乳幼儿疾病学》(1956)、《小儿外科学》(1956)、《儿科学基础》(1957)、《小儿疾病的理疗和物理预防》(1958)、《小儿传染病学》(1960)等。

护理学方面的译著有:《结核病护士工作指南》(1951)、《护理学与护理技术》(1952)、《一般护理学》(1957)等。

内科学方面的译著有:《内科学》(1955)、《内科诊断学》(1956)、《目前内科的重要问题》(1957)等。

外科学方面的译著有:《外科学》(1955)、《外科急症诊断概要》(1956)、《外科手术学及局部解剖学简明教程》(1957)、《热灼伤》(1958)、《实用神经外科学基础》(1959)、《神经外科手术学》(1962)等。

传染病学方面的译著有:《流行病学分析》(1955)、《传染病学》(1957)、《虫媒传染病自然疫源性的学说》(1957)、《骨髓灰质炎及其预防》(1958)、《痢疾的流行病学及预防》(1958)、《森林脑炎》(1959)、《重要急性传染病鉴别诊断表解》(1962)、《流行性感冒》(1963)等。

病理学方面的译著有:《病理生理学》(1955)、《濒死与临床死亡的病理学与治疗》(1957)、《局部定位和器官病理学问题》(1958)、《放射病理解剖学概论》(1958)等。

人体免疫学方面的译著有:《抗体形成和吞噬作用调节的神经反射机制》(1957)、《特异性免疫化学》(1963)、《传染病与免疫问题》(1964)等。

药学方面的译著有:《苏联药学介绍》(1956)、《药房内药品质量检定》(1956)、《成药分析》(1955)、《抗生素讲义》(1957)、《药物贮藏》(1957)、《有机药物化学》(1958)、《药事组织》(1959)、《抗菌素》(1960)、《实验化学治疗方法》(1963)、《药学经济学》(1989)等。

药理学方面的译著有:《药理学》(1955)、《神经系统药理学》(1955)、《新药药理学》(1957)、《临床药理学》(1959)等。

毒物学方面的译著有:《中毒和急救》(1953)、《工业生产中的有害物质手册》(1957、1958)、《苏联制定有毒物质生产安全水平的方法》(1979)等。

药剂学方面的有:《调剂学》(1956)、《药剂学》(1958)、《药物的拮抗作用及配伍禁忌》(1960)等。

医用微生物学方面的译著有:《实验微生物学》(1955)、《医用微生物学》(1956)、《卫生细菌学》(1957)、《铁细菌》(1957)、《纤维素微生物学》(1958)、《镰刀菌》(1958)、《肠道菌属非典型细菌》(1959)、《鼠疫细菌学》(1961)、《脊髓灰质炎病毒的组织培养研究》(1962)等。

放射医学方面的译著有:《放射医学》(1958)、《放射治疗学基础》(1959)、《放射性元素在体内的蓄积排除》(1960)、《电离辐射与遗传》(1961)、《放射性同位素剂量学》(1962)、《放射病发病机制、实验治疗、预防》(1964)、《放射性同位素从机体内的加速排出》(1977)、《辐射防护中的辐射致癌问题》(1988)等。

眼科学方面的译著有:《角膜移植手术》(1954)、《眼科学》(1955)、《眼科手术学》(1959)、《眼科诊断学》(1959)、《瞳孔正常状态及病理学》(1959)等。

口腔学方面的译著有:《临床牙体修复学》(1954)、《口腔内科学》(1958)、《口腔颌面外科学》(1958)等。

皮肤学方面的译著有:《皮肤性病学》(1956)、《放射性磷在皮肤病治疗上的应用》(1960)等。

神经病学方面的译著有:《神经病学》(1956)、《神经病护理学》(1956)、《神经精神病患者的门诊治疗》(1957)、《精神病学》(1957)、《中枢神经系统网状结构临床学和病理形态学概论》(1964)等。

解剖学方面的译著有:《人体解剖学》(1954)、《大脑形态与解剖学上的问题》(1954)、《人体解剖生理实验指导》(1956)、《解剖标本制作》(1956)、《人体解剖生理学》(1957)、《局部解剖学基础》(1958)等。

法医学方面的译著有:《死亡时间的法医鉴定》(1982)、《钝器伤的法医鉴定》(1982)、《法医鉴定在侦查中的应用》(1988)等。

军医学方面的译著有:《苏联助理军医医学百科手册》(1957)、《苏联军事医学简明教程》(1987)、《海员的机体功能状态和工作能力》(1988)等。

工具书和手册类译著有:《苏维埃社会主义共和国联盟国家药典》(1959)、《苏联常用处方手册》(1955)、《医师处方手册》(1956)、《苏联医务区医务工作者诊疗手册》(1957)、《工业卫生化验手册》(1957)、《儿童教养机构医务人员手册》(1958)、《急救常识手册》(1959)、《临床医师医疗手册》(1959)、《放射性辐射防护手册》(1959)、《性病和传染性皮肤病防治手册》(1959)、《医师药物手册》(1961)、《托儿所和保育院婴幼儿教养手册》

(1961)、《投射同位素毒理学手册》(1965)等。

　　生理挂图有:《人体解剖生理学挂图 (第一辑)》(1958)、《人体解剖教学挂图 (每套40张)》(1958)、《膈神经外科解剖图谱》(1960)、《胃和十二指肠黏膜病理组织学图谱》(1982)、《临床神经解剖学图谱》(1984)等。

　　据统计, 仅人民卫生出版社从1953年到1958年期间就翻译出版了苏联医药卫生书籍共628种, 占该出版社书籍种数的22.9%, 发行了438000册,占该出版社发行总册数的12.8%,字数达9312万字,为该出版社总字数的39.8%。①

　　在这些译著中有一部分是医学教材,1953—1958年中国翻译出版的苏联高级医学教材150多种, 占全部苏联医药卫生译著种数的近四分之一。中国高等医学院校在翻译苏联医学教材方面发挥了较大作用。例如,中国医科大学从1952年11月开始,以俄文速成班的形式,组织教师学习俄文,掌握向苏联学习的工具,组织翻译苏联医学教材,由人民卫生出版社出版发行。按中国卫生部卫生教材编委会下达的任务,中国医科大学共完成了19个学科,8726页,770万字的翻译任务。中国医科大学在翻译和使用苏联教材的过程中,积累了一些体会,在卫生部委托下,为全国高等医学院校医疗系制定了适合培养目标、教学计划及学生水平要求的教学大纲。《中国医科大学校史(1931—1991)》评价指出:"……当时在国家尚无通用教材的情况下,学校译出并出版的各学科教材,在校内外起到一定的积极作用。我们的教师在翻译和使用苏联教材中,也经受了锻炼,增长了才干,提高了水平。"②

　　中国医学界还翻译了大量苏联医学论文,撰写了一些研究论文。以苏联医学史方面的论文为例,据上海中医学院历史博物馆编写的《中文医史文献索引(1792—1980)》(1986)统计,1953—1980年,中国医学界翻译或撰写的苏联医学史论文有120多篇,分别发表在《中华医史杂志》《医学史与保健组织》《俄文译丛(医学文献)》《健康报》《人民日报》等报纸杂志上。例如,霍儒学译的马拉霍夫斯卡娅(Н. П. Малаховская)的《关于沙皇俄国动员居民参加医疗设施的工作的问题》(1953)、苏联驻华大使馆提供的《苏联胸部外科的成就》(1954)、彭先导翻译的扎布卢多夫斯基(П. Е.

---

　　① 陈海峰、刘学泽:《中苏医学交流简史》,《人民保健》,1959年第11期。

　　② 刘民安、钟振寰主编:《中国医科大学校史(1931—1991)》,辽宁科学技术出版社,1991年,第29页。

Заблудовский)的《莫斯科封建统治时期的医学》(1957)和《封建制度前期
和封建制度时期苏联各民族医学的发展》(1957)、黄俊华译的基里亚诺夫
(А. П. Кирьянов)的《四十年来苏联在药用植物方面的成就》(1957)、刘
义和李殿柱译的马卢阿诺娃(О. П. Малуанова)的《苏联四十年来小儿营
养学的发展》(1957)和亚诺夫斯基(Д. Н. Яновский)的《苏联四十年来临
床血液学的成就》(1957)、王瑞年译的帕夫连科(С. М. Павленко)的《祖国的
病理生理学——为纪念伟大的十月社会主义革命40周年而作》(1958)、
未先知译的拉耶乌诺娃(И. Г. Лаеунова)的《十月革命后40年来苏联放
射学的伟大成就》(1958)、张志光译的菲拉托夫(А. Н. Филатов)的《近
40年来苏联的输血事业》(1958)、胡昌之译的菲古尔诺夫 (К. М.
Фигурнов)的《四十年来苏联妇产科学的发展》(1958)、徐晓川和关惠连译
的莫尔恰诺娃(О. П. Молчанова)的《苏维埃政权40年中人类营养科学的
进展》(1958)、沈政的《巴甫洛夫学说的某些进展(综述)》(1979)、郑汉臣的
《苏联近十年来药用植物研究概况(综述)》(1980),等等。

　　另外,《中文医史文献索引(1792—1980)》一书收录的关于中苏两国
医学交流的论文和译文有40余篇, 如林印的《一年来的北京红十字医
院》(1953)、刘同记录的耿鉴庭讲的《苏中两国医药文化的密切联系和交
流史实》(1958)、赵以南的《十年来巴甫洛夫学说在我国的成就》(1959)、
陈海峰和刘学翻译的《中苏医学交流简史》(1959)等。

第二节　中医在苏(俄)

　　中医在苏(俄)广有影响。早在19世纪初,塔塔里诺夫、科尔尼耶夫
斯基和基里洛夫等俄国医生就开始向俄国民众宣传中医。苏联医学家对
中医也十分感兴趣,他们认为中医是世界上最古老的医学。

　　新中国成立后,中国实行向苏联"一边倒"的外交政策,苏联医学界
有了学习中医的便利条件。苏联保健部部长科夫里金娜1955年访华期
间, 曾专门参观一些中医医疗和研究机构并表示说:"我对中医研究工
作是没有任何怀疑的,我知道中医中药对我们保健工作是重要的,我已
提出要派专家来学习。"[①]苏联主要学习中国的针灸、气功、推拿等疗

---

　　① 李德全:《学习苏联的先进工作经验,更好地建设我国卫生事业——为庆祝十月社会主义革
命40周年而作》,《新中医药》,1957年第11期。

法,同时也重视对中医药用植物的研究,如人参等。到中国与俄联邦关系时期,两国医学交流力度逐渐加大,俄罗斯在继续重视针灸、气功、推拿等疗法的同时,还对中国的食疗、药膳、藏医药等很感兴趣,并采取灵活的政策,制定了相关法规,与中国在中医药、传统医学等领域展开了全面合作。

一、针灸、气功和推拿在苏(俄)

苏联小白桦舞蹈团的弗拉基米罗夫(旧译符拉吉米罗夫)患有左手肌肉萎缩症,1956 年来华时经宋振寰和韩刚两位中医大夫针药兼施为他治疗后得以重新走上舞台,继续演奏他擅长的三角琴。这一消息在苏联引起了较大反响,此后不断有苏联医师到中国考察和学习针灸。

苏方曾派出沃格拉利克(В. Г. Вогралик)、鲁谢茨基(И. И. Русецкий)、沃洛申(Я. М. Волошин)等组成的专家团到中国考察和学习针灸,1956 年回国。1956 年,德柯琴斯卡娅(Э. Д. Тыкочинская,当时译为特科琴斯卡娅)、乌索娃(М. К. Усова)和奥新波娃(Н. Н. Осипова,当时译为奥西波娃)3 位苏联医师在中国考察学习了 3 个月,在中国中医研究院跟随针灸学家朱琏学习针灸,并参加了中国中医研究院针灸研究所的临床治疗。[①]3 位医师回国后,将针灸疗法应用于临床,收到良好效果,并且在苏联的 1957 年 6 月号《知识就是力量》杂志上发表《针灸疗法》一文,介绍治疗情况。[②]1957 年,苏方再次派遣德柯琴斯卡娅、乌索娃和奥新波娃来华,考察中国针灸事业的发展状况。此后,北京中医学院、黑龙江中医学院等单位相继为苏联医师的针灸培训做了大量工作。[③]这些医师回国后分别在莫斯科、列宁格勒和喀山的医学院工作,成为苏联时期针灸临床教学与科研的骨干。与此同时,苏联方面邀请中国中医针灸师去莫斯科等地开办针灸教学班,每期 3 个月左右。例如,1956 年在莫斯科举办的针灸教学班,招收了来自莫斯科市区和郊区的百余名学员,主要是一些神经科医师,因为他们具备经络和穴位的基础知识,更容易学会。20 世纪 60 年代,苏联医师进修学院在莫斯科、列宁格勒、喀山等 9 个大中城市开办了针灸医师训练班。

---

① 《三位苏联医师来我国考察针灸疗法》,《中医杂志》,1956 年第 6 期。

② 邵之华:《针灸疗法在苏联》,《中医杂志》,1957 年第 11 期。

③ 杨德利、刘家瑛、王雪苔:《苏联针灸医学概况》,《中医杂志》,1992 年第 2 期。

　　通过派遣医师到中国学习针灸和在国内展开针灸专业医师培训,苏联储备了一批针灸人才,在保健部和医学科学院所属机构成立了针灸研究机构,在莫斯科、列宁格勒和喀山组建了3个针灸培训研究中心,首批在中国学习针灸的人员被委以要职和重任。后来陆续在苏联各加盟共和国的医学研究所、高等医学院校建立了针灸科研机构,许多神经科专家、神经生理学家、生物化学家被调至这些研究机构,国家给予其良好的工作条件,鼓励他们积极从事针灸基础与临床研究。科切尔金教授的《针灸疗法的研究在苏联》一文指出:"在苏联对针灸疗法进行研究的单位有莫斯科苏联医学科学院精神病学院反射疗法实验室、列宁格勒别赫节列夫神经精神病学院针灸疗法实验室、高尔基市医学院附属医院内科教研室、喀山市医师进修学院神经病教研室,他们在实验研究及临床治疗方面都做了不少工作……从事这个科学实践工作的主要方向是阐明针灸疗法的神经生理学机制,研究这一疗法在临床应用方面的适应症和禁忌症。"[1]在苏联针灸研究机构中,以莫斯科医学科学院针灸研究所规模最大,专业技术人员最多。该研究所位于市中心区域,包括针灸门诊与基础实验室两个部分,针灸门诊是一个独立楼房,有十几个诊室和教学用教室,治愈了很多病人,基础实验室位于门诊楼旁边的另一楼房内,有各种生理、生化检测实验设备,开展各种与针灸相关的实验研究。

　　在苏联保健部科学委员会通过了在医疗实践中实行中医疗法的决议后,苏联保健部于1957年制定了《针灸疗法暂行使用条例》,1958年修订后颁布了正式的《针灸疗法使用条例》,其总原则是鼓励各级医疗机构应用针灸治病防病,但对针灸医生的条件有严格规定:只有医学院毕业后从事神经内科专业工作的医师经专门的神经内科专业进修后,才有资格学习针灸,经过医学院针灸学习班3个月以上的学习后,才能取得针灸医师许可证从事针灸医师的工作,这个规定一直延续至今。

　　为了加强针灸的科研和管理,苏联保健部于1957年成立针灸疗法生理研究所,领导与推广中医及针灸,在莫斯科博特金医院设立了专科,委任格拉先科夫(Н. И. Гращенков,1898—1965)教授为中医理论基础研究室领导人,然后在医师进修学院等20多个医疗机构设立专科进行推广。苏联实验利用中医疗法给支气管气喘患者、末梢神经系统患病者、血管病患者和中枢神经系统患病者进行治疗,治愈率达70%,得出了与中国

---

① 《苏联研究针灸疗法的动态》,《中医杂志》,1960年第1期。

医学界所提供资料一致的数据和结果。

1971年,苏联保健部规定了针灸疗法的适应症与禁忌症,但不具有强制性。当时的苏联保健部部长、科学院院士彼得罗夫斯基(Б. В. Петровский,1908—2004)指示要进一步研究针刺疗法及其临床疗效。彼得罗夫斯基认为针灸镇痛效果好,因而倡议全苏各外科研究所均成立针刺镇痛小组,对针灸麻醉展开深入研究,把针灸当作复合麻醉的组成部分,用针刺配合少量麻醉药、肌松剂以加强麻醉效果。他还倡议在治疗外科疾病如尿路结石、急性创伤、感染、嵌顿疝、胆囊炎时也试用针刺,并指示要用现代医疗技术和实验结果去评验古人的结论,以便发展创新。

1973年,苏联保健部下达了《继续扩大针刺疗法的临床应用范围及其研究工作》的文件,针灸适用的范围有所扩大。1976年,苏联保健部在莫斯科组建了反射疗法中央科学研究所,并在全苏建立了120多个分支机构。20世纪70年代后半期,苏联医学科学院提出了发展针灸疗法的具体计划,计划到1980年把接受针刺疗法培训的医生人数增加2倍,使各地医院的针灸科室增加5—6倍,以便用针灸治疗更多的病人,针灸科研机构也要完成更多的科研任务。

按照既定计划,从20世纪80年代开始,针灸在苏联的应用范围更加广泛,苏联各地专门从事针灸临床的医生接近2万人,占全苏医师总数的1.5%~2%。[1]苏联建有7个正规的反射疗法教学中心,分设于哈尔科夫、喀山、基辅、列宁格勒、莫斯科、塔什干、符拉迪沃斯托克。此外高尔基市、阿拉木图、赤塔、阿尔玛维尔也有针灸教学机构。这些中心定期培训针灸人才,教授现代反射疗法,也讲授古典针灸术(中国针灸)与中医,教材来源于中国中医著作的俄文版,还有不少自编教材。[2]80年代中期,苏联还建立了十余所针灸专门学校,如1984年创建的列宁格勒针灸学校等。同时,苏联继续派遣医学专家到中国学习针灸,如莫斯科反射疗法科学研究所研究员德米特里耶夫(В. К. Дмитриев)等专家于1985年曾在南京中医学院举办的国际针灸班进修,进行了为期3个月至1年不等的针灸理论和实践学习。

苏联各地医院的针灸诊室配备齐全,配有针灸挂图、常备针具和各类

①　杨德利、刘家瑛、王雪苔:《苏联针灸医学概况》,《中医杂志》,1992年第2期。

②　"中医药在俄罗斯与苏联各国",中医中药秘方网,http://www.21nx.com/jkw/zybk/1/4/z-15566.htm。

物理疗法器具,针灸医疗涉及内科、外科、妇科、儿科等各临床科室。苏联医学科学院全苏外科研究中心下设针灸麻醉、手术后康复及疼痛治疗部,以针灸为主要医疗手段。莫斯科第一医院针灸部比较有名,在编的具有高级职称的针灸师就有 8 名。莫斯科近郊的一个疗养院,几十年都将针刺作为综合康复治疗的主要措施。有的针灸医疗机构还开展了用针灸治疗近视眼和眼肌疲劳的实验,针刺治疗儿童假性近视 201 例,90%有效,其中 58%显效,随访 2 个月,仍有 90%维持疗效。据统计,苏联针灸的应用范围已经远远超出世界卫生组织(WHO)公布的 43 种疾患。根据1987 年苏联针灸类杂志发表的论文来看,针灸疗法能够治疗低血压、中风、脑震荡后遗症、头疼、更年期综合征、神经衰弱、高血压、心律失常、各种内科病等多种病患,在苏联取得了十分显著的治疗效果。[①]苏联时期许多开展针刺治疗的医院还用于治疗癌症疼痛、过敏性疾病、神经功能性疾病、支气管哮喘、顽固性湿疹、用脑过度产生的头痛、失眠等病症,妇科方面用于痛经、月经不调、不孕症、输卵管炎、盆腔炎、更年期综合征等,产科方面用于妊娠呕吐、水肿、蛋白尿、保胎、引产、助产等。针灸的保健作用也受到重视,1990 年苏联国家宇航局发现在失重情况下针刺可以减轻人体不适,调整酸碱平衡与血钙水平,所以将针灸作为宇航员的特殊保健疗法。[②]

莫斯科、列宁格勒、基辅、明斯克等大中城市相继成立了针灸学会,会员人数众多并经常举行针灸学术讨论会。从 20 世纪 50 年代起,苏联地区性、全国性的针灸会议频繁召开,交流大量临床资料、基础研究成果、新的针灸技术和仪器的推广经验。1959 年,首届全苏针灸学术讨论会在莫斯科召开,随后分别在高尔基市、喀山市、列宁格勒市召开了 3 次同等规格的针灸学术会议。从 1981 年起,苏联每年召开一次全苏针灸大会,与会代表在 400—600 人之间,并邀请国外专家莅临指导,开办专题讲座,每次会议均依针灸疗法发展的需要拟定主要议题。

俄罗斯联邦成立后,随着俄罗斯医疗事业的逐渐发展,俄罗斯医学界更加重视对中医的学习和借鉴,针灸、中药、气功、按摩、藏医药、食疗等都在俄罗斯产生了广泛的影响。针灸依然是俄罗斯医学界学习的重点,并结合传统的反射理论进行研究。在俄罗斯的各个城市医院中大都有针灸专业医师,阴阳图已经成为针灸科室门口特有的标志。俄罗斯普

---

①② "中医药在俄罗斯与苏联各国",中医中药秘方网,http://www.21nx.com/jkw/zybk/1/4/z-15 566.htm。

通民众所了解的中医药学就是针灸学,他们通常仅把针灸学称为中国传统医学。俄罗斯教育部、卫生部已将针灸学及其他传统医药学治疗方法归入康复医学专业。①

在俄罗斯医学界,针灸的使用范围更加广泛,受治者包括各个年龄段的人群。俄罗斯医学界甚至将针灸疗法用于戒烟、戒酒和解毒。但俄罗斯各级医院中从事针灸工作的医师都来自神经科,由于长期以来受针刺治疗和神经反射相关理论的影响,俄罗斯针刺治疗的疾病主要是以神经科疾病为主,而且在治疗某些病症时存在一些片面认识。例如,许多俄罗斯医师都认为脑血管意外(脑中风偏瘫)患者发病后的最初半年内不能接受针刺治疗,而这半年时间则往往是针刺治疗脑血管意外最有可能取得疗效的时间。俄罗斯针灸医师目前经常采用的针刺方式主要有体针、耳针、手针3种。②

在针灸学教育方面,苏联和俄罗斯都比较重视。苏联时期创办的针灸学校在针灸教学时分中医与西医两类。中医类讲述在中医理论指导下的针灸疗法,如经络、胸穴、辨证取穴、补泻手法等,同时也介绍灸术、拔火罐、穴位指压法、推拿按摩等。中医基础理论课一般不作为重点,因为多数学员难以掌握,教师多强调痛点治疗和神经走向,寻找相关的生物活动点。西医类称为现代反射疗法,其所修科目包括生理、解剖、生化和西医临床课程,尤其重视神经科知识和巴甫洛夫的学说。因此,在苏联医学界出现了不同的针灸流派。有些流派抛开中医理论,用神经反射理论指导临床医疗,而且认为神经反射理论优于中医传统针灸理论,有些流派则较为重视在中医理论指导下施针,主张循经取穴。

俄罗斯针灸学会是世界针灸学会联合会的重要成员,每一两年举行一次全国性针灸学术交流会。俄罗斯卫生部下设传统医学教研室7个,反射疗法教研室8个,手法疗法教研室5个,自然疗法、草药疗法和顺势疗法教研室3个,针刺疗法进修机构25个,手法疗法进修机构23个,草药疗法和顺势疗法进修机构各3个。2000年,在这些机构受到传统医学专业培训的医生达4500名。另外,有24所医科大学开设了针灸课程,在医学院系设有25个针灸教研室。③近年来,俄罗斯与中国合办了中国医

①②　张文彭、Е. В. Владимирский、С. А. Владимировна:《俄罗斯传统医药学概况》,《亚太传统医药》,2008年第6期。

③　潘艳丽:《中医药在俄罗斯发展历程及应用现状》,《中医药国际参考》,2006年第8期。

学教育中心,使用中国编写的专用教材,聘请中国教师讲授,由中方举行考试,这种模式对俄罗斯的包括针灸在内的中医教育产生了较大的促进作用。

1956 年,中国北戴河气功疗养院院长刘贵珍在中国《友好报》发表了关于气功治疗肺结核的文章,苏联克里木太阳疗养院的医务人员在看到之后致信刘贵珍,请他详细介绍气功疗法。刘贵珍回信介绍了自己的气功疗法经验,并寄给苏方一本译成俄文的《气功疗法》。1957 年 4 月,太阳疗养院在综合治疗肺结核病人过程中第一次采用了气功疗法。此后苏联各地经常有人写信给太阳疗养院,要求介绍中国气功治疗的方法,并期待能够得到在家庭应用气功疗法的指导。为此,太阳疗养院的医师们出版了一本关于中国气功疗法的小册子,其中不仅讲到气功治疗的方法,也讲了治疗效果。[①]

为了推广气功,1988 年,苏联成立了武术气功协会,并在全苏各地成立分会。首任武术气功协会主席是曾任全苏拳击协会主席的斯维里多夫(Г. И. Свиридов,1927—2014),他本身是气功疗法的受益者,因此身体力行积极推广气功。

1989 年,由冯理达、刘少斌等组成的中国气功代表团访苏,在莫斯科、列宁格勒等城市进行考察、讲学和巡诊。当地电台和电视台进行了报道,有的电视台还安排了固定节目,播放气功套路。1990 年 7 月,应苏联保健部邀请,中国传统医疗技术交流代表团访苏,骨科专家和气功师何天祺、针灸专家周荣兴等人的精湛技艺受到好评,苏联国家电台和《真理报》等媒体作了大量报道。何天祺用气功和推拿疗法,辅以药酒和膏药,综合治疗颈椎病、腰椎间盘突出等病症,收到了很好的治疗效果。

苏联解体后,中国时常有气功专家和相关团体赴俄罗斯教练气功或进行友好交流。2012 年,梅墨生应俄罗斯汉学家、《气功》杂志主编魏德汉(Б. Б. Виногродский,1957—　　)邀请赴俄罗斯教练气功,并记有日记,发表于《武当》2013 年第 3 期和第 4 期。2014 年 11 月,满洲里市太极拳、健身气功代表团一行 10 人赴俄罗斯赤塔市进行了友好交流活动。2015 年 6 月,莫斯科中国文化中心举办了 2015 年度首期健身气功培训班,有 27 名学员报名学习。由国家体育总局健身气功中心选派的李伟和王静两位教

---

① 李向欣:《中苏友好小插曲——气功疗法在苏联克里木疗养地》,《首都医药》,2009 年第 19 期。

练赴俄授课。在为期 5 天的培训中,两位教练向学员介绍了健身气功知识,认真细致地教授了八段锦和五禽戏两种功法。①

俄罗斯人对中医按摩治疗比较认可,尤其是中国中医医师王世和为叶利钦做保健治疗取得成效之后,中医按摩在俄罗斯更受欢迎。1994 年,经有关部门介绍,王世和应邀到俄罗斯总统府为包括叶利钦在内的俄高级官员做保健按摩大夫,成为中国第一位为俄罗斯总统做保健工作的中医师。王世和摸索了一套集现代反射学、脊椎矫正学、现代康复术和传统按摩指法于一体的推拿正骨疗法。该疗法被称为"王氏指法",对许多疑难病症都有显著疗效或明显的缓解作用。为了让俄罗斯人更好地了解中医,为广大的俄罗斯患者解除病痛,王世和还在莫斯科筹建了中医中药治疗中心。

继王世和做叶利钦保健按摩大夫之后,1996 年,叶利钦访华期间中方组织中医为他调养、按摩、治疗,并专门为他设计了一套健身体操。经过一段时间疗养,叶利钦的健康状况大为改善。叶利钦在辞去总统职位之后,2001 年,应中国领导人之邀在葫芦岛进行了一次治疗性休假旅游,收到了很好的效果。叶利钦还曾练气功并聘请中国气功师做教练。有关叶利钦在中国接受中医治疗的报道频频见诸俄罗斯各大媒体,俄罗斯出现了一股"中医热"。

资料显示,截至 1991 年,中国东北三省已在苏联境内建立了近百个中医药服务网点,多数在 1985—1990 年间建立,以苏联亚洲部分为主,每年诊疗病人约 20 万人次,并负有带教培养苏联基层中医药人员的任务。新疆地区则到哈萨克斯坦、乌兹别克斯坦、吉尔吉斯斯坦等开展中医、针灸医疗活动。其他省份如山东、江苏等省份也在苏联境内设立了固定医疗点。例如,1988 年开诊的巴尔瑙尔市中医医疗中心是苏联第一家中医医疗中心,曾聘请辽宁省中医、针灸专家应诊,医院药房备有多种剂型的中成药和中药饮片,并设有煎药室,中心还开办多种类型的培训班,培养中医、针灸和中药人才。

20 世纪 90 年代,在俄罗斯建立的中医医疗中心有青岛—希波克拉底医疗中心、雅罗斯拉夫中医培训中心与治疗中心、斯维尔德洛夫斯克中医诊疗中心等。1992 年,青岛市中医药管理局与莫斯科希波克拉底医

---

① 中华人民共和国驻俄罗斯联邦大使馆:莫斯科中国文化中心成功举办健身气功培训,http://ru.china-embassy.org/chn/whhz/zgwhzels1/t1290287.htm。

疗中心合作建设青岛—希波克拉底医疗中心,中方派遣中医、针灸、推拿、药膳食疗等专业医师坐诊。莫斯科宣传机构多次报道该中心事迹,尤其是1992年报道的该中心用针刺疗法排出大块尿路结石的病例,影响较大。1994年,中国中医药学会与俄方合作建立了雅罗斯拉夫中医培训中心与治疗中心,俄方投资建设了2000平方米的办公大楼,中方负责业务技术工作,派遣中医药专家进行中医、针灸医疗和培训工作,同时筹划合作兴建中药厂,组建中药进出口贸易业务实体。斯维尔德洛夫斯克中医诊疗中心由黑龙江国外贸易总公司协建,哈尔滨市选派出中医、针灸、推拿、气功专业人员赴俄罗斯承担医疗业务。①

2005年初,俄罗斯医学科学院、俄罗斯营养医学院、俄罗斯传统医学院以及其他医学研究和教育机构组建了东方医学研究院,从临床应用、学术研究、医学教育等多方面来认识和应用中医学,把地道的中医引进俄罗斯。9月,东方医学研究院在莫斯科、圣彼得堡、新西伯利亚建立了中医门诊部,并作为试点基地投入使用。为了更加有效地实施将中医引入俄罗斯的计划,俄罗斯东方医学研究院在北京设立了代表处,在中国广泛招揽高级中医师、高级针灸师、推拿技师、中药师等中医药人才。②

二、中药在苏(俄)

苏联医学界特别注意对中医药用植物的研究,1956年,苏联保健部专门派出由药用植物专家孔德拉坚科(П. Т. Кондратенко)为组长的考察组到中国学习了解中医药用植物,孔德拉坚科回国后发表论文,广泛介绍中医对药用植物的科学研究和药用植物在医疗方面的运用。苏联医学界为了在莫斯科近郊培植人参,曾做了很多实验。③1958年4月,伊茨科夫(Н. Я. Ицков)和基钦科(В. И. Кичинко)应邀到中国考察了两个月,期间赴云南等地考察热带药用植物,帮助中国医学科学院开展药用植物特别是热带药用植物的研究工作,并作了题为《苏联的药用植物》的报告。20世纪50年代,曾有两位苏联医生到中国访问后,带回去一批治疗痔疮的中药,并按照中国医生介绍给他们的方法为病人治疗,疗效显

①　左言富主编:《国外中医药概览》,人民卫生出版社,1998年,第296页。

①　田辉:《中医药有望在俄普及》,《中国中医药信息杂志》,2005年第8期。

②　[苏]多布雷尼娜、特罗扬:《中医在苏联》,《苏中友好》,1958年第17期。

著,药物用完后又询问如何配制。苏联医生还从中国带回中医治疗百日咳、麻疹、白喉等疾病的方剂,进行研究。[1]

在苏联时期,普通民众对中药的认识非常有限,但对人参了解较多,知道人参是名贵中药。苏联曾在莫斯科近郊、克拉斯诺达尔、远东地区、阿塞拜疆共和国、乌克兰共和国等地栽种人参。1957 年,布列赫曼(И. И. Брехман)出版了苏联第一部研究人参的专著——《人参》,介绍了人参用作药物的历史、人参的栽培、人参的化学成分和药理作用、人参的疗效等内容。苏联医学科学院的杜罗娃(А. Дурова)教授撰有《苏联对人参性能的研究》一文,陈明霞翻译后刊载于《中医杂志》1960 年第 2 期。

20 世纪 80 年代,苏联医学界借助计算机等现代科技手段,分析了 158 种常用中医处方的药理药效和应用价值,并筛选出了地黄、川芎、杞子、山萸肉、山药、麦冬、人参、黄芪、五味子、柴胡等 30 多味常用中药,因为这些中药具有良好的治疗作用而且安全无毒。

苏联解体后,随着中俄关系的发展和医学交流的开展,俄罗斯的媒体对中医药进行了宣传,俄罗斯电视台的国家频道、第一频道、文化频道等曾多次介绍中医药的疗效,使俄罗斯人的中医药知识渐多渐广。俄罗斯民众对中医药有认同感,在遇到一些西药难以治愈或治疗效果不理想的病症时,逐渐倾向于选择疗效好、副作用低、价格相对低廉的中医中药进行治疗。在俄罗斯各大城市有中国医药公司生产的十几种中成药销售,如华佗再造丸、三九胃泰、虫草胶囊、冬虫夏草口服液、银杏叶胶囊、牛黄降压丸、人参蜂王浆等。

中国政府十分重视中医药对外交流工作,在 2011 年印发的《中医药对外交流与合作中长期规划纲要(2011—2020)》中,卫生部及国家中医药管理局明确提出,要扩大中医药产品和服务贸易,进一步巩固中药产品出口及中医药行业对外交流与合作。由于中医药在俄罗斯具有一定的民众基础,中国发展中医药对俄交流与合作具备更多的条件,因此俄罗斯是中国中医药对外交流与合作的重点国家。2012 年 4 月,第 6 届中医药国际发展论坛在北京国际饭店举行,俄罗斯派遣多名代表参加了论坛。莫斯科实践意象医学学院教授斯米尔诺娃(О. М. Смирнова)在发言中提到:中医药在俄罗斯有着非常高的认可度,俄罗斯民间也一直保持着用草药和针灸治疗疾病的传统。俄罗斯人口有 1.3 亿,俄罗斯国

---

[1]　载新华通讯社编印:《新华社新闻稿》,第 2439 期,1957 年 2 月 13 日,第 21 页。

家社会研究所的统计数据显示,有67%的人相信包括传统中医在内的传统医学。在俄罗斯,中医师目前估计已达2.3万人,其中大部分是针灸师,很多城市都有私人中医诊所,大城市里设有国立中医针灸研究与治疗机构。①中国医药企业鲁抗医药、天士力集团、天狮集团、凤凰制药厂等在俄罗斯比较有知名度。俄罗斯政府希望把中医纳入"为了健康的俄罗斯"工程计划。目前,俄中两国政府之间正在筹划几个方面的合作:建立中草药标准,协助中草药注册,规范在俄罗斯境内中医诊疗活动,规范中医师的行医资格等事项,与在俄罗斯行医的中医进行合作,共同开发研究项目。

2014年10月,第11届世界中医药大会暨第6届道地药材国际贸易论坛在圣彼得堡波罗的海大酒店举行,来自世界100多个国家的医药专家、学者及企事业单位的代表1000多人出席了大会。本届世界中医药大会的主题是"东方西方文化融合,共创未来医学模式"。大会开幕式后,俄罗斯国际高等教育科学院院士希林斯基(В. С. Ширинский)教授作了主题为"西医和中医:从互补到结合"的报告,世界中医药联合会副主席、俄罗斯李维斯特公司总裁康·阿·卢贾宁(К. А. Лузянин)作了题为"中医药在俄罗斯"的报告。为了鼓励中国中医药企业进一步加强中俄中医药文化的交流,在开拓俄罗斯医药市场中做出更多积极贡献,加快中医药国际化发展步伐,第6届道地药材国际贸易论坛特别举行了"2014中俄中医药国际交流合作贡献奖"的颁奖仪式,山东司邦得医药健康集团、湖南怀仁药业有限公司、江苏百佳惠、浙江维康药业等药企获奖。

在中国与俄罗斯的共同努力下,两国的中医药合作在2015年迈出了实质性步伐,为使中国中医药科学有序和规范地走进俄罗斯,双方决定授权中俄商贸股份有限公司为中方合作机构,所属中俄中医药国际中心为执行机构,全权负责中国中医药产品的组织、推广与合作。根据计划,2015年,中国在全国优选了50家中医药生产企业、50家中医设备生产企业、50家中医院或中西医合作医院作为进入俄罗斯的首批试点单位。为了加强中国中医药产品推广,俄罗斯国家电视台将每周安排30分钟时间播出俄中双语节目《中国中医》,重点介绍中国的著名药企和医院以及名医名药。同时在俄罗斯《中国中医》杂志、《中国中医》网站上进行宣传推广,以期达到让更多的俄罗斯民众和政府一道,关心中医、了解中医、

---

① 张东风:《俄罗斯希望把中医纳入健康工程》,《中国中医药报》,2012年5月10日。

支持中医、享受中医。①

迄今已有多名中国医学家获得了苏(俄)医学荣誉称号,以西医医生为主,如 1958 年获苏联医学会荣誉会员称号的齐仲桓、钟惠澜、吴瑞萍和张孝骞,1962 年获苏联医学科学院荣誉院士称号的黄家驷,分别于 1993 年和 2005 年当选为俄罗斯医学科学院外籍院士的曾毅和杨永弘。在中医药领域,浙江中医药大学李大鹏曾当选俄罗斯外籍院士。李大鹏团队研制的抗癌中药注射液康莱特注射液经过在俄罗斯的成功临床试验,于 2003 年获俄卫生部批准作为抗肺癌治疗药物在全俄上市应用,成为中国首个作为处方药进入俄罗斯市场的中药制剂。2005 年,李大鹏当选俄罗斯医学科学院外籍院士和俄罗斯医学技术科学院外籍院士。

中国少数民族医药如藏医药等在俄罗斯也有影响。在莫斯科、圣彼得堡等大城市出现了一些俄罗斯人开设的藏医诊所。俄罗斯的一些以传统医药学手段治病的医疗机构对藏医药很感兴趣,曾到北京和西藏寻求合作,2004 年,中国西藏医药文化代表团应邀访俄,俄联邦委员会副主席瓦·伊·尼古拉耶夫(В. И. Николаев,1959—　　　)会见了代表团。

三、苏(俄)对中医的译介和研究

苏(俄)医学界比较重视对中医著作的译介和研究,很早就从中国引进了许多中医典籍,翻译出版了一些中医药著作。20 世纪 50 年代,苏联各地已有中医药书籍销售,莫斯科高尔基大街的民族国际书店专设中国书柜,出售数十种中文中医出版物,如《本草纲目》《灵枢》《本草经》《伤寒论》《金匮要略》《内经知要》《甲乙经》《肘后备急方》《千金方》《外台秘要》《类证活人书》《医宗金鉴》等中医药经典。

根据上海中医院编写的《中国医学外文著述书目(1656—1962)》(1963)统计,1949—1962 年,在苏联以俄文出版的中医专著有 20 部左右,如阿利恩(В. Н. Алин)的《中医的药用昆虫》(1953)、钱信忠的《中华人民共和国的卫生事业》(1956)、布列赫曼的《人参》、阿夫里卡诺夫(В. А. Африканов)的《中医治疗在兽医中的应用》(1957)、沃格拉利克的《论中医的基本原理及其现代意义》(1957)、朱颜的《中国古代的医学成就》(1958)、克拉斯诺谢利斯基(Г. И. Красносельский)的《中国古代老年卫生体操》(1958)、沃格拉利克的《谈谈中医》(1959)和《针灸疗法》(1959)、

① 《中俄签署多项中医药合作项目》,《中国中医药报》,2015 年 6 月 14 日。

朱琏的《现代针灸学指南》(1959)、阿列克谢延科(И. П. Алексеенко)的《中国民间医学概要》(1959)、鲁谢茨基的《中国针刺疗法》(1959)、钱信忠的《中华人民共和国的保健与医学》(1959)和《中国民间医学》(1959)、伊·伊·费奥多罗夫(И. И. Фёдоров)的《中国民间医学纲要》(1960)、易卜拉吉莫夫(Ф. И. Ибрагимов)和易卜拉吉莫夫娃(В. С. Ибрагимова)的《中医的主要药物》(1960)、沃格拉利克的《中国针灸治疗法基础》(1961)、沃格拉利克和维亚济缅斯基(В. Г. Вязьменский)的《中医概要》(1961)等。其中,朱颜的《中国古代的医学成就》由科留科夫(М. В. Крюков)翻译,朱琏的《现代针灸学指南》由科切尔金翻译。另外,谢马什科(Н. А. Семашко)的《医学史问题》(1959)第六分册是《外国医学史问题》,其中介绍了李时珍及其《本草纲目》。

在针灸著作翻译方面,中国著名针灸学家朱琏撰写的《新针灸学》1958年最先被翻译成俄文出版。此外,苏联在20世纪五六十年代出版的针灸学类著作还有卡西尔(Г. Н. Кассиль)、博耶娃(Е. М. Боева)和魏因(А. М. Вейн)合著的《灸刺疗法》(1959)、特科钦斯卡娅(Э. Д. Тыкочин ская)的《灸刺和灸灼》(1960)、帕拉梅年科夫(Д. Л. Парамененков)等的《针刺和灸灼:针灸疗法》(1960)、沃格拉利克主编的《灸刺和灸灼疗法的生理学论证和临床应用问题国际会议资料汇编》(1959)和《第四届针灸反射疗法国际科学大会资料汇编》(1962)、科瓦廖夫(Е. И. Ковалёв)主编的《针灸疗法:针灸疗法科学实践大会资料汇编》(1960)等。80年代,苏联翻译出版的针灸学著作逐渐增多,如《黄帝内经》《难经》和《时间针灸学》都被译成俄文出版。同时出版了一些有分量的中医尤其是针灸学研究著作,如齐布利亚克(В. Н. Цибуляк,1937—2004)的《反射疗法在临床麻醉中的应用》一书于1985年出版,作者从现代科学角度系统地论述了针刺反射疗法,并对3000多人次的针灸麻醉案例进行临床分析,结论是针灸麻醉具有疗效明显、减少麻药用量及其副作用、加速术后康复等优点,值得推广使用。此外,苏联有近30种医学刊物刊登针灸研究论文,其中《苏联医学》《麻醉学与复苏学》《神经病理学》《精神病学》《妇产科学》《外科通讯》均设有针灸专栏。俄罗斯目前影响力较大的两个与针灸相关的医学核心期刊是《针灸治疗法》和《康复医学》。

苏联在解体前后出版了一些中国气功方面的著作,主要有戈洛瓦乔娃(Л. И. Головачёва,1937—2011)著的《气功疗法健美减肥》(1990)和她翻译的《气功大师之路:大道苦修》(1990)、列根托夫(Б. П. Регентов)编辑的集体翻译的《气功:中国古代自我治疗方法》(1990)、阿巴耶夫(Н. В. Абаев)和加里(И. Е. Гарри)的《气功和武术身心训练方法参考书》(1991)、布列申(С. К. Брешин)翻译的《中国气功疗法》(1991)等。《中国气功疗法》由中国气功师和研究人员集体编写,俄文版是布列申从英文转译的,由苏联原子能出版社出版。1996年,《中国气功疗法》由乌克兰基辅索菲娅出版社再版。《中国气功疗法》系统讲解了气功的原理、功能、操练方法和疗病的功效等内容,并有气功治愈各种慢性病的案例,内容深入浅出,富有说服力,当年印行20万册仍供不应求。《远东问题》杂志是苏联科学院远东研究所的机关刊物,该杂志从1991年开始以增刊的形式翻译发行过中国西安气功协会主办的《气功与体育》杂志,广受读者欢迎。

俄罗斯联邦成立后,俄罗斯医学界继续重视对中医的翻译和研究,主要著作有克拉苏林(И. А. Красулин)的《硬气功》(1992)、法列夫(А. И. Фалев)的《传统中国针灸经典方法学》(1993)、维诺格拉茨(Б. Б. Виногродский)翻译的《黄帝内经》(2002)、吴伟新的《气功疗法》(2002)、库兹涅佐娃(О. В. Кузнецова)的《从过去获取的不是灰,而是火(中草药对保健的作用)》(2003)、扎伊采夫(С. В. Зайцев)和科科列夫(Л. С. Кокорев)的《传统中国药理学》(2003)、别洛乌索夫(П. В. Белоусов)的《中医理论基础》(2004),等等。随着中俄两国医学交流的逐渐深入,俄罗斯出版的中医类书籍逐渐增多。据统计,从2005年至2014年,俄罗斯出版中国医药卫生类图书共364种,以中医理论和诊断、中医治疗方法和中医养生为主,其中中草药41种、针灸21种、按摩17种。气功和养生图书也很有市场,其中与气功相关的图书多达63种,与养生相关的图书共38种。气功方面的图书有《气功》(2005)、《中国气功精要》[①](2006)、《气功与健康》(2006)、《眼气功》(2011)、《气功:为了健康和长寿》(2014),等等。总的来说,21世纪的俄罗斯人非常关注养生与健康,而中国医学的相关书籍恰好迎合了俄罗斯读者的需要。截至2015年7月28日,在俄罗斯最大的图书销售网站——奥逊网中国主题图书畅销排行榜上,位列前三名的图书《中国研究·对饮食与健康关系最深入的研究》《健康与长寿的药方》和《中国研究·来自最佳厨师与专家的健康药方》,均与食疗养生相关,这也再次证实了俄罗斯人对健康与养生问题的关注与思考。[②]

---

① 　《中国气功精要》一书的附录部分收录了马斯洛夫(А. А. Маслов,1964—　)翻译的《碧岩录》。

② 　刘淼:《中国主题图书在俄罗斯出版情况调查分析》,《中国编辑》,2015年第5期。

结　语

　　中苏(俄)两国文化交流从 1949 年中华人民共和国成立后进入了一个全新的时期,迄今已经走过了六十多年的历程,其间受两国政治关系的影响,逶迤曲折,跌宕起伏,既有亲如一家的兄弟般的友好合作,也有相互争论甚至谩骂攻击的意识形态斗争,还有基于相互尊重和共同利益的全面战略协作。在不同时期,两国文化交流的形式和特点有所不同,既积累了有益的文化交流经验,也产生了一些需要汲取的教训。

一、中苏(俄)文化交流的形式

　　中苏(俄)文化交流的形式多种多样,常见的如互派代表团和演艺团体,聘请专家,派遣留学人员,举办展览会、文化节、电影节、图片展等。在中苏关系时期,课堂学习班、报告讲座、座谈晚会、图片幻灯、报纸杂志、电影广播,还有黑板报和各种民间文艺形式都是两国文化交流过程中经常采取的形式,而到中国与俄联邦关系时期,除了采用报纸杂志、电影广播等传统形式外,由于信息技术的发展,各类电子媒体逐渐成为两国文化交流经常采用的形式。

　　不论在什么时期,互派代表团都是两国文化交流的形式之一。新中国成立后 3 年内,中国派到苏联去的代表团有 22 个,他们在苏联进行了各种参观和学习。由苏联派到中国的代表团有 18 个,他们和中国广大的人民进行了接触。[①]据统计,在新中国成立后 5 年中,经中苏友好协会总会派遣和接待的文化、艺术和科学、教育等方面的代表团就多达24 个,1330 多人次,其中派出 13 个代表团,700 多人,接待 11 个苏方代表团,

---

　　① 《在北京各界庆祝中苏友好同盟互助条约签订三周年大会上中苏友协总会刘少奇会长的讲话》,《人民日报》,1953 年 2 月 16 日。

630 多人。①新中国成立当日就有法捷耶夫和西蒙诺夫率领的苏联文化艺术科学工作者代表团一行 34 人参加了开国大典，并到中国各地访问。1950 年 5 月，苏联共青团书记米哈依洛夫（Н. А. Михайлов，1906—1982）率领由 24 位苏联英雄、斯达汉诺夫运动者、作家和艺术家组成的青年代表团和以阿尼西莫夫（И. И. Анисимов，1899—1966）率领的22 位苏联剧场艺术家所组成的文艺工作团访华，毛岸英曾随团担任俄语翻译。苏联青年代表团和文艺工作团先后访问了北京、上海、天津、南京、沈阳、大连等 20 个城市，参观了当地的工厂、学校和名胜古迹，出席各种座谈会 50 次，讲演会 80 次，群众大会与欢迎大会 60 次，向 70 万中国青年介绍了苏联青年在苏联卫国战争中和战后恢复建设中的功绩和成就。苏联青年代表团和文艺工作团在中国的 27 天中，受到了中国各地广大青年的热烈欢迎，他们纷纷以富有纪念意义的礼品和土产赠送给苏联青年代表团和文艺工作团。②1951 年，周巍峙率领由 160 多人组成的中国青年文工团访苏，文工团在莫斯科、列宁格勒、乌克兰顿巴斯等地的工矿、农村、文化机构进行了参观访问，并使中国的一些艺术形式（如越剧等）第一次在国外演出。戈宝权当时任中国驻苏联大使馆的文化参赞，为代表团的顺利访问和演出发挥了作用。1955 年 10 月间，苏联文化代表团访问了西安、重庆、广州、武汉、上海、南京等城市，在不到一个月的时间里，单是卓娅的母亲一人，就同 8 万多名中国青年见了面，并且收到了200 多封热情的来信。③

通过互派代表团两国人民能够进行面对面的交流，给对方以直观印象。作家萧三在《向苏联文化工作者学习——陪随苏文化代表团五星期志感》一文中描写法捷耶夫和西蒙诺夫率领的苏联文化艺术科学工作者代表团时写道："整个代表团和艺术家，各个代表和各个演员，都给我们留下了很深很好的印象。中国人民更深一层地感觉到：苏维埃的人，列

---

①　孙维学、林地主编，《新中国对外文化交流史略》编委会编著：《新中国对外文化交流史略》，中国友谊出版公司，1999 年，第 28 页。

②　《欢迎以米哈依洛夫同志为首的苏联青年代表团》，《人民画报》第 1 期，1950 年 7 月 1 日。其中提到的斯达汉诺夫（А. Г. Стаханов，1906—1977，旧译斯塔哈诺夫）为"斯达汉诺夫运动"的发起者，他在 1935 年 8 月 31 日一班工作时间内采煤 102 吨，超过普通采煤定额 13 倍，由此苏联掀起了"斯达汉诺夫运动"。

③　《中苏友好报》第 140 号，1955 年 10 月 26 日。转引自文记东：《1949—1966 年的中苏文化交流》，黑龙江大学出版社，2011 年，第 128 页。

宁、斯大林党、斯大林所教养出来的人,是有其特点的。他们的品质,他们的思想、作风、态度、工作精神,实在令人敬佩,他们处处值得学习。""苏维埃人是另一种人。由苏联共产党、苏维埃政府、社会主义社会教养出来的人,由斯大林教养出来的人,是世界上前所未有的崭新的人,由中国共产党,中央人民政府教养着,由毛泽东教养着的中国人,向苏维埃人学习再学习吧!"中国方面看到,苏联的文学家、艺术家们,不仅业务精湛出色,而且有着较高的政治理论修养和文化水平,他们每个人对工作都是忘我的奉献,不惜牺牲自己的利益,不知疲倦,严谨认真,并且团结友爱、纪律严明。苏联派往中国的专家不仅技术精湛、爱护工人,诚心诚意地帮助中国建设工厂、改进设备,而且热情、坚强、敏锐,在他们身上充分体现了俄罗斯人民的优秀品质。苏联普通工人的身上也具有高度的爱国主义精神、崇高的集体主义精神。在当时两国关系友好的大背景下,两国人民之间也产生了深厚的友谊,苏联人成为中国人的亲朋挚友。与苏联文化工作者的见面交流点燃了中国文化工作者建设自己国家新文化的希望之火:"他们给了我们许多裨益,解决了许多理论的和实际的问题。他们使我们进一步认识了苏联对中国人民的深厚的友谊,认识了社会主义的优秀的文化,从而使我们更有信心地去发展我国民族的、大众的、科学的新民主主义文化。"

　　每逢中苏举行盛大的纪念和庆祝活动,两国都互派代表团到对方国家参加,如 1949 年 10 月来华参加新中国开国大典和中苏友好协会成立大会的以法捷耶夫和西蒙诺夫为正副团长的苏联文化艺术科学工作者代表团、1949 年 11 月以郭沫若和丁玲为正副团长的十月革命节观礼代表团、1951 年 4 月以林伯渠和沈钧儒为正副团长的五一节观礼代表团、1951 年 10 月索洛维耶夫和爱伦堡率领的中国国庆节观礼代表团,等等。由于全面学习苏联的需要,中方举行的活动规模大、范围广、影响深。仅欢迎苏联文化艺术科学工作者代表团、庆祝十月革命 32 周年和庆祝斯大林寿辰 3 次全国性的群众活动中,只就 45 个城市的统计,就曾有 2869600 余人参加。这些活动的范围遍及全国大、中城市和一部分小城市及某些农村。①

　　聘请专家指导也是中苏文化交流的形式之一。20 世纪 50 年代,苏联通过派遣顾问和专家的方式,从政治、经济、军事、教育等各个方面扩大

---

① 《中苏友好协会一年工作报告(一九四九年十月——一九五〇年九月)》,《人民日报》,1950年 10 月 7 日。

对社会主义国家和第三世界国家的影响。在苏联对中国的援助过程中，苏联专家发挥了较大作用。根据中国技术进出口公司统计，1954 年 1—3 季度工矿企业新到苏联专家 467 人，到年底，除期满回国者，在工业部工作的苏联技术专家已达 820 人。关于苏联技术专家来华人数，有学者统计，1952 年是 294 人，1953 年是 428 人，1954 年是 541 人，1955 年是 790 人，1956 年是 1422 人，1957 年最多，达 2298 人，1958 年是 1231 人，1959 年是 1153 人，1960 年是 1156 人。据苏方的统计，至 1956 年底，在华工作的苏联顾问和专家共 3113 名，其中技术专家 2213 名，经济顾问 123 人，科学和文化领域的顾问和专家 403 人，军事顾问和专家 374 人。[①]但是，苏联专家对中国的指导和援助深受两国政治关系的影响。1960 年 7 月 16 日，苏联政府突然照会中国政府，单方面决定召回苏联专家。7 月 25 日，未等中方答复，苏方就强行决定从 7 月 28 日至 9 月 1 日将在华的 1390 名苏联专家全部撤回。

中国方面编写了很多关于苏联专家在中国的图书，记录了苏联专家在中国的情况，如湖南省中苏友好协会编写的《苏联专家怎样帮助我们建设》(1952)、山东省中苏友好协会编写的《苏联专家在中国》(1952)、天津市中苏友好协会宣传部编写的《苏联专家在钢厂的时候》(1953)、四川人民出版社编写的《苏联专家在中国》(1953)、东北人民出版社编写的《苏联专家在东北》(1953)、中南人民出版社编写的《苏联专家在中南》(1953)、河南省中苏友好协会编写的《苏联专家在河南》(1954)、云南人民出版社编写的《中苏友谊的结晶》(1954)、浙江省中苏友好协会编写的《苏联专家在浙江》(1954)，等等。

概括地讲，苏联专家在新中国建设初期，尤其是中国第一个"五年计划"期间为中国经济建设提供了难得的援助，中国政府也投入了巨大的人力和财力，对苏联专家礼遇有加。刘少奇 1949 年提出了在对待苏联专家问题上"有理三扁担，无理扁担三"的原则，直到 1956 年，刘少奇仍然强调这一原则："学习苏联经验，是肯定不移的，学习社会主义的经验，只有苏联一家。但不能机械搬用，要独立思考。和苏联专家的关系一定要搞好；搞不好关系，有理无理三扁担，这是政治问题，千万不要因为反对教条主义，就漠视这个问题。"[②]然而不许辩驳苏联专家意见的做法也给新

①　沈志华：《苏联专家在中国(1948—1960)》，中国国际广播出版社，2003 年，第 196 页。

②　龚士其主编：《杨献珍传》，中共党史出版社，1996 年，第 203 页。

中国的建设事业带来了不少负面影响,如在北京城市规划和黄河三门峡工程方面,实践证明苏联专家的意见是错误的。古建筑专家梁思成不同意苏联专家将北京发展为一个工业大城市的看法,认为北京应该是政治和文化中心,要限制对旧城的改建,应把政府行政区设在旧城区之外。这样的争论在现在看来是合情合理和有先见之明的,但在当时梁思成被指责为与苏联专家"分庭抗礼"。黄炎培之子黄万里,就因为在三门峡建设的一些问题上不同意苏联专家的意见而被划为"右派"。当然,很多苏联专家对中国充满友好情感,如苏联著名指挥家杜马舍夫曾说:"能有机会到中国工作,这是我毕生的光荣与骄傲。在你们伟大的国度里我亲自看到了那历史性的大变化,并且更进一步地了解了你们今天的生活,和那天才智慧的人民所创造的灿烂文化遗产,这古老的文化有着显明的民族风格。"①帮助中国设计了武汉长江大桥的苏联专家西林,在苏中关系中断的时候,经常参加苏中友协的活动。据高莽先生回忆:"他说,他一辈子在修桥,在南斯拉夫修过桥,在匈牙利修过桥,在很多国家修过桥。从这个岸到那个岸。他在中国也修过桥,武汉大桥。他说都是使两岸能沟通起来,他说,但是我一生最重要的、最得意的,就是在中国人和人、心和心之间,建筑的桥,我没有停止过建这座桥。它就是用苏联人的心和中国人的心建筑的这座桥。他的话是别人告诉我的。当时参会的很多人都记住了他这句话,这是中苏关系最困难的时候他讲的一句话。"②西林墓碑的背面刻着武汉长江大桥图形。

举办各种类型的展览会是中苏文化交流采用的影响较大的方式。为了举办大型展览,苏联曾帮助中国在北京、上海、广州、武汉等地建设了具有浓郁苏联建筑风格的展览场馆。这些建筑当时都以其雄伟、宏大、豪华及承办大规模的展览活动和中苏友好活动而备受瞩目。1954年,苏联在北京展览馆举行了苏联经济、文化成就展览,参观人数达三百多万人,毛泽东等党和国家领导人观看了展览。1955年10月,苏联经济及文化建设成就展览会在广州中苏友好大厦举行,近万人穿着节日的盛装参加了开幕式,展出了苏联工业、农业、文化方面的展品1.17余万件。1956年5月至7月,苏联经济及文化建设成就展览会在武汉中苏友好宫举行,1.2万件包括苏联工业、农业、科技、文化艺术等方面的展品和图片在这里展

---

①　[苏]列·尼·杜马舍夫:《扬子江和伏尔加的声音》,《人民日报》,1957年11月10日。

②　舒乙、傅光明主编:《在文学馆听讲座·文学的使命》,华艺出版社,2001年,第208页。

出,来自全国的 230 万人次参观了展览。①中苏友好协会举办的规模较大
的展览有:苏联建设图片展、斯大林七十寿辰展览、列宁生平事业展览、
苏联妇女工作与生活图片展览、苏联宣传画和讽刺画展览、苏联图片展
览等。据《三年来的中苏友好协会》一文的统计,新中国成立后 3 年内,各
地友协举办了 29769 次固定的大型展览和小型的流动展览,观众高达 8140
万人,许多城市利用商店橱窗设置了"苏联之窗""友谊之窗"等窗口专门
展览苏联时事新闻照片和中苏友好活动照片,对广大群众进行时事政治
教育和中苏友好宣传。据《新华月报》1955 年的统计,从 1949 年 10 月到
1954 年 8 月,中苏友好协会及其分支机构在全国各地举办了 11.8 万余次
图片展览,参观者达 1.23 亿人次。到中国与俄联邦关系时期,由于中国综
合国力的增强和国际地位的提高,中国在俄罗斯的展览更具规模和影响,
例如,2007 年,为配合俄罗斯"中国年"活动,中国在莫斯科克洛库斯展览
中心举行了以"合作共赢和谐发展"为主题的国家展,这是迄今中国在俄
罗斯举行的最大规模和最高级别的展会。四大发明、丝绸之路、三峡工
程、青藏铁路等图片或模型描绘了中华民族的灿烂文明和中国现代化建
设的伟大成就,和谐发展主题展则用具体数据生动地反映了中国人民日
益提高的生活水平及和谐的生活方式。知名品牌展区是中国国家展最大
的展区,在这一展区,中国能源、汽车、建材、家电、纺织、农产品等八大领
域的 86 家知名企业向俄罗斯民众展示了中国制造业的水平和中国产品
的质量,得到了俄罗斯参观者的广泛赞誉。俄罗斯政府也十分重视利用
展会提升自己的国家形象,上海世博会俄罗斯国家馆的建设就是很好的
例证。俄罗斯国家馆占地面积达 6000 平方米, 是规模最大的一类自建
馆。展馆由 12 个塔楼和悬浮于空中的立方体组成,外形设计类似古代斯
拉夫人的小村落,象征着生命之花、太阳以及世界树之根,塔楼由白、金、
红三种颜色构成,建筑具有鲜明的俄罗斯特色。俄罗斯国家馆以"新俄罗
斯:城市与人"为主题,分为"花城""太阳城"和"月亮城"三部分。俄罗斯
国家馆以其独特的创意,融和了俄罗斯传统文化和现代技术,令参观者
耳目一新。

　　在中国与俄联邦文化交流过程中,文化交流的内容和形式出现了不
少变化,与中苏时期已大不相同。中俄双方举行了语言文化周、青年文化

---

① 李巧宁:《新中国的中苏友好话语构建(1949—1960 年)》,中国社会科学出版社,2007 年,第
56 页。

周、妇女文化周、西藏文化周、中国文化周、中国文化节等各种形式的活动，直至互办"国家年""语言年""旅游年"等活动，这在两国文化交流史上是空前的，其中以互办"国家年"活动影响最大。中俄互办"国家年"是中俄关系史上的第一次，有着深刻的现实意义和长远的影响。2007年8月，温家宝赴俄参加"中国年"活动时曾用两句话向两国媒体概括中俄关系，第一句话是中俄两国目前处于最好的历史时期，第二句话是目前中俄两国处在最重要的历史阶段。《俄罗斯与中国·21世纪》杂志主编卢金认为，俄中互办"国家年"是增进两国人民相互了解的最佳方式。俄方组委会主席梅德韦杰夫认为，俄中"国家年"最主要的成果在于加深了两国人民对对方国家的了解。正如温家宝在俄罗斯"中国年"闭幕式上所指出的："中俄'国家年'虽然结束，但其倡导的'世代友好，携手共进'精神将世代相传。它所创造的两国合作的新模式将成为中俄关系的宝贵财富。"总体上看，通过互办"国家年"活动，不仅推动了两国各领域和各层面的务实合作，而且推进了两国人民之间对历史发展、宗教信仰、思想文化、生活方式等方面的差异的相互理解，对于在国际舞台上加深中俄友谊，树立中俄两国维护世界及地区和平与稳定的良好形象，发挥了积极作用。[①]2015年5月，习近平访俄期间同普京共同宣布，将于2016年和2017年互办中俄"媒体交流年"，这是中俄互办各类主题年之后又一主题年活动，将会大大促进中俄媒体间的交流和公共外交的发展。

二、中苏(俄)文化交流的特点

中苏文化交流的一个主要特点，就是与两国关系发展密切相关，且多在政府主导下进行，具有浓厚的意识形态色彩。

新中国成立后，出于多种因素考虑，实行了向苏联"一边倒"的外交策略，基本上是通过学习苏联的经验而开展国家建设，其中也包括文化建设，这在当时被认为是唯一正确的抉择。在20世纪50年代，苏联的文学艺术充实着中国年轻一代的精神生活，看苏联电影、唱苏联歌曲、阅读苏联书籍成为当时的风尚。苏联是中国学习的榜样，在中国人的心目中，苏联就是人间天堂，苏联的一切都是新鲜美好的，人民生活富裕，充实愉快，和谐幸福，人人都热爱劳动、热爱祖国，都愿意为祖国的强大繁荣牺牲自己的幸福和利益。一时间，"中苏同盟天下无敌""中苏友谊是牢不可破的""苏联就是

---

① 赵进军主编：《外交学院2007年科学周论文集》，世界知识出版社，2008年，第61页。

我们的榜样""苏联的今天就是我们的明天"等口号响遍中华大地。但是，不加选择地照抄照搬苏联经验的做法很快就出了问题，中国领导人也发现了问题的严重性。1958年4月2日，毛泽东在同波兰政府代表团谈话时说："世界各国，什么地方有好东西，统统学来。这是件好事。外国有好东西为什么不学？学了究竟有好处，还是有坏处？这是讲学好东西，包括苏联的经验在内，是学他们的好经验，学我们用得着的东西。可是，有时也学了一些我们用不着的东西。这个责任不能由苏联专家负担，而应由我们自己负担。这是指对苏联经验随便搬，十个指头中间有一个指头学得不对。我们提出的口号是学习先进经验，但也把一部分不适合中国的经验学来了。"①1958年6月23日，毛泽东在军委扩大会议各小组组长座谈会上说："学习苏联的方针是坚定不移的，因为它是第一个社会主义国家"，同时强调"一定要批判地学，因此就要坚决反对教条主义，打倒奴隶思想，埋葬教条主义"。②

在中苏友好时期，"谁要是说一句苏联的缺点，哪怕是一点点缺点，是要犯严重政治错误的，就要被打成'资产阶级右派分子'"。"对苏联一切的一切，都不能说个'不'字，否则便要加上'反苏分子'的大帽子"。③1957年，毛泽东在《关于正确处理人民内部矛盾的问题》的讲话公开发表时补充了在政治生活中判断人们言论和行动是非的六条标准，在当时也是判断一个人是否是"右派"的标准，其中一条是"有利于社会主义国际团结和全世界爱好和平人民的国际团结，而不是有损于这些团结"，在实际理解和操作中这一条被直接与苏联联系在了一起。《学习》杂志在1957年第21期发表《对苏联的态度就是对革命的态度》一文，认为苏联是社会主义的代表，是全世界爱好和平人民的代表，对苏联的态度就是衡量一个人是否拥护社会主义、是否具有国际主义精神、是否拥护中苏友好、是否革命的标尺。经济学家千家驹在其回忆录《七十年的经历》一书中提到两个被打成"右派"的例子，一位同志因为说"我们不要因为反美而反对学英文，现在世界科技文献中，百分之七十是用英文写的，而用俄文的不到百分之二十"，就被定为"右派"，罪名是"反苏亲美"；另有一人因为说"抗美援朝是我们社会主义阵营共同的义务，苏联支援朝鲜的军火，为

———————————

①　中华人民共和国外交部等编：《毛泽东外交文选》，中央文献出版社，1994年，第313页。

②　转引自沈志华：《苏联专家在中国（1948—1960）》，中国国际广播出版社，2003年，第220页。

③　千家驹：《七十年的经历》，香港镜报文化企业有限公司，1988年，第220页。

什么要我们中国付钱呢？我们既出人，又出钱，苏联不可以无偿地出点军火吗？"而被以"反苏"罪名定为"右派"。诗人邵燕祥1957年5月访苏回国后曾在《人民日报》(5月18日)发表《会见赫鲁晓夫》一诗，其中写道："在伟大的国土上，在伟大的人民中，我们啜饮着一种奇异的酒，它使燃烧的心更加火热，它使清明的心更加清明。揣想着临行的最后一杯酒，该多么醇、多么浓烈、多么热情！……苏联是中国人民最踏实的朋友；永远地，永远地，中国人民是苏联最亲爱的弟兄。"但邵燕祥也说"赫鲁晓夫有些毛糙""苏联人的确有许多生硬僵化的地方""苏联人社会道德不好"①，并暗示苏联有些人对中国不信任，他因此被定为"右派"。但在中苏关系开始恶化之后正好相反，说苏联好就要遭受打压。可以说，中苏两国的文化交流在新中国成立后表现出为两国政治关系服务并深受两国政治关系影响的浓厚色彩，尤其是中国，由于当时落后于苏联，处于弱势地位，有时不得不委曲求全。俄罗斯中国问题专家谢·尼·冈察洛夫在谈到中苏关系时也承认："社会主义国家'牢不可破的思想政治一致性'被认为是主要的优先考虑的事，而在社会主义国家范围内也要求利益一致。在实践中，问题是这种提法通常意味着，社会主义国家应该使本国的利益服从苏联利益。"②

　　当然，中国在学习苏联时也并不总是亦步亦趋。1953年斯大林逝世后，苏联文艺界开展了反对"个人迷信"对文艺创作的不良影响的斗争，展开了一场社会主义现实主义应该注重艺术化还是维持政治化的激烈论争，之后在文学界出现了"解冻"思潮，艺术发展则走向了较为开放和更为多元的道路。而当时中国的文艺界，展开了打倒胡风"反革命集团"的错误行动，文学艺术几乎是由政治来主宰，这时的中国文艺，不仅没有松动和缓的迹象，反而保持了苏联斯大林时代的封闭和凝重。因此，在中苏文化交流过程中，由于受意识形态的影响和政治的操控，双方的文学艺术发展进程无法做到同步，表现出了阶段性差异。例如，在美术领域，马克西莫夫所代表的苏联文艺创作体系代表着当时苏联油画的最高创作水准，"马训班"的学员也受到了苏联艺术创作风向转变的影响，有些学员的作品也反映了此时苏联国内艺术家所关注的问题，在创作上弱化

---

① 邵燕祥：《找灵魂——邵燕祥私人卷宗（1945—1976）》，广西师范大学出版社，2004年，第213—214页。

② 刘爱华：《关于中苏关系的历史思考》，《内蒙古大学学报》，2002年第6期。

了对阶段斗争的反映,注重"描绘人和为人服务的艺术",强调绘画中人物形象的"人性"。他们的油画创作所表现出的整体面貌与当时习以为常的创作思想反差极大,因此就曾有文化部的领导以"都学成一个样"而否定了油画训练班的成绩。①

在探讨中苏两国产生分歧和关系恶化的原因时,沈志华教授指出:中苏之间产生分歧的必然性在于苏共和中共掌握政权有三十多年的时间差,这就构成了它们对外部世界认知及行为理念和方式的差异。②这种差异对中苏两国文化交流的影响也是显而易见的,直接导致了两国文化交流的大起大落、大喜大悲、大破大立。

到中国与俄联邦关系时期,中俄文化交流呈现出了以下特点:第一,发展速度快。中俄两国之间的政治关系三次提升之后,中俄文化关系的发展速度随之加快。从各种文化周到 2006 年和 2007 年互办"国家年"、2009 年和 2010 年互办"语言年"、2012 年和 2013 年互办"旅游年"、2014 年和 2015 年互办"青年友好交流年"、2016 和 2017 年互办"媒体交流年",中俄文化交流获得迅速发展。中俄双方在 2006 年的中国"俄罗斯年"举办了 300 多项丰富多彩的活动,如亚历山德罗夫红旗歌舞团的演出、中俄经济工商界高峰论坛、俄罗斯国家展、俄罗斯文化节等,影响大、效果好。2007 年在俄罗斯举办"中国年"活动期间,中俄双方举办了 200 多项活动,也深受俄罗斯人民喜爱。上海和圣彼得堡已有 20 多年的友好城市关系,在圣彼得堡举行的"中国年·上海周"活动内容丰富多彩,除了在圣彼得堡古老的玛丽娅国家模范剧院举行的被俄罗斯观众以"激情澎湃"来形容的文艺晚会外,还举行了上海和圣彼得堡两市议会交流、经贸论坛、户外文化表演、文物精品展、图片展、上海电影周、两市教育论坛、中医研讨以及中国新人的玫瑰婚礼等活动。俄罗斯"中国年"期间,莫斯科人在接受中国记者采访时认为:中餐馆、中国茶、中国商品等中国元素几乎成为俄罗斯人生活中的一部分。中餐厅在莫斯科的数量已经从 1990 年的 3 家猛增到 100 多家。莫斯科的中医诊所、中药店、中国茶馆、中国武馆等也越来越多。俄国家杜马议员扎图林说,他外出开会时总是随身带着中国茶具和中国茶,这种以前只有资深汉学家才有的习惯在中国与俄联邦关系时期影响了更多的俄罗斯人。第二,规格很高,两国领导人十分重

---

① 《北京美术家集会批评文化部及美协领导》,《美术》,1957 年第 6 期。

② 沈志华:《是非曲直任评说:中俄关系 60 年回顾》,《参考消息》,2009 年 9 月 24 日。

视。两国互办"国家年"时,胡锦涛和普京都曾出席开幕式活动。在莫斯科举行中俄建交 60 周年庆祝大会文艺演出时, 胡锦涛主席和梅德韦杰夫都出席参加。2015 年,两国元首相互参加了对方国家的重大庆典活动。此外,中俄两国元首、总理和许多政府官员都亲自参加了两国不同级别的文化交流活动。第三,规模大,涉及领域广泛。中俄两国每年互派的艺术团体有几十个,参加互访的文艺界人士多达数千人。中俄文化交流几乎涵盖了文学、语言、电影、美术、音乐、舞蹈、戏剧、教育、体育、旅游、媒体、档案、宗教、民俗、文化遗产保护等各个文化领域。中国对俄罗斯的电影、交响乐、芭蕾舞及民族舞蹈、油画、马戏、航展及飞行表演等兴趣浓厚,而中国的易经、风水、中餐、茶艺、武术、京剧、中医等以鲜活的形式呈现的中国传统文化,吸引着俄罗斯人,中国丰富的自然与人文遗产和近年来领先发展起来的一些高新科技也给俄罗斯人以震撼。

在中国与俄联邦关系时期,由于中俄两国汲取了历史教训,在文化交流过程中尽量避开意识形态,求同存异,强调历史传统友谊和现实中俄两国战略关系发展的需要,因此,中俄文化交流能够持续深入发展,进入了良性发展的轨道,两国的民族文化特色在对方国家得到了彰显并通过积累沉淀发挥积极影响。中俄文化交流在促进两国关系和增进两国人民感情方面发挥了重要的作用,中俄两国文化交流的盛况在世界文化交流史上也是十分罕见的。两国文化交流的深入进行必将产生互惠互利的双赢效果,不仅促进本国的文化发展进程,而且会深刻影响世界文明发展进程。

三、中苏(俄)文化交流的经验

古语云:求木之长者,必固其根本;欲流之远者,必浚其泉源。因此,只有认真研究中苏(俄)文化交流史,从中总结经验,汲取教训,才能够固本浚源,避免重蹈覆辙,保证两国文化交流的顺利健康开展。概括来讲,中苏(俄)文化交流给我们留下了以下经验和启示:

第一,对中国历史上的文化交流经验和新中国中苏文化交流的优良传统加以继承和发展。在如何对待民族文化与外来文化的问题上,我们曾经走过不少弯路。实践证明,在处理中外文化关系时,既不能盲目排外,也不能全盘西化,而是要本着"阔视远想,统新故而视其通,苟中外而计其全,而后得之"①的精神,即在接受和消化外来文化的同时,不能抛弃本国的优

---

① 严复:《严复集》(第三册),中华书局,1986 年,第 559 页。

良传统,在传承和借鉴的基础上创新,通过中外文化的融合,使外来文化适合中国国情,升华到更高层次,赋予新的含义,做到古为今用,洋为中用,去其糟粕,取其精华。此外,不能只讲求速度,而要更重质量。历史上成功的中外文化交流都经过了很长的磨合融合过程,不会一蹴而就。

第二,应延续中苏关系正常化以来的中俄文化交流政策,并不断赋予新的内容。邓小平在中苏关系正常化过程中提出的方针政策是总结了历史经验教训的结果,对今后两国关系和文化交流仍具有指导意义。邓小平提出的"不搞意识形态争论"和在和平共处五项原则的基础上发展国家关系的方针要继续秉持。邓小平认为中苏两国的关系史必须记住,但不能翻历史旧账,而是要结束过去,做到加深理解,扩大交往,保持睦邻友好,最重要的是"多做实事,少说空话"①。2001年签订的《中俄睦邻友好合作条约》已经用法律形式确定了中俄两国世代友好、永不为敌,永远做好邻居、好伙伴、好朋友的意愿和决心。《中苏友好同盟互助条约》虽为期30年,但真正发挥作用的时间不到10年,因为这个条约从根本上讲是不平等的,损害了中国的利益。而《中俄睦邻友好合作条约》则是两国在平等互利基础上签订的,吸取了中俄关系发展的有益经验以及公认的国际法准则,成为当代两国关系的基础性法律文件。2011年,胡锦涛和梅德韦杰夫发表的关于《中俄睦邻友好合作条约》签署10周年联合声明指出:条约签署后的第二个10年为中俄关系进一步大发展开辟了新机遇,双方将继续遵循条约确立的原则和精神,致力于发展平等信任、相互支持、共同繁荣、世代友好的全面战略协作伙伴关系。两国决定"从国家和社会层面对中俄教育、文化、卫生、体育、媒体、旅游、电影、档案、青年等领域的合作给予全面推动,增进两国人民友谊,为中俄关系进一步发展打造坚实的社会和民意基础"②。

第三,重视文化交流的独特作用,促进两国文化交流的机制化建设。中苏(俄)文化交流一直都是与两国政治、经贸、外交、军事等活动紧密联系的,从表面上看,文化交流是为政治、经济、外交、军事等活动服务的,但从文化交流的结果及其后续影响来看,往往远远超过当时的预期而能够发生持久深远的影响。很难想象,没有中苏友好时期文化交流的深入进

---

① 《邓小平文选》(第三卷),人民出版社,1993年,第295页。

② "中国国家主席胡锦涛和俄罗斯总统梅德韦杰夫关于《中俄睦邻友好合作条约》签署10周年联合声明",新华网,2011年6月17日,http://news.xinhuanet.com/world/2011-06/17/c_121546227.htm。

行和20世纪80年代中苏文化交流的恢复发展,中俄文化交流会在21世纪的前十几年达到前所未有的规模和深度。没有中苏友好时期发展起来的精英基础和民间影响,后来中苏文化交流的恢复和中俄文化交流的繁盛都是不可能的。尽管中俄文化交流达到了相当的广度和深度,而且交流的内容形式更加多样,技术手段也更为快捷便利,但民间文化交流的程度和影响仍未超过中苏友好时期,可见文化交流有本身的规律性,既需要脚踏实地,考虑当前,又需要立足长远,面向未来。迄今为止,中俄文化交流的机制化建设对两国的文化交流产生了积极正面的影响,在这方面,中俄两国已经取得了相当经验,两国的人文合作委员会也做了大量工作,两国还在上海合作组织和金砖国家框架内集中力量推进人文领域的务实合作。但是,两国文化交流的合作机制还存在政出多门、协调不畅、缺乏规划等问题,两国往往是围绕每年或者短时间确定的文化交流重点展开工作, 两国的文化交流的某些领域呈现出阶段性和即时性,缺乏全面性和深刻性。因此,两国文化交流的机制化建设需要进一步完善,某些领域的文化交流应常态化,重点突出,点面结合,稳打稳扎,循序渐进,才能使中俄文化交流不断迈上新的台阶。

应该看到,普京出任俄罗斯总统以后,多次在不同的场合表示俄罗斯不仅过去、现在,而且将来仍然是一个大国。由于横跨欧亚大陆、介于东西方之间的特殊地理位置,俄罗斯文化不可避免地经常性地与东西方文化发生激烈碰撞。俄罗斯历史上的“西方主义”“斯拉夫主义”以及“欧亚主义”的论战正是这种碰撞的反映。1991年苏联解体和俄罗斯联邦的成立再一次造成剧烈的碰撞,俄罗斯民族精神又开始了新的打造,经历了从“西方主义”到“欧亚主义”的变化,同时,以大俄罗斯为核心的“斯拉夫主义”也有一定程度的抬头。这三种流派虽然在不同的历史阶段交替发挥着不同的作用,但是它们的内核却是完全一致的,即它们都包含着共同的强国意识和爱国主义精神,三者都强调大国意识,追求俄罗斯的复兴,这也正是普京的治国理念的核心因素。美国《世界事务》杂志一篇关于中俄关系的文章一方面承认目前中俄关系处在最好时期,两者在抗衡美国重返亚太战略上有着共同的利益,另一方面同时认为,中俄关系从根基上说相当不稳定。其理由是,大国关系往往以血腥战争、帝国征服和相互谴责为特点。中俄关系只是在过去二十多年里,也就是俄罗斯失去苏联帝国地位、中国崛起为经济大国但军事上仍然较弱之时,两国才实现一个和谐的平衡关系。文章称,中国很快将在军力上超过俄罗斯。在这种情况下,莫斯科很有可能加入其他邻国,对中国实施遏制战略。①但现实情况表明,中俄两国都十分珍视两国关系。普京认为"信任是一个国家最值得珍视的东西",对俄中关系来说,信任也是最重要的因素。中国社科院中国边疆史地研究中心主任邢广程 2013 年 1 月在接受《环球时报》记者采访时表示,中俄新领导人上台伊始都对两国的战略关系进行了重申和澄清。普京在正面回答俄罗斯政治精英对中国的疑虑时说,俄罗斯需要一个繁荣稳定的中国,中国需要一个强大和成功的俄罗斯。两国有广泛的合作机会。习近平则重申了中国的"两个不变":对俄罗斯的友好方针不会变,对优先发展中俄关系的战略定位不会改变。两位领导人相互呼应和战略契合,理念和观点的坦率表述是两国信任的原因也是结果。②当然,中俄信任不意味着回避两国之间存在的问题和矛盾,普京曾提到两国在第三国的经济利益可能存在冲突,两国的贸易结构并不总是利于俄罗斯,以及关注中国移民潮等,但其态度是坦率的。因此,中俄关系在大国关系中是最稳定、内容最丰富的一组关系,二十多年来,中俄关系没有间歇期和真空期,没有因领导人的更换而改变。

在俄罗斯同中国发展友好关系的过程中,"中国威胁论"一直是从未间断的不和谐音符。由于中国综合国力的显著增强和国际地位的日益提升,西方开始别有用心地散布"中国威胁论",这一论调在俄罗斯也有一定市场,其表现就是"中国人口威胁论"。俄罗斯一部分政客与学者对中俄人口数量的对比失衡表示忧虑,这一问题在西伯利亚和远东地区表现尤其明显。他们认为俄国远东地区面积 600 多万平方公里,人口仅有 670 万,而相邻的中国东北三省就有 1 亿人口。他们担心中国移民大量涌入该地区,甚至超过当地的俄罗斯人,实现中国对俄罗斯领土"事实上的占领"。③民意调查显示,1991 年末,在俄罗斯人认为应该优先发展友好关系的国家当中中国居第 4 位,位于美国和日本之后。1992 年,仅有 10%的被调查者认为中国模式值得俄罗斯借鉴,排在美国、日本、德国和韩国之后。1994 年仅 26%的人认为,俄中关系前景良好。2001 年底至2002 年初,对于"你认为中俄两国关系发展前景如何?"这一问题,回答"将保持现状"的俄罗斯人为 26.4%(中国人为 19%),认为"将有所改善"的俄罗斯人为21.8%(中国人为 59%),选择"将会恶化"的俄罗斯人占46.6%(中国

---

①② 《世界评估"中俄信任"有多深》,《环球时报》,2013 年 1 月 7 日。

③ 李静杰:《跨入新世纪的中俄关系》,《俄罗斯中亚东欧研究》,2007 年第 2 期。

人为1%)。这种鲜明的对比在一定程度上反映出当时中俄两国人民对两国关系前景的看法存在较大差别——大多数中国人抱乐观的态度,而近半数俄罗斯人则持悲观的观点。2005年俄罗斯的调查显示,34%的俄罗斯人把中国视为战略伙伴,22%的被访者认为中国是俄罗斯的盟友,但有26%的被访者认为两国将是对手关系,有25%的被访者认为中国会是一个具有威胁性的邻居和对手,而25%的西伯利亚居民和37.44%的远东地区居民认为中国是最危险的竞争对手。然而,随着中俄两国文化交流的深入进行,两国人民的相互往来日趋频繁,相互了解日益加深,两国平等信任、相互支持、共同繁荣、世代友好的全面战略协作伙伴关系日益巩固,"中国威胁论"不仅不合时宜,显然也难以立足。2007年,全俄罗斯民意调查中心对来自俄联邦46个州、边疆区和共和国的1600人进行了调查,结果显示俄罗斯人积极评价中国和俄罗斯的关系。根据调查,40%的受访者认为俄中两国关系正常平稳;19%的受访者称俄中保持着友好关系;17%的受访者认为两国保持着睦邻关系。调查结果还显示,36%的受访者认为中国是俄罗斯的战略伙伴,27%的受访者称中国是俄罗斯的友好国家。在问及对中国的印象时,27%的受访者提到中国生产的日用品,18%的人称中国是人口众多的国家,9%的人认为中国蓬勃发展,经济取得巨大成就,6%的人提到中国古老文化,4%的人想到中国长城。莫斯科卡耐基中心主任德·维·特列宁(Д. В. Тренин,1955—　　)甚至说:"如果彼得大帝仍然在世,他会把俄罗斯的首都迁到符拉迪沃斯托克,而非圣彼得堡。"这是因为"如今的太平洋经济,就像18世纪的波罗的海经济一样繁荣"。他说,俄罗斯当时将自己的发展中心迁到欧洲,如今就应该迁到亚洲,而和中国合作。[①]

中俄关系的发展道路并不平坦,在庆祝俄中建交55周年的时候,俄罗斯政府办公厅副主任普里霍季科(С. Э. Приходько,1957—　　)曾说:"俄罗斯做出同中国发展全方位合作的决定并不容易。几个世纪以来,俄中关系能发展到今天的水平是很不寻常的事……仅仅用十年时间就找到了两国交往的最佳模式,确实显示了两国领导人巨大的政治智慧和坚定意志。"[②]中国多数学者都在研究两国关系后得出类似的结论。2009年9

[①] 《世界评估"中俄信任"有多深》,《环球时报》,2013年1月7日。

[②] Приходько Сергей. Москва–Пекин: мы нужны друг другу//Россия в глобальной политике. №2, Март–Апрель, 2004г.

月 29 日,在中俄建交 60 周年之际,新华网发表华东师范大学国际冷战史中心主任沈志华教授的专稿文章,题目即是《中俄双边关系的正常发展得来不易》。2013 年,俄罗斯科学院远东研究所副所长谢·根·卢贾宁(C. Г. Лузянин,1956—　)在接受《环球时报》记者采访时表示,目前,在全球范围内,快速追求成为世界强国的中国正遭到来自欧美和其他一些国家的强大阻力,而俄罗斯并没有加入这一"遏制中国"的行动。实际上,俄罗斯是唯一一个与中国不存在大分歧的大国。因此,对中国领导人来说,在北方维持战略稳定是很重要的。一个友好的俄罗斯可以让中国稳步地实施自己的改革计划。中国新领导人很清楚这一点,因此,未来会保持与俄罗斯的战略协作伙伴关系,并深入发展这种关系,但两国不会将其转为结盟关系。意识形态上的盟友时期对中俄两国来说都早已过去。①中俄全面战略协作伙伴关系的持续健康发展将会保证两国文化交流的不断深入进行。

2006 年,胡锦涛在耶鲁大学演讲时指出:"文明多样性是人类社会的客观现实,是当今世界的基本特征,也是人类进步的重要动力。历史经验表明,在人类文明交流的过程中,不仅需要克服自然的屏障和隔阂,而且需要超越思想的障碍和束缚,更需要克服形形色色的偏见和误解。意识形态、社会制度、发展模式的差异不应成为人类文明交流的障碍,更不能成为相互对抗的理由。我们应该积极维护世界多样性,推动不同文明的对话和交融,相互借鉴而不是相互排斥,使人类更加和睦幸福,让世界更加丰富多彩。"②2014 年,习近平在联合国教科文组织总部发表演讲时指出,文明因交流而多彩,文明因互鉴而丰富。文明交流互鉴,是推动人类文明进步和世界和平发展的重要动力。"一花独放不是春,百花齐放春满园。"如果世界上只有一种花朵,就算这种花朵再美,那也是单调的。不论是中华文明,还是世界上存在的其他文明,都是人类文明创造的成果。文明交流互鉴不应该以独尊某一种文明或者贬损某一种文明为前提。中国人在两千多年前就认识到了"物之不齐,物之情也"的道理。推动文明交流互鉴,可以丰富人类文明的色彩,让各国人民享受更富内涵的精神生活、开创更有选择的未来。文明是包容的,人类文明因包容才有交流互鉴的动力。海纳百川,有容乃大。人类创造的各种文明都是劳动和智慧的结

---

① 《世界评估"中俄信任"有多深》,《环球时报》,2013 年 1 月 7 日。

② 《胡锦涛在美国耶鲁大学的演讲》,《人民日报》,2006 年 4 月 23 日。

晶。每一种文明都是独特的。在文明问题上,生搬硬套、削足适履不仅是不可能的,而且是十分有害的。一切文明成果都值得尊重,一切文明成果都要珍惜。历史告诉我们,只有交流互鉴,一种文明才能充满生命力。只要秉持包容精神,就不存在什么文明冲突,就可以实现文明和谐。这就是中国人常说的:"萝卜青菜,各有所爱。"文明如水,润物无声。我们应该推动不同文明相互尊重、和谐共处,让文明交流互鉴成为增进各国人民友谊的桥梁、推动人类社会进步的动力、维护世界和平的纽带。我们应该从不同文明中寻求智慧、汲取营养,为人们提供精神支撑和心灵慰藉,携手解决人类共同面临的各种挑战。①

中俄文化交流之所以能够克服意识形态、社会制度和发展模式选择的干扰,不仅能够持续深入开展,而且成果丰硕,是因为中俄两国都积极维护世界文明的多样性,努力推动不同文明的对话和交融,相互借鉴,取长补短。正因如此,两国的文化交流具有正确的政策与理论指导,具备深厚的历史和民意基础。2013 年 3 月,习近平在莫斯科国际关系学院发表的题为"顺应时代前进潮流促进世界和平发展"的演讲指出,当前,中俄都处在民族振兴的时期, 两国关系都已经进入互相提供重要发展机遇、互为主要优先合作伙伴的新阶段。中国和俄罗斯之间的关系是世界上最重要的一组关系,更是最好的一组大国关系。2014 年 2 月,习近平在索契接受俄罗斯电视台专访时指出,当前是中俄关系基础最牢、互信最高、地区和国际影响最大的一个时期。中俄文化交流在构建这组世界上最重要和最好的大国关系方面发挥了重要的作用。作为文化古国,中俄两国在文化上相互尊重;作为文化大国,两国相互学习;作为文化强国,两国相互借鉴,以实实在在的文化交流实践促进两国的合作发展、世代友好,为大国之间发展文化交流确立了榜样,为人类文明交流树立了典范。随着中俄两国关系的继续深入发展,两国的文化交流必将水涨船高,不断向着更广的范围和更高的层次迈进。

---

① "习近平在联合国教科文组织总部的演讲",新华网,http://news.xinhuanet.com/world/2014-03/28/c_119982831_2.htm。

主要参考文献

中文著作

1. 《毛泽东选集》(第四卷),人民出版社,1991年。

2. 《毛泽东选集》(第五卷),人民出版社,1977年。

3. 《毛泽东文集》(第五卷),人民出版社,1996年。

4. 《周恩来选集》(上、下卷),人民出版社,1980、1984年。

5. 《邓小平文选》(第三卷),人民出版社,1993年。

6. 《普京文集(2002—2008)》,张树华、李俊升、许华等译,中国社会科学出版社,2008年。

7. [德]迪特·海茵茨希:《中苏走向联盟的艰难历程》,张文武、李丹琳等译,新华出版社,2001年。

8. [俄]尼·费德林:《费德林回忆录:我所接触的中苏领导人》,周爱琦译,新华出版社,1995年。

9. [俄]费德林著,赵永穆编选:《费德林集》,奉真、董青子等译,天津人民出版社,1995年。

10. [俄]李福清:《中国木版年画在俄罗斯》,阎国栋译,见冯骥才主编:《中国木版年画集成·俄罗斯藏品卷》,中华书局,2009年。

11. [俄]米哈伊尔·戈尔巴乔夫:《孤独相伴:戈尔巴乔夫回忆录》,潘兴明译,译林出版社,2015年。

12. [俄]普希金:《普希金抒情诗全集》,高莽编译,浙江文艺出版社,1994年。

13. [俄]普希金:《普希金抒情诗全集》,戈宝权、王守仁主编,湖南文艺出版社,1993年。

14. [俄]普希金:《普希金小说集》,戴启篁译,湖南文艺出版社,

1991年。

15. [俄]普希金:《普希金小说集》,吕荧译,安徽文艺出版社,1999年。

16. [俄]齐赫文斯基:《回到天安门:俄罗斯著名汉学家齐赫文斯基回忆录》,马贵凡等译,中共党史出版社,2004年。

17. [俄]亚·尼·雅科夫列夫:《一杯苦酒——俄罗斯的布尔什维主义和改革运动》,徐葵等译,新华出版社,1999年。

18. [俄]伊·伊万诺夫:《俄罗斯新外交》,陈凤翔、于洪君、田永祥、钱乃成译,当代世界出版社,2002年。

19. [美]麦克法夸尔、费正清主编:《剑桥中华人民共和国史(1949—1965)》,王建朗等译,上海人民出版社,1990年。

20. [美]塞缪尔·亨廷顿:《文明的冲突与世界秩序的重建》,周琪等译,新华出版社,2002年。

21. [美]约瑟夫·W.埃谢里克编:《在中国失掉的机会》,罗清、赵仲强译,国际文化出版公司,1989年。

22. [美]兹比格纽·布热津斯基:《大棋局——美国的首要地位及其地缘战略》,中国国际问题研究所译,上海人民出版社,1998年。

23. [日]富永健一:《社会学原理》,严立贤等译,社会科学文献出版社,1993年。

24. [苏]奥·鲍·鲍里索夫、鲍·特科洛斯科夫:《苏中关系》,肖川、谭实译,生活·读书·新知三联书店,1982年。

25. [苏]奥布拉兹卓夫:《中国人民的戏剧》,林耘译,中国戏剧出版社,1961年。

26. [苏]费德林等:《苏联学者论中国现代文学》,宋绍香译,新华出版社,1994年。

27. [苏]李福清:《中国古典文学研究在苏联(小说·戏曲)》,田大畏译,书目文献出版社,1987年。

28. [苏]托洛普采夫:《中国电影史概论(1896—1966)》,志刚等译,中国电影家协会资料室,1982年。

29. [苏]雅洪托夫:《汉语动词范畴》,陈孔伦译,中华书局,1958年。

30. [苏]伊·莫伊塞耶夫等著,中国舞蹈艺术研究会编:《论民间舞蹈》,陈大维等译,艺术出版社,1956年。

31. 《当代中国》丛书编辑部编辑:《当代中国电影》(下),中国社会科学出版社,1989年。

32.《青海省志·文化艺术志》编委会编:《青海省志·文化艺术志》,青海人民出版社,2001年。

33. 白春仁主编:《中俄文化对话》(第一辑),黑龙江人民出版社,2008年。

34 北京市地方志编纂委员会编:《北京年鉴 (1993)》,北京年鉴社,1993年。

35. 北京图书馆编:《列宁著作在中国:1919—1992年文献调研报告》,书目文献出版社,1995年。

36. 北京语言学院世界汉语教学交流中心信息资料部编:《世界汉语教学概况》,国际文化出版公司,1991年。

37. 蔡楚生:《蔡楚生文集》(第三卷),中国广播电视出版社,2006年。

38. 常耀信编:《多种文化视角——文化及文学比较研究论文集》,南开大学出版社,1995年。

39. 陈继安:《敢说不的世纪伟人——邓小平胆略漫述》,广西人民出版社,1998年。

40. 陈建华:《20世纪中俄文学关系》,学林出版社,1998年。

41. 陈建华编:《凝眸伏尔加——俄苏书话》,江西教育出版社,1999年。

42. 陈建华主编:《中国俄苏文学研究史论》(第一卷),重庆出版集团,2007年。

43. 陈琦:《全山石回忆录》,辽宁美术出版社,2009年。

44. 陈思和、辜也平主编:《巴金:新世纪的阐释——巴金国家学术研讨会论文集》,福建教育出版社,2002年。

45. 陈永怡:《肖峰回忆录》,辽宁美术出版社,2009年。

46. 陈众议主编:《当代中国外国文学研究(1949—2009)》,中国社会科学出版社,2011年。

47. 程正民、邱运华、王志耕、张冰:《20世纪俄国马克思主义文艺理论研究》,北京大学出版社,2012年。

48. 戴真主编:《中国当代舞台美术家研究》,《舞台美》编辑部,1994年。

49. 单刚、王辉英编著:《岁月无痕——中国留苏群体纪实》,中央编译出版社,2007年。

50. 丁晓禾主编:《中国百年留学全记录》,珠海出版社,1998年。

51. 杜殿坤主编:《原苏联教学论流派研究》,陕西人民教育出版社,1993年。

52. 范迪安主编:《俄罗斯艺术 300 年:国立特列恰科夫美术博物馆珍品展作品集》,河北教育出版社,2006 年。

53. 方掬芬:《优游友又》,大众文艺出版社,2009 年。

54. 方连庆、刘金质、王炳元主编:《战后国际关系史(1945—1950)》,北京大学出版社,1999 年。

55. 冯骥才主编:《心灵的桥梁——中俄文学交流计划国际学术研讨会论文集》,天津大学出版社,2010 年。

56. 付克:《中国外语教育史》,上海外语教育出版社,1986 年。

57. 高莽:《画译中的纪念》,九洲图书出版社,1997 年。

58. 高莽:《妈妈的手》,中国华侨出版社,1994 年。

59. 戈宝权著、中国社会科学院科研局组织编选:《戈宝权集》,中国社会科学出版社,2009 年。

60. 郭沫若:《中苏文化之交流》,生活·读书·新知三联书店,1949 年。

61. 杭间主编:《传统与学术:清华大学美术学院院史访谈录》,清华大学出版社,2011 年。

62. 郝世昌、李亚晨:《留苏教育史稿》,黑龙江教育出版社,2001 年。

63. 何东昌主编:《当代中国教育》(上册),当代中国出版社,1996 年。

64. 何芳川:《中外文化交流史》(上、下卷),国际文化出版公司,2008 年。

65. 洪宏:《苏联影响与中国"十七年"电影》,中国电影出版社,2008 年。

66. 侯家玉主编:《中国医学书目大全 (四十年医学书目)[1950—1989]》,成都出版社,1994 年。

67. 解放军文艺丛书编辑部编:《向苏军红旗歌舞团学习》,人民文学出版社,1954 年。

68. 蓝英年:《寻墓者说》,汉语大词典出版社,1998 年。

69. 黎皓智:《20 世纪俄罗斯文学思潮》,北京大学出版社,2006 年。

70. 李传松编著:《新中国外语教育史》,旅游教育出版社,2009 年。

71. 李静杰、海运总主编:《叶利钦时代的俄罗斯》,人民出版社,2000 年。

72. 李明滨:《中国文学俄罗斯传播史》,学苑出版社,2011 年。

73. 李明滨:《中国与俄苏文化交流志》,上海人民出版社,1998 年。

74. 李巧宁:《新中国的中苏友好话语构建(1949—1960 年)》,中国社会科学出版社,2007 年。

75. 李涛:《借鉴与发展:中苏教育关系研究(1949—1976)》,浙江教育出版社,1993 年。

76. 李滔主编:《中华留学教育史录(1949 年以后)》,高等教育出版社,2000 年。

77. 李喜所主编、刘景泉等著:《五千年中外文化交流史》(第五卷),世界知识出版社,2001 年。

78. 李逸津:《两大邻邦的心灵沟通——中俄文学交流百年回顾》,黑龙江人民出版社,2010 年。

79. 李越然:《中苏外交亲历记》,世界知识出版社,2001 年。

80. 李允经:《中国现代版画史》,山西人民出版社,2006 年。

81. 李智:《文化外交:一种传播学的解读》,北京大学出版社,2005 年。

82. 梁茂春:《中国当代音乐(1949—1989)》,北京广播学院出版社,1994 年。

83. 蔺春华:《王蒙文化人格论》,中国社会科学出版社,2010 年。

84. 刘民安、钟振寰主编:《中国医科大学校史 1931—1991》,辽宁科学技术出版社,1991 年。

85. 刘志青:《恩怨历尽后的反思——中苏关系七十年》,黄河出版社,1998 年。

86. 陆晓光主编:《人文东方:旅外中国学者研究论集》,上海文艺出版社,2002 年。

87. 罗筠筠:《李德伦传》,作家出版社,2007 年。

88. 毛礼锐、沈灌群主编:《中国教育通史》(第六卷),山东教育出版社,2005 年。

89. 彭明:《中苏友谊史》,人民出版社,1957 年。

90. 千家驹:《七十年的经历》,香港镜报文化企业有限公司,1988 年。

91. 钱法成主编:《中国越剧》,浙江人民出版社,1989 年。

92. 钱其琛:《外交十记》,世界知识出版社,2003 年。

93. 人民出版社马列著作编辑室编:《马克思恩格斯列宁斯大林著作中文本书目·版本·简介:1950—1983》,人民出版社,1985 年。

94. 人民文学出版社编,王海波辑录:《人民文学出版社六十年图书总目:1951—2011》,人民文学出版社,2011 年。

95. 任殿雷、金鑫总主编:《中医文化的复兴》,南京出版社,2013 年。

96. 邵大箴:《中国现代美术理论批评文丛·邵大箴卷》,人民美术出版社,2011 年。

97. 邵燕祥:《找灵魂——邵燕祥私人卷宗(1945—1976)》,广西师范大学出版社,2004 年。

98. 沈志华、李滨主编:《脆弱的联盟:冷战与中苏关系》,社会科学文献出版社,2010 年。

99. 沈志华、李丹慧:《战后中苏关系若干问题研究——来自中俄双方的档案文献》,人民出版社,2006 年。

100. 沈志华:《苏联专家在中国(1948—1960)》,中国国际广播出版社,2003 年。

101. 沈志华:《中苏关系史纲(1917—1991)》,新华出版社,2007 年。

102. 舒乙、傅光明主编:《在文学馆听讲座·文学的使命》,华艺出版社,2001 年。

103. 宋宝珍:《中国话剧史》,生活·读书·新知三联书店,2013 年。

104. 宋绍香译/编:《中国解放区文学俄文版序跋集》,中国文史出版社,2004 年。

105. 孙成木:《俄罗斯文化一千年》,东方出版社,1995 年。

106. 孙乃修:《屠格涅夫与中国》,学林出版社,1988 年。

107. 孙维学、林地主编,《新中国对外文化交流史略》编委会编著:《新中国对外文化交流史略》,中国友谊出版公司,1999 年。

108. 孙媛媛编:《中国现代艺术与设计学术思想丛书·奚静之文集》,山东美术出版社,2011 年。

109. 陶亚兵主编:《中俄音乐交流史事回顾与当代反思》,人民音乐出版社,2011 年。

110. 田本相主编:《新时期戏剧述论》,文化艺术出版社,1996 年。

111. 汪介之、陈建华:《悠远的回响:俄罗斯作家与中国文化》,宁夏人民出版社,2002 年。

112. 王冬梅、尹力主编:《从北京到莫斯科——中俄友谊之旅全记录》,中国国际广播出版社,2006 年。

113. 王克芬、隆荫培主编:《中国近现代当代舞蹈发展史》,人民音乐出版社,2011 年。

114. 王蒙:《王蒙文存 7:狂欢的季节》,人民文学出版社,2003 年。

115. 王蒙:《王蒙文存 17:欲读书结》,人民文学出版社,2003 年。

116. 王蒙:《王蒙文存 21:你为什么写作》,人民文学出版社,2003 年。

117. 王奇编著:《二战后中苏(中俄)关系的演变与发展》,清华大学出版社,2000 年。

118. 王晓平、周发祥、李逸津:《国外中国古典文论研究》,江苏教育出版社,1998 年。

119. 文化部党史资料征集工作委员会等编:《当代中外文化交流史料》(第一辑),文化艺术出版社,1990 年。

120. 文记东:《1949—1966 年的中苏文化交流》,黑龙江大学出版社,2011 年。

121. 乌兰汗编选:《苏联当代诗选》,外国文学出版社,1984 年。

122. 吴冷西:《十年论战》(上册),中央文献出版社,1999 年。

123. 伍必端:《刻痕:画家伍必端自述》,生活·读书·新知三联书店,2006 年。

124. 夏衍:《劫后影谈》,中国电影出版社,1980 年。

125. 萧超然主编:《巍巍上庠 百年星辰——名人与北大》,北京大学出版社,1998 年。

126. 熊复等:《十月革命的道路》,青年共产主义者丛刊第二集,中国青年出版社,1957 年。

127. 薛范:《歌曲翻译探索与实践》,湖北教育出版社,2002 年。

128. 薛范:《中国名歌选集》(汉俄双语版),人民音乐出版社,2010 年。

129. 阎国栋:《俄罗斯汉学三百年》,学苑出版社,2007 年。

130. 杨闯、高飞、冯玉军:《百年中俄关系》,世界知识出版社,2006 年。

131. 杨闯主编:《外交学》,世界知识出版社,2010 年。

132. 杨力:《郑小瑛传》,文化艺术出版社,2007 年。

133. 于富增、江波、朱小玉:《教育国际交流与合作史》,海南出版社,2002 年。

134. 余子侠、刘振宇、张纯:《中俄(苏)教育交流的演变》,山东教育出版社,2010 年。

135. 云南省外事办公室编撰:《云南省志·外事志》,云南人民出版社,1996 年。

136. 张华清:《素描艺术与素描教学》,广西美术出版社,2012 年。

137. 张华清:《张华清回忆录》,辽宁美术出版社,2001 年。

138. 张敏编著:《钢琴艺术简史》,河南大学出版社,2008 年。

139. 张奇虹:《奇虹舞台艺术》,文化艺术出版社,2013 年。

140. 张蕴岭主编:《伙伴还是对手——调整中的中美日俄关系》,社会科学文献出版社,2001 年。

141. 赵进军主编:《外交学院 2007 年科学周论文集》,世界知识出版社,2008 年。

142. 智量等:《俄国文学与中国》,华东师范大学出版社,1991 年。

143. 中共中央编译局马恩室编:《马克思恩格斯著作在中国的传播》,人民出版社,1983 年。

144. 中共中央文献研究室编:《刘少奇年谱(1898—1969)》,中央文献出版社,1996 年。

145. 中共中央文献研究室编:《周恩来经济文选》,中央文献出版社,1993 年。

146. 《中国教育年鉴》编辑部编:《中国教育年鉴(1949—1981)》,中国大百科全书出版社,1984 年。

147. 《中国教育年鉴》编辑部编:《中国教育年鉴(1989)》,人民教育出版社,1990 年。

148. 中国民间文艺研究会:《苏联民间文学论文集》, 作家出版社,1958 年。

149. 中国中俄关系史研究会:《战后中苏关系走向(1945—1960)——中俄(苏)关系学术论文选》,社会科学文献出版社,1997 年。

150. 中华人民共和国教育部编:《1949—1999 共和国教育 50 年》,北京师范大学出版社,1999 年。

151. 中华人民共和国外交部等编:《毛泽东外交文选》,中央文献出版社,1994 年。

152. 中苏友好协会总会编:《苏联文化工作者代表团在中国一月》,新华书店,1950 年。

153. 中央文献出版社主编:《建国以来毛泽东文稿》(第八册),中央文献出版社,1993 年。

154. 庄钟庆编:《茅盾研究论集》,天津人民出版社,1984 年。

硕博论文

1. 陈丽萍:《关于 1966—1969 年阶段中国外交的研究》,外交学院硕士学位论文,2004 年。

2. 郭颖颖:《二十世纪中俄美术关系》, 南开大学硕士学位论文,2006 年。

3. 胡晓丽:《中苏关系中的美国因素(1949—1989)》,山东师范大学博士学位论文,2008 年。

4. 李鹏:《建国初期留苏运动的历史考察》,华东师范大学博士学位论文,2008 年。

5. 刘艳萍:《苏联雕塑教育模式在新中国的影响——以留苏雕塑家、雕塑训练班为例》,中央美术学院硕士学位论文,2008 年。

6. 刘颖:《俄苏群众歌曲在中国的传播研究》,哈尔滨师范大学硕士学位论文,2010 年。

7. 牟新慧:《新疆中苏文化协会研究》,新疆大学硕士学位论文,2008 年。

8. 逄士萍:《中俄医药领域发展与医药贸易的协同性研究》,黑龙江中医药大学硕士学位论文,2009 年。

9. 钱万生:《〈离骚〉修辞及其俄译研究》,南开大学硕士学位论文,2007 年。

10. 乔莹莹:《俄罗斯本土汉语教师专业发展现状、问题及对策研究》,上海师范大学硕士学位论文,2011 年。

11. 隋文静:《鉴往观来——浅谈中俄电影交流》,南开大学硕士学位论文,2006 年。

外文著作

1. E. Stuart Kirby. Russian studies of China: Progress and Problems of Soviet Sinology. The Macmillan press LTD, London,1975.

2. Patrick Hanan, The Chinese Short Story: Studies In Dating, Authorship and Composition, Cambridge, Mass: Harward University Press, 1973.

3. Алексеев В. М. В старом Китае: Дневники путешествия 1907 г. М.: Восточ. лит., 1958.

4. Алексеев В. М. Китайская литература: Избранные труды. М.: Наука,1978.

5. Алексеев В. М. Наука о Востоке. М.: Наука,1982.

6. Алексеев В. М. Пу Сунлин. Монахи-волшебники, рассказы о людях необычайных. М.: Худож. лит., 1957.

7. Алексеев В. М. Пу Сунлин. Рассказы Ляо Чжая о необычайном. М.: Худож. лит., 1988.

8. Алексеев В. М. Пу Сунлин. Странные истории из Кабинета

Неудачника, СПб.: Петербургское Востоковедение, 2000.

9. Алексеев В. М. Труды по китайской литературе. В 2 книгах. М.: Восточ. лит., 2002.

10. Алексеев В. М. Китайская народная картина. Духовная жизнь старого Китая в нар. изображениях. Сост. М. В. Баньковская; Ред. Л.З. Эйдлин. М.: Наука, 1966.

11. Алексеев М. П. И. С. Тургенев (1818−1883−1958). Статьи и мате риалы. Орел: Орловское книжное издательство, 1960.

12. Антологии китайской лирики (VII−IXвв.). В переводе Ю. К. Щуцкого. СПб.: Петербургское Востоковедение, 2000.

13. Бо Цзю−И: лирика. Перевод с китайского Л. З. Эйдлина. М.: Худож. лит., 1965.

14. Болтянский Г. М. Ленин и кино. М.; Л.: Joyg, 1925.

15. Ветви ивы: Китайская классика. Сост. Г. Н. Филатова. М.: Издательский дом Летопись, 2000.

16. Воскресенский Д. Н., Воскресенский А. Д. Судьбы истории, философии и социального бытия в китайской классической литературно−художественной традиции. М.: Аспект Пресс, 2009.

17. Воскресенский Д. Н. Китайские метаморфозы: современная китайская художественная проза и эссеистика. М.: Восточ. лит., 2007.

18. Гу Хуа. В Долне лотосов: Роман. Пер.с кит. В. Семанова. Послесл. А. Желоховцева. М.:Радуга, 1986.

19. Дацышен В. Г. История изучения китайского языка в Российской империи. Изд. 2−е, испр. и дополн. Благовещенск: БГПУ, 2006.

20. Делюсин Л. П. Дэн Сяопин и реформация китайского социализма. М.: Муравей, 2003.

21. Дождливая аллея. Китайская лирика 20−х и 30−х годов. Предисловие и переводы Л. Е. Черкасского. М.: Наука. 1969.

22. Ду Фу: стихи. М.: Худож. лит., 1955.

23. Духовная культура Китая: Энциклопедия(Т. 1−6). М.: Восточ. лит., 2006−2010.

24. Зезерская Т. Г. Советские социалисты и формирование военно−промышленного комплекса Китая (1949−1960 годы). СПб:

НИИХ СПбГУ, 2000.

25. Китайская классическая поэзия. Перевод с китайского Л. З. Эйдлина. М.: Наука, 1984.

26. Китайская Народная Республика: политика, экономика, культура: к 60-летию КНР. редкол.: Титаренко М. Л. и др. М.: Форум, 2009.

27. Комиссаров С. А. Очерки истории и теории традиционной китайской медицины. Новосибирск: Новосиб. гос. ун-т., 2009.

28. Кравцова М. Е. Поэзия древнего Китая. Опыт культурологического анализа. СПб.: Петербургское Востоковедение, 1994.

29. Ли Бо: жизнь и творчество. М.: Восточ. лит., 1958.

30. Литература и культура Китая: сборник статей к 90-летию акад. В. М. Алексеева. М.: Восточ. лит., 1972.

31. Лу Синь. Подлинная история А-Кью. Перевод с китайского Вл. Рогова. М.: Худож. лит., 1960.

32. Лукин А. В. Медведь наблюдает за драконом. Образ Китая в России в XVII–XXI веках. М.: АСТ Восток–Запад, 2007.

33. Люди и судьбы. Биобиблиографический словарь востоковедов –жертв политического террора в советский период (1917–1991). СПб.: Петербургское Востоковедение, 2003.

34. Малиновская Т. А. Очерки по истории китайской классической драмы в жанре цзацзюй (XIV–XVII вв.). СПб.: СПбГУ, 1996.

35. Мао Цзэдун. Восемнадцать стихотворений. М.: Правда, 1957.

36. Маслов А. А. Тайны код китайского кунфу. Ростов-на-Дону: Феникс, 2006.

37. Милибанд С. Д. Биобиблиографический словарь отечественных востоковедов с 1917 г. 2-е изд., перераб. и доп. М.: Наука, 1995.

38. Москва –Пекин. Дружба, проверенная временем: Сборник документов и материалов. М.: Издательство Главного архивного управления города Москвы; Архивное издательство Китайской Народной Республики, 2009.

39. Облачная обитель: Поэзия эпохи Сун (X–XIII вв.). пер. с кит. ред. сост. И. С. Смирнов; авт. предисл. Е. А. Серебряков. СПб.:

Петербургское Востоковедение, 2000.

40. Осенняя хризантема: Стихотворения Тао Юаньмина(IV−V вв.). перевод с кит. Л.Эйдлина. СПб.: Петербургское Востоковедение, 2000.

41. Пан Ин. Текстология китайского классического романа("Речные заводи" и "Сон в красном тереме"). СПб.: Нестор−История, 2008.

42. Петров В. В. Творчество Ба Цзиня и его роман Семья. Предисловие к роману "Семья". М.: Государственное литературное издательство, 1956.

43. Постоянство пути: Поэзия эпохи Тан(XIV−XVII). В переводах В. М. Алексеева. СПб.: Петербургское Востоковедение, 2003.

44. Пупышев В. Н. Тибетская медицина: язык, теория, практика. Новосибирск: Наука, 1991.

45. Разов С. С. Китайская Народная Республика: Справочник. М.: Политиздат, 1989.

46. Серебряков Е. А. Проблемы Литератур Дальнего Востока. СПб.: Роза мира, 2004.

47. Серова С. А. Китайский театр−эстетический образ мира. М.: Худож. лит., 2005.

48. Симонов К. М. Сражающийся Китай. М.: Советский писатель, 1950.

49. Сорокин В. Ф. Китайская классическая драма XIII−XIV вв.: Генезис, структура, образы, сюжеты. М.: Наука, 1979.

50. Тавровский Ю. В. Си Цзиньпин. По ступеням китайской мечты. М.: Эксмо, 2015.

51. Тао Юаньмин и его стихотворения. В переводах Л. Эйдлина. М.: Наука, 1967.

52. Тао Юаньмин. Стихотворения. Пер. Эйдлина Л. М.: Худож. лит., 1972.

53. Тихвинский С. Л. Избранные произведения. М.: Наука, 2006.

54. Торопцев С. А. Международный брэнд китайского кино: режиссер Чжан Имоу. М.: Экономика, 2008.

55. Традиционная культура Китая. Сборник статей к 100−летию со дня рождения академика В. М. Алексеева. М.: Восточ. лит., 1983.

56. У Цзинцзы. Неофициальная история конфуцианцев. Перев од, комментарии Д. Н. Воскресенского. М.: Худож. лит., 1959. Переиздания. М.: Гудьял-Пресс, 1999. М.: Эксмо, 2008.

57. Удивительные истории нашего времени и древности. Избранн ые рассказы из сборника XVII в. "Цзинь гу ци гуань" М.; Л.: Изд. АН СССР, 1954.

58. Усов В. Н. КНР: от "культурной революции" к реформам и открытости. М.: Политкнига, 2006.

59. Федоренко Н. Т. Цюй Юань: истоки и проблемы творчества. М.: Наука, 1986.

60. Цветко А. С. Советско-китайские культурные связи. Истори ческий очерк. М.: Мысль, 1974.

61. Цюй Юань: стихи, перевод с китайского. М.: Худож. лит., 1954.

62. Черкасский Л. Е. Новая китайская поэзия 20-30-е годы. М.: Наука, 1972.

63. Чистый поток. Поэзия эпохи Тан. В переводе Л. Н. Меньши кова. СПб.: Петербургское Востоковедение, 2001.

64. Шедевры китайской классической прозы в переводах академи ка В. М. Алексеева. Статьи: А. С. Мартынова, И. А. Алимова; примеч. Л. З. Эйдлина и др. М.: Восточ. лит., 2006.

65. Шилов А. П. Конец древности: О духовном кризисе совреме нного китайского общества и поиске новых ценностей. М.: ИДВ РАН, 2009.

66. Шицзин: Книга песен и гимнов. Пер. с кит. А. А. Штукина. М.: Наука. 1957. Переиздание. М.: Худож. лит., 1987.

主要人名索引

后 记

在漫长的人类历史进程中,中俄两国人民分别创造了璀璨的中国文化和俄罗斯文化,为人类文明做出了不可磨灭的贡献。中俄两国之间的文化交流已持续了近四百年,内容丰复,规模宏大,类型独特,影响深远。

自清代以来,沙俄侵华问题一直是中国的中俄关系史研究者关注的焦点。迄今为止,中国学者已在中俄政治关系史研究领域取得重大成就,近年来又在中俄经济关系史研究中多有推进。相较之下,中国学术界在中俄文化关系史方面着力不多,且多限于中俄文学关系研究。然而,唯有对中俄在思想、教育、文学、艺术、出版等领域的交流进行全面、系统地总结和评价,才可能使中俄关系史研究在广度和深度上得到拓展。此外,中国文化曾对兼具欧亚文化特征的俄罗斯文化中东方因子的形成起到了重要作用,而俄罗斯文化则对中国社会主义文化建设产生过广泛而深远的影响。两种文化在对方国家的传播过程中,既扮演过积极角色,也产生过消极效应,既有交融,也有变异甚至排斥等现象发生。中国和俄罗斯都是对世界具有重要影响力的大国,对两国文化交流史进行研究,不仅有益于消弭两国政府和人民间的隔阂,增进友谊和信任,而且有助于深化双边政治和经济合作,促进两国战略协作伙伴关系的健康发展。

在俄罗斯,对中俄文化关系进行总体考察的著作很少。到目前为止,仅在1974年出版过一部茨维特科的《苏中文化关系》。此书对中华人民共和国成立后二十余年间中苏在教育、卫生、艺术、文学、出版等领域的交流历史和成就进行了简要总结。由于受两党、两国关系恶化和中苏论战的影响,作者用大量篇幅批判了中国政府对中苏文化交流的"阻挠和破坏",对某些历史事实进行了歪曲解释,从而使该书的学术价值大打折扣。在中俄文化关系史领域,俄罗斯学者的成果多为局部研究,主要集中在以下几个方面:一是俄罗斯汉学史研究。斯卡奇科夫在《俄国汉学史纲》一书中对1917年以前俄国汉学的历史和成就进行了总结。霍赫洛夫也以俄国汉学为研究对象,其最终成果在《19世纪中叶前俄国东方学史》和《19世纪中叶至1917年俄国东方学史》两部姊妹书中得到集中体现。二是俄国东正教驻北京传教团问题研究。1887年,阿多拉茨基出版了《东正教在华两百年史》,回顾了第一届至第八届俄国东正教驻北京传教团的历史。而后,英诺肯提乙的《俄国驻华传教团简史》以及波兹德尼亚耶夫的《东正教在中国(1900—1997)》对18世纪初至20世纪末的东正教在华历史进行了总结。三是中俄文学关系史研究。如俄罗斯科学院院士李福清的《中国古典文学研究在苏联(小说·戏曲)》等著作。四是在华俄侨文化活动研究。彼得罗夫的《中国俄侨史》以及别切里查的《中国俄侨精神文化》对19世纪末至20世纪初俄国侨民在华经济和文化活动进行了研究。五是俄罗斯的中国形象研究。费施曼的《中国在欧洲:神话和现实》论述了18世纪俄罗斯及欧洲的中国形象,而卢金的专著《熊眼观龙》则总结了中国形象在俄罗斯的演变及动因。此外,俄罗斯学者还就中俄文化交流问题发表了数百篇文章。这些成果对于我们研究中俄文化交流史具有重要的参考价值。然而,不可否认的是,俄罗斯学者绝少利用和借鉴中国的文献资料和研究成果,从而在一定程度上影响了其成果的客观性和全面性。因此,全面利用中俄史料及最新研究成果,以中国人的视角对中俄文化关系进行回顾和反思,是中国学者不可推卸的责任。

在国内,学术界对中俄文化交流史的研究始于20世纪80年代,迄今取得的重要成果有蔡鸿生的《俄罗斯馆纪事》、李明滨的《中国与俄苏文化交流志》、陈建华的《20世纪中俄文学关系》、汪介之和陈建华的《悠远的回响:俄罗斯作家与中国文化》、李随安的《中苏文化交流史(1937—1949)》、阎国栋的《俄国汉学史(迄于1917年)》、肖玉秋的《俄国传教团与清代中俄文化交流》、黄定天的《中俄文化关系史稿(17世纪—1937年)》等。只是这些研究多就某一领域或某一历史阶段展开,或者出版时间过早,因而有必要在前人研究的基础上,进一步发掘和利用中外文献,建构一部全面、系统反映中俄文化关系发展历程的通史性著作。

基于目前中俄文化交流史研究的现状,本套书在全面总结中俄两国文化交流历史与成就的同时,主要聚焦于以下几个重点:一是考察中俄文化交流的背景和动因。中俄文化关系历史久远,就俄罗斯而言,历经帝俄、苏联和当代俄罗斯三个时期;就中国来说,跨越了清代、民国和中华人民共和国几个阶段。其间两国各自都经历了剧烈的社会变革,双边关系史上既有过和平相处、友好往来的年代,也出现过弱肉强食、剑拔弩张的峥嵘岁月。两国从天各一方到比邻而居,成就了数百年的交往历史。受各种因素的影响,两国间的文化交流并非一帆风顺,而是时而密切,时而疏远,时而包容,时而排斥。本套书试图揭示实现中俄文化交流的各种历史动因,深入考察中俄文化交流的发生和发展与两国外交战略、地缘政治需求、社会历史变迁、民族文化特质,以及人类文明发展进程之间的关系。二是考察中俄文化交流的内容及途径。中俄文化交流内容非常丰富,领域也相当广泛,既有民间文化交流,也有精英文化会通,既有物质文化交流,也有精神文化碰撞。无论是思想、宗教、教育、出版领域,还是文学、美术、电影、戏剧、音乐、舞蹈、医学领域,几乎在所有的文化领域,两国均有密切交流。中俄文化交流的内容和途径不断发生着变化,由简单到复杂,由单一到多样,具有鲜明的时代特征。本套书尝试对中俄在各个文化领域的主要交流内容进行双向梳理,同时对交流赖以实现的人物、机构和组织进行深入研究。三是考察中俄文化在对方语境中的存在状态与影响。无论是中国文化的俄传,还是俄罗斯文化的中传,都并非是原封不动的文化移植,而是要与对方国家文化发生某种复杂的"反应"。这不仅是中俄文化交流中的必然现象,同时也是世界文化交流的基本规律。本套书力图对中俄文化在对方国家的传播、碰撞、交融、排斥、变异等现象进行考察,最终揭示异质文化输入对本民族文化发展所起的作用,探究文化交流对两国政治关系和经济关系发展以及世界多元文化格局的形成所产生的影响。四是总结中俄文化交流的特点。中俄文化交流具有许多鲜明的特点,如内容繁复、规模宏大、态势失衡、政治色彩浓厚等。此外,中俄文化交流的悠久历史和丰富内容很容易使研究者陷入两个极端,要么面面俱到,要么挂一漏万。因而,必须在研究中突出对两国文化交流产生重要影响的事件、人物和思想,对不同历史时期各领域文化交流的主要表现形式和实现途径进行重点考察。这些目标尽管宏大高远,却一直是我们努力的方向和前进的动力。

　　本套书是 2007 年教育部人文社会科学重点研究基地重大项目"近代以来中俄文化交流史研究"的最终成果。感谢吉林大学黄定天教授和南开大学文学院王志耕教授在项目申报时给予的支持!尽管该项目几年前就已经结项,但课题组并没有停止对书稿的完善,不仅对书稿的结构和内容进行了优化,而且补充了大量珍贵的文献资料,吸收了最新研究成果。特别感谢天津人民出版社,在他们的策划和努力下,本套书获得了2015 年度国家出版基金资助。北京师范大学张建华教授和南开大学谷羽教授在天津人民出版社申报国家出版基金过程中给予了有力支持,在此一并致谢!

本套书由清代民国卷和中华人民共和国卷组成,由肖玉秋、阎国栋、岳巍和陈金鹏等共同执笔。

《中俄文化交流史 清代民国卷》撰写分工如下:

第一章 阎国栋

第二章 阎国栋

第三章 阎国栋

第四章 肖玉秋

第五章 第一节肖玉秋,第二节阎国栋、肖玉秋

第六章 第一节肖玉秋,第二节阎国栋

第七章 第一、二、三节肖玉秋,第四节阎国栋

第八章 第一节阎国栋,第二节肖玉秋,第三节阎国栋、肖玉秋

第九章 第一、二节肖玉秋,第三节阎国栋

第十章 肖玉秋

第十一章 阎国栋

第十二章 第一、二、三、四、五节肖玉秋,第六节阎国栋

第十三章 陈金鹏

第十四章 第一节佘晓玲、陈金鹏,第二节陈金鹏

第十五章 陈金鹏

第十六章 陈金鹏

第十七章 第一节陈金鹏,第二节阎国栋

第十八章 陈金鹏

第十九章 阎国栋

第二十章 第一、三节陈金鹏,第二节陈金鹏、阎国栋

《中俄文化交流史 中华人民共和国卷》由岳巍撰写。

经过多年的不懈努力,《中俄文化交流史》两卷本就要面世了,作为主编和作者之一,我们的心情却非常忐忑。我们深知自己的学术功底还不够深厚,我们的研究方法还不够完善,我们的文献也还有遗漏,或许有很多问题没有讲清说透甚至有误,敬请学界同人和读者批评指正!

肖玉秋 阎国栋

2016 年 11 月